I0753512

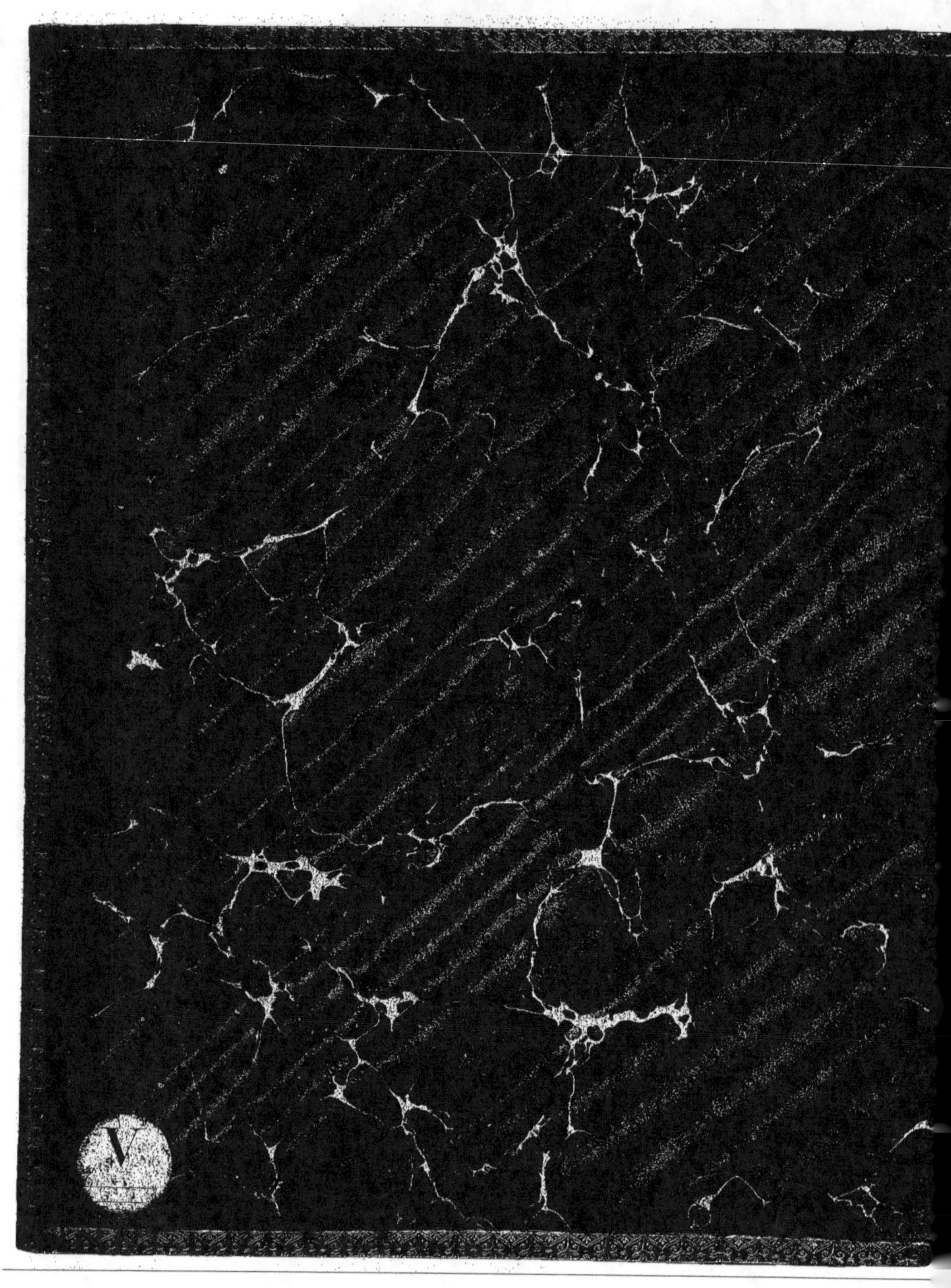

TRAITÉ
THÉORIQUE ET PRATIQUE
DE
LITHOGRAPHIE,

PAR

G. ENGELMANN.

4e LIVRAISON.

A MULHOUSE, Chez Engelmann père et fils, [illegible]
A PARIS, Chez J. Engelmann, Cité Bergère, N° 1.

18[illegible]

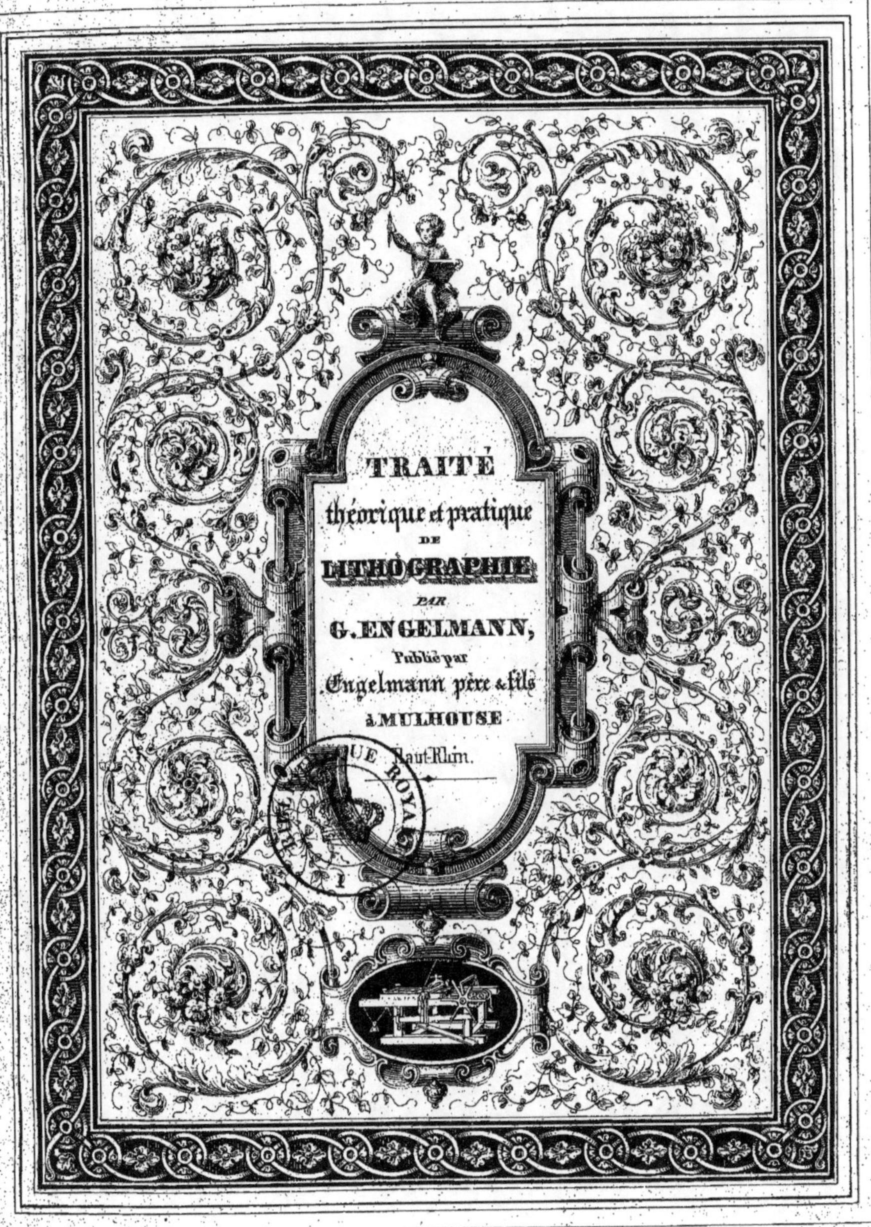

Lith. de Engelmann, père & fils, à Mulhouse.

TRAITÉ
THÉORIQUE ET PRATIQUE
DE
LITHOGRAPHIE.

MULHOUSE. — IMPRIMERIE DE P. BARET.

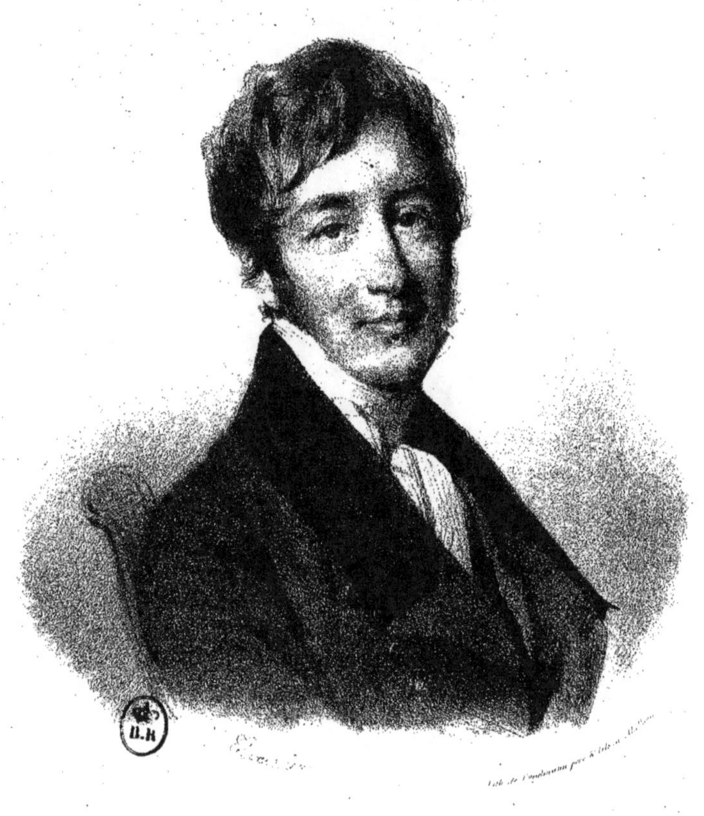

G. ENGELMANN.

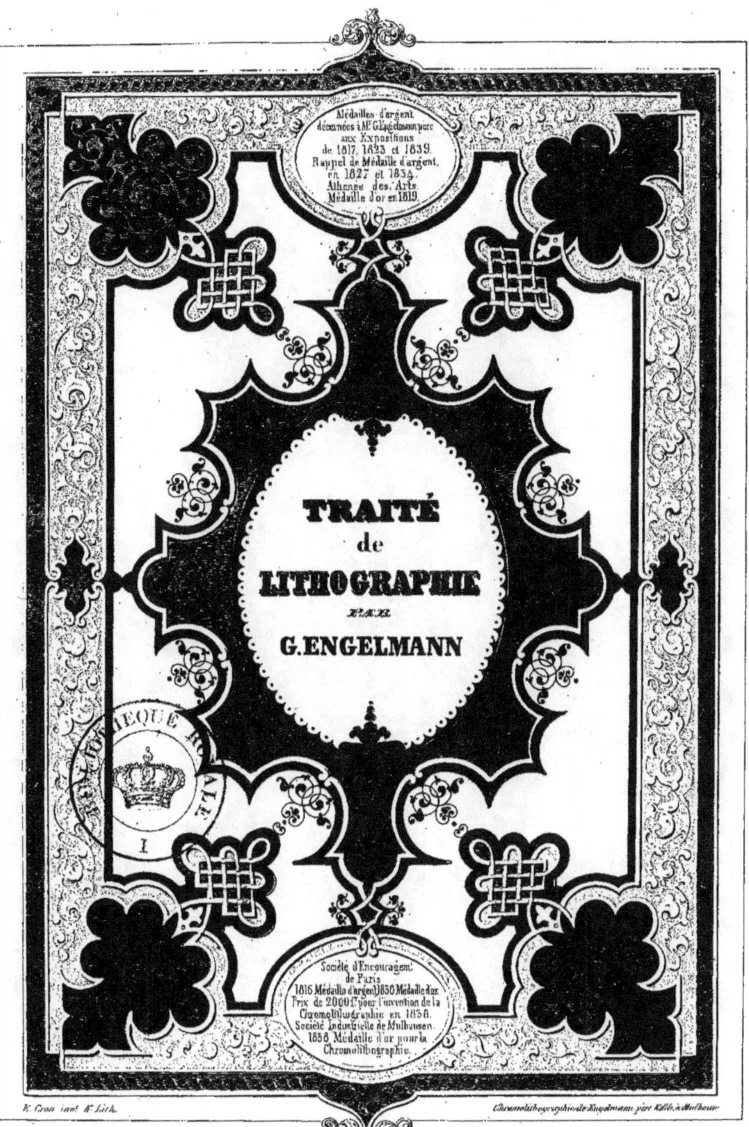
Médailles d'argent
décernées à Mr. G. Engelmann père
aux Expositions
de 1817, 1823 et 1839.
Rappel de Médaille d'argent,
en 1827 et 1834.
Athenée des Arts
Médaille d'or en 1819.
TRAITÉ
de
LITHOGRAPHIE
PAR
G. ENGELMANN
Société d'Encouragemt.
de Paris
1816 Médaille d'argent, 1830 Médaille d'or.
Prix de 2000 fr. pour l'invention de la
Chromolithographie en 1838.
Société Industrielle de Mulhausen.
1838 Médaille d'or pour la
Chromolithographie.

PRÉFACE.

Il serait, je crois, peu utile de rappeler ici tous les services rendus par la Lithographie aux arts, aux sciences, à l'instruction populaire, et à la civilisation en général. La plupart des faits qu'il faudrait citer sont suffisamment connus, et se trouvent d'ailleurs indiqués dans le cours de cet ouvrage. Mais il ne sera peut-être pas superflu de dire en deux mots, quelle est en France l'importance de cette découverte, sous le point de vue purement commercial. On compte aujourd'hui un millier d'établissemens lithographiques de tous rangs, répandus sur toute la surface du royaume; et pour donner une idée des capitaux qu'elles mettent en mouvement, il suffira de dire que la maison Engelmann seule a déjà payé plus d'un million de francs aux artistes, pour les ouvrages qu'elle a édités, et pour ceux qui ont été imprimés dans ses ateliers pour le compte d'autrui. Ce chiffre servira en même temps à apprécier la valeur des encouragemens que des hommes de talent ont dûs à la Lithographie.

Une grande partie des produits sortis de ces établissemens restent en France, mais beaucoup passent à l'étranger, où les lithographies françaises ont une grande réputation, et jouissent à juste titre, d'une préférence marquée sur toutes les autres. Ainsi, grâce aux talens de nos artistes en ce genre, l'étranger est devenu tributaire de la France pour des sommes considérables, tandis que nous ne prenons chez lui, en retour, que des pierres dont le prix entre pour bien peu de chose dans les frais d'un ouvrage.

Beaucoup de personnes s'imaginent qu'il suffit d'acheter des presses et des pierres, et de se procurer quelques imprimeurs pour monter une lithographie. C'est une grande erreur. C'est assez sans doute, si on veut se contenter d'être à la tête d'un de ces établissemens ordinaires qui n'aspirent ni à la perfection, ni même à un résultat régulier et constant. Mais celui qui voudra fonder une imprimerie avec une grande certitude de succès, et dans la louable espérance d'apporter lui-même quelque perfectionnement à son art, devra d'abord savoir dessiner, ou au moins s'être rendu familier le langage des artistes, et être capable de juger si une épreuve rend fidèlement l'idée du dessinateur; il faudra même qu'il puisse, au besoin, faire quelques légères retouches. Il sera bien aussi que cette personne ne soit pas tout à fait étrangère à la chimie, puisque toutes les opérations de la Lithographie trouvent leur explication dans cette science, et qu'il faut nécessairement connaître la théorie de tout ce que l'on fait, si on ne veut pas agir en aveugle. Enfin, un bon directeur de lithographie devra connaître les principes les plus essentiels de la mécanique, afin de juger et de perfectionner même au besoin les presses et autres machines qu'il emploie, et de savoir quelquefois parer à leurs défauts.

On voit les connaissances qu'il faudra réunir, pour former un bon lithographe. Tout ne se borne pas là cependant. Après avoir acquis ces connaissances préliminaires et indispensables pour celui qui veut exercer un art et pas seulement un métier, il faudra passer quelque temps dans un bon établissement, pour y étudier à fond la partie pratique et technique de cet art. On se tromperait fort si on croyait qu'il suffit de se procurer des recettes, et de connaître en gros les procédés employés. Il est de toute nécessité de suivre jusqu'aux moindres opérations dans leurs plus grands détails; et celui qui voudra sérieusement apprendre son art, ne devra pas craindre de manipuler et de pratiquer lui-même. Ce n'est qu'après avoir ainsi travaillé assez longtemps sous une bonne direction, qu'il aura acquis cette expérience et ce coup-d'œil qui font découvrir les défauts d'une planche et les causes d'un mauvais tirage; et qui inspirent le moyen d'atteindre le mal dans sa source même.

Si la personne qui veut apprendre l'art de la Lithographie, en a le temps et les moyens, il serait bon qu'elle pût fréquenter plusieurs ateliers de premier ordre : elle apprendrait dans chacun quelque procédé et surtout quelque coup de main particulier.

Pour qu'un établissement réussisse, il faut que le chef en soit le meilleur ouvrier. Il faut qu'il puisse, le cas échéant, prendre le rouleau de la main de l'imprimeur, et lui faire voir comment il doit procéder pour tirer de bonnes épreuves. Il faut qu'il puisse guider de ses conseils le dessinateur, l'écrivain; et au besoin former des élèves. Ce n'est qu'alors qu'il ne dépendra plus de quelqu'un de ses employés, dont le talent ne saurait lui être indispensable :

ce n'est que lorsqu'il remplira toutes ces conditions difficiles, qu'il pourra prétendre à s'élever au-dessus du vulgaire des lithographes, et qu'il livrera au public des produits qui feront honneur à son art, et qui assureront la réputation de l'atelier qu'il dirige.

Non seulement le chef d'un établissement doit être un homme capable et instruit dans sa partie, comme je viens de le dire, mais il doit encore chercher à n'engager que des ouvriers habiles et intelligens; car après lui, le succès dépend de leur application et de leur adresse. Si c'est lui qui doit les guider, il faut bien qu'à leur tour ils le comprennent et suivent ses instructions. Qu'on me permette à ce propos, de citer un excellent passage d'un mémoire sur la Lithographie, publié par M. Raucourt.

« Nous avons insisté sur la difficulté qu'on éprouvait à atteindre la per« fection dans les arts; et tout ce qui précède doit assez démontrer que la Li« thographie est un des plus difficiles que l'on puisse exercer. On ne peut donc « trop recommander aux personnes qui voudraient élever des ateliers litho« graphiques, de choisir leurs imprimeurs intelligens, adroits; ayant quel« ques connaissances du dessin, des beautés de la gravure, sachant distinguer « les différens plans dont un tableau se compose; ce qui fait qu'ils ne se con« fondent pas, et généralement tout ce qui peut concourir à leur faire pro« duire de l'effet.

« Un imprimeur-lithographe est un artiste; toutes les épreuves qu'il tire sont « autant de créations qui portent le cachet de son intelligence. Dès qu'il a « mouillé sa pierre et qu'il tient le rouleau dans sa main, on peut le compa« rer à un peintre qui achève un dessin au lavis. Comme lui, il étudie l'ensem« ble de son dessin; il distribue l'encre par teintes plates; et par la manière « dont il les dispose, il se réserve les moyens de produire de l'effet. Si les par« ties légères et vaporeuses prennent trop le noir d'impression, il les ménage « et les touche à peine; si des plans plus avancés faiblissent, il les nourrit « en pressant dessus plus longtemps. Enfin il fait sentir tout le poids de son « cylindre aux parties les plus vigoureuses des premiers plans; et lorsqu'il juge « que quelques-unes de ces parties sont trop foncées, le même rouleau avec « lequel il vient de presser l'encre dessus, conduit d'une façon particulière, lui « sert encore à l'enlever. »

Que celui qui a l'intention de se vouer à l'état d'imprimeur-lithographe, se pénètre bien de toutes les considérations qui précèdent. S'il acquiert d'abord toutes les connaissances que j'ai indiquées comme indispensables, il se créera un état honorable, et se verra recherché par tous les artistes qui tiendront à voir leurs œuvres bien imprimées.

Quoique la Lithographie ne compte que quelques années d'existence, il est peu d'arts qui soient aussi répandus, parce qu'il en est peu qui répondent mieux à un grand nombre des besoins actuels de la société. Les sciences, le dessin, le commerce, les diverses administrations, les publications de tous genres, et jusqu'à une foule de petits objets de mode et de fantaisie, y ont trouvé un moyen économique, exact et puissant de reproduction; ce qui a nécessité l'établissement de tant d'imprimeries lithographiques, qu'il n'est pas aujourd'hui en France, de département qui n'en compte plusieurs. L'Allemagne, l'Angleterre et divers autres pays en ont vu s'élever sur toutes les parties de leurs territoires; et cependant, à l'étranger comme chez nous, il n'a jamais été publié encore d'ouvrage qui puisse être regardé comme un guide sûr et complet, à l'usage des nombreux artistes qui exploitent cette industrie.

Ce n'est pas qu'on n'ait rien écrit sur cette matière : les livres n'ont pas manqué. L'illustre inventeur de la Lithographie, Senefelder, un des premiers, en a publié un traité, et d'autres l'ont imité. Cependant n'est-on pas loin jusqu'ici d'avoir tout dit sur l'histoire de cet art; sur les principes qui lui servent de base; sur les causes et les effets de ses principales opérations? Encore réduite à la routine de quelques recettes banales, la Lithographie n'a pas pu s'élever au rang des sciences. M. Engelmann avait pensé que le temps était venu pour cet art, de franchir l'intervalle qui le sépare de cette position élevée. Frappé de voir que, dans les séances de la Société industrielle de Mulhouse, dont il était un des membres les plus honorables et les plus zélés, toutes les opérations de la filature et de la teinture trouvaient une explication naturelle, dans les principes de la mécanique et de la chimie, cet habile artiste avait l'esprit trop juste pour ne pas sentir tout le vide que présente la Lithographie à cet égard; et comme il se disposait à publier sur ce sujet un ouvrage qu'il tenait à rendre complet, il crut que ce serait répondre à un véritable besoin, senti par beaucoup de lithographes, que de faire intervenir la science dans des opérations que son flambeau n'avait pas encore éclairées.

Au moment où la mort est venue le frapper, cet ingénieux et infatigable artiste s'occupait de la publication de cet ouvrage. Il voulait généreusement faire part à ses nombreux confrères, du fruit de plus de vingt années d'études et d'observations; leur faire connaître toutes les ressources de leur art; leur signaler une foule de difficultés de détail, et la manière de les vaincre; les prémunir contre un grand nombre d'accidens, et leur donner les moyens d'y remédier. Chacun sentira tout ce qu'il y a de libéral dans cette pensée; et le *Traité de Lithographie* de M. Engelmann ne sera pas un des moindres services dont on aura à le remercier, lui qui en a tant rendus à l'art.

Depuis plusieurs années, il avait recueilli à cet égard toutes les notes nécessaires, et, dans les derniers temps de sa vie, il m'avait associé à cet important travail. Affaibli par une longue maladie, et ne croyant pas posséder toutes les connaissances indispensables pour éclairer, par une théorie scientifique, toutes les parties de la Lithographie, il m'avait chargé de ce soin, ainsi que de la mise en ordre et de la rédaction de tout l'ouvrage. C'est là l'unique part que j'y ai prise, et dont je demeure responsable devant le public. Je n'ai pas la prétention de croire que plus rien ne reste à faire dans l'application des principes de la science à la Lithographie. J'ai tout au plus soulevé un coin du voile qui a couvert jusqu'ici toutes les opérations de cet art, et j'appelle de tous mes vœux, sur ce point capital, l'attention de tous les hommes capables, qui s'intéressent à ses progrès.

A. PENOT.

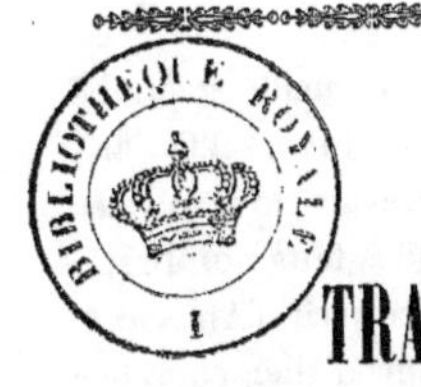

TRAITÉ THÉORIQUE ET PRATIQUE

DE

LITHOGRAPHIE.

CHAPITRE PREMIER.

HISTOIRE DE LA LITHOGRAPHIE.

L'histoire des découvertes les plus importantes de l'esprit humain présente souvent sur leur origine une vague incertitude, que le temps qui s'accumule rend toujours plus difficile à dissiper, et qui ajoute mal à propos à la gloire de l'auteur douteux d'une de ces idées fécondes, ou qui enlève à celui à qui elle est légitimement due, une partie de celle qu'il a si justement méritée. Quelque singulier que puisse paraître d'abord ce phénomène historique, il trouve une explication facile dans la nature même des choses, et dans la tendance native de l'homme à environner de merveilleux tous les grands événemens qui le frappent. Que de contes ridicules n'a-t-on pas répétés depuis le fameux *Je l'ai trouvé* d'Archimède, jusqu'à la chute inspiratrice de la pomme de Newton? N'a-t-on pas prétendu que c'est par une espèce d'inspiration, de double vue, pour ainsi dire, que Christophe Colomb a deviné l'existence d'un nouveau monde? Tandis qu'il est bien avéré que ce n'est qu'après avoir recueilli et étudié tous les documens connus de son temps, sur les courses à travers l'Océan, que ce grand homme entreprit son immortel voyage qui devait nous révéler un continent immense, dont l'existence nécessaire résultait des faits nombreux observés jusqu'alors. C'est précisément parce qu'il a su découvrir l'Amérique dans ces précieux documens, et qu'il a eu l'éclatant courage d'aller chercher ces terres nouvelles à travers les mille dangers que présentaient des mers inexplorées et une marine encore dans l'enfance, que l'illustre Génois a été un homme d'un profond génie. Faute de comprendre la haute portée d'esprit de ce grand navigateur, le vulgaire a mieux aimé en faire un aventurier heureux, arrivant sans précédent à la plus étonnante découverte.

A qui devons-nous l'invention de la poudre à canon qui, en permettant de détruire les inaccessibles châteaux de la féodalité, jusqu'alors inexpugnables, et en donnant à l'infanterie, c'est-à-dire au peuple, la faculté de combattre avec avantage la cavalerie aristocratique du moyen âge, a si profondément modifié l'état politique et social de l'Europe? A quel homme aux méditations profondes, dans quelle ville privilégiée du ciel s'est révélé pour la première fois l'art admirable et fécond de l'imprimerie, cette source puissante, cet irrésistible propagateur des connaissances humaines, cette égide tutélaire de la liberté des peuples et des droits des citoyens? Qui le premier a deviné dans la vapeur d'eau cette force motrice qui communique la vie à nos manufactures, fait marcher nos vaisseaux, donne à nos voyages une célérité incroyable, annule pour ainsi dire les distances, et devient ainsi l'auxiliaire le plus énergique du commerce et de la civilisation? On sait toute l'incertitude qui règne à cet égard, et on a vu les efforts qu'a dû faire dans ces dernières années le savant M. Arago, pour nous prouver par des documens irréfragables, que l'invention de la machine à vapeur remonte à 1690, et est due à notre illustre compatriote, Denis Papin, qui se vit obligé de quitter la France, par suite de la déplorable révocation de l'édit de Nantes.

C'est que, au moment qu'apparaît une grande découverte, le public n'y étant pas préparé, n'en sent pas toute la portée, et n'en devine pas tout l'avenir, qui se cache peut-être aussi aux regards de l'homme qui l'a faite. Ce n'est, pour les contemporains, qu'un événement ordinaire qui se confond dans la foule de ceux auxquels ils assistent, et qui ne peut avoir pour eux toute l'importance qu'il acquerra dans la suite; et lorsque plus tard, dans sa reconnaissance, la postérité veut remonter à l'origine d'une idée devenue si féconde, et rechercher le nom de l'homme de génie qui la lui a léguée, elle ne trouve plus, en remontant le cours du temps, qu'un doute décourageant, ou une erreur inévitable.

L'histoire de la Lithographie, cet art admirable né de nos jours, serait-elle aussi destinée à subir à son tour cette fatale incertitude qui a pesé jusqu'ici sur presque toutes les grandes découvertes, et sur le nom de leurs auteurs? Il y a à peine quarante ans qu'on imprime sur pierre; de nombreux témoins des premiers essais de ce procédé ingénieux existent encore, et cependant on rencontre déjà quelque difficulté à remonter au nom de celui qui le premier en eut l'heureuse idée, et à connaître les circonstances favorables qui l'y amenèrent. Ce penchant au merveilleux, qui s'attache à tout ce que l'humanité produit de grand, ne pouvait manquer de bâtir ses textes sur l'invention de la Lithographie, et d'ajouter aux embarras de l'historien consciencieux qui voudrait étudier tous les documens, pour arriver à la découverte de la vérité :

« Un soir du XVe siècle, dit un auteur (1), le docteur Faust suivait la route « de Weimar. Il y avait un voyageur à cheval qui marchait devant lui. Les fers « du cheval que montait ce voyageur formaient sur la terre humide, molle et « compacte, des empreintes pures et régulières.

« Le docteur Faust vit cela : le lendemain l'imprimerie était inventée.

« Un soir du XIXe siècle, Aloïs Senefelder, choriste au théâtre de Munich, « rentra dans sa pauvre petite mansarde. Il tenait à sa main trois choses : 1° une « belle pierre à rasoirs, toute neuve; 2° un bon pour aller toucher ses appoin- « temens; 3° une estampille chargée d'encre d'imprimerie, car, pour se rendre « agréable à son directeur, c'était lui qui faisait aux contre-marques ce petit « signe qu'on varie à chaque représentation.

« La chambre d'Aloïs était assez mal close. A peine avait-il mis sur la chemi- « née le bon de ses appointemens, que le papier s'envola et tomba dans une « cuvette pleine d'eau. Le choriste ramassa le précieux chiffon, l'essuya, le re- « plaça sur la cheminée, et posa par-dessus la pierre à rasoirs, afin que le vent « ne vînt plus l'enlever.

« Or l'estampille chargée d'encre d'imprimerie, avait touché par hasard la « pierre à rasoirs. L'empreinte laissée sur la pierre par ce contact, se trouva « reproduite le lendemain, avec une admirable précision, sur le papier humide.

« Aloïs Senefelder vit cela : la Lithographie était inventée. »

---

(1) Musée des familles, 1834.

Le lecteur ne s'attend pas sans doute à ce que je rapporte ici tous les contes plus ou moins fantastiques qu'on a débités sur l'invention de la Lithographie. Celui qu'il vient de lire suffira pour lui montrer le peu de souci de la vérité que prennent les auteurs de ces contes, qui ne puisent leurs documens que dans une imagination rarement heureuse. Ici, par exemple, le récit contient plusieurs erreurs matérielles, qu'il eût été facile d'éviter, et qui décèlent à l'instant même l'infidélité de cette historiette, à ceux qui seraient tentés de la prendre au sérieux. Ainsi, on ne trouve point de cheminées, mais des poëles dans les salons de Munich, et à plus forte raison dans les mansardes; et toutes les personnes qui s'occupent de l'art qui fait le sujet de ce livre, savent fort bien que la pierre à rasoirs, fort différente dans sa composition chimique de la pierre lithographique, ne pourrait reproduire aucune empreinte. D'ailleurs, les inventions ne se font ni aussi facilement, ni aussi vite que le suppose l'auteur; et si le hasard y est parfois pour quelque chose, c'est avec raison qu'on a dit que ces hasards-là n'arrivent qu'aux hommes de génie.

Il existe sur la découverte de Senefelder une autre version, plus romantique encore, mais non pas plus exacte; que je rapporterai cependant, parce qu'elle a trouvé quelque crédit chez beaucoup de personnes, dans le lieu même de cette découverte, où elle n'est peut-être pas entièrement abandonnée. Le père d'Aloïs avait été acteur au théâtre de Munich. Après sa mort, il ne restait à sa veuve qu'une chétive pension, qui était loin de suffire aux besoins les plus rigoureux de sa nombreuse famille. Son fils aîné, qui s'est rendu depuis si célèbre, vivait alors obscur au milieu des siens, dont il déplorait et partageait l'affreuse misère. Vainement il avait plusieurs fois essayé différens moyens de soulager leur indigence; toutes ses entreprises avaient échoué, et une persévérante fatalité semblait s'attacher à renverser tous les projets dont sa position déplorable lui faisait tenter l'exécution. Cette infortune de tous les jours, cette souffrance de tous les instans amenèrent au cœur d'Aloïs un sombre désespoir, et y firent germer de sinistres pensées.

Un soir, sur les bords solitaires de l'Isar, non loin des portes de Munich, un jeune homme à la figure hâve et au teint livide, aux gestes rares et saccadés, s'était arrêté morne et rêveur, méditant un fatal projet. Qu'était pour lui la vie dans ce monde de misères et de larmes? Sans cesse poursuivi par un destin inexorable, il ne faisait qu'augmenter par sa présence l'insupportable pauvreté de sa famille, après avoir vainement fait les plus grands efforts pour la soulager. N'était-ce pas pour lui une nécessité fatale de délivrer les siens d'une bouche inutile, et de se dérober en même temps au déchirant spectacle de leurs douleurs! Cependant Aloïs, car le lecteur l'a reconnu, peut-il renoncer à la vie sans regret, dans cet âge où elle est si pleine de séve, et qu'abandonne si rarement toute espérance? Ira-t-il broyer sans pitié le cœur de ses frères et de sa mère; de son excellente mère surtout, dont ce nouveau chagrin peut briser l'existence, seule ressource de ses autres enfans? Qui pourrait dire quels combats se livrent dans le cœur de ce malheureux jeune homme, les passions tumultueuses et opposées qui l'assiégent tour à tour?

La Providence devait une compensation à tant de souffrances accumulées sur une seule tête, et elle attendait, pour l'accorder, le moment le plus solennel de ce drame terrible. Cette horrible lutte intérieure entre le désespoir de sa position et la douce affection qu'il éprouve pour sa famille, semble toucher à sa fin, et va se terminer par une affreuse catastrophe; Senefelder s'avance déjà d'un pas assuré vers la rivière, lorsque à ses pieds, sur la grève, une pierre plate, unie, d'un beau grain, vient s'offrir à ses regards. A cette vue, une inspiration soudaine illumine son âme. Son génie aperçoit tout à coup une source certaine de fortune et de gloire dans ce misérable objet, qu'il n'aurait pas daigné ramasser la veille. Aujourd'hui, il s'empare de ce précieux trésor avec la fiévreuse avidité d'un avare; il court au misérable domicile de sa famille, se précipite tout ému dans les bras de sa mère étonnée, en s'écriant: Dieu soit loué! nos malheurs ont enfin un terme! Et alors il met sous les yeux ébaubis de sa famille la pierre sur laquelle sont fondées tant d'espérances: il explique aux siens, qui le croient fou, comment il a conçu la possibilité de la substituer aux planches coûteuses qui servent à graver la musique. Aussitôt il se met à l'ouvrage avec cette persévérance et ce courage sans lesquels il n'y a pas d'homme de génie: quelques jours après, l'imprimerie et la gravure avaient trouvé une rivale.

Ces histoires merveilleuses, où on voit le génie se révéler avec la soudaineté de l'éclair, plaisent au vulgaire, qui ne sait pas tout ce qu'il faut d'études et de travail, de recherches et d'essais, avant de produire une œuvre capitale. L'homme lui semble plus grand sous l'empire de cette sorte d'inspiration; et, dans son ignorance, il répudie cette définition si remarquable de Buffon : le génie est l'aptitude à la patience.

Après cette courte excursion dans le vague domaine de l'imagination, je dois présenter au lecteur ce qui touche réellement à la découverte et au progrès de la Lithographie. Historien consciencieux, j'ai puisé à toutes les sources où j'ai cru rencontrer des documens positifs; j'ai lu ce qu'on a publié à cet égard en Allemagne et en France; je me suis rendu à Munich, où j'ai consulté les hommes qui ont connu Senefelder, qui ont vécu avec lui, qui ont été témoins de ses efforts et de ses travaux; qui ont été ses associés. De tous les faits que j'ai recueillis, et discutés avec toute la critique qui m'a paru convenable, j'ai composé cet historique, que j'aurais voulu pouvoir rendre plus complet; mais malheureusement il est certains points sur lesquels règne encore une grande incertitude, que je crains bien qu'on ne parvienne jamais à faire entièrement disparaître.

Les personnes qui semblent le mieux instruites à Munich, ne sont pas d'accord sur le nom de celui qui eut le premier l'idée d'employer les pierres à l'impression. Les uns en attribuent l'honneur à un vénérable vieillard, M. l'abbé Schmidt, encore aujourd'hui vivant, alors professeur à l'école des cadets : d'autres l'accordent à Senefelder. La cause de ce dissentiment dans les opinions de ceux qui ont été presque témoins du fait sur lequel ils sont si peu d'accord, c'est qu'il faut considérer deux périodes distinctes dans la découverte de la Lithographie; deux arts pour ainsi dire en un seul. D'abord, les pierres furent travaillées en relief, à l'imitation des planches de bois. On y traçait avec une encre grasse les notes ou les caractères qu'on voulait imprimer; puis on les recouvrait d'un acide faible, qui en rongeait les parties laissées à nu, abaissait leur niveau, et par là rendait saillant tout ce que l'encre grasse avait protégé contre les attaques de cet agent. Les pierres ainsi préparées pouvaient s'imprimer à la manière ordinaire; les tampons recouvrant de noir seulement les caractères élevés au-dessus du niveau abaissé de la planche. Cette méthode, qui diffère du procédé aujourd'hui en usage en Lithographie, est fondée sur la composition chimique de la pierre de Solenhofen, comme je le ferai voir dans le troisième chapitre. C'est par la même cause et le même procédé, qu'on parvient à graver sur une coquille d'œuf, dont les élémens chimiques sont les mêmes que ceux des pierres lithographiques. Ecrivez sur une coquille d'œuf avec du suif fondu; laissez figer le suif; plongez l'œuf dans un acide faible, du vinaigre par exemple; au bout de peu de temps la partie écrite paraîtra en relief, et sera tout-à-fait nette. Cette expérience, que chacun peut facilement répéter, se trouve décrite dans des ouvrages fort anciens.

C'est sur ce premier emploi des pierres pour l'impression, que règne quelque obscurité. Il est certain que l'idée de produire des reliefs sur pierre par le moyen d'un acide, remonte assez haut. Il existe à Munich, au musée de l'école gratuite de dessin, un astrolabe fait par ce procédé, et qui porte la date de 1580. On voit aussi dans le cabinet royal des antiquités à Munich, une grande table ronde, faite d'une pierre de Solenhofen, sur laquelle sont représentés en relief, les portraits des anciens ducs de Bavière, avec plusieurs inscriptions et une chanson accompagnée de notes. Enfin, en dehors de l'église de Notre-Dame, de la même capitale, on voit une pierre sépulcrale, portant la date de 1709, et présentant différens caractères en relief. Il suffit de la plus simple inspection pour se convaincre que toutes ces pierres ont été traitées par le moyen que je viens d'indiquer.

Il paraît que ce sont ces différens objets qui ont inspiré à M. Schmidt l'idée d'employer ce procédé à l'impression, et on assure qu'il exécuta ainsi des feuilles de diverses plantes, dont il se servait pour donner à ses élèves un cours de botanique. Mais là se seraient bornés les produits de son imprimerie; produits d'ailleurs tellement grossiers et si imparfaits, que M. Schmidt renonça bientôt à une méthode qu'il ne croyait pas susceptible de jamais rien fournir de remarquable. Les titres de ce vénérable ecclésiastique à la découverte de la Lithographie, sont donc comme on voit assez faibles. Cependant ceux qui veulent lui attribuer cet honneur, prétendent que Senefelder aurait eu connaissance de ses essais, et qu'il les aurait ensuite appliqués à l'impression de la musique. D'autres, et Senefelder lui-même, assurent qu'il n'avait aucune idée des travaux de M. Schmidt, lorsqu'il commença à se livrer à des recherches analogues, et qu'il parvint aux mêmes résultats après un grand nombre de tentatives infructueuses.

Au reste, quand même on voudrait dépouiller complétement Senefelder de l'honneur d'avoir fait de son côté la même découverte que M. Schmidt, sa gloire n'en recevrait aucune atteinte. La méthode du relief sur pierre est depuis longtemps abandonnée, comme ne pouvant produire que des résultats fort médiocres, et a fait place au procédé bien plus fécond, bien plus sûr, bien plus perfectible de cet art admirable, devenu si populaire, qui a porté depuis le nom de Lithographie, et dont personne ne conteste l'invention à Aloïs Senefelder. A lui seul, à son génie créateur, l'honneur de cette idée si fertile, et toutes les applications qu'il en a faites, comme le dessin à l'encre, la gravure sur pierre, la manière du crayon, etc.! A lui seul la reconnaissance des hommes civilisés, pour l'admirable invention dont il a doté le monde! Je vais montrer tout à l'heure les difficultés sans nombre qu'il a dû vaincre, et le lecteur jugera de tout ce qu'il a fallu de conception heureuse, de laborieuse patience et de persévérant courage pour créer cet art nouveau, à la perfection et à la propagation duquel Senefelder a ensuite consacré sa vie entière.

Toutefois, que le lecteur n'aille point se figurer faussement d'avance que c'est par suite d'études profondes, et dans l'idée de créer un art nouveau, que Senefelder est arrivé, par une théorie savante, à l'invention de la Lithographie. Cet homme célèbre ne reçut d'inspiration que de sa pauvreté; de cette pauvreté qui a été si souvent l'apanage du génie. Si Aloïs avait eu à sa disposition une modique somme d'argent, s'il avait été assez riche pour payer l'impression de quelques médiocres pièces de théâtre, qu'il avait composées, et qui certes ne lui auraient jamais donné la réputation qu'il sut acquérir plus tard, il n'aurait pas cherché dans les ressources de son esprit à remplacer le procédé ordinaire de la typographie par un moyen moins coûteux, et plus à sa portée. La Lithographie ne serait pas inventée, et nous serions encore privés des merveilles qu'elle a produites.

Combien de fois, dans la création des arts, n'a-t-on pas vu un homme courageux lutter de toute l'énergie de son âme contre la misère qui l'inspire et qui l'arrête tour à tour, en stimulant son génie, et en le privant des moyens matériels nécessaires à l'exécution de ses hardis projets? Combien d'hommes peut-être sont restés méconnus, parce que le temps ou quelques écus leur ont manqué pour mettre au jour les vastes créations d'une haute intelligence? Bernard de Palissy, cet illustre potier, qui sut se faire un nom célèbre par la profondeur, par la variété de ses connaissances, et par plusieurs belles découvertes, poursuivait avec persévérance un travail sur les émaux, qui est devenu son plus beau titre de gloire. Sa misère était si profonde que, ne trouvant plus à se procurer à crédit le bois nécessaire à l'entretien de ses fourneaux, on le vit brûler tous ses meubles et jusqu'à son lit. Il avait prévu, dans sa haute sagacité, que ce dernier sacrifice était nécessaire à la réussite de ses projets, et son opiniâtre courage ne savait pas reculer devant les sacrifices. Ses espérances furent réalisées, et la France pouvait s'enorgueillir d'avoir produit un homme de génie de plus. Mais si Bernard de Palissy fut mort la veille de ce grand jour pour lui, qu'eût-il été pour les siens, sinon un maniaque enthousiaste, agissant sous l'impression de son imagination en délire? A quoi tiennent quelquefois le génie, et la réputation d'un homme!

Je vais montrer tout à l'heure Aloïs luttant avec le même courage contre les nombreux obstacles que la misère oppose à ses desseins; et le lecteur le verra sortir victorieux et plein de gloire de ce combat de tous les jours, pour lequel il puise sans cesse de nouvelles forces dans son génie et sa persévérance. Ce que je vais dire de la vie aventureuse et agitée de cet homme célèbre, est extrait en partie de son *Art Lithographique*, publié en 1818. J'y ajouterai les différens renseignemens que j'ai pu me procurer ailleurs, et qui me semblent présenter un caractère suffisant de vérité.

Aloïs Senefelder naquit à Prague en 1772. Son père, François-Pierre Senefelder, né à Kœnigshofen, étant devenu acteur du théâtre de la cour, à Munich, conduisit sa famille dans cette capitale; comme si la Providence avait voulu rapprocher Aloïs des carrières de Solenhofen, dont les pierres si communes dans cette ville, étaient indispensables à son immortelle découverte. Le jeune Aloïs fut envoyé au collége ou gymnase, et s'y distingua dans toutes les classes. Comme à sa sortie de cet établissement, à l'âge de seize ans, il donnait les plus belles espérances, son père l'envoya à l'Université d'Ingolstadt, pour y étudier le droit. Il y passa trois ans. De retour dans sa famille, le jeune Aloïs, qui se sentait peu de penchant pour l'étude des lois et le dédale de la chicane, s'essaya dans l'art dramatique. Le succès d'une première pièce, qu'il avait livrée au théâtre sous ce titre : *Les Connaisseurs de demoiselles* (Die Mädchenkenner), l'encouragea à se jeter dans cette voie; et lorsqu'il eut perdu son père en 1791 (1), il prit le parti de se faire acteur, pensant que son titre d'écrivain dramatique lui créerait une existence honorable et à part, dans cette carrière difficile. Ne pouvant être reçu au théâtre de la cour à Munich, il s'engagea successivement dans plusieurs troupes de province, et se dégoûta au bout de deux ans d'un état où il lui fallait acheter par tant de traverses et de désappointemens, quelques applaudissemens douteux et une gloire éphémère. Il se livra uniquement alors à la littérature dramatique. On vit paraître de lui successivement, *Mathilde d'Altenstein*, *le Frère d'Amérique*, *les Goths en Orient*. Les deux premières de ces pièces furent imprimées sous les yeux d'Aloïs, qui se familiarisa, dans cette occasion, avec les procédés typographiques. Ayant éprouvé plus tard quelques difficultés à publier d'autres pièces de sa composition, il conçut l'idée qui peut paraître assez singulière, de les imprimer lui-même, quoiqu'il n'eût pour cela ni le matériel convenable, ni l'argent nécessaire pour se le procurer.

Son génie inventif lui suggéra plusieurs moyens d'atteindre le but qu'il s'était proposé, et son admirable patience lui fut d'un grand secours dans ses recherches. Sa première idée fut de graver des lettres en creux dans des poin-

(1) Son père laissa en mourant une veuve et neuf enfans, dont six garçons et trois filles. Aloïs était l'aîné; ses frères s'appelaient Thiébaud, Georges, Charles et Clément : on les verra jouer un rôle dans l'histoire de la Lithographie. Le sixième mourut encore enfant. Ses sœurs se vouèrent au théâtre.

çons d'acier, et de les frapper sur de petites règles de bois, prises de champ, afin d'obtenir ainsi des lignes en relief, qu'il aurait réunies ensuite. Mais n'ayant ni les outils nécessaires, ni l'adresse convenable pour graver ces types, il dut renoncer à ce projet. Alors il essaya d'imprimer des caractères dans une pâte molle, et de couler ensuite de la cire à cacheter dans l'empreinte, pour y mouler les mots tracés à l'avance. Cette espèce de stéréotypage lui réussit assez bien (1); mais il se vit arrêté dans ses essais, parce qu'il n'était pas même assez riche pour acheter les caractères nécessaires à la composition d'une seule page. Si Senefelder eût possédé seulement quelques florins à cette époque, il se serait probablement borné à poursuivre et à perfectionner son idée première : invention ingrate, tant qu'il n'aurait pas eu recours à une matière plus résistante, et bonne tout au plus à tirer quelques exemplaires de ses comédies, sur lesquelles il fondait alors toutes ses espérances de fortune et de gloire. Il lui fallut toutes les rudes épreuves de la plus âpre misère, pour arriver à la Lithographie qui lui vaudra la reconnaissance de la postérité, à bien plus juste titre que quelques faibles essais dramatiques.

Obligé de renoncer à cette première méthode, Aloïs s'exerça à écrire à rebours, au moyen d'une plume d'acier, sur une planche de cuivre, recouverte de vernis de graveur; puis il faisait mordre à l'eau-forte les parties mises à nu, et il se servait de ces planches pour imprimer. Toutefois le prix du cuivre, beaucoup trop élevé pour ses faibles ressources, ne lui avait permis d'acheter qu'une seule planche qui, diminuant d'épaisseur à chaque essai, menaçait de ne pouvoir suffire à la suite de ses recherches. Aloïs se voyait donc encore une fois obligé de renoncer à son projet favori, s'il ne trouvait pas quelque matière qui pût remplacer le cuivre dans cette gravure, et dont le prix fût assez modique pour que sa misère ne s'élevât plus devant lui comme un invincible obstacle.

A Munich, tous les corridors sont dallés avec des pierres de Solenhofen. Quelques-unes s'étant trouvées par hasard sous sa main, Aloïs remarqua que leur surface était aussi unie que celle du cuivre; ce qui lui fit naître l'idée de s'en servir dans ses exercices d'écriture à rebours, pour ne reprendre le cuivre que lorsqu'il serait assez habile pour ne plus user son métal mal à propos. Un jour qu'il était occupé à ce travail, arrive sa blanchisseuse : ne trouvant pas un mor-

---

(1) Senefelder trouvait ainsi l'art de la Stéréotypie, qui n'était pas encore inventé, ou du moins qui lui était inconnu.

ceau de papier sur lequel il puisse écrire la note de son linge, le sien ayant été entièrement employé en épreuves, il fait à la hâte cette note sur une pierre qu'il venait de polir, dans l'intention de la recopier, dès qu'il se sera procuré du papier. Il se servit à cet effet du mélange de cire, de savon et de noir délayé dans l'eau, qu'il employait pour couvrir les pierres en guise de vernis. Ayant plus tard copié sa note sur papier, et comme il se disposait à l'effacer, l'idée lui vint d'essayer ce que deviendrait l'écriture s'il passait de l'acide sur la pierre, et s'il ne serait pas possible d'obtenir ainsi assez de relief, pour imprimer à la manière ordinaire des planches de bois.

La pierre de Solenhofen étant, par sa nature chimique, facilement attaquable par les acides, Aloïs devait réussir dans son essai. Qu'on juge de sa joie, lorsqu'il eut découvert que sa pierre avait abaissé son niveau de l'épaisseur environ d'une carte à jouer, dans tous les points laissés à découvert; tandis que la note de sa blanchisseuse était demeurée intacte, la pierre ayant été protégée dans cette partie, par l'encre dont il s'était servi! Toutefois, le tirage de cette planche présenta d'abord quelque difficulté. Les caractères se trouvant très-peu élevés au-dessus du niveau du fond, et le tampon ordinaire d'imprimerie dont se servit Senefelder ayant une forme semi-sphérique, l'encre pénétrait dans les interstices des lettres, noircissait le fond et ne permettait d'obtenir que des épreuves très-imparfaites. C'est alors qu'il imagina de faire usage d'un tampon plat, fait avec une planchette mince, de l'épaisseur seulement d'une ligne, sur laquelle il colla un morceau de drap. Sur ce drap, il colla une seconde planchette, épaisse d'un demi-pouce, et munie d'une main, pour pouvoir la tenir et la manier. Cela fait, il dressa la planchette inférieure sur une pierre, au moyen de sable fin, et il se servit de cet appareil pour encrer sa pierre. Le drap interposé donnant toute l'élasticité convenable, Aloïs put l'appliquer sur ses caractères, sans toucher le fond, et il réussit ainsi à tirer quelques épreuves assez bonnes.

Voilà donc, après bien des peines et une grande contention d'esprit, Senefelder arrivant de son côté au même résultat que M. l'abbé Schmid; mais ce n'est encore là que le premier pas qu'il fait dans la belle série de travaux qu'il entreprendra désormais, auxquels nul n'a encore pensé, et qui le conduiront à la découverte de la Lithographie. A partir de ce moment, toute l'importance de l'impression sur pierre se révèle à lui, et son génie en mesure toute la portée. Bientôt il a acquis assez d'habitude dans ce genre de travail, et il obtient des produits assez parfaits, pour en espérer un débit facile. D'ailleurs, il sent que son art est encore dans l'enfance, et il compte assez sur son génie et sur sa persévérance pour le perfectionner dans la suite. Alors, il veut monter une petite imprimerie qui, tout en lui donnant les moyens de vivre, lui fournira des occasions continuelles de découvrir les parties encore faibles de son invention, et de les modifier peu à peu.

Mais où prendre l'argent nécessaire à une pareille entreprise? Bernard de Palissy avait brûlé jusqu'à son lit, pour arriver au but de ses laborieuses recherches. Aloïs n'a pas même cette ressource. Les quelques meubles qui ornent son modeste logement ne lui appartiennent pas; il n'a rien au monde dont il puisse se défaire. Je me trompe cependant: Aloïs possède encore sa liberté, ce premier des biens, que chaque homme apporte en venant au monde; il en fera le cruel sacrifice, en échange de la faible somme qu'exigent ses nouveaux projets. Le prix d'un remplaçant à l'armée est de deux cents florins; c'est tout ce qu'il faut, pour monter une modeste imprimerie d'après son système; Aloïs n'hésite pas. Il sent toute l'importance du sacrifice qu'il va accomplir. Pendant quelques années, les exigences du service militaire l'obligeront d'interrompre ses recherches, mais aussitôt qu'il sera libéré, il possédera les deux cents florins dont il a besoin pour utiliser et perfectionner son invention. Cependant cette ressource sur laquelle il a osé compter dans son désespoir, et pour laquelle il va donner sa liberté, son temps, ce qu'il a de plus précieux, lui manquera encore. Aloïs est né en Bohème, à Prague, et les lois bavaroises ne permettent d'admettre dans l'armée que des nationaux!

Qu'on juge de l'affreux désappointement du pauvre Senefelder. Toutefois, une âme aussi fortement trempée que la sienne ne se laisse pas facilement abattre. Persuadé que sa nouvelle invention sera appliquable surtout à l'impression de la musique, il s'adresse à M. Gleissner, compositeur, et lui propose d'imprimer quelques-unes de ses œuvres. Sa proposition est agréée, et M. Gleissner consent à lui faire les faibles avances dont il a besoin pour organiser son imprimerie. Senefelder possédait déjà une presse d'imprimeur en taille douce, grossièrement faite, et qui n'avait coûté que six florins. Avec les fonds que M. Gleissner mit à sa disposition, il acheta quelques pierres et du papier. Il se mit alors à l'œuvre et imprima douze chansons, que son protecteur avait composées. Il en tira cent vingt exemplaires en quinze jours, et les vendit cent florins. Les matériaux n'en avaient coûté que trente.

Voilà donc Senefelder possesseur de soixante-dix florins, qu'il doit au premier essai fait un peu en grand de son invention. Jamais il ne s'est vu aussi riche.

Ce premier succès enflamme son courage, redouble ses espérances, et il lui semble que désormais il ne doit plus rencontrer d'obstacle dans son entreprise. C'est en 1796 que fut exécutée cette première impression sur pierre. Cette année doit demeurer à jamais célèbre dans les fastes de la Lithographie; car nous allons voir bientôt Senefelder perfectionner peu à peu son procédé, et le modifier au point d'arriver à la Lithographie proprement dite.

Un nouvel encouragement vint à la même époque fortifier les espérances d'Aloïs. M. Gleissner ayant fait présenter à l'électeur de Bavière, Charles-Théodore, un exemplaire de leur ouvrage, en reçut un cadeau de 100 florins, qui vinrent s'ajouter à leurs bénéfices. Il en coûte, après cela, de rappeler la parcimonie au moins singulière, que mit le premier corps savant de Munich à récompenser une invention d'un si haut intérêt pour les sciences et les arts. Senefelder avait présenté à l'Académie des sciences de Bavière un exemplaire de ses chansons, qu'il avait accompagné d'une note, où il développait les avantages de sa découverte. Il cherchait à en démontrer la fécondité, et l'heureux parti qu'on en pourrait tirer par la suite; et comme preuve de la grande simplicité de sa méthode, il terminait en disant que cette première œuvre avait été tirée avec une presse qui n'avait coûté que six florins. Il paraît que cette dernière observation fut ce qui frappa le plus l'esprit de Messieurs de l'Académie; et, dans leur munificence, ils envoyèrent douze florins à l'inventeur, ne doutant pas que, n'en ayant déboursé que six pour son matériel, il ne se montrât fort satisfait de recevoir le double de cette somme (environ 25 fr. 60 c.). On conçoit facilement que Senefelder, qui avait espéré un tout autre résultat, ne dut être que très-médiocrement touché de la sordide générosité des membres d'une institution, créée pour l'encouragement des sciences et des arts, qui remplissaient si singulièrement leur mission à son égard.

Toutefois, encouragés par ce premier succès et par la réussite de quelques autres essais qu'ils tentèrent encore, espérant d'ailleurs retirer des bénéfices plus considérables par la suite, d'un procédé qui leur avait si bien réussi jusque-là, Senefelder et M. Gleissner résolurent de faire construire une meilleure presse, toujours d'après le système de celles qu'on emploie pour la taille douce, c'est-à-dire à rouleaux. Ils s'attendaient à obtenir de cette machine des épreuves plus parfaites que celles qu'ils avaient produites jusqu'alors; mais quel fut leur désappointement, lorsqu'ils virent qu'elle ne leur livrait que des empreintes barbouillées, malgré tous les soins que Senefelder mit à l'encrage des planches et à leur tirage. Ils avaient déjà détruit leur ancienne presse, et ne voyant aucun moyen de corriger la nouvelle, ils ne purent tenir leurs engagemens, et livrer à temps les ouvrages qu'on leur avait commandés. De là, des contrariétés sans nombre, et des pertes bien sensibles dans les commencemens d'une semblable entreprise.

Senefelder reconnut plus tard la cause fort simple de cet échec; mais il en eut d'abord l'esprit si troublé, qu'il ne lui fut pas possible de l'apercevoir. Le cylindre supérieur de la première presse dont ils avaient fait usage, avait une large fente. Afin qu'elle ne produisît pas une interruption de pression dans le tirage, Senefelder avait soin de la faire correspondre chaque fois avec l'angle de la pierre; de cette manière, le papier se trouvait pincé avec la pierre même au commencement de la course; tandis que le cylindre de la nouvelle presse, étant parfaitement rond, attirait à lui la feuille de papier au moment où on lui imprimait le mouvement, et la faisait glisser sur le relief des notes, ce qui la barbouillait de noir.

S'imaginant qu'il fallait renoncer à la presse à rouleaux, Senefelder voulut essayer celle des imprimeurs typographes; mais lorsqu'il donna la pression nécessaire, les pierres ne purent la supporter et se brisèrent après le tirage de quelques épreuves. Pendant longtemps tous ses efforts pour obtenir de bonnes empreintes furent sans succès, et le peu d'argent gagné dans les premiers essais, fut bientôt épuisé; de sorte que le malheureux Aloïs retomba dans la position précaire dont les faibles secours de son associé l'avaient d'abord tiré.

Leurs fonds étaient épuisés, et comme il ne leur manquait qu'une bonne presse pour arriver à des résultats satisfaisans, ils s'adressèrent à M. Falter, éditeur de musique, ami de Gleissner, et qui leur avait déjà témoigné le désir de leur confier l'impression de quelques ouvrages. M. Falter consentit à faire les frais d'une nouvelle presse, dont les cylindres avaient quinze pouces de diamètre, et étaient munis chacun d'un moulinet, mu par un ouvrier, afin d'entraîner simultanément la pierre et le papier; ce qui permettrait d'éviter le frottement qui avait causé le non-succès de la presse précédente. Les prévisions de Senefelder furent réalisées, et tant qu'il manœuvra lui-même sa nouvelle presse, les épreuves vinrent bien. Malheureusement, il ne pouvait pas suffire à tout le travail de son imprimerie, et comme il en était lui-même l'écrivain, il se vit obligé de donner tout son temps à la confection des planches, afin de répondre aux différentes commandes qui commençaient à venir. Il mit alors à sa presse deux ouvriers qui gâtèrent inutilement tant de papier, que M. Falter, dégoûté d'un pareil résultat, renonça à cette méthode, et reprit son ancienne manière d'imprimer la musique avec des planches de métal.

Senefelder, peu exercé à écrire à rebours, employait beaucoup de temps à cet ouvrage, et ne parvenait qu'à une exécution médiocre. Il chercha à suppléer à ce travail, en écrivant sur du papier, à la manière ordinaire, avec une encre composée de sanguine et de gomme. Puis, il en tirait une contre-épreuve sur pierre, et suivait la trace indiquée avec l'encre qu'il employait habituellement. Plus tard, il pensa qu'il serait plus commode d'écrire avec cette encre grasse sur du papier couvert de gomme ou de colle d'empois, et de reporter cette écriture sur pierre. Pendant les nombreux essais qu'il fit pour arriver à un résultat satisfaisant en ce genre, il remarqua un jour qu'en passant une de ces feuilles écrites dans un vase plein d'eau sur laquelle surnageaient quelques gouttes d'huile, celles-ci s'attachèrent seulement à l'écriture, sans adhérer en aucune manière au papier gommé. Cette observation lui inspira l'idée d'essayer si le même effet aurait lieu avec de l'encre d'impression. Il trempa un feuillet d'un livre dans de l'eau gommée, le posa sur une pierre bien unie et, au moyen d'une éponge, passa sur ce papier de l'encre d'imprimerie, très-liquide. Celle-ci s'attacha uniquement aux caractères, sans se fixer sur le fond du papier, qui demeura parfaitement blanc. Alors Aloïs passa dessus une autre feuille de papier, soumit le tout à la presse, et obtint par ce moyen une contre-épreuve assez nette de l'écriture que portait le feuillet imprimé. Cette expérience lui inspira l'idée d'imprimer au moyen du papier; mais rebuté presque aussitôt par le peu de tenacité de cette matière, il essaya si le même effet ne se reproduirait pas sur pierre. Pour cela, il fit sur une pierre nouvellement polie une trace avec un morceau de savon, et y versa ensuite de l'eau gommée. Puis il la tamponna avec une éponge imbibée de couleur à l'huile. Il remarqua que la trace seule faite avec le savon avait pris le noir, le restant de la pierre étant demeuré intact. Ce fut là ce qui l'amena plus tard à se servir de crayons composés d'un savon noirci et rendu plus consistant par l'addition de diverses substances. Satisfait de ce premier essai, il voulut en tenter un autre. Il écrivit sur la pierre avec son encre grasse, mais il remarqua que les traits coulaient en largeur. Jusqu'alors il avait graissé ses planches avec de l'eau de savon, pour y écrire plus facilement. Il refit son second essai en ayant recours à ce procédé; après quoi il se servit d'un léger acide, pour enlever la petite couche de graisse encore adhérente à la pierre. Cela fait, la pierre fut recouverte de gomme, et l'essai réussit au gré de ses désirs. C'est à cette époque (1798), qu'il faut faire remonter l'invention de la Lithographie proprement dite; car Senefelder venait réellement de découvrir, par cette importante modification à ses premiers travaux, l'art merveilleux dont il a doté le monde, et qui doit être pour lui un si beau titre de gloire aux yeux de la postérité reconnaissante.

J'ai déjà fait remarquer que la Providence semblait avoir conduit Aloïs à Munich, pour le mettre à portée des carrières de Solenhofen, qui devaient lui fournir l'élément matériel le plus indispensable de sa découverte. Les pierres qu'elles fournissent sont, ainsi que je l'ai dit, éminemment propres à produire des reliefs par l'action convenablement ménagée d'un acide. Elles n'étaient pas moins aptes à se prêter aux nouveaux essais d'Aloïs, pouvant former avec les matières grasses et avec la gomme des combinaisons chimiques, que j'examinerai par la suite, et qui en font de fort bonnes planches à imprimer. Si, au lieu de ces pierres de Solenhofen, Senefelder en eût rencontré dont la nature eût été différente, celles-ci ne jouissant pas des mêmes propriétés, ne se seraient prêtées ni à la composition des planches en relief, ni à la confection des planches lithographiques, et l'art si utile qui fait le sujet de cet ouvrage n'eût peut-être jamais existé.

Ce fut à la même époque, et par suite de cet essai capital, que Senefelder inventa la gravure sur pierre, telle qu'on l'emploie encore aujourd'hui. Sa méthode consiste à recouvrir une pierre d'une eau faiblement gommée. Lorsque celle-ci est sèche, on grave légèrement des lignes qui mettent la pierre à nu, et la rendent ainsi susceptible de se combiner avec les substances grasses, l'encre lithographique par exemple, tandis que la gomme les repousse. Un titre de musique fut la première planche que Senefelder exécuta par ce nouveau procédé.

En même temps qu'il faisait ces importantes découvertes, Aloïs sentit la nécessité d'une presse plus propre à son nouveau genre d'impression, que celles dont il s'était servi jusqu'alors. A l'époque de ses premiers essais, il avait quelquefois tiré des épreuves en posant sur la pierre une feuille de papier recouverte de quelques maculatures et d'un papier lissé, sur lequel il frottait dans tous les sens avec une espèce de brunissoir en bois. Ce moyen lui revint alors en idée; il fit construire un châssis de bois sur lequel il tendit une forte toile, recouverte de papier lissé, et le fixa à charnières sur une table. Lorsque la pierre était encrée, et le papier posé, il rabattait le châssis par-dessus, et le frottait dans tous les sens avec un morceau de bois poli. Les épreuves réussirent à son entière satisfaction. Il commanda sur-le-champ deux châssis pareils, et tandis qu'il traçait ses planches, il y mit six ouvriers qui ne purent pas se former à ce travail; de sorte qu'il leur fallut trois rames de papier, pour obtenir trente-trois épreuves sans défectuosité. Toutefois, cet essai ne fut pas perdu, et amena Aloïs à faire usage du rateau.

rateau. Son génie fécond lui fit imaginer d'abord la presse à montant brisé, que quelques lithographes appellent aussi presse-gibet (Staugen- oder Galgen-Presse), à cause de sa forme élevée. Il en obtint un tirage plus prompt et plus net, qu'il n'avait pu le faire jusqu'alors.

Ces différens perfectionnemens permettant à Aloïs de livrer un plus grand nombre d'ouvrages, pour lesquels il recevait de fréquentes commandes, il appela auprès de lui ses deux frères Thiébaud et George, les exerça au dessin et à l'écriture sur pierre, et en tira par la suite un utile secours. En même temps, il prit quelques apprentis pour les former à l'impression des planches.

Jusqu'ici le lecteur a vu que Senefelder et les personnes qui s'étaient associées à lui, n'avaient retiré de l'impression sur pierre que des embarras et des pertes, et il avait fallu toute l'opiniâtreté de caractère d'Aloïs, et toute la prévision de son génie, pour le faire persévérer dans ses recherches, à travers d'incessans obstacles.

Dans leur association avec M. Falter, M. Gleissner ne touchait qu'un traitement de 300 florins, dont un tiers avait été saisi par suite de dettes faites pour la construction de leurs nouvelles presses. Les bénéfices de Senefelder n'étaient guère plus considérables, parce qu'il voulut consacrer la plus grande partie de son temps à des essais. Un aussi mince revenu ne pouvait suffire à Senefelder et à la famille Gleissner; et après avoir vendu toutes les pièces de leur mobilier, qui ne leur étaient pas strictement nécessaires, il leur fallut contracter de nouvelles dettes. Dans cette dure extrémité, les Gleissner ne firent jamais le moindre reproche à leur ami, qui les avait entraînés avec lui dans cette situation déplorable, et ils endurèrent avec une admirable patience tous les douloureux sacrifices qu'il fallut s'imposer. Mais du moment qu'Aloïs eut atteint dans son art le point où nous venons de le voir arriver, ses procédés étant moins coûteux et plus sûrs, sa position et celle de ses amis changea subitement. Son petit établissement commença à prospérer, et lui procura quelques bénéfices. En 1799, il obtint, pour toute la Bavière, le privilége d'exploiter, exclusivement à tout autre, son art nouveau, pendant quinze ans. Ce privilége portait qu'il était défendu d'exercer la Lithographie sous peine de 100 ducats de dommages et intérêts, et la confiscation des ouvrages et des appareils qui auraient servi à les produire.

M. André, éditeur de musique à Offenbach, se trouvant à Munich pour quelques affaires, visita l'établissement de Senefelder. Les procédés si simples et si remarquables de cet art à peine éclos, le frappèrent tellement, qu'il conçut la résolution de l'étudier, et de le mettre en pratique. Il proposa à Aloïs deux mille florins, s'il voulait le lui enseigner, et se rendre pour quelques mois auprès de lui à Offenbach, afin d'y monter une imprimerie. Aloïs accepta avec empressement ce marché, auquel ses plus beaux rêves n'auraient pas osé s'élever naguère.

Trois mois après, Senefelder était à Offenbach et organisait le nouvel établissement, dont les succès dépassèrent tellement les prévisions et les espérances de M. André, que celui-ci voulut exploiter très en grand une industrie qui lui semblait devoir le conduire à la fortune. Dans cette idée, il proposa à Senefelder de s'associer avec lui et ses trois frères, pour former cinq établissemens, dans différentes capitales de l'Europe. Les trois frères de M. André devaient diriger ceux de Berlin, de Paris et de Londres; Senefelder se mettrait à la tête de celui de Vienne, tandis que lui-même conserverait celui d'Offenbach. En échange de sa participation à cette vaste entreprise, on offrait à Aloïs le cinquième du bénéfice total. Cette proposition lui sembla si avantageuse, qu'il n'hésita pas à l'accepter, et il abandonna son établissement de Munich à ses deux frères Thiébaud et George, sous la réserve qu'ils lui tiendraient compte du quart de leurs bénéfices.

L'établissement d'Offenbach étant complétement monté, et pouvant désormais fonctionner sans sa présence, Senefelder se rendit à Londres, avec un des frères André, pour y prendre un brevet, organiser une imprimerie, et communiquer les procédés de son art nouveau à M. Philippe André, qui résidait dans cette capitale. Mais cet homme, d'un caractère froid et circonspect, craignant les indiscrétions de Senefelder, qu'il savait confiant et communicatif, le tint pour ainsi dire en charte privée, pendant les sept mois que celui-ci passa à Londres. Aloïs dégoûté de ce genre de vie, retourna à Offenbach, et l'établissement qu'il devait fonder en Angleterre n'eut point de suite.

Vers le même temps, un jeune étudiant de Strasbourg, du nom de Niedermayer, lié d'amitié avec les deux frères d'Aloïs, et ayant souvent visité leurs ateliers à Munich, fit de son côté quelques essais, pour monter une lithographie à Ratisbonne. M. Pleyel, éditeur de musique, l'appela à Paris, espérant tirer un bon parti pour son commerce, de l'habileté que ce jeune homme s'etait acquise dans un art dont on commençait à parler beaucoup en Allemagne. A l'aide de M. Niedermayer, on fit quelques essais d'impression, tant en dessins qu'en musique; mais la maison Pleyel s'étant bientôt convaincue que le prix trop élevé auquel revenaient les pierres de Solenhofen, rendues à Paris, et que leur embarrassant volume étaient des obstacles trop grands à l'exécution de ses projets, il ne fut pas donné de suite à ces essais. Aussi M. Niedermayer ne fit-il qu'un fort court séjour en France, et il reprit bientôt la route de l'Allemagne, pour se rendre à Vienne, où il fit des démarches pour obtenir un privilége exclusif pour toute l'Autriche. Ceci se passait en 1800. Thiébaud et George Senefelder, qui, dans l'intervalle, avaient été appelés dans l'établissement d'Offenbach, furent instruits de ces démarches de l'ami qui abusait ainsi de leur confiance, et ils écrivirent à leur mère, à Munich, pour qu'elle se rendît en toute hâte à Vienne, afin d'y solliciter le même privilége au nom de ses deux fils, Thiébaud et George.

La fortune commençant à lui sourire, Senefelder n'oublia pas qu'il avait dû à M. Gleissner les petites avances qui lui avaient été si nécessaires pour faire ses premiers essais, et il lui voua une reconnaissance sans bornes, pour les utiles secours qu'il en avait reçus. Dès ce moment il lie à son sort celui de M. et de Mme Gleissner, qu'il appelle à Offenbach dès que l'établissement qu'il y a fondé prospère assez pour les occuper l'un et l'autre; plus tard on voit ses deux amis le suivre partout, et il partage souvent avec eux les bénéfices de son industrie. Mme Gleissner ayant appris les démarches faites auprès du gouvernement autrichien, pour obtenir le privilége de la Lithographie, partit sur-le-champ pour Vienne, où elle alla réclamer le même titre pour Aloïs Senefelder, l'inventeur de cet art nouveau. Il résulta de ces trois demandes simultanées que le gouvernement autrichien, ne sachant à qui donner la préférence, quoiqu'il semble que son choix ne dût pas être douteux, prit le parti singulièrement prudent, de n'accorder le privilége à personne.

Par ce refus, l'association que Senefelder avait faite avec les frères André, perdait une partie de ses avantages; cependant elle présentait encore beaucoup de bénéfices probables à réaliser. Mais sans expérience des affaires, peu constant et facile à influencer, Aloïs se laissa persuader par les Gleissner, qui paraissent avoir toujours exercé sur lui un certain empire, qu'il était de son intérêt de rompre ce traité, pour courir à lui seul de nouvelles chances. Malheureusement il eut la faiblesse de se rendre à ces maladroits conseils, et il partit pour Vienne avec ses deux frères, afin d'y solliciter lui-même le privilége inutilement demandé jusqu'alors. De nouvelles et nombreuses contrariétés attendaient les trois frères, dans la capitale de l'Autriche; de sorte que, bientôt dégoûtés, Thiébaut et George se hâtèrent de retourner à Munich, pour y reprendre leur premier établissement, un moment abandonné.

Aloïs se montra plus persévérant. Il s'associa à M. Hartl, de Vienne, pour monter dans cette ville une Lithographie, dans laquelle ils s'occupèrent de l'impression de la musique. En même temps, ils firent toutes les démarches nécessaires pour obtenir le privilége que Senefelder désirait depuis si longtemps, et qui leur fut enfin accordé en 1803. M. Hartl était un homme d'état qui ne pouvait donner aucun soin à cet établissement naissant. Aloïs qui, comme on l'a vu, ne s'entendait guère aux affaires de spéculation et de commerce, resta donc seul chargé de sa direction. On avait monté plusieurs presses qui se trouvaient souvent sans ouvrage. Les autres éditeurs de Vienne, jaloux de cette nouvelle concurrence, se gardèrent bien de leur fournir du travail. Vainement M. Gleissner composa force musique; elle n'eut point de débit. Cet établissement, pour lequel M. Hartl avait fait une avance d'environ 20,000 florins, n'offrant aucun résultat satisfaisant à Senefelder, celui-ci céda sa part comme associé et son brevet à M. Steiner, secrétaire de M. Hartl, pour la faible somme de 600 florins, dont il ne toucha même que 50; M. Steiner lui ayant remis pour le reste une quittance de 550 florins, qu'il avait avancés à la famille Gleissner. Il se livra alors à l'impression sur toiles de coton. Déjà à Offenbach il avait fait quelques essais dans cette vue, et depuis il avait consacré ses momens de loisir à l'étude de ce genre de fabrication. Il engagea M. Hartl à entrer dans ses projets. On avait établi à Pottendorf une filature de coton dans laquelle M. Hartl était intéressé, et les actionnaires venaient de prendre la décision d'y joindre une manufacture de toiles peintes. C'est dans cet établissement que Senefelder monta une presse pour imprimer sur toiles de coton au moyen de pierres, d'après le procédé lithographique. Mais on rencontra tant de difficultés à rapporter une épreuve au bout de l'autre, qu'il fallut bientôt renoncer à ce système. Alors Senefelder s'occupa de la confection d'une machine à imprimer au moyen de deux cylindres en fer. Il revêtit l'un de ces rouleaux d'une couche de vernis de graveur, en couvrit la surface de dessin, en faisant usage pour cela d'un appareil de son invention, et le fit ensuite mordre à l'eau-forte. L'épreuve réussit parfaitement.

Senefelder croyait son sort désormais fixé par cette nouvelle découverte. On lui avait promis la place de directeur de l'imprimerie, un beau traitement et même un quart dans les bénéfices, qui devaient être considérables : sa riante imagination se complaisait dans des rêves brillans de fortune et de repos. Mais il était écrit que la vie d'Aloïs ne cesserait pas d'être aventureuse et agitée. Au moment où ses superbes espérances semblaient le mieux fondées, Napoléon venait d'établir le système continental qui, ne permettant plus aux cotons filés anglais de pénétrer désormais en Autriche, assura un grand débit et de larges bénéfices à la filature de Pottendorf. Cette circonstance imprévue détermina les propriétaires à renoncer au tissage des toiles et à leur impression, pour vendre tout leur coton en fil.

Ce changement subit ayant enlevé à Senefelder son emploi, ne put cependant détruire ses plus chères espérances. Persuadé que l'impression des toiles, d'après son nouveau procédé, devait réussir et produire des bénéfices considérables, il prit des arrangemens avec les frères Faber, qui possédaient une fabrique d'indiennes à St.-Poelten. Mais à peine ce traité est-il signé, qu'il reçoit de Munich, la proposition de s'associer avec M. d'Aretin, pour monter une lithographie dans cette capitale. Certainement Aloïs a beaucoup de confiance dans le perfectionnement qu'il a apporté à la fabrication des indiennes; mais la Lithographie, cette fille de son génie créateur, n'a-t-elle pas plus de droits à sa sollicitude? Laissera-t-il échapper l'occasion qui se présente, si séduisante et si opportune, de se livrer à de nouveaux travaux; de donner une nouvelle vie à un art, fruit de ses longues veilles et de ses patientes élucubrations? D'ailleurs, c'est dans sa patrie adoptive qu'on l'appelle, et depuis longtemps il désire la revoir. Il ne peut résister à tant de tentations, et il obtient de MM. Faber la permission d'aller passer quelques mois à Munich, pour y monter et y mettre en train cet établissement lithographique. Au bout de ce temps, il doit retourner à Vienne, pour faire exécuter la machine à imprimer aux rouleaux.

Ce fut en 1806, que Senefelder quitta Vienne. Un nommé Strohhofer, qui avait été apprenti d'un de ses frères, voulut, à cette époque, fonder une lithographie à Munich; mais Aloïs, qui avait obtenu le privilége pour toute la Bavière, s'y opposa. L'ancien apprenti se rendit alors à Stuttgardt, où il communiqua ce qu'il savait de cet art à M. le baron de Cotta. Celui-ci, qui demeurait alors à Tübingen, fonda à Stuttgardt un établissement lithographique, dont il confia la direction à M. Rapp. Cet établissement fut, après ceux de Munich, celui où cet art nouveau fut pratiqué avec le plus de succès. Il est vrai que Strohhofer ne connaissait que médiocrement les procédés qu'il avait vu pratiquer chez les frères Senefelder; mais les talens et la persévérance de ses nouveaux patrons suppléèrent efficacement à ce qui lui manquait de connaissances. Cette maison s'occupa principalement de la gravure sur pierre, et c'est à elle qu'on doit le premier traité de Lithographie qui ait paru; il fut publié sous ce titre un peu long:

Le secret de l'impression sur pierres (ou moyennant des pierres), dans toute son étendue, décrit d'après ses propres expériences, par un amateur; comme in-

vitation à la réflexion et à la coopération de tous ceux qui s'intéressent au perfectionnement de ce nouvel art.

Publié par la librairie de J.-G. Cotta, à Tübingen. 1810 (1).

Le lecteur se rappelle ce nommé Niedermayer, autrefois étudiant à Strasbourg, et qui avait vainement essayé d'organiser une lithographie à Paris, sous le patronage de la maison Pleyel. Ce jeune homme courait à présent le monde, pour y vendre ce qu'il devait à la confiance des deux frères de Senefelder, dont il avait été l'ami. N'ayant pu réussir à Vienne, il se rendit à Munich, pendant l'absence d'Aloïs, et vendit ses procédés à la direction de l'école gratuite de dessin, pour la faible somme de trois louis. Mais le personnel de la direction n'ayant pas tardé à s'apercevoir que les moyens que Niedermayer lui avait cédés, étaient trop incomplets pour donner des résultats satisfaisans, prit des arrangemens en 1804 avec Thiébaud et George Senefelder, qui lui livrèrent tous les procédés lithographiques connus alors, moyennant une pension annuelle de 700 florins.

La direction de la nouvelle imprimerie fut confiée à M. Mitterer, professeur de l'école de dessin. A partir de cette époque, la Lithographie va recevoir une impulsion nouvelle, et on la verra s'occuper principalement des arts du dessin, auxquels elle est éminemment propre. L'habile M. Mitterer apprécia du premier coup d'œil l'immense parti que les arts pouvaient tirer de la manière du crayon. Il employa tous ses soins et tout son talent à la perfectionner; ce qui a porté plusieurs personnes à lui attribuer l'invention de ce procédé si utile et aujourd'hui si répandu. Mais aussi modeste que juste, cet habile artiste s'est plu, dans toute occasion, à déclarer que l'idée première de dessiner sur pierre au moyen d'une matière grasse solide, ainsi que tous les autres procédés lithographiques, est le fruit des laborieuses recherches de l'ingénieux et infatigable Senefelder: son rôle à lui s'étant borné à perfectionner ce procédé, et à exécuter les premiers travaux importans qu'on ait dûs à l'emploi du crayon lithographique.

Puissamment secondé par M. Steiner, directeur, et par M. Weichselbaum, inspecteur de l'école, M. Mitterer fit faire de rapides progrès à la Lithographie, qui lui doit un grand nombre de perfectionnemens remarquables. Il est vrai que cet

(1) Das Geheimniß des Steindrucks in seinem ganzen Umfange, praktisch und ohne Rückhalt nach eigenen Erfahrungen beschrieben von einem Liebhaber. Als Einladung zum Nachdenken und Mitwirken an alle, denen die Vervollkommnung dieses neuen Kunstzweiges angelegen seyn kann.

Im Verlag der J. G. Cotta'schen Buchhandlung in Tübingen, 1810.

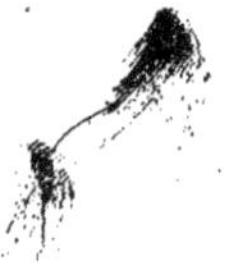

habile dessinateur se trouvait pour cela dans une position très-favorable. L'école possédait un laboratoire de chimie et un atelier de mécanique, qui furent mis à sa disposition, et qui lui furent régulièrement d'un puissant secours dans ses recherches et ses essais. D'ailleurs les chefs de l'école semblaient avoir pris sous leur patronage un art encore dans l'enfance, mais qui leur paraissait digne de toute leur sollicitude, et auquel ils prédisaient le plus brillant avenir. Souvent ils se réunissaient pour se concerter entre eux sur de nouvelles expériences à faire; pour discuter de leur mérite et de leur succès probable. C'est dans une de ces fréquentes conférences qu'il donnèrent le nom de *Lithographie* à l'art de Senefelder, jusqu'alors appelé impression sur pierre, ou impression chimique (Steindruck oder Chemischer Druck).

Au nombre des améliorations et des changemens dus à M. Mitterer, il faut citer surtout une presse de son invention. Cet artiste expérimenté ne tarda pas à reconnaître que la presse-gibet ou à montant brisé de Senefelder, n'était pas propre au tirage des planches dessinées au crayon; et dès 1805, il la remplaça par celle qu'il désigna sous le nom de *presse à moulinet*, qui a l'avantage de réunir un mouvement parallèle à une plus forte pression. Cette presse, qui n'a subi que quelques légères modifications dans les détails de sa construction, est encore regardée aujourd'hui comme la meilleure, et est employée à peu près dans toutes les lithographies, pour le tirage des travaux importans.

Grâce à tant d'élémens favorables, l'établissement dirigé par M. Mitterer réussit au-delà de toute espérance. On en vit sortir une grande quantité d'études de dessin et autres objets d'art, qui servirent à convaincre les plus incrédules, du puissant avenir de la Lithographie, et qui assirent solidement la réputation d'un art qui ne comptait encore que quelques années d'existence. La découverte de Senefelder était désormais acquise au monde civilisé, et personne ne pouvait plus se refuser à en reconnaître la haute utilité.

Cependant Senefelder avait vu avec déplaisir que ses frères eussent vendu à son insu les procédés de la Lithographie, à un établissement qui menaçait de lui disputer le premier rang. Usant de son droit d'inventeur, et comptant d'ailleurs sur les prérogatives du privilége qu'il avait obtenu, il voulut, après son retour de Vienne, interdire ce genre d'impression à l'école de dessin. Mais tous ses efforts pour faire respecter ses titres échouèrent. Il s'éleva à ce sujet une longue discussion; on regarda comme légitimement acquis les procédés et la faculté d'en faire usage, cédés par les frères d'Aloïs, et il fut décidé que l'établissement dirigé par M. Mitterer pouvait continuer à pratiquer la Lithographie.

Quoique ayant désormais à lutter contre cette concurrence redoutable, Senefelder s'occupa activement d'organiser un nouvel établissement, ainsi qu'il en était convenu avec M. le baron d'Aretin. Cinq presses y furent mises en mouvement, tant pour l'impression de la musique, que pour des objets d'arts et divers travaux demandés par le gouvernement. Le premier ouvrage publié par les deux nouveaux associés fut un livre de prières, dont les marges sont ornées de dessins d'Albert Dürrer, et qu'ils imprimèrent en différentes couleurs.

La beauté de leurs impressions fut génèrelement admirée, et attira sur Senefelder l'attention de la famille royale. Le prince héréditaire (le roi actuel) fit mouler en plâtre, à cette époque, le buste de l'ingénieux inventeur, pour le faire exécuter plus tard en marbre, et le placer à côté des artistes les plus distingués de la Bavière. C'est alors que Senefelder et M. d'Aretin annoncèrent un spécimen des différentes manières que la Lithographie pouvait produire. L'ouvrage devait se composer de 40 feuilles. La première livraison de 10 feuilles fut seule publiée; le reste n'a jamais paru.

Senefelder possédait au plus haut degré le génie observateur et inventif : c'est à cette faculté puissante qu'il devait ses admirables succès. M. le baron d'Aretin était un juste appréciateur des arts, profondément pénétré du sentiment du vrai et du beau, de sorte que ces deux hommes possédaient toutes les qualités convenables pour livrer au public des produits remarquables sous le rapport de l'art. Malheureusement, ils n'avaient ni l'un ni l'autre cet esprit mercantile qui fait la fortune d'un établissement industriel. Ils crurent qu'il leur suffirait d'être artistes, là où il aurait fallu avant tout être marchands. Aussi, quoique leurs ouvrages fissent honneur à leurs ateliers, ils en retirèrent de si faibles bénéfices, qu'ils se décidèrent au bout de quatre ans, à abandonner cette ingrate entreprise. Une partie de leur établissement fut cédée à M. Mannlich, directeur de la *galerie de tableaux*; l'autre fut achetée par M. Zeller.

M. Mannlich n'était pas un spéculateur; il n'avait fait cette acquisition que dans le but de perfectionner l'art lithographique, et il répondit largement à cette noble intention. Il se distingua surtout par l'exécution d'un grand ouvrage, dans lequel, sous le titre de *Œuvres lithographiques de Strixner et Pilotti*, il reproduisit des fac-simile des dessins des anciens maîtres, qui se trouvent dans le cabinet du roi de Bavière. Il y fit usage pour la première fois de planches à teintes plates, imitant le dessin sur papier de couleur, rehaussées de lumières blanches.

Ces différentes circonstances ayant retenu Senefelder à Munich beaucoup plus longtemps qu'il ne l'avait supposé d'abord, il ne put remplir les engagemens qu'il avait contractés à Vienne avec les frères Faber, dans le but d'y monter une machine à imprimer les toiles de coton, au moyen de rouleaux.

Il en arriva du privilége obtenu par Aloïs en Bavière, ce qui a trop souvent lieu au détriment des inventeurs. Dès que les procédés de la Lithographie commencèrent à être connus, il s'éleva, même sous ses yeux, quantité d'établissemens qu'il lui fut impossible d'empêcher. Voici la nomenclature de ceux qui furent créés à Munich.

Le lecteur a déjà vu que la première lithographie fut fondée par Senefelder, avec des fonds que lui avait avancés son ami Gleissner. A son départ pour Offenbach, il laissa à la tête de cette imprimerie ses deux frères Thiébaud et George, qui, en 1805, la cédèrent à l'école gratuite de dessin. C'est alors que, sous la sage et savante direction de M. Mitterer, elle s'éleva à un haut degré de prospérité et de perfection.

M. Sidler, qui avait appris la Lithographie chez les frères Senefelder, et travaillé plus tard chez M. d'Aretin, obtint du gouvernement la permission de monter un établissement à Munich.

Thiébaud Senefelder fut placé plus tard à la tête d'une imprimerie lithographique fondée par le gouvernement, pour des travaux administratifs. De cet établissement, on en vit bientôt naître deux autres, dirigés par MM. Helmle et Roth, qui furent autorisés à cet effet par le ministre.

Bientôt après, on monta une nouvelle lithographie auprès de l'administration royale des pauvres, et un M. Dietrich, employé au trésor, en forma une autre.

Ce ne fut pas seulement à Munich, que Senefelder vit s'élever des établissemens pour exploiter sa découverte. Cet empressement était sans doute pour lui un hommage très-flatteur et la preuve la plus positive du haut intérêt qu'on attachait à l'art qu'il venait de créer; mais c'étaient en même temps des concurrences redoutables qui pouvaient lui enlever la légitime récompense de tant de persévérance et de travaux. Il lui fallut se résigner au sort trop ordinaire des inventeurs, qui ne réussissent le plus souvent qu'à faire la fortune de quelques spéculateurs heureux.

J'ai déjà dit que la Lithographie avait été portée à Stuttgardt par M. Strohhofer. M. Dall'Armi, de Munich, la fit connaître à Milan, à Rome, à Venise. On voyait de nombreux voyageurs arriver sans cesse dans la capitale de la Bavière, attirés par ce qu'ils avaient entendu dire de cet art nouveau. Ils allaient l'étudier; puis, lorsqu'ils croyaient en avoir acquis des notions suffisantes, ou lorsqu'ils étaient parvenus à débaucher quelques ouvriers pris dans les différens établissemens en activité, ils se hâtaient de rentrer chez eux, pour mettre en pratique les moyens qu'ils s'étaient procurés. Des ouvriers quittèrent spontanément les ateliers de Munich, pour colporter dans différentes villes leur savoir et leur expérience. Senefelder lui-même, d'un caractère très-expansif, avait fait connaître ses procédés à un grand nombre de personnes, durant ses fréquens voyages; et tandis que l'Europe se couvrait d'établissemens lithographiques, il n'en avait point lui-même, et allait être réduit à la douloureuse nécessité de demander de l'ouvrage à l'un ou à l'autre de ses élèves, ou à quelqu'un de ceux qui lui devaient leur prospérité. Heureusement le gouvernement bavarois se fit un devoir d'assurer un revenu à l'homme de génie, à qui il avait tant nui lui-même, en ne faisant pas respecter son privilége. En 1810, Senefelder fut employé au bureau du cadastre, avec le titre d'inspecteur de la Lithographie, et un traitement annuel de 1500 florins, qui devait lui être continué pendant toute sa vie. Toujours fidèle à son amitié pour Gleissner, Aloïs obtint en même temps pour lui une place de 1000 florins. Le bureau où il venait d'entrer avait été fondé par M. Mettenleithner, habile graveur sur cuivre. Il occupait alors une trentaine de graveurs sur pierre, à reproduire les nombreux plans du cadastre du royaume de Bavière.

Dès qu'il se vit un revenu assuré et une position fixe, Senefelder songea à se marier. Il épousa en 1810, une jeune fille de seize ans, qu'il eut la douleur de voir mourir en couches. En 1813, il se remaria avec la nièce du compositeur Winter. Cette femme, pleine d'ordre et d'économie, usa de tout son pouvoir pour mettre un frein à l'esprit remuant et aventureux de son mari, dans l'espérance de le préserver désormais des nombreuses contrariétés et de la position gênée qu'il avait si souvent éprouvées, durant sa vie de garçon. Malheureusement, elle n'eut pas toujours assez d'empire pour arrêter cette imagination fougueuse, et elle ne put imprimer à la vie de Senefelder un calme qu'elle croyait nécessaire à son bonheur; mais qui était incompatible avec son caractère.

C'est à la même époque, que Senefelder commença à recueillir les matériaux d'un traité pratique de Lithographie; mais constamment possédé du désir de perfectionner et d'inventer du nouveau; rejetant le lendemain les planches qu'il avait faites la veille, et qui ne lui paraissaient plus assez parfaites, ce ne fut qu'en 1818, que son ouvrage vit enfin le jour. On y trouvait convenablement décrits tous les procédés alors connus de l'art lithographique, et de plus, Senefelder y avait inséré l'historique de tous ses travaux. Cette partie de son ouvrage m'a été fort utile pour la rédaction de ce chapitre.

En 1817, Senefelder soumit à l'Académie royale des sciences de Bavière, le modèle d'une presse lithographique de son invention, sur laquelle l'ouvrage se faisait par un moyen mécanique. Cette savante société, cette fois plus généreuse, lui décerna une médaille d'or à cette occasion. Cependant, malgré cette haute marque d'estime, il paraît que ce modèle était loin d'avoir résolu ce problème difficile, car il ne fut jamais exécuté en grand, et n'a jamais été employé, même par Senefelder.

C'est un inconvénient fort grave pour nos établissemens lithographiques, que la nécessité de faire venir de fort loin des masses de pierres toujours très-lourdes, et dont le transport est très-coûteux. Un pareil obstacle ne pouvait pas échapper à l'esprit pénétrant d'Aloïs, qui dut chercher à le surmonter. Il lui sembla possible de fabriquer une matière artificielle, qui présenterait les propriétés chimiques de la pierre lithographique, avec sa solidité et son grain uni et serré. Il imagina en effet un carton, recouvert d'une couche blanche, sur laquelle on pouvait écrire ou dessiner, et qui permettait de tirer un certain nombre d'épreuves. Je donnerai plus tard quelques détails sur la fabrication de ce carton, dont Senefelder espérait tirer un très-grand parti dans les lieux éloignés des carrières de Solenhofen.

Cette idée riante l'amena à Paris en 1819 : il y arriva dès les premiers jours de Janvier, accompagné de M. Knecht, qui connaissait déjà la capitale de la France ; M. André d'Offenbach l'ayant chargé dans le temps, de la liquidation de l'établissement qu'il y avait fondé en 1802. Depuis, M. Knecht s'était trouvé en relations avec Senefelder, ayant été envoyé auprès de lui, à Munich, pour le hâter de publier son traité de Lithographie, pour lequel M. André lui avait déjà avancé une somme de 2000 florins. C'est en se rendant à Paris, qu'Aloïs fit la connaissance de la maison Treuttel et Würtz, en passant à Strasbourg, et il prit avec elle des arrangemens pour publier en français la traduction de son *Art lithographique*. Cette publication fut la première occupation de Senefelder et de M. Knecht, à leur arrivée à Paris. Ils en imprimèrent les planches sur une presse provisoire, construite à la hâte dans un atelier qui leur fut donné, rue de Lille, par MM. Treuttel et Würtz. Senefelder s'arrangea en même temps avec cette maison, pour former à Paris un établissement lithographique ; mais son caractère mobile, qui avait déjà dérangé ses précédens projets, fit encore avorter celui-ci. Imprimer comme tout le monde, semblait ne pas le satisfaire; ce n'était plus une occupation à sa taille : il préféra donner tous ses soins à la fabrication de ses cartons lithographiques, et à la construction d'une presse portative de son invention, dont je parlerai par la suite. Ce fut à cette époque, après huit mois de séjour environ à Paris, qu'il fut appelé à Vienne, pour établir une lithographie dans les bureaux du ministère autrichien.

Senefelder retourna à Paris en 1820, accompagné de ses deux frères Thiébaud et Clément. Il s'y occupa surtout du perfectionnement des cartons lithographiques, et fit construire plusieurs presses spécialement destinées à leur usage. Une d'elles avait la forme d'une table ronde, et tournait entre deux cylindres qui opéraient la pression. Deux petits cylindres, revêtus de flanelle, mouillaient les planches, et trois autres, recouverts de peau, étaient destinés à l'encrage. On plaçait sur la table huit cartons lithographiques, qui passaient successivement sous ce système de cylindres, par suite du mouvement de rotation qu'un ouvrier imprimait à la table, au moyen d'une manivelle. Un second ouvrier était occupé à poser le papier, et à enlever les épreuves. Cette presse fut loin de répondre aux espérances de Senefelder. Ne pouvant en obtenir de bonnes épreuves, il la brûla dans un moment de dépit, et partit pour Munich.

Cependant, il revint bientôt une troisième fois à Paris, et substitua des feuilles de zinc, au carton trop fragile sur lequel il étendait la couche qui représentait la pierre. Malgré ce changement, il ne put réussir à remplacer les pierres, et, après deux ans d'essais infructueux, son établissement, qui était loin de procurer des bénéfices à ses entrepreneurs, fut cédé à M. Knecht, qui le continua sous la raison de Senefelder et Ce. Plus sage que ses devanciers, tant qu'il fut à la tête de cet établissement, M. Knecht ne s'occupa que d'impressions lithographiques, notamment dans la manière de la gravure, qui lui doit plusieurs perfectionnemens. C'est à ses presses qu'est dû un ouvrage très-important : *La Flore du Brésil.* M. Knecht réussit complétement dans la direction de sa lithographie. En 1831, il vendit cet établissement à M. Roissy, et se retira des affaires avec une fort jolie fortune. Il consacre à présent ses loisirs à perfectionner les planches de zinc recouvertes d'un enduit, et il espère les rendre tellement propres aux autographies et aux reports, qu'elles pourront, à ce qu'il croit, avantageusement remplacer les pierres pour ces genres de travaux.

N'ayant pu réussir à Paris, Senefelder essaya de former des établissemens à Strasbourg et à Vienne. Mais les procédés de la Lithographie étaient alors si répandus, qu'il était facile de se passer de son secours; et comme on connaissait son humeur changeante et sa tendance à entraîner ses associés dans des dépenses sans résultats, personne ne voulut plus consentir à s'adjoindre à lui. Il y avait à cela beaucoup de prudence. Si Aloïs eût été moins enthousiaste et plus constant, il eût pu acquérir de la fortune, en exploitant sa découverte, qu'il aurait perfectionnée peu à peu, à mesure que l'occasion s'en serait offerte à lui dans la pratique; et il n'aurait pas occasionné autant de pertes à ses associés, par la mobilité de sa pensée.

Voyant toutes ses offres repoussées, Senefelder se retira en Bavière, où il vécut, de 1825 à 1834, du revenu de sa place d'inspecteur de la Lithographie, à la direction du cadastre. Cet emploi n'était qu'une sinécure, dont toutes les fonctions se réduisaient pour lui à en toucher les appointemens. N'ayant plus à s'occuper de l'impression sur pierre, et un esprit comme le sien ne pouvant pas rester oisif, il chercha à multiplier les tableaux à l'huile par l'impression. Il composait à cet effet quantité de petits cylindres de toutes couleurs, et dont la base était une matière grasse. Il les juxtaposait verticalement les uns aux autres, à la manière d'une mosaïque; et lorsque tout le tableau était réuni et serré dans une forme, il en humectait la surface avec de la lessive caustique, qui en dissolvait une légère portion, et y appliquait une toile ou un papier. Il pouvait tirer ainsi un nombre d'exemplaires, qui dépendait de la matière colorante que pouvait céder l'épaisseur de la mosaïque. Il se proposait de publier son procédé, dès qu'il l'aurait porté à une certaine perfection; mais l'ouvrage qu'il avait annoncé sur ce sujet n'a jamais paru, probablement parce que la mort est venue le surprendre dans ses travaux.

Aloïs Senefelder mourut à Munich, le 26 Février 1834, après une courte maladie, à l'âge de soixante-deux ans. Le roi Louis de Bavière lui fit ériger un mausolée, dont l'inscription est gravée sur une pierre de Solenhofen. Hommage ingénieux, qui rappelle les travaux de l'inventeur de la Lithographie.

Peu d'hommes ont fait preuve d'un génie inventif aussi fécond et d'une aussi grande facilité pour le travail. Sans qu'il eût jamais appris à dessiner, on le vit en peu de temps tracer sur pierre, avec assez de correction, des planches au crayon, à la plume, ou gravées. Lorsqu'il s'occupa de son impression en mosaïque, il s'exerça à la peinture à l'huile, et entre autres ouvrages, copia une Madone avec tant de grâce et de fini, qu'on l'eût prise pour l'œuvre d'un peintre exercé. Il a écrit plusieurs ouvrages dramatiques; il rimait avec facilité et a composé quelques airs qu'il chantait agréablement en s'accompagnant sur le piano. Il aimait la lecture avec passion, et dévorait tous les ouvrages qui lui tombaient entre les mains, sans se montrer d'ailleurs fort difficile dans leur choix. La polémique des journaux était devenue pour lui un véritable besoin.

Senefelder saisissait avec avidité toutes les occasions qui se présentaient à lui de poursuivre une découverte. Ayant lu dans les journaux anglais, pendant qu'il était à Londres, que le gouvernement proposait 33,000 livres sterling, pour la découverte d'un ballon qu'on pût diriger contre le vent, l'idée de figurer dans ce concours l'absorba au point qu'il renonça à ses autres travaux. Il congédie ses ouvriers et ferme ses ateliers, situés dans une vaste salle de l'hôtel Roquelaure. Il achète tous les ouvrages qu'il peut se procurer sur l'aërostatique, et étudie avec ardeur cette science difficile. En même temps, il se met à l'ouvrage. Au bout d'un mois, il avait construit de petits ballons qui s'élevaient au plafond; ils supportaient, au moyen de longs fils, des nacelles qui flottaient à cinq pieds de terre. Un grand soufflet, Éole obéissant, fut dirigé contre les nacelles, qu'il agitait sous son souffle puissant, sans toucher les ballons; car pour ceux-ci, Senefelder jugeait inutile de les soumettre à cette force, ayant calculé que, dans une expérience en grand, ses ballons seraient au-dessus de la région des vents. Ceci doit donner une idée du peu de connaissances physiques de Senefelder. Heureusement il fut aisé de lui faire sentir son incompétence dans cette question; et, descendant des hauteurs de l'atmosphère, il retourna à sa lithographie, en rappelant auprès de lui les ouvriers qu'il avait congédiés depuis un mois.

Une autre fois, pendant qu'il était à Paris, Senefelder voit dans un journal que M. Oberkampf offrait cent louis pour la découverte d'une teinture bleue solide sur coton. Aussitôt il abandonne sa lithographie et ses cartons pour faire des essais de teinture. Au bout de dix jours, il croit avoir réussi, et adresse son procédé à M. Oberkampf. Ce fabricant était absent dans ce moment; la réponse se fit attendre, et lorsqu'elle arriva, Senefelder avait quitté Paris. Cette affaire n'eut pas de suite.

Ces deux faits, que je rapproche, peuvent donner au lecteur une idée du caractère mobile et entreprenant de Senefelder, en supposant que ce que j'avais déjà dit de cet homme célèbre, n'eût pas suffi pour le faire connaître. Cependant, il a montré une grande persévérance dans la poursuite de son immortelle découverte, et ce n'est que lorsqu'elle fut assurée, que son esprit, qui avait besoin d'une occupation forte, se porta successivement sur tant d'objets différens. D'ailleurs, quoiqu'il eût éprouvé tout ce que la misère a de plus poignant, il s'inquiétait peu du soin de sa fortune, et montrait une grande insouciance pour l'argent. Dès qu'il en avait, il se plaisait à le donner, ou à en régaler ses amis. Il se trouva toujours endetté; et il faisait ordinairement escompter 6 à 8 mois d'avance les trimestres de la pension de 1500 florins (3200 francs), que lui faisait le roi de Bavière.

Mais si Senefelder ne s'éleva jamais à une fortune à laquelle il tenait peu, il fut assez heureux pour voir que, de son vivant, ses contemporains avaient su apprécier dignement son admirable découverte. De toutes parts il apprenait qu'on fondait des lithographies nouvelles, et que des hommes laborieux travaillaient à perfectionner un art qu'on devait à son génie. Cet accord de tous les peuples civilisés à adopter avec empressement ses ingénieux procédés, dut être pour lui une joie bien douce, et une marque certaine et anticipée de la reconnaissance de la postérité.

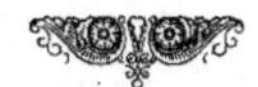

CHAPITRE II.

SUITE DE L'HISTOIRE DE LA LITHOGRAPHIE.

J'ai réuni dans le chapitre précédent tous les documens que j'ai pu me procurer sur l'origine de la Lithographie, et sur l'histoire de l'homme célèbre à qui nous devons cet art admirable. Je me propose de parler dans celui-ci de l'introduction et des progrès de l'impression sur pierre en France, et de sa propagation dans d'autres pays. J'ai longtemps reculé, je l'avoue, devant la rédaction de cette partie de mon ouvrage, et plus d'une fois j'ai été tenté de laisser à d'autres le soin d'écrire une histoire à laquelle je ne suis pas étranger. Rien n'est délicat comme de parler de soi-même; et, cependant si je me décide à traiter ce sujet, le respect pour la vérité ne me permet pas de taire la part que j'ai prise aux travaux des lithographes. D'un autre côté, j'ai craint qu'en ne donnant point ce chapitre, on ne m'accusât de laisser une lacune fâcheuse dans un ouvrage de l'importance de celui que je livre aujourd'hui au public; et cette considération l'a emporté dans mon esprit sur la première. Il m'a paru que je ne devais considérer ici que la convenance du lecteur, et que, dans le désir de lui être agréable, je devais faire abstraction de toute considération personnelle. Je vais donc achever la tâche que je me suis imposée, en priant toutefois qu'on ne juge pas avec trop de sévérité cette partie si difficile de mon travail. Au reste, afin de me mettre plus à l'aise, je chercherai à m'effacer autant que possible comme historien, et je saisirai avec empressement toutes les occasions qui pourront se présenter, de citer textuellement les différens auteurs qui ont écrit sur cette matière.

Le lecteur a déjà vu dans le chapitre précédent, qu'un jeune étudiant de Strasbourg, nommé Niedermayer, avait été appelé à Paris, en 1800, par la maison Pleyel, afin de monter une imprimerie lithographique pour la musique; mais qu'on renonça bientôt à cet établissement, à cause du prix élevé auquel revenaient les pierres de Solenhofen, et de l'embarras qu'occasionnait leur grand volume.

Ainsi qu'il en était convenu avec Senefelder, M. André d'Offenbach se rendit aussi à Paris en 1802, pour y établir une lithographie. Il prit un brevet d'importation de cet art en France, et livra au public de la musique et quelques dessins d'animaux du jardin des plantes. Mais il ne put réussir à produire des épreuves passables, et c'est avec peine qu'on trouve aujourd'hui, dans quelque cabinet d'amateur, à titre de curiosités historiques, quelques-uns des faibles produits de cet établissement. Peu satisfait de ces médiocres résultats, M. André retourna en Allemagne en 1805, après avoir vendu ses procédés à MM. Choron, Baltard et quelques autres artistes. Mais ceux-ci, dégoûtés par l'insuccès de leurs essais, qu'ils attribuèrent à des réticences de M. André; mais qu'il faut plutôt chercher dans l'état d'imperfection où se trouvait l'art à cette époque, y renoncèrent bientôt, et la Lithographie tomba à Paris dans un oubli complet.

Il ne resta de ces premières tentatives qu'une nouvelle application des principes lithographiques, imaginée par M. Duplat, habile graveur sur bois. Elle consistait à dessiner un sujet sur une pierre, qu'on faisait alors mordre à l'acide nitrique, jusqu'à ce que les traits couverts par l'encre grasse, fussent assez élevés, pour qu'on pût les multiplier par le clichage. Les planches ainsi obtenues, s'imprimaient par le procédé ordinaire de la typographie, à la manière des gravures sur bois. Une édition des Fables de Lafontaine, publiée en 1811 par Auguste Renouard, et les Lettres à Émilie sur la Mythologie, publiées en 1812 par le même éditeur, sont ornées de planches exécutées par M. Duplat, au moyen de ce procédé, pour lequel il avait reçu, en 1810, un prix de 2000 francs, de la Société d'encouragement.

Les événemens de la guerre ayant conduit nos armées à Munich, quelques hommes distingués, qui en faisaient partie, en profitèrent pour prendre connaissance des procédés lithographiques. Ce furent surtout M. Denon, alors directeur des musées impériaux, le général Lejeune, et M. Lomet. Dès 1806, M. Lomet s'était procuré quelques pierres et des crayons lithographiques; il avait exécuté divers dessins et tiré des épreuves, qu'il apporta avec lui à son retour en France, en 1808. Arrivé à Paris, il s'empressa d'y communiquer tout ce qu'il avait appris à Munich; mais en dépit de sa persévérance et de ses exhortations, et quoiqu'il montrât des épreuves capables de faire juger avantageusement de l'avenir de ce nouvel art, il ne trouva personne qui voulut s'y adonner et en doter la France.

Bien que peu encouragé par ses premières démarches, M. Lomet ne se rebuta pas. Il s'adressa à M. Molard, directeur du conservatoire des arts et métiers, et lui remit, pour la déposer dans les collections du musée, une pierre dessinée, prête à être imprimée, et sur laquelle on avait déjà tiré 5000 exemplaires. Appelé plus tard à l'armée d'Espagne, et fatigué de voir que sa pierre était vainement restée au conservatoire, sans que personne eût pensé à explorer un art dont il aurait voulu enrichir sa patrie, il la retira, et la déposa au musée d'histoire naturelle du jardin des plantes, où elle se trouve encore.

Un allemand, M. Manlich, directeur du musée de Munich, déjà avantageusement connu dans son pays par ses travaux en ce genre, voulut aussi importer la Lithographie en France. A cet effet, il s'adressa en 1810 au gouvernement impérial, qui lui refusa l'autorisation et les encouragemens nécessaires, comme par suite de cette fatalité qui semblait s'opposer chez nous à l'introduction de cet art.

Dans un voyage qu'il fit en Allemagne, en 1809 et 1810, M. Marcel de Serres s'instruisit à Munich des procédés lithographiques, qu'il publia en 1814, dans un ouvrage intitulé: *Essai sur les arts et les manufactures de l'empire d'Autriche.* Mais les détails qu'il en donna étant trop incomplets pour suffire à monter et à diriger un établissement, il ne paraît pas que cet ouvrage, d'ailleurs fort remarquable, ait provoqué aucune tentative de ce genre.

M. le comte de Lasteyrie, dont le nom se rencontre si souvent dans les entreprises utiles, fit deux voyages à Munich, en 1812 et en 1814, afin d'y étudier la Lithographie. Il y engagea même des ouvriers, pour fonder une imprimerie à Paris; mais la guerre vint déranger ses louables projets, et, de son propre aveu, malgré les efforts les plus honorables, il n'avait encore, en Décembre 1815, que *l'espoir d'ouvrir sous peu son établissement à Paris.* Voici en effet comment s'exprimait M. le comte de Lasteyrie, dans un rapport qu'il lut le 20 Décembre 1815, à la Société d'encouragement.

« Les nouveaux ouvriers que j'avais engagés dans mon second voyage à Mu-
« nich, étaient prêts à se rendre à Paris, lorsque l'arrivée de Bonaparte en France
« a déconcerté mes projets, et en a arrêté l'exécution. Mais j'espère pouvoir
« mettre en activité, d'ici à deux mois, l'établissement auquel je travaille depuis
« plusieurs années. » (Extrait du procès-verbal de la séance générale de la Société d'encouragement, du 20 Décembre 1815. Rapport de M. le comte de Lasteyrie

sur les produits lithographiques adressés à la Société d'encouragement, par M. Engelmann.)

Le passage suivant, extrait de l'ouvrage déjà cité de M. Marcel de Serres, publié en 1814, prouvera qu'à cette époque, il n'existait aucun établissement lithographique à Paris.

« Toutes les gravures lithographiques obtenues jusqu'à présent à Paris, ne « peuvent être considérées que comme des essais plus ou moins imparfaits. Nous « pouvons même ajouter que cet art, quoique connu de quelques artistes ha- « biles, n'y a jamais été pratiqué par des hommes qui ont apprécié toutes les « ressources de ce genre de gravure. »

Il n'existait donc aucun établissement lithographique à Paris en 1814, et même en 1815. On me pardonnera d'insister sur ce point. Si, en historien impartial, je me suis fait un devoir de rendre à chacun ce qui lui appartient, il doit m'être permis aussi de réclamer la part qui me revient dans l'introduction de la Lithographie en France, et dans les progrès que cet art a faits dans notre pays. Assez d'autres écrivains ont paru ignorer ce que j'ai fait pour cette introduction et ces progrès, pour que je croie devoir tenter aujourd'hui de rétablir la vérité à ce sujet. Me voici arrivé à la partie pour moi la plus délicate de cette histoire. Désormais je vais moi-même me mettre en scène, et je ne puis le faire, sans réclamer de nouveau l'indulgence du lecteur. Je le prie de ne point oublier tout ce que ma position a de difficile, et de ne pas juger trop sévèrement tout ce qui va suivre. Je n'avancerai rien d'ailleurs sans l'appuyer en même temps de pièces authentiques.

En 1813, un de mes amis (M. Edouard Koechlin) rapporta d'un voyage en Allemagne quelques épreuves lithographiques, et le traité publié par la maison Cotta, à Tubingen. Sachant que tout ce qui concerne les arts m'a toujours vivement intéressé, il s'empressa de me communiquer ces différens objets. Ces nouvelles productions fixèrent mon attention, et la lecture du traité acheva d'exciter en moi un véritable enthousiasme pour une invention dont je mesurai dès lors toute la portée. Je ne pus résister à un pressant désir de faire quelques essais. Je me procurai des pierres et, à l'aide de l'ouvrage que j'avais entre les mains, je les chargeai de dessins, que j'imprimai ensuite au moyen d'un plioir. Cette expérience ayant réussi au-delà de mon attente, je construisis une presse provisoire, et je passai l'hiver de 1813 à 1814 à multiplier et à varier mes expériences. Je ne tardai pas à m'apercevoir que les renseignemens que je possédais étaient insuffisans, et je me décidai, au mois de Juin 1814, à faire le voyage de Munich, pour aller étudier à sa source la plus pure l'art de la Lithographie, que je brûlais de mieux connaître. Les œuvres de Strixner et Pilotti étant ce qui avait paru de plus parfait à cette époque, je m'arrangeai avec M. Stuntz, agent de l'entreprise de ces deux artistes distingués, pour obtenir la communication de leurs procédés. Après m'être mis au fait de la pratique de l'art que j'étais venu étudier, pendant quelques semaines passées à Munich, je revins à Mulhouse, apportant avec moi une presse et une provision de pierres, qui composèrent le premier matériel de mon imprimerie.

Dès le mois d'Octobre 1815, j'adressai une collection de mes produits à la Société d'encouragement, à Paris. M. le comte de Lasteyrie fit sur ces essais, un rapport dont j'ai déjà cité un passage. En me l'adressant, M. le comte Chaptal, président de cette société, si recommandable à tant de titres, l'accompagna d'une lettre dont je rapporterai ici un fragment. Il pourra fixer l'opinion du public sur la part que j'ai prise à l'introduction de la Lithographie en France.

« Paris, 10 Janvier 1816.

« *Le Président de la Société d'encouragement pour l'industrie nationale*,
« *à M. Engelmann, à Mulhouse.*

« Le conseil d'administration de la Société d'encouragement avait chargé une « commission spéciale d'examiner les essais de gravure lithographique que vous « lui avez adressés, ainsi que le mémoire qui les accompagnait. Cette commis-« sion a fait son rapport dans la dernière séance de Décembre. J'ai l'honneur de « vous en transmettre copie. Le rapporteur, qui connaît à fond l'art de graver « sur pierre, qui s'est transporté à grands frais à Munich, pour l'étudier, et qui « a déjà commencé à le mettre en pratique d'une manière distinguée, était juge « compétent dans cette matière. Plus occupé des moyens d'exécution que des « résultats eux-mêmes, dont la beauté dépend souvent du talent du dessinateur, « il n'a peut-être pas fait une part suffisante à la louange que vos gravures mé-« ritent sous ce rapport; mais le conseil y a suppléé, par les témoignages de sa-« tisfaction qu'il a donnés en voyant les ouvrages sortis de vos presses; et je me « félicite, Monsieur, de pouvoir vous rendre en son nom, cette pleine et entière « justice, que *vous êtes le premier en France* qui ayez approché aussi près de la « perfection en ce genre. »

Ainsi, il demeure constant, par ce document émané d'une société dont M. le comte de Lasteyrie était à cette époque vice-président, que personne en France, n'avait avant moi, exécuté des lithographies aussi parfaites que celles que j'avais adressées à cette Société. Loin de moi l'intention de diminuer en rien le mérite de M. de Lasteyrie. Je suis le premier à rendre à ce vénérable vieillard la justice de dire qu'il a fait les plus nobles efforts pour introduire la Lithographie en France. Si j'ai eu la gloire, car c'en est une à mes yeux, de le devancer dans cette honorable entreprise, il faut l'attribuer sans doute à ma position qui me rapprochait de l'Allemagne, berceau du nouvel art, et à mon âge qui me permettait de me livrer au travail que j'entreprenais, avec toute l'ardeur et la force qu'on a à 26 ans. Aussi j'y consacrai tout mon temps et mes veilles, et je devais arriver au but avant le savant respectable dont les momens étaient absorbés en grande partie par quantité de travaux scientifiques et d'intérêt public.

Le 3 Août 1816, je présentai à l'Académie des beaux-arts de l'Institut de France, une collection de lithographies qui furent l'occasion d'un long rapport (1), dans lequel on trouve les passages suivans :

« Cependant M. le comte de Lasteyrie, membre de la Société d'encourage-« ment, ayant reconnu les avantages que la Lithographie offrait aux arts et à « l'industrie française, fit plusieurs voyages à Munich, afin d'en prendre une « connaissance exacte, et de se mettre en état de former un établissement li-« thographique à Paris. Il a même composé un traité dans lequel il décrit les « manières et les procédés lithographiques ; mais cet ouvrage et les essais de « M. le comte de Lasteyrie n'ont point été rendus publics. . . . . »

« Enfin, par une fatalité qui s'attache à certaines inventions, qu'on ne sait « apprécier que longtemps après leur découverte, les artistes ignoreraient peut-« être encore les nouvelles ressources qui leur sont offertes, si M. Engelmann, « qui avait déjà formé un atelier lithographique à l'une des extrémités de la « France, n'avait surmonté toutes les difficultés, pour en faire jouir la capi-« tale, et si l'Académie, accueillant avec intérêt une invention qui doit faire « époque dans les annales des arts, ne s'était occupée des moyens propres à la « faire connaître et à la propager. . . . . . »

« Des dessins au crayon exécutés par M. Regnault, membre de la commis-« sion, et par MM. Girodet et Carle Vernet, membres de l'Académie, avec la li-« berté, la franchise, et surtout la correction qui caractérise le talent, parais-« sent avoir atteint la perfection désirable dans les épreuves qu'en a tirées

(1) Présenté au nom de MM. Heurtier, Regnault, Guérin et Desnoyers, par M. Castellan rapporteur.

« M. Engelmann. Ces artistes ont retrouvé dans ces contre-épreuves toutes les « qualités distinctives de leurs dessins originaux, et il nous semble qu'il n'existe « entre ces ouvrages d'autre différence que celle qui dérive de la diversité des « manières d'opérer (1) . . . . . »

« La Lithographie nous fournira aussi un véritable polytypage d'autant plus « précieux, qu'il peut s'étendre même aux productions du burin; car il suffit de « tirer une épreuve d'une gravure exécutée par ce dernier procédé, de l'appli- « quer immédiatement sur la pierre, et de l'y contre-épreuver par la manière « ordinaire, pour avoir une seconde planche, semblable à la planche de cui- « vre, et dont on pourra tirer un bien plus grand nombre d'épreuves. . . . . »

« Néanmoins, quoique la Lithographie tire son origine de l'Allemagne, c'est « un Français qui vient nous faire jouir de tous les avantages de cet ingé- « génieux procédé. M. Engelmann, soutenu par le seul amour des arts, pour « lesquels son désintéressement lui a fait faire de grands sacrifices, possédant « d'ailleurs tous les moyens que donnent l'intelligence, l'adresse, l'esprit d'in- « vention, a de plus, dans le dessin et la peinture, des connaissances éten- « dues, acquises sous la direction de l'un des restaurateurs de l'école française, « M. Regnault, qui a bien voulu joindre l'influence de ses propres lumières à « celles de son élève, pour naturaliser en France la Lithographie. »

« Toutefois, il ne suffisait pas d'offrir dans les productions de cet art des « objets de pur agrément; il fallait avant tout qu'elles eussent un but d'utilité. « Telle a été l'intention que M. Engelmann a d'abord manifestée, et qu'il a « même déjà réalisée, en publiant une suite de principes de dessin exécutés « par les maîtres eux-mêmes; persuadé qu'on y retrouverait en même temps « un degré de correction, et une liberté de faire qui disparaissent souvent dans « les copies qu'en offre la gravure. »

Après ces éclaircissemens, on ne me refusera pas, je l'espère, le droit que j'ai acquis à l'honneur d'avoir le premier créé un établissement lithographique en France. Cependant, afin de dissiper tous les doutes qui pourraient rester chez quelques personnes, je rapporterai encore des témoignages authentiques et officiels. Je veux parler des bulletins de dépôt (1), dont aucun n'a été délivré

(1) « On peut citer encore quelques dessins de principes de paysages, exécutés avec soin et vérité, par M. Mongin. » *(Note du rapporteur.)*

(2) La loi exige que des exemplaires de tout ouvrage imprimé ou gravé, soient déposés à la direction de l'imprimerie. Il en est donné un reçu, ou bulletin de dépôt.

dans notre pays, avant ceux que je possède. J'en ai un grand nombre de 1816, que j'ai obtenus de la préfecture du Haut-Rhin, et dont les premiers portent la date du 5 Avril. Le 7 Septembre de la même année, le Journal Général de l'Imprimerie inscrivit le premier dépôt fait par mon établissement à Paris. C'étaient un *cosaque à cheval*, de Vernet; une *tête d'étude*, de Regnault, et *le chien de l'aveugle*, par Mongin. Ces premières estampes furent suivies d'une série non interrompue de publications, telles que le *cours complet d'études de dessin*, etc. Ce n'est que sous la date du 18 Janvier 1817, que se trouve inscrit le *recueil de différens genres d'impressions lithographiques*, premier ouvrage déposé à la direction de l'imprimerie par M. le comte de Lasteyrie. Ces dates précises et incontestables établissent d'une manière positive l'existence de mon imprimerie à Paris, quatre mois et demi avant celle de M. de Lasteyrie. Le lecteur voudra bien se rappeler en outre que, déjà en Octobre 1815, j'avais adressé à la Société d'encouragement des épreuves sorties de mes presses à Mulhouse; ce qui constate que, quinze mois au moins avant tout autre, j'avais introduit la Lithographie en France.

En 1816, M. Mongin, artiste distingué de la capitale, vint passer quelques mois dans la fabrique de papiers peints que MM. J. Zuber et comp. possèdent à Rixheim, dans le voisinage de Mulhouse. On s'empressa de lui montrer mon établissement comme une des curiosités industrielles de notre ville, si riche en ce genre. Frappé de l'importance pour le dessin de cette nouvelle méthode d'imprimer, M. Mongin voulut tenter quelques essais. Il dessina sur pierre plusieurs planches, dont il envoya des épreuves à ses amis de Paris. Elles y excitèrent un vif intérêt, et on l'invita à m'engager à aller former un établissement lithographique dans la capitale. Déterminé par les encouragemens d'artistes aussi habiles, je me rendis à Paris au mois de Juin 1816, et j'y fondai, conjointement avec mon beau-frère, M. Pierre Thierry, une imprimerie qui prit bientôt une assez grande extension.

Toutefois, ce ne fut pas sans de grandes difficultés que je parvins à réhabiliter, auprès des artistes de Paris, la réputation déjà si compromise des procédés lithographiques. Les essais peu satisfaisans faits avant mon arrivée, avaient dégoûté le peu de dessinateurs qui avaient confié leurs ouvrages à l'impression sur pierre, et tous paraissaient avoir renoncé à une méthode qui semblait parodier leur crayon. Il me fallut vaincre bien des répugnances avant de mettre cet art en crédit, et ce ne fut que la réussite régulière et constante des planches qui furent confiées à mes presses, qui engagea les artistes à revenir à un procédé dont le mérite principal est de multiplier des originaux, avec tout l'esprit et le talent du maître.

Outre les difficultés sans nombre que j'avais à surmonter pour organiser en grand et exploiter avec régularité une industrie nouvelle, pour laquelle il fallait créer tout un matériel et former des ouvriers, j'eus donc encore à vaincre la juste répugnance de ceux que des essais malheureux avaient éloignés de notre art; et ce ne fut pas là le moindre obstacle contre lequel je dus lutter. Ceux-là seuls qui ont mené à bonne fin une invention nouvelle, ou qui ont créé dans un pays une industrie qui y était inconnue, peuvent juger des constans efforts qu'il faut faire et des sacrifices de toute nature qu'on doit s'imposer, pour arriver au but difficile qu'on s'est proposé. Le public, indifférent à des peines qu'il ignore, s'enquiert peu de ce qu'il en coûte quelque fois à ceux qui lui procurent des jouissances nouvelles, et il est ordinairement fort loin de proportionner sa reconnaissance aux tribulations de tout genre qu'ont éprouvées les créateurs en industrie, et à la persévérance opiniâtre avec laquelle ils ont combattu tous les obstacles.

C'est de cette époque que la Lithographie prit à Paris ce rapide essor qui a laissé nos établissemens en ce genre sans rivaux à l'étranger. Si, favorisé par les leçons de peinture prises dans l'atelier de M. Regnault, et par quelques connaissances que j'avais acquises en chimie et en mécanique, je fus assez heureux pour me trouver à la tête de ce mouvement novateur de l'art, je suis le premier à l'attribuer moins à mon faible mérite qu'à mon zèle qui ne s'est jamais démenti, et surtout à l'habileté et au génie de nos artistes français, dont les productions spirituelles firent la réputation d'un nouveau mode d'impression qui les rendait avec une vérité jusqu'alors inconnue. Grâce à eux, et si j'ose le dire aussi, à ma persévérance et à celle de mes nouveaux confrères de la capitale, qu'aucun obstacle ne rebuta, les épreuves lithographiques de Paris furent, au bout de peu d'années, hors de comparaison avec ce que l'étranger pouvait présenter de mieux. Je me fais un devoir de citer principalement, parmi les artistes qui ont le plus contribué aux progrès de la Lithographie, M. Isabey, M. Robert de Sèvres et M. le baron Athalin, qui ont été les premiers à faire des dessins d'un fini précieux, et à prouver jusqu'à quel degré de finesse et de précision ce procédé pouvait atteindre.

Je ne dois pas non plus oublier la part très-large que la Société d'encouragement a prise à la propagation et aux progrès de l'art dont j'écris l'histoire. Le conseil d'administration de cette Société s'est toujours composé d'hommes trop éminens par leur savoir, pour n'avoir pas prévu, dès les premières communications qui lui en furent faites, toute la grandeur du rôle que l'avenir destinait à la Lithographie, dans l'avancement des arts et de la civilisation. Aussi voit-on cette réunion d'hommes éclairés prendre sous sa protection la méthode de l'impression sur pierre, aussitôt qu'elle pénètre en France. Qu'on parcoure son programme annuel de prix, depuis cette époque, et on verra que dans sa louable sollicitude pour la Lithographie, elle a mis beaucoup de générosité à offrir des récompenses nombreuses, dans la vue de provoquer d'incessans progrès dans cet art si utile.

Toutefois, il est à regretter qu'elle n'ait pas toujours été également heureuse dans ses préférences, et que les procédés qu'elle a couronnés ne se soient pas constamment trouvés les meilleurs. Mais cette erreur était-elle toujours inévitable, et n'y aurait-il pas trop de sévérité à la reprocher à des hommes dont on ne peut suspecter l'excellence des intentions? Il ne faut pas s'étonner qu'une invention puisse quelquefois séduire, par une perfection apparente, des hommes fort instruits d'ailleurs, mais qui ne sont pas du métier, si j'ose dire; tandis que plus tard la pratique ne vient pas confirmer ce qu'on en attendait.

Le lecteur remarquera que, dans le cours de cet ouvrage, je me trouverai quelquefois en contradiction avec les rapports qui émanent de cette société. Je le regrette vivement, je l'avoue, parce que je sais apprécier avec reconnaissance ses vues hautes et libérales; mais avant tout je dois la vérité à ceux qui me lisent. D'ailleurs, n'est-ce pas entrer complétement dans les intentions de la Société d'encouragement elle-même, que d'appeler une nouvelle discussion sur plusieurs points importants qu'elle a cru utile de signaler aux réflexions et aux recherches des artistes, et qui ont tant contribué aux progrès de la Lithographie?

Vers l'année 1818, l'art de l'impression sur pierre, non content de s'être emparé des ouvrages de tout genre sur papier, essaya d'accroître encore ses moyens de production. MM. Hausmann frères, fabricans de toiles peintes à Colmar, et déjà avantageusement connus par de nombreux perfectionnemens apportés dans leur industrie, eurent l'idée ingénieuse d'employer la Lithographie à l'application sur mouchoirs de soie, de sujets militaires, qu'ils coloriaient ensuite au moyen de planches de bois. Ces mouchoirs, d'une belle exécution, eurent une grande vogue, et j'ignore quel motif assez puissant a pu faire abandonner cette industrie nouvelle, après un aussi heureux essai.

Pendant longtemps on regretta de ne pas trouver dans les dessins tirés sur pierre, ces tons fins et légers qui contribuent plus particulièrement à leur charme. Pour mettre désormais notre art à l'abri de ce reproche, d'ailleurs trop mérité, j'inventai en 1819 le procédé du *lavis lithographique*, qui permettait d'exécuter des teintes légères et unies au moyen d'un tampon. Voici ce que disait à ce sujet, un homme dont le témoignage est irrécusable, M. Mérimée. Ce qui va suivre est extrait de son rapport, lu à la Société d'encouragement, le 7 Février 1821.

« . . . . . Mais la plus importante (découverte) à notre avis, est celle du lavis « appliqué à la Lithographie. Je puis, Messieurs, vous donner à ce sujet des « renseignemens positifs, parce que j'ai été témoin des circonstances qui ont « accompagné son origine. »

« Dès le temps où M. Engelmann vous fit connaître l'établissement qu'il avait « formé à Paris, je l'avais engagé à faire des recherches sur les moyens de « produire l'effet du lavis, et il m'avait répondu qu'il y pensait continuelle- « ment. Au mois de Juin 1819, j'eus occasion de lui demander s'il avait trouvé « quelque résultat satisfaisant. Il me répondit qu'il avait trouvé un procédé fort « simple en principe, mais dont il n'avait encore fait aucune application, parce « qu'il n'était pas assez familier avec les opérations nouvelles de la gravure « au lavis, telle qu'elle est pratiquée sur le cuivre. Il me décrivit son procédé, « qui me parut tellement infaillible, que je l'engageai à s'en assurer sur-le- « champ, en se bornant à faire sur une pierre une suite de teintes dégradées. « Le lendemain, M. Engelmann m'apporta l'essai que j'avais demandé, et je me « félicite de l'avoir conservé, puisque je puis le mettre sous vos yeux. Il ne « s'agissait plus que de trouver un artiste habile, exercé à la manutention du « procédé du lavis; j'indiquai M. Baltard, et peu de jours après, un paysage « aussi bien exécuté qu'il eût pu le faire par le procédé de l'aqua-tinta, fut le « résultat de son premier essai. »

« Cet essai, mis ensuite sous les yeux du jury chargé d'examiner les produits « de notre industrie, attira son attention. La découverte fut reconnue; mais « un exemple unique de l'application de ce procédé ne lui parut pas suffisant « pour en constater le mérite. Il y a lieu de croire que, si M. Engelmann eût « pu, à cette époque, présenter les estampes du Voyage pittoresque de la « France, ou l'Album composé par les artistes de Sèvres, le jury n'eût pas « borné sa reconnaissance à une simple mention honorable. »

« L'application de l'imitation du lavis à la Lithographie, nous paraît une « découverte d'une haute importance. Elle perfectionne le genre du crayon, en

« donnant le moyen d'exécuter les parties les plus délicates, telles que les ciels « dans les paysages, que l'on ne pouvait bien exécuter, même avec une adresse « et une patience extrêmes. Dans beaucoup de circonstances, telles que la re- « présentation des machines ou de l'architecture, ce procédé est infiniment pré- « férable à celui du crayon. Quant à son exécution, il offre, pour la prompti- « tude et la facilité, les mêmes avantages que la Lithographie présente dans « tous les genres de travail qui lui sont applicables. »

« Dans le procédé du lavis sur cuivre, lorsqu'on applique de l'eau-forte pour « produire une teinte, on ne peut juger de l'intensité de cette teinte qu'en l'es- « timant par la durée du temps que le métal reste soumis à l'action de l'acide. « Dans le lavis lithographique, on voit distinctement l'effet de la teinte à me- « sure qu'on la produit; aussi celui qui est au fait du procédé de la gravure au « lavis sur cuivre, ne peut manquer de réussir la première fois qu'il essayera « du lavis lithographique...... »

Dès l'époque de cette découverte, on s'aperçut de l'amélioration sensible qui s'était opérée dans les produits lithographiques. La collection des *Souvenirs pittoresques* du général Bacler d'Albe, offre une preuve curieuse de ce changement, opéré pendant cette publication. Les premières planches, jusqu'au numéro 46 inclusivement, sont exécutées au crayon seul : elles manquent d'effet, de finesse, et les ciels ne présentent que des travaux dépouillés. La planche 47 est la première que l'habile général dessina, après que je lui eus communiqué mon procédé; et cette planche, ainsi que plus de cent cinquante autres qui la suivirent, offrent une différence frappante avec les précédentes, quoique exécutées par le même artiste, avec les mêmes soins et à la même époque. Les ciels et les effets les plus délicats, les reflets de lumière, les tons vaporeux y sont, pour la première fois en lithographie, ménagés et rendus avec toute la pureté et toute la légèreté désirables.

Voyant dès lors qu'il était possible d'obtenir désormais de la Lithographie des résultats qu'elle n'avait pas encore pu offrir, les dessinateurs se sont efforcés d'arriver au même but par des procédés qui leur sont plus familiers; et, confians dans cette dextérité innée chez les artistes de notre pays, ils sont parvenus à produire, à la seule pointe du crayon, les tons les plus fins et les plus purs; de sorte que mon procédé, je l'avoue avec franchise, n'a plus aujourd'hui la même importance qu'au moment de son invention; mais on ne peut nier qu'il n'ait fait faire un très-grand pas à l'art lithographique, et qu'il n'ait provoqué le genre de travail aujourd'hui employé par les dessinateurs. On me permettra d'insister d'autant plus sur ce point, que d'autres ont voulu m'en ravir l'honneur, et se l'attribuer.

M. Gaillot a publié en 1824, avec le secours des presses de A. Senefelder et Comp., à Paris, un cahier sous le titre de *L'aquatinte lithographique*, dans lequel il ne se contente pas de ne faire aucune mention du procédé de lavis lithographique, que j'avais publié deux ans auparavant, dans la première édition du *Manuel du dessinateur lithographe* (Paris, 1822); M. Gaillot décrit ce procédé comme étant de son invention, en se bornant à changer le nom de *Lavis lithographique*, en *Aquatinte lithographique*; celui de *réserve* en *couverte*, etc. Je tenais d'autant plus à rappeler ici les dates, que les prétentions de M. Gaillot ont été accueillies sans examen dans le *Manuel du lithographe* de M. L. Brégeaut, publié en 1827.

Toutefois, pour rendre à chacun la justice qui lui est due, je dois dire que M. Gaillot a ajouté aux moyens que j'avais indiqués, un procédé fort ingénieux qui permet de dessiner au pinceau des touches vigoureuses sur des fonds clairs, et que je décrirai à l'article *lavis lithographique*.

Dès les premiers temps de l'établissement de mon imprimerie à Paris, je m'occupai de transporter sur pierre des épreuves de planches gravées sur cuivre. M. Legros d'Anisi me faisait les premiers reports, par le même procédé qu'il employait pour faire ses assiettes imprimées, et je traitais alors ces contre-épreuves par les procédés lithographiques. Les résultats obtenus étaient assez parfaits pour donner la certitude de réussir, si l'occasion se présentait d'utiliser ce nouveau moyen de production. Elle ne se fit pas longtemps attendre. On se rappelle les *tabatières à la Charte*, confectionnées en 1821, par M. Touquet. Leur débit dépassa les prévisions de cet industriel, et bientôt les planches de cuivre qui servaient à leur fabrication furent usées. Plusieurs semaines étaient nécessaires pour en graver de nouvelles : pendant ce temps la mode pouvait en passer, et M. Touquet manquait une vente assurée et considérable. Dans cet embarras, il vint nous trouver. En un jour, nous fîmes transporter sur pierre plusieurs douzaines de contre-épreuves de ses planches. Le lendemain le tirage commença et permit à M. Touquet de satisfaire l'impatience du public, et de vendre en peu de temps plus de cent mille tabatières. Nos épreuves furent rendues avec une telle exactitude, que le public n'aperçut aucune différence entre elles et celles tirées directement avec les planches de cuivre. Depuis cette époque, de nombreux travaux ont été exécutés dans notre établissement par ce procédé.

La réputation des lithographies de Paris s'étant bientôt répandue à l'étranger, il nous vint de plusieurs pays des demandes de communication de nos procédés. C'est ainsi qu'en 1820, nous montâmes une lithographie pour M. Brusi, à Barcelone. Mon beau-frère M. Thierry se rendit sur les lieux pour présider lui-même à son organisation.

En 1825, nous communiquâmes nos procédés à M. Madrazo, peintre du roi d'Espagne, qui voulait fonder une imprimerie lithographique à Madrid. Il avait principalement pour objet la publication d'un ouvrage sur les galeries de tableaux de la couronne.

M. Hullmandel, artiste distingué de Londres, avait aussi obtenu communication de nos procédés en 1821. On a vu, dans le chapitre précédent, que déjà en 1800, M. André d'Offenbach s'était rendu dans la capitale de l'Angleterre, avec Senefelder, pour y fonder une imprimerie sur pierre. Cet art, auquel les Anglais avaient donné le nom de *Polyautographie*, y avait fait très-peu de progrès, jusqu'à l'époque où M. Hullmandel y créa un établissement, à son retour de Paris. Alors, les choses changèrent. Les lithographes anglais portèrent dans ce nouvel art les soins et la patience qui caractérisent leur nation, et ils obtinrent des épreuves d'un fini encore inconnu dans ce genre d'impression. M. Lane surtout se fit remarquer par un très-haut degré de perfection et de finesse.

En 1826, nous établîmes nous-mêmes à Londres une lithographie qui a toujours rivalisé avec celle de M. Hullmandel. Malheureusement cet établissement ne fut pas dirigé, sous le rapport financier, avec le même talent que sous celui de l'art, et au lieu de nous présenter les bénéfices que nous étions en droit d'en attendre, il ne nous donna que de cuisants chagrins.

La Lithographie ne fut introduite aux États-Unis d'Amérique qu'en 1828, par M. Barnett, qui fonda une imprimerie à New-York, sous la raison sociale de Barnett et Doolittle. Ces messieurs paraissent avoir assez bien réussi dans leurs impressions; mais les artistes leur manquèrent, dans un pays trop nouvellement civilisé, et dont toutes les vues jusqu'ici semblent s'être portées trop exclusivement vers le commerce, pour que les arts aient pu s'y naturaliser.

Pendant que la Lithographie faisait de si rapides progrès en France et en Angleterre, et que, dès 1830, elle était portée dans ces deux pays à un tel point de perfection, qu'il semblait qu'elle n'était plus susceptible d'aucun changement marquant, elle était demeurée à peu près stationnaire en Allemagne, comme si les artistes de Munich, satisfaits d'avoir donné naissance à l'art, voulaient laisser à d'autres le soin de le perfectionner désormais. Cependant, stimulés par les succès de leurs rivaux, autrefois leurs élèves, ils se réveillèrent de cette longue léthargie, et vinrent retremper leur génie auprès de ceux qui s'étaient jadis formés à leur école. Ainsi, nous vîmes MM. Bodmer, Hanfstengel et d'autres dessinateurs habiles venir à Paris, pour se familiariser avec la manière si remarquable de nos meilleurs artistes, et pour faire connaître à leur pays toutes les améliorations qu'avait reçues à l'étranger un art dont un de leurs compatriotes avait doté le monde.

De louables efforts ont été tentés par MM. Devéria, d'Orschwiller, Tudot et Gingembre pour rendre, par la Lithographie, des effets semblables à ceux que produit la manière noire sur cuivre. Plusieurs cahiers, publiés par M. d'Orschwiller, ont demontré l'heureuse réussite de ses essais; et cependant on voit avec regret cette manière, qui donnait de si belles espérances, retomber dans l'oubli. Il est vivement à désirer que ces ingénieux artistes ne se laissent point rebuter par les difficultés nombreuses qu'ils ont dû rencontrer, et qui accompagnent d'ordinaire la création d'un procédé nouveau. Puissent-ils continuer leurs recherches avec ce courage et cette persévérance qui sont des qualités si nécessaires aux inventeurs.

J'ai déjà dit, dans le premier chapitre, que Senefelder s'étant aperçu du fâcheux embarras que présentent les pierres par leur poids considérable, qui rend leur transport très-coûteux, et de l'inconvénient non moins grave qui résulte de leur fragilité, essaya de les remplacer par des planches de papier, et plus tard, par des feuilles de zinc, recouvertes d'un enduit. Comme nous l'avons vu, ces tentatives furent à peu près sans succès. Senefelder avait aussi essayé de faire usage de plaques de métal, sans aucune couverture; et à l'exposition de 1823, il avait produit de petites presses portatives, sur lesquelles il imprimait au moyen de planches d'étain, et obtenait des résultats qui, quoique imparfaits, comme toute chose nouvelle, semblèrent du moins offrir plus de chances de succès, que les planches couvertes d'un enduit. Cependant, Senefelder ne paraît pas avoir donné suite à ces essais; du moins, je n'entendis plus parler d'impression sur métaux, jusqu'en 1831, où visitant la lithographie royale à Berlin, j'y trouvai plusieurs presses en activité, imprimant des planches de zinc, sur lesquelles on avait transporté, par les procédés authographiques, des écritures et des plans topographiques. Ces essais étaient poussés avec une constante activité, dans le but de créer une imprimerie lithographique de campagne, qui pût suivre l'armée en cas de guerre, et être employée à la multiplication d'ordres du jour ou autres imprimés dont la production instantanée peut être d'une grande importance dans de certains momens. C'est là le seul motif qui fait continuer ces essais dans cet établissement, quoiqu'on y soit bien convaincu que ce mode de production ne puisse présenter aucun avantage dans les circonstances ordinaires.

On s'est aussi occupé à Paris et à Londres de l'impression sur zinc, et je regrette de n'avoir pas pu me procurer des renseignemens plus précis sur les essais qu'on y a tentés, et sur le nom des personnes qui s'en sont occupées. Je me suis livré moi-même à ce genre de recherches, et j'ai reconnu la possibilité de tirer un assez grand nombre d'épreuves des planches de zinc. Les dessins au crayon paraissent surtout bien réussir; ce qu'il faut attribuer peut-être au grain qu'on est obligé de donner au métal pour ce genre de travail. Mais jusqu'ici, il n'y a aucun avantage à faire usage de planches de zinc. Non seulement la couleur foncée de ce métal empêche le dessinateur de bien juger de l'effet de son travail; mais en outre, sa mollesse ne permet pas d'y tracer des lignes avec la plume d'acier, qui s'y trouve arrêtée à chaque instant; de sorte que tout ce qu'on a fait en ce sens jusqu'ici n'a servi qu'à présenter des résultats plus curieux qu'utiles.

Cependant en 1829, M. Bregnot, à Paris, fit des essais pour imprimer, au moyen de planches de zinc, de grandes cartes qu'il appelait Géoramas. Il prit pour cette invention un brevet en 1834, et à l'exposition qui eut lieu cette même année, il obtint une médaille de bronze pour cet objet. Bientôt après M. Bregnot céda son brevet à M. Carcenac qui, à ce qu'il paraît, aurait fait connaître ce procédé en Angleterre. M. Carcenac étant mort, son brevet a passé entre les mains de M. Kaeppelin, qui a perfectionné ce genre d'impression, et j'ai vu de fort jolies épreuves sorties de ses ateliers.

A partir de 1830, le lecteur va voir la Lithographie faire de constans efforts pour reculer les bornes de son domaine, et chercher à produire des estampes en couleurs. Jusque là, toutes les tentatives des artistes s'étaient bornées à perfectionner l'impression en noir; mais dès que celle-ci eut été amenée au point satisfaisant où nous la voyons aujourd'hui, leurs pensées et leurs travaux durent se porter sur un autre terrain.

Vers 1832 ou 1833, M. Hildebrand, de Berlin, voua tous ses soins à la recherche de procédés propres à imprimer en couleurs. Grâce à son adresse personnelle, il parvint à produire de fort beaux ouvrages, notamment une collection des armoiries des divers Etats, et plusieurs planches d'ornement qui font partie de la belle collection de modèles que le gouvernement prussien fait exécuter pour l'usage de ses écoles d'arts et métiers. Dans toutes ces lithographies, les couleurs sont appliquées avec un art et une précision d'autant plus admirables, que M. Hildebrand a dû souvent imprimer dix, douze et jusqu'à quinze planches sur une même épreuve. Cet habile lithographe emploie en effet autant de planches, qu'il a de nuances à produire, et il lui faut, pour parvenir à un beau résultat, malgré tant de difficultés, toute la précision dont la nature l'a si heureusement doué; car M. Hildebrand n'emploie aucun moyen mécanique, et son procédé est entièrement fondé sur l'adresse des mains. Aussi ces impressions sont-elles d'un prix très-élevé, qui ne permet de les appliquer qu'à de rares usages. M. Storch, aussi de Berlin, a suivi de près M. Hildebrand dans la même voie, et ses produits égalent aujourd'hui ceux de son habile compatriote.

M. Owen Jones publie en ce moment à Londres un fort bel ouvrage sur l'Alhambra, exécuté par des procédés analogues à ceux employés par les lithographes de Berlin; c'est-à-dire par l'impression de teintes plates de diverses couleurs. Quelque habileté qu'on ait mise à ce genre de travail, un œil un peu exercé s'aperçoit facilement que le repérage n'y est pas toujours très-exact.

Convaincu que par cette méthode trop délicate, et exigeant une très-grande habileté dans l'exécution, on ne parviendrait jamais à rendre l'impression en couleurs applicable à la multitude des besoins journaliers en ce genre de la société, j'ai cherché à découvrir des procédés à la fois plus simples et plus sûrs, qui pussent en même temps être employés à la reproduction d'objets d'arts, en imitant toutes les nuances et tout l'effet de la peinture. Je m'occupais déjà depuis nombre d'années de cette question importante, et j'avais fait en ce sens quantité d'essais, lorsqu'enfin en Décembre 1836, mes constans efforts furent couronnés d'un plein succès; et déjà le 15 Janvier 1837, je pris un brevet d'invention de 10 ans, pour ce procédé, auquel je donnai le nom de *Chromolithographie.*

Un an après, dans sa séance du 17 Janvier 1838, la Société d'encouragement de Paris me décerna, pour cette découverte, le prix de 2000 fr., qu'elle avait proposé depuis l'année 1828, pour l'impression lithographique en couleurs. Dans sa séance générale du 13 Juin 1838, la Société industrielle de Mulhouse m'a voté une médaille d'or, pour le même objet.

Je suis heureux de pouvoir citer l'opinion de ces deux sociétés savantes, sur une découverte qui m'appartient, et qu'il eût été si délicat pour moi d'apprécier ici. Dès que j'eus obtenu des produits satisfaisans, je m'empressai de les communiquer à la Société industrielle, dont j'ai l'honneur de faire partie, et qui a su, par de nombreux et intéressans travaux mériter toute la confiance du public. Un premier rapport ne tarda pas à suivre cette communication. J'en donnerai un extrait.

Extrait du rapport du comité des beaux arts de la Société industrielle de Mulhouse, lu dans la séance du 29 *Mars* 1837.

« Dans votre assemblée générale du 21 Décembre 1836, M. Godefroi Engel-« mann vous a présenté des lithographies en couleurs, obtenues au moyen de la « presse, et sans retouche à la main. Un tel résultat dut exciter votre surprise; « mais on ne pouvait se rendre compte, sur-le-champ, de sa nature et de son « importance: Depuis lors, le comité des beaux arts s'est transporté dans les ate-« liers de M. Engelmann, il a vu fonctionner sa nouvelle presse : il a vu M. En-« gelmann composer de la manière la plus simple et la plus ingénieuse, toutes « les couleurs de la peinture, avec toutes leurs nuances; il a vu, en un mot, « sortir de sa presse des lithographies coloriées, comme on voit sortir des litho-« graphies en noir. Là, plus de pinceau, plus de coloriste; mais seulement une « presse, des pierres, des couleurs, deux ouvriers; et avec ce matériel sont ob-« tenues des lithographies de toute espèce : paysages, fleurs, intérieurs, por-« traits, chargés de couleurs brillantes, fondues, nuancées, comme si une main « exercée de coloriste les avait répandues. »

« Voilà ce que votre comité des beaux arts a pu voir, et il a été frappé de la « simplicité des moyens par lesquels M. Engelmann a résolu le problème resté « incomplet jusqu'ici, et qui est, sans contredit, le plus intéressant que l'on se « soit proposé depuis l'invention de la Lithographie : le problème de la Litho-« graphie en couleurs. »

« Il est certain, en effet que la Lithographie en couleurs dut être l'objet de « nombreuses recherches, dès l'origine de la Lithographie en noir; car c'est en « vain que la gravure et la Lithographie cherchent, à force de sentimens dans « leurs compositions, à représenter la nature avec le plus de fidélité possible : « elles n'atteindront jamais, avec leurs ressources actuelles, la puissance que « la peinture exerce sur l'imagination, parce que cet art a à sa disposition les « couleurs mêmes qui parent et animent tout ce qui nous entoure; tandis que « les autres arts du dessin n'ont qu'une seule couleur, le noir et les nuances in-« termédiaires entre le noir et le blanc. »

« Combien donc était-il désirable de voir un art aussi utile, aussi avancé, « aussi populaire que la Lithographie, agrandir ses moyens d'exécution, et

« s'approprier, au moins en partie, cette puissance qui donne tant de supério-« rité à la peinture. »

« Il y a trente à quarante ans, on a essayé d'imprimer des estampes coloriées « au moyen de plusieurs planches de cuivre gravées à l'aqua-tinta ; mais, soit « manque de repères invariables, soit faute d'avoir su combiner les couleurs de « manière à produire toutes les nuances, ces estampes n'ont offert que des « images confuses et monotones ; et ce genre paraît abandonné. »

« Un autre moyen plus usité consiste à imprimer avec une seule planche de « cuivre gravée au pointillé, et à encrer, en diverses couleurs, par une méthode « fort longue, et qui exige une grande adresse de la part de l'imprimeur. Ces « impressions, malgré les peines que donne leur exécution, sont privées de tein-« tes fines et fondues, et exigent encore des retouches à la main ; aussi ne sont-« elles employées que pour des ouvrages de botanique ou des images plus ou « moins communes ; mais elles n'ont aucun mérite artistique, et coûtent encore « assez cher. »

« La Lithographie a également entrepris la tâche de produire des estampes « en couleurs. On doit à plusieurs lithographes d'Allemagne, et notamment à « M. Hildebrand, de Berlin, des ouvrages d'ornemens en couleurs, d'une préci-« sion admirable ; mais les procédés employés n'ont pas reçu de nombreuses « applications. M. Hildebrand imprime entre autre, chaque nuance avec une « planche particulière ; de là l'obligation, pour certains dessins, d'un nombre « assez considérable de planches, quelquefois jusqu'à douze ou quinze, ce qui « rend cette impression chère et difficile ; ensuite la nécessité de se borner à ne « reproduire que des objets où les nuances sont coupées net, et séparées les unes « des autres, comme les ornemens, par exemple. Mais, à notre connaissance, « on n'a point encore produit, en couleurs, des paysages, des figures, ou au-« tres dessins qui exigent des nuances dégradées à l'infini. »

« La Société d'encouragement de Paris, sentant toute l'importance d'un bon « procédé d'impression en couleurs, a proposé en 1828 un prix de 2000 fr., ap-« pliqué à cette recherche. Le prix est resté au concours ; mais sans résultat. »

« Il paraît donc positif que, jusqu'à présent, il n'a existé encore, ni en litho-« graphie, ni en gravure, aucun bon procédé pour obtenir des impressions « coloriées ayant une valeur artistique, et n'exigeant point de retouche. Nous « pouvons déclarer que, dans notre conviction, ce procédé existe aujourd'hui, « et que l'invention de M. Engelmann, dont nous avons vu avec étonnement et « admiration les premières applications, offre les avantages suivans : »

« 1° Tout artiste qui sait manier le crayon lithographique, et a le sentiment « des couleurs, peut à volonté produire, en couleurs variées, ce que jusqu'ici, « on n'a pu rendre qu'en noir. »

« Au moyen d'une combinaison nouvelle des couleurs, il peut, avec facilité, « dégrader les teintes, fondre les nuances les unes dans les autres et, enfin, « obtenir tous les effets d'un dessin en couleurs, quel qu'il soit. »

« 2° L'impression en couleurs est basée aussi sur des moyens mécaniques pré- « cis et sûrs, qui permettent de la confier à tout ouvrier lithographe. »

« 3° Le procédé est moins dispendieux que tous ceux qui sont à notre con- « naissance; car un imprimeur, qui n'était pas encore exercé à ce genre de tra- « vail, fait déjà 100 gravures coloriées par jour. »

« La Lithographie en couleurs, ou autrement dit, la *Chromolithographie* « (c'est le nom que lui donne M. Engelmann), est sûrement destinée à un « brillant avenir. Nous avons déjà vu des paysages, portraits, intérieurs, etc., « qui doivent composer un album chromolithographique, réunion des premiers « essais de cet art nouveau; et le public, qui sera appelé à le juger bientôt, ra- « tifiera les éloges que nous lui donnons ici; car ces essais sont déjà d'une grande « perfection, et c'est avec bonheur que votre comité des beaux arts a prévu, « en les voyant, l'essor rapide de la Chromolithographie. C'est dans la plus fer- « me conviction de ces progrès, qu'il désire voir concourir à son développement « le talent de nos artistes distingués. Entre leurs mains, la Chromolithographie « aura bientôt atteint le degré de perfection de la Lithographie, si admirée au- « jourd'hui; son application s'étend à une foule d'objets que nous ne pouvons « énumérer ici, et elle doit être une source nouvelle de progrès pour le pays, « de travail pour les artistes, de jouissances pour les amateurs. »

« Il était réservé à M. Engelmann, qui a fondé en France le premier établis- « sement lithographique, qui a consacré vingt ans de sa vie au perfectionne- « ment d'un art dont l'influence civilisatrice a été immense, qui a associé ainsi « son nom à tous nos progrès, qui a enrichi les pays civilisés des plus belles pro- « ductions de cet art si jeune encore et pourtant déjà si parfait; il était réservé, « disons-nous, à notre modeste et ingénieux concitoyen, de couronner tant « d'honorables travaux, tant d'efforts désintéressés, par une invention qui ou- « vre une ère nouvelle à la Lithographie, un champ nouveau à ses progrès, un « champ plus vaste encore que celui qu'elle a déjà parcouru. »

La Société industrielle, qui a la louable habitude de mettre une extrême ré- serve dans la distribution de ses récompenses, laissa écouler un temps suffisant, après la lecture de ce rapport, pour s'assurer si la nouvelle découverte justifierait toutes les espérances que son comité des beaux arts avait conçues. Elle voulut voir si la Chromolithographie, effectivement susceptible de nombreuses applications, pourrait rendre de notables services aux arts, et si elle deviendrait une véritable branche d'industrie, en exploitation régulière. Ce n'est que dans sa séance du 13 Juin 1838 que, sur un nouveau rapport de son comité, elle me décerna une médaille d'or. Je rappellerai ici quelques unes des paroles de M. le rapporteur.

Extrait du rapport du comité des beaux arts de la Société industrielle de Mulhouse, lu à la séance générale du 13 *Juin* 1838.

« En Mars 1837, votre comité des beaux arts, après avoir vu l'application de « la méthode, dans les ateliers d'impression de M. Engelmann même, vous fit « un rapport sur cette notice (présentée par M. Engelmann). Votre comité vous « fit sentir de quelle importance était cette invention, et la perfection à laquelle « on pourrait arriver dans cette belle industrie. Son intention était dès lors de « vous proposer de décerner une médaille à l'inventeur de l'impression lithogra- « phique en couleurs variées et nuancées par gradation; mais en garde contre « les inventions qui n'ont pas encore reçu d'application, il a préféré attendre, « avant de vous faire cette proposition, de voir des produits variés et plus en « grand. »

« Aujourd'hui, Messieurs, ce ne sont plus des essais que M. Engelmann vous « présente. Les dernières productions chromolithographiques que vous verrez « figurer à l'exposition, peuvent rivaliser facilement avec les plus belles aqua- « relles peintes à la main, tant par la variété et la combinaison des nuances, « que par le fini du dessin. L'inventeur a donc entièrement atteint le but qu'il « s'était proposé, et réalisé toutes les espérances qu'on pouvait fonder sur cette « belle découverte. »

C'est à la suite de l'exposition dont il est parlé dans ce rapport, que la commission chargée de juger les nombreux produits qui décoraient les salles de la Société industrielle, disait :

« La dernière feuille chromolithographique sortie des presses de M. Engel- « mann, et qui ornait notre salon, est surtout remarquable; c'est la vue d'un « moulin, au pied des Pyrennées. Ce petit tableau reproduit avec une merveil- « leuse fidélité les tons brillans et frais de l'aquarelle qui lui a servi de modèle, « et qui est due au pinceau d'un de nos premiers artistes en ce genre. »

La Société d'encouragement de Paris n'a pas jugé la Chromolithographie d'une manière moins favorable. Le lecteur pourra s'en assurer par l'extrait suivant du *Rapport sur le concours relatif à l'impression lithographique en couleurs*, lu à sa séance générale du 17 Janvier 1838.

« Enfin sous le numéro 3, M. Engelmann a présenté un procédé entièrement « nouveau pour les principes sur lesquels il est fondé, et pour lequel le tirage « est absolument sans difficulté, n'exige de la part de l'ouvrier aucune connais- « sance ni aucune habitude, susceptible de procurer des épreuves toujours com « parables à elles-mêmes, et dont le dessinateur est à même de déterminer à « volonté les effets, par la manière dont il exécute son dessin.

« Quoique faisant usage de plusieurs pierres, un seul ouvrier peut, avec ce « procédé, tirer au moins cent épreuves grand in-4° par jour, sans qu'il ait be- « soin d'aucun instrument ou machine qui ne se trouve dans toute imprimerie « lithographique; une presse ordinaire, une pierre et un rouleau, voilà tout ce « qui lui est nécessaire. »

« Le procédé de M. Engelmann, auquel il a donné le nom de *Chromolitho- « graphie*, n'a pas seulement été mis en usage pour quelques essais; des tirages « à plus de mille exemplaires ont eu lieu, et un membre de la commission, dé- « légué par elle à cet effet, a assisté aux opérations pendant plusieurs jours « consécutifs, et vérifié la régularité du travail. »

« Diverses pierres venant successivement apporter les teintes particulières « qu'elles sont destinées à fournir, le procédé ne peut réaliser les effets désirés « que par un repérage exact : celui auquel M. Engelmann est parvenu par un « moyen extrêmement simple, offre de grands avantages, et permettra d'exé- « cuter des objets très-délicats. »

« Plusieurs dessinateurs lithographes ont déjà fait l'application de leur talent « au procédé de Chromolithographie. Le conseil a sous les yeux des épreuves de « lithographies de MM. *Grenier*, *Villeneuve*, *Viennot*, *Fechner;* des dessins d'or- « nemens de l'ouvrage de M. Hittorf; des vues de Suisse, formant la continua- « tion d'une collection de lithographies coloriées au pinceau; des imitations « d'anciens vélins, des cartes de visite, etc., qui prouvent déjà la variété des su- « jets qu'on peut traiter par ce procédé, et montrent facilement combien il peut « produire d'effet, lorsqu'il se trouve entre les mains d'artistes habiles. »

« La commission ne doute pas que, pour des objets d'histoire naturelle, le « procédé de M. *Engelmann* n'offre de très-grands avantages, en permettant de « les présenter avec les couleurs et les teintes variées qui les caractérisent. »

« Le programme exigeait comme condition, que le procédé présenté fournît « au moins mille épreuves, soit terminées, soit assez avancées pour que l'on « pût à peu de frais terminer le coloriage. »

« M. *Engelmann* a fait plus : ses épreuves n'exigent aucune retouche; le ti« rage est comparable dans toutes ses parties, et c'est par plusieurs mille, qu'il « peut être fait. »

« Le programme demandait encore que le procédé fournît des résultats moins « dispendieux, sans être moins parfaits que ceux que l'on obtient par l'impres« sion en couleurs sur cuivre. »

« Des épreuves d'une même collection, coloriées par le procédé ordinaire et « fournies par la Chromolithographie, présentent les résultats suivans : les pre« mières coûtent 2 fr. 40 cent.; les dernières reviennent à 1 fr. 25 cent.

« Par tous ces motifs, votre conseil d'administration vous propose de décer« ner à M. *Engelmann* le prix de 2000 fr. pour l'impression lithographique en « couleurs. » — *Approuvé en séance générale.*

La Lithographie en noir me semble arrivée aujourd'hui à un tel point de perfection, que je crois peu probable qu'elle puisse jamais livrer des épreuves sensiblement plus belles que celles qui sortent à présent de certains ateliers. Je ne doute pas qu'on ne trouve par la suite des moyens de production plus réguliers et plus économiques; mais sous le point de vue artistique, la Lithographie en noir me paraît arrivée à peu près à son apogée. C'est donc, si j'ose m'exprimer ainsi, un *art fait*, dont les procédés sont devenus susceptibles d'une discussion théorique. Le moment m'a donc paru opportun pour publier un *Traité théorique et pratique de la Lithographie en noir.* Cet ouvrage est le fruit d'une expérience de plus de vingt années, et de mes constantes méditations. Puisse-t-il être utile à mes nombreux confrères, et contribuer à répandre et à perfectionner un art auquel j'ai voué ma vie.

La découverte de l'impression en couleurs ouvre à cet art une voie nouvelle, bien plus étendue que celle qu'il a parcourue jusqu'ici, et qui conduira à un bien plus grand nombre d'applications utiles. On a vu par les différens rapports que j'ai cités, tous les services que peuvent en attendre les sciences et les arts; et je suis persuadé que le public ne trouvera par la suite rien d'exagéré dans ces prévisions, lorsque les productions de la Chromolithographie seront plus répandues qu'elles ne peuvent l'être dans ce moment, à une époque encore si rapprochée de la naissance de ce procédé.

C'est aussi parce que la Chromolithographie est une invention toute récente, que je n'en parlerai pas dans ce livre. Outre que des engagemens pris avec diverses personnes ne me permettent pas de rien publier à ce sujet, dans ce moment, je n'aurais pu donner encore que des recettes à cet égard; et on verra par la lecture de ce livre, que ce n'est point ainsi que j'entends la description d'un art. Comme je l'ai déjà dit, je ne me suis décidé à écrire ce traité de la Lithographie en noir, que lorsque cette industrie m'a parue assez avancée pour présenter un ensemble scientifique; et je ne me déciderai à ajouter à cet ouvrage ce qui concerne la Chromolithographie, que lorsqu'elle sera arrivée, sous ce rapport, au même point de perfection que sa sœur aînée.

En publiant ces deux premiers chapitres de mon livre, je m'étais imposé la tâche de dire tout ce que j'ai pu recueillir sur l'histoire de la Lithographie, sur l'auteur de sa découverte, et sur la part plus ou moins large qu'ont prise tous ceux qui ont contribué aux progrès et à la propagation de cet art si utile et si fécond. Cependant, quelque soin que j'aie employé à recueillir ces matériaux, quelque conscience que j'aie mise à les apprécier, je crains qu'il ne m'ait échappé bien des faits intéressans et plusieurs noms propres qui auraient mérité d'être cités avec honneur. Aussi recevrai-je avec reconnaissance tous les renseignemens nouveaux qui me seront adressés, soit pour compléter ce que j'ai écrit, soit pour rectifier quelque erreur involontaire; et je prends ici l'engagement de les communiquer aux souscripteurs, avec la dernière livraison de cet ouvrage, si on veut bien mettre quelque empressement à me les faire parvenir.

CHAPITRE III.

PRÉCIS DE CHIMIE. — DROGUES EMPLOYÉES EN LITHOGRAPHIE. — THÉORIE DE CET ART.

Je ferai voir plus tard que la Lithographie est un art chimique, entièrement fondé sur l'action réciproque qu'exercent les uns sur les autres les acides, les alcalis, le savon, l'huile, la pierre lithographique, etc. Si donc on veut se rendre compte de la manière d'agir de chacun de ces corps, il faut avant tout étudier leurs propriétés les plus saillantes, et connaître les lois générales auxquelles ils sont soumis. C'est ce qui m'a engagé à donner ici un court précis de chimie, suffisant pour celui qui veut approfondir l'art de la Lithographie, ainsi qu'il serait à désirer que le fissent tous ceux qui s'occupent de cette intéressante industrie. Personne n'ignore l'essor brillant qu'ont pris les arts en général, depuis que la science est venue éclairer leur pratique; et il n'est pas douteux que celui qui fait l'objet de cet ouvrage, ne doive un jour tirer un grand secours d'un aussi puissant auxiliaire. Certes, je suis loin de croire que le court exposé que je vais offrir au lecteur suffise à l'éducation scientifique d'un bon lithographe; à cela ne doit point se borner celle des jeunes gens qu'on destine à cet art; aussi n'est-ce pas à eux que s'adresse ce chapitre. Je ne l'ai écrit qu'en vue des lithographes actuels, dont la plupart, il faut le dire, ignorent les premiers principes d'une science sans laquelle leur art est inexplicable; ce qui ne leur permet pas de prévoir d'avance certains accidens fâcheux, ou d'y remédier, lorsqu'ils sont arrivés.

L'étendue que je dois donner à ce chapitre est nécessairement limitée par la nature même des personnes auxquelles il s'adresse. J'ai dû y faire entrer tout ce qui est indispensable, mais aussi seulement ce qui est indispensable à la théorie de l'art lithographique. J'aurais pu renvoyer le lecteur aux différens traités de chimie qui existent; mais c'eut été l'astreindre à étudier des ouvrages volumineux qui, n'étant point coordonnés pour un pareil usage, lui auraient présenté des difficultés sans nombre. Il m'a semblé plus convenable de réunir en quelques pages tout ce qu'il doit savoir à cet égard. C'est là le seul motif qui m'a fait ajouter ce chapitre à mon ouvrage; puisse-t-il être apprécié de mes nombreux confrères.

CORPS SIMPLES. — CORPS COMPOSÉS.

Les chimistes partagent tous les corps en deux grandes classes: les uns sont appelés *simples*, et les autres *composés*. Les premiers, qu'on désigne aussi sous le nom d'*élémens*, sont ceux dont on ne peut retirer qu'une seule et même substance. Tel est par exemple le soufre; car, de quelque manière qu'on traite ce corps, on ne peut jamais en retirer autre chose que du soufre. Tels sont encore l'or, l'argent, le fer, le plomb, le mercure, et en général tous les métaux. Mon intention n'est pas de faire connaître ici tous les corps simples, qui sont au nombre de 54; il me suffit de bien faire comprendre leur nature.

Les corps composés, ainsi que leur nom l'indique suffisamment, résultent de la réunion de plusieurs corps simples. Le vermillon, par exemple, est un corps composé, qu'on obtient en combinant du soufre avec du mercure. Il en est de même de la litharge; car un chimiste peut en retirer du plomb et un autre corps simple appelé *oxigène*, dont je dirai tout à l'heure quelques mots, à cause du grand rôle que ce corps joue dans la nature et dans les arts. La matière qui sert à faire les crayons dits de bois, est un corps composé de fer et de charbon, qu'on appelle vulgairement et mal à propos, plombagine ou mine de plomb, quoiqu'elle ne contienne point de plomb du tout. De même, l'argent de nos monnaies est un corps composé de neuf parties d'argent et d'une partie de cuivre.

CORPS SIMPLES.

Oxigène.

Parmi les corps de la nature, les uns sont *solides*, comme les pierres, le bois, le fer; d'autres sont *liquides*, comme l'eau, l'huile, l'essence de térébenthine; d'autres enfin sont *gazeux*, comme l'air. L'oxigène est dans ce dernier cas, et il fait lui-même partie de l'air, dans la composition duquel il entre pour un cinquième; tandis que les quatre autres cinquièmes sont formés d'un autre corps simple, aussi gazeux, appelé *azote*. C'est l'oxigène qui est la partie respirable de l'air; c'est lui qui fait brûler le bois, le charbon, etc.; de sorte que là où il n'y a pas une quantité suffisante d'oxigène, aucun animal ne peut vivre, aucun combustible ne peut brûler.

Ce gaz a une grande tendance à s'unir avec la plupart des autres corps. Quand les métaux se rouillent à l'air, c'est parce qu'ils se combinent avec de l'oxigène;aussi, lorsqu'on donne de la rouille à un chimiste, il peut en retirer de l'oxigène et du métal.

Il serait superflu de décrire ici les divers procédés dont on peut faire usage, pour se procurer de l'oxigène pur, tel qu'il faut l'avoir pour étudier ses propriétés. On a reconnu que c'est un gaz transparent, sans couleur et sans odeur, comme l'air.

Chlore.

Le chlore est un gaz jaunâtre, d'une odeur forte et particulière, qu'il faudrait bien se garder de respirer en grande quantité, car il pourrait occasionner alors des accidens très-graves. Il est soluble dans l'eau, et sa dissolution jouit de la propriété de détruire les couleurs végétales. Ainsi, en plongeant par exemple un morceau d'indienne dans de l'eau chlorurée, et en l'y maintenant pendant quelques instants, on en voit disparaître toutes les couleurs dont l'origine est végétale. Si même le contact est trop prolongé, le coton peut être profondément altéré.

L'emploi de cette eau chlorurée étant fort incommode, à cause de la forte odeur qu'elle répand, il vaut mieux faire usage de chlorure de chaux, espèce de poudre blanche, qu'on trouve à se procurer facilement dans le commerce. C'est une combinaison de chlore et de chaux, soluble dans l'eau, et jouissant des mêmes propriétés que le chlore. Le lithographe peut s'en servir pour nettoyer de vieilles estampes, ou pour y enlever des taches d'encre ordinaire à écrire, s'il y en avait. Ce procédé est fondé sur la propriété qu'a le chlore de détruire l'encre à écrire, tandis qu'il n'a pas d'action sur l'encre lithographique. Voici la manière d'opérer, que j'emprunte à M. Chevallier (1).

On se procure une caisse de bois blanc, dont le fond dépasse de un à deux

(1) Art de préparer les chlorures. Page 153.

pouces dans tous les sens la planche qu'on veut blanchir, et dont les parois ont au moins quatre pouces d'élévation. (*Planche* 1., *Fig.* 1.) Cette caisse doit être ajustée sans aucun métal intérieurement. Les fentes doivent être enduites de lut à la chaux, afin qu'elles puissent retenir les liquides. Vers l'un des angles est placé un tube, pour l'évacuation des liquides; ce tube est fermé par un bouchon de liége. Sur l'une des parois, et à l'intérieur, est fixé un tube en bois d'un diamètre suffisant pour recevoir la douille d'un entonnoir de verre. Ce tube ne descend pas tout à fait jusque sur le fond intérieur de la boîte. A la distance d'un pouce du bord inférieur sont placés des *liteaux* de bois, reposant sur des *taquets*, aussi de bois, de six lignes de hauteur. Ces liteaux sont remplis de chevilles de bois, placées à une distance d'environ deux pouces les unes des autres. On tend fortement un *filet blanc* à larges mailles, à l'aide des chevilles. On place sur ce filet la planche à nettoyer, et on la recouvre d'un autre filet aussi tissu en fil non coloré. Ce filet est tendu de la même manière que le premier.

La planche étant ainsi placée, on prépare une solution de chlorure de chaux, dans le rapport d'une livre de chlorure pour quatre litres d'eau. On délaie le chlorure dans l'eau, on laisse déposer, ou tire à clair et on filtre. On traite le résidu par un cinquième litre d'eau; on laisse déposer de nouveau, on tire à clair, on filtre, on réunit cette solution à la première. Lorsque la solution est préparée, on l'introduit dans la boîte. Elle se répand sur toute la surface, et immerge la planche. On continue de verser du liquide, jusqu'à ce qu'elle en soit recouverte, et qu'il y en ait au-dessus une couche d'au-moins un demi-pouce. On laisse séjourner le chlorure sur la planche, jusqu'à ce qu'elle soit suffisamment blanchie. Alors on débouche le tube qui laisse écouler le chlorure. On referme. En se servant de l'entonnoir, on ajoute de l'eau pour recouvrir la planche, et la laver. Au bout de quelques minutes on retire l'eau, et on répète plusieurs fois ce lavage. Lorsque la planche est bien nettoyée, on la laisse sécher en partie sur le filet. Lorsqu'elle est presque sèche, on l'enlève, on achève de la faire sécher en la plaçant entre deux cartons et à la presse. La planche est devenue aussi belle qu'au moment de son tirage. Quelquefois même le papier, qui devient d'une grande blancheur, fait ressortir le noir d'impression, et donne à la planche un nouveau prix.

Iode.

Solide, d'un gris noirâtre, d'une odeur qui rappelle celle du chlore; entre dans la composition de l'*hydriodate de potasse*, substance qu'on peut acheter en dissolution chez les pharmaciens, et qui jouit de la propriété de rendre d'un beau bleu l'amidon avec lequel on le met en contact. Cette solution peut être utile au lithographe pour reconnaître la présence de l'amidon, dans quelques cas, que j'aurai soin d'indiquer.

Carbone.

Les chimistes ont donné le nom de carbone à la matière qui constitue presque entièrement le charbon. Ce corps est un des plus répandus de la nature. Outre qu'il existe dans un grand nombre de minéraux, il entre dans la composition de toutes les substances végétales et animales, sans exception. Ce qui ne manquera pas de surprendre les personnes qui sont tout à fait étrangères aux considérations chimiques, ce sera d'apprendre que le diamant est du carbone pur, qui ne diffère que très-peu du charbon ordinaire dans sa composition, quoiqu'il en diffère entièrement par son aspect, et surtout par son prix. Ceci n'a pourtant rien de plus extraordinaire qu'un autre fait bien familier. A coup sûr celui qui verrait de la neige pour la première fois de sa vie, et sans en avoir jamais entendu parler, ne se douterait pas que cette neige n'est que l'eau. Il faudrait donc bien se garder de vouloir juger à la simple vue, de la nature intime des corps. Ainsi nous avons déjà vu que le vermillon, qui est d'un rouge si éclatant, est composé de soufre, qui est jaune, et de mercure, qui est gris d'argent.

De tous les états sous lesquels on rencontre ordinairement le carbone, il en est un surtout qui intéresse le lithographe, je veux dire le *noir de fumée*, dont il importe de parler avec détail.

Le carbone est employé comme couleur, et fournit diverses variétés appelées *noir de fumée*, *noir de pêche*, *noir de Francfort*, *noir d'Espagne*, *noir de lampe*, *noir d'ivoire*, etc. Ces variétés diffèrent entre elles, soit à cause du procédé de carbonisation employé, soit par la nature de la substance carbonisée.

Le *noir de fusain* se fait avec les jeunes branches de l'arbre qui porte ce nom. On place des baguettes de ce bois dans un creuset, sur lequel on met un couvercle. On lute ce vase, c'est-à-dire qu'on fixe le couvercle au creuset, au moyen de terre glaise, afin d'empêcher le libre contact du bois avec l'air extérieur; car sans cette précaution, il se réduirait en cendres. Cependant, il faut avoir soin de ménager quelques petites issues, pour le dégagement des gaz qui se formeront pendant l'opération. On évite par là la rupture de l'appareil. Cela fait, on place le creuset dans le feu, et on le chauffe au rouge. Après le refroidissement, on retire les baguettes de charbon, et on les livre au commerce. A cause de leur grande facilité à s'effacer, elles servent de crayons pour dessiner des esquisses. Comme ce charbon est très-tendre, on lui donne quelquefois du corps en le plongeant dans du suif ou de la cire fondus.

Le *noir de vigne* est fait avec des sarments; celui de *pêche* avec les noyaux de ce fruit; celui d'*ivoire* avec des débris d'os; celui *d'Espagne* avec des rognures de liége. Le premier et le dernier sont très-doux, très-fins et ont un reflet brun. Les autres sont plus durs; mais deviennentt très-fins quand ils sont broyés, et donnent des reflets bleuâtres. Tous les quatre se préparent par la calcination dans un creuset, des diverses matières indiquées.

Le *noir d'Allemagne* ou *de Francfort* est tout à fait différent. C'est une espèce végétal de charbon employé comme couleur, principalement par les imprimeurs en taille douce. On le prépare en introduisant de la lie de vin et des rafles (grappes de raisin dépouillées de grains), dans de grands creusets, sur chacun desquels on lute un couvercle, qui s'oppose à l'accès de l'air; après quoi on chauffe jusqu'au rouge. D'autres fois, on obtient ce noir en carbonisant un mélange de grappes de raisin, de lie de vin desséchée, de noyaux de pêche et de débris d'os ou de rapures d'ivoire, en proportions variées, suivant qu'on désire donner au noir un reflet bleuâtre ou jaunâtre. Comme ce noir renferme des matières solubles, provenant de la lie de vin, il a besoin d'être bien lavé avant l'emploi.

Le *noir de fumée* étant un objet d'une vaste consommation, se prépare en grand par différents procédés que je vais décrire successivement.

La manière la plus anciennement employée, et en même temps la plus simple, consiste à brûler imparfaitement de la poix, de la résine ou du goudron, et à recueillir la fumée noire et épaisse qui en résulte. Ces divers corps se retirant surtout des pins et des sapins, on conçoit que c'est dans les contrées où ces arbres croissent en abondance, qu'il peut y avoir de l'avantage à se livrer à ce genre d'industrie. La figure 2 de la planche 1, représente l'appareil ordinairement en usage. Il se compose d'une chambre ou tour cylindrique, dans laquelle peut se mouvoir un toit conique en toile C, percé d'un trou à son sommet, et servant à la fois de cheminée pendant la combustion, et de racloir, lorsque l'opération est terminée. Au sommet de ce cône est fixée une poulie A, sur laquelle passe une corde AB, qui permet de le monter et de le descendre à volonté. La base du cône ayant presque le même diamètre que la chambre, il en résulte que, quand on le fait descendre, ses bords rasent les murs, et détachent tout le noir de fumée qui s'y trouve déposé, et qu'on ramasse ensuite sur le sol. Les murs de la chambre sont tapissés intérieurement de peaux de mouton, ou de toiles grossières, afin de faciliter le dépôt des flocons.

La combustion s'exécute dans un fourneau extérieur, dont le devant a trois ouvertures. La première D est celle du cendrier, la seconde E est le foyer : elle répond au niveau de la grille F, sur laquelle on place le bois. La troisième G est celle par laquelle on introduit dans la chaudière H, les matières résineuses dont la combustion produit le noir de fumée. Lorsque la marmite est suffisamment chaude, on enflamme la vapeur épaisse qui se forme à sa surface, et l'opération marche alors d'elle-même. L'expérience apprend bien vite à connaître les dimensions qu'il convient de donner aux issues pour l'entrée ou la sortie de l'air. Il est important que l'air n'arrive pas en quantité suffisante pour brûler tout le carbone; l'opération ne pouvant réussir qu'autant que la combustion est imparfaite.

Depuis plusieurs années, on a employé à la même fabrication les résidus de goudrons végétaux, de bitumes, etc. J'emprunte au *Dictionnaire technologique* (1) la description des appareils qu'on emploie à cet usage. L'un de ceux qui ont produit de bons résultats en grand, consiste en une série de chambres en briques bien cuites, voûtées A, A (*Planche* 1, *Fig.* 3), et dont tous les joints à la chaux, ou au ciment fin, sont parfaitement lissés à la truelle. Toutes ces chambres communiquent entre elles par des ouvertures latérales B; à l'une de leurs extrémités est une cheminée C, adossée à un four qui détermine un tirage, et par suite un appel dans toutes les chambres, et jusque dans le fourneau E qui les alimente. Ce fourneau se compose d'une capsule en fonte E, plus ou moins grande, placée sous une voûte F. La capacité G, comprise entre la voûte, la capsule et les parois latérales, communique avec la première chambre par un tuyau en tôle H, et, du côté opposé, avec l'air extérieur, par une ouverture I. Ce tuyau fait l'office de réfrigérant et de condensateur, afin de retenir quelques produits liquides qui s'écoulent par un ajutage J dans une cuvette K. Le noir le plus grossier se recueille dans le tuyau, qu'il faut nettoyer fréquemment. On obtient le noir graduellement plus beau et plus fin, dans les chambres qui s'éloignent de plus en plus du four à combustion. On conçoit en effet que le noir doit être entraîné d'autant plus loin, qu'il est plus léger.

---

(1) Tom. XIV. Pag. 410 et suiv. Art. NOIRS, de M. Payen.

Pour brûler des huiles fixes ou des graisses fluides, on peut remplacer le four par une sorte de grand quinquet à plusieurs bras, dont le niveau est maintenu dans un grand réservoir. La flamme des becs est réunie dans un grand chapeau conique en tôle qui, se recourbant convenablement, conduit la fumée dans les chambres.

En Angleterre, on fait usage d'un appareil fort simple et très-commode, pour recueillir le noir de fumée échappé de la première chambre, au point où la fumée est assez refroidie pour ne pas brûler les tissus végétaux.

Cet appareil se compose d'un grand nombre de sacs A, A, A, A (*Planche* 1, *Fig.* 4), de 8 à 9 pieds de haut et de 3 pieds de diamètre, communiquant d'abord avec la chambre, à l'aide du tuyau en cuivre B, puis entre eux alternativement par la partie supérieure, à l'aide d'une calotte en feuille de cuivre C, et par le bas, au moyen d'un tuyau D. Une cheminée d'appel E, située à l'extrémité de l'appareil, détermine la fumée à suivre tous les détours que lui présentent ces dispositions.

Le dépôt de noir de fumée dans ces sacs se fait d'autant plus complétement, qu'ils sont plus nombreux. Un cercle en cuivre G, adapté à leur partie inférieure, et qui s'ouvre et se ferme à l'aide d'un couvercle à poignée, rend très-facile la récolte du noir. Il faut battre les sacs pour faire tomber le noir au fond, avant d'ouvrir les couvercles pour le retirer. On remarque que ce produit est fractionné d'une manière très-méthodique, progressive suivant sa ténuité.

Dans les environs de Sarrebruck, on fabrique le noir de fumée au moyen de la combustion imparfaite de la houille. J'emprunte la description du procédé employé, à un mémoire de M. Duhamel fils (1). L'appareil se compose essentiellement d'un long canal incliné qui sert de foyer; d'une vaste chambre voûtée, où se dépose d'abord le noir de fumée; d'une chambre plus petite où s'achève le dépôt, et dont les ouvertures règlent le tirage; enfin d'une dernière chambre placée au-dessus de la précédente, et servant de cheminée. Voici du reste quelques détails importants à connaître.

A (*Planche* 1, *Fig.* 5), foyer dont le sol est formé de briques, ainsi que les côtés et la voûte. O, ciment d'argile et de paille hachée servant à empêcher l'écartement de la voûte. B, petits murs entourant le fossé C, destiné à rece-

(1) Annales des mines, tom. X. N° 55.

voir le coke (1), qu'on retire toutes les cinq heures du foyer. D, forte barre de fonte, divisant l'orifice du foyer en deux portions presque égales. La moitié supérieure est maçonnée en briques avec de l'argile pendant l'opération. S, chambre destinée à recevoir la majeure partie du noir de fumée. E, trou pratiqué au milieu de la voûte; il est fermé par une pierre plate pendant l'opération, et ne s'ouvre que lorsqu'elle est finie, afin de rafraîchir la chambre S et le cabinet F. G et H, deux trous pour le passage de la fumée dans le cabinet F. Le premier est plus élevé, afin qu'un homme puisse y passer. I, trou servant de communication entre le cabinet F, et la cheminée K. L, sac en canevas, recouvrant ce trou; il est soutenu verticalement à l'aide d'une corde M, et retenu solidement autour de sa base.

On place la houille en petits tas, près de l'orifice du fourneau, comme on le voit dans la figure 5. On y met le feu à l'aide d'un peu de bois sec; quand il est bien allumé, on étend la houille embrasée avec un long râble de fer, et on renouvelle cette opération de temps en temps, pendant cinq heures. Alors la houille qu'on a employée est à l'état de coke. On la retire, et on la fait tomber (à l'exception d'une petite quantité nécessaire pour allumer la nouvelle houille) dans la fosse pratiquée au-devant et au-dessous du fourneau, où on l'éteint avec de l'eau. On recharge le fourneau d'une quantité de houille fraîche, égale à la première, et on continue l'opération de la même manière pendant vingt jours.

A mesure que se fait la combustion de la houille, la fumée passe par le prolongement du fourneau, se rend dans la grande chambre S, où elle dépose la plus grande partie du noir qu'elle contient. Elle continue ensuite son cours par les ouvertures G et H, pour arriver dans le cabinet F, où elle en laisse précipiter encore. Ensuite elle s'élève dans la cheminée K, par le trou I, pour se perdre dans l'atmosphère. Mais comme, dans ce trajet, elle ne se dépouille pas entièrement du noir de fumée, dont une partie échapperait avec elle, on recouvre le trou d'un sac de toile très-claire, qui sert de crible à la fumée. On conçoit aisément que lorsque ce sac est tapissé intérieurement de noir de fumée, la circulation de l'air dans le fourneau, et par conséquent l'activité de la combustion de la houille, se trouve ralentie. Pour la ranimer, le chauffeur saisit l'extrémité de la corde M, qui, en passant sur les poulies N, N, se prolonge

(1) Lorsque, par la distillation, on a débarrassé la houille de toutes ses parties volatiles, il reste une matière spongieuse, grisâtre, d'un aspect métallique, friable, légère, qu'on appelle coke.

jusqu'au-devant du foyer. Il lui imprime une secousse semblable à celle qu'on fait éprouver à un cordon de sonnette, et agite ainsi le sac, pour le dépouiller du noir qui tombe au fond du cabinet. Tous les vingt jours on ramasse le noir qui se trouve dans la chambre et dans le cabinet.

Le noir de fumée qu'on obtient ainsi de la houille est grossier, et ne pourrait servir au lithographe. Toutefois, il me semble qu'on pourrait obtenir par ce moyen du noir de bonne qualité, en remplaçant le cabinet F, par une suite de sacs, selon la méthode anglaise. Le produit se trouvant beaucoup plus fractionné, les derniers sacs contiendraient probablement un noir aussi fin que les précédens.

Quel que soit au reste le procédé employé pour obtenir le noir de fumée, celui-ci n'est jamais complétement pur. M. Braconnot, qui en a fait l'analyse, y a trouvé près de 21 pour 100 de matières étrangères. Parmi ces matières, il faut remarquer surtout une substance résineuse, qui ne permet pas de le mêler directement à l'eau. Mais cette substance étant soluble dans l'esprit-de-vin, ou dans l'eau-de-vie, il suffit d'humecter le noir avec l'un de ces deux liquides, pour le rendre miscible avec l'eau. C'est ainsi qu'on agit pour les couleurs en détrempe.

Le noir de fumée, préparé par un des moyens ci-dessus indiqués, s'emploie tel qu'il est recueilli, pour divers usages, et notamment dans la peinture en bâtimens, la préparation de l'encre d'imprimerie, etc. Pour quelques autres emplois, la proportion notable d'eau et de matière huileuse ou résinoïde qu'il contient, serait nuisible; dans la composition de l'encre lithographique, par exemple.

On voit, d'après ce qui précède, qu'on doit trouver plusieurs sortes de noirs dans le commerce. Le plus commun est celui d'Allemagne, toujours à bas prix, et bon seulement pour les ouvrages les plus grossiers. Etant préparé avec peu de soin, il contient toujours du sable et de la terre, qu'on racle des murs des bâtimens dans lesquels on le prépare, en enlevant le noir. Le meilleur noir est celui de Paris. Il est plus cher; mais il est préparé avec beaucoup de soin. On se le procure en brûlant divers résidus de matières grasses dans des cheminées qui s'élèvent en zig-zag, à des hauteurs assez considérables. Celui qu'on retire des parties supérieures de ces cheminées est le plus fin.

Si pour préparer l'encre lithographique, on emploie les noirs de fumée tels qu'ils se trouvent dans le commerce, les épreuves prennent un ton brun, qui augmente avec le temps, et qui est dû aux parties grasses qu'ils contiennent.

9

Pour obtenir de belles épreuves, qui conservent leur couleur noire, il est nécessaire de soumettre d'abord ces noirs à une calcination. Il y a différentes manières de procéder à cette opération. Comme il est difficile d'empiler le noir dans des creusets, de sorte que ceux-ci en contiennent une certaine quantité, quelques imprimeurs l'humectent préalablement avec du vinaigre ou de l'eau-de-vie, pour en faire une pâte très-épaisse qu'ils empilent alors dans les creusets. Lorsque ceux-ci sont pleins, on les ferme avec un morceau de brique, qu'on lute avec de la terre grasse, de manière à ménager quelques légères fissures, pour le dégagement des gaz. Ensuite on les donne à un potier, pour qu'il les place dans son four, en même temps que ses poteries. Ce moyen peut être bon, lorsqu'il ne s'agit que de petites quantités; mais si on devait calciner des masses considérables de noir de fumée, il faudrait avoir recours à une méthode plus expéditive. Voici celle que j'ai imaginée, et qui réussit complétement.

On fait construire un cylindre en tôle de fer assez forte A (*Planche* II. *Fig.* 1), divisé dans sa longueur en deux parties, réunies par une charnière C D. Les deux demi-cylindres portent, au côté opposé à la charnière, les tubes E, qui se correspondent et forment une seconde charnière, lorsque le cylindre est fermé. Dans cette position, on y enfonce une tringle à anneau F, pour les maintenir, et on remplit ce tuyau de noir de fumée. A cet effet, on pose son extrémité inférieure sur un billot, et, après y avoir introduit du noir préalablement humecté, on présente à son ouverture supérieure un pilon de bois G, qui y entre aussi juste que possible. On frappe sur ce pilon avec un maillet, jusqu'à ce qu'on ait refoulé le noir au point qu'il ne se comprime plus. Alors on enlève la tringle F, on ouvre le cylindre, et on en retire la masse solide formée avec le noir comprimé. On prépare ainsi un certain nombre de ces cylindres de noir de fumée.

Cela fait, on dispose sur un âtre, qu'on a soin de bien nettoyer, deux petits fours qui se font en plaçant cinq briques de champ. (*Planche* II. *Fig.* 2.) Pour commencer l'opération, on allume quelques-uns des cylindres de noir de fumée, en les posant sur des charbons incandescents, dans un réchaud à part. On les enlève ensuite avec des pincettes, et on les place au fond du premier four. On met sur ceux-ci une seconde couche de cylindres, en les croisant avec les premiers; puis une troisième et une quatrième couche. Toute la masse prend feu assez promptement. Il se développe au commencement de l'opération une fumée jaune et épaisse qui diminue peu à peu, et finit par cesser entièrement. Lorsque toutes les parties grasses ou résineuses sont évaporées, le noir présente l'aspect d'un brasier incandescent, à l'exception de la quatrième couche, dont la partie supérieure paraît encore noire. Alors, on enlève ceux-ci, on les place au fond du second fourneau, et on les recouvre de trois nouvelles couches de cylindres frais.

Pendant qu'ils s'allument, on ôte la brique de devant du premier fourneau, et, avec une pelle, on enlève le noir calciné. Dès que ce noir ne dégage plus aucune fumée, même lorsqu'on casse les morceaux, on le met dans un vase de métal muni d'un couvercle, qu'on place aussitôt, pour étouffer le feu. Lorsque le second fourneau ne donne plus de fumée, on enlève les cylindres supérieurs, on les place au fond du premier fourneau, on les recouvre de trois nouvelles couches de cylindres de noir, et on continue d'agir de la même manière, jusqu'à ce qu'on ait obtenu tout le noir voulu. Cette opération est prompte, ne coûte aucun combustible, puisque le noir brûle de lui-même (1), et peut être continuée tant qu'on veut. Il faut laisser le noir couvert jusqu'à ce qu'il soit refroidi. Si on le découvrait trop tôt, il suffirait qu'il fût resté la moindre étincelle pour que le tout reprît feu. Peut-être serait-il plus commode de n'employer qu'un seul fourneau plus élevé *(Planche* II. *Fig.* 3*)*, ouvert par le bas sur le devant. C'est par cette ouverture qu'on retirerait le noir déjà calciné, pendant qu'on continuerait à charger l'appareil par le haut.

Dans plusieurs traités on préconise le noir obtenu par la combustion de l'essence de térébenthine et de l'huile. Ce dernier surtout est recommandé, comme méritant une préférence marquée sur le noir de fumée. Lorsqu'on les compare directement à l'œil, il paraît en effet plus beau; mais je n'ai jamais aperçu de différence entre les épreuves fournies par ces deux qualités; et comme d'ailleurs les noirs de térébenthine et d'huile sont fort chers, je pense qu'on doit accorder la préférence à celui de Paris, qui réunit une grande finesse à un prix modéré.

Quelques lithographes préparent eux-mêmes du noir de fumée très-fin, en brûlant de l'essence de térébenthine dans une lampe, sous un récipient en toile ou en carton. A cet effet, on place sur une table une feuille de papier, au milieu de laquelle on pose une lampe ordinaire, garnie d'essence de térébenthine, au lieu d'huile. On la recouvre d'un cylindre fait avec une feuille de carton, et qui a environ un pied de diamètre, sur trois pieds de haut. Ce cylindre est ou-

(1) Il est vrai qu'on perd un peu de noir par la combustion; mais cette perte est peu considérable.

vert par le bas, et fermé par le haut. On ne laisse qu'une très-petite ouverture entre la table et le bord inférieur du carton, une ligne ou deux environ; car moins la lampe reçoit d'air, plus elle donne de fumée, et par conséquent de noir. Il ne faut donc laisser arriver que tout juste la quantité d'air nécessaire, pour que la combustion continue. Au bout de quelque temps, l'intérieur du cylindre et la feuille de papier placée sur la table, sont couverts d'une couche de noir, qu'on enlève en le balayant avec une plume. J'ai obtenu par ce procédé 1 ¼ once de noir d'une livre d'essence de térébenthine. Ce noir reviendrait donc de 9 à 12 francs la livre, suivant le prix plus ou moins élevé de l'essence. Après en avoir recueilli une certaine quantité, il faut le calciner, comme le noir de fumée ordinaire. Ce noir de lampe est certainement le plus fin et le meilleur qu'on puisse obtenir; cependant je ne trouve pas qu'il diffère assez du noir fin de Paris, pour compenser son prix élevé. Si on voulait le préparer en grand, l'appareil figure 3 serait sans doute préférable à la cloche en carton.

Il ne faut pas confondre le noir de fumée avec la suie. Cette dernière est bien aussi le produit d'une combustion imparfaite; mais sa composition est pourtant très-différente.

Noir d'ivoire.

On rencontre dans le commerce plusieurs qualités de noir d'ivoire, toutes obtenues par la calcination en vases clos, de fragmens d'ivoire, ou de morceaux d'os. La première qualité est fournie par les rognures d'ivoire mises au rebut par les tabletiers. Ce noir est le plus beau de tous; mais aussi il est le plus cher, à raison du prix élevé de la matière qui le fournit.

La deuxième qualité de noir d'ivoire se fabrique avec des os de pieds de moutons, bien propres et bien dépouillés.

La troisième qualité est obtenue avec des os divers, bien nettoyés; mais dont la contexture moins régulière ne permet pas de recueillir un noir aussi homogène dans toutes ses parties.

Enfin, la quatrième qualité se prépare avec les mêmes matières que les précédentes. Elle n'en diffère que par une ténuité moindre, résultant d'un broyage moins prolongé.

Noir d'impression.

Les imprimeurs en taille douce font usage d'un noir dit d'impression, qu'ils broient et délaient avec de l'huile de lin dégraissée. Ce noir diffère entièrement des précédents. On se le procure en calcinant au rouge-cerise un mélange de potasse et de sang desséché, où de déchets de cornes. On lave le résidu charbonneux qui en résulte, jusqu'à ce que l'eau sorte pure; puis on broie avec soin. Ce noir est très-fin, et parfaitement tenu; ce qui convient à l'usage auquel on le destine.

CORPS COMPOSÉS.

Oxides et acides.

L'oxigène jouit de la propriété de pouvoir se combiner avec tous les corps simples, sans exception. Les composés qui résultent de ces diverses combinaisons présentent quelques propriétés remarquables, qu'il importe d'autant plus au lithographe de connaître, qu'il emploie souvent plusieurs d'entre eux. Les uns sont appelés *acides*; ils ont une saveur aigre, et rougissent le bleu de tournesol (1), lorsqu'on les met en contact avec cette couleur. Les autres ont reçu le nom d'*oxides* : ils sont en général sans saveur et sans action sur le tournesol. Cependant, parmi eux, quelques-uns sont solubles dans l'eau, ont une saveur très-marquée, et peuvent ramener au bleu le tournesol préalablement rougi par un acide. Ceux-ci sont désignés sous le nom particulier d'*alcalis*. Tels sont la soude, la potasse, la chaux, etc. Je donnerai quelques détails sur celles de ces substances acides ou oxides, dont le lithographe fait habituellement usage, soit pures, soit à l'état de combinaison.

Acide carbonique.

C'est un gaz incolore, très-pesant, qui entre à peu près pour $^1/_{1000}$ dans la composition de l'air. Cet acide a une grande tendance à s'unir avec les oxides alcalins. On peut faire à ce sujet une expérience curieuse, intéressante pour le lithographe. On prend un flacon, dans le fond duquel on met de la chaux nouvellement éteinte, à peu près de l'épaisseur d'un doigt; puis on

(1) Il ne faudrait pas confondre la plante vulgairement appelée tournesol, qui porte de grandes fleurs sur une tige élevée, avec celle qui fournit la couleur dont il est question ici. Cette dernière est une espèce de lichen, qui croît dans les pays montueux de l'Europe. C'est surtout en Auvergne que se préparent les *pains de tournesol*, dont on fait une assez grande consommation en France. Ce sont de petits parallélipipèdes, qu'on fait macérer dans l'eau, lorsqu'on veut s'en servir. On obtient ainsi un liquide bleu, dont une goutte, mise en contact avec une goutte d'acide, devient rouge à l'instant. Si on trempe dans cette liqueur des bandes de papier blanc, elles y deviennent bleues et conservent cette couleur. Ce papier devient rouge par le contact d'un acide.

achève de remplir le flacon avec de l'eau, on bouche et on agite pendant quelques minutes. Cela fait, on laisse reposer l'eau, jusqu'à ce qu'elle soit tout à fait claire, et on obtient ainsi de l'*eau de chaux*. On en verse un peu dans un verre, en agissant avec précaution pour ne pas la troubler; puis on soufle dans cette eau, au moyen d'un tube de verre, d'un chalumeau de paille ou d'un tuyau de pipe. A mesure que l'air arrive, l'acide carbonique qu'il contient se combine avec la chaux; l'eau se trouble, devient laiteuse, et bientôt il se précipite au fond du verre une poudre blanche, assez abondante, dont la composition chimique est absolument la même que celle de la pierre lithographique.

L'acide carbonique résulte de la combinaison du carbone avec l'oxigène. C'est pour cela qu'il se développe avec abondance dans les lieux où on brûle du charbon; et comme ce gaz est impropre à la respiration, qu'il ne peut entretenir ni la vie ni la combustion, on conçoit pourquoi on est asphyxié, quand on se trouve dans une semblable atmosphère, et pourquoi les lampes ne peuvent pas y brûler.

Acide nitrique.

Cet acide se retire du salpêtre par des procédés que je ne pense pas nécessaire de faire connaître ici. C'est un liquide sans couleur quand il est pur, mais assez souvent légèrement coloré en jaune. Cette nuance peut même devenir assez foncée et tirer vers l'orange, si on expose le flacon à la lumière solaire. L'acide nitrique, appelé aussi *eau-forte* dans le commerce, est un poison violent. Il désorganise la peau. Si on en laisse tomber une goutte sur les doigts, il y occasionne un tache jaune-orangée, qui ne disparaît qu'avec la peau, qui tombe au bout d'un jour ou deux. Il ronge la plupart des métaux avec violence. On ne doit donc le manier qu'avec de grandes précautions. Celui qu'on achète dans le commerce, marque habituellement 36 degrés au pèse-acides (1).

Acide sulfurique.

Liquide qui coule comme de l'huile, et se trouve dans le *sulfate de fer*, autrefois appelé *vitriol vert*. De là le nom d'huile de vitriol, que portait anciennement cet acide. C'est un poison dont l'action sur la peau est moins énergique que celle de l'acide nitrique. Il faut éviter de le mettre en contact avec les ma-

(1) Voir plus bas la description de cet instrument.

tières organiques (1), qu'il dénature promptement. Si par exemple on plonge un petit morceau de bois dans de l'acide sulfurique, il devient noir au bout de quelques minutes.

Le lithographe n'emploie jamais l'acide sulfurique concentré; mais étendu d'une certaine quantité d'eau, que j'indiquerai par la suite. Pour que ce mélange d'acide et d'eau soit bien fait, il faut verser l'acide dans l'eau, et agiter. Sans cette précaution, l'acide, qui est bien plus pesant que l'eau, irait au fond sans se mêler. On remarquera qu'au moment où les deux liquides viennent en contact, il se produit une certaine effervescence et un bruit semblable à celui que produirait un fer rouge plongé dans l'eau. En même temps la température de la masse s'élève au point que, si on opère dans un vase en verre, celui-ci éclate quelquefois. Il sera donc prudent de ne verser l'acide que peu à peu, et de bien agiter chaque fois qu'on en aura ajouté une dose nouvelle. L'acide sulfurique du commerce marque 66 degrés au pèse-acides.

Acide hydrochlorique, ou muriatique.

L'oxigène n'est pas le seul corps qui, en se combinant avec un autre corps simple, puisse donner naissance à un acide. L'hydrogène (2) jouit quelquefois de la même propriété. Combiné avec le chlore, il forme l'acide hydrochlorique, ou muriatique. Cet acide, tel qu'on le trouve dans le commerce, est un liquide quelquefois incolore, d'autrefois jaunâtre. On le retire du sel ordinaire. Il répand dans l'air une grande quantité de vapeurs blanches, d'une odeur très-piquante, lorsqu'on débouche les vases dans lesquels il est contenu. C'est un poison violent.

L'acide muriatique ne s'emploie guère en lithographie, qu'étendu de beaucoup d'eau; mais on n'a pas besoin, pour faire le mélange, de prendre les précautions que j'ai recommandées à l'article de l'acide sulfurique. Celui du commerce marque généralement 22 degrés à l'aréomètre, ou pèse-acides.

Acides citrique et tartrique.

On retire du jus de citron et de la crème de tartre des acides particuliers, appelés citrique et tartrique, dont la composition chimique est un peu plus

---

(1) On appelle organiques les matières qui proviennent des végétaux ou des animaux.

(2) L'hydrogène est un gaz très-léger qui, lorsqu'il est pur, n'est employé qu'à remplir les aérostats. Combiné avec une proportion convenable de carbone, il forme le gaz de l'éclairage.

complexe que celle des acides précédens. Ils sont formés l'un et l'autre d'oxigène, d'hydrogène et de carbone. On les trouve dans le commerce à l'état cristallisé, et, lorsqu'on veut en faire usage, il faut toujours commencer par les faire dissoudre dans l'eau. La quantité d'eau à employer dépend du degré de force dont on a besoin. Je la ferai connaître, quand je parlerai de l'emploi de ces acides.

Acide acétique.

Il est la base du vinaigre ordinaire, et presque toujours le résultat d'une fermentation particulière qui s'établit dans les liqueurs spiritueuses. On le prépare sous divers états de concentration et de pureté, suivant les usages auxquels il est destiné. De là les expressions diverses de vinaigre ordinaire, de vinaigre distillé, de vinaigre radical, d'acide acétique proprement dit. On tire aussi de la distillation du bois un acide, qu'on appelait autrefois acide pyroligneux (1); mais qui n'est autre chose que de l'acide acétique.

Acide phosphorique.

Solide dans son état ordinaire, inodore, sans couleur, très-soluble dans l'eau, forme en s'y dissolvant un liquide très-acide, aussi sans couleur et sans odeur. Comparé aux autres acides dont j'ai déjà parlé, il est toujours fort cher, à cause du prix élevé du phosphore qui entre dans sa composition, et parce qu'on n'en prépare que de petites quantités.

Acides gras.

Les huiles et les graisses peuvent fournir différens acides qui jouent le rôle le plus important dans l'art de la lithographie. Ces acides se retirent des savons, lesquels, comme on sait, sont faits avec des matières grasses, et leur étude se trouve nécessairement liée à celle de ces corps. Ce sera donc seulement à l'article *savon*, que j'en parlerai avec tous les détails convenables.

Eau.

L'eau est un fluide transparent, incolore, sans odeur, sans saveur, susceptible de mouiller presque tous les corps. Les matières grasses, les feuilles de certaines plantes, et un petit nombre d'autres substances font seules excep-

---

(1) Il porte encore ce nom dans le commerce.

tion. C'est l'agent chimique le plus essentiel; sa présence est nécessaire à la plupart des combinaisons et des décompositions. C'est dans ce menstrue, que le lithographe fait dissoudre les alcalis, le savon, le chlorure de chaux, les acides tartrique et citrique dont il fait usage. C'est avec l'eau qu'il étend les acides sulfurique et muriatique, de manière à les réduire à l'état de force convenable. L'étude de ce liquide est donc très-importante.

Lorsqu'on chauffe un corps, il se dilate, ou augmente de volume, et cette dilatation est d'autant plus considérable, que le corps a été porté à une température plus haute. Ainsi une barre de fer qui aurait precisément un mètre de long à la température ordinaire, se trouverait avoir plus d'un mètre, si on la mesurait pendant qu'elle est rouge, en sortant d'un brasier. C'est par la même raison qu'on voit l'alcool ou le mercure monter dans le tube d'un thermomètre, à mesure que la température de l'air s'élève. Réciproquement, les corps se contractent, ou diminuent de volume par le refroidissement. Cette barre de fer, qui a plus d'un mètre pendant qu'elle est rouge, revient à sa première longueur, aussitôt qu'elle est froide; de même qu'on voit l'alcool et le mercure baisser dans le thermomètre, à mesure que l'air se refroidit.

L'eau jouit des mêmes propriétés; mais elle présente un fait très-remarquable dans son refroidissement. Les physiciens se sont assurés que l'eau diminue effectivement de volume, à mesure qu'elle se refroidit; mais seulement jusqu'à ce qu'elle arrive à la température de 4 degrés. Alors, à mesure que le refroidissement continue, elle commence à se dilater, et augmente ainsi de volume, jusqu'à ce qu'elle se congèle. La glace occupe donc plus de place que l'eau d'où elle provient; c'est pour cela qu'elle est spécifiquement plus légère que l'eau, et qu'elle se maintient toujours à la surface. C'est donc à la température de quatre degrés que l'eau occupe le plus petit volume, et par conséquent que son poids spécifique est le plus grand. On dit qu'elle est alors à son *maximum de densité*. Dans ce cas, un litre d'eau pèse exactement un kilogramme. Toutefois, pour que ce poids soit exact, il faut que l'eau soit parfaitement pure; car lorsqu'elle est chargée de corps en dissolution, elle devient plus lourde. Un litre d'eau de mer, par exemple, pèse plus d'un kilogramme.

L'eau devient donc plus lourde, à mesure qu'elle est chargée de sels, ou d'autres matières solubles. C'est en se fondant sur cette propriété, que le lithographe s'assure du degré de force de certains liquides dont il fait usage, tels que les acides, les alcalis, etc. Avant de donner la manière d'opérer dans ce cas, je vais d'écrire d'abord l'instrument dont on fait usage. Il porte le nom d'*a*-

réomètre. Il se compose d'un tube de verre (*Planche* II, *Fig* 4), renflé par le bas, et terminé par une boule dans laquelle on a mis du mercure ou de la grenaille de plomb, pour lester l'instrument. Sans cette précaution, il ne se maintiendrait pas verticalement dans les liquides où on le plonge. Si on place le tube dans de l'eau parfaitement pure, il s'y enfonce jusqu'au point marqué zéro. Puis si on le plonge dans un mélange composé de 81 parties d'eau, sur 15 parties de sel ordinaire bien sec, il s'enfonce jusqu'en un point qu'on marque du numéro 15. On conçoit en effet que, le liquide étant devenu plus pesant, l'instrument doit moins s'y enfoncer. On partage l'espace compris entre les numéros 0 et 15, en quinze parties égales, qu'on appelle degrés, et on continue à porter ces degrés tout le long du tube, comme on le voit dans la figure.

Lorsqu'on veut faire usage d'eau acidulée, et qu'il importe de la prendre avec un certain degré de force, l'emploi de l'aréomètre devient fort commode. D'après ce que j'ai dit, l'instrument s'enfoncera d'autant moins que le mélange contiendra une plus grande proportion d'acide; de sorte que si on a indiqué d'avance le degré que le mélange doit marquer à l'aréomètre, on ajoutera de l'acide à l'eau jusqu'à ce qu'on obtienne ce degré. Cet instrument servant aussi à mesurer l'état de concentration des dissolutions salines, est souvent désigné dans les arts sous les noms de *pèse-acides* ou de *pèse-sels.* Lorsqu'on veut s'en servir, on met le liquide dans un vase en verre (*Planche* II, *Fig.* 5) appellé éprouvette, assez haut et peu large, fort commode pour cet usage.

L'aréomètre n'indique que la densité du liquide, et non la quantité proportionnelle d'acide qu'il contient. Ainsi, il ne faudrait pas croire qu'une eau acidulée, qui marque 4 degrés, renferme exactement deux fois autant d'acide que celle qui n'en marquerait que 2. Lorsqu'on veut s'assurer de la quantité réelle d'acide contenu dans l'eau, il faut employer une autre méthode, plus compliquée; mais l'usage du pèse-acides suffit à tous les besoins en ce genre du lithographe.

Les eaux qu'on rencontre à la surface de la terre ne sont jamais parfaitement pures. Toutes contiennent une quantité plus ou moins considérable de corps étrangers, dont elles se sont chargées dans leur course. Heureusement les besoins de l'art que je décris ne nécessitent pas ce degré de pureté que pourrait exiger un chimiste pour ses recherches, et qui obligerait de rejeter toutes les eaux de la nature. Il suffit au lithographe que l'eau qu'il emploie ne renferme pas de matières hétérogènes en quantité et de nature telles qu'elles puissent nuire à ses opérations. Aussi me contenterai-je de lui fournir des moyens propres à s'assurer de la présence des corps qu'on y rencontre le plus souvent, et qu'il a intérêt d'éviter.

Les substances que l'eau contient les plus ordinairement sont :

1° De l'acide carbonique libre;

2° De la chaux combinée avec les acides carbonique, sulfurique et hydrochlorique; de manière à former du carbonate, du sulfate ou de l'hydrochlorate de chaux (1);

3° De l'hydrochlorate de soude (2) (sel ordinaire).

Lorsque l'eau rougit le papier bleu de tournesol, c'est une preuve qu'elle contient un acide libre, qui est le plus souvent de l'acide carbonique. Toutefois beaucoup d'eaux renferment de l'acide carbonique en quantité trop petite, pour que son action sur le tournesol soit sensible. Dans ce cas, le liquide devient louche, lorsqu'on y verse de l'eau de chaux. (Pour la préparation de l'eau de chaux, voyez ce qui a été dit à l'article *acide carbonique*.)

Le carbonate de chaux est naturellement insoluble, et ne peut être tenu en dissolution que par la présence d'une certaine quantité d'acide carbonique en excès. Si donc on chauffe cette eau, l'acide carbonique libre se dégageant, le carbonate de chaux se déposera. On remarque que, dans ce cas, l'eau se trouble vers le point de son ébullition. Pour que le phénomène soit plus sensible, il faut opérer dans un ballon de verre (*Planche* II, *Fig.* 6).

Du reste, pour s'assurer de la présence de la chaux, quelle que soit d'ailleurs la combinaison dans laquelle elle est déjà engagée, on met dans un verre un peu d'eau à essayer, on y verse un peu *d'ammoniaque* liquide, et ensuite quelques gouttes d'une dissolution *d'oxalate d'ammoniaque* (3). Un précipité blanc fait reconnaître la présence de la chaux.

Pour reconnaître la présence de l'acide sulfurique, on ajoute à l'eau quelques gouttes d'une dissolution de nitrate ou d'hydrochlorate de baryte (3). Si effectivement l'eau contient de l'acide sulfurique, on obtient alors un précipité blanc qui ne disparaît pas, lorsqu'on ajoute à la liqueur un grand excès d'acide nitrique.

Pour savoir si l'eau contient de l'acide hydrochlorique, on y ajoute quelques

(1) Ou chlorure de calcium.

(2) Ou chlorure de sodium.

(3) On peut acheter 1/2 once de cette matière chez un pharmacien. Elle est alors à l'état solide. On la fait dissoudre dans un 1/2 litre d'eau de pluie, et on conserve pour s'en servir au besoin.

gouttes d'une dissolution de nitrate d'argent (1), qui y occasionnent, dans ce cas, un précipité blanc, soluble dans l'ammoniaque.

Je ne dis rien de la soude, parce que, dans le cas où l'eau en contiendrait un peu, elle ne pourrait pas nuire aux opérations du lithographe. Il n'en est pas de même des matières cprécéitées demment. Il y a un grand inconvénient à employer, pour dissoudre le savon, des eaux chargées de sulfate ou de carbonate de chaux, qu'on appelle *eaux séléniteuses*, *dures* ou *crues*. Il se forme alors, par une raison que j'indiquerai à l'article *savon*, une multitude de petits grumeaux; ce qui fait perdre d'autant plus de savon, que l'eau est plus impure. Lorsqu'on a ajouté assez de savon pour qu'une nouvelle quantité ne fasse plus naître de grumeaux, il faut laisser reposer, puis décanter la partie claire. Cette eau est alors très-propre à dissoudre le nouveau savon qu'on y ajoutera.

Au lieu de purifier l'eau avec du savon, il serait plus économique d'y ajouter un peu d'ammoniaque, et un peu d'une dissolution de sel de soude, corps qui porte en chimie, le nom de *carbonate de soude*, et qui est composé d'acide carbonique et de soude. Voici ce qui a lieu alors. L'ammoniaque se combine avec l'acide carbonique libre qui peut se trouver dans l'eau, et forme ce qu'on appelle du *carbonate d'ammoniaque*, matière qui reste en dissolution dans l'eau; mais qui ne peut pas nuire. Le *carbonate de chaux*, qui ne se maintenait en dissolution que par la présence de cet acide libre, se précipite alors. Le *carbonate de soude* agit ensuite sur le *sulfate de chaux*. Ici, l'action chimique est un peu plus compliquée, mais se comprendra facilement au moyen du tableau suivant:

Carbonate de soude	acide carbonique (a). soude (b).
Sulfate de chaux	acide sulfurique (b). chaux (a).

(a) Carbonate de chaux.
(b) Sulfate de soude.

L'acide carbonique (a), qui entre dans la composition du carbonate de soude, se combine avec la chaux (a) du sulfate de chaux, et forme du carbonate de chaux (a), qui est insoluble dans l'eau, et se précipite au fond du vase. En même temps, l'acide sulfurique (b) du sulfate de chaux se combine avec la soude (b) du carbonate de soude, pour donner du sulfate de soude (b), qui reste en dissolution dans l'eau; mais qui n'est pas nuisible.

---

(1) Voir la note 3 de la page précédente.

Après avoir laissé reposer la liqueur, on tire à clair, et on obtient un liquide dans lequel le savon se dissout très-bien. Toutefois je conseillerai aux lithographes de n'avoir recours à ce procédé que dans les cas extrêmes. S'il ne leur est pas possible de se procurer de l'eau de rivière assez pure, il vaudra beaucoup mieux pour eux faire une ample provision d'eau de pluie, chaque fois que l'occasion s'en présentera. Pour cela, ils la ramasseront dans des vases bien propres, et seulement après que les toits auront été convenablement lavés par les premières eaux. L'eau ainsi obtenue sera filtrée à travers un papier non collé, et conservée dans des vases en terre ou en verre, bien bouchés. Elle dissout très-bien le savon.

On obtient aussi de l'eau pure, en faisant fondre de la neige, qu'on a soin de choisir bien propre; ou bien en distillant de l'eau dans un alambic ordinaire. Mais ce dernier procédé nécessitant des frais, parce qu'il exige une quantité considérable de combustible, on ne devra y avoir recours que lorsqu'il sera impossible de se procurer autrement de l'eau pure.

On sait aujourd'hui que l'eau n'est pas un élément, comme on l'a cru longtemps. Un savant anglais, Cavendish, en publia la composition en 1781. Cet illustre chimiste fit voir, au moyen d'expériences ingénieuses, qu'elle est composée de deux gaz, qui sont l'oxigène et l'hydrogène. Depuis, un grand nombre de chimistes se sont occupés des mêmes recherches, et il résulte de leurs travaux que l'eau est composée de

1 volume d'oxigène
sur 2 volumes d'hydrogène.

Ainsi, pour se combiner avec un litre d'oxigène, il en faut deux d'hydrogène; mais il ne faudrait pas croire qu'avec cela on obtiendrait trois litres d'eau. Tant s'en faut; ces proportions ne fourniraient que quelques gouttes de liquide, tant la condensation est grande dans ce cas. L'hydrogène étant beaucoup plus léger que l'oxigène, les proportions en poids sont loin d'être les mêmes qu'en volume. 100 parties d'eau contiennent en poids:

Oxigène	88, 90
Hydrogène	11, 10
	100.

On a reconnu que l'eau que nous rencontrons à la surface de la terre, tient toujours en dissolution une certaine quantité d'air plus riche en oxigène que celui de l'atmosphère. Celui-ci n'en renferme que 21 parties sur 100, tandis que celui-là en a souvent jusqu'à 32. Tout le monde sait que des eaux, qu'on a longtemps conservées dans des vases fermés, cessent d'être potables, et même quelquefois deviennent fétides. Ce phénomène est dû à la présence de quelques débris végétaux et animaux, que l'eau tient en dissolution ou en suspension; et qui se combinent avec l'oxigène dont je viens de parler. Dans ce cas, on peut rendre à l'eau sa pureté, en l'agitant pendant quelque temps avec du charbon grossièrement pilé, et mieux encore avec du noir d'os, puis en la filtrant.

Chaux.

On rencontre en grande abondance dans la nature une pierre dont il existe plusieurs variétés, et que les chimistes ont désignée sous le nom de carbonate de chaux, parce qu'elle est composée d'acide carbonique et de chaux (1). Elle porte aussi les noms vulgaires de pierre calcaire, ou de pierre à chaux. On la reconnaît à la propriété qu'elle a de se dissoudre dans l'acide hydrochlorique et dans l'acide nitrique, en donnant lieu à une vive effervescence. C'est en la calcinant convenablement, qu'on se procure la chaux : l'acide carbonique se dégage, la chaux reste.

La chaux est un corps solide, blanc, alcalin. C'est un oxide composé d'oxigène et d'un autre corps simple appelé *calcium*. Elle est soluble dans l'eau, ainsi que nous l'avons vu en parlant de l'eau de chaux. Elle a même une très-grande *affinité* (2) pour ce corps. Tout le monde a été témoin du phénomène remarquable qui a lieu quand on jette de l'eau sur de la *chaux vive*, c'est-à-dire sur de la chaux, telle qu'elle sort du four. Il se produit une grande chaleur, capable quelquefois d'allumer le bois, quand on agit sur des masses considérables. On entend une espèce de sifflement plus ou moins prolongé, et la chaux se réduit en poudre, en même temps qu'on voit se dégager une masse de vapeurs, qui varie avec les proportions employées. C'est à l'avidité de la chaux pour l'eau, qu'il faut en attribuer la cause. La combinaison avec une partie de l'eau se fait avec une telle intensité, qu'il en résulte une chaleur suffisante pour réduire une autre partie de l'eau en vapeur qui, par suite de sa force élastique, brise la chaux, et s'échappe avec bruit. On a alors ce qu'on appelle de la *chaux éteinte*.

---

(1) La pierre lithographique est une de ses variétés.

(2) Lorsque deux corps tendent à se combiner ensemble, on dit qu'ils ont de l'affinité l'un pour l'autre.

La chaux doit être conservée dans un vase ou dans un lieu fermé. A l'air, elle attire l'humidité et l'acide carbonique, elle tombe en poussière et repasse à l'état de carbonate. Alors, elle n'est plus bonne à aucun usage.

Potasse.

Ce qu'on désigne sous ce nom dans le commerce est du carbonate de potasse. Lorsque ce dernier corps est pur, il porte dans les arts le nom de potasse caustique. Voici comment le lithographe pourra préparer celle dont il aura besoin. On met dans un vase bien propre une livre de potasse du commerce, une livre de chaux, et quatre litres d'eau. On fait bouillir pendant une heure, on retire du feu; on laisse reposer et on tire à clair. La liqueur doit être enfermée dans un flacon bien bouché, sans quoi la potasse attire l'acide carbonique de l'air, et revient à l'état où elle était d'abord.

Soude.

On ne rencontre dans le commerce que du carbonate de soude. La soude caustique s'obtient de la même manière que la potasse, et s'emploie aux mêmes usages, dans un grand nombre d'arts. La potasse du commerce est *déliquescente*, c'est-à-dire qu'elle attire facilement l'humidité de l'air, qu'elle se mouille et, quelquefois même, se convertit alors en un liquide très-alcalin. C'est ce dont on peut s'assurer, en exposant à l'air, pendant quelques jours, un morceau de potasse dans une assiette. Ceci fait voir la nécessité de conserver la potasse dans des vases bien secs et bien fermés. La soude, au contraire, est *efflorescente*, c'est-à-dire que si on expose à l'air des cristaux de soude bien transparens, tels qu'on les achète, ils perdent peu à peu une partie de l'eau qu'ils contiennent, et tombent en poussière. Plusieurs combinaisons dans lesquelles il entre de la soude, présentent une certaine consistance, tandis que les mêmes combinaisons, lorsqu'on remplace la soude par la potasse, sont très-molles. Je citerai comme exemple les savons. Ceux qui contiennent de la soude, c'est-à-dire les savons ordinaires, sont plus durs que les savons dits de toilette, qui sont faits avec de la potasse.

La potasse et la soude sont deux oxides alcalins, composés, le premier, d'oxigène et de *potassium*; le second, d'oxigène et de *sodium*.

Litharge.

Lorsqu'on fait fondre du plomb sur le feu, la surface du métal est d'abord très-brillante; peu à peu elle devient terne, et se recouvre d'une poussière grisâtre, qui provient de la combinaison du plomb avec l'oxigène de l'air. C'est de l'oxide de plomb. Si on enlève cette poussière, on retrouve dessous la surface brillante du plomb; mais celle-ci venant alors au contact de l'air, le même phénomène recommence, de sorte qu'on peut, à volonté, faire passér tout le métal à l'état d'oxide. Si alors on prend cette masse grise, et si on la calcine à l'air, elle passe à l'état de litharge par suite de la fusion et de l'absorption d'une nouvelle quantité d'oxigène.

La litharge est un corps solide, pulvérulent, jaunâtre; quelquefois rougeâtre: dans ce dernier cas, elle contient un peu de *minium*, qni s'est formé en même temps, et qui est aussi de l'oxide de plomb, un peu plus riche en oxigène que la litharge.

SELS.

On a donné le nom de *sel* à tout corps qui résulte de la combinaison d'un acide et d'un oxide. La pierre lithographique par exemple est un sel, parce qu'elle est formée d'acide carbonique et de chaux. C'est pour cela qu'elle porte en chimie le nom de *carbonate de chaux*. Le salpêtre, dont le nom chimique est *nitrate de potasse*, est aussi un sel, composé d'acide nitrique et de potasse.

Quelques sels sont appelés *doubles*, parce qu'il entre deux oxides dans leur composition. Tel est l'alun, qui est composé d'acide sulfurique, de potasse et d'alumine (1). Aussi porte-t-il en chimie le nom de *sulfate d'alumine et de potasse*.

Il peut arriver qu'un sel contienne un excès d'acide. Alors il rougit la teinture bleue de tournesol, et jouit en général des propriétés des acides. Si on fait dissoudre un peu d'alun cristallisé dans l'eau, le liquide qu'on obtiendra rougira le tournesol. Tous les sels qui sont dans ce cas sont appelés *sels acides*. D'autrefois, c'est le contraire qui a lieu, c'est-à-dire que l'oxide prédomine. Alors on a un *sel avec excès de base*. Tels sont le carbonate de potasse et le carbonate de soude, qu'on vend dans le commerce sous les noms de potasse et de soude. Il est facile de s'assurer que leur dissolution ramène au bleu le tournesol préalablement rougi par un acide. Les *sels neutres* sont ceux qui ne manifestent ni les propriétés des acides, ni celles des oxides. Le sulfate de chaux (gypse) est un sel neutre.

---

(1) L'alumine, ou oxide d'*aluminium*, est une matière très-répandue dans la nature. Elle forme la base de toutes les argiles.

Carbonate de potasse. Carbonate de soude.

J'ai déjà parlé de ces deux sels. Ce qui précède contient tout ce que le lithographe a besoin de savoir à leur égard.

Carbonate de chaux.

C'est un des corps les plus répandus dans la nature. Pur, ou mêlé à quelques matières étrangères, il constitue les diverses espèces de marbres, la craie, la pierre à chaux, la pierre lithographique, etc. Insoluble dans l'eau, il se dissout facilement dans les acides, et il importe d'étudier l'action chimique qui a lieu dans ce cas. Supposons qu'on fasse usage d'acide nitrique. Nous représenterons encore cette action par un tableau.

Acide nitrique (a).

Carbonate de chaux { acide carbonique
chaux (a).

(a) Nitrate de chaux.

L'acide nitrique (a) s'empare de la chaux (a) du carbonate de chaux, et forme du nitrate de chaux (a), qui se dissout à mesure qu'il prend naissance. Alors, l'acide carbonique, qui devient libre, s'échappe à l'état de gaz, et donne lieu à une vive effervescence. Il est facile de faire cette expérience en mettant un morceau de pierre lithographique dans un verre, et en versant dessus de l'acide nitrique étendu d'eau.

Sulfate de chaux.

Ce sel est aussi très-abondant dans la nature. Il porte communément le nom de gypse, et on en extrait le plâtre par la calcination. Il est un peu soluble dans l'eau; mais les acides ne le décomposent pas, comme ils décomposent le carbonate de chaux. Le lecteur devra se rappeler plus tard cette circonstance.

Alun.

Il n'y a que quelques années encore que les personnes qui emploient l'alun, donnaient la préférence à celui de Rome, qu'on payait beaucoup plus cher que le nôtre. Cette préférence était fondée; car alors notre alun était très-impur. Mais les procédés de fabrication se sont tellement perfectionnés dans ces derniers temps, qu'il n'est plus un seul cas, où on ne puisse employer l'alun de France. Ce sel se rencontre rarement tout formé dans la nature, et celui qu'on trouve dans le commerce est presque toujours un produit de l'art. Je ne pense pas qu'il soit nécessaire de décrire ici les procédés qu'on emploie à sa fabrication. Ce qu'il importe surtout au lithographe de se rappeler, c'est la composition chimique de l'alun (*page* 80), et la propriété qu'il a d'être un sel acide.

L'alun le plus commun qui se trouve dans le commerce, est cristallisé en grandes masses. Le plus fin, dont le prix est plus élevé, se trouve en petits cristaux réguliers. L'alun cristallisé est blanc, transparent, d'une saveur acide très-prononcée. Exposé à l'air, il se recouvre au bout de quelque temps d'une efflorescence blanche. Il est beaucoup plus soluble dans l'eau chaude que dans l'eau froide. Pour dissoudre un kilog. d'alun, il faut 20 litres d'eau à 15 degrés, ou 1 ⅓ litre d'eau bouillante.

Salpêtre.

Le salpêtre, ou *nitrate de potasse*, qu'on appelle aussi quelquefois vulgairement *nitre*, ou *sel de nitre*, se forme spontanément dans différentes contrées, telles que l'Espagne, l'Egypte, l'Amérique méridionale, et surtout l'Inde. En France et dans d'autres pays, on se le procure par des procédés chimiques assez compliqués, dont la description serait inutile ici. Quoique ce sel cristallise facilement, on le vend ordinairement en poudre. Sa saveur est fraîche, salée, piquante : il excite fortement la salivation. Il est très-soluble dans l'eau : beaucoup plus à chaud qu'à froid. Il fuse sur les charbons incandescens, et facilite la combustion des corps avec lesquels on le mêle. C'est pour cela qu'on le fait entrer dans la composition de la poudre.

CORPS NEUTRES.

On appelle *neutres* ou *indifférens*, les corps qui n'ont aucune tendance à se combiner avec d'autres. Cette classe est la plus nombreuse, et renferme un grand nombre de substances dont le lithographe fait souvent usage.

Noix de galles.

Ce sont des excroissances arrondies qui se forment sur les feuilles de diverses espèces de chênes, par suite de la piqûre d'un insecte. Les chênes de nos pays produisent une grande quantité de noix de galles; mais elles ne sont pas employées, ou du moins elles le sont peu, à cause de leur qualité inférieure à celle des galles qu'on récolte dans l'Asie-Mineure, surtout dans les environs d'Alep.

Les galles du commerce se distinguent en plusieurs sortes, dont la plus estimée, appelée *galle noire* ou *galle d'Alep*, est d'une couleur brune-verdâtre à l'extérieur, et hérissée de petites éminences. La *galle blanche* est celle qu'on a laissée trop longtemps sur l'arbre. Elle est blanchâtre, légère, et d'une valeur moindre.

Les noix de galles contiennent une forte proportion de *tannin* et *d'acide gallique*. Elles sont très-astringentes. La base de l'encre ordinaire à écrire est une infusion de noix de galles, mêlée à du *sulfate de fer* (vitriol vert). Ainsi la couleur de l'encre est d'origine végétale, et c'est pour cela que le chlore peut la détruire. (Voir l'art. *chlore*.)

Gomme.

Il existe plusieurs espèces de gommes. On désigne en général sous ce nom une substance végétale, solide, de couleur variable, plus ou moins transparente, plus ou moins soluble dans l'eau, d'une saveur fade, cassante et facile à réduire en poudre. La dissolution de la gomme dans l'eau, surtout lorsqu'elle est un peu concentrée, présente beaucoup de viscosité, et devient très-difficile à filtrer. Etendue sur une surface, elle forme, par sa dessiccation, une couche d'un vernis solide et transparent, qui ne se ramollit pas à la température ordinaire.

Dans le commerce, on confond sous la dénomination générale de *gommes*, des substances qui n'ont aucune analogie avec les gommes véritables, comme la *gomme élémi*, la *gomme copale*, la *gomme ammoniaque*, la *gomme gutte*, la *gomme élastique*, etc. Il existe six espèces de gommes véritables. 1° La gomme arabique; 2° la gomme sénégal; 3° la gomme des arbres fruitiers à noyaux, dite gomme du pays; 4° la gomme adraganthe; 5° la gomme de Bassora; 6° la gomme de graines et de racines. Les cinq premières découlent spontanément des branches et du tronc des arbres qui les contiennent, quelquefois même du fruit, sous forme d'un mucilage qui peu à peu se dessèche et se durcit à l'air. Les gommes de graines et de racines s'extraient par l'eau bouillante. Plusieurs gommes sont solubles dans les alcalis, et forment avec ces corps de véritables sels; car alors ces gommes agissent comme des acides. Cependant il n'y a pas saponification véritable; c'est-à-dire qu'il n'y a pas formation d'acides gras. (Voir l'article *savon.*) Cette observation est essentielle pour la théorie de l'art lithographique.

La *gomme arabique* a été longtemps la plus importante de celles qu'on trouvait dans le commerce; mais ce qu'on vend aujourd'hui sous ce nom, consacré par un long usage, n'est autre chose que de la *gomme sénégal.* Dans l'origine, la gomme arrivait de l'Arabie en Europe par l'Egypte; mais depuis que les Hollandais nous ont fait connaître la gomme sénégal, celle-ci a obtenu la préférence, et le nom à peu près seul de la première est resté dans le commerce, où on ne trouve qu'assez rarement une véritable gomme arabique.

Cette gomme découle de l'*acacia arabica* et de l'*acacia vera*, qui croissent sur les bords du Nil et en Arabie. Elle se présente sous forme de petites masses arrondies d'un côté et creuses de l'autre. Elle est transparente, inodore, cassante, facile à pulvériser, tantôt sans couleur, et tantôt colorée en jaune, ou même en rouge brun. Lorsqu'on humecte légèrement la gomme arabique, elle rougit le papier bleu de tournesol, propriété qu'elle doit à la présence d'un sel de chaux contenant un excès d'acide (1).

La gomme sénégal, qu'on trouve ordinairement dans le commerce en morceaux gros comme des noisettes, provient de l'*acacia senegal*, et se récolte après la saison des pluies. Les pluies commencent en Juillet au Sénégal et finissent dans les premiers jours d'Octobre. L'eau, qui tombe alors pas torrents, développe sur la terre, auparavant aride, une riche végétation, dont nos contrées ne peuvent offrir l'équivalent. A ces pluies succède un vent d'Est très-chaud, qui dessèche de nouveau les plaines, et qui acquiert sa plus grande intensité en Décembre et en Janvier, où il devient suffocant. C'est à cette époque que le tronc du gommier se crevasse, et donne passage à la séve élaborée peu auparavant. Le liquide qui découle alors, est d'une limpidité parfaite. Au bout d'une trentaine de jours, il s'est converti, par la dessiccation, en une matière dure, cassante, qui n'est autre chose que la gomme. C'est alors qu'on la récolte.

La gomme sénégal en sorte, telle qu'elle nous arrive dans le commerce, est composée de morceaux de formes diverses, mais en général arrondie, et d'une couleur qui varie depuis le blanc parfait jusqu'au rouge-brun. Elle contient aussi des masses plus ou moins volumineuses, appelées *marrons*, qui sont formées par l'agglomération de petits morceaux d'une gomme molle, auxquels sont agglutinés des débris d'écorce, et d'autres impuretés. On rencontre aussi dans cette gomme en sorte, des fragmens de *bdellium*, espèce de *gomme résine*, dont la surface est comme effleurie, la cassure terne, et la saveur amère; insoluble et devenant blanche par l'action de l'eau.

Toutes les espèces de gommes sont loin d'être également solubles, et on rencontre même dans le commerce différentes variétés de gomme sénégal, qui se

(1) Le malate acide de chaux.

distinguent les unes des autres sous ce rapport. Quelques-unes se dissolvent très-bien, tandis que d'autres au contraire laissent toujours déposer un sédiment visqueux. Selon Vauquelin, cette portion qui se sépare doit son insolubilité à la présence d'un sel calcaire (malate de chaux), peu ou point soluble. L'expérience démontre en effet que toutes les gommes contiennent des quantités variables de chaux, et qu'elles sont d'autant moins solubles, qu'elles en renferment davantage.

Lorsqu'on traite la gomme par les alcalis faibles, elle forme des composés qui ont d'abord l'aspect du lait caillé, et qui se dissolvent ensuite. Elle s'unit aussi à plusieurs oxides, comme la chaux, l'oxide de plomb, etc. Elle donne lieu alors à des produits insolubles dans l'eau; mais généralement solubles dans certains acides et dans les alcalis concentrés. La gomme se combine aussi facilement avec plusieurs sels, notamment ceux de plomb, de fer, de chaux, etc. Il en résulte aussi des composés insolubles dans l'eau; mais solubles dans quelques acides et dans les alcalis peu étendus d'eau.

La gomme qui se vend en poudre, est quelquefois falsifiée avec de l'amidon ou de la farine de froment. La fraude est facile à reconnaître. Il suffit de mettre une pincée de cette gomme dans une petite quantité d'eau froide, et d'agiter quelques instants; la gomme se dissout promptement, et la farine ou la fécule se précipite au fond du vase. On peut aussi reconnaître la présence de la fécule au moyen de l'hydriodate de potasse, qui donne avec elle une couleur bleue.

La gomme est insoluble dans l'alcool. Si on verse de l'esprit-de-vin dans une dissolution de gomme, celle-ci se précipite à l'instant même, et la liqueur devient laiteuse.

La gomme qui découle, dans nos contrées, des pruniers, des cerisiers et autres arbres à noyaux, et qu'on appelle *gomme du pays*, se rapproche beaucoup des précédentes, par ses propriétés physiques; mais elle se délaye dans l'eau plutôt qu'elle ne s'y dissout. On n'en fait usage que dans des opérations un peu grossières.

La *gomme adraganthe* nous vient de l'île de Crète et des îles environnantes. Elle a l'aspect de petits rubans entortillés; elle est blanche ou rougeâtre, difficile à réduire en poudre, peu soluble dans l'eau, à laquelle elle communique beaucoup de consistance; aussi s'en sert-on avec avantage pour faire des mucilages (solution épaisse de gomme dans l'eau). Cette dernière propriété pourrait bien la faire employer un jour en Lithographie; car, ainsi que je le ferai voir plus tard, cette gomme est aussi propre à cet usage, que celles dites arabique ou de Sénégal.

Gommes de graines et de racines. Lorsqu'on traite une partie de graines de lin mondée, par huit parties d'eau chauffée à 60 degrés centigrades, pendant une demi-heure, et qu'on presse la matière dans un linge grossier, on obtient un mucilage très-épais, qui a quelque analogie avec la gomme arabique. Cette analogie est plus frappante encore, lorsque, au lieu d'eau chaude, on emploie de l'eau froide, qu'il faut alors renouveler souvent. Certaines racines fournissent des résultats analogues.

Gomme d'amidon. L'amidon n'est pas immédiatement soluble dans l'eau froide; tandis qu'il se dissout dans l'eau bouillante. M. Raspail a fait voir que cela tient à ce que chaque grain d'amidon est une petite vésicule, sur laquelle l'eau n'a point d'action, et que, dans cette enveloppe, se trouve une matière soluble. Quand on traite l'amidon par l'eau bouillante, la chaleur fait déchirer ces vésicules, qui se vident et se précipitent sous forme de flocons blancs, tandis que la matière qu'elles contenaient vient au contact de l'eau et se dissout. Ainsi on sépare les tégumens de la substance soluble, ou de la gomme d'amidon. On obtient aussi la gomme d'amidon en ouvrant les vésicules, soit par un moyen mécanique, soit en les mettant en contact avec un acide, soit par la torréfaction. C'est ce dernier procédé qu'on emploie, pour obtenir la gomme d'amidon versée dans le commerce. Elle s'y rencontre sous forme de poudre brune, soluble dans l'eau froide.

Sang-Dragon.

On trouve dans le commerce, sous le nom de sang-dragon, une résine d'un brun foncé, quand elle est en masse, et qui devient d'un beau rouge de sang, quand on la réduit en poudre. Elle s'extrait par incision du *dracœna-draco* et de plusieurs autres arbres des Indes-Orientales. On en rencontre de plusieurs qualités : la meilleure est en morceaux ronds, de la grosseur d'une noix muscade, entourée de feuilles de roseaux. Cette résine, insipide et inodore, se dissout facilement dans l'alcool, l'éther, les huiles volatiles et les huiles grasses. Les dissolutions sont rouges. La solution de sang-dragon dans l'alcool tache le marbre, et le pénètre d'autant plus profondément, qu'il est plus chaud. On a profité de cette propriété, pour obtenir des marbres colorés artificiellement.

Les alcalis caustiques et l'eau de chaux dissolvent aussi le sang-dragon, en se colorant en rouge.

Copal.

Le copal, ou résine copale, provient de différentes espèces d'arbres, qui croissent en Amérique, dans les Indes-Orientales et sur les côtes de la Guinée. Cette résine se vend quelquefois en morceaux incolores ou légèrement jaunâtres ; d'autres fois elle est d'un jaune-brun, et alors moins pure. Elle est dure, inodore et insipide. Exposée au feu, elle entre en fusion, bout, répand des vapeurs aromatiques et s'altère. Dans son état ordinaire, elle est peu soluble dans l'alcool pur ; mais lorsqu'on la fait bouillir avec ce liquide, elle se gonfle et se transforme en une substance visqueuse et élastique. On prétend qu'on facilite sa dissolution en la suspendant dans un vase au-dessus de ce liquide, qu'on maintient à l'état bouillant, de manière qu'elle plonge dans la vapeur. Alors elle fond peu à peu et tombe goutte à goutte dans la liqueur qui la dissout. Ce procédé réussit surtout, dit-on, quand on ajoute un peu de camphre à l'alcool. Cependant, on n'obtient pas un égal résultat avec toutes les espèces de copal : ce qui indique que cette matière n'est pas toujours identique dans le commerce.

Si on laisse de la résine copale dans de l'éther, jusqu'à ce qu'elle se soit gonflée au point de produire une masse sirupeuse, épaisse ; qu'on la chauffe alors jusqu'à l'ébullition, qu'on la mêle avec de petites quantités d'alcool chaud, et qu'on agite le tout, la résine se dissout en une liqueur limpide, qu'on peut ensuite étendre avec de l'alcool autant qu'on veut. Les alcalis caustiques dissolvent facilement le copal, surtout à chaud.

Une fois fondu à l'aide de la chaleur, le copal acquiert des propriétés tout autres que celles qu'il avait auparavant. Pendant la fusion, il abandonne de l'eau et une huile volatile, et il devient alors soluble dans l'alcool et dans l'essence de térébenthine, qui ne pouvaient pas le dissoudre à froid. Lorsqu'on mêle la dissolution à l'essence avec de l'huile siccative, on obtient un vernis dur, incolore et transparent. Le meilleur moyen d'obtenir cette dissolution paraît être d'introduire le copal, en morceaux de la grosseur d'un pois, dans un flacon à fond mince, qu'on attache à l'extrémité d'un bâton, et qu'on expose au-dessus d'un feu de charbon, à une douce chaleur, jusqu'à ce que le copal soit fondu, sans cependant devenir brun. D'un autre côté, on chauffe de l'huile de térébenthine jusqu'au point où on ne puisse plus la toucher, et on la verse, par petites portions, dans le flacon qui renferme le copal fondu, en ayant soin de bien agiter le mélange. Si on ajoutait toute l'huile à la fois, le copal se coagulerait et cesserait d etre soluble.

Cependant Watin (1) ne croit le copal soluble que dans les huiles grasses, et M. Mantoux, dans sa recette d'encre lithographique, ajoute de l'huile d'olive, pour dissoudre le copal. Je rappellerai la méthode de Watin.

L'huile qu'on emploie, soit pour dissoudre les résines, soit pour incorporer aux résines déjà dissoutes, doit être parfaitement dégraissée, quoiqu'elle soit connue dans le commerce, sous le nom très-impropre d'*huile grasse.* Pour la préparer, on met 16 grammes (une demi-once) de litharge, autant de céruse calcinée, autant de terre d'ombre et autant de talc (2), dans 500 grammes (une livre) d'huile de lin, qu'on fait bouillir à un feu doux et égal, pendant près de deux heures en remuant souvent, de peur que l'huile ne noircisse. Quand elle mousse, il faut l'écumer, et lorsque l'écume commence à devenir plus rare et rousse, l'huile est suffisamment cuite et dégraissée. On retire du feu, on laisse déposer et on décante la partie claire pour l'usage.

Pour dissoudre le copal, on le met dans un pot de terre vernissé, surmonté d'un couvercle. On le place sur un feu de charbon pour le faire fondre. On reconnaît que la fusion est achevée, lorsque la résine cède facilement à une spatule de fer, et que celle-ci en découle goutte à goutte. Lorsqu'on veut y incorporer l'huile, il faut qu'elle soit très-chaude, et près de bouillir. On doit la verser peu à peu, en remuant avec la spatule; puis on laisse prendre au mélange quelques bouillons sur le feu. Si on veut rendre le mélange plus liquide, on peut y ajouter de l'essence de térébenthine, après qu'il est un peu refroidi, et le tenant loin du feu. On obtient ainsi du vernis de copal.

Huiles.

Je ne parlerai ici que des huiles qu'il importe au lithographe de connaître. Les corps qui sont désignés sous ce nom générique en chimie ou dans le commerce, sont nombreux; mais la plupart sont complétement étrangers au sujet que je traite. Les huiles dont l'étude intéresse le lithographe, sont des liquides provenant de végétaux, et qu'on en retire par des procédés que j'indiquerai tout à l'heure. Elles sont généralement grasses, onctueuses au toucher, visqueuses, coulant avec moins de facilité que l'eau. Soumises à un froid qui varie pour cha-

---

(1) Art du peintre doreur, etc.

(2) Je pense qu'on réussirait tout aussi bien, en remplaçant toutes ces matières par 64 grammes (deux onces) de litharge en poudre fine.

cune d'elles, mais qui est toujours dans les environs du zéro du thermomètre, presque toutes se figent. Toutes sont plus légères que l'eau, et insolubles dans ce liquide; elles sont susceptibles de s'enflammer plus ou moins promptement par le contact d'un corps en ignition.

On distingue deux genres d'huiles. Les unes sont fades ou presque insipides, inodores, visqueuses: ce sont les huiles *grasses*, *douces* ou *fixes*; les autres n'ont point de viscosité, sont caustiques et volatiles; elles sont caractérisées par une odeur toujours forte; tantôt suave, tantôt désagréable. Elles portent le nom d'*huiles volatiles*, d'*huiles essentielles*, ou simplement *d'essences*. Les premières s'emploient plus souvent, et surtout en quantités bien plus considérables. Parmi les secondes, les essences de térébenthine et de lavande sont les seules dont on fasse usage en lithographie. On distingue facilement les huiles fixes des huiles volatiles. Il suffit pour cela, de faire avec l'huile à essayer, une tache sur un morceau de papier; si la tache disparaît d'elle-même au bout de peu de temps, l'huile est volatile; si au contraire la tache se maintient, l'huile est fixe. Les huiles fixes peuvent supporter une chaleur de 250 à 300 degrés sans se volatiliser sensiblement, et, si on continue à chauffer, elles se décomposent à une température plus élevée. Les autres se volatilisent à une chaleur de 150 à 160 degrés, et même à la température de l'eau bouillante.

Lorsqu'on expose des huiles fixes à l'action de l'air, elles perdent peu à peu leur liquidité, s'épaississent et quelquefois se durcissent. Celles qui se durcissent ou qui s'épaississent au point de ne plus tacher le papier, qui forment alors une sorte de vernis, sont dites *siccatives*; telles sont les huiles de lin, de noix, etc. Les huiles d'olive, de colza, etc. sont *non siccatives*. On peut amener immédiatement les huiles siccatives à l'état dont je viens de parler, au moyen d'un procédé fort simple, que j'indiquerai tout à l'heure, en parlant de l'huile de lin. Ce changement d'état à l'air, est dû à l'absorption d'une certaine quantité d'oxigène, quantité qui, d'après les expériences de Théod. de Saussure, peut aller jusqu'à cent quarante-cinq fois le volume de l'huile. De même que les substances végétales, l'huile est composée d'oxigène, d'hydrogène et de carbone. Une partie de l'oxigène absorbé à l'air, le sixième environ, se combine avec une portion du carbone de l'huile, et forme de l'acide carbonique qui disparaît à l'état de gaz. Les autres cinq sixièmes d'oxigène demeurent dans l'huile, qui se trouve ainsi avoir changé de nature.

MM. Chevreul et Braconnot ont fait voir que les huiles fixes sont composées de deux substances distinctes; l'une liquide, appelée *oléine*; l'autre solide, appelée *stéarine*. On peut séparer ces deux substances en enfermant, par exemple, de l'huile d'olive figée, dans plusieurs doubles de papier non collé, et en la soumettant à l'action de la presse. La partie solide (stéarine) reste dans le papier, qui s'imbibe de la partie fluide (oléine). Celle-ci paraît être plus abondante dans les huiles que la première, comme on peut en juger par les résultats suivans, obtenus par M. Braconnot. Selon cet habile chimiste, 100 parties d'huile ci-après désignées, contiennent

	partie liquide ou oléine.	partie solide ou stéarine.
Huile d'olive	72	28
» d'amandes douces	76	24
» de colza	54	46

Les graisses animales contiennent aussi de l'oléine, de la stéarine et, en outre, de la margarine. Dans ces derniers temps, on est parvenu à en extraire la stéarine, en mêlant la graisse avec de l'huile de térebenthine, et en la pressant dans des caisses doublées de feutre, dont le fond et les côtés sont percés de petits trous. La stéarine, qui reste seule dans les caisses, est mise ensuite dans des chaudières, où on la fait bouillir avec de l'eau pendant assez longtemps, pour lui enlever l'odeur de térébenthine qu'elle a contractée. Puis on la purifie en la faisant fondre avec du charbon animal, nouvellement calciné. Ainsi obtenue, la stéarine est brillante, blanche, demi-transparente, mais extrêmement cassante. On lui donne de la tenacité en la fondant avec un cinquième de son poids de cire, puis on la moule en bougies. J'indique ce procédé pour les lithographes qui voudraient se procurer de la stéarine pour faire quelques essais : ils n'auraient qu'à s'adresser aux établissemens où on prépare ce produit.

Huile de lin. Cette huile, qu'on trouve en grande abondance dans le commerce, s'extrait des graines de lin (*linum usitatissimum*), qui en fournit environ 22 pour cent de son poids. A cet effet, on les torréfie pour détruire le mucilage qu'elles contiennent en abondance à leur superficie, on les broye, on chauffe avec un peu d'eau, et on soumet à la presse. Cependant la meilleure est celle qu'on se procure par l'expression à froid; elle est d'un jaune clair, tandis que celle obtenue à chaud est d'un jaune brunâtre, et devient facilement rance. L'huile de lin a une odeur forte, et une saveur désagréable. Sa propriété éminemment siccative la rend propre à la peinture; elle entre dans la composition des vernis gras, de l'encre des imprimeurs, etc. Sa qualité siccative s'augmente beaucoup en la faisant bouillir avec un huitième environ de son poids de litharge, à laquelle on ajoute aussi quelquefois un peu de plâtre, pour absorber l'humidité de l'huile. Lorsque celle-ci a acquis une couleur rougeâtre, on la retire du feu, et on la laisse clarifier par le repos. En cet état, elle est employée par les peintres. Il ne faut pas prendre trop de litharge pour cette opération. L'huile peut se charger jusqu'à un quart de son poids de cet oxide métallique ; mais alors elle acquiert, par le seul effet du refroidissement, la couleur et la consistance du caoutchouc (gomme élastique). C'est cette combinaison qu'on étend en guise de vernis, sur les étoffes qu'on veut rendre imperméables à l'eau.

J'indiquerai plus loin avec détail la manière de traiter l'huile de lin, pour la faire entrer dans l'encre lithographique.

Huile de noix. Siccative, inodore, d'une saveur douce, agréable, d'une couleur blanche tirant sur le vert. Elle s'obtient par expression des fruits du noyer. Celle qu'on appelle *huile de noix vierge*, est le produit de l'expression des noix à froid. A cet effet, on monde celles-ci de leurs coques ligneuses, et même quelquefois de leurs pellicules membraneuses, on les écrase sous la meule, et on les presse dans des sacs de toile forte. Cette huile, dépurée par le repos, se consomme pour l'usage de la table et de la pharmacie. Celle qui est destinée à la peinture, à l'éclairage, etc., s'obtient avec moins de précautions et à chaud. Les peintres préfèrent cette huile à toute autre, à cause de sa vertu siccative; surtout lorsque, après avoir été exposée sur l'eau, dans des vases larges et plats, au contact de l'air, elle est devenue rance, et qu'elle a acquis toute la blancheur et la limpidité dont elle est susceptible.

Huile de noisettes. Remplace quelquefois l'huile de noix dans la peinture, elle jouit à peu près des mêmes propriétés.

Huile de Chenevis. Se retire du chanvre par un procédé analogue à celui en usage pour extraire l'huile de lin. Siccative, employée en peinture; ne se trouve qu'en petite quantité dans le commerce.

Essence de térébenthine. De toutes les huiles essentielles, celle de térébenthine est la seule dont on fasse un usage courant en lithographie. On la retire des térébenthines (1), par la distillation. Les plus estimées sont celles qui proviennent des térébenthines du mélèze et du sapin; celle qu'on retire du pin est regardée comme de qualité inférieure. Cette essence est d'autant plus fluide, et plus légère, qu'elle est le produit de distillations réitérées. Elle est presque incolore,

---

(1) Je parlerai de ces corps à l'article *résines*.

d'une odeur forte et désagréable, d'une saveur âcre et brûlante. Cette huile jaunit et s'épaissit à l'air; elle peut se convertir alors en une matière analogue aux résines.

L'essence de térébenthine, à cause de ses propriétés et de son prix modéré, est souvent employée dans les arts. Le lithographe en fait continuellement usage, surtout parce qu'elle a la propriété de dissoudre les matières grasses. J'indiquerai plus tard les cas où il s'en sert.

Essence de lavande. Jaune, plus légère que l'eau; se retire des fleurs de lavande. Elle n'est guère employée jusqu'ici qu'en médecine et dans la parfumerie : je ferai voir plus tard de quelle utilité elle peut être au lithographe.

Cire.

La cire est une substance grasse et ductile, fournie par les abeilles, formant des rayons composés de cellules dans lesquelles cet insecte dépose ses œufs et amasse ses provisions de miel, destiné à sa nourriture pendant l'hiver. Pour séparer ces deux substances, on coupe les gâteaux en tranches, et on les fait égoutter sur des claies au soleil, ou dans un lieu chaud. Après que le miel a été séparé de la cire par cette première opération, on enferme le résidu dans des sacs de toile claire, et on soumet à la presse, pour obtenir une certaine quantité de miel qui ne s'était pas écoulé; puis on retire le marc des sacs et on le liquéfie, en l'exposant à l'action de la chaleur, dans des vases de cuivre qui contiennent un peu d'eau. On le laisse en fusion pendant quelque temps, pour faire déposer les impuretés qu'il peut contenir. Puis on retire du feu; la cire se fige, et on en sépare, au moyen d'un couteau, la partie inférieure, qu'on appelle le *pied*, où se trouve fixée une partie des matières étrangères. Plus tard, on réunit les pieds de plusieurs opérations, qu'on traite de nouveau par le même procédé, pour en extraire la cire qui s'y trouve encore.

Ainsi obtenue, la cire est quelquefois blanche, mais le plus souvent colorée en jaune plus ou moins foncé. Dans ce dernier cas, on la blanchit pour les besoins du commerce, en l'exposant à l'air, sous forme de lanières ou de rubans, et en l'arrosant de temps en temps. C'est ainsi qu'on se procure la *cire vierge.* On a proposé l'emploi du chlore pour blanchir la cire; mais il paraît que ce corps altère ce produit.

La cire est formée de deux matieres distinctes, qu'on peut séparer au moyen de l'alcool. La première, soluble dans l'alcool, capable de former un savon avec la potasse, a reçu le nom de *cérine.* D'après MM. Boissenot et Boudet, elle constitue les $^7/_{10}$ de la cire, et les $^9/_{10}$ selon John. Toutefois, la cérine entière n'est pas saponifiable (1); le reste de la cire est formé de *myricine*. Celle-ci est soluble dans l'essence de térébenthine; elle se volatilise par la chaleur.

La cire pure est sèche et cassante; sa cassure est grenue; elle n'adhère point aux dents, quand on la mâche. Sa saveur ne doit pas rappeler celle du suif; car ce serait une preuve qu'elle a été allongée avec ce corps gras. Malheureusement la cire du commerce est souvent falsifiée par l'addition de résines, de galipot, de suif; mais ces substances lui donnent une consistance onctueuse et une odeur désagréable, qu'on reconnaît facilement avec un peu d'habitude. La cassure de la cire perd en même temps son grenu. Depuis quelque temps, on a eu recours à un autre moyen, qui consiste à incorporer à la cire, de la fécule de pomme de terre. La fraude est alors moins saillante au premier abord, mais on peut la constater facilement en traitant la cire à chaud par l'essence de térébenthine. Ce liquide dissout la cire et les matières grasses qu'elle pourrait contenir, tandis qu'elle laisse la fécule intacte. On remarque aussi que la cire fraudée par la résine répand une odeur désagréable et une fumée plus épaisse, lorsqu'on la brûle sur des charbons ardents.

Suif.

Les graisses se trouvent dans un grand nombre de tissus animaux, surtout aux environs des reins. Leur consistance varie suivant la nature des individus qui les fournissent, et suivant la partie du corps d'où on les extrait. Celles des animaux ruminans, auxquelles on a donné le nom particulier de suif, sont plus ou moins blanches, solides, insipides, peu odorantes, insolubles dans l'eau, plus légères que ce liquide, peu solubles dans l'alcool. Elles ont de l'analogie avec les huiles fixes par leur composition, étant formées d'oléine et de stéarine. C'est la stéarine qui domine dans les graisses, et qui cause leur solidité. 100 parties de suif de mouton sont formées de 30 d'oléine et de 70 de stéarine.

Les graisses ne sont jamais isolées dans les animaux; elles sont toujours enveloppées de tissu cellulaire, de sang, de membranes, etc. Pour les purifier, on les coupe d'abord par morceaux de la grosseur d'une noisette, et on les pétrit dans l'eau froide, pour en séparer le sang. Puis on chauffe à feu modéré dans une chaudière, en y ajoutant quelquefois un peu d'eau. La graisse devient liquide, et, au moyen d'une écumoire, on enlève les matières étrangères, qui sont

(1) La partie non saponifiable a reçu le nom de *céraïne*.

restées à l'état solide. Cela fait, on passe à travers un tamis, et la graisse coule dans une terrine où elle se solidifie. M. d'Arcet a proposé de remplacer ce procédé par le suivant, qui paraît préférable sous le double rapport de la quantité et de la qualité du suif qu'on obtient. On met dans la chaudière :

Graisse	1500 parties.
Eau	750 »
Acide sulfurique	24 »

On fait bouillir ce mélange jusqu'à ce que le suif soit bien épuré. On retire du feu ; on laisse refroidir ; le suif se fige, surnage le liquide, et on l'enlève. L'acide sulfurique dissout les matières membraneuses, et les sépare du suif, qu'on retire ainsi en entier. En outre ce procédé présente moins de danger pour le feu, ne donne pas une odeur aussi désagréable, et fournit un suif plus blanc.

SAVON.

Lorsqu'on fait bouillir de l'huile ou de la graisse avec de la soude ou de la potasse, dans des circonstances favorables, la stéarine et l'oléine contenues dans ces corps gras, passent à l'état d'*acides oléique et stéarique* ; ce sont ceux que j'ai déjà désignés sous le nom d'*acides gras*. Le savon résulte de la combinaison de ces acides avec la soude ou la potasse employée, et comme c'est le plus souvent de soude qu'on se sert, le savon est un véritable sel de soude. Il faut remarquer en outre que c'est un sel double, parce qu'il entre deux acides dans sa composition ; de sorte que le savon est de l'*oléate* et du *stéarate de soude*. Enfin, j'ajouterai que c'est un sel avec excès de base, car il contient plus de soude qu'il n'en faut pour saturer ses deux acides ; aussi sa dissolution peut-elle ramener au bleu le papier de tournesol préalablement rougi par un acide.

En général on appelle savon la combinaison des acides gras avec un oxide quelconque. Prenons des fragmens de pierre lithographique, et faisons-les dissoudre dans de l'acide hydrochlorique, nous obtiendrons de l'*hydrochlorate de chaux* en dissolution. Filtrons cette liqueur, pour la rendre plus claire. D'une autre part, faisons dissoudre du savon ordinaire ; puis mêlons les deux liqueurs, voici ce qui en résultera.

Savon	oléate de soude	acide oléique (a). soude (b).
	stéarate de soude	acide stéarique (a). soude (b).

Hydrochlorate de chaux { acide hydrochlorique (b).
chaux (a).

(a) Oléate et stéarate de chaux.

(b) Hydrochlorate de soude.

Le savon se sépare d'abord en oléate et en stéarate de soude, puis en acide oléique et en soude, en acide stéarique et en soude. L'hydrochlorate de chaux se décompose aussi en acide hydrochlorique et en chaux. Alors, l'acide hydrochlorique (b), se combinant avec la soude (b), donne de l'hydrochlorate de soude (sel ordinaire) (b), soluble, qui reste en dissolution dans la liqueur. En même temps les acides oléique (a) et stéarique (a), se combinent avec la chaux (a); ce qui donne de l'oléate et du stéarate de chaux (a); matière insoluble, qui se précipite en grumeaux blancs. C'est un véritable *savon calcaire.*

Il se passe une action tout-à-fait analogue lorsqu'on veut dissoudre du savon dans des eaux séléniteuses, c'est-à-dire chargées de sels de chaux, qui sont le plus communément du carbonate et du sulfate. D'après ce que je viens de dire, le tableau suivant suffira, je pense, pour faire comprendre au lecteur l'action chimique qui a lieu dans cette circonstance.

Savon { oléate de soude { acide oléique (c).
soude (a).
stéarate de soude { acide stéarique (c).
soude (b).

Carbonate de chaux { acide carbonique (a).
chaux (c).

Sulfate de chaux { acide sulfurique (b).
chaux (c).

(a) Carbonate de soude, soluble.

(b) Sulfate de soude, soluble.

(c) Oléate et stéarate de chaux, insolubles, savon calcaire.

Le lecteur doit à présent concevoir facilement pourquoi les eaux séléniteuses ne sont propres à dissoudre le savon, que lorsque tous les sels de chaux qu'elles contenaient, ont été précipités à l'état de savon calcaire.

Tous les savons, quelque soit d'ailleurs l'oxide qui entre dans leur composition, sont décomposables par les acides sulfurique, nitrique, hydrochlorique, etc. Faisons dissoudre du savon ordinaire dans l'eau; puis ajoutons à la dissolution assez d'acide hydrochlorique pour saturer complétement la soude du savon;

c'est-à-dire jusqu'à ce que le mélange rougisse le papier bleu de tournesol. Cela fait, mettons sur le feu, et faisons bouillir pendant environ un quart-d'heure. Le savon sera décomposé.

Savon	oléate de soude	acide oléique.
		soude (a).
	stéarate de soude	acide stéarique.
		soude (a).

Acide hydrochlorique (a).

(a) Hydrochlorate de soude.

L'acide hydrochlorique (a) se combine avec la soude (a), et forme de l'hydrochlorate de soude (a), pendant que les acides oléique et stéarique deviennent libres. On retire du feu; ces deux acides se figent par le refroidissement, et surnagent la liqueur, à cause de leur légèreté. On les sépare facilement. On les fait bouillir encore une fois avec de l'eau pure, afin d'enlever quelque reste d'acide hydrochlorique ou d'hydrochlorate de soude qu'ils pourraient contenir encore, et on les sépare du liquide comme la première fois. On peut ainsi s'en procurer à volonté des quantités plus ou moins considérables.

Si, au lieu de savon ordinaire, on avait pris du savon calcaire, le résultat aurait été le même, quant aux acides; seulement on aurait obtenu en même temps, de l'hydrochlorate de chaux. Il faut remarquer aussi que le savon calcaire étant insoluble, c'est dans le mélange d'eau et de ce savon, qu'on ajoute une quantité convenable d'acide hydrochlorique.

Les acides oléique et stéarique sont insolubles dans l'eau; mais ils se dissolvent très-bien dans l'alcool et dans l'essence de térébenthine. Mis en contact avec un carbonate, ils le décomposent pour se combiner avec l'oxide, pendant que l'acide carbonique se dégage; il en résulte un savon, dont les propriétés dépendent de la nature de l'oxide.

Le savon dont on fait le plus habituellement usage, et que le lithographe fait entrer dans la composition de ses crayons, est à base de soude. Ceux à base de potasse sont toujours mous, et il convient d'en éviter l'emploi dans toutes les compositions qui doivent donner un corps solide, comme les crayons lithographiques, par exemple.

Afin que les alcalis puissent se combiner avec les corps gras, pour former des savons, il faut qu'ils soient *caustiques*, et j'ai déjà dit qu'on les amène à cet état, en les faisant bouillir dans l'eau, avec une quantité convenable de chaux. Quant aux matières grasses, toutes ne sont pas également saponifiables. L'huile d'olive est celle qui jouit de cette propriété au plus haut degré; aussi l'employe-t-on de préférence dans tous les pays où on peut s'en procurer avec abondance. Ailleurs, on se sert ordinairement de graisses animales.

Lorsqu'on s'est procuré la *lessive caustique*, c'est-à-dire la dissolution de soude préalablement bouillie avec la chaux, on la porte sur le feu à l'ébullition, et on y ajoute l'huile. On soutient l'action de la chaleur, et bientôt l'huile perd sa transparence, se dénature, passe à l'état d'acides oléique et stéarique, et se combine avec l'alcali. Alors on ajoute une nouvelle portion de soude caustique, et on continue à en verser peu à peu, jusqu'à ce que l'huile en soit complétement saturée. On obtient ainsi un savon d'un bleu foncé, tirant sur le noir; couleur qui est due à des matières étrangères, d'origine métallique, qui se trouvaient dans la soude. Ce savon, qui contient 16 pour 100 d'eau, peut être converti en savon blanc et en savon marbré.

Pour se procurer du savon blanc, on dissout cette masse dans une lessive faible, en ménageant la chaleur, et on laisse déposer toutes les matières étrangères, qui se réunissent au fond de la chaudière. On puise la pâte du savon, qui est devenu parfaitement blanc, on la coule; elle se prend en masse par le refroidissement, et on la coupe en tables. Le savon blanc se compose de

Soude	4, 6
Acides gras	50, 2
Eau	45, 2
	100.

C'est celui qu'on doit employer de préférence pour faire les crayons et l'encre lithographique, à cause de sa pureté.

Les savons à base de soude et de potasse sont très-solubles dans l'eau et dans l'alcool. Le savon calcaire au contraire, est insoluble dans chacun de ces liquides.

L'huile, telle qu'on l'achète dans le commerce, n'est pas immédiatement saponifiable; il faut, pour lui faire acquérir cette propriété, la laisser exposée à l'air pendant un temps assez long, qui atteint ordinairement plusieurs mois. Dans ces derniers temps, on a livré des savons dont l'huile a été rendue beaucoup plus tôt saponifiable par l'action du chlore. Malheureusement ces savons ne paraissent pas entièrement débarrassés du chlore qui a servi à cet usage, et peut être, à cause de cette circonstance, leur emploi pourrait-il présenter quelque inconvé-

13

nient au lithographe. Pour reconnaître la présence de ce corps, on fera dissoudre un petit morceau de savon à essayer dans de l'eau pure, et on y ajoutera assez d'acide nitrique pur, pour que le mélange rougisse le papier de tournesol. On fera bouillir pendant un quart-d'heure, on laissera refroidir et on filtrera. Quelques gouttes de nitrate d'argent versées dans la liqueur filtrée, donneront un précipité blanc, quand le savon contiendra du chlore. Il sera bon de s'assurer d'avance que ni l'eau, ni l'acide nitrique qu'on emploie, ne précipitent pas le nitrate d'argent; car autrement ce serait là une cause d'erreur dans l'essai.

Résines.

Il existe un grand nombre d'espèces de résines. Ce sont des matières solides, cassantes, inodores, insipides quand elles sont pures, demi-transparentes, d'une couleur tirant sur le janne. Soumises à l'action de la chaleur, elles commencent par se fondre, et finissent par se décomposer, si on pousse assez la température: elles sont inflammables par l'approche d'un corps en ignition, et répandent alors beaucoup de fumée. L'eau ne peut pas les dissoudre; mais elles se dissolvent bien dans l'alcool, dans l'éther et dans les huiles volatiles; plusieurs même se dissolvent dans les huiles grasses. Les résines peuvent se combiner avec les alcalis, et donnent alors des composés qui ont la plus grande analogie avec les sels.

Les résines ont la plus grande analogie avec les huiles volatiles dont elles présentent la composition chimique, et rappellent plusieurs propriétés. Peut-être même ne sont-ce que des huiles volatiles épaissies par l'absorption d'une certaine quantité d'oxigène, comme cela a lieu pour quelques essences; notamment celle de térébenthine. Les résines appartiennent toutes au règne végétal; elles découlent de certaines plantes, soit spontanément par des fissures naturelles, soit par des incisions artificielles. Elles sont d'abord liquides et visqueuses; peu à peu, elles s'épaississent à l'air. Quelques résines sont fortement odorantes; elles doivent cette propriété à une quantité plus ou moins grande d'une huile volatile avec laquelle elles sont unies. Quelquefois même cette huile peut être assez prédominante, pour que la résine reste à l'état fluide, d'une consistance de miel; telles sont plusieurs espèces de térébenthine, qui contiennent beaucoup de cette essence qui porte le même nom.

Je donnerai ici quelques détails sur chacune des résines dont on fait usage en lithographie.

Mastic.

C'est d'une espèce de pistachier fort commun dans tout l'Orient; mais qui se cultive principalement dans l'île de Scio, qu'on retire le mastic. Pour cela, vers la fin de Juillet, on fait quelques légères incisions au tronc et aux principales branches de cet arbuste, et il en découle un suc qui s'épaissit peu à peu, et reste attaché à l'arbre en larmes plus ou moins grosses. Quelquefois cependant, lorsque le suc est abondant, il tombe jusqu'à terre et s'y dessèche; aussi, souvent entoure-t-on le pied de l'arbre de toiles grossières, afin que la résine qui en découle ne soit pas salie par le sol et les impuretés qui peuvent se trouver à sa surface.

Le mastic en larmes est d'un jaune pâle, couvert d'une poussière blanchâtre, occasionnée par le frottement des larmes entre elles; il est d'une odeur suave, d'une saveur aromatique; fragile, à cassure vitreuse. Il se ramollit sous la dent. Les femmes de l'Orient ont l'habitude d'en mâcher de temps en temps. On prétend qu'il blanchit les dents, fortifie les gencives et rend l'haleine douce et agréable.

Le mastic est soluble dans l'alcool, l'éther et l'essence de térébenthine. Il entre dans la composition de quelques vernis très-brillans.

Gomme-laque.

Cette résine se récolte sur plusieurs arbres de l'Inde orientale, par suite de la piqûre d'un insecte du genre des cochenilles. La femelle de cet insecte, se fixe à l'extrémité des jeunes branches, et s'ensevelit dans le suc qui en découle; elle y pond ses œufs qui se développent, et quelques mois plus tard se métamorphosent en vingt ou trente larves, qu'on voit d'abord nager dans le liquide; mais qui, lorsque celui-ci est concrété, percent le dos de leur mère et s'échappent en laissant leur dépouille dans la cellule qui les renfermait. Les naturalistes ne sont pas d'accord sur l'origine de la gomme-laque. Les uns pensent qu'elle est produite par l'insecte lui-même; tandis que d'autres admettent que ce sont les arbres où sont fixés ces petits animaux, qui fournissent ce suc résineux, et que la sécrétion est seulement déterminée par la piqûre de l'insecte.

La laque se rencontre dans le commerce sous trois états différens:

1° *La laque en bâtons*, ainsi nommée parce qu'elle est encore adhérente aux branches de la plante, où elle forme une croûte plus ou moins épaisse, d'un rouge-brun foncé, transparente sur les bords, d'une cassure brillante, d'une saveur astringente, répandant une odeur forte et agréable pendant la combustion. C'est la résine dans son état naturel.

2° *La laque en grains*. C'est celle qui a été détachée des arbres, et brisée en fragmens très-petits. Pure, elle est foncée en couleur; mais on en trouve parfois dans le commerce, qui est décolorée, parce qu'elle a déjà servi aux teinturiers dans les Indes, qui en ont extrait la substance appelée *lac-lake.*

3° *La laque en feuilles*, ou *en écailles*, qu'on nomme aussi *laque plate* ou *en plaques*, s'obtient en faisant foudre les deux autres sortes, après les avoir fait bouillir dans de l'eau pure ou alcalisée. On les passe alors à travers une toile, et on les coule sur des surfaces unies. Dans l'Inde, on se contente quelquefois de mettre la laque en grains dans un sac de coton qui sert de filtre, et qu'on place audessus d'un feu de charbon. Par la torsion, on force la laque à sortir du sac, et on la fait couler sur une surface plane. La laque ressemble alors à une matière vitreuse qui varie de couleur suivant que, par une ébullition préalable, elle a été plus ou moins privée du principe colorant. Aussi la distingue-t-on en blonde, en rouge et en brune. La blonde est très-fondante au feu et ne laisse pas de résidu après la combustion. La rouge, un peu plus épaisse que la première, fond bien aussi, et brûle sans résidu. La troisième fond plus difficilement que les deux autres, et laisse un résidu après la combustion. Sa couleur est due à un trop grand coup de feu qu'il a fallu lui donner, parce qu'elle n'était pas assez fondante.

Mise dans de l'alcool du commerce, la gomme-laque se ramollit et peut se dissoudre. La laque se dissout très-bien encore dans l'acide acétique; de même que dans la soude ou la potasse caustique; et elle forme alors une liqueur d'un rouge foncé, qui se dessèche à l'air en une masse transparente et brillante, d'un rouge-brun. Cette masse se dissout bien dans l'eau et dans l'alcool; sa saveur est amère et balsamique. Le dissolution de gomme-laque dans l'alcool est employée comme vernis.

Colophane.

C'est la résine que laissent les différentes espèces de térébenthines, après qu'elles ont été débarrassées de leurs parties volatiles. On en prépare de très-grandes quantités à Mirecourt (Vosges). On fait fondre dans une chaudière de fer, un mélange de deux parties de résine provenant du résidu de la distillation de la térébenthine (le bray sec) avec une partie de poix blanche. On fait bouillir ce mélange à petit feu, en le remuant de tems à autre, pour qu'il ne s'attache pas aux parois de la chaudière. Lorsque les parties volatiles ont disparu, il reste une matière friable, claire, qu'on coule dans de petits cylindres en papier, préparés d'avance.

La colophane est soluble dans l'alcool, l'éther, les huiles grasses et volatiles.

Combinée avec les huiles grasses ou le suif, elle donne une masse molle, gluante, qui rappelle la térébenthine, lorsque le suif y entre pour une forte proportion. Elle se combine facilement avec les bases salifiables, pour former des composés analogues aux sels. Parmi ces corps, ceux qui contiennent de la potasse ou de la soude, sont solubles dans l'eau.

Térébenthine.

On a désigné en général sous le nom de térébenthines toutes les substances résineuses qui contiennent une quantité d'huile fixe ou volatile suffisante pour leur donner une consistance demi-fluide. Ces térébenthines proviennent de différentes espèces d'arbres; mais principalement du pin, du sapin et du mélèze. Plusieurs d'entre elles sont employées par les pharmaciens et les parfumeurs; je ne parlerai ici que de celles qui intéressent le lithographe.

Térébenthine de Bordeaux, appelée aussi *térébenthine commune* ou *térébenthine de pin*, parce qu'elle est la plus répandue dans le commerce, et qu'elle découle de plusieurs espèces de pin, qui croissent abondamment dans les landes de Gascogne. Lorsque l'arbre a atteint 30 à 40 ans, et qu'il a de 3 à 4 pieds de circonférence, on fait à sa partie inférieure une entaille d'environ trois pouces de largeur, sur un pouce de hauteur. De huit jours en huit jours, depuis le mois de Février, jusqu'au mois d'Octobre, on fait une nouvelle entaille au-dessus de la première, de sorte que, après quatre ans, l'entaille se trouve avoir 8 à 9 pieds de hauteur. Alors on en fait autant sur les autres faces de l'arbre, afin de donner aux anciennes plaies le temps de se cicatriser, pour pouvoir y pratiquer plus tard de nouvelles incisions. La térébenthine qui découle de ces ouvertures est reçue dans un trou fait au pied de l'arbre, ou dans des auges de bois. Pour la purifier, on la chauffe dans une grande chaudière; et, quand elle a acquis une certaine fluidité, on la filtre au travers d'un lit de paille, ou dans des caisses de bois, percées de petits trous. Souvent même, lorsque la chaleur de l'été est assez forte, cette opération se fait au soleil, et la térébenthine qu'on obtient alors est plus estimée que celle qui a été purifiée au feu: elle est vendue sous le nom de *térébenthine fine*.

La térébenthine de Bordeaux est ordinairement blanchâtre, trouble, consistante. Elle se sépare par le repos, en deux parties; l'une claire et transparente, l'autre d'apparence mielleuse. Son odeur est forte, et bien connue; sa saveur est amère.

Térébenthine de Strasbourg, produite par le sapin, arbre qui croît abondamment dans les Vosges, le Jura et les contrées septentrionales de l'Europe. Cette térébenthine peut s'extraire de la même manière que celle de Bordeaux. Souvent, pour la recueillir, les paysans grimpent sur les arbres, ouvrent les espèces de capsules que la térébenthine forme au printems et en automne, et en remplissent de petites tonnes qui portent dans le commerce le nom de *goudes*. Cette liqueur se purifie au moyen d'entonnoirs en écorce de sapin, dont le fond est tapissé de feuilles du même arbre, pour former un filtre. La térébenthine de Strasbourg est assez fluide, transparente, quelquefois un peu laiteuse; d'une odeur forte.

Térébenthine de Venise, ou *térébenthine du mélèze*. Cette térébenthine doit son nom au grand commerce qu'en faisait autrefois la ville de Venise. Elle se retire du mélèze, qui croît dans les Alpes de la France et de la Suisse, ainsi que dans le nord de l'Europe. On la recueille par le même procédé que celle de Bordeaux; on la purifie en la passant à travers des tamis de cuir.

Ces différentes espèces de térébenthines entrent dans la composition de quelques vernis.

Asphalte ou bitume.

Substance noire, solide, pesante, ayant l'aspect de la houille. Anciennement on la tirait du lac Asphaltide, ou Mer-Morte, d'où sont venus ses noms d'Asphalte et de Bitume de Judée. On en recueille à présent des quantités considérables en France, en Suisse et dans d'autres contrées de l'Europe, où il en existe des mines plus ou moins riches. L'asphalte entre en fusion à la température de l'eau bouillante; il s'enflamme facilement et brûle en répandant une fumée épaisse : il laisse alors peu de cendres. Il est soluble dans plusieurs huiles grasses et volatiles; mais ne se dissout pas dans les alcalis même caustiques. Fondu dans l'huile, il forme un vernis qui imite celui de la Chine, et qu'on applique sur les plateaux, les cabarets, les tabatières, les petits ouvrages de fer. Il est inattaquable par les acides, et forme la principale base du vernis des graveurs sur cuivre.

Caoutchouc.

Le caoutchouc, qu'on appelle aussi *gomme élastique*, *résine élastique*, est un corps solide, inodore, insipide, mou, flexible, extrêmement élastique. Il entre en fusion à 120 degrés du thermomètre, et prend alors la consistance du goudron, qu'il conserve après son refroidissement. Il est inaltérable à l'air, insoluble dans l'eau et dans l'alcool. Son meilleur dissolvant est l'éther, qui ne le dissout néanmoins qu'autant qu'il ne contient plus d'alcool. On favorise sa dissolution, en le ramolissant dans l'eau bouillante. Après l'évaporation de la dissolution éthérée, le caoutchouc reste avec ses propriétés primitives, et, de même que le caoutchouc frais, il conserve pendant longtemps de la tendanee à adhérer aux corps avec lesquels on le met en contact. L'essence de térébenthine le dissout aussi, ainsi que les huiles de lavande et de sassafras. Il ne perd rien alors de ses propriétés. Introduit dans l'huile de pétrole rectifiée, il se gonfle jusqu'à occuper 30 fois son volume primitif. Par l'ébullition, il s'y dissout en partie, tandis qu'une autre partie y est totalement insoluble. Après l'évaporation de l'huile de pétrole, le caoutchouc reste peu altéré, et conserve longtemps la propriété d'adhérer, parce qu'il abandonne difficilement les dernières portions de pétrole. La meilleure manière de le dessècher, est de l'exposer à un courant de vapeur d'eau.

Lorsqu'on coupe une bande de gomme élastique, et qu'on la tient pendant longtemps dans l'eau bouillante, elle se gonfle, et ses bords se ramollissent de telle sorte qu'en les rapprochant et les tenant pressés l'un contre l'autre, ils finissent par adhérer ensemble avec beaucoup de force. On a profité de cette propriété, pour faire des tubes de caoutchouc.

Le caoutchouc se trouve contenu en quantité assez considérable dans différens arbres de l'Amérique méridionale et des Indes orientales. Lorsqu'on incise l'écorce de ces arbres, il en sort un suc laiteux, qui se durcit à l'air, et forme la gomme élastique. Ceux qui recueillent cette matière préparent d'abord un moule en terre, sur lequel ils font couler une couche de ce suc, qu'ils font ensuite sécher en l'exposant à la fumée; cela fait, ils appliquent une seconde couche, puis une troisième, et ainsi de suite, jusqu'à ce qu'ils soient arrivés à l'épaisseur voulue. Alors, ils brisent le moule et en font sortir les débris par une ouverture qu'ils ont eu soin de ménager. Dans cette préparation, le caoutchouc se noircit à la fumée; car dans son état de pureté, il est d'un jaune pâle. Depuis quelques années, on expédie en Europe des bouteilles pleines de ce suc, et bien bouchées. Appliqué sur un corps solide en couches minces, il se solidifie assez vite, et se transforme en un caoutchouc semblable, à la couleur près, à celui du commerce.

Pierre-ponce.

Substance poreuse, assez légère pour surnager l'eau, spongieuse, de nature vitreuse, d'une texture fibreuse, rude au toucher, se cassant facilement; assez dure pour rayer le verre et les métaux. Le plus souvent d'un blanc grisâtre; quelquefois bleuâtre, verdâtre, rougeâtre, brunâtre, etc. Inattaquable par les acides. Employée, à cause de sa dureté, à polir le bois, l'ivoire, le marbre, les pierres lithographiques, les métaux, etc.

Ces pierres, qui sont d'origine volcanique, se rencontrent dans plusieurs pays : en Italie; aux environs d'Andernach, sur les bords du Rhin; en Auvergne, à Ténériffe; en Islande, etc. C'est principalement dans les îles de Lipari et de Vulcano, qu'on les trouve en abondance, et qu'on recueille la plus grande partie de celles qu'on livre au commerce.

Sable.

On donne le nom de sable à des substances minérales en poudre plus ou moins fine, qu'on trouve quelquefois étendues en couches à la surface de la terre; qui, d'autres fois gisent à une certaine profondeur dans le sol, où qui forment le lit des rivières, des fleuves, de la mer, qui les charrient continuellement, et les déposent sur leurs bords. Ces grains sont extrêmement durs, ce qui permet de les employer dans le polissage des pierres. Les acides les plus forts sont sans action sur eux. On se procure aussi des sables très-propres au polissage, en pulvérisant des grés.

Éponges.

L'éponge est-elle un animal, ou un végétal? Les naturalistes ne paraissent pas d'accord sur cette question, et il serait superflu de rappeler ici les principales raisons apportées de part et d'autre, pour soutenir chacune de ces deux opinions. On paraît cependant s'accorder à la regarder comme produite par de petits animaux presque imperceptibles, qui vivent dans le mer. L'éponge est un tissu fibreux, plus ou moins dense, plus ou moins flexible, entièrement rempli de tubes capillaires, susceptibles de recevoir l'eau dans leurs interstices, et de se distendre considérablement. Les éponges se trouvent au fond de la mer, attachées à des rochers. C'est surtout dans les parages des îles de l'Archipel grec, qu'on les rencontre en plus grande abondance.

Lorsqu'on les retire du fond des eaux, les éponges contiennent des quantités plus ou moins grandes de sable et de petits coquillages. Ces corps étrangers et durs présenteraient de graves inconvéniens dans la plupart des usages où on emploie l'éponge. Heureusement, il est facile de s'en débarrasser. En battant fortement l'éponge, le sable en sort; puis il suffit de la plonger pendant-vingt quatre heures dans de l'acide hydrochlorique marquant 3 degrés à l'aréomètre, pour faire disparaître les coquillages. Ceux-ci ne sont que du carbonate de chaux qui se dissout dans l'acide. Au sortir de ce bain, il faut laver l'éponge à grande eau.

THÉORIE DE L'ART LITHOGRAPHIQUE.

Après avoir décrit les différentes drogues employées en Lithographie; après avoir fait connaître leurs propriétés les plus essentielles, et avant de m'occuper de toute autre question ultérieure, je crois important de donner au lecteur une idée de la théorie chimique d'un art jusqu'ici inexpliqué. Il en a été de la Lithographie, comme d'une foule d'autres inventions: la pratique y a devancé la science; et quoique les produits de l'impression sur pierre soient à présent très-répandus; quoique la beauté de leur exécution annonce incontestablement une grande perfection et de rapides progrès dans une industrie encore nouvelle, il ne me paraît pas qu'on ait jusqu'à présent indiqué d'une manière satisfaisante le rôle qu'y jouent les pierres et les différens agens dont on fait usage. Il est temps cependant que la science vienne apporter aux lithographes le bienfait de ses lumières, dont la plupart des autres arts reconnaissent déjà hautement l'heureuse influence. On ne peut nier en effet que, si la pratique a fait faire d'incontestables progrès aux arts, ce n'est qu'à force de temps et d'essais; parce que la routine est sans prévision certaine, et ne peut marcher qu'à tâtons. La science au contraire lit dans l'avenir; elle indique les expériences à faire; elle en donne à l'avance les résultats probables, et ainsi elle conduit directement aux essais à tenter pour atteindre un but déterminé; en même temps qu'elle montre les circonstances les plus favorables à leur réussite. Qui ne sait que c'est à l'heureuse application des sciences aux arts, que nous devons le développement prodigieux qu'a pris l'industrie depuis environ un demi-siècle? S'il est vrai, comme on l'a dit depuis longtemps, que toute science vient d'un art, il n'est pas moins certain que tout art se perfectionne par la science. La Lithographie ne doit pas rester en dehors de ce mouvement ascendant, et il est temps qu'elle tente quelques efforts pour y entrer.

Toutefois, le lecteur aurait tort de croire qu'on n'a jamais essayé jusqu'ici de donner une théorie de l'art lithographique. Depuis longtemps on a dit que cette nouvelle manière d'imprimer est le résultat de l'opposition de l'eau et des graisses. A coup sûr, on ne pouvait pas trouver d'explication plus simple. Il était facile de comprendre en effet qu'une trace faite sur une pierre avec un corps

14

gras, devait attirer l'encre d'impression qui est grasse elle-même; pendant que celle-ci était repoussée par le reste de la pierre, qu'on avait soin d'humecter continuellement avec de l'eau. Malheureusement, cette explication si élémentaire, est bien loin d'être suffisante. Et en effet, pourquoi faut-il nécessairement que la pierre dont on fait usage soit du carbonate de chaux? Pourquoi ne peut-on pas se servir de grès, de pierres à aiguiser (pierres siliceuses), de gypse (sulfate de chaux), etc.? On a dit que le corps gras pénètre dans les pores de la pierre lithographique; mais parmi les autres pierres que je viens de citer, on peut en trouver d'aussi poreuses que celles dont on se sert, et cependant les graisses ne s'y fixent pas. La composition chimique de la pierre lithographique entre donc pour quelque chose dans la réaction des substances qu'on emploie; et c'est à quoi on paraît n'avoir pas fait attention jusqu'ici.

On semble regarder l'action de la pierre comme purement mécanique; ce qui n'est pas admissible, puis qu'elle doit présenter nécessairement une certaine composition chimique, pour pouvoir être employée avec succès. Lorsque les acides gras, qui entrent dans l'encre ou le crayon lithographique à l'état de savon, ont été séparés de la soude par l'acide qu'on passe sur les pierres, ils deviennent insolubles dans l'eau, et pénètrent, dit-on, dans les pores, où ils se maintiennent. Mais si le phénomène est en effet aussi peu compliqué, comment se fait-il que des dessins si délicats qu'ils se réduisent parfois à un trait délié, ou à un simple point, ne soient point enlevés par des lavages réitérés à l'essence de térébenthine, ou à l'alcool, qui dissolvent si facilement les acides gras? Dira-t-on que ces liquides ne peuvent pas atteindre ces acides, dans les pores où ils ont pénétré? Je ne pense pas que personne voulût soutenir cette opinion étrange. D'ailleurs, je ferai voir tout à l'heure par des expériences directes, que les matières grasses, provenant de l'encre ou du crayon, n'existent plus sur le pierre à l'état acide.

Il ne me paraît pas non plus qu'on ait expliqué l'action de la gomme d'une manière satisfaisante, lorsqu'on s'est contenté de dire qu'elle se logeait dans les pores de la pierre. Si cela était, cette gomme ne finirait-elle pas par disparaître complétement, par suite des nombreux lavages auxquels la pierre est soumise? Cependant il n'en est point ainsi; car après plus de mille tirages, on peut encore obtenir de bonnes épreuves; tandis que, quand il n'y a pas de gomme, la pierre commence à se noircir, après avoir rendu dix à douze exemplaires.

Je vais hasarder de donner à mon tour une théorie nouvelle, beaucoup moins simple, je l'avoue, que celle dont on s'est contenté jusqu'ici; mais qui me semble expliquer complétement l'art de la Lithographie. Pour faire apprécier au lecteur la valeur de mes explications, j'ai besoin de faire connaître d'abord un certain nombre de faits capitaux, sur lesquels sera basé tout ce que j'aurai à dire.

Premier fait. Un tracé fait avec un corps gras, par exemple avec du savon ordinaire, sur une pierre de carbonate de chaux, y pénètre sans s'y fixer; de manière qu'en lavant la pierre avec de l'essence de térébenthine ou de l'alcool, on enlève toute la matière. Pour s'en assurer on traite alors la pierre comme pour un tirage ordinaire, et elle ne fournit aucune épreuve.

Deuxième fait. Mais si, après avoir dessiné sur pierre avec du crayon ou de l'encre lithographique qui contiennent du savon, on acidule légèrement, le dessin adhère à la pierre avec une telle force, que des lavages réitérés à l'essence ou à l'alcool ne l'enlèvent pas; de sorte que la pierre est bien préparée pour le tirage.

Voici comment a été faite l'expérience qui a établi incontestablement ces deux faits. Sur une pierre grainée bien propre, on a fait une teinte égale au crayon lithographique; puis on a passé de l'acide hydrochlorique étendu d'eau, seulement sur la moitié de ce ton, en évitant la présence de la gomme. Plusieurs jours après seulement, afin de donner au crayon non acidulé le temps de pénétrer dans les pores, la pierre a été soigneusement lavée à l'essence et séchée; ce qui avait pour but d'enlever toutes les parties grasses non combinées avec la pierre. Cela fait, on a gommé la surface de la pierre, afin qu'elle refusât l'encre d'impression partout où le crayon ne serait pas fixé; on y a passé le rouleau d'imprimeur: la partie acidulée a seule reparu; l'autre ne présentait aucune différence avec le reste de la pierre. Ainsi l'essence avait enlevé le savon non décomposé, quoique le crayon eût dû pénétrer dans les pores de la pierre aussi bien que peuvent le faire les acides gras qui proviennent de la réaction des acides hydrochlorique ou nitrique sur le savon. Pourquoi donc l'essence n'avait-elle pas aussi enlevé, dans l'autre partie du dessin, ces acides gras, qu'elle a ordinairement tant de facilité à dissoudre? Ne faut-il pas que, dans ce dernier cas, il y ait eu de la part de la pierre, quelque chose de plus qu'une simple action mécanique?

Troisième fait. Si on prépare des acides gras par le moyen indiqué à l'article *savon*, et si on s'en sert pour tracer des traits sur la pierre lithographique, celle-ci n'a pas besoin d'être acidulée, pour que le tirage réussisse bien, lorsque la pierre a été gommée autour des traits, sans passer dessus. Pour s'assurer que les acides gras fournissent immédiatement des traces durables, insolubles à l'essence, et attirant l'encre d'impression, il est important de ne pas les recouvrir de gommes, car je ferai voir tout à l'heure que la gomme précipite le savon comme les acides hydrochlorique ou nitrique.

Quatrième fait. Lorsqu'on a dessiné sur pierre, et avant d'aciduler, on peut éclaircir les traits, ou enlever une partie du dessin, en employant convenablement la pointe du crayon : méthode souvent employée par les artistes, et que je décrirai en son lieu. Dans ce cas, une partie de la matière grasse déjà déposée sur la pierre, même depuis assez longtemps, s'en détache, et se fixe au crayon. Mais dès que la pierre a été acidulée, le crayon n'enlève plus rien.

Cinquième fait. Lorsqu'on a dessiné sur pierre avec du crayon ou de l'encre lithographique, on peut, au lieu d'aciduler, passer sur la pierre une dissolution neutre d'hydrochlorate de chaux, et l'effet produit est le même que si on avait employé de l'acide. (Pour obtenir cet hydrochlorate de chaux, on met des fragmens de pierre lithographique dans de l'acide hydrochlorique étendu d'eau, et on les y laisse ronger jusqu'à ce que la liqueur ne rougisse plus le tournesol. Il est bon de ne mettre que peu de pierres à la fois, à cause du grand dégagement de gaz acide carbonique, qui a lieu. Quand la liqueur est neutre, c'est-à-dire quand elle n'a plus d'action sur le tournesol, on la filtre à travers un papier non collé, avant de l'employer.)

Sixième fait. On réussit également en passant simplement de la gomme sur le dessin; car ce corps a aussi la propriété de décomposer le savon, et d'en isoler les acides gras. On peut s'en assurer directement, en versant une dissolution de gomme dans une dissolution de savon. La gomme se combine avec la soude, et reste à l'état liquide, tandis que les acides gras deviennent libres.

Septième fait. Quoique les acides gras, provenant du savon, soient très-solubles dans l'essence de térébenthine, on peut laver longtemps la pierre à l'essence; ce qui n'enlève pas le dessin, et n'empêche pas le tirage. On remarque seulement alors que les traits disparaissent à l'œil, parce que l'essence emporte la partie grasse colorée et non saponifiée, qui se trouve en excès à la surface de la pierre. En passant le rouleau d'impression, l'encre est attirée, et le dessin reparaît.

Huitième fait. Préparez du savon de chaux, en mêlant une dissolution de savon ordinaire avec une dissolution d'hydrochlorate de chaux, comme il a été dit à l'article *savon*. Après avoir bien lavé et séché ce produit, mettez-le en contact avec de l'essence de térébenthine. Filtrez; évaporez l'essence ainsi obtenue dans un vase en verre, jusqu'à ce qu'il ne se dégage plus de vapeur; versez sur le résidu de l'acide hydrochlorique étendu d'eau distillée; filtrez de nouveau; versez dans la liqueur obtenue quelques gouttes d'ammoniaque liquide, et ensuite quelques gouttes d'une dissolution d'oxalate d'ammoniaque, vous n'obtiendrez aucun précipité; ce qui prouve qu'il n'y avait point de chaux dans la liqueur, et que, par conséquent, le savon de chaux n'est pas soluble dans l'essence de térébenthine (1).

Neuvième fait. Si on recueille l'essence qui a servi à laver les pierres dessinées, pendant le tirage, et si on la traite comme celle qu'on a fait digérer sur le savon calcaire, dans le *fait* précédent, on s'assure qu'elle ne contient point de chaux en dissolution.

Dixième fait. Si on prend du savon calcaire, préparé directement, comme il a été dit précédemment, et qu'on le laisse quelques instants en contact avec de l'acide nitrique ou de l'acide hydrochlorique étendus d'eau, de manière à marquer huit à dix degrés à l'aréomètre, le savon est décomposé; il se forme du nitrate ou de l'hydrochlorate de chaux, soluble dans la liqueur même, qui devient très-claire. Les acides gras, rendus libres, surnagent cette liqueur.

Onzième fait. Si on lave une pierre dessinée avec les mêmes acides, le travail est enlevé.

Douzième fait. Mettez du savon calcaire en contact pendant quelques heures avec de la soude ou de la potasse caustiques, marquant vingt à vingt-quatre degrés à l'aréomètre, ce savon sera décomposé. Les acides gras se combineront avec l'alcali pour former un savon soluble, et la chaux se précipitera au fond du vase.

Treizième fait. Mettez une pierre dessinée en contact pendant quelques heures avec les mêmes alcalis, le travail disparaîtra.

Quatorzième fait. En versant sur du savon calcaire un mélange d'acide hydrochlorique faible (deux à trois degrés), et d'essence de térébenthine, on remarque que l'acide décompose d'abord le savon. Il se forme de l'hydrochlorate de chaux, qui se dissout dans l'excès d'acide hydrochlorique étendu, et des acides gras, qui se dissolvent dans l'essence; de sorte que le tout devient liquide.

Quinzième fait. En mettant pendant quelque temps le même mélange en con-

---

(1) Nous avions déjà vu précédemment que c'est au moyen de l'ammoniaque et de l'oxalate d'ammoniaque, qu'on reconnaît la présence de la chaux dans un liquide. Si l'essence avait dissout même une faible partie de savon calcaire, elle l'aurait abandonné en s'évaporant : l'acide hydrochlorique versé sur le résidu, aurait dissout la chaux, et on aurait obtenu un précipité blanc, en versant dans la liqueur filtrée, les deux liquides indiqués.

tact avec une pierre lithographique, on enlève le dessin. On peut épaissir ce mélange avec un peu de terre de pipe réduite en poudre très-fine ; ce qui l'empêche de couler. Puis, on en applique avec une plume ou un pinceau sur la partie d'un dessin, qu'on veut enlever. On laisse sécher ; on lave à l'eau, et la partie recouverte du dessin a disparu.

Seizième fait. Le repolissage de la pierre ne suffit pas toujours pour enlever les traces graisseuses fortes qui y ont séjourné pendant longtemps ; et ce n'est quelquefois qu'après avoir enlevé l'épaisseur de près d'une ligne de la surface dessinée, qu'on réussit à détruire complétement ces traces invétérées.

Dix-septième fait. Faites dissoudre du savon ordinaire dans de l'eau distillée ; puis faites passer pendant plusieurs jours, dans cette dissolution claire, un courant de gaz acide carbonique, qui devra d'abord traverser un flacon plein d'eau, afin d'y déposer les vapeurs d'acide hydrochlorique qu'il pourrait entraîner avec lui. Vous verrez le savon se décomposer. La soude qu'il contient se combinera avec une partie de l'acide carbonique ; ce qui donnera du carbonate de soude qui restera en dissolution. Une autre partie de l'acide carbonique se combinera avec les acides gras, et formera une masse d'un blanc mat, insoluble dans les alcalis, et qui aura perdu les propriétés les plus essentielles des corps gras.

Dix-huitième fait. Un savon calcaire abandonné à l'air pendant longtemps, y attire de l'acide carbonique ; de sorte que sa surface change de nature, et ne présente plus les propriétés les plus importantes des matières grasses.

Dix-neuvième fait. Si on abandonne à l'air pendant longtemps une pierre dessinée, sans recouvrir sa surface d'une couche d'encre de conservation (1), le dessin se sèche, et la pierre ne rend plus rien à l'impression.

Vingtième fait. Si on attaque une pierre dessinée par un acide un peu fort, sa surface est rongée, et le dessin n'attire plus d'encre d'impression. Cependant, l'œil peut apercevoir encore toutes les traces du crayon en blanc mat, qu'une lessive caustique, même très-forte n'enlève pas, et qui n'ont plus d'affinité pour les corps gras.

Vingt-unième fait. Si on remplace la pierre lithographique par de la silice, du sulfate de chaux, ou toute autre pierre que du carbonate de chaux, le dessin se trouve arraché par le rouleau d'impression, sans qu'il soit possible de le rétablir ; quoique la pierre ait été traitée d'abord tout à fait à l'ordinaire. Si on

---

(1) Je donnerai plus tard la composition de cette encre, qui a pour objet d'intercepter la communication entre l'air et la pierre.

étend une légère couche d'eau non gommée sur une pierre de ce genre, on aura beau y passer un rouleau chargé de l'encre grasse, dont on fait habituellement usage; tant qu'elle sera mouillée, il sera impossible d'y faire tenir cette encre. Si on laisse sécher la pierre, et qu'alors on la noircisse avec le rouleau, le noir s'enlèvera dès qu'on la mouillera, et qu'on y passera de nouveau le rouleau. On sait qu'en pareil cas, il en est tout autrement de la pierre lithographique, qui ne refuse le noir qu'après avoir été gommée.

Vingt-deuxième fait. En passant de l'acide sulfurique étendu d'eau sur du carbonate de chaux, il se forme à la surface une couche de sulfate de chaux. Dès ce moment, le noir ne se fixe plus sur la pierre, jusqu'à ce que cette couche, d'ailleurs très-friable, de sulfate de chaux, ait été enlevée. Si on lavait à grande eau, après avoir passé de l'acide sulfurique sur la pierre, le sulfate de chaux formé serait entièrement enlevé, et le fait indiqué n'aurait pas lieu.

Vingt-troisième fait. On a étendu une couche d'encre lithographique sur une pierre ordinaire à imprimer: on l'a abandonnée à elle-même pendant vingt-quatre heures; après quoi, on a lavé à l'essence de térébenthine. La surface de la pierre a été ensuite soigneusement raclée, et on a procédé à l'analyse de la poussière ainsi obtenue. D'abord on a fait bouillir cette poussière dans de l'eau distillée, qui s'est chargée d'une faible quantité de savon; ce qui indique que les lavages à l'essence n'avaient pas été assez prolongés, pour tout enlever. La poudre ainsi lavée, a été traitée par l'alcool bouillant, qui lui a encore enlevé un reste de matière savoneuse. Ni l'eau ni l'alcool ne contenaient de trace de chaux. Enfin, après séparation de l'alcool par la filtration, et après de nombreux lavages à l'eau pure, la poudre a été mise en contact avec de l'acide hydrochlorique distillé, étendu d'eau aussi distillée. L'acide carbonique s'est dégagé; il s'est formé de l'hydrochlorate de chaux soluble, et la liqueur ne contenait aucune trace des acides gras qui se trouvent dans le savon.

Vingt-quatrième fait. Une autre pierre a été recouverte d'une couche d'encre lithographique; puis acidulée à l'ordinaire, et lavée à l'essence. Elle a été ensuite raclée, et la poussière a été analysée comme la précédente. L'eau bouillante ne lui a rien enlevé; ce qui indique que les lavages à l'essence avaient été assez prolongés pour faire disparaître toutes les matières grasses non combinées à la pierre. L'alcool bouillant n'a rien enlevé non plus; mais lorsqu'on a traité par l'acide hydrochlorique étendu, il était facile d'apercevoir des acides gras, surnageant la liqueur.

Vingt-cinquième fait. Mêlez une dissolution claire de savon avec une dissolution de sulfate ou d'hydrochlorate de zinc (1), et vous obtiendrez un précipité blanc, qui sera du savon de zinc. Filtrez et lavez à grande eau, ce savon de zinc qui reste sur le papier; c'est-à-dire remplissez quatre à cinq fois le filtre d'eau, pour débarrasser le savon de zinc des matières solubles qu'il pourrait retenir. Séchez, mettez un peu de ce savon dans de l'essence de térébenthine, et l'y maintenez quelques instants. Filtrez, mettez la liqueur qui a passé à travers le papier, dans un vase en verre, et évaporez jusqu'à ce que toute l'essence ait disparu. Attaquez le résidu par de l'acide hydrochlorique faible et filtrez de nouveau. Quelques gouttes d'amoniaque, versées dans cette nouvelle liqueur, y font naître un précipité blanc; ce qui indique la présence du zinc. Ainsi le savon de zinc est soluble dans l'essence de térébenthine; tandis que nous avons vu que celui de chaux ne l'est pas.

Vingt-sixième fait. Prenez des morceaux de zinc bien propres; tenez-les pendant deux à trois minutes dans de l'eau de savon, et passez les ensuite dans de l'acide hydrochlorique faible. Leur surface deviendra terne. Passez-les dans l'eau, puis agitez-les un moment dans de l'essence de téréhenthine, filtrez, traitez cette essence comme il a été dit dans le *fait* précédent, et vous y reconnaîtrez la présence du zinc.

Vingt-septième fait. Si on met un corps gras en contact avec certains métaux, il s'opère une réaction chimique, d'où résulte un savon métallique ayant pour base le métal soumis à l'expérience.

Vingt-huitième fait. Des traces graisseuses faites sur des planches de zinc, y adhèrent, et attirent l'encre d'impression. Cependant, si on lave ces traces, à l'essence de térébenthine, elles ne reparaissent plus.

Vingt-neuvième fait. Si on fait une trace sur une pierre lithographiqne avec de la résine dissoute dans de l'alcool; qu'on acidule, et qu'on lave à l'essence, cette trace ne tient pas.

Trentième fait. Le trace ne tient pas mieux, lorsque la résine à été dissoute dans un alcali.

Tout cela posé, voici comment je conçois l'action du crayon et de l'encre lithographique sur la pierre.

Ces corps, comme je l'indiquerai par la suite, ont pour base essentielle du savon ordinaire, et des substances grasses. Après les avoir appliqués sur la pierre,

---

(1) On se procure ces dissolutions en mettant du zinc en contact avec de l'acide sulfurique, ou de l'acide hydrochlorique étendus d'eau. Quand tout le métal a été *rongé*, on filtre.

on acidule légèrement. L'acide s'empare de la soude du savon, et forme ainsi de l'hydrochlorate de soude (1), soluble, qui disparaît par le lavage même.

Les acides gras seuls, insolubles dans l'eau et dans l'acide faible, restent sur la pierre. Alors ils agissent chimiquement sur le carbonate de chaux, le décomposent, et forment un véritable savon calcaire. Aussi, avons-nous vu que le dessin jouit de toutes les propriétés de ce savon. Il est insoluble à l'essence de térébenthine et à l'alcool (IIe, VIIe et XXIVe faits). Il se forme, quand on dessine directement avec des acides gras (IIIe fait); quand on passe sur l'encre ou le crayon, de la gomme, qui décompose le savon comme un acide (VIe fait); ou bien encore, lorsqu'on passe de l'hydrochlorate neutre de chaux sur le dessin (Ve fait). Un dessin ne peut tenir que sur du carbonate de chaux (XXIe et XXIIe faits), ou sur un métal qui peut former un savon avec le crayon ou l'encre lithographique (XXVIIe et XXVIIIe faits). Mais, dans ce dernier cas, à cause de la solubilité du nouveau savon métallique dans l'essence, il faut bien se garder de frotter la planche avec ce liquide; le dessin serait enlevé (XXVIIIe fait). Un acide, marquant huit à dix degrés à l'aréomètre, pouvant décomposer le savon calcaire, enlève aussi le dessin fait sur une pierre (XIe fait). Dans ce cas, une partie de l'acide carbonique qui se dégage, se combine avec les acides gras devenus libres, et forme avec eux une matière d'un blanc mat, lorsqu'on mouille la pierre; mais qui n'attire plus le noir d'impression (XXe fait). Les alcalis assez forts pour décomposer le savon de chaux, enlèvent aussi le dessin (XIIIe fait). Un mélange d'acide faible et d'essence, pouvant décomposer le savon calcaire, et dissoudre les acides gras, détruit aussi le dessin (XIVe et XVe faits). Le dessin, comme le savon de chaux, perd la propriété d'attirer les corps gras, lorsque par un long contact avec l'air, il s'est combiné avec une partie de l'acide carbonique de l'atmosphère (XVIIIe et XIXe faits). Les traces faites avec des résines, qui ne sont pas saponifiables (qui ne peuvent pas former de savons, comme font les corps gras), disparaissent lorsqu'on les lave à l'essence de térébenthine (XXIX et XXXe faits).

De tous les sels de chaux, le carbonate est le plus facilement décomposable. Voilà pourquoi on obtient de bons résultats avec la pierre lithographique ordinaire, tandis que celles d'une composition chimique différente, même lorqu'elles

(1) Si on se sert d'acide hydrochlorique. Si on prend de l'acide nitrique, il se forme du nitrate de soude, également soluble.

ont la chaux pour base, comme le sulfate de chaux, se refusent à ce genre de travail.

Il ne me reste plus à présent, pour compléter la théorie de l'art lithographique, qu'à faire voir quelle est l'action de la gomme dont on se sert pour mettre les parties non dessinées de la pierre, à l'abri de l'encre d'impression dont le rouleau est chargé. Pour cela, je vais suivre la même marche que précédemment; c'est-à-dire faire connaître certains faits sur lesquels je me fonderai.

Premier fait. Lorsqu'on mouille simplement avec de l'eau pure une pierre lithographique, et qu'on y passe ensuite un rouleau chargé d'encre d'impression, elle prend peu à peu le noir. Si on la laisse sécher, et qu'on la noircisse au rouleau, on aura beau la mouiller ensuite, il ne sera plus possible d'enlever le noir.

Second fait. Si on passe sur la pierre lithographique de l'acide nitrique ou muriatique faibles, et de la gomme, ou même de la gomme seule, on aura beau y appliquer le rouleau d'encrage, il sera toujours impossible d'y faire prendre le noir, tant qu'elle sera humide. Si on la laisse sécher, le noir prendra; mais si on la mouille ensuite, le rouleau arrachera promptement le noir qu'on y avait déposé, et la pierre redeviendra blanche comme auparavant.

Troisième fait. Si au lieu d'un mélange d'acide et de gomme, ou si, au lieu de gomme seule, on employait un acide seul, la pierre prendrait le noir, comme si on l'avait humectée simplement avec de l'eau.

Quatrième fait. Une pierre sur laquelle on a passé de la gomme, prend une teinte jaunâtre, que des lavages cent fois réitérés à l'eau ne lui font pas perdre. Lavée avec un acide ou avec un alcali caustique, elle redevient blanche.

Cinquième fait. Une fois qu'une pierre lithographique a été préparée à la gomme, quoique on l'ait ensuite souvent lavée à l'eau, si on y fait de nouvelles traces au rayon, elles sont enlevées par le rouleau, aussitôt qu'on veut les encrer. Les traces faites à l'encre lithographique dissoute, tiennent un peu mieux, parce que l'alcali que contient cette encre (1) détruit d'abord la combinaison de la gomme avec la pierre. Cependant, il ne faudrait pas trop compter sur ces traces, car elles sont aussi souvent enlevées par le rouleau.

Sixième fait. Après avoir bien lavé à l'eau une pierre gommée, on en a raclé la surface, et on s'est procuré ainsi une poussière blanche, qu'on a fait bouillir dans une grande quantité d'eau distillée, afin d'en enlever autant que possible

---

(1) Voir plus bas sa composition.

la gomme soluble, qui pouvait y rester adhérente. Puis, on a fait macérer pendant une heure cette poudre dans de l'eau froide, et on a filtré. L'alcool précipitait de la gomme de cette liqueur. La poudre a alors été dissoute dans de l'acide hydrochlorique étendu d'eau et froid. La liqueur étant filtrée, on y a versé de l'alcool à 48 degrés de l'aréomètre de Cartier ; et au bout de deux jours, il s'était déposé une quantité notable de gomme. Une pierre neuve qui était traitée comparativement de la même manière, n'a donné aucun précipité par l'alcool (2).

Septième fait. On sait que la gomme est imperméable aux corps gras.

Huitième fait. Les substances suivantes produisent sur la pierre lithographique un effet analogue à celui de la gomme arabique.

Décoction de noix de galle	le même.
Gomme adragante	idem.
Colle forte	idem.
Colle d'empois	idem.
Salive	idem.
Sucre de lait	un peu moins.
Dissolution de graines de lin.	encore moins.
Gomme d'amidon	idem.
Sucre	idem.
Blanc d'œuf	très-peu.

Senefelder et tous ceux qui, après lui, ont écrit sur la Lithographie, ont reconnu l'influence de la gomme. La pierre ayant été dessinée et acidulée, comme il a été dit précédemment, puis gommée, on la mouille avec une éponge humectée, qui n'abandonne de l'eau que sur la partie gommée; le dessin la refusant, à cause de sa nature grasse. Lorsqu'ensuite on passe sur cette pierre le rouleau chargé d'encre d'impression, celle-ci, qui est grasse, ne prend au contraire que sur le dessin, et se trouve repoussée par toutes les parties humides. Toutefois, nous avons vu que si on humectait la pierre sans la gommer, elle prendrait peu à peu le noir. Tous les auteurs qui ont écrit sur ces matières jusqu'ici, ont reconnu ce fait; mais ils ont dit que la gomme s'infiltrait dans les pores de la pierre; et comme la répulsion du noir paraît plus complète, lorsque la pierre a

(2) Cette analyse est de M. Henri Schlumberger, chimiste distingué, de Mulhouse.

été acidulée, ils ont pensé que l'acide ouvrait ses pores, et que la gomme y pénétrait plus facilement. Il n'y aurait donc qu'une action mécanique de la part de la pierre sur la gomme; ce qui ne me semble pas admissible. L'eau peut pénétrer dans les pores de la pierre au moins tout aussi bien que la gomme. C'est même là une condition de succès; car si l'eau n'atteignait pas la gomme, à quoi bon gommer la pierre? Et cependant, une pierre tenue constamment mouillée, et lavée pendant une journée entière, ne perd rien des propriétés qu'elle doit à la présence de la gomme; ce qui indique suffisamment que celle-ci n'a pas disparu. Il faut donc qu'il y ait là plus qu'une simple superposition, et on doit admettre une véritable combinaison chimique entre la gomme et la pierre. C'est d'ailleurs ce qui est mis hors de doute par l'expérience citée dans le VIe fait.

J'ai déjà dit à l'article *gomme*, que ce corps a beaucoup de tendance à se combiner avec différens sels, et notamment ceux de chaux, et qu'il forme alors avec eux un composé insoluble dans l'eau. C'est ce composé qui recouvre la surface de la pierre, et qui, n'ayant point d'affinité pour les corps gras, surtout lorsqu'il est humecté, s'oppose à la fixation de l'encre d'impression. On sait que ces combinaisons de gomme et de sels sont décomposables par les acides et les alcalis caustiques; aussi il suffit de mettre ces agens pendant quelque temps en contact avec une pierre gommée, pour ramener celle-ci à son état naturel.

Quant à l'action de l'acide, qu'on emploie avant le gommage ou en même temps, ce qui revient absolument au même, je pense qu'elle se borne à décaper la pierre, c'est-à-dire à la débarrasser de tous les corps gras ou autres qui s'opposeraient au contact immmédiat de la gomme et de la pierre, et par conséquent à leur combinaison, et à la formation de cette couche insoluble, dont j'ai parlé.

Les combinaisons de gomme et de sels se présentent souvent sous forme de gelée; et on peut s'assurer facilement qu'une gelée, même fort consistante, refuse l'encre grasse, quand on y passe le rouleau d'impression. On peut en faire l'essai avec une couche de gélatine, par exemple. C'est probablement à cet état que la gomme se trouve en couche infiniment mince sur la pierre lithographique. Cette gelée, quoique insoluble, se laisse pénétrer par l'eau, qui la conserve dans cet état, et la maintient dans un degré d'humidité convenable pour repousser le noir.

Si on cesse de l'humecter, elle sèche, et alors on peut dessiner sur sa surface durcie. Mais comme cette couche de gomme est encore imperméable aux corps gras, le crayon ou l'encre dont on s'est servi ne pénètrent pas jusqu'à la pierre, ne peuvent pas former avec elle de savon calcaire, et en conséquence ne présentent aucune solidité. Aussi, dès qu'on humecte de nouveau la pierre, la gomme reprend son état de gelée, et repousse le dessin qui est enlevé par le rouleau.

Je pourrais entrer ici dans de plus grands détails relativement à la théorie de l'art lithographique, que je viens de soumettre au jugement du lecteur. Mais ces nouvelles considérations trouveront plus naturellement leur place dans la suite de cet ouvrage; car elles me serviront à expliquer la généralité des faits que présentent le dessin et l'impression sur pierres. Je prie en conséquence qu'avant d'aller plus avant, on se familiarise avec cette théorie, dont je ferai très-souvent usage par la suite. C'est ce qui m'a engagé à la placer au commencement de ce livre, qui aurait été souvent incompréhensible sans cette précaution.

Je ne me fais aucune illusion sur la difficulté de donner la théorie scientifique d'un art aussi important que le nôtre, et je suis bien loin de regarder celle que je hasarde, comme à l'abri de toute objection. Je désire que quelques-uns de mes nombreux confrères et des savans qui s'occupent de technologie, veuillent me suivre dans la voie que je viens de tracer. Je les prie de répéter mes expériences, de les varier, de les multiplier, afin qu'ils puissent puiser dans leurs travaux des raisons de combattre ou d'appuyer mon avis. Quelles que soient les conséquences auxquelles ils arriveront, j'en recevrai la communication avec reconnaissance, et je me ferai un devoir de les indiquer à mes lecteurs dans un chapitre supplémentaire, à la fin de cet ouvrage. Je tiens moins à mon opinion qu'à la vérité et à l'avancement de l'art (1).

(1) Il est de mon devoir de dire que j'ai été aidé dans la rédaction de cet ouvrage, et principalement de ce chapitre, par M. le docteur Penot, professeur de chimie à Mulhouse, dont les lumières m'ont constamment été d'un grand secours. Je me plais à lui en témoigner publiquement ici toute ma reconnaissance.

CHAPITRE IV.

PAPIER.

Tout papier n'est pas également propre à l'impression lithographique, et on s'exposerait à de graves mécomptes, si on voulait faire usage indifféremment de tous ceux qu'on trouve dans le commerce. Quelques-uns de ces papiers, par suite de la manière dont ils ont été fabriqués, contiennent des matières qui peuvent causer les plus grands dommages sur une pierre dessinée, et dont il convient par conséquent d'éviter l'emploi. Je montrerai bientôt à quels signes ils sont reconnaissables; mais je crois utile d'abord de décrire sommairement les diverses méthodes qu'on emploie pour fabriquer le papier. Le lithographe en sera mieux à même d'estimer la qualité de celui qu'on lui propose. Je n'entrerai pas dans de grands détails à ce sujet, me contentant d'insister seulement sur les points qui peuvent avoir quelque influence sur le tirage des épreuves. Ceux qui désireraient une description plus complète pourront consulter avec fruit l'*Encyclopédie méthodique* ou le *Dictionnaire technologique*.

Fabrication du papier.

Le papier qu'on fabrique en Europe, se fait avec des chiffons de toile de chanvre, de lin ou de coton, qu'on trie avec soin, selon leur couleur, leur nature, leur finesse et leur degré d'usure. Après cette opération, on les divise en fibres assez fines pour que, par leur feutrage, elles puissent former le papier. Il existe deux manières principales de procéder à ce genre d'opération. La première, et la plus ancienne, consiste à ramollir les chiffons par la pourriture. A cet effet, on les humecte, et on les met en tas pendant un temps plus ou moins long, suivant le degré de décomposition qu'on veut leur faire subir. La masse ne tarde pas à fermenter, et s'échauffe successivement. Il faut alors la surveiller avec attention, pour arrêter l'action au point convenable; car, si elle était poussée trop loin, une grande partie des chiffons, et peut-être la totalité, seraient détruits et mis hors de service. C'est cette méthode, suivie avec intelligence, qui a été usitée de temps immémorial dans nos fabriques de France, et qui a valu à leurs papiers d'impression, tant pour la Typographie, que pour la taille douce et la Lithographie, une préférence méritée sur les productions étrangères.

Tandis que l'Angleterre et la Hollande nous envoyaient leurs beaux papiers collés, que nous ne pouvions pas produire, ces deux pays venaient se fournir chez nous de papiers d'impression, dont ils n'avaient pu atteindre l'excellente qualité. Leur peu de succès tenait précisément à ce que les fabricans d'Angleterre et de Hollande ne faisaient pas pourrir leurs chiffons. Ceux-ci conservaient alors une partie du gluten (1) qui entre dans leur composition chimique, et dont la présence les rend plus fermes et plus faciles à encoller. Mais précisément, parce que les chiffons non pourris, ou la *pâte verte*, suivant l'expression des papetiers, fournit un papier plus ferme et plus dur, il est moins propre à l'impression que celui fait avec la pâte pourrie, qui forme un papier souple, spongieux, susceptible de se mouler parfaitement sur les corps dont il doit recevoir l'empreinte.

Le papier le plus propre à l'impression des estampes lithographiques, est donc celui dont la pâte a été pourrie à un degré convenable pour qu'il prenne bien les empreintes, sans cependant qu'il soit trop friable, et se déchire trop facilement. Néanmoins, le degré de pourriture des chiffons ne paraît pas constituer à lui seul la qualité des papiers pour l'impression. Le choix des matières y contribuerait aussi pour beaucoup. Le coton surtout donne, assure-t-on, un papier doux et soyeux, éminemment apte à recevoir de belles empreintes. Il est vrai que ce papier est un peu moins blanc que celui que fournissent les chiffons de lin.

Pour réduire les chiffons en pâte, on les soumettait autrefois à l'action de *piles*, sortes de maillets garnis de clous, qui les battaient dans des auges remplies d'eau, jusqu'à ce qu'ils fussent convenablement divisés. Ces maillets sont aujourd'hui généralement remplacés par des *cylindres*, qui prennent moins de

---

(1) Le gluten est une substance d'un blanc grisâtre, molle, élastique, qui se rencontre dans plusieurs matières végétales; comme le lin et le chanvre. Comme il entre facilement en putréfaction, on emploie ce moyen pour en débarrasser ces corps.

place, et peuvent diviser les chiffons pourris et ceux qui ne le sont pas; tandis que les maillets ne peuvent servir qu'à la trituration des premiers. Cependant, on se sert encore de maillets pour les papiers à dessin et à registres, parce qu'ils laissent les filamens de la pâte plus longs; ce qui fait qu'ils se feutrent mieux. Ces papiers sont alors plus forts, et ne se *cassent* pas aussi facilement.

Les cylindres généralement employés aujourd'hui, prennent moins de place, et exigent moins de force. Ce genre d'appareil, qui nous vient de la Hollande, se compose d'un cylindre garni de lames d'acier, qui tourne avec une grande vitesse sur une plaque de métal cannelée, ou formée par un assemblage de plusieurs lames en acier. Ce cylindre est placé sur le côté d'une cuve ovale, remplie d'eau, dans laquelle on met les chiffons. Par son mouvement de rotation, il fait tourner la masse liquide renfermée dans la cuve, de manière à la faire passer successivement entre lui et la plaque cannelée. Ainsi cette masse se trouve lacérée et divisée en fibres très-menues, de manière à ne former, à la fin de l'opération, qu'une espèce de bouillie. On a ordinairement deux sortes de cylindres: celui qu'on appelle *effilocheur*, qui sert à la première trituration des chiffons, et le *raffineur*, dans lequel la pâte reçoit son dernier degré de division, et se trouve nettoyée par l'eau qui se renouvelle continuellement, de même que dans le premier.

Avant la découverte de Berthollet, qui consiste à blanchir les toiles au moyen du chlore, en se fondant sur la propriété dont jouit ce gaz, de détruire les couleurs végétales, on ne parvenait à faire du papier blanc, qu'en choisissant des chiffons déjà blanchis par les nombreuses lessives qu'on leur avait fait subir. On les soumettait de nouveau à des lessives caustiques, on les exposait à la rosée et à la lumière, et on s'en servait pour obtenir un papier, qu'alors on appelait blanc, parce qu'on ne connaissait encore rien de mieux; mais dont on était obligé de masquer les défauts, en lui donnant une teinte d'azur plus ou moins foncée. C'est que, quelque blancs que soient les chiffons, ils ne fournissent pas, sans une préparation préalable, un papier d'un blanc assez pur pour arriver à la perfection désirée, et que les applications de la chimie ont permis d'atteindre. Mais depuis la découverte du chlore et de ses propriétés, on a eu l'heureuse idée d'employer ce gaz à la décoloration de la pâte du papier, et on a obtenu des résultats fort remarquables. C'est au sortir du cylindre effilocheur, que la pâte est soumise à l'action du chlore. On la fait ensuite passer au cylindre raffineur, pour la laver, et en terminer la trituration.

La plupart des lithographes attribuent au blanchîment au chlore la détérioration que certains papiers font éprouver aux pierres dessinées. Il leur sera facile de se convaincre, à la lecture de ce chapitre, qu'il ne peut rester dans le papier, une quantité de chlore suffisante pour exercer la moindre action défavorable sur les pierres. En effet, aussitôt blanchie, la pâte est soumise, dans le cylindre raffineur, à un lavage de plusieurs heures, à grande eau. Puis, cette pâte est portée plus tard dans la *cuve à ouvrer*, où elle se trouve délayée dans une grande quantité d'eau, qui la débarrasserait bien certainement du peu de chlore qui aurait pu y rester après le premier lavage, et qui l'entraînerait avec elle à travers les intervalles de la forme. D'ailleurs, si la pâte contenait encore du chlore au moment où on la mêle à la colle, pour le collage à la cuve, cette opération ne produirait qu'un mauvais effet. Je ferai voir bientôt que c'est dans une autre cause, provenant d'une autre opération qu'on fait subir au papier, que réside la défectuosité de ces papiers pour l'usage de la Lithographie. Cependant, on peut rencontrer quelquefois des papiers qui n'ont pas été assez nettoyés, et qui sentent encore le chlore; mais je ne crois pas pour cela que ce gaz s'y trouve en quantité suffisante pour produire un effet nuisible sur les pierres.

Lorsque la pâte est suffissamment raffinée, on la porte dans une grande cuve, dite *cuve à ouvrer*, où on la délaye dans une quantité d'eau proportionnelle à l'épaisseur du papier qu'on veut obtenir. C'est de cette cuve que l'*ouvreur* la puise sur une forme carrée, de la grandeur de la feuille de papier. Cette forme est une espèce de tamis, formé anciennement par quantité de fils de laiton très-rapprochés, tendus sur un châssis. Ce sont ces fils qui impriment sur le papier ces nombreuses lignes parallèles, connues sous le nom de *vergeures*. Depuis qu'on a inventé les toiles métalliques, on les préfère généralement pour la confection des formes. Les fils très-fins et très-serrés qui les composent, étant croisés, n'impriment point de marque sensible sur le papier, et lui donnent de la ressemblance avec les peaux de parchemin très-fines, conues sous le nom de *vélin*. C'est ce qui a fait donner le nom de *papier vélin* aux sortes qui sont fabriquées avec des formes en toile métallique. L'ouvreur introduit cette forme à trois ou quatre pouces sous la .surface de la pâte délayée, contenue dans la cuve, et la retire en la tenant parfaitement de niveau. L'eau s'écoule à travers les ouvertures que laissent entre eux les fils de laiton, et les fibres qui nageaient dans le bain restent posées sur ce tamis, où elles sont retenues sur les bords par un petit cadre qu'on applique sur la forme, et qui sert à donner un bord net au papier.

Lorsque la plus grande partie de l'eau a abandonné la forme, celle-ci est renversée sur un morceau de drap de laine, que les papetiers appellent *feutre*, sur lequel la pâte s'applique. On la recouvre alors d'un second feutre, sur lequel on pose une seconde feuille, et ainsi de suite, jusqu'à ce qu'on ait formé une pile appelée *porse*. On glisse cette porse sous une forte presse, avec laquelle on exprime toute l'eau surabondante; ce qui fait adhérer en même temps les filamens de la pâte, de manière à pouvoir ensuite enlever les feuilles de dessus les feutres. On les empile les unes sur les autres, et on forme ce qu'on appelle des *porses blanches*, qu'on soumet encore à de nouvelles pressions. Cela fait, on étend les feuilles sur des cordes, pour achever le séchage.

En cet état, le papier sans colle, pour la gravure et l'imprimerie, n'a plus à subir, avant d'être livré au commerce, que quelques pressions, qui redressent les feuilles, et égalisent le grain. Il n'en est pas de même de celui destiné à l'écriture ou au dessin. En formant à sa surface des traits à l'encre, celle-ci y pénètre promptement, et s'y étend dans tous les sens. Alors, selon l'expression ordinaire, le papier *boit*. On remédie à cet inconvénient, en lui faisant subir un encollage. La colle seule, quelque concentrée qu'on la prît, ne suffirait pas pour rendre le papier imperméable à l'encre. Pour qu'elle produise cet effet, il faut qu'elle soit combinée avec de l'alun, dans une certaine proportion, afin de la rendre moins soluble. L'expérience a appris en outre qu'on obtient de mauvais résultats, lorsqu'on sèche trop vite. Il paraît qu'on obvie à cet inconvénient dans quelques établissemens, en ajoutant à l'alun un peu de sulfate de zinc (vitriol blanc) qui, étant déliquescent, ne permet pas à l'humidité de s'échapper aussi promptement.

Pour encoller le papier, on met dans une grande cuve une dissolution de colle forte étendue d'eau, à laquelle on ajoute de l'alun et quelquefois, comme je l'ai dit, un peu de sulfate de zinc. Pour les papiers faits avec de la pâte pourrie, il faut un encollage plus fort que pour ceux faits avec de la pâte verte, parce que cette dernière conserve une partie du gluten contenu dans le lin et le chanvre; tandis que le *pourrissage* l'a totalement détruit dans la première. On trempe les feuilles de papier dans ce bain de colle, qui doit être tenu constamment tiède, par paquets dont on écarte les feuilles par un tour de main particulier aux *colleurs*. On les pose ensuite les unes sur les autres, jusqu'à ce qu'on en ait réuni une certaine quantité, qu'on porte alors sous la presse; tant pour faire pénétrer la colle également partout, que pour exprimer celle qui serait surabondante. On suspend ensuite les feuilles au séchoir.

Les papiers ainsi collés, ne le sont qu'à la superficie. Dès qu'on gratte la surface, le papier boit, comme s'il n'avait pas été collé. M. Payen explique ce phénomène de la manière suivante (1). « La superficie éprouve la première l'action « desséchante de l'air; puis elle reprend, par les conduits capillaires du papier, « l'humidité intérieure; c'est-à-dire la solution gélatineuse. Celle-ci, amenée à la « superficie, puis évaporée, y dépose la gélatine. Une nouvelle quantité de solu- « tion est attirée de l'intérieur, et porte encore à la surface la gélatine qu'elle « contient. Le même effet a lieu jusqu'à l'entière dessiccation du papier. On con- « çoit que la plus grande partie de la gélatine se trouve ainsi à la surface du « papier, et que, rendue moins soluble par la réaction de l'alun, elle s'oppose « à ce que l'encre s'infiltre dans l'intérieur. »

Dans ces derniers temps, on a imaginé des machines fort ingénieuses dans lesquelles les formes avec lesquelles on puise la pâte dans la cuve à ouvrer, sont remplacées par une toile métallique sans fin, sur laquelle la pâte vient se déverser. L'eau filtre à travers la toile, et les filamens de la pâte restent déposés à la surface. La toile avançant par un mouvement continu et régulier, emmène avec elle cette matière qui est couchée sur un ou plusieurs feutres sans fin, comprimée par une série de cylindres presseurs, et passée ensuite sous de gros cylindres polis, chauffés à la vapeur, qui en opèrent en même temps la dessiccation et l'apprêt. On obtient ainsi une feuille de papier sans fin, qui s'enroule sur un cylindre placé à l'extrémité de la machine. On la coupe ensuite en feuilles de divers formats.

Depuis qu'on est parvenu à feutrer et à sécher directement le papier au moyen de ces machines, on a fait de nombreuses tentatives pour l'encoller en même temps; de manière que le papier pût sortir tout fini de la machine. On est parvenu à coller la pâte avant de l'étendre sur la toile métallique, et on a donné à ce procédé le nom de *collage à la cuve*. A cet effet, on prépare une décoction d'amidon, à laquelle on ajoute du savon de résine ou de cire, et même quelquefois seulement du savon ordinaire, et ensuite de l'alun. On verse successivement ces drogues, préalablement dissoutes à l'eau bouillante, dans la pâte, au moment où elle se trouve dans le cylindre raffineur. Ces matières se précipitent sur les filamens du chiffon, et y restent adhérentes. Le papier collé par ce procédé, l'est d'outre en outre, et ne boit pas lorsqu'on le gratte, comme le papier à la main.

Si certains papiers altèrent la surface des pierres pendant le tirage, et sont causes qu'elles prennent promptement le noir, je suis persuadé que c'est dans

(1) Dictionnaire technologique. Tom. XV. pag. 240.

l'encollage même, qu'il faut en rechercher la cause. Nous avons vu (CHAPITRE III) que les acides détruisent la couche de gomme insoluble qui se trouve sur les pierres, et repousse le noir. Or l'alun qu'on ajoute à la colle, rougit très-fortement la teinture de tournesol, parce qu'il contient un grand excès d'acide sulfurique. Et comme ce sel est meilleur marché que la colle, et qu'il ne jaunit point le papier comme celle-ci, certains fabricans en ajoutent une quantité surabondante, et plus que la colle n'en peut neutraliser (1). Il n'est pas rare de trouver des papiers qui contiennent un tel excès d'alun, qu'on le sent en les plaçant sur la langue. Cet excès se reconnaît d'ailleurs très-facilement en étendant un peu de teinture de tournesol sur le papier. Un excès d'alun rougit cette teinture, et le papier *noircit* alors la pierre, parce que l'acide sulfurique qu'il contient détruit la couche de gomme insoluble, et met la pierre à nu en contact avec le rouleau. Si au contraire le tournesol reste bleu, le papier est bon pour le tirage. Si le défaut provenait de la présence du chlore, comme on semble le croire communément, le tournesol serait décoloré et non rougi.

Jusqu'ici je n'ai trouvé de papier noircissant les pierres, que parmi ceux qui sont collés à la main : je n'ai jamais éprouvé d'inconvénient semblable avec des papiers sans colle, ni avec ceux collés à la cuve. La raison en paraît simple. L'alun n'entre pas dans la préparation du papier sans colle. Quant à celui qui est collé à la cuve, il faut remarquer que la colle, rendue insoluble par le savon et l'alun, se précipite sur les chiffons. Si on avait mis un excès d'alun, il se trouverait en dissolution dans l'eau de la pile, et dans celle qu'on ajoute à la pâte, pour l'étendre suffisamment. Au moment où on fait passer le papier sur la machine, ces eaux s'écoulent à travers la toile métallique; et ce qui en reste est exprimé par les cylindres presseurs. Il n'y a donc plus dans le papier que la colle insoluble, ne contenant plus d'alun libre, Cette colle est répandue également dans toute l'épaisseur du papier, et la dessiccation instantanée, opérée par les cylindres chauffés à la vapeur, ne lui donne par le temps de se fixer sur la surface du papier; tandis que le papier collé à la main, se trouvant trempé dans un bain contenant un excès d'alun, celui-ci est absorbé par sa pâte spongieuse et vient, par la dessiccation, se réunir en entier à la surface, où il peut agir alors avec d'autant plus d'intensité sur les pierres.

Je dois faire remarquer encore une autre différence de qualité que les deux

(1) Un excès de sulfate de zinc, si on en ajoute à la colle, présenterait le même inconvénient que l'alun, s'il n'était pas bien neutre.

systèmes d'encollage donnent au papier. Grand nombre de dessinateurs se sont aperçus que, lorsqu'ils effacent à la gomme élastique des traits au crayon sur du papier fait à la mécanique, sa surface devient *pelucheuse*, et prend mal les teintes de lavis, qu'ils passent sur ces places. De même, en écrivant sur du papier mécanique surtout avec une plume d'acier, le bec de la plume se charge quelquefois d'un duvet qu'il faut essuyer à chaque instant; tandis que les papiers faits à la main, et collés par l'ancien procédé, ne présentent pas cet inconvénient. On a mal à propos attribué ce défaut à un excès de coton qu'on supposait exister dans la pâte de ces papiers, qu'on désigne même assez généralement sous le nom de *papiers de coton*.

Ces papiers mous et cotonneux proviennent surtout de l'emploi de pâtes pourries ou blanchies à l'excès. Longtemps on a regardé les papiers faits à la mécanique, comme moins bons que les autres : c'est une erreur encore aujourd'hui assez générale. Ce n'est pas la machine, qu'il faut en accuser; mais bien le fabricant, qui veut faire du papier très-blanc avec des chiffons gris, et qui les altère par les opérations du blanchîment. L'encollage doit être aussi pour beaucoup dans ce résultat. Le papier à la main étant trempé dans un bain de colle en dissolution, qui se rassemble à la surface par la dessiccation, réunit bien plus fortement les filamens, dont il est composé, et les fait mieux résister aux frottemens; tandis que la colle précipitée sur les chiffons dans la cuve, se répand également dans l'intérieur et à la surface, où les filamens doivent moins adhérer au corps de la feuille, et se détacher par le frottement.

Encollage des épreuves.

Les lithographes étant parfois obligés d'encoller des épreuves, pour les enluminer, je dois entrer dans quelques détails à ce sujet. Beaucoup de *coloreurs* de Paris se servent à cet effet d'un mélange de

3 onces (96 grammes) savon blanc,
2 » (64 ») alun,
3 » (96 ») colle de flandre,
8 litres eau.

On fait d'abord fondre la colle dans l'eau, et on la chauffe jusqu'à ce qu'elle parvienne à l'ébullition. Alors on y ajoute le savon, et quand celui-ci est entièrement dissout, on ajoute l'alun. On passe la liqueur dans un linge, et on la conserve dans des bouteilles bien bouchées.

Cet encollage, qui a l'apparence du lait, est entièrement incolore sur le papier. On peut en passer avec un pinceau seulement sur la partie du dessin qu'on veut colorier, sans qu'on aperçoive la trace où on s'est arrêté. Il offre d'ailleurs la commodité qu'on peut le conserver pendant assez longtemps, pour s'en servir au moment du besoin. Mais ces avantages sont balancés par un grave inconvénient. Le savon que cet encollage contient, est sujet à se rancir par l'âge sur le papier, et la place encollée forme une tache jaune, qui enlève tout le prix des feuilles ainsi préparées (1).

Nous nous servons dans notre atelier de colorage, d'une colle que je regarde comme bien préférable, et qui est la même que celle qu'on emploie pour le papier à la main. Nous la composons de

2 livres (1 kilog.) colle de flandre, ou belle colle d'os bien blanche,
4 onces (128 grammes) alun,
12 litres eau.

Nous faisons fondre séparément la colle et l'alun, et nous réunissons alors les deux liqueurs, dont le mélange forme une légère gelée après le refroidissement.

Nous passons cette dissolution encore liquide sur les deux faces des estampes, de manière à les imbiber entièrement. Mais il faut avoir soin de ne pas y répandre plus de colle qu'elles n'en peuvent absorber, afin que celle-ci ne coule pas sur leur surface, lorsqu'on les suspend pour les sécher. Nous avons vu précédemment que, pour que le papier soit bien encollé, il doit sécher lentement. On aura donc la précaution de suspendre ces feuilles dans une salle où la dessiccation ne s'opère pas trop promptement. On peut étendre cette colle avec un pinceau; mais nous avons toujours trouvé l'emploi d'une éponge plus convenable.

Formats.

Tous les papiers ne présentent pas la même grandeur dans leurs feuilles ou, comme on est convenu de le dire, tous n'ont pas le même *format*. Le lecteur pourra en juger par le tableau suivant, où sont consignés tous les formats connus dans le commerce.

---

(1) Peut-être éviterait-on cet inconvénient en remplaçant le savon ordinaire par du savon de résine, comme on le fait en fabrique, pour l'encollage des beaux papiers, que le temps ne fait pas jaunir : la résine n'étant pas sujette à se rancir, comme l'huile.

TABLEAU

DES DIMENSIONS ET POIDS DES PAPIERS FABRIQUÉS EN FRANCE.

DÉNOMINATIONS.	DIMENSIONS. LARGEUR.		DIMENSIONS. HAUTEUR.		POIDS QU'ON LEUR DONNE HABITUELLEM[t].
	Pou.	Lig.	Pou.	Lig.	
Grand-Monde	43	»	31	3	215 liv.
Grand-Aigle	39	»	26	9	130 à 150.
Grand-Colombier ou Impérial	32	»	22	»	90 à 100.
Grande-Fleur-de-Lis	31	»	22	»	72.
Grand-Soleil	29	»	21	»	70 à 80.
Grand-Chapelet	31	6	22	»	66.
Chapelet	29	»	20	3	60.
Capucin	27	6	19	6	60.
Grand-Jésus ou Super-Royal	26	»	19	6	50 à 56.
Petite-Fleur-de-Lis	24	»	19	»	36 à 38.
Petit-Soleil	25	»	18	»	44.
Grand-Lombard	24	6	20	»	34.
Grand-Royal	22	8	17	10	32 à 33.
Royal	22	»	16	»	30 à 32.
Petit-Royal	20	»	16	»	22.
Grand-Raisin	23	»	17	»	35 à 38 le double. 26 à 28 le simple.
Lombard	21	4	18	»	24.
Lombard ordinaire ou Grand-Carré	20	6	16	6	21 à 22.
Cavalier	19	6	16	2	17.
Double-Cloche	21	6	14	6	18.
Grande-Licorne, à la Cloche	19	»	12	»	12.
A la Cloche	14	6	10	9	9.
Carré, Grand-Compte ou Carré-au-Raisin	20	6	16	»	26 à 27 double. 17 à 18 simple. 10 à 13 mince, soit carré d'imp.
Au Sabre, ou Sabre-au-Lion	20	»	15	6	17 à 18.
Coquille	20	»	15	6	14 à 15 double. 11 à 13 ordinaire. 6 à 8 pelure.
Écu, Moyen-Compte, Compte ou Pomponne double	19	»	14	6	22 double à registres, etc. 16 à 17 simple. 10 à 11 mince à lettre.
Au-Coutelas	19	»	14	2	16 à 17.
Grand-Messel	19	»	15	»	15.
Second-Messel	17	6	14	»	12.
A l'Étoile, Éperon ou Longuet	18	6	13	10	14.
Grand-Cornet	17	9	13	6	14 double. 12 mince.
A la main	20	3	13	6	13.

DÉNOMINATIONS.	DIMENSIONS. LARGEUR. Pou.	Lig.	HAUTEUR. Pou.	Lig.	POIDS QU'ON LEUR DONNE HABITUELLEMt.
Couronne, Griffon ou Colberte........	17	»	13	»	18 liv. double pour registres. 12 ordinaire. 7 mince.
Champy ou Bâtard..................	16	10	13	2	11 à 12.
Tellière, grand format............	17	4	13	2	14 double. 12 simple.
A la Tellière......................	16	»	12	9	14 à 16.
Cadran	15	3	12	8	12.
Pantalon.........................	16	»	12	6	11.
Petit-Raisin, Bâton-Royal ou Petit-Cornet.	16	»	12	»	10.
Trois O, Trois-Ronds ou Gènes........	16	»	11	6	9.
Petit-Nom-de-Jésus................	15	1	11	»	8.
Armes-d'Amsterdam................	15	6	12	1	12 à 13.
Cartier, grand format..............	16	»	12	6	13.
Cartier, petit format..............	15	1	11	6	11 à 12.
Cloche..........................	15	»	11	»	6 à 8.
Pot ou Cartier ordinaire..........	14	6	11	6	10.
Pigeonne ou Romaine..............	15	2	10	4	10.
Espagnol........................	14	6	11	6	8 à 9.
Le Lis...........................	14	1	11	6	8 à 9.
Petit-à-la-Main ou Main-Fleurie.......	13	8	10	8	8.
Petit-Jésus........................	13	3	9	6	6 à 7.

Quelques-uns de ces formats ne sont usités que dans certaines localités. Ceux qu'on adopte le plus généralement sont les suivans :

Grand-Monde,
Grand-Aigle,
Colombier,
Grand-Soleil,
Jésus,
Petit-Soleil,
Grand-Raisin,
Carré,
Coquille,
Ecu,
Couronne,
Tellière,
Pot ou Cloche.

La rame de papier contient généralement 20 mains, de 25 feuilles; soit 500 feuilles. Cependant, les fabriques d'Alsace ont conservé l'usage hollandais, et ne mettent que 24 feuilles à la main; ce qui réduit la rame à 480 feuilles. La rame de papier pliée contient ordinairement deux mains dites cordées. Ce sont celles qu'on a placées au-dessus et au-dessous, et qui reçoivent la marque de la corde qui les lie. Habituellement, on forme ces mains avec des feuilles de second choix, surtout pour les papiers ordinaires. Certains fabricans sont, sous ce rapport, plus scrupuleux que d'autres, et composent leurs rames de 500 *bonnes feuilles*. Il n'est donc pas indifférent de qui on achète le papier, et il convient de bien examiner les rames, avant de juger de leur prix. Il est bon d'observer aussi que souvent les plis des feuilles cachent des défauts, et que ces plis sont quelquefois difficiles à faire entièrement disparaître, même par le satinage. Il est donc plus avantageux d'acheter les papiers à plat, lorsqu'on peut les obtenir. Il existe aussi différens usages pour le choix des papiers. A Annonay et environs, par exemple, on trie avec soin les feuilles sans défauts, qu'on vend sous le nom de *premier choix*; celles qui ont de petits défauts sont appelées *second choix*, et quelquefois on fait encore un *troisième choix* des feuilles plus avariées. A Angoulême au contraire, il est d'usage de vendre les papiers *choix réuni*, c'est-à-dire de laisser réunies les feuilles de premier et de second choix, et de n'en séparer que celles de troisième choix. Il faut encore, sous ce rapport, savoir quel est l'usage de ceux dont on tire son papier.

Défauts.

Tous les papiers ne sont pas également propres à l'impression lithographique. Ceux sans colle sont généralement les meilleurs; mais encore y a-t-il des différences entre eux. Pour bien recevoir les empreintes, ils doivent être convenablement moëlleux, et se mouler parfaitement sur la planche; et nous avons vu que d'autres causes semblent avoir la plus grande influence sur leur qualité pour l'impression. On fera donc bien d'essayer une sorte de papier par un tirage un peu nombreux, avant de l'employer pour des ouvrages délicats et soignés.

Parmi les papiers ordinaires et les papiers collés, il se trouve deux genres de défectuosités qu'il faut avoir soin d'éviter, autant que les circonstances le permettent. La première est le sable que contiennent beaucoup de papiers. Chaque grain de sable fortement pressé sur la pierre, au moment où il passe sous le rateau, y fait un petit trou, et cet accident pouvant se répéter plusieurs milliers de fois, le dessin finit par se détériorer en entier; soit, s'il est à l'encre, parce que les lignes sont entamées et perdent toute leur pureté; soit, s'il est gravé, parce qu'il s'y forme une multitude de petits points noirs. Quelquefois aussi ces grains de sable se logent dans le cuir de la presse, et y restent fixés; de sorte qu'au bout d'un certain tirage, ce cuir devient si défectueux, qu'il est alors impropre à toute impression délicate.

La seconde défectuosité, mais qui n'appartient qu'aux papiers collés, c'est qu'après avoir tiré un petit nombre d'épreuves, les pierres se couvrent peu à peu d'un voile noir qui finirait par les perdre entièrement, si l'on ne se hâtait d'y porter remède. Je crois avoir suffisamment démontré par ce qui précède, que ce défaut tient à un excès d'alun employé dans l'encollage, et resté dans le papier. Si donc on s'aperçoit que tous les traits du dessin ou de l'écriture s'élargissent et deviennent impurs, ou qu'une pierre prend du noir aux places où pose la feuille sur laquelle se fait le tirage, tandis qu'elle reste blanche dans les parties que cette feuille n'atteindrait pas, on peut être assuré que ce noir est dû à un excès d'alun, et il faut à l'instant arrêter le tirage, laver à l'essence, gommer et encrer de nouveau. Si on prend cette précaution à temps, le mal est facilement réparé; si non, il faudra avoir recours aux moyens indiqués dans le chapitre qui traite de l'impression.

Dans sa séance générale du 28 Décembre 1831, la Société d'encouragement décerna à M. Joumar, une médaille de la valeur de 200 francs, pour un moyen chimique d'obvier à cet inconvénient. Ce moyen consiste à passer le papier dans un léger lait de chaux, et à le laisser sécher avant de s'en servir. Ce qui précède nous indique immédiatement l'action de la chaux dans ce cas. Il est évident qu'elle a pour but de saturer l'acide sulfurique de l'excès d'alun, pour former du sulfate de chaux. Mais cette opération a l'inconvénient de laisser sur le papier une poussière blanche; ce qui nécessite de brosser ou de frotter chaque feuille, si mieux on n'aime les rincer dans l'eau pure, au sortir du lait de chaux. Tout cela demande du temps, et le passage en lait de chaux est déjà fort long par lui-même, parce qu'il faut tremper feuille par feuille. Dans la plupart des cas, ce procédé exigerait plus de temps que ne pourrait le comporter le résultat à obtenir, et il ne me paraît applicable qu'à des papiers d'un prix élevé, qui seraient déjà coupés, et impropres à tout autre usage qu'à celui auquel on les avait d'abord destinés.

Quelques personnes ont pensé qu'il serait plus convenable de dissoudre un peu de soude dans l'eau dont on se sert pour humecter les papiers; cet alcali devant saturer l'acide sulfurique, comme le lait de chaux, dans le procédé de M.

Joumar. Certainement, si on parvenait à mettre dans l'eau, juste la quantité de soude nécessaire, on réussirait; mais on a ici deux écueils à éviter. Si on ne met pas assez de cet alcali, il reste encore de l'acide sulfurique sur le papier. Si on en met trop, cet excès n'est pas moins nuisible que l'acide lui-même, d'après ce qui a été dit au chapitre III. Ce qu'il y a de mieux, c'est d'éviter ces sortes de papiers, ou, si des raisons particulières obligent à en faire usage, de les imprimer à sec. On en sera quitte pour donner une pression plus forte ; et l'alun n'étant pas dissous par le trempage du papier, sera sans action sur les pierres.

Humectation.

Afin de mieux prendre les empreintes, le papier doit être légèrement humide. Il s'applique plus parfaitement alors sur la surface de la pierre; mais il ne doit être que simplement ramolli par l'eau, sans être mouillé à sa surface; car alors, loin de favoriser le tirage des épreuves, cet excès d'humidité l'empêcherait d'adhérer suffisamment au dessin, et on n'obtiendrait que des impressions dépouillées.

Pour humecter le papier, on doit avoir un assortiment d'une ou plusieurs paires de plateaux de chaque format. Ces plateaux doivent être garnis de traverses emboîtées, afin de ne pas se voiler par l'humidité à laquelle ils sont constamment exposés. Il est même plus sûr, pour les en garantir, de les faire d'abord peindre à l'huile. On y pose de 6 à 18 feuilles de papier, plus ou moins, suivant l'épaisseur (1). On prend ensuite une feuille qu'on plonge dans une auge, ou baquet rempli d'eau et assez large pour qu'on puisse y passer aisément les plus grands formats. Puis on met cette feuille mouillée sur ces feuilles sèches. On recouvre cette même feuille d'autres feuilles sèches; sur celles-ci on en place une seconde mouillée, puis encore des feuilles sèches, et ainsi de suite, en alternant toujours de la même manière. Quelques imprimeurs suivent une autre méthode, qui consiste à tremper à la fois un paquet de 8 à 15 feuilles, en les passant en entier dans l'eau; mais de manière que la première et la dernière feuille soient seules mouillées extérieurement. Il faut pour cela faire usage d'un tour de main qui consiste à serrer le paquet, d'une part entre l'index et le doigt du milieu, et de l'autre entre le petit doigt et le pouce, et en écartant ces deux points, autant

(1) 14 à 18 feuilles de papier mince, tel que papier à lettres;
8 » de papier de force moyenne, soit carré;
6 » de papier fort, soit grand-raisin, Jésus, etc.

que la grandeur de la main le permet (*Planche* III. *Fig.* 1). Ceux qui n'auraient pas l'habitude de ce tour de main, feront bien de serrer les feuilles de papier entre deux petites règles (*Planche* III. *Fig.* 2). On passe d'abord la partie A dans l'eau, en soutenant l'autre extrémité B de la main gauche. Après avoir retiré les feuilles, on les laisse égoutter un peu, et on les pose sur le plateau dont j'ai déjà parlé. On prend ensuite la moitié supérieure du paquet, et on la retourne de manière à mettre au milieu la feuille mouillée qui était au-dessus. Par ce moyen, si on opère sur des paquets de 16 feuilles par exemple, il s'en trouvera une mouillée d'une côté toutes les 8 feuilles; tandis que par la première méthode, il y en aurait une mouillée des deux côtés toutes les 16 feuilles. Le dernier moyen est donc préférable, en ce que l'humidité est répandue plus également, et qu'il ne faut pas autant de temps, pour qu'elle pénètre toute la partie.

Lorsque tout le papier est ainsi trempé, on le recouvre d'une seconde planche, et on l'abandonne une heure ou deux à lui-même. Puis, on le met sous presse, ou on le charge d'un poids, qu'on lui fait supporter au moins une demi-journée, afin qu'il se pénètre d'eau, partout également. Comme le papier s'étend par l'humidité, il faut donner aux feuilles les plus mouillées le temps de *faire leur effet*, avant de les presser. Sans cette précaution, on s'exposerait à ce qu'elles eussent des plis. Souvent même, après que le papier a reposé un temps suffisant, les feuilles se trouvent ondulées ou *godées*. Ces plis présentent un grave inconvénient, lorsqu'on imprime de grandes feuilles; en ce qu'ils occasionnent des *bavochures*. Il faut donc tâcher qu'au moment du tirage, les feuilles soient bien plates. C'est ce qu'on obtient en remaniant les feuilles, c'est-à-dire en posant un second plateau à côté de la pile humide, en y plaçant le papier par 4 ou 5 feuilles, en retournant alternativement une partie, afin que les ondulations ne se correspondent plus, et en soumettant de nouveau à la presse. Ces plis proviennent souvent de ce que les bords des feuilles séchant plus vite, se raccourcissent avant l'intérieur. C'est ce qu'on évite en humectant les bords de temps à autre, ou en les enveloppant de papier, lorsque le paquet doit rester humecté pendant quelques jours, surtout en été.

Comme le papier sans colle s'amollit beaucoup par l'humidité, on courrait risque de déchirer les feuilles, en les passant dans l'eau. Il vaut beaucoup mieux les humecter à l'éponge. A cet effet, après avoir placé six à huit feuilles sur le plateau, on y passe légèrement une éponge bien propre, en ayant soin de ne pas revenir sur les places déjà mouillées; car alors on pourrait enlever par le frottement de légers fragmens de papiers, se roulant sur eux-mêmes, qui se détachent au moment du tirage, et laissent des taches blanches sur les épreuves.

Afin que le papier devienne bien égal, il est nécessaire qu'il repose quelque temps après avoir été mouillé. Cependant il faut éviter, surtout pendant les fortes chaleurs de l'été, de le laisser trop longtemps humide; car dans ce cas, la colle fermente, et tombe en pourriture, le papier devient fongeant en quelques places, où se sont formées des piqûres, ou petites taches rondes, de différentes couleurs, qui ne sont qu'une moisissure causée par cette fermentation. Lorsque ces taches sont peu avancées, il suffit quelquefois, pour les enlever, de les frotter avec une éponge imbibée d'eau propre; mais les points ainsi ramenés au blanc, ont entièrement perdu leur colle. Si le papier était tellement piqué, que les taches résistassent à ce simple lavage, il n'y a d'autre moyen pour les détruire que l'emploi du chlore. On préparera une dissolution de chlorure de chaux, comme il a été dit à l'article *chlore*, à propos du blanchîment des estampes vieilles ou tachées; on posera une feuille du papier à nettoyer sur une planche, on la mouillera en entier avec cette dissolution de chlorure; on la recouvrira d'une seconde feuille, qu'on mouillera également, et ainsi de suite. Après avoir laissé agir le chlore jusqu'à ce qu'on s'aperçoive que les taches ont complétement disparu, on rincera chaque feuille, l'une après l'autre, dans de l'eau claire. Cette opération est fort longue et ne peut s'appliquer qu'à des papiers d'une grande valeur. Je n'ai pas besoin d'ajouter que, par ce blanchîment, le papier perd sa colle.

Lorsqu'on est très-pressé pour un tirage, on peut mouiller de deux feuilles l'une avec une éponge, dont on a exprimé l'excès d'eau, et mettre le papier en presse. En opérant ainsi, il peut être prêt au bout d'un quart d'heure.

Pour les cartes, on les superpose par paquets de deux ou trois, et on y applique chaque fois une éponge mouillée. On enveloppe ensuite le tout d'un papier, qu'on charge d'un faible poids. On peut aussi les tremper dans l'eau, en ayant soin de les écarter, pour que le liquide pénètre partout.

Papier de Chine.

Les Chinois, qui nous ont devancé dans la découverte d'un grand nombre d'arts, paraissent connaître la fabrication du papier, de temps immémorial. Les matières premières qu'ils emploient à cet usage varient dans chacune des provinces de ce vaste empire. Quelques-unes se servent de chiffons de linge, comme en Europe; d'autres préfèrent le jeune bambou, le mûrier à papier (*morus papirifera*), l'espèce de peau qu'on trouve dans les cocons de vers-à-soie, un arbre inconnu à nos botanistes, qu'on nomme en Chine *chu* ou *ko-chu*, l'ouate, et surtout l'arbre à coton.

En refendant ces végétaux, on les réduit en filamens, qu'on fait macérer dans l'eau, et qu'on bat ensuite jusqu'à ce qu'ils soient réduits en une espèce de filasse, et plus tard en pâte. On les dépose dans des cuves, où deux hommes les puisent avec une forme à peu près semblable à celle qu'emploient les fabricans européens, pour faire le papier vergé; avec cette seule différence que les fils de laiton y sont remplacés par des baguettes fort minces de bambou. Vis-à-vis de ces deux hommes se trouve un mur dont la face est très-lisse. Il est creux intérieurement, afin qu'on puisse y faire du feu, pour le chauffer. A mesure qu'une feuille est puisée et égouttée, les ouvriers l'appliquent contre ce mur, et l'y étendent au moyen d'une brosse. La feuille sèche à l'instant, et tombe à terre, pour faire place à une autre. C'est pour ce motif, que le papier de Chine a deux faces bien différentes. Celle qui a été appliquée contre le mur, est très-lisse, tandis que l'autre porte les marques de la brosse. Il paraît que ce mode de séchage n'est pas indifférent à la bonne qualité de ce papier pour l'impression. Ne recevant par là aucune pression, il reste spongieux, et se moule plus parfaitement sur les planches, pendant le tirage.

Le papier de Chine n'est pas aussi bien fabriqué que le beau papier d'Europe. Il est moins blanc, moins pur; mais extrêmement doux et soyeux. La finesse, la tenacité et la souplesse de ses filamens sont sans doute la cause pour laquelle il reçoit mieux toute espèce d'impression, que le papier de chiffons d'Europe.

C'est par erreur que, dans des ouvrages publiés sur la Lithographie, on a dit que le papier de Chine se fabriquait en Europe. Il est certain que jusqu'ici on s'est borné à quelques essais, et qu'on n'en livre point au commerce. Tout celui qu'on consomme vient de la Chine, ou au moins des Indes-Orientales.

En 1820, la Société d'encouragement a proposé un prix de 3000 francs, pour la fabrication en France du papier de Chine, qu'on croyait alors être fait avec l'écorce du mûrier à papier. D'après des essais entrepris par M. Delapierre, fabricant de papier, à Vraichamp (Vosges), il paraît que le papier de Chine le plus propre à l'impression des estampes, est fabriqué avec du bambou. L'écorce du mûrier, qu'il a essayée, a produit un papier soyeux et comparable, pour l'aspect, au plus beau papier de Chine. Toutefois, on l'a trouvé un peu dur et, sous ce rapport, inférieur au papier de roseaux. Ces deux matières mêlées dans une juste proportion, ont produit un papier plus résistant, plus facile à fabriquer, et parfaitement convenable à l'impression. M. Delapierre s'est assuré que le papier fait avec l'*arundo phragmites*, ou roseau des marais, réunit toutes les qualités du papier de Chine. En conséquence, la Société d'encouragement a décerné à cet habile industriel le prix de 3000 francs, porté dans son programme. Depuis, la même Société avait proposé un nouveau prix de 2000 francs « pour celui qui au mois de Juillet 1834, aurait mis dans le commerce la plus grande quantité de papier égal à celui de la Chine. » Dans sa séance générale de Décembre 1836, cette Société décerna une médaille d'or à la fabrique d'Écharcon, pour la fabrication en grand du papier de Chine. Cette fabrique a rempli les conditions du programme, en livrant des feuilles du format et de l'épaisseur du papier Jésus. Son papier de Chine a été trouvé de très-bonne qualité par plusieurs imprimeurs en taille-douce et en lithographie. Mais, à cause de l'épaisseur trop forte de ce papier, elle n'a pu le faire adopter par le commerce. La Société d'encouragement a, en conséquence, remis le prix au concours, en modifiant son programme, et demandant du papier conforme à celui de Chine, tant pour le format, que pour l'épaisseur.

Le papier de Chine est le meilleur de tous pour le tirage des ouvrages soignés. Les matières dont il est composé, et peut-être aussi la manière dont il est fabriqué, lui donnent la propriété de recevoir les empreintes avec une netteté et une finesse remarquables. Si on compare une épreuve sur papier ordinaire avec une autre épreuve de la même planche, tirée sur papier de Chine, l'une immédiatement après l'autre, on y trouvera une différence sensible. La dernière sera plus fine, plus pure, plus vaporeuse dans ses teintes légères, plus transparente, et en même temps plus brillante et plus vigoureuse dans ses parties foncées.

L'usage qu'on faisait autrefois du papier de Chine, se réduisait à quelques gravures de prix. Ce papier ne se trouvait alors dans le commerce qu'en petite quantité, et se vendait jusqu'à trois francs la feuille. C'est en 1820, qu'il m'en tomba quelques feuilles entre les mains. J'en fis l'essai, et les connaisseurs furent frappés de la beauté des épreuves tirées sur ce papier. Peu de temps après, MM. Taylor et de Cailleux commencèrent leur bel ouvrage des *Voyages pittoresques dans l'ancienne France.* Ayant reconnu la supériorité des épreuves sur papier de Chine, ils se décidèrent à l'employer pour toutes les vues qui décorent ce bel et important ouvrage; et ce fut, si je ne me trompe, la première publication dont l'édition entière ait été tirée sur papier de Chine. D'autres éditeurs suivirent cet exemple, et bientôt ce papier, devenu d'un usage général, forma un article assez important de commerce avec le céleste Empire. Les bâtimens qui font le commerce des Indes-Orientales en apportent à présent des quantités considérables; ce qui a fait beaucoup diminuer son prix, qui n'est plus que de 35 à 50 centimes la feuille, suivant la qualité et la quantité qu'on en achète à la fois.

Ces feuilles ont quatre pieds de long, sur deux de large (1 mètre, 30 c., sur 65 centimètres). Elles se trouvent pliées d'une manière particulière, par paquets de 96 feuilles, et sur leurs marges, sont imprimés des caractères chinois en encre rouge. Il se trouve ordinairement quinze de ces paquets dans une caisse.

Comme ce papier est très-mince, et qu'on exige que sa couleur de nankin-grisâtre-clair soit rehaussée par une marge blanche, on l'applique sur une feuille de papier blanc, sans colle. C'est par le tirage même, que se fait le plus souvent cette application, du moins pour les épreuves de petites dimensions. Voici le procédé à suivre en ce cas, et que tous les lithographes ont adopté après nous. On pose sur une grande table une dixaine de feuilles de papier de Chine, en ayant soin de mettre au-dessus le côté qui porte les empreintes de la brosse. On y étend de la colle d'empois, qu'on a d'abord passée dans un tamis de crin, ou dans un linge, pour la rendre bien fine. On fera bien de se servir, pour cette opération, d'une éponge fine, ayant un côté plat. Je la trouve préférable au pinceau large, dit *queue de morue*, dont se servent quelques lithographes; parce qu'elle laisse moins de colle sur la feuille, et qu'elle l'étend plus également. Cette opération doit être faite avec soin et adresse, de manière à bien étendre la colle, et à en laisser le moins possible sur le papier; car le tirage ne se fait pas bien sur des feuilles couvertes d'une couche de colle trop épaisse, surtout si elle y a été étendue d'une manière inégale. Toutes les lignes qu'elle forme se voient sur l'épreuve. Il faut aussi bien se garder de mettre de la colle sur le côté lisse, qui doit recevoir le dessin, car les parties tachées d'empois se collent sur la pierre, et la feuille se déchire, lorsqu'on veut l'enlever. Tout cela fait, on étend le papier sur des cordes, ou mieux encore sur des lattes arrondies pour le sécher, et on le conserve ensuite à plat, dans un grand portefeuille, qu'on tient dans un lieu sec, afin d'empêcher la colle de se piquer.

Lorsqu'on veut se servir de ce papier, on en pose une ou plusieurs feuilles, suivant le nombre d'épreuves à tirer, sur une grande planche à couper, de bois de hêtre, poirier, ou autre à fil doux; on l'ébarbe de deux côtés, puis on y trace la grandeur des feuillets dont on a besoin, en ayant soin de faire la division de manière à avoir le moins de perte possible. A cet effet, on pose quelques morceaux de plomb, ou autres corps lourds sur les feuilles, pour les empêcher de se déranger, et au moyen d'une règle en fer, et d'un couteau bien tranchant (voir le chapitre des outils), on les coupe aux points marqués. Si la division de la feuille doit être régulière, il sera plus simple de la plier en autant de parties que de feuillets à faire, de poser dessus une planchette ou un carton de la grandeur convenable, et de couper tout autour. On peut aussi les rogner dans la presse, avec le rabot du relieur.

Le papier de Chine contient beaucoup d'impuretés. Lorsque les feuilles sont coupées, il faut les éplucher avec soin, en enlevant, au moyen d'un grattoir ou couteau fin et pointu (voir les outils), toutes les saletés qui s'y trouvent. Cependant, afin de ne pas perdre trop de temps, la personne chargée de ce travail doit avoir devant elle une épreuve de la planche à laquelle la feuille est destinée. Elle nettoyera avec soin les parties où tombent des teintes claires et délicates, tandis qu'elle se contentera d'enlever les impuretés les plus grossières qui correspondent aux parties les plus chargées de dessin. Il peut arriver qu'en voulant enlever certains corps, on fasse un trou dans le papier. La feuille n'est pas perdue pour cela. Il suffit, pour réparer le dommage, que l'imprimeur, après avoir posé la feuille sur la planche, place à l'envers, sur le trou, un petit morceau du même papier, dont il déchire d'abord les bords, afin qu'ils ne fassent pas une saillie nette, qu'on pourrait apercevoir. Il met par-dessus le papier blanc, et après le tirage de l'épreuve, il n'y aura plus aucune défectuosité, surtout si l'ouvrier a eu soin de faire correspondre le trou à une partie chargée de dessin.

Quelques heures avant de commencer le tirage, on place les feuillets de papier de Chine entre des feuilles de papier humide, afin qu'il y devienne convenablement mou, et que la colle devienne capable de s'attacher au papier blanc, pendant l'impression. Celle-ci se fait en posant d'abord la feuille de papier de Chine sur la planche, en plaçant les angles sur des repères faits à la dissolution de carmin. On recouvre ensuite d'une feuille de papier blanc humide, et ces deux feuilles se collent ensemble par la pression.

Papier à calquer.

Le papier à calquer, qu'on trouve dans le commerce sous le nom de *papier végétal*, est fabriqué avec de la filasse de chanvre ou de lin, et travaillé seulement en vert, c'est-à-dire sans subir aucune pourriture, car il doit sa transparence au gluten contenu dans ses filamens, et que la pourriture détruirait, comme on l'a vu précédemment. Ce papier ne reçoit aucun encollage : son gluten lui en tient lieu, et il se trouve naturellement collé, en sortant du séchoir.

Il importe à une bonne fabrication, que la filasse soit entièrement exempte de chenevottes, qui occasionneraient des points blancs, nuisibles à la transparence.

On voit par cet exposé, que ce papier n'est point huilé, comme beaucoup de personnes le supposent, et qu'il peut être employé sans aucun danger pour le décalque sur pierres.

CHAPITRE V.

PIERRES.

Le lecteur a vu que le carbonate de chaux est la seule pierre dont on puisse faire usage en Lithographie, et j'en ai suffisamment développé les motifs à la fin du troisième chapitre. Un heureux hasard, comme je l'ai fait observer en donnant l'histoire de l'art, avait amené Senefelder à Munich, où on emploie au dallage des corridors de très-grandes quantités de pierres de Solenhofen, si éminemment propres à l'impression, qu'elles sont encore aujourd'hui à peu près les seules employées, non seulement sur tout le continent européen, mais encore dans les pays d'outre-mer. Ainsi, la Lithographie devait nécessairement prendre naissance en Bavière.

Lorsqu'on va de Langenaltheim à Solenhofen par la forêt de Sulnhofer-hard, on voit s'ouvrir une vallée profonde, resserrée entre deux chaînes de montagnes richement boisées. C'est là que passe la seule route praticable de ce côté, pour arriver à ce village. A droite et à gauche s'élèvent des montagnes calcaires, vastes carrières exploitées depuis plusieurs siècles, et qui promettent de fournir longtemps encore à la consommation, quelque grande qu'elle soit. Il suffit de creuser à quelques pieds sous terre, pour arriver au calcaire blanchâtre, déposé en couches horizontales d'épaisseurs diverses, coupées de grandes fissures verticales. Cette importante exploitation est partagée en une cinquantaine de portions, dont la propriété de chacune est liée à celle d'une des maisons de Solenhofen, et ne peut être vendue indivise; mais seulement avec la maison. Cette carrière offre le coup-d'œil le plus animé, dès que la saison permet d'y travailler. Alors on voit toute la population de Solenhofen quitter de bon matin le village, pour se rendre au travail sur l'une des hauteurs qui le dominent. Là, chaque propriétaire s'est bâti une ou plusieurs maisons avec les débris mêmes de son ouvrage; les pierres trop minces pour être employées à d'autres usages, servant alors de couverture. Ces chétives maisons font en même temps l'office d'ateliers et de magasins. S'élevant au nombre de plus de cent sur les décombres accumulés depuis plusieurs siècles, elles présentent, sur le penchant de la montagne, la vue d'un village fort pittoresque.

Tous les membres de la famille sont occupés au travail. Pendant qu'un homme tire les pierres de la carrière, sa femme et ses enfans les taillent et les polissent. De toutes parts on entend retentir sur la pierre sonore les coups redoublés des petits marteaux d'acier dont on se sert pour la diviser. Ce bruit, que le curieux visiteur aime à entendre, n'est interrompu qu'à l'heure du dîner. Alors chaque famille prend sur les lieux mêmes son modeste repas, et ce n'est que le soir, que chacun retourne au village.

Les pierres, disposées par couches horizontales, sont séparées au moyen de coins en bois ou en fer, puis divisées suivant les défauts qu'elles présentent, ou les usages auxquels on les destine. Les excavations faites à différens degrés de profondeur dans cette carrière, lui donnent l'aspect le plus pittoresque. Certains habitans ayant négligé d'exploiter les parties qui leur appartiennent, celles-ci sont demeurées debout au milieu des décombres qui les entourent, et ressemblent de loin aux tours décrépies d'un vieux château féodal. D'autres propriétaires au contraire, plus avides ou plus industrieux, ont pénétré jusqu'à une profondeur considérable dans les flancs de la montagne, et y ont creusé de larges précipices, que traversent de légers ponts de bois.

Depuis le XVIe siècle au moins, la carrière de Solenhofen fournit à la Bavière méridionale et à toutes les villes situées sur les rives du Danube, les pierres nécessaires au dallage des maisons. On en expédie pour cet usage jusqu'aux confins de la Turquie, et dans la Mer-Noire. On les emploie en outre à faire des appuis de fenêtres, des pierres tumulaires, etc. On en fait même des tables qui sont d'une grande propreté; car les pierres de Solenhofen prennent un aussi beau poli que le marbre. On extrait de cette carrière, de 150 à 200,000 pierres par an, dont 4 à 6000 seulement sont destinées à l'usage de la Lithographie. C'est la faculté qu'ont les tailleurs de pierres, de choisir celles-ci dans un si grand nombre, qui leur permet de les livrer d'une belle qualité et sans défauts. Leur prix par cela même, est plus élevé que celui des autres pierres. On les paye environ un florin ou deux francs le pied carré; tandis que celles qui sont moins parfaites ou moins épaisses, et qu'on destine au dallage, ne se paient que quinze centimes à peu près le pied carré, polies d'un côté. C'est la grande concurrence qui existe entre les nombreux propriétaires de la carrière, leur travail assidu et leur vie économique, dans un pays où tout est bon marché, qui ont amené ces prix si modiques. Et cependant, plusieurs des tailleurs de pierres les plus actifs et les plus rangés ont ramassé des fortunes considérables pour ces contrées.

Les couches de pierres sont parfaitement planes et parallèles; de sorte que celles-ci n'ont pas besoin d'être taillées sur leurs faces. Lorsqu'on a enlevé une couche, on l'examine, et on la coupe en morceaux plus ou moins grands, suivant la régularité de la pierre et les défauts qu'elle peut avoir. Cette opération préparatoire se fait sur le lieu même, à l'aide de petits marteaux en acier trempé, fixés à un manche élastique. L'ouvrier trace au charbon des deux côtés de la pierre, une ligne qui indique l'endroit où elle doit être coupée. Il la pose de manière que la partie qu'on veut conserver soit soutenue, et que la partie qui doit être enlevée soit en l'air. Si la pierre n'est pas trop grande, c'est ordinairement sur ses genoux qu'il la place (*Planche* IV, *Fig.* 1). Il la frappe alors à petits coups redoublés, appliqués à environ un demi-pouce de distance les uns des autres, et en suivant la ligne tracée à l'avance. Les coups doivent être secs et assez forts, pour que chacun produise une fêlure assez profonde. Si on donne de trop petits coups, ils occasionnent quantité de petites fentes qui ne pénètrent pas assez pour casser les pierres et amortissent les coups plus forts qu'on voudrait donner plus tard. Lorsqu'on a suivi d'un côté la ligne tracée, en allant et venant deux ou trois fois, on retourne la pierre, et on répète la même opération. Bientôt le son change, et un instant après, la pierre se sépare en deux parties, suivant la ligne tracée. Cela fait, on en dresse les bords avec un ciseau fin et léger, en frappant de petits coups dirigés des bords vers le milieu, afin d'éviter les éclats. On achève ensuite de dresser le milieu avec une *boucharde* (*Planche* IV, *Fig.* 2). Ces diverses opérations exigent une grande habitude et beaucoup de soins, car les pierres lithographiques sont extrêmement cassantes, et il suffit souvent d'un faux coup, pour faire naître dans une pierre une fêlure qui entraîne sa rupture, dès qu'on la soumet à l'effort de la presse. Les pierres une fois coupées carrément, on les dresse en les frottant l'une contre l'autre, face à face, après avoir mis du sablon entre deux. Ce n'est qu'après qu'elles ont subi cette dernière opération, qu'on les livre au commerce.

D'après les expériences de M. de la Chabaussière, la pesanteur spécifique des pierres lithographiques est de 2,8834; tandis que celle des marbres les plus lourds, dont la composition chimique diffère fort peu, mais dont le grain est moins serré, n'est que de 2,8761. Je dois à l'obligeance de M. Henri Schlumberger l'analyse d'une pierre lithographique. Cet habile chimiste l'a trouvée composée de

Corbonate de chaux	97, 22
Silice	1, 90
Alumine	0, 28
Oxide de fer	0, 46
Perte	0, 14
	100.

On rencontre dans d'autres pays des pierres de la même qualité que celles de Solenhofen, et notamment dans les montagnes du Jura. Mais nulle part encore on n'a pu mettre à jour une carrière dont les couches fussent aussi parallèles et la matière aussi pure que dans celle de ce village. Celle qui, à ma connaissance, en approche le plus, est située sur la frontière de France, près du village de Danvan, baillage de Porrentruy, dans le canton de Berne. Les pierres s'y trouvent en couches très-régulières, et se délitent comme celles de Solenhofen. Leur pâte est encore plus fine que celle de ces dernières. Celles qu'on a extraites jusqu'ici n'ont que de petites dimensions, et présentent souvent des défauts; mais je suis persuadé que si cette carrière, qui est en partie sur le territoire français, était exploitée en grand, et qu'on pût ne destiner à la Lithographie que les pierres de choix, en employant le reste au dallage, elle pourrait fournir des pierres aussi belles que celles de Solenhofen.

En 1817, la Société d'encouragement décerna à M. Quenedey une médaille d'argent, pour la découverte de pierres à Ricey-le-haut et à Gonneville (Aube). Ces pierres avaient une très-belle apparence; mais elles étaient trop poreuses pour l'usage de la Lithographie.

A Bellay (Ain), toujours dans la chaîne du Jura, M. Lefèvre-Chaillois, professeur du dessin au collége de cette ville, a trouvé des pierres propres à l'usage de la Lithographie, et on en a commencé l'exploitation. La Société d'encouragement lui décerna en 1818 une médaille d'argent pour cette découverte; et dans sa séance du 3 Octobre 1821, elle lui accorda le prix de 600 francs, qu'elle avait proposé en 1816 pour la découverte en France d'une carrière de pierres lithographiques. Toutefois, les pierres de Bellay sont trop dures, et ne peuvent être employées que pour les dessins à l'encre. Ceux au crayon y viennent lourds et charbonnés. Ces graves inconvéniens se sont opposés à l'emploi de ces pierres, et je crois que cette exploitation est abandonnée. Du moins, je n'en ai plus entendu parler depuis nombre d'années.

Il paraît que la Société d'encouragement a reconnu elle-même que ces pierres ne satisfaisaient pas aux besoins des lithographes ; car elle a remis cet objet au concours en 1831, en proposant « un prix de 3000 francs pour la découverte « et l'exploitation de carrières de pierres lithographiques. Les concurrens de- « vront fournir la preuve que trois lithographes au moins, ont employé cha- « cun douze pierres de 24 pouces sur 30, des carrières en concours. Elles « doivent être comparables aux meilleures pierres de Bavière, et les lithogra- « phies qui en proviendront, devront avoir été mises dans le commerce. Le « prix des ces pierres doit être inférieur à celui des pierres étrangères. »

On voit, par ces conditions, qu'on avait négligées dans les concours précédens, que cette fois la Société d'encouragement avait pris ses précautions pour ne décerner son prix qu'en toute connaissance de cause. Dans sa séance générale de Décembre 1836, elle accorda une médaille d'argent à M. Dupont de Périgueux, propriétaire des carrières de pierres de Châteauroux. Depuis plusieurs années, on avait envoyé à Paris des pierres de cette carrière, et il fut reconnu qu'elles avaient toutes les qualités requises pour l'usage de la Lithographie ; mais ce qui avait entravé leur exploitation, c'est qu'elles ne se trouvent pas par couches minces et parallèles, comme celles de Solenhofen ; mais en gros blocs, qu'il fallait débiter à la scie, pour en faire des planches de l'épaisseur convenable. Ce travail, fait à la main, revenait tellement cher, que les personnes qui s'en occupèrent les premières, ne purent récupérer leurs frais, et la carrière resta abandonnée pendant longtemps. M. Dupont, le propriétaire actuel, emploie des moyens mécaniques et un moteur hydraulique, pour diviser ses pierres et les polir ; de sorte qu'il peut faire une concurrence avantageuse à Solenhofen, pour Paris, le Midi et l'Ouest de la France. Mais il n'en est pas de même pour l'Est, plus près de Solenhofen que de Châteauroux.

Dans sa séance du 17 Janvier 1838, la Société d'encouragement a décerné à M. Dupont le prix de 3000 francs, qu'elle avait proposé pour la découverte et l'exploitation en grand d'une carrière de pierres lithographiques en France. Elle a en même temps proposé un prix de 1500 francs, pour la découverte de nouvelles carrières. Décerné à Vaillard le 1er prix de Pierres du Vigan (Gard)

QUALITÉS QUE LES PIERRES DOIVENT PRÉSENTER, POUR ÊTRE PROPRES A LA LITHOGRAPHIE.

Pour qu'une pierre fournisse des résultats satisfaisans, il faut qu'elle ait les qualités suivantes :

1° *Etre du carbonate de chaux.* Nous avons vu à la fin du troisième chapitre, que les pierres qui ne présentent pas cette composition chimique, ne peuvent servir.

2° *Elles doivent être d'un grain fin, et d'une pâte compacte, ni trop dures, ni trop tendres.* Celles qui sont trop tendres, ne soutiennent que de faibles tirages. Les points graisseux s'en détachent, et le dessin se dépouille. On les reconnaît ordinairement à une couleur jaune-blanchâtre, et à la faculté qu'elles ont d'absorber promptement l'eau. Les pierres trop dures se noircissent au contraire au tirage des planches au crayon, et les parties colorées s'empâtent. Il faut donc rechercher celles d'une dureté moyenne, pour bien réussir. Celles de Solenhofen, qui ont une couleur grise, sont les meilleures ; mais pour des dessins au crayon, cette couleur grise doit être claire ; pour les travaux gravés au contraire, on peut prendre celles d'un gris foncé. Parmi celles d'un jaune-grisâtre, il s'en trouve aussi de bonnes ; mais il faut beaucoup d'habitude pour les distinguer.

3° *Elles doivent être sans défauts.* Souvent, dans les meilleures pierres grises, il se trouve des points blancs, formés par une substance crayeuse, plus tendre que le reste de la pierre. Il en résulte qu'ils prennent un grain plus gros, ce qui occasionne des inégalités dans des teintes unies, fort délicates. Il faut donc éviter autant que possible d'employer ces pierres, pour des dessins importans, ou du moins avoir la précaution de faire tomber ces points blancs à des places où ils ne pourront pas nuire.

Un autre défaut, pire encore, qui peut se rencontrer dans les pierres, ce sont des cristallisations qui, ordinairement ne reçoivent pas le noir ; c'est-à-dire que si on a dessiné sur ces parties, le rouleau enlève le travail. Ce qui provient de ce que ces cristallisations étant composées de silice, les acides gras ne peuvent pas former de savon avec elle ; ce qu'ils ne font qu'avec le carbonate de chaux. (Voir la théorie de l'art lithographique, à la fin du chapitre III.)

Les pierres ont aussi quelquefois des veines. Celles d'une couleur foncée, et qui ressemblent à une fente, n'offrent aucun danger. Je n'ai jamais eu d'exemple qu'une pierre se soit cassée dans la direction de ces filets. Mais elles présentent un autre inconvénient très-grave, qui en fera rejeter l'emploi par tout lithographe prudent : c'est qu'il arrive quelquefois qu'elles attirent l'encre d'impression, et donnent lieu à des lignes noires sur les épreuves. D'autres veines sont blanchâtres et peu profondes : elles n'occasionnent pas plus la rupture de la pierre que les précédentes; mais comme leur matière est plus tendre et forme ordinairement une profondeur, elles fournissent au tirage des lignes blanches.

Les veines les plus dangereuses sont celles qui représentent des herborisations des deux côtés, et qui sont le résultat d'infiltrations métalliques, qui indiquent une fente. On ne les aperçoit qu'à la partie des pierres qui n'a pas été polie; c'est-à-dire à l'envers. Lorsque la couche sur laquelle se trouve cette herborisation, a été enlevée par le polissage, la fissure est si petite, qu'on ne la voit plus. Ces fissures occasionnent ordinairement la rupture des pierres. Il faut donc se méfier de toutes celles qui offrent de ces traces, et les vérifier avant de les employer; car il n'est pas toujours sûr qu'une pierre ainsi marquée, soit fêlée. Comme dans la carrière, les pierres sont superposées, l'infiltration qui se fait dans une par une fissure, produit des herborisations sur les deux qui se touchent. Il suffit, pour s'assurer si la pierre est fendue, d'en faire sauter un petit éclat à l'endroit où la marque aboutit au bord. Si la pierre est saine, l'éclat restera entier; dans le cas contraire, il se divisera en deux, suivant la trace.

4° *Elles doivent être parfaitement dressées.* Il est clair que si une pierre est convexe ou concave, non seulement on ne peut y ajuster un rateau qui puisse exercer partout une pression égale; mais elle offrira en outre beaucoup de danger pour la casse, surtout si son envers n'est pas bien plan. Alors, elle porte à faux dans la presse, et peut se briser, quelle que soit son épaisseur. Il ne faut pas se fier toujours au dressage que les pierres ont subi dans la carrière. On fera bien de les vérifier avec une règle de fer bien droite, et de corriger, en polissant, les défauts qu'on aura découverts. Il importe que les deux faces soient bien parallèles; car si une pierre est plus épaisse à un bout qu'à l'autre, il est impossible que la pression soit égale partout.

Quelque difficile qu'on soit, on reçoit toujours des pierres de différentes qualités, et comme d'ailleurs pour beaucoup de travaux, on peut en employer de second choix, qui sont à meilleur marché, le lithographe prudent fera bien de les classer de la manière suivante :

Les plus dures, celles qui sont d'un gris noirâtre, pour la gravure.

Les grises et celles qui sont d'un gris jaunâtre, sans défauts, pour les dessins au crayon soignés. Celles qui ont des défauts servent pour des dessins de second ordre.

Les pierres jaunes, mais cependant pas trop tendres; celles qui présentent des veines ou des marbrures, pour les dessins à l'encre.

Les plus tendres, pour les autographies et les reports.

Polissage des pierres.

Quoique l'une des faces, et même toutes les deux, si on le demande, soient dressées à la carrière même, on ne peut pas cependant employer ces pierres telles qu'elles arrivent, pour y tracer immédiatement des dessins. Avant tout, comme je l'ai dit plus haut, il convient de vérifier au moyen d'une bonne règle en fer, si elles sont parfaitement planes. A cet effet, ayant placé la pierre entre l'œil et la lumière, on y applique la règle en différens sens. S'il y a des inégalités, la lumière passe entre la pierre et la règle, et on l'aperçoit facilement. Dans ce cas, la première chose à faire, c'est de dresser la pierre. On a pour cela deux moyens. Le premier consiste à placer l'une sur l'autre deux pierres concaves, ou deux pierres convexes, en tournant l'une vers l'autre, les deux faces qui présentent le même défaut. On met du sablon et de l'eau entre deux, et on les frotte l'une sur l'autre, en faisant décrire à la supérieure de petits cercles nombreux et successifs, jusqu'à ce qu'elles soient droites toutes les deux. Le second moyen consiste dans la manière même dont on dispose les pierres pour le dressage. Il est constant que si on pose l'une sur l'autre deux pierres parfaitement planes et d'égale grandeur, et qu'on les frotte ainsi pour les polir pendant quelque temps, l'inférieure devient convexe, et la supérieure concave. La raison en est toute simple. Par le mouvement qu'on imprime à la pierre supérieure, elle dépasse tour à tour de tous les côtés les bords de l'inférieure. Dans cette position, tout le poids de la partie A B (*Planche* IV, *Fig.* 3), qui surplombe, se porte alors sur A. Celle-ci exerce donc une pression plus forte sur le bord de la pierre inférieure, que l'autre extrémité C, qui se trouve allégée de tout le poids de la partie qui surplombe, et lui fait équilibre. Le frottement au milieu de la pierre inférieure est alors moindre que sur les bords, tandis que le contraire arrive pour la pierre supérieure. Lors donc qu'on voudra dresser une pierre convexe et une concave, il suffira de placer la seconde en bas, et d'appliquer l'autre dessus. En frottant ainsi pendant quelque temps, il y aura un moment où toutes les deux seront droites; ce qu'on reconnaîtra en vérifiant de tems à autre à la règle. Si on a des pierres planes à polir, il faut toujours poser en dessous une pierre plus grande que celle qu'on met dessus, afin qu'en frottant, celle-ci ne dépasse que très-peu les bords de l'autre.

Pour dresser les pierres qui ne sont pas droites, ou user celles sur lesquelles se trouve un ancien dessin, on emploie d'abord du sablon très-rude, qu'on renouvelle souvent, pour que l'opération se fasse plus vite. Mais pour adoucir les pierres, on fera bien de prendre du sable plus fin, et de continuer à frotter jusqu'à ce qu'il soit tout à fait écrasé. La surface des pierres devient alors presque aussi lisse que si elle avait été poncée. C'est déjà une bonne avance; soit qu'on veuille plus tard poncer la pierre, soit qu'on veuille la grainer.

Une fois les pierres dressées, on les examine, et suivant leur qualité, on les range dans les différentes classes, afin d'achever leur polissage en conséquence.

Pierres grainées.

Les pierres destinées au dessin au crayon, doivent avoir un grain; c'est-à-dire que leur surface, au lieu d'être lisse, doit être assez rude pour râper pour ainsi dire le crayon. Il n'est pas indifférent au succès d'une planche de quelle forme et de quelles dimensions sont les petites aspérités qui forment ce grain. L'expérience apprend en effet que si elles sont trop grosses, le dessin devient mou et prend un gros grain; tandis que si elles sont trop fines, le crayon glisse sur la surface, en formant des lignes noires qu'on dirait faites à l'encre. Le grain doit toujours être *aigu* et *mordant*. Alors le crayon prend plus facilement et les dessins viennent mieux au tirage, que si le grain est rond. Cette observation est importante, et j'ai vu plus d'une fois des planches ne présenter au tirage que des tons mous, ternes et sans effet, parce qu'elles avaient été dessinées sur des pierres dont le grain n'était pas assez mordant. On peut, avec de l'habitude, reconnaître la nature du grain, en mettant le doigt perpendiculairement à la planche, et en le dirigeant de côté (*Planche* IV, *Fig.* 4). Dans ce mouvement, la pierre doit produire sur l'ongle un effet analogue à celui qui aurait lieu sur une lime fine et neuve.

Le grain d'une pierre doit être égal sur toute sa surface, et sans défaut. Pour s'assurer de cette condition, et juger en même temps de la grosseur du grain, on place la pierre au soleil (*Planche* IV, *Fig.* 5), en y faisant tomber très-obliquement les rayons de cet astre, de manière qu'ils en lèchent pour ainsi dire la surface. Dans cette position, l'une des faces des petites aspérités est vivement éclairée; tandis que l'autre est dans l'ombre. Cette disposition permet de distinguer à simple vue la nature du grain, et ses moindres défauts.

Je n'ai pas besoin de dire que le grain d'une pierre doit être plus ou moins fin, suivant le dessin qu'on se propose d'y faire, et même suivant les habitudes des artistes. Mais je ne puis terminer ces observations sans combattre une erreur très-répandue parmi beaucoup de lithographes, peu habiles à traiter les dessins au crayon. Souvent entre leurs mains les parties les plus foncées de la planche s'empâtent, et ils en attribuent la cause à un grain trop fin. Dès lors, partant de ce faux principe, ils donnent à leurs pierres un grain tellement gros, que leurs épreuves ne présentent plus qu'une masse de gros points, qui ne permettent ni finesse, ni précision, ni effet. Il est constant, d'après l'expérience de tous les imprimeurs, que non-seulement on peut très-bien tirer des dessins faits sur des grains très-fins, pourvu qu'ils soient mordants; mais que même ils viennent mieux alors, et fournissent plus de bonnes épreuves que ceux faits sur des pierres à gros grains.

On a proposé aussi de donner à une même pierre différens grains, suivant la nature du dessin qu'on veut y tracer. Par exemple, on mettrait en gros grain les parties qui doivent recevoir le premier plan d'un paysage, en grain moyen celles qui porteront le second plan et en grain fin, ce qui est destiné au ciel et aux lointains. Outre qu'un pareil grainage exigerait de la part de l'ouvrier une adresse qu'on ne peut guère lui supposer, je suis persuadé qu'il gênerait le dessinateur plus qu'il ne lui serait utile. Si celui-ci a acquis une adresse convenable dans le maniement du crayon lithographique, il saura assez varier ses travaux sur une pierre d'un grain égal, pour produire tout l'effet désiré.

Lorsqu'on veut donner le grain à une pierre, on la pose sur la table à polir, après l'avoir bien dressée. On la saupoudre de sablon, qu'on a fait passer par un tamis, et on ajoute un peu d'eau. On pose par dessus une petite pierre de 6 à 8 pouces, qu'on y frotte en décrivant continuellement de petits cercles qui se croisent en tous sens. L'opération doit être faite légèrement, bien également sur toute la pierre, et sans appuyer. On doit surtout faire bien attention qu'il y ait toujours entre les deux pierres une quantité de sable suffisante, pour qu'elles ne se touchent pas. A cet effet, il est nécessaire d'ajouter du sablon à plusieurs reprises, pendant la durée de l'opération. Si les surfaces des pierres venaient à se toucher, faute d'une couche intermédiaire de sable assez épaisse, elles useraient mutuellement les pointes des petites aspérités dont elles se chargent par le grainage; et celles-ci, au lieu de rester aiguës, s'arrondiraient. Lorsqu'on croit avoir frotté assez longtemps le sablon sur la pierre, on la lave à grande eau, en ayant soin d'enlever jusqu'à la dernière trace du limon formé pendant le grainage. On doit bien veiller à cette partie de l'opération, car s'il reste un peu de ce limon, il s'interpose entre le crayon et la pierre, et tout le travail fait sur cette partie, disparaît au tirage. La pierre étant bien lavée, on la sèche, et on la porte au soleil, ou à un jour très-vif, pour en vérifier le grain, ainsi que je l'ai indiqué plus haut.

Pour débarrasser entièrement les pierres d'un reste de limon qui aurait pu échapper au lavage, quelques lithographes les frottent à sec avec une brosse un peu rude et très-propre. Cette brosse ne doit jamais servir qu'à cet usage, et on doit avoir bien soin qu'elle ne touche aucun corps gras ou mucilagineux.

On doit avoir, à l'usage des polisseurs de pierres, du sablon de diverses grosseurs, qu'ils emploieront suivant le degré de finesse à produire. Chaque pays en offrant des espèces différentes, c'est aux lithographes à choisir dans leurs localités ceux qui conviennent le mieux à leurs opérations. Ces sablons doivent être d'une nature égale; c'est-à-dire qu'il ne doit pas s'y rencontrer des grains plus durs les uns que les autres; parce que les plus mordans produiraient des raies, qu'il faut éviter. En général, c'est le sablon quartzeux de quelques rivières, qui est le plus convenable pour dresser les pierres, parce qu'il est mordant et qu'il résiste plus longtemps au frottement. Pour donner le grain plus fin, on préférera le sablon d'un jaune-rougeâtre, qu'emploient les fondeurs pour faire leurs moules. Des grès plus ou moins fins, qu'on écrase, donnent des qualités intermédiaires.

Les tamis dont on se sert pour passer le sable doivent être bien choisis, si on veut obtenir un bon grainage. On préférera ceux dont les ouvertures présentent le plus d'égalité, afin qu'ils ne laissent pas passer des grains de grosseurs trop différentes. J'ai reconnu que les toiles métalliques, qui sont d'une régularité parfaite, forment les meilleurs tamis. Ceux en crins sont très-inégaux. On doit en avoir de différentes finesses, suivant le sablon auquel ils sont destinés. Chaque tamis doit être employé constamment au même sablon, et placé dans une case à part; autant que possible, au-dessus des caisses qui contiennent les différentes sortes de sable, afin de ne jamais les confondre. On conçoit que si on employait un tamis tantôt pour le sable quartzeux, et tantôt pour le sable fin à grainer, on courrait le risque de voir parfois des grains de ces deux qualités se mêler; ce qui occasionnerait immanquablement des raies sur les pierres.

Lorsque le polissage d'une pierre est achevé, on arrondit ses bords au moyen d'une rape ou grosse lime. On y passe ensuite la pierre ponce, pour les adoucir. C'est une précaution nécessaire, pour éviter au tirage des salissures que causent les angles vifs, en prenant le noir du rouleau. Cette opération est aussi utile pour ménager les cuirs des châssis, dans le cas où le rateau dépasse les bords de la pierre.

Lorsqu'on repolit une pierre qui a déjà servi, principalement lorsqu'un dessin chargé de travaux vigoureux y a séjourné pendant longtemps, il faut enlever une partie assez notable de sa surface, quelquefois jusqu'à une ligne. Si elle est destinée à un dessin au crayon, il faut continuer le polissage jusqu'à ce qu'on n'aperçoive plus aucune trace de la graisse qui y a pénétré; car il n'est pas rare de voir des parties d'un ancien dessin revenir au tirage; et comme rien n'est plus difficile que de faire disparaître ces anciennes traces, il est à craindre qu'une planche nouvelle ne soit entièrement perdue, par la négligence du polisseur.

On peut reconnaître les traces graisseuses qui ont pénétré dans une pierre, à ce que, lorsque le dessin est enlevé, et lorsqu'on vient de mouiller, ces traces paraissent blanchâtres, parce qu'elles se pénètrent moins vite d'humidité que le restant de la pierre. Cependant, elles ne tardent pas aussi à absorber l'eau, et la teinte devient uniforme. Le même phénomène se montre par la dessiccation. Ce n'est donc qu'à l'instant où on mouille une pierre, et surtout au moment où elle commence à sécher, qu'on aperçoit ces traces, et on doit saisir ces momens pour en reconnaître la présence; car une fois la pierre sèche, il n'est plus temps; la teinte devenant égale partout.

Lorsqu'une pierre est grainée et que, après un examen scrupuleux, elle a été reconnue bonne, on fera bien de l'envelopper dans un papier, sur lequel on notera la nature du grain. Il sera bon aussi d'indiquer si la pierre est de première ou de seconde qualité, afin d'éviter un nouvel examen, et de pouvoir choisir à tout instant celles dont on a besoin.

Dans sa séance du 3 Décembre 1828, la Société d'encouragement décerna à M. Jobard, de Bruxelles, une médaille d'or de première classe, « pour avoir « apporté un perfectionnement important au dressage des pierres, en ajoutant « au sable une matière mucilagineuse, qui le retient indéfiniment. »

Voici la description de ce procédé, extrait du bulletin de la Société d'encouragement.

« M. Jobard ayant observé que la plus grande difficulté qu'on éprouve pour « donner aux pierres un grain uniforme, et le degré de finesse que l'on veut, « provenait de ce que le sable ne peut se maintenir assez longtemps sur la « pierre, il a imaginé, pour l'y retenir, d'y ajouter un mucilage visqueux, tel

« que l'empois. Cet ingénieux expédient, employé sous les yeux de votre com-« mission, l'a convaincue que ce moyen si simple abrège considérablement le « dressage des pierres, et les perfectionne. »

C'est dans le même but, que Senefelder avait proposé de mêler du savon au sable.

Je crois ces deux moyens aussi dangereux l'un que l'autre. Nous savons que rien n'agit plus efficacement sur les pierres que le savon; et la moindre trace qui en resterait, attirerait l'encre d'impression et gâterait la planche. Quant aux mucilages, j'ai donné dans la *théorie de l'art lithographique*, un tableau qui indique leur action sur les pierres, et dans lequel l'empois figure en première ligne. Il serait donc à craindre qu'il ne formât sur la pierre cette matière mucilagineuse insoluble, dont j'ai parlé, que le lavage n'enlèverait pas, et qui empêcherait le crayon de se fixer. On pourrait du reste reconnaître la présence de l'empois sur la pierre au moyen d'une solution d'hydriodate de potasse, qui donne avec cette substance, une couleur bleue. Si on veut mêler au sable un corps glutineux, il vaudra mieux prendre du sirop de mélassse, puisque le sucre est un des corps qui s'unissent le moins avec la pierre, et qu'il s'oppose beaucoup moins que l'empois à la fixation des corps gras.

Polissage à la pierre ponce.

Les pierres destinées au dessin à la plume, à la gravure et aux contre-épreuves, ont besoin d'avoir une surface lisse. On emploie la pierre ponce à leur polissage; mais la nature de cette substance n'est pas indifférente, et on doit apporter beaucoup de soin dans son choix. On en trouve de raboteuses, lourdes, d'une couleur mate, qui, contenant des parties très-dures, formeraient des raies dans la pierre, et doivent être rejetées. On choisira de préférence les morceaux légers, présentant un tissu filamenteux, qui a le brillant du satin. On en dresse un côté sur l'envers d'une pierre, et on s'en sert ensuite pour frotter la pierre lithographique, jusqu'à ce que la surface en soit devenue parfaitement unie. On lave ensuite les pierres et on en émousse les angles, comme je l'ai recommandé dans le paragraphe précédent.

Pour les ouvrages à la plume, il est inutile de repolir les pierres qui ont déjà servi, avec les mêmes précautions que celles qu'on destine au crayon. Il suffit de les poncer jusqu'à ce que le dessin ait disparu; et quand même on y verrait encore quelque trace blanchâtre d'un dessin précédent, elle n'attire pas toujours l'encre d'impressiou. Cette différence tient à ce que ces pierres sont acidulées plus fortement, et qu'il y a alors combinaison entre la partie grasse qui reste, et l'acide carbonique qui se dégage de la pierre. Nous avons vu (*théorie de l'art*) que ces traces ont alors perdu les propriétés les plus essentielles des corps gras, et que, pour cette raison, elles n'attirent plus l'encre d'impression. Aussi, il arrive tous les jours qu'on imprime des pierres sur lesquelles on continue à voir pendant le tirage, outre le nouveau dessin qui paraît en noir, un et parfois deux dessins précédens, qui se montrent avec leur teinte blanchâtre, sans rien fournir au tirage. Il n'en est plus de même des autographies ou des reports. Comme on n'acidule pas ces pierres, ou qu'on ne les acidule que très-faiblement, d'anciens dessins reparaissent au tirage, s'ils n'ont pas été parfaitement enlevés. Les pierres qu'on destine à ces usages, doivent donc avoir été usées au sablon quartzeux, et polies seulement après à la pierre ponce.

Ce ne sont pas les pierres qu'on a polies au point de les rendre reluisantes, qui sont les meilleures pour les travaux à la plume, et encore moins pour les reports. Il faut, pour obtenir des lignes très-fines, que les pierres soient mates, et conservent encore une sorte de grain excessivement fin, formé par le limon de la pierre ponce. Si cependant quelqu'un voulait, dans un but quelconque, polir une pierre lithographique, de manière à lui donner le luisant du marbre, voici comment il faudrait agir. On prend de l'émeri très-fin, qu'on met dans de l'eau. On remue ce mélange; on le laisse reposer un instant, pour que les parties les plus grossières aient le temps de se précipiter au fond, et on verse alors la partie qui reste en suspension dans l'eau, dans un autre vase. On laisse déposer, et on décante l'eau, lorsqu'elle est devenue claire. On prend en même temps du rouge d'Angleterre, auquel on fait subir le même lavage. On prépare deux tampons formés par une longue bande de toile de lin, roulée sur elle-même, et arrêtée par une ficelle. Alors, on met de l'émeri et de l'eau sur l'un des tampons, et on en frotte la pierre fortement, jusqu'à ce qu'elle ait acquis un commencement de luisant. Puis on la lave, et on la frotte avec le second tampon, trempé dans du rouge d'Angleterre humecté, jusqu'à ce que le poli soit entièrement achevé.

Machine à dresser les pierres, de MM. François jeune et Benoist, à Troyes.

En 1826 la Société d'encouragement de Paris proposa un prix de 400 francs pour la meilleure machine à dresser les pierres; ce prix fut décerné dans la séance du 3 Décembre 1828, à MM. François jeune et Benoist à Troyes, pour la machine dont voici la description extraite du bulletin de cette Société.

« A *(pl.* v.), bâtis en bois de la machine; B, manivelle; C, C, C, trois chemins « en fer placés de manière à présenter en dessus un champ parfaitement dressé; « ils se mettent de niveau dans un même plan, ou tout au moins dans des plans « parallèles, au moyen de petites vis V, V, V; D, plateau circulaire en fonte de « fer bien dressé sur ses deux faces; E, arbre vertical auquel est invariablement « fixé le plateau D; F, écrou à poignées ou à manches, vissé sur l'extrémité « supérieure de l'arbre E; G, rondelle servant de pivot supérieur à l'arbre E, « et ayant la faculté de glisser sur un bon ajustement cylindrique; elle fait en- « viron 2 lignes de course rectiligne sur l'arbre et ne peut jamais tourner qu'a- « vec lui, étant maintenue par un prisonnier; H, H, poulies fixées sur l'arbre K, « et communiquant le mouvement par une corde aux poulies horizontales I, I, « montées sur l'arbre vertical E; les diamètres des poulies correspondantes H et « I étant égaux, on peut varier la vitesse relative du plateau D, en changeant « la corde de gorge, sans que cette dernière éprouve plus ou moins de tension; « il suffit de faire courir d'une extrémité à l'autre de leur coulisse, les tendeurs « T, T; L, grande poulie recevant le mouvement d'une petite poulie placée sur « l'arbre K et derrière les deux poulies H, H, et portant à l'extrémité de son « axe un petit tambour S; N, N, N, trois roues en fonte de fer, parfaitement « tournées, roulant sur les trois chemins de fer C, C, C, et supportant elles- « mêmes sur leurs essieux les extrémités d'un T solide en bois O; P, plancher « épais, porté sur le T et destiné à recevoir la pierre lithographique; Q, Q, Q, « trois broches fixées vers les trois extrémités du T, et passant assez librement au « travers de trois trous percés dans le plancher P; R, R, R, trois vis à têtes ova- « les dont les extrémités s'appuyent sur le T, et dont les écrous sont solidement « fixés au plancher P; au moyen de ces vis on élève ou on abaisse le plancher, « qui néanmoins ne peut faire aucun mouvement horizontal sur le T, à cause « des broches Q qui s'y opposent; S, petit tambour sur lequel une corde est en- « roulée; une extrémité de cette corde, qui doit être tendue, est fixée sur la « queue du T, et l'autre extrémité de cette corde au crochet X, placé à la tête « de ce T; U, rebord placé autour du plancher P, et contre lequel on appuye « les coins en bois qui doivent servir à arrêter la pierre sur le milieu du plan- « cher.

Manœuvre de cette machine.

« On amène sur le devant de la machine le chariot composé du T, O, et du « plancher P; on place dessus la pierre que l'on veut dresser, et on la cale au

« moyen de quatre coins qui vont s'appuyer contre le rebord U. Les vis R servent ensuite à élever ou à abaisser le plancher P autant qu'il convient, pour « que la face à dresser vienne s'appuyer contre la face inférieure du plateau D. « On répand sur la pierre du sable fin ou de la pierre ponce pilée et de l'eau, « et, au moyen de la manivelle, on imprime le mouvement à la machine.

« Cette manœuvre produit les résultats suivants : la poulie H, fixée sur l'arbre « à manivelle, transmet le mouvement à la poulie I et conséquemment au plateau D ; pendant ce temps, la poulie placée derrière celle H, donne un mouvement horizontal rectiligne au chariot et à la pierre, au moyen de la poulie « L, du tambour S fixé sur son axe, et de la corde qui, enroulée sur le tambour, « est attachée par chacun de ses bouts aux extrémités du T. Le chariot étant « arrêté à temps à la fin de sa course par une encoche, on le fait rétrograder « en tournant la manivelle en sens contraire et on continue ainsi à droite et à « gauche jusqu'à ce que la pierre soit dressée ou polie; ce qui a lieu très-promptement.

« En vissant et en dévissant l'écrou à poignée F, on élève ou on abaisse le « plateau D, et l'on diminue ou l'on augmente ainsi à volonté la puissance de « frottement de ce plateau sur la pierre.

« Dans une nouvelle machine exécutée par les auteurs, les poulies H et I ont « été remplacées par des engrenages, ce qui facilite beaucoup la manœuvre. »

Cette machine paraît fort ingénieuse, et il semble d'abord qu'elle doit parfaitement atteindre son but. Cependant l'expérience en a décidé autrement. Aussi n'est-elle plus employée aujourd'hui par aucun lithographe, et se trouve-t-elle complétement abandonnée. Je ne m'en suis jamais servi moi-même; mais j'ai recueilli auprès de personnes qui en ont fait usage, des renseignemens qui m'en ont fait connaître tous les défauts. Le plateau de fonte s'usait si promptement, qu'il fallait le remplacer à chaque instant. On eut alors l'idée de disposer ce plateau de manière à pouvoir y fixer une pierre, afin que la machine, agissant comme dans le polissage à la main, dressât deux pierres à la fois. Mais il paraît que, malgré la régularité qu'on devait supposer à son mouvement, la pierre inférieure devenait convexe, et la supérieure concave. Quelque étrange que cela puisse paraître, on m'a affirmé la chose comme un fait constant. Ce qui sans doute aura beaucoup contribué aussi à faire abandonner cette machine, c'est qu'après y avoir dressé les pierres, il faut encore les grainer et les finir à la pierre ponce; de sorte qu'elle ne faisait que la moitié de l'ouvrage. Il faut remarquer en outre que, même dans cette partie de l'ouvrage qu'elle faisait, elle ne présentait point d'économie, puisqu'il fallait y employer un homme pour dresser deux pierres, comme si on eût fait cette opération à la main, et que le travail ne se faisait pas plus vite.

PIERRES FACTICES.

Carton-pierre de Senefelder.

Le 22 Février 1819, Senefelder prit en France un brevet d'invention pour ses *planches papyrographiques*. Le procédé employé pour les obtenir s'y trouve ainsi décrit :

« On prend un bon papier vélin ou autre, ou bien de la toile qu'on trempe « dans l'huile de lin, et sur lesquels on applique ensuite, avec un pinceau, la « composition suivante.

« Craie blanche	10	parties.
« Plâtre	2	»
« Chaux	1	»
« Terre grasse	1 1/2	»
« Argile	1	»
« Oxide métallique	1	»
« Huile	3	»

« On réduit ces substances en poudre très-fine, et on les mêle avec l'huile. « On les transporte peu à peu sur le papier, qu'on fait sécher ensuite au grand « air pendant trois à quatre mois; ce qui rend la composition insoluble dans « l'eau. »

Plus tard, Senefelder prit un certificat d'addition, offrant quinze recettes différentes, pour faire ces cartons. Ce luxe de recettes a évidemment pour but de dérouter celui qui voudrait imiter le procédé, d'après la description contenue dans le brevet. Il est fort probable que l'inventeur n'en employait qu'une, qu'il a voulu laisser à deviner parmi toutes les autres. Du reste, j'attache fort peu d'importance à savoir laquelle on doit préférer, car le carton-pierre de Senefelder, qui se compose essentiellement de craie, de chaux, de blanc de plomb, d'huile et d'essence de térébenthine, n'a jamais rendu les services qu'on en attendait.

Ayant reconnu plus tard un défaut dans le peu de consistance du papier, Senefelder étendit sa composition sur des planches de zinc. On y dessinait soit au crayon, soit à l'encre, ou on y transportait des autographies, comme sur les pierres lithographiques. Afin de préparer ces planches pour l'impression, on y passait une décoction de 2 onces de noix de galles pilées, dans un litre d'eau. On pouvait en effet tirer quelques épreuves avec ces planches, et il paraît que, dans quelques cas, elles en ont pu fournir jusqu'à 500. Mais ce procédé n'avait rien de fixe; on ne pouvait pas toujours compter sur une bonne réussite. Pour une planche qui fournissait de bons résultats, il fallait en rejeter dix autres. Quelquefois, certaines parties prenaient le noir, sans qu'il fût possible de les nettoyer, tandis que d'autres fois, l'enduit lui-même s'enlevait en écailles, emportant des parties du dessin, qu'on ne pouvait plus faire revenir. Cependant Senefelder ayant pour cette invention une vraie tendresse de père, se berçait d'illusions qu'il faisait partager au public. On acheta d'abord un grand nombre de ces planches; mais voyant qu'on n'en obtenait aucun résultat, on finit par les abandonner, et, en moins d'une année, cette invention tomba dans le plus complet oubli.

On n'en parlait déjà plus depuis 19 ans, lorsque les journaux firent quelque bruit, dernièrement, d'une invention du docteur Behrend de Berlin, qui consistait à fabriquer des pierres artificielles, qu'on disait aussi bonnes que les pierres lithographiques. Je ne fis d'abord pas plus d'attention à ces annonces qu'on n'en fait d'ordinaire à des articles de journaux. Mais je reçus plus tard une brochure publiée par MM. Behrend et Comp. eux-mêmes, dans laquelle est annoncée d'une manière positive la fabrication de planches de zinc recouvertes d'un enduit, et pouvant sous tous les rapports remplacer les pierres lithographiques. J'écrivis sur-le-champ à Berlin pour savoir ce qu'il fallait penser de cette invention, et j'appris qu'elle n'est autre chose que la reprise de la fabrication des planches lithographiques de Senefelder. Ce n'est pas du tout, me marque-t-on, une invention du docteur Behrend; mais le fils d'Aloïs Senefelder, qui a reçu de son père communication des procédés de fabrication de ces planches, s'est rendu à Berlin et a trouvé dans le docteur Behrend un puissant protecteur pour exploiter en grand cette industrie. Il est probable que Senefelder, qui travaillait toujours avec affection à ses planches lithographiques, les aura encore perfectionnées après avoir échoué à Paris, et sans doute celles qu'exécutent MM. Behrend et comp. seront plus parfaites que celles dont j'ai déjà parlé. On m'assure que quelques-unes de ces planches ont offert d'assez bons tirages; mais il paraît que, comme cela avait lieu précédemment, on ne peut compter sur un résultat constant, et qu'il arrive souvent que des morceaux de l'enduit s'arrachent de la planche. En outre, lorsqu'il s'agit d'écriture, on se plaint que la plume d'acier reste souvent accrochée dans de petits trous imperceptibles de la pâte; ce qui fait qu'aucune lithographie de Berlin n'a adopté ces planches pour son usage. Quand bien même les reproches qu'on fait à ces pierres ne seraient pas entièrement fondés, il semble que les prix établis par MM. Behrend et Comp. seraient déjà un obstacle suffisant à leur adoption.

Voici en effet le tarif qui accompagne la brochure de MM. Behrend et Comp.

DIMENSIONS.			PIERRES POLIES.		PIERRES GRENÉES.	
			fr.	c.	fr.	c.
6	pouces sur	8	»	75	1	10
8	—	10	1	10	1	85
10	—	12	1	50	2	25
10	—	14	1	85	2	60
12	—	16	2	75	3	50
14	—	18	3	75	4	65
16	—	20	4	50	5	60
18	—	24	5	60	6	85
20	—	26	7	50	10	»
26	—	32	13	10	15	90

Ces planches ne peuvent être employées qu'une fois; cependant elles coûtent, suivant les localités, la moitié, le tiers, le quart d'une pierre qu'on peut repolir un grand nombre de fois; de sorte qu'en les supposant aussi bonnes que la brochure se plaît à le dire, elles ne trouveraient encore que de rares applications pour des ouvrages qu'on voudrait conserver fort longtemps.

Je suis étonné que M. Behrend, avant de se livrer à cette entreprise, n'ait pas été frappé d'une chose. A Berlin même, et depuis plusieurs années, sous ses yeux pour ainsi dire, on imprime constamment et régulièrement dans l'imprimerie royale avec des planches de zinc non recouvertes d'un enduit. On a fait ailleurs des essais qui ont prouvé qu'on pouvait obtenir du zinc à nu, les plus belles épreuves de planches dessinées au crayon. Ces planches ne coûtent presque rien et on peut les repolir souvent; il est vrai qu'il leur manque la belle couleur blanche des planches de MM. Behrend et Comp.; mais aussi n'a-t-on pas à craindre qu'il s'enlève des morceaux de leur surface. Je pense que, quoique la zincographie soit encore loin de sa perfection, elle offrirait cependant plus de sûreté et surtout beaucoup plus d'économie que les planches de MM. Behrend et Comp., que je ne crois pas appelées à rendre grands de services.

La Société d'encouragement avait proposé en 1816 un prix de 1200 fr. pour la composition de pierres artificielles; puis elle le retira en 1818, comme n'offrant aucune possibilité de succès. Cependant, ses espérances paraissent s'être ranimées à cet égard; car en 1831, elle a proposé un nouveau prix de 2000 fr. pour la *fabrication de pierres artificielles propres à remplacer les pierres lithographiques.*

CHAPITRE VI.

PRESSES.

Considérations générales.

Après avoir reconnu la propriété dont jouit la pierre calcaire, de permettre la reproduction fidèle et nombreuse d'un dessin confié à sa surface, Aloïs Senefelder dut s'occuper des moyens mécaniques d'obtenir facilement cette reproduction. Le rapport qui lui paraissait exister, quant aux résultats, entre son invention et la taille-douce, l'amena naturellement à penser que la presse dont on faisait usage dans ce dernier art, lui conviendrait parfaitement. Et en cela il se trompa, comme il s'en convainquit plus tard par une foule de tribulations et de mécomptes qu'il lui fallut essuyer, et que j'ai rapportés dans la partie historique de cet ouvrage. Il ne fut pas plus heureux, lorsque abandonnant cette machine, il eut recours à la presse des imprimeurs typographes, qui rendait mal les épreuves et brisait souvent les pierres; de sorte qu'il dut en appeler alors à son génie inventif, pour se procurer un appareil qui convînt à la Lithographie : car il fallait à cet art récemment né, des moyens entièrement nouveaux.

Toutes les personnes qui ont vu imprimer en typographie, savent que la pression s'y exerce au moyen d'une vis, ou d'un système de leviers, simultanément sur toute la forme. La pression totale se divise ainsi en autant de pressions partielles qu'il y a de points sur cette surface, et devient peu de chose pour chacun : elle serait même insuffisante sans les vides nombreux que porte la forme, et sur lesquels la presse n'appuie pas. Une forme du présent ouvrage, par exemple, contient quatre pages, dont chacune est composée moyennement de 2340 lettres; soit en tout 9360 lettres. Chacune de celles-ci supporte donc un effort égal à la 9360me partie de la pression totale; ce qui est, comme on voit, fort peu de chose pour chacune. Appliquons les mêmes considérations à la presse lithographique. L'effort moyen que l'imprimeur exerce sur le rateau d'une presse à moulinet, lorsqu'il tire des planches dessinées au crayon, est de 1250 kilogrammes (25 quintaux). Cet effort a lieu seulement sur le tranchant du rateau, qui est d'environ 4 millimètres (à peu près 1 1/2 ligne). Pour faire le tirage d'une planche de 4 décimètres, ou 400 millimètres de long (un peu plus d'un pied), cet effort s'exerce successivement sur toute la longueur du dessin, qui représente 100 fois la largeur du rateau. Si on voulait exercer sur cette planche une pression simultanée, qui produisît le même effet, il faudrait donc qu'elle fût égale à 100 fois 1250 kilogrammes, ou à 125,000 kilogrammes (2,500 quintaux). Outre qu'une pareille force serait fort difficile à obtenir, il est évident qu'aucune pierre ne pourrait y résister, et que toutes casseraient dès le tirage de la première épreuve.

Pour l'impression de la gravure sur cuivre ou sur acier, on emploie un tout autre mécanisme. La planche offrant une surface continue, sur laquelle le papier doit être assez pressé pour pénétrer dans des tailles presque imperceptibles, on a besoin d'une pression très-forte. On se la procure en donnant aux presses la forme d'un laminoir; de sorte que la pression ne s'exerce que selon l'arête d'un cylindre, qui coïncide peut-être avec la centième partie de la surface de la planche; ce qui lui fait produire un effort cent fois plus grand que si le contact avait lieu sur toute la surface de la planche. Cette observation explique pourquoi la première idée de ceux qui se sont occupés de presses lithographiques a toujours été une machine à cylindres, qu'il a bientôt fallu abandonner et remplacer par des rateaux.

Pour qu'un cylindre puisse être employé avec quelque avantage au genre de travail que nous examinons ici, il faut qu'il puisse résister à une forte pression, qu'il reste toujours bien droit et bien rond : conditions qu'on ne peut obtenir qu'avec un cylindre en métal, d'au moins six pouces de diamètre. Un pareil cylindre offre donc une surface qui n'est ni flexible, ni compressible; et cependant, pour exercer une pression parfaite entre deux corps, il est indispensable que l'un d'eux soit élastique. C'est ce qui a lieu pour la planche de cuivre, dans l'impression en taille-douce; mais il en est tout autrement en lithographie, parce que la pierre n'étant pas flexible et ne présentant pas toujours une surface parfaitement plane, une juxtaposition complète deviendrait impossible avec un cylindre sans élasticité. Il semble d'abord qu'il serait facile d'obvier à cet inconvénient par l'interposition d'un corps mou, comme un cuir ou un feutre; mais il suffit de quelques réflexions, pour se convaincre que ce moyen présenterait peu d'avantages. Nous avons vu que si on augmente la partie de la surface de la pierre, qui se trouve simultanément pressée, il faut accroître dans le même rapport l'effort produit par la machine, ce qui multiplie les chances de casse. Or, si on considère que déjà la ligne suivant laquelle un cylindre d'une certaine épaisseur touche la pierre, est plus large que le tranchant d'un rateau, et qu'en outre le feutre ou le cuir A (*Planche* XXV, *Fig.* 1), qui recouvre le cylindre B, se refoulant jusqu'au point C, exercera sur la surface de la pierre D E, une pression dans toute la largeur F G, il devient évident que, pour produire sur cette largeur une pression égale à celle que le rateau fournit sur les points qu'il touche, il faudra employer une force proportionnelle à cette même largeur, et à laquelle beaucoup de pierres ne pourront pas résister. Ainsi, quoique les cylindres présentent l'avantage d'occasionner un frottement moindre que les rateaux, et de donner ainsi une moindre perte de force dans le jeu de la machine; cependant, comme ils exigeraient un effort plus grand, et multiplieraient les accidens, on doit leur préférer les rateaux. Ceux-ci offrent en effet cet avantage, que le bois aminci dont ils sont formés se refoule par la pression et se moule pour ainsi dire sur la pierre, même dans le cas où celle-ci n'est pas parfaitement plane; et de plus nous avons vu qu'ils exigent moins de pression. Aussi toutes les bonnes presses lithographiques sont-elles établies sur ce système.

Ainsi ce n'est point parce que le rateau frotte sur l'épreuve, qu'il mérite la préférence, comme quelques personnes paraissent le croire. Ce frottement est au contraire un inconvénient, puisqu'il absorbe inutilement beaucoup de force, et occasionne souvent des bavochures. Ce n'est que parce que le bois dont il est formé se refoulant facilement, procure un contact plus parfait, et que parce que, agissant sur une moindre surface, il faut employer moins de pression, que les rateaux sont préférables aux cylindres, qui sont trop sujets à faire casser les pierres.

Beaucoup de personnes, qui ne se font pas une idée bien juste de la Lithographie, attribuent mal à propos aux presses une influence très-grande, qu'elles n'ont pas réellement sur le tirage des épreuves. Si on s'imagine qu'il suffise d'une bonne presse pour obtenir de belles lithographies, c'est une erreur. La perfection des épreuves dépend de l'adresse du dessinateur, et surtout de celle de l'imprimeur, bien plus que de la presse. Pourvu que celle-ci puisse fournir une pression suffisante, quelque vicieuse qu'on veuille supposer d'ailleurs sa construction, un ouvrier habile pourra s'en servir pour tirer de fort bonnes planches; tandis qu'un mauvais imprimeur ne fera rien qui vaille, avec la meilleure machine. Si donc on doit chercher à se procurer des presses bien construites, c'est moins pour en obtenir de bonnes épreuves, que pour en tirer le plus grand nombre possible dans un temps donné, pour diminuer les chances de rupture des pierres, et pour avoir une machine solide, qui ne soit pas sujette à se déranger souvent; ce qui occasionnerait de constantes pertes de temps et d'argent.

On a construit jusqu'ici une grande variété de presses lithographiques, qui peuvent se classer dans les deux systèmes suivans: 1° presses à deux ouvriers; 2° presses à un ouvrier. Les premières sont généralement en usage en Allemagne. Les défenseurs de ce système prétendent y trouver cet avantage, qu'ils y forment un apprenti, en le faisant travailler comme aide d'un imprimeur fait; qu'ils produisent à peu près le double d'ouvrage qu'avec le même nombre de presses à un ouvrier, et qu'ils trouvent ainsi une économie dans le local et les frais de construction. Pour moi, j'ai trouvé au contraire de fort graves inconvéniens dans l'emploi des presses à deux ouvriers. J'ai toujours remarqué que les épreuves en sortent rarement bonnes. Pendant que l'un des ouvriers, l'imprimeur proprement dit, encre la pierre, l'apprenti enlève les épreuves, et demeure ainsi seul juge de leur valeur; de sorte que si elles portent quelque défaut dont il ne s'aperçoit pas, ou dont il ne prévient pas l'ouvrier, celui-ci continuera à mal encrer sa pierre, et le mal ne fait qu'empirer. Que si au contraire l'apprenti se permet de faire des observations trop souvent répétées, l'imprimeur, qui se croit bien supérieur à lui, se fâche; de là des disputes, des bouderies, qui sont loin de contribuer à la perfection de l'ouvrage. Si les épreuves rendues sont généralement mauvaises, et que le lithographe veuille en faire des reproches à l'ouvrier, celui-ci a toujours une excuse toute prête : c'est la faute de l'apprenti qui aurait dû l'avertir que les épreuves ne venaient pas bien. Si alors on veut s'en prendre à ce dernier, il ne manque pas de répondre que ce n'est pas lui qui encre les pierres, et qu'il ne peut pas être responsable de la défectuosité du tirage. Ces presses à deux ouvriers présentent un autre inconvénient; c'est que lorsque l'un des ouvriers manque, l'autre est obligé de rester oisif. Ces différens motifs m'ont déterminé depuis longtemps à supprimer toutes nos presses à deux ouvriers, pour les remplacer par d'autres qui n'exigent qu'un seul imprimeur. Celui-ci ne peut jamais charger un autre de la responsabilité qui pèse seule sur lui, et il sait bien que c'est à lui seul qu'on s'en prendra, si l'ouvrage est mauvais. Aussi nos ateliers ont-ils beaucoup gagné en perfection depuis cette époque. Les lithographes français paraissent partager cette opinion, car presque tous se servent exclusivement de presses à un seul ouvrier.

On sait que nous sommes malheureusement dans le siècle des pompeuses annonces. Il n'est pas de miracle industriel qu'on ne nous promette par la voie des prospectus, et la Lithographie a eu sa part dans ces déceptions aujourd'hui si communes. Plus d'une fois on nous a promis des presses qui fourniraient dans le même temps des tirages doubles ou même triples de ceux que nous obtenons des nôtres. Il suffit d'un calcul bien simple, pour montrer le vide de semblables prétentions, et pour rendre ce calcul plus concluant, je le ferai dans l'hypothèse la plus favorable à ceux qui font sonner si haut le mouvement redoublé de leurs presses; c'est-à-dire que je prendrai pour exemple une petite pierre dessinée à l'encre, et sur laquelle il suffit de passer le rouleau trois fois pour l'encrer. Dans ce cas il faudra à l'imprimeur qui travaille sur une presse à moulinet :

Pour humecter la pierre.	3	secondes.
Pour encrer.	12	id.
Pour poser le papier et la maculature. . . .	4	id.
Tirage.	14	id.
pour enlever l'épreuve et la poser à sa place. .	3	id.
Total.	36	secondes.

Ainsi 22 secondes sont employées à l'encrage et autres opérations indépendantes de la perfection de la presse. Si un imprimeur parvient à abréger ce temps, ce ne sera que par suite de son adresse personnelle, et indépendamment de la machine avec laquelle il opère. Ce n'est donc que sur les 14 secondes qui s'écoulent pendant le tirage proprement dit, et formant un peu plus du tiers de l'opération totale, qu'on pourra faire une économie par une presse perfectionnée; et en supposant qu'on ait réellement réduit de moitié ce temps du tirage, ce sera une économie de 7 secondes sur 36; c'est-à-dire qu'au lieu de 36 secondes, on n'en mettra que 29. Ainsi, pendant qu'on tirerait 100 épreuves avec les presses ordinaires, celle que nous examinons en fournirait 124. Voilà donc le chiffre maximum auquel on parviendra, en supposant les presses aussi parfaites qu'on veut bien le dire : cela ne valait pas, comme on voit, tout le fracas des annonces. Je sais bien qu'avec un ouvrier très-habile, à qui on fera faire un vrai tour de force pendant une ou deux heures devant des personnes étrangères à la Lithographie, on pourra faire croire à toutes les merveilles de la machine. Mais ce n'est pas un homme du métier qu'on trompera par ce grossier moyen. Celui-ci saura bien distinguer un travail courant d'un simple travail de parade, qu'aucun ouvrier ne pourrait soutenir seulement pendant un jour entier.

D'autres fois, en annonçant qu'une presse fournit deux fois autant d'épreuves qu'une autre, on oublie d'ajouter qu'on y emploie deux ouvriers au lieu d'un, et que même on ne la compare qu'à une mauvaise presse, mise en mouvement par un ouvrier maladroit ou paresseux.

Quant au tirage des dessins au crayon, l'encrage prendra un temps qu'il n'est presque pas possible de déterminer, mais qui est bien plus long que pour les pierres à l'encre; de sorte que le mouvement de la presse n'apportera jamais ici une économie bien sensible.

DES QUALITÉS QUE DOIT AVOIR UNE BONNE PRESSE.

Avant de passer à la description des différentes presses dont on fait usage, il convient de rechercher d'abord quelles sont les conditions qu'on doit exiger dans un bon appareil de ce genre. Nous pourrons ensuite, en parlant de chacune d'elles en particulier, examiner jusqu'à quel point elle répond à ces conditions.

1° Une presse doit être d'une construction solide, afin de fournir un travail continu sans se déranger. Elle doit pouvoir résister à la plus forte pression, sans qu'aucune de ses parties en souffre. Son mouvement doit être combiné de manière que l'ouvrier puisse opérer le tirage, sans faire un effort trop grand, afin de ne pas se fatiguer inutilement.

2° Elle doit être disposée de manière que tous les mouvemens de l'imprimeur soient libres; que tout ce dont il a besoin se trouve sous sa main, afin qu'il puisse, sans se déranger, effectuer les différentes opérations du tirage. Un seul pas de trop fait à chaque tirage, occasionne une perte sensible au bout de l'année. L'imprimeur doit pouvoir se placer le plus près possible de la planche, afin de n'avoir pas besoin d'étendre beaucoup les bras pour l'encrage; ce qui le fatiguerait inutilement et ralentirait le travail.

3° Elle doit occuper le moins de place possible.

4° Le fond du chariot, ou plancher qui supporte la pierre, et le cylindre sur lequel roule le chariot, doivent être parfaitement dressés, afin de ne point exposer la pierre à se rompre; ce qui ne manquerait pas d'arriver, si elle ne portait pas bien également partout.

5° Le cadre sur lequel le cuir est tendu (aux presses qui ont un tympan) doit être assez solide pour permettre de tendre ce cuir fortement, afin d'éviter les bavochures. Les charnières sur lesquelles se meut le châssis seront établies d'une manière ferme; car si elles venaient à céder à l'effort du rateau pendant qu'on tire les épreuves, le cuir en avançant, frotterait sur le papier et pourrait, en le dérangeant, occasionner des bavochures, qu'on doit éviter avec soin. Les cuirs doivent être partout d'une épaisseur bien égale, et ne présenter aucun défaut; ils doivent être fermes et s'étendre le moins possible par la traction; condition de rigueur pour qu'ils restent toujours bien tendus. Après avoir appliqué un cuir neuf sur le châssis, il est prudent de placer dans la presse une pierre aussi grande que possible, sur laquelle on rabat ce cuir. On le graisse alors avec du saindoux, du côté où frotte le rateau, et qui doit être celui qui touchait la chair de l'animal; l'épiderme étant tourné du côté de l'épreuve. On le passe à plusieurs reprises sous le rateau, dans toute sa longueur, en augmentant successivement la pression. Chaque fois que le rateau arrive au bout de sa course, le cuir s'est un peu allongé, et il faut alors serrer les écrous de tension. De cette manière, le cuir se trouve également comprimé partout, et si on l'emploie au tirage d'une petite pierre, celle-ci y laisse moins de marque que si on n'avait pas pris préalablement cette précaution. Il est prudent d'avoir des châssis de rechange de différentes dimensions, afin de réserver de bons cuirs neufs pour les grandes planches, et d'en avoir uniquement destinés au tirage des petites planches. On consacrera aux travaux ordinaires les cuirs gâtés par un long usage.

6° Le rateau doit être pris entre deux fortes joues de bois, ou mieux encore de fer. Ces joues descendront aussi bas que possible, afin de l'empêcher de casser par l'effort latéral qu'exerce le cuir en passant dessus, sous une forte pression. On choisira pour le faire un bois très-doux, afin qu'il puisse se dresser facilementet présenter un tranchant bien net. Le bois de poirier, vieux, mérite la pré-férence sur tous les autres.

La Société d'encouragement avait proposé en 1826 un prix de 2400 francs pour la construction d'une bonne presse à laquelle une puissance mécanique pourrait être appliquée. En 1828, elle accorda 400 francs d'encouragement à M. Brisset, pour une presse que ce constructeur avait présentée; mais dont on n'a pas publié la description. En même temps, elle vota 1200 francs d'encouragement à M. François jeune, de Troyes, pour une presse de son invention. En 1830, elle décerna le prix de 2400 francs à M. François jeune, de Troyes, et à moi une médaille d'or, pour une nouvelle presse en fer. On trouvera la description de ces deux presses parmi celles qui suivent.

J'ai réuni dans ce chapitre tout ce qui, sous le rapport des presses lithographiques, est parvenu à ma connaissance, et m'a paru digne d'intérêt. Afin de mieux comparer entre elles les presses dont je donne la description, je les ai toutes dessinées sur la même échelle; ce qui permet de juger immédiatement de leur volume relatif. Ne m'adressant qu'à des lithographes, et non à des constructeurs de machines, il m'a paru plus utile de présenter des dessins en perspective, que des dessins géométraux, dont tout le monde n'a pas l'habitude. Ainsi on jugera mieux de l'ensemble de chaque appareil. Puisse cette collection de la majeure partie des presses lithographiques en usage, mise sous les yeux de quelque lithographe ou mécanicien habile, l'amener à en construire une qui réunirait tout ce que chacun de ces modèles peut présenter de mieux.

PRESSES A DEUX OUVRIERS.

Presse à montant brisé, inventée par Senefelder.

Cette presse connue généralement sous le nom de *presse-gibet* (Galgen-Presse), a succédé immédiatement à la presse à rouleaux dont Senefelder s'était servi pour ses premiers essais; elle est donc la plus ancienne, et a été employée jusqu'à ce que M. le professeur Mitterer eût inventé la presse à levier et à moulinet.

Construction.

Elle se compose d'un bâtis A (*Pl.* VI), qui supporte la table B. Sur cette table est fixé un châssis C, dans lequel on place la pierre, recouvert d'un autre châssis D, qui y est fixé au moyen de deux charnières qui permettent de l'exhausser et de l'abaisser, suivant l'épaisseur de la pierre. Les deux vis E, E, placées au côté opposé aux charnières, servent également à le fixer à la hauteur convenable pour que le cuir ne touche pas la pierre. Lorsque ce châssis est ouvert, il vient s'appliquer sur la pièce F. G, cuir qui y est fixé par un barreau de fer serré par les boulons H, H, H, H, H, et tendu par les vis I, I, I, I, I. K, montant dans lequel est assujetti le rateau L, par le boulon M; ce montant a une brisure en N, qui forme une espèce de genou et permet de ployer le rateau en arrière pour le placer sur la pierre. On redresse alors le genou en poussant le montant; ce qui donne déjà un petit commencement de pression.

A sa partie supérieure le montant K est fixé à la planche O, par une double charnière qui lui permet un mouvement en arrière et en avant, pour faire le tirage, et un autre mouvement latéral, pour l'accrocher contre la pièce P, ainsi qu'on le voit par les lignes ponctuées, pendant qu'on encre la pierre. La planche O doit être d'un bois dur et en même temps élastique, du noyer par exemple; afin de faire ressort, tant pour relever et supporter le montant porte-rateau, et tout l'ajustage qui sert à faire la pression, que pour compenser l'arc de cercle que décrit le rateau en passant sur la pierre pour opérer la pression. Cette planche est fixée à la partie supérieure du bâtis par les vis X, X, et soutenue à l'une de ses extrémités par le tasseau Q, afin que l'autre se relève d'elle-même lorsqu'on cesse d'appuyer sur la pédale. R, pédale, réunie au levier S par la tige en fer T, percée de plusieurs trous afin de pouvoir augmenter ou diminuer la pression. Le levier S tourne autour du boulon U; il porte dans son milieu une mortaise que traverse la barre de fer V, qui réunit ce levier à la planche O.

Mouvement.

Cette presse exige deux ouvriers, l'un placé du côté où se trouve la pédale, et l'autre vis à vis de lui. Ce dernier est l'imprimeur proprement dit: c'est lui qui encre la pierre. L'aide pose le papier, l'imprimeur ferme alors le châssis D; l'aide saisit le montant K, courbe le genou N, et place le rateau sur la pierre recouverte du châssis, du côté de l'imprimeur; il marche alors sur la pédale pour donner la pression, il saisit la traverse cylindrique W, des deux mains, et tire à lui le rateau, tandis que l'imprimeur le pousse, également des deux mains. Aussitôt que le rateau est parvenu à l'autre extrémité de la pierre, l'aide abandonne la pédale, qui se relève; il tire à lui le genou N, pour le courber et remet le rateau derrière la pièce P. L'imprimeur ouvre le châssis, et pendant qu'il promène le rouleau sur la pierre à l'encre pour le charger, l'aide enlève l'épreuve et humecte la pierre.

Observations.

Tous ces mouvemens s'exécutent facilement et promptement, puisque tout se trouve sous la main des imprimeurs et que la manœuvre est répartie de telle sorte qu'elle se partage également entre les ouvriers, et que tous deux sont constamment occupés. De là naît une grande promptitude dans le tirage, qui peut être évalué de 1000 à 1500 épreuves par jour d'une pierre, de 15 à 18 pouces. C'est cette promptitude dans le tirage qui a décidé beaucoup d'imprimeurs de l'Allemagne à conserver cette presse malgré ses défauts.

D'abord, à mes yeux, c'est déjà un défaut à une presse que d'exiger deux ouvriers, ainsi que je l'ai démontré dans les notions générales qui précèdent ces descriptions. Celle-ci présente en outre cet autre inconvénient, qu'on ne peut y imprimer que des planches qui n'exigent pas une forte pression; car, si on serrait fortement les leviers, le frottement du rateau deviendrait si dur que les imprimeurs ne pourraient plus le pousser. Déjà même, sous une pression moyenne, son mouvement exige un effort assez grand, et le travail est très-fatigant. En outre, le coup que donne le mouvement de l'ouvrier pour briser le genou du montant, après l'épreuve tirée, fait un bruit fort désagréable, et si plusieurs de ces presses travaillent dans le même atelier, on ne peut plus s'entendre parler. Elle prend beaucoup de place en hauteur et ne pourrait être employée dans un atelier qui ne serait pas très-élevé. Elle doit être étançonnée au plafond; ce qui communique la trépidation et le bruit de son mouvement à l'étage supérieur.

Je donne donc la description de cette presse plutôt comme pièce historique que comme un modèle à imiter.

PRESSE ACCÉLÉRÉE,

De M. Trentsensky à Vienne.

M. Trentsensky ayant un grand nombre d'étiquettes pour tabacs à imprimer, et ces étiquettes devant être livrées à très-bas prix, sans qu'on exigeât aucune perfection pour leur exécution, fit construire la presse suivante, qui convenait assez bien à ce genre de travail.

Construction.

A (*Pl.* VII), bâtis de la presse; B, pierre posant sur une table fixe; C, châssis sur lequel se trouve tendu un cuir garni d'un drap, du côté qui touche la pierre; D, rouleau de pression qui remplace le rateau; il est en fer et surmonté de la caisse E, remplie de matières lourdes (M. Trentsensky y met des boulets de canon réformés), du poids d'environ 12 quintaux. Lorsque cette caisse est en repos, elle est supportée par trois galets F, F, F, roulant sur des chemins de fer. Ceux qui supportent les deux galets de devant, se terminent en pente du côté de la pierre; de sorte que, lorsque les galets sont parvenus à peu près à la moitié de cette pente, ils cessent de supporter la charge. Celle-ci pèse alors de tout son poids sur le cylindre D, qui a atteint en ce moment le point de la pierre où la pression doit commencer; G, G, poignées qui servent à mouvoir la caisse E.

Manœuvre.

Cette presse est faite pour deux ouvriers. Lorsque la pierre est encrée, le papier posé, et le châssis fermé, chacun d'eux saisit la caisse par une de ses poignées et la fait rouler sur la pierre, en la repoussant immédiatement à sa place.

Observations.

Le mouvement de cette presse est prompt et facile, puisqu'une partie a lieu sur les chemins de fer, et fatigue très-peu les ouvriers. La pression du rouleau n'est pas très-forte, et cependant, surtout parcequ'il passe deux fois, elle est suffisante pour des ouvrages peu délicats. L'emploi de ce rouleau est préférable aussi pour des tirages sur papier de mauvaise qualité, rempli de sable, nœuds et autres impuretés, qui nécessiteraient à chaque instant le dressage du rateau. Je pense que pour des ouvrages très-communs, elle pourrait bien mériter la préférence sur des machines plus précises, mais aussi plus sujettes à se détériorer par l'imperfection du papier employé.

PRESSE DE M. SCHLICHT A MANNHEIM.

Construction.

A, A, A, A (*Pl.* VIII), pieds de la presse sur lesquels sont fixées les jumelles B, B, portant les montans C, C, destinés à soutenir la traverse D. E, vis de pression, qui passe dans un écrou de forme conique renversée, enfoncé dans la traverse D; elle est à triple filet, afin qu'un demi-tour suffise pour donner la pression. Sa partie supérieure est de forme hexagone et s'ajuste dans le levier F. Cette disposition permet à l'imprimeur de placer aisément le levier à portée de sa main, après avoir réglé la hauteur convenable de la vis, suivant l'épaisseur des pierres. L'extrémité inférieure de cette vis se meut dans une crapaudine placée dans l'épaisseur du porte-rateau G, et y est maintenue par deux bandes de fer *b*, *b*, qui s'ajustent dans un collet entaillé dans la vis, afin que le porte-rateau remonte avec elle. Ce porte-rateau est mobile dans les coulisses H, pratiquées dans les montans C, C; le rateau I, y est fixé au moyen du boulon K.

L, chariot, dont les deux extrémités portent les galets M, M (indiqués par des lignes ponctuées, puisqu'ils sont dans l'intérieur de la presse), qui roulent sur la pièce N, et le soutiennent lorsqu'il n'est plus porté par le grand cylindre, afin de l'empêcher de basculer. O, châssis ou tympan; il est réuni au chariot par deux charnières qui permettent de le monter ou de le descendre, suivant l'épaisseur des pierres. Il se compose de trois côtés en bois P, P, P, et d'un quatrième en fer Q, de la même largeur que ceux en bois; mais n'ayant que trois lignes d'épaisseur, afin de pouvoir passer sous le rateau sans qu'on ait besoin de le lever beaucoup. Le cuir est cousu autour de cette traverse et tendu à l'autre bout par deux vis R, R, qui s'accrochent dans une tringle passée dans un ourlet. Comme le bout des vis gênerait le mouvement du châssis, s'ils le dépassaient extérieurement, M. Schlicht en a placé les écrous à l'intérieur; ils portent une gorge et sont retenus par des plaques de fer vissées sur le cadre.

Lorsque le châssis est ouvert, il vient se poser sur une croix en fonte S, qui porte au milieu de ses branches une coulisse destinée à recevoir les boulons T, T, servant à y fixer des plaques de fer dont la forme est celle de fers à cheval, et qui portent les pointes *d*, *d*, traversant le cuir. Ces pointes sont destinées à recevoir les feuilles de papier, lorsqu'on veut les imprimer des deux côtés; le cadre U, sur lequel sont tendus de petits rubans V, V, se rabat ensuite sur la feuille, pour la maintenir à sa place, pendant qu'on ferme le châssis.

Au milieu de la presse se trouve un gros rouleau en bois (indiqué par des lignes ponctuées). Le chariot y est attaché par une sangle logée dans une rainure pratiquée sous le milieu de son fond; il est soutenu par deux coussinets qui reposent sur les pièces W, fixées dans les pieds A. Par l'effort de la pression, ces pièces se courbent du haut en bas et celles B, du bas en haut; ce qui donne à la pression l'élasticité convenable pour être constante, malgré quelques inégalités qui pourraient se trouver dans la pierre.

Le cylindre en bois est traversé par un axe en fer, qui porte à son extrémité une plaque de fonte Y, en forme d'étoile à neuf branches sur lesquelles sont fixées autant de tiges en bois, qui forment le moulinet.

Le point où on doit abaisser le rateau pour opérer le commencement de la pression, est indiqué par une marque que les imprimeurs font à la craie blanche, sur le châssis; le point où elle doit s'arrêter est fixé par la vis X, contre laquelle le chariot vient butter.

Manœuvre.

Cette presse ne peut être manœuvrée que par deux ouvriers, ordinairement un imprimeur et un aide; ce dernier est placé du côté du moulinet et le premier vis à vis de lui. L'aide humecte la pierre, l'imprimeur l'encre, et pendant ce temps, l'aide place la feuille de papier sur le tympan : il rabat le petit cadre U, ensuite il ferme le châssis; alors l'imprimeur saisit le levier F, et tourne la vis de droite à gauche pour faire lever le rateau, et laisser passage au chariot. L'aide saisit le moulinet des deux mains et le tourne pour faire avancer le chariot jusqu'à la marque qui indique le point où la pression doit commencer; alors l'imprimeur tourne le levier pour serrer la vis de pression, et le maintient dans cette position, pendant que l'aide continue à faire tourner le moulinet. Au moment où le chariot vient butter contre la vis X, l'imprimeur relève la vis, et l'aide fait revenir le chariot à sa place, en tournant le moulinet en sens inverse. Le frottement seul du chariot sur le rouleau suffit pour lui imprimer ce mouvement.

Observations.

La principale différence de cette presse avec toutes les autres, consiste dans la substitution d'une vis de pression à la pédale. Ce changement peut-il être regardé comme un perfectionnement? Je ne le crois pas.

1° Il n'en résulte point d'économie de temps, car il est plus long de tourner trois fois la vis à chaque épreuve, que de placer le pied sur la pédale. Ce dernier mouvement a de plus l'avantage de laisser les mains libres pour tourner le moulinet, tandis qu'à cette presse l'imprimeur est obligé de tenir le levier F pendant toute la durée de la pression, afin que la vis ne remonte pas toute seule; ce qui ne manquerait pas d'arriver si elle était abandonnée à elle-même, puisqu'elle a un pas de vis très-incliné.

2° On perd plutôt qu'on ne gagne du côté de la force. Quoiqu'on ne puisse que difficilement calculer l'effet produit par une vis, parce que son frottement augmente considérablement avec l'effort qu'elle fait, et détruit une grande partie de la force employée, je doute qu'un homme puisse produire, avec un levier d'un pied de long, sur une vis de 2 pouces de diamètre et à triple filet, une pression de plus de 5 à 6 quintaux, qui suffit à peine pour des planches ordinaires à la plume, de moyenne dimension; tandis qu'il est constant que, pour des ouvrages soignés ou de grandes planches, il faut une pression de 15 à 25 quintaux et même jusqu'à 40 et plus pour des pierres gravées. Cependant il est certain que, sous une pression de 10 à 15 quintaux seulement, un homme ne serait plus capable de tourner la vis de M. Schlicht: cette presse ne peut donc servir que pour des ouvrages ordinaires, exigeant peu de pression.

En général, sa construction n'est pas assez solide pour soutenir une forte pression. La traverse D n'étant tenue que par deux boulons, céderait bientôt à un effort considérable; les mortaises par lesquelles les montans C sont fixés sur les pièces B, ne résisteraient pas non plus longtemps à une forte charge.

La marque à la craie est un mauvais moyen pour déterminer le commencement de la pression; la moindre distraction des imprimeurs leur fera poser le rateau à côté de la pierre, si la marge du dessin est petite; ou ils commenceront la pression trop tard, et une partie de l'épreuve ne sera pas rendue. M. Schlicht devrait chercher à corriger ce défaut en établissant à sa presse un butoir mobile, dans le genre de celui de M. Naumann.

Ce que je trouve de plus ingénieux à la presse de M. Schlicht, c'est son systême de pointes, qui permet à l'aide de poser la feuille de papier sur le tympan pendant que l'imprimeur encre la pierre: c'est un mouvement de gagné et un moyen de précision pour les retirages. Quoique l'idée des pointures n'appartienne pas à M. Schlicht, d'autres lithographes les ayant employées avant lui, je trouve le moyen dont il les a appliquées, ingénieux et commode, et c'est la seule partie de sa presse que je crois digne d'imitation. Cependant on fait à ces pointes le reproche de trouer le cuir; car comme il s'allonge toujours un peu, on est obligé de le tendre de temps en temps, et alors la pointe fait à côté du premier un second trou qui se réunit bientôt à lui, et il se forme ainsi des ouvertures oblongues, qui nuisent au tirage et exigent, si on n'y prend garde, le remplacement du cuir.

PRESSE DE M. NAUMANN A FRANCFORT.

Construction

A (*Pl.* IX), bâtis de la presse; B, chariot; C, châssis ou tympan, mobile autour des charnières D, D, qui peuvent se monter ou descendre suivant l'épaisseur des pierres, et maintenu dans sa position inclinée, lorsqu'il est ouvert, par les prolongemens E, E, des deux côtés du châssis, qui viennent s'appuyer contre le chariot pour l'empêcher de tomber en arrière. F, cylindre en fer qui remplit en même temps les fonctions de point de résistance à la pression, et de moteur par rapport au chariot. A cet effet, il est garni à chacune de ses extrémités d'une roue dentée qui engrène dans des crémaillères en fer, placées des deux côtés sous le chariot, au moment où celui-ci est amené sous le rateau, et où la pression le fait descendre sur le cylindre. G, G, petits rouleaux en bois qui servent à soutenir le chariot. Leurs axes reposent sur un châssis intérieur H, mobile, qui est soutenu aux quatre coins de la presse par des ressorts I, assez forts pour supporter le poids de la pierre et du chariot; mais cédant à la pression du rateau. Par cette disposition le chariot, supporté par ces petits rouleaux, passe sur le cylindre du milieu sans le toucher, lorsqu'on l'amène sous le rateau, et lorsqu'on le fait revenir à sa place après que la pression est achevée. Il n'engrène avec les roues à dents qu'autant que dure la pression.

K, butoir qui est destiné à arrêter le chariot, au point où la pression doit commencer. Ce butoir est supporté par un ressort en communication avec le petit levier L, qui dépasse le bâtis de la presse. Il se trouve abaissé par les leviers de pression et entraîne avec lui le mentonnet, afin que le chariot puisse passer par dessus, une fois la pression opérée. Celui-ci continue alors sa course jusqu'à ce qu'il se trouve arrêté par un second butoir M, fixé sur le bâtis de la presse, et qui détermine la fin de la course. Ces deux pièces ont dans le milieu une coulisse qui permet de changer leur position au moyen des vis N, N, de manière à régler avec la plus grande exactitude la longueur de la course du chariot, suivant celle du dessin à imprimer. O, manivelle fixée sur l'axe du cylindre F. Il y en a une pareille à son autre extrémité : elles servent à faire avancer le chariot par le mouvement de rotation qu'elles impriment au cylindre. P, porte-rateau composé de deux joues en fer entre lesquelles le rateau est maintenu. La pression est réglée par la vis Q, appuyée sur le ressort R qui, à son tour, presse sur le rateau. Comme toutes les pièces qui produisent et soutiennent la pression sont fixes, ce ressort est devenu nécessaire pour donner un peu d'élasticité à la pression.

Le porte-rateau est à coulisse dans les montans en fonte X, et fixé au moyen des tourrillons Y, aux pièces S, S. Celles-ci sont liées par leur extrémité inférieure aux leviers T, T, mobiles autour du boulon U. Lorsque ces leviers se trouvent dans une position verticale, le porte-rateau est arrivé au point le plus élevé, et il suffit de les abaisser dans la position T′, pour que la pression s'opère.

La réunion de ces deux pièces forme un système de leviers qui, agissant par un mouvement circulaire, atteint son maximum de force au moment où il arrive à la fin de sa course, et donne alors une très-forte pression sans exiger un grand effort (1). L'impression terminée, on relève les leviers T, T, qui sont maintenus dans cette position par un contre-poids, placé dans l'intérieur de la presse.

Manœuvre.

L'imprimeur est placé en V et l'aide vis à vis de lui en W. Lorsque la pierre est encrée et le papier placé, l'imprimeur ferme le châssis, le saisit de la main droite et l'aide de la main-gauche, et ils le poussent sous le rateau jusqu'au point où il se trouve arrêté par le mentonnet K. Alors l'imprimeur saisit le levier T de la main gauche, et l'aide celui qui est de son côté de la main droite, et ils les abaissent jusqu'à la position T'. Ensuite ils prennent chacun une manivelle des deux mains, et la tournent rapidement. Arrivés au bout de la course, ils relèvent les leviers et, saisissant chacun le chariot d'une main, le ramènent à sa place, pour recommencer une nouvelle épreuve.

---

(1) Beaucoup de mes lecteurs, peu familiers avec les principes de la mécanique, ne comprendront peut-être pas pourquoi ce levier gagne considérablement de force en approchant du terme de sa course. Une courte explication des principes sur lesquels repose ce système de leviers, si souvent employé aujourd'hui sous mille formes et dispositions diverses, surtout dans les presses typographiques, pourra, je pense, leur être agréable.

La ligne *a b c* (*Planche* IX, *Fig.* 2), figure le levier T, tournant autour de l'axe *c*; la ligne *b d*, représente la pièce S fixée en *b*, au coude que forme le levier *a b c* et au rateau, par l'extrémité *d*. Pour rendre la progression de la force plus sensible, nous diviserons en six parties égales *e*, *f*, *g*, *h*, *i*, *k*, le quart de cercle que parcourt le levier *a b c*. Si on fait franchir à ce levier la première distance *a e*, l'extrémité supérieure de la pièce *b d*, baissera de la distance comprise entre les lignes *l*, *m*, qui est à peu près le 7e de la distance parcourue par l'extrémité du levier: par conséquent la force produite sur le rateau équivaudrait à environ 7 fois la force employée. Ainsi,

Pour l'arc décrit	*a e*,	la pièce *b d* aura baissé de	*l*, *m*,	équivalant au	7[e]	du chemin décrit par l'extrémité du levier.
Id.	*e f*,	id.	*m*, *n*,	id.	8[e]	id.
Id.	*f g*,	id.	*n*, *o*,	id.	10[e]	id.
Id.	*g h*,	id.	*o*, *p*,	id.	12[e]	id.
Id.	*h i*,	d.	*p*, *q*,	id.	28[e]	id.
Id.	*i k*,	id.	*q*, *r*,	id.	50[e]	id.

On voit donc que pendant que l'extrémité du levier a parcouru la dernière distance *i k*, l'extrémité supérieure de la pièce *b d* n'a avancé que de la petite distance *q r*; de sorte que, si, en faisant décrire au levier le premier arc *a e*, on n'a produit qu'environ 7 fois la force employée, ce levier, en parcourant la dernière distance *i k*, rendra sur le rateau 50 fois la puissance.

Observations.

Le mouvement de cette presse est prompt et commode. Elle est d'une construction solide, propre à résister à toutes les pressions. Le système de leviers adopté par M. Naumann est celui qui, avec le moins d'effort, donne le plus grand résultat. Il est bien préférable à la vis de M. Schlicht, en ce qu'il est plus prompt à mouvoir, qu'on ne perd que très-peu de force par le frottement, qu'il donne une plus forte pression, et qu'on n'est pas obligé de tenir les leviers pendant qu'on fait le tirage, puisqu'ils restent en place par suite de leur forme même.

Le mouvement des manivelles est plus expéditif que celui d'un moulinet; mais il est fatigant, et je crois ce dernier préférable, surtout s'il s'agissait de tirer de grandes pierres, sous une forte pression.

Un autre reproche que je ferai à la presse de M. Naumann, c'est le grand nombre de ressorts qui entrent dans sa construction. Les ressorts sont fort difficiles à faire de manière qu'ils aient l'élasticité convenable sans être cassans. Celui qui soutient le rateau, et qui doit être très-fort, est surtout une pièce bien difficile à réussir; et je crois que si M. Naumann plaçait les coussinets de son cylindre sur de longues pièces de bois, comme le fait M. Schlicht, il éviterait ce ressort et obtiendrait une élasticité plus complète. Il serait peut-être aussi possible d'éviter ceux qui soutiennent la bâtis H. Si, au lieu de faire descendre le rateau sur la pierre, M. Naumann faisait remonter le rouleau, pour donner la pression du bas en haut, tous les supports du chariot resteraient alors, fixes et rouleau le seul serait mobile. Ces perfectionnemens ne sont cependant qu'accessoires, et lorsqu'on a réussi à faire de bons ressorts, leur emploi ne présente pas de grands inconvéniens. Je me rangerai donc volontiers de l'avis d'un grand nombre de lithographes de l'Allemagne, qui considèrent la presse de M. Naumann comme la meilleure de celles à deux ouvriers.

PRESSE A BASCULE.

Construction.

A *(Pl. x)*, bâtis de la presse. B, B, montans fixés solidement au milieu du bâtis, et portant à leur partie supérieure une bascule C, C, qui tourne autour des boulons D. A l'une des extrémités de cette bascule est fixé le porte-rateau E: le rateau y est maintenu par la pression latérale du ressort F *(Fig. 2)*, logé dans une cavité G (*Fig.* 3); de sorte qu'il suffit de le tirer à soi pour l'enlever, et de le pousser dans l'entaille pour qu'il s'y maintienne. Au-dessus du rateau se trouve la pièce H (*Fig.* 3 *et* 4). Elle a à sa partie supérieure une saillie I, logée dans une entaille qui lui permet de se mouvoir de haut en bas; mais qui l'empêche de tomber. Cette pièce sert d'intermédiaire entre le rateau et la vis K, destinée à régler la force de la pression. Son écrou L passe dans une bride de fer plat M, dont le porte-rateau est armé pour consolider la partie qui opère la pression.

A l'autre extrémité de la bascule se trouvent les contre-poids N, N, destinés à la tenir dans une position à peu près horizontale C', C', dans laquelle elle est maintenue par les crochets O, O, pendant qu'on encre la pierre.

Q, chariot qui reçoit la pierre. Il est supporté par le rouleau R, placé sur le pied des montans B, et par deux petits rouleaux S, S. Le châssis ou tympan T est en fer, et porte à l'une de ses extrémités un cylindre U (*Fig.* 5), autour duquel est roulé le cuir. Ses deux extrémités sont carrées, ce qui lui permet de recevoir des clefs qui servent à le tourner avec force, pour tendre le cuir. Il est retenu par les rochets V, V, qui empêchent le cuir de se détendre. Ce cylindre est porté par les deux pièces X, X, qui peuvent être montées ou descendues, suivant l'épaisseur des pierres, et qui sont fixées à la place convenable par les vis Y, Y. A l'autre extrémité, le cuir est retenu entre les pièces Z, serrées par des boulons. Les vis *a*, *a*, supportent l'extrémité du tympan, et servent à en régler la hauteur.

b, moulinet monté sur l'arbre *c*, autour duquel s'enroulent les deux sangles *d*, *d*, qui passent sur les poulies *e*, *e*, fixées au chariot, et qui sont attachées par leurs autres extrémités aux crochets *f*, *f*. Par cette disposition, la force du moulinet est doublée, mais le mouvement qu'il imprime au chariot est de moitié plus lent. A l'extrémité opposée du chariot, se trouve un piton *g* auquel est attachée la corde *h*, qui passe sur la poulie *i*, et va s'enrouler au milieu de l'arbre *c*, entre les deux sangles et en sens inverse de celles-ci. Cette corde sert à ramener le chariot à sa place, lorsqu'on tourne le moulinet en sens opposé. Dans les autres presses ce sont des poids qui font revenir le chariot; mais ici ils n'étaient point applicables. Comme la pression du rateau subsiste dans toute sa force au moment où sa course est terminée, et que cette pression ne cesse que lorsque sa course rétrograde a commencé, l'effort d'un poids serait insuffisant pour produire ce premier mouvement, et il faut pour cela avoir recours au moulinet.

Manœuvre.

Lorsque la pierre est encrée, le papier posé et le châssis fermé, on abaisse la bascule de manière que le porte-rateau vienne s'appuyer contre la traverse P (*Fig.* 5). Elle se trouve ainsi dans la position C, et le rateau porte sur la pierre à l'endroit où la pression doit commencer. On fait alors agir le moulinet qui amène la bascule jusqu'à la position C″. La portion d'arc de cercle qu'elle décrit pendant cet intervalle, opère la pression; et lorsque le porte-rateau est arrivé avec le chariot jusqu'aux montans B, il est arrêté par ceux-ci, tandis que le châssis, continuant à être attiré par le moulinet, glisse sous le rateau, et le tirage s'opère. Lorsque le châssis est arrivé au bout de sa course, on tourne le moulinet en sens inverse, pour ramener le chariot à sa place, et on relève la bascule dans la position C′.

Observations.

Cette presse est bonne, et les personnes qui l'emploient en font un grand éloge. On y imprime ordinairement des ouvrages de grande dimension, et qui exigent une forte pression. Je lui reproche d'occuper trop de place et d'exiger un atelier élevé; d'avoir des mouvemens trop lents, et de fournir une pression qui s'opère d'une manière trop directe et n'a pas assez d'élasticité. Enfin l'un des ouvriers étant obligé d'aller se placer du côté K du moulinet pour le tourner à chaque épreuve, fait ainsi une course inutile qui occasionne une grande perte de temps. Il est vrai que cette dernière disposition serait facile à changer.

PRESSES A UN OUVRIER.

Presse à levier inventée par le professeur Mitterer.

Cette presse est une des plus anciennes, son invention ayant suivi de près celle de la presse à barreau. M. Mitterer, qui s'est particulièrement occupé de la manière du crayon, et auquel on doit les premiers progrès de cette méthode, trouva que la presse à barreau n'avait pas une force suffisante, et il la remplaça par celle dont nous nous occupons à présent. Dans celle-ci le rateau, après être abattu sur la pierre, conserve une position fixe; tandis que la pierre est placée dans une espèce de chariot qui roule sur un fort cylindre, mu par une courroie qui s'enroule sur l'arbre d'un moulinet, lorsqu'il s'agit de tirer des planches d'une grande dimension. Ce moulinet est remplacé par un levier, pour le tirage des petites pierres. C'est cette dernière disposition, que je vais décrire. Quant à la presse à moulinet, il serait inutile d'en donner la description telle qu'elle a été construite dans le temps par M. le professeur Mitterer. On la trouvera à la fin de ce chapitre avec les modifications qu'elle a subies depuis son invention, et telle qu'on la construit maintenant. Son ensemble est le même; seulement on a apporté de grands perfectionnemens dans ses diverses parties: ce qui a beaucoup ajouté à sa solidité et à sa précision.

Construction.

A (*Pl.* XI), bâtis de la presse. B, cylindre de bois portant un axe en fer, et destiné à soutenir le chariot C. D, châssis ou tympan. E, cadre léger servant à retenir la feuille de papier qu'on pose sur le cuir du tympan, au moyen des fils F, tendus sur ce châssis. Cette disposition est avantageuse lorsque deux ouvriers travaillent à cette presse, puisqu'elle permet à l'aide de placer la feuille de papier sur le tympan, pendant que l'imprimeur encre la pierre. G, sangle fixée par une de ses extrémités au chariot C, et s'enroulant par l'autre sur un galet H, fixé sur l'arbre I. Cet arbre, qui passe dans les jumelles K, K, porte à l'une de ses extrémités le levier L. Un levier pareil est fixé à l'extrémité opposée, lorsque la presse est destinée à deux ouvriers. Ce levier doit être disposé de manière que la course du chariot soit terminée au moment où il atteint la position verticale, que, dans aucun cas, il ne doit pas dépasser de beaucoup; sans quoi le mouvement à faire par l'imprimeur serait trop grand et trop fatigant. M, bascule fixée sur l'arbre N qui tourne dans les deux montans O, O. Cette bascule porte le rateau P, et à l'extrémité opposée se trouve le contre-poids Q, qui sert à la relever lorsqu'elle est abandonnée à elle-même. Quand on veut opérer la pression, on abat la bascule, et le rateau vient alors porter sur la pierre. L'extrémité R est saisie par le crochet S, qui traverse une mortaise pratiquée dans le levier T, et y est maintenu par un boulon. Ce levier T se meut autour du boulon Y, et est réuni à la pédale U, au moyen de la tige W, percée de plusieurs trous, pour augmenter ou diminuer la pression, à volonté. X, contre-poids destiné à relever le levier et la pédale, et à les maintenir dans cette position pendant l'encrage.

Observations.

Je ne donne cette presse que comme pièce historique et pour compléter autant que possible la série des différens systèmes. Le mouvement des leviers y est fatigant et peu commode. Elle a d'ailleurs l'inconvénient de n'offrir d'autre moyen de régler la pression, que l'espèce de crémaillère W qui réunit la pédale au levier T. Cette presse se ressent en général de l'enfance de la Lithographie. Plusieurs de celles dont je donnerai la description à la fin de ce chapitre, lui sont infiniment préférables.

PRESSE LITHOGRAPHIQUE,

inventée par M. de la Morinière, officier du génie maritime (1).

« Dans la plupart des presses lithographiques, la pierre, au lieu de rester fixe « sur le sommier, est placée sur un chariot qu'on fait avancer sous le rateau. « Cette disposition a plusieurs inconvéniens. En effet, quelque petite que soit « la saillie du rouleau portant le chariot au-dessus des coulisses, le bout de la « pierre du côté du moulinet se trouve toujours un peu soulevé au commen- « cement du tirage.

« Lorsque le rateau est au milieu de sa course, la pierre est à peu près hori- « zontale; mais à la fin de l'opération la partie soulevée porte, à son tour, sur « les coulisses, pendant que l'autre extrémité est parvenue sur le rouleau.

« M. de la Morinière, ayant remarqué que les oscillations de la pierre sous le « rateau, qui est parfaitement fixe, nuisaient à la netteté du tirage, la pression « n'étant pas égale sur tous les points de la surface et occasionnant souvent la « rupture des pierres, a eu l'idée de faire construire une presse exempte de ces « défauts.

« La pierre Q (*Pl.* XII, *fig.* 1) est immobile sur le sommier B, et le rateau F est « maintenu par un boulon comme à l'ordinaire; mais comme il doit parcourir « toute l'étendue du châssis C, quand il est rabattu sur la pierre, il est réuni à « un chariot très solide E, qui chemine le long d'une forte barre D, garnie de « fer, au moyen de lanières de cuir G, qui s'enroulent sur un moulinet H, muni « d'une manivelle I. Cette barre est disposée de manière que sa face inférieure, « qui appuye sur le chariot, est toujours parfaitement parallèle à la surface de la « pierre; elle se trouve solidement arrêtée à ses deux extrémités par deux « étriers J, K, sur lesquels appuyent deux leviers L, M, dont les bras les plus « longs sont abaissés par l'intermédiaire de deux bielles en fer O, O, fixées à la

---

(1) Extrait du bulletin de la Société d'encouragement, 25e année (1826), p. 301.

« pédale P. Comme on peut faire varier à volonté les points d'appui des leviers « L, M, sur les bielles N, N, et la longueur des bielles O, O, qui les font baisser, il est aisé d'approcher ou d'éloigner le rateau d'une quantité aussi petite « qu'on le désire.

« Quand on veut manœuvrer la presse, on commence par relever la barre et « le châssis garni de peau, dans la position indiquée par des lignes ponctuées. « Pour cet effet la barre tourne sur un boulon S de l'étrier postérieur K; elle est « aidée dans son mouvement ascensionnel par un contre-poids suspendu à une « corde F, passant sur une poulie attachée au plafond ou au mur de l'atelier. « Après avoir encré la pierre et l'avoir couverte de la feuille à imprimer, on rabat « à la fois le châssis et la barre, réunis l'un à l'autre par une petite corde *e*, et « on arrête la barre par un mentonnet *a*, fixé à l'étrier J. On donne alors la « pression en appuyant sur la pédale P; et, tournant la manivelle I du moulinet « H fixé au bout de la barre, on fait parcourir toute l'étendue de la pierre au « rateau.

« Une semblable presse, mais exécutée sur une plus grande échelle, est établie au ministère de la marine où elle sert à tirer des planches de plus d'un « mètre carré.

Construction.

« A (*Pl.* XII, *Fig.* 1), bâtis de la presse; B sommier; C, châssis garni de cuir sur « lequel passe le rateau; les bouts des tringles longitudinales sont taraudés et re- « çoivent des écrous, au moyen desquels on peut tendre le cuir; D, forte barre « de bois ferrée sur ses quatre faces, et qu'on abat sur le châssis; E, chariot qui « glisse le long de la barre et se trouve arrêté au bout de sa course par un petit « butoir; F, rateau; G, courroies ou sangles qui tirent le rateau; H, moulinet « sur lequel s'enroulent ces courroies; I, manivelle; J, J, étrier de devant qui « retient la barre D; K, K, étrier de derrière, sur lequel tourne la barre; L, le- « vier qui fait baisser cet étrier; M, autre levier qui tire l'étrier J, J; N, N, biel- « les percées de trous pour faire varier les points d'appui des leviers; O, O, O, « autres bielles pour régler le degré de pression; P, pédale sur laquelle l'ouvrier « appuye pour opérer la pression; Q, pierre posée sur la presse; *a*, *a*, menton- « net de l'étrier J, J; *b*, poulie sur laquelle passe une corde *c*, portant un « poids *d*, pour tenir la pédale élevée; *e*, corde qui réunit le châssis C à la barre « D; *f*, autre corde chargée d'un poids et destinée à tenir la barre D soulevée; « *g*, *g*, galets du chariot E; *i*, boulon qui réunit les bielles O, O, à la pédale;

« k, k, broches de fer qui déterminent sur les bielles précédentes le degré de « pression que l'on veut obtenir; m, trou percé dans la barre D et dans lequel « passe le mentonnet a; n, vis servant à régler la hauteur de la peau du châs- « sis au-dessus de la pierre; o, écrous pour tendre la peau ; y, butoir qu'on place « dans les trous de la barre D pour arrêter la course du chariot E, et la régler « suivant les dimensions de la pierre; il y en a un semblable du côté de la bar- « re: l'un et l'autre sont munis d'une vis pour obtenir le degré d'écartement né- « cessaire. »

Observations.

Cette presse occupe peu de place: elle est d'une construction simple, et d'un mouvement prompt et facile. Elle pourrait être utilement employée par de simples amateurs ou par des administrations qui ne font que des tirages peu importans; et aussi pour l'impression de planches à l'encre, exigeant peu de pression. Car je suis persuadé que sous un effort considérable et pour un tirage qui aurait lieu sur une grande pierre, le mouvement de la manivelle serait trop dur, surtout en arrivant vers la fin de la course, où l'arbre se trouverait considérablement grossi par plusieurs tours des deux sangles qui tirent le chariot. On pourrait facilement obvier à cet inconvénient, en remplaçant la manivelle par un moulinet; mais cette disposition rendrait la barre trop lourde et trop embarrassante à manier; d'autres causes encore s'opposeraient au tirage de grandes pierres, sous une forte pression. Le sommier n'étant soutenu qu'aux quatre coins, pourrait fléchir au milieu: ce qui entraînerait la rupture de la pierre; le même accident arriverait si le sommier venait à se déjeter. La barre elle-même, à moins de la faire très-lourde, doit fléchir un peu, et la pression être plus forte aux extrémités qu'au milieu. Tous ces inconvéniens n'ont point lieu sur les presses où la pierre, placée dans un chariot, passe sous le rateau. Les mouvemens sont alors parallèles et la pierre est soutenue immédiatement au-dessous de la pression du rateau par un gros rouleau qui forme un point d'appui parallele à la pierre. Quant aux oscillations du chariot d'une presse à moulinet, que M. de la Morinière redoute, elles sont nulles ou si douces, qu'elles ne peuvent avoir aucune influence sur les épreuves.

Le mécanisme pour hausser et baisser le rateau, et augmenter ou diminuer ainsi la pression, est trop compliqué. Il faut chaque fois déplacer quatre chevilles ou boulons, dont deux sont situés sous la presse et assez mal commodes à atteindre, On ne réussira jamais au premier coup à les placer parfaitement juste, et de manière que la pression soit convenable et uniforme d'un bout de la barre à l'autre. Ce ne sera qu'après plusieurs tâtonnemens, qui occasionnent une perte de temps, qu'on réussira à la régler comme il faut.

Je ne pense pas que cette presse pût durer longtemps sans réparations, si elle était placée dans un établissement où elle serait soumise à un travail continuel. Toutes les parties qui la composent ne me paraissent pas susceptibles de résister à un effort constamment répété. Les galets de petite dimension qui roulent le long de la barre et soutiennent tout l'effort de la pression, seraient surtout promptement usés. Ce n'est que comme système particulier que je donne cette presse et pour en compléter la série; mais, telle qu'elle est, je ne conseillerai à aucun établissement de l'employer.

PRESSE PORTATIVE D'ALOYS SENEFELDER.

A l'époque où Senefelder se rendit à Paris pour y fabriquer et vendre ses cartons lithographiques, il offrait en même temps au public une petite presse portative ayant la forme d'un nécessaire de voyage. Il avait annoncé que ce petit appareil serait d'une grande utilité aux maisons de commerce et aux voyageurs, pour multiplier, par le moyen de l'authographie, des circulaires, des avis, etc. Il en vendit un grand nombre; mais malheureusement pour ceux qui s'en procurèrent, ils ne purent s'en servir. Ce n'est pas qu'entre les mains d'un lithographe expérimenté, il n'eût été possible d'en obtenir de bonnes épreuves, en se servant toutefois d'une pierre au lieu de son carton; mais ces acheteurs n'étant pas généralement au fait des procédés lithographiques et n'ayant jamais acquis la pratique de cet art, se trouvèrent arrêtés à chaque instant par des incidens nouveaux auxquels ils ne savaient pas parer. Aussi cette presse se trouve-t-elle sans utilité aujourd'hui; mais comme il en a été beaucoup parlé dans le temps, je pense être agréable à mes lecteurs en leur en donnant la description, qui d'ailleurs ne sera pas longue.

Construction.

Cette presse se compose d'une boîte ou caisse en bois *a* (*Pl.* XII, *fig.* 2), qui renferme tout le mécanisme. Son couvercle *b*, est à charnières, et se rabat en arrière, où il repose alors sur le support *c*. Il porte deux liteaux *d*, *d*, dans lesquels entre à coulisse la planche *e*, sur laquelle on fixe le papier ou carton servant de planche *f*; *g*, châssis s'ouvrant à charnière sur le côté. Il fait les fonctions de tympan, et porte le cuir *h*, qui est fixé par un bout sur ce châssis, et par l'autre, sur une traverse en bois *i*, qui sert à le tendre au moyen des deux vis à bois *k*, *k*. Une manivelle *l*, montée sur l'axe de fer *m*, opère l'allée et la venue du rateau en bois *n*, à l'aide de trois lanières ou sangles *o*, *o*, et *o'*; les deux premières, attachées au rateau, sont destinées à le faire marcher de gauche à droite, pour opérer le tirage de l'épreuve, en s'enroulant sur l'axe *m*. La sangle du milieu *o'*, qui s'enroule en sens inverse et passe au fond de la boîte sur deux tiges de fer *p*, *p*, est fixée sur la semelle *q* du rateau, et ramène celui-ci de droite à gauche, quand on détourne la manivelle, après que l'épreuve est tirée. La semelle *q*, qui porte le rateau *n*, glisse à frottement sur le fond de la boîte, qui doit être graissé. La pression s'opère au moyen du levier *r*, dont les deux branches mobiles dans les supports *s*, *s*, viennent s'appuyer sur la traverse de fer *t* fixée sur le couvercle. L'extrémité de ce levier s'engage sous le crochet tournant *u*. La patte à crochet *c*, qui forme le support du couvercle lorsqu'il est ouvert, sert à le soulever lorsqu'il est fermé.

Usage.

On commence par déployer le levier *r*, le couvercle *b* et le châssis *g*. On encre la planche *f*, on ferme ensuite le châssis *g*, et on pose dessus la feuille de papier qu'on veut imprimer. On rabat le couvercle *b* sur ce papier et on le serre contre le rateau au moyen du levier *r*, qu'on arrête en tournant le crochet *u*, et on fait agir la manivelle. Le rateau *n*, tiré d'un bout de la boîte à l'autre, presse successivement le cuir et le papier contre la planche lithographique, et produit l'épreuve. Lorsque le tirage est achevé, on soulève le couvercle et on retire l'épreuve. On ouvre le châssis, et enfin on ramène le rateau à l'extrémité opposée de la boîte, en détournant la manivelle.

PRESSES ANGLAISES.

Construction de la première presse.

A (*Pl.* XIII, *Fig.* 1), table sur laquelle la presse est dressée. B, B, montans de la presse, fixés sur cette table par les pieds C. A leur partie inférieure est fixé le sommier D, qui porte deux coussinets E, E, sur lesquels repose l'arbre F. Au milieu et entre les deux coussinets, cet arbre porte un cylindre G qui a une entaille, et engrène par ce moyen avec la pièce H, de manière à former ensemble un mouvement de leviers excentriques qui agissent en tournant, et destiné à soulever la pièce I, qui porte le cylindre K. Lorsqu'on abat le levier L, fixé à l'extrémité de l'arbre F, les pièces se trouvent dans la position indiquée par des lignes ponctuées, fig. 2, et la pièce H repose sur celle G par sa partie concave M; de manière à rester en repos pendant le tirage, et jusqu'à ce qu'on relève le levier L dans sa position primitive. N, manivelle adaptée au cylindre K, et qui sert à faire avancer le chariot au moment de la pression. O, O, coulisses qui supportent le chariot P. Q, châssis. R, porte-rateau à coulisse sur les montans B, et soutenu par la vis de pression S qui traverse l'écrou T. U, U, colonnes qui supportent les extrémités des coulisses O, O.

Manœuvre.

Lorsque l'imprimeur a encré la pierre, posé la feuille de papier et fermé le châssis, il pousse de la main gauche le chariot sous le rateau jusqu'au point où la pression doit commencer. Jusques-là le charriot est libre dans son mouvement, puisqu'il glisse simplement sur les coulisses O, O, et ne touche pas le cylindre K qui se trouve à quelques lignes au-dessous du niveau de ces coulisses. Alors l'ouvrier abat le levier L, avec la main droite. Par ce mouvement, l'excentrique adaptée sur l'arbre F fait élever le support I, et avec lui le rouleau K, dont l'axe tourne dans deux coussinets W, W, fixés sur ce support. Ce rouleau élevant à son tour le chariot, presse la pierre contre le rateau X. L'imprimeur tourne alors la manivelle N, jusqu'à ce que le chariot soit arrivé au point où la pression doit cesser; puis il relève le levier L, et, en saisissant le chariot par la poignée Y, il le ramène à sa place. On remarquera que dans cette machine, le chariot n'est mu ni par une sangle, comme dans les presses à moulinet, ni par une crémaillère, comme dans celle de M. Naumann. Il n'est sollicité en avant que par la simple différence entre le frottement du cylindre qui touche le fond du chariot et du rateau appuyé sur le cuir. Celui-ci étant graissé, glisse plus facilement sous le rateau que ne pourrait le faire le fond du chariot sur le cylindre, dont on a rendu à cet effet la surface rude en y creusant de légères cannelures en longueur.

Construction de la seconde presse.

A (*Pl.* XIV.), table qui supporte la presse. B, B, montans en fonte fixés sur le plateau O. C, C, traverses qui supportent le charriot. D, chariot soutenu par les ressorts E, E, de manière à passer sur le cylindre qui se trouve au-dessous, sans le toucher lorsqu'on le pousse sous le rateau. Ce n'est qu'au moment où on donne la pression, que les ressorts cèdent, et qu'il vient alors s'appuyer sur le cylindre. F, châssis. G, rateau, mobile dans les coulisses H, H, pratiquées dans les montans B, B, et soutenu par la vis I, dont l'écrou est formé par une pièce K, mobile à coulisse dans la traverse L. Cette pièce est liée au moyen d'un mouvement excentrique au levier M. N, manivelle fixée sur l'axe d'un cylindre qui fait résistance à la pression. Ce cylindre est légèrement cannelé comme celui de la presse (*Pl.* XIII), afin d'entraîner le chariot par son mouvement, sans le secours de sangle ni de crémaillère.

Manœuvre.

L'imprimeur, après avoir encré la planche, y pose le papier, ferme le châssis et le pousse sous le rateau, en le faisant glisser sur les supports C, C. Alors il abat le levier M pour donner la pression, fait tourner la manivelle N, jusqu'à ce que la pierre soit parvenue au point où la pression doit cesser : puis d'un coup de main il relève le levier M qui prend une position verticale.

Observations.

Ces deux presses ont toute la légèreté qui caractérise les machines construites en fer. Il s'y trouve des mouvemens ingénieux et des formes bien combinées, qui indiquent qu'elles ont été exécutées dans un pays où on a l'habitude de ces sortes de travaux. Si telles qu'elles sont, elles ne présentent pas la réunion de toutes les dispositions désirables pour leur usage, si on leur trouve encore quelques défauts, auxquels il ne serait pas difficile de remédier, les constructeurs de presses y trouveront bien des idées simples et ingénieuses, qui pourraient leur être fort utiles dans d'autres combinaisons.

On reproche à la presse, Pl. XIII, de manquer de solidité. Il paraît que la machine remue par l'encrage; mais on pourrait remédier à cet inconvénient en remplaçant les colonnes U, U, par des supports plus solides, et en donnant plus de force aux pieds de la presse C, C. Le même défaut ne se rencontre pas dans la presse, Pl. XIV, dont les montans ont une forme qui leur donne une grande solidité; mais j'y trouve un autre inconvénient : c'est que le chariot, étant placé sur quatre ressorts, doit céder plus ou moins aux efforts que fait l'imprimeur pour encrer la pierre, et elle doit présenter par là une mobilité gênante. Sous ce rapport, le système de pression de la première me paraît préférable, en ce qu'il dispense des ressorts qui, outre la mobilité du chariot, ont encore l'inconvénient de se relâcher ou de casser s'ils ne sont pas très-bien faits, et d'exiger de fréquentes réparations. Il manque aux deux presses des butoirs qui fixent le commencement et la fin de la course du rateau; et l'imprimeur est obligé de chercher ces points à tâtons, ou de se contenter d'une marque à la craie sur le cuir. Un autre défaut que présentent ces machines, et surtout la seconde, c'est que leur pression n'a aucune élasticité, et pour peu qu'une pierre ne fût pas parfaitement parallèle, il serait impossible de l'y imprimer. Je ne pense pas non plus que ces machines offrent une pression suffisante pour des planches au crayon. Elles ne paraissent pas non plus construites pour ces sortes de tirages, et sont spécialement destinées à de petites planches dessinées à l'encre.

PRESSE DE MM. FRANÇOIS JEUNE ET BENOIST, A TROYES.

Extrait du Bulletin de la Société d'encouragement, 27e *année*, *p.* 356.

« Le quatrième concurrent qui a pris pour devise, *j'aurai du moins l'honneur* « *de l'avoir entrepris*, est de tous celui qui a le plus approché du but. Il a fait « une heureuse application du cylindre employé dans les presses de la gra- « vure en taille-douce. La commission, qui a vu fonctionner cette machine, a « constaté qu'elle peut donner au moins cinq épreuves par minute (1), en im- « primant alternativement à droite et à gauche; mais la commission ne doit pas « laisser ignorer que M. Séb. Lenormand a déjà eu l'idée de substituer au rateau « un cylindre en fer, qui, entre autres avantages, présente celui de n'agir sur le « cuir, sur le papier et sur la pierre que par simple pression. On trouve dans « les *Annales de l'industrie*, tome XIII, page 175, la description d'une presse à « cylindre, que M. Lenormand fit construire en 1817 et dont on obtient les « résultats les plus satisfaisans.

« Mais la Société n'a pas demandé par son programme une invention nou- « velle, elle n'a voulu qu'un emploi plus parfait du système déjà essayé. D'a- « près ces considérations la commission propose d'accorder au concurrent, « M. François jeune, mécanicien de Troyes, un encouragement de 1200 fr. et « de publier sa description et le dessin de sa presse par la voie du Bulletin.

---

(1) Dans les considérations générales qui se trouvent au commencement de ce chapitre, j'ai estimé à 20 secondes le temps nécessaire à humecter et encrer la pierre, à poser le papier et à l'enlever. Si donc en présence de la commission, un ouvrier n'a mis que 12 secondes à tirer une épreuve, il a réduit ce temps de moitié par une adresse particulière et un travail excessif, qu'il n'aurait pu soutenir toute une journée, et non par la perfection de la presse.

Extrait du Bulletin de la Société d'encouragement, 28e *année*, *p*. 80.

« Les presses employées dans la plupart de nos établissemens lithographi-
« ques diffèrent de celles des imprimeurs en taille-douce et des presses typo-
« graphiques, en ce que la pression, au lieu de s'exercer entre deux cylindres
« ou au moyen d'une platine qu'une vis fait descendre sur la planche, s'exerce
« par le frottement d'un rateau attaché à un chariot qu'on amène à l'aide de
« cordes enroulées sur un treuil (1). Ce rateau appuye fortement, par l'effet d'un
« levier, sur un cuir tendu dans un châssis et qu'on rabat sur la pierre. Cette
« précaution a été jugée nécessaire pour éviter la rupture des pierres, qui doi-
« vent être assujetties d'une manière invariable et parfaitement de niveau; mais
« ces presses sont d'une manœuvre longue et fatigante, et le rateau étant sus-
« ceptible de se déranger, il en résulte une perte de temps et des inégalités de
« pression qui peuvent produire de mauvaises épreuves.

« Pour remédier à ces inconvéniens, la Société d'encouragement proposa en
« 1826 un prix de 2400 fr., pour celui qui lui présenterait une presse à laquelle
« une puissance mécanique quelconque pourrait être appliquée et qui procu-
« rât économiquement un tirage au moins aussi parfait que celui obtenu par
« des ouvriers adroits des presses à bras actuellement en usage.

« MM. François et Benoist, auteurs de la presse dont nous allons nous oc-
« cuper, n'ont rempli qu'une de ces conditions; mais la Société ayant recon-
« nu qu'ils avaient fait une heureuse application du cylindre employé dans les
« presses en taille-douce, leur a décerné un encouragement de 1200 fr. dans sa
« séance générale du 3 Décembre 1828.

« A (*Pl.* xv), bâtis de la presse, qu'on peut construire en bois ou en fer; B,
« cylindre inférieur en bois, porté par deux coussinets sur les grandes traver-
« ses supérieures du bâtis; C, roue en fonte de quatre-vingts dents, fixée sur
« l'axe du cylindre B; D, chariot en bois, garni en fer; il s'appuye sur le cylin-
« dre B, et reçoit la pierre lithographique; E, E, E, roulettes à gorge du chariot,
« qui cheminent sur des tringles *a*, *a*, établies sur le sommier de la presse;
« F, F, F, étriers adaptés aux quatre angles du chariot à travers lesquels pas-
« sent les axes G, G, des roulettes; H, cylindre de pression, qu'on peut faire en
« carton ou en fonte de fer; I, I, supports en fonte fortement assujettis sur le

(1) C'est une erreur, jamais le rateau n'est attaché au chariot.

« bâtis par des boulons à écrous; l'un de ces supports reçoit l'axe de la mani-
« velle. Indépendamment du mouvement de rotation, le cylindre de pression
« peut prendre entre les supports un mouvement vertical, qui se règle sur l'é-
« paisseur des pierres; J, pont faisant saillie en dehors du bâtis et portant le
« coussinet de l'axe de la manivelle K; L, rouleau en bois dont l'axe tourne sur
« des coussinets en cuivre *b*, qui peuvent monter et descendre entre deux cou-
« lisses *c*, *c*; M, peau de veau suffisamment épaisse, cousue ou lacée et enve-
« loppant le petit rouleau L, et le cylindre H, de manière à former manchon;
« N, deux vis d'ajustage sur lesquelles s'appuyent les coussinets du rouleau, et
« qui servent à élever ou baisser ce rouleau pour donner à la peau une ten-
« sion plus ou moins forte; O, roue en fonte de fer de 33 dents, montée sur
« l'axe de la manivelle K; elle engrène avec la roue C du cylindre inférieur B,
« et transmet à ce cylindre le mouvement qu'elle reçoit de la manivelle. P,
« étriers qui tiennent suspendu le cylindre de pression H; leurs tiges filetées
« passent dans les talons de la traverse Q, sur lesquels elles s'appuyent au
« moyen des écrous U; en serrant ou en desserrant les écrous, on règle la position
« du cylindre d'après l'épaisseur de la pierre; Q; traverse servant à maintenir
« l'écartement des supports I, I, et à recevoir les tiges des étriers P; un système
« de roues d'engrenage est placé à l'extrémité opposée à la manivelle, pour trans-
« mettre au cylindre supérieur H, le mouvement imprimé à celui inférieur B;
« deux de ces roues sont fixées sur les axes des cylindres; deux autres roues in-
« termédiaires sont disposées de telle sorte qu'elles suivent le mouvement verti-
« cal du cylindre H, sans cesser d'engrener; leur objet est de faire tourner le
« cylindre de pression quand il ne se trouve pas encore ou ne se trouve plus en
« contact avec la pierre; S, pierre lithographique indiquée ici dans les plus
« grandes dimensions usitées; T, deux brides de pression suspendues aux axes
« du cylindre H; elles portent à leur extrémité inférieure des étriers *d*, suspen-
« dus par des vis *e*, de manière à pouvoir allonger ou raccourcir les brides, sui-
« vant l'épaisseur de la pierre. Deux grands leviers de pression Z, Z, mobiles
« sur des boulons *f*, *f*, passent dans les étriers; V, troisième levier de pression
« mobile sur l'axe *g*,; X, barre ronde de fer, dont les bouts, taillés en gorge,
« s'appuyent sur les extrémités des leviers Z, Z; c'est sur le milieu de la lon-
« gueur de cette barre que vient presser le troisième levier V; Y, poids en
« fonte de fer de 10 kilogrammes, dont on peut varier la position à volonté,
« pour faire appuyer plus ou moins le cylindre H, sur la pierre.

Manœuvre de la presse.

« Après avoir placé sur le chariot la pierre dessinée et l'avoir ajustée pour « que sa surface soit bien horizontale, on élève, d'après l'épaisseur de la pierre « et au moyen des étriers P, le cylindre de pression H, de manière qu'il puisse « appuyer de tout son poids sur la pierre; ensuite on règle les brides T, et les « étriers *d*, afin de faire prendre aux leviers Z, Z, une position horizontale, et « on tourne la peau M autant qu'il est nécessaire pour que la couture ne vien- « ne pas en contact avec la pierre, quand cette dernière se présentera sous le « cylindre de pression.

« Il est à observer que le chariot à dû être amené préalablement à l'aide de « la manivelle, soit à droite, soit à gauche du cylindre de pression; en sorte que « ce cylindre se trouve suspendu uniquement sur les deux étriers P, et laisse « ainsi à découvert la partie du chariot sur laquelle la pierre doit être placée.

« L'imprimeur, ayant mis l'encrier vis à vis de la manivelle, mais à une dis- « tance qui ne puisse gêner la manœuvre, prend de l'encre avec son rouleau et « le passe sur la pierre d'après le mode usité. La pierre étant encrée, il pose « dessus une feuille de papier et fait tourner la manivelle pour amener le cha- « riot sous le cylindre de pression.

« On conçoit qu'au moyen des deux roues dentées C et O, le mouvement est « donné au cylindre inférieur B, et que ce cylindre le transmet au chariot qui « appuye dessus et au cylindre de pression H, par l'intermédiaire des engre- « nages placés sur les deux cylindres.

« Dans cette opération, le cylindre de pression tourne d'abord par ses tou- « rillons sur les étriers P; mais aussitôt qu'il se trouve en contact avec la pier- « re, il la comprime de tout son poids, aidé par celui suspendu au levier V, qui « fait baisser les leviers V et Z.

« La pierre étant parvenue à l'autre côté du cylindre, l'imprimeur arrête son « mouvement; il enlève la feuille imprimée, encre de nouveau, met une autre « feuille et ramène le chariot en tournant la manivelle en sens contraire. Il « opère ainsi alternativement à droite et à gauche, c'est-à-dire que dans une « allée et venue il imprime deux feuilles.

« Cette presse, dont la manœuvre est moins fatigante que celle des presses à « rateaux, est susceptible d'être appliquée au tirage des registres par l'emploi « du tympan de la presse typographique; elle a l'avantage de ne pas faire ba- « vocher l'encre, et donne 2500 bonnes épreuves dans un travail de douze heu-

« res (1). On la voit en activité chez M. Mantoux, imprimeur-lithographe, rue « du Paon-St-André, n° 1, à Paris. Son prix est de 1100 fr. pour le format *carré* « et de 1200 fr. pour le format dit *nom de Jésus*.

Extrait du Bulletin de la Société d'encouragement, 29e *année*, *p*. 455.

« La troisième presse présentée au concours, est de MM. François jeune et « Benoist, qui, en 1828, ont déjà reçu de la Société un encouragement de 1200 « fr. pour une machine de même genre, où la pression était exercée par un cy- « lindre. C'est le même agent de pression que ces habiles mécaniciens emploient « encore, sans que ce soit le même mode. La différence importante qui existe « entre la nouvelle machine et l'ancienne, consiste en ce que le cylindre qui « produit l'impression, ayant un mouvement plus lent que celui que lui com- « muniquerait la pierre, s'il était entraîné par elle, il agit à la fois comme cylin- « dre et comme racle. On aperçoit facilement de quelle importance peut être « une disposition qui permet de combiner entre eux ces deux moyens, dont les « effets ont été appréciés séparément, et de conserver la possibilité d'admettre les « rapports les plus variés dans la quantité d'action qu'on peut demander à cha- « cun : cette idée féconde a produit les plus heureux résultats. Des épreuves « de la plus grande beauté sont sorties de cette presse, dans des essais variés « et répétés bien des fois.

« Votre commission, Messieurs, a dû apporter les plus grands soins dans « l'examen de cette machine, et une sorte de défiance, en raison de ce que la « simplicité de sa construction et de son mode d'action présentait une combi- « naison plus séduisante pour l'esprit, et faite pour avoir déjà été essayée bien « des fois. C'est à l'expérience qu'elle a dû demander des lumières, d'après les- « quelles elle a porté le jugement qu'elle vient soumettre à votre approbation. « Des préjugés existaient contre l'emploi de cette machine, et ils étaient un « peu justifiés par la manière dont fonctionne, dans certains cas, la presse des « mêmes mécaniciens, pour laquelle vous avez jugé ne devoir accorder qu'un « encouragement. Cette première presse, qui tirait très-bien et très-rapidement « l'écriture, s'était montrée avec infériorité dans le tirage des dessins. Il était « donc d'une grande importance de soumettre, sous ce rapport, la nouvelle

(1) A raison de 5 épreuves par minute, 12 heures de travail donneraient 3600 épreuves. Puisque la commission n'en cite ici que 2500, ce serait déjà une preuve que l'ouvrier ne peut soutenir une journée entière le tirage de 5 épreuves par minute, qu'il a fait en sa présence.

« presse aux expériences les plus rigoureuses, et votre commision n'a négligé « aucune des exigences qu'elle a pu exercer. C'est ainsi que diminuant de plus « en plus les maculatures, on est parvenu à ne tirer qu'une simple feuille de « papier, qui a donné une épreuve d'une beauté remarquable et qui n'a laissé « de doute que sur le degré de supériorité qu'elle pouvait avoir comparative- « ment à celles tirées dans les conditions ordinaires. Des pierres portant des « dessins de genres très-variés, depuis les plus riches, les plus recherchés, les « plus délicats en travaux, jusqu'aux plus simples croquis, ont été placées sous la « presse et tirées dans des positions variées, sans qu'aucune disposition parti- « culière fût prise dans les différentes parties de la machine : à tous ces genres « d'examens, la presse de MM. François et Benoist à répondu par les produits « les plus parfaits.

« C'est dans l'impression de l'écriture que la presse de MM. François et Be- « noist a offert la supériorité la plus marquée sur celles présentées au con- « cours, et la commission est restée convaincue qu'un ouvrier, assisté d'un en- « fant qui mouille les pierres et lève les feuilles imprimées, peut obtenir des « produits doubles de ceux que l'on obtient avec les autres presses.

« La presse à cylindre s'applique également bien à l'impression en taille-dou- « ce, et la possibilité de son emploi pour la typographie, a été démontrée à la « commission, par les expériences faites en sa présence, par un de nos plus ha- « biles imprimeurs, M. Rignoux.

« Cette machine, dont l'exécution entièrement en métaux, n'est pas moins « louable que la sagesse et la simplicité de sa composition, présente pour carac- « tères particuliers.

« 1° Une pression par cylindre, mais avec frottement à quantité variable, « ainsi que nous l'avons dit plus haut.

« 2° La suppression complète des cuirs et châssis et par cela même une gran- « de amélioration pour sa manœuure.

« 3° Une pression qui se règle suivant tous les besoins, et reste invariablement « fixée, sans exclure le tirage des pierres inégales d'épaisseur.

« 4° Une diminution si grande dans la dépense de force nécessaire pour la « faire agir, qu'un ouvrier peut, avec une grande facilité, tirer des épreuves qui « sur les presses à racles exigent le concours de deux hommes.

« 5° D'être à simple effet, c'est-à-dire que le chariot qui porte la pierre ne « presse qu'une fois sous le cylindre qui opère la pression et que l'encrage a lieu « successivement de l'un et de l'autre côté du cylindre.

« 6° De pouvoir être manœuvrée au moyen d'un moulinet et avec lenteur
« quand il s'agit de dessins au crayon et de pouvoir, par l'emploi d'une mani-
« velle, prendre une grande rapidité quand il s'agit d'écritures ou de dessins
« analogues.

« 7° De se prêter mieux qu'aucune autre au tirage des pierres cassées, parce
« que le cylindre qui opère la pression, est d'un diamètre trop fort pour péné-
« trer comme la racle dans le vide de la cassure.

« Les dimensions de cette presse ne sont pas moins étendues que celles des
« presses à racles, et il est nécessaire que la lumière arrive à cette machine
« par l'un de ses côtés et non par l'extrémité, comme aux presses anciennes.

« Nous devons nous borner à rendre un compte sommaire de la composition
« de cette machine, parce que les dessins et l'explication en seront publiés
« dans le Bulletin.

« La presse de MM. François et Benoist présente, dans son ensemble, les
« caractères d'une machine bien conçue; l'expérience a mis hors de doute sa
« supériorité sur toutes celles qui lui ont été comparées; elle joint en outre à
« tous ces avantages celui de remplir la condition essentielle de votre program-
« me. Par toutes ces considérations, la commission vous propose d'accorder à
« MM. François et Benoist le prix de 2400 fr., proposé pour cette question. »

Observations.

Après les éloges que contient le rapport de la commission de la Société d'encouragement, et que je me suis fait un devoir de rapporter en entier et littéralement, afin que mes lecteurs puissent juger cette presse en parfaite connaissance de cause; après le prix décerné à MM. François et Benoist par une Société qui jouit à juste titre de l'entière confiance du public, j'éprouve un certain embarras à manifester une opinion contraire à celle des savans distingués qui ont été chargés d'examiner cette presse. Mais je me suis imposé le devoir de dire en tout ce qui me semblerait être la vérité, lorsque j'ai entrepris la publication de cet ouvrage, et j'espère que les personnes dont je vais combattre l'opinion, ne verront dans cette manière d'agir que le désir de faire jaillir la lumière d'une discussion impartiale.

La presse de MM. François jeune et Benoist est construite selon les règles d'une pure mécanique. Elle réunit la solidité à la simplicité de principe; par sa combinaison, elle économise plusieurs mouvemens sur les presses ordinaires, comme ceux qui ont pour but d'ouvrir et de fermer le châssis, de marcher

cher sur la pédale, etc. Par là elle offre sur ces dernières une petite économie de temps. Ce sont sans doute ces avantages qui ont séduit les membres de la commission, et ces Messieurs, qui ne sont pas initiés à la pratique de la Lithographie, ne se sont pas aperçus que cet appareil pèche par la base même sur laquelle il est établi. La pression au rouleau, qui leur a semblé un grand perfectionnement, est au contraire un défaut capital qui s'oppose à l'adoption de cette presse, qu'on ne voit fonctionner que dans une seule lithographie; celle qui possède les modèles soumis à la Société d'encouragement; et encore là, ne peut-on les employer qu'aux ouvrages les plus ordinaires.

Je ne puis comprendre comment une idée bien simple n'a point frappé les membres de la commission. La Lithographie, au moment de sa naissance, a dû chercher naturellement à imprimer ses planches sur les presses déjà employées alors à d'autres usages. Il suffit d'ouvrir l'histoire que Senefelder a écrite lui-même de sa découverte, pour voir que la première presse dont il se servit était à cylindres, et que ce n'est qu'après en avoir reconnu les graves inconvéniens qu'il eut recours à l'emploi du rateau. Depuis, bien d'autres lithographes ont essayé comme lui les presses à cylindres, et tous les ont abandonnées pour revenir aux rateaux. On aurait donc dû penser qu'ils avaient des motifs puissans pour préférer un mode de pression qui augmente cependant d'une manière considérable la résistance et le frottement des presses. Je ne reviendrai pas sur la comparaison de ces deux moyens de pression, les ayant analisés dans les considérations générales qui sont en tête de ce chapitre. J'ai fait voir comment la pression d'un cylindre de 6 pouces de diamètre s'opère sur une partie beaucoup plus large que celle du rateau, et exige une pression d'autant plus forte; ce qui augmente dans la même proportion la chance de rupture des pierres. Cette largeur est bien plus grande encore pour le cylindre de MM. François jeune et Benoist, qui a 14 pouces de diamètre; aussi ai-je vu dans la cour de la seule imprimerie qui emploie encore ces presses, un grand monceau de pierres brisées par suite de leur usage, quoique, comme je l'ai dit plus haut, on n'y imprime que des écritures, et qu'on se serve d'une encre plus faible que pour les presses ordinaires. Il n'arrive déjà que trop souvent que, malgré toutes les précautions, des pierres se brisent dans les presses ordinaires à rateaux, et une machine qui augmente cette chance dans une proportion aussi considérable que celle dont nous nous occupons, est, je n'hésite pas à le dire, une mauvaise presse lithographique.

Je conçois qu'on puisse tirer sur cette machine de petites pierres fort épaisses et parfaitement dressées; mais je suis convaincu qu'il y aurait beaucoup de danger à vouloir s'en servir pour imprimer des planches de fortes dimensions, surtout si elles étaient couvertes de dessins au crayon d'une grande valeur. Je regrette que le rapport de la commission ne dise rien à cet égard, et je dois en conclure qu'on n'a tiré que de petites planches en sa présence.

On a signalé comme un perfectionnement ajouté par MM. François et Benoist à leur presse, d'avoir fait tourner le rouleau de pression plus lentement que la planche dont on opère le tirage, et d'avoir produit par là un frottement qui donne un effet égal à celui du rateau. Mais est-ce donc parce que le rateau frotte sur le cuir, qu'il est préférable au cylindre? Certainement non, car si on pouvait éviter ce frottement sans perdre les autres qualités du rateau, c'est-à-dire l'élasticité et la moindre pression, ce serait un grand avantage. Que peut ajouter ce frottement à l'effet que produit le cylindre sur la pierre? Lui donnera-t-il plus d'élasticité? Faudra-t-il moins de pression pour opérer le tirage, et les chances de rupture en seront-elles diminuées? Non sans doute. Il me semble au contraire que, loin d'être avantageux, il fait perdre à cette presse le seul avantage apparent qu'elle avait, celui de remplacer le frottement de première espèce du rateau, par celui de seconde espèce du cylindre, tournant sur son axe. Il augmente sans utilité la fatigue de l'imprimeur et n'est à mon avis qu'un défaut de plus.

Mais cette presse tire 2500 épreuves par jour : c'est le double de ce que peut rendre une autre presse, d'après l'avis même de la commisssion. Il est vrai que le même rapport ajoute que deux personnes étaient occupées à ce tirage. La machine d'ailleurs est si grande qu'elle occupe au moins la place de deux presses ordinaires; elle coûte le double: il me semble donc que, même en admettant que le chiffre de 2500 tirages ne soit pas le produit d'un travail forcé, l'avantage que présente cette presse serait bien petit.

On a fait valoir encore comme un avantage de cet appareil, qu'il est à simple effet, c'est-à-dire que le chariot ne passe qu'une fois sous le cylindre pour produire une épreuve. Il est vrai que, dans les presses ordinaires, on doit ramener le chariot à sa place après que l'épreuve est tirée. C'est un mouvement perdu, mais ce mouvement exige certainement moins de temps et d'effort qu'il n'en faut de la part de l'imprimeur et de son aide, pour se porter toute la journée d'un côté de la presse à l'autre, avec la machine de MM. François jeune et Benoist.

Tout cela posé, je soutiens que cette presse pèche par son principe, et je regarde comme inutile de s'occuper des détails de sa construction. Cependant je ferai observer en passant que le système employé pour régler la pression me paraît trop compliqué. Il faut pour cela faire jouer les deux vis *e* et celles des étriers P, et les mettre toutes quatre parfaitement d'accord. En outre, il faut placer le poids Y et la barre X aux points convenables; ce qui exige de la part de l'imprimeur des soins et un raisonnement qu'il n'a pas toujours, et le force à faire plusieurs fois le tour de la presse. Ainsi on éprouve une perte de temps à la mise en train de chaque pierre, et toutes les fois qu'on veut augmenter ou diminuer la pression.

PRESSE ACCÉLÉRÉE DE MM. ÉMILE GRIMPÉ ET G. ENGELMANN, CONSTRUITE EN FONTE DE FER.

Construction.

A (*Pl.* XVI, XVII, XVIII), bâtis en fonte, assemblé par les boulons en fer rond B, C, D, et par la traverse E. Au milieu de cette traverse se trouve un renflement F, qui sert d'écrou à la vis G, destinée à régler la pression. A son extrémité supérieure, elle porte la manivelle H, et sa partie inférieure se termine par un bouton sphérique pris dans la noix I, qui fait corps avec le porte-rateau K. Cet ajustage sert en même temps à soutenir le porte-rateau, et à lui permettre un mouvement de bascule sur son centre, imitant celui qu'a le fléau d'une balance sur son axe. Ses deux extrémités L, L, sont arrondies, et se meuvent dans des ouvertures oblongues, percées dans le bâtis A; M, rateau composé de 4 lames en acier (de l'épaisseur des scies ordinaires), superposées de manière que l'une dépasse l'autre chaque fois d'une ligne. Elles sont fixées au moyen de deux rivures N, N. La lame inférieure, qui appuye seule sur la planche, doit être parfaitement dressée, et son tranchant arrondi autant que son épaisseur le permet, afin de ne pas couper le cuir. Pour en rendre le frottement plus doux, on place au-dessous une lanière de cuir O. On a de ces rateaux de différentes longueurs correspondantes aux dimensions les plus usitées des pierres.

Le rateau est maintenu entre le porte-rateau et une règle en fer P, serrée par les quatre boulons Q, Q, Q, Q. Les rateaux portent des entailles R, R, qui entrent dans ces boulons; de sorte qu'il suffit de desserrer un peu ceux-ci pour pouvoir retirer un rateau et le remplacer par un autre.

S, chariot dont le fond est composé de 6 planchettes de bois, dressées d'une manière parfaitement parallèle et d'égale épaisseur. Elles sont fixées au moyen de vis sur les traverses en fer T, T. Nous regardons cette disposition comme préférable à un fond d'une seule pièce, sujet à se déjeter quel que soit le soin qu'on ait mis à son assemblage; tandis que si une de ces planchettes venait à se voiler, sa résistance ne serait pas assez grande pour occasionner la rupture de la pierre. Les deux côtés du chariot sont formés par des règles en fonte U, U, portant des entailles qui reçoivent les traverses V, V, destinées à maintenir la pierre. Celle de devant porte deux vis W, W, qui servent à fixer la pierre. A l'extrémité du chariot se trouvent deux crochets X, X, qui reçoivent une tringle passée dans un ourlet du cuir Z. Ce cuir s'enroule sur le cylindre Y, sollicité par un poids *a*, attaché au bout d'une corde qui passe sur les poulies *b*, *b*, et va s'enrouler ensuite sur la poulie *c*, fixée sur le prolongement de l'axe de ce cylindre. Non seulement ce poids sert à enrouler le cuir et à le tenir constamment tendu, mais il ramène aussi le chariot à sa place après qu'il est arrivé à la fin de sa course, et que la pression a cessé. 18, petit cylindre dont les supports sont fixés sur la règle P. Il se trouve placé à environ 6 lignes au-dessus de la surface de la pierre, et est destiné à donner une direction presque horizontale au cuir, avant qu'il n'arrive sous le rateau. Cette précaution est nécessaire pour empêcher que les épreuves ne fassent des plis. *d*, règle en fer portant le butoir *e*, mobile dans une coulisse percée dans cette règle, et qu'on y fixe au moyen du boulon *f*. Ce butoir est destiné à arrêter le chariot, lorsqu'on le pousse sous le rateau, à la place où doit commencer la pression. La règle *d* s'appuye sur le rouleau *g*, et se relève avec lui lorsqu'on opère la pression; de manière à laisser passer le chariot.

g, cylindre en fonte qui supporte le chariot pendant l'impression. Sa surface est légèrement cannelée dans le sens de sa longueur, afin de la rendre plus rude; ce qui contribue à amener le chariot, lorsqu'on lui imprime un mouvement de rotation. Il est soutenu par le levier *h* (*Pl.* XVIII), qui tourne autour du boulon *i*, et vient se réunir en *k* à un ajustage portant la tige *l*. Cette tige est attachée à l'extrémité inférieure de la pièce *m*, mobile autour du boulon *n*. L'extrémité supérieure de cette pièce porte la tige *o*, fixée à la pédale *p*. Cet ensemble forme un système de levier à mouvemens tournans (voir la note de la p. 174), qui augmente beaucoup la force de la pression au moment où elle arrive à son terme. *q*, contre-poids fixé sur la pièce *m*, et destiné à relever la pédale et l'extrémité *k* du levier *h*. *r*, étrier fixé au bâtis par des boulons *s*, *s*. Il porte à sa partie supérieure un nez *t* qui vient s'agrafer sur la rondelle *u*.

Lorsqu'on abaisse la pédale, l'étrier est poussé en avant par les deux ressorts

v, v, fixés sur la traverse n. L'extrémité supérieure de cet étrier est recourbée en avant, et porte un rochet w, sur lequel est enroulée la courroie x fixée au chariot en y. On enroule cette courroie de manière à ne lui laisser que la longueur convenable pour qu'elle se tende au moment où le chariot arrive à la fin de sa course, et pour que, tirant alors en arrière, l'étrier fasse dégager le nez t de dessus la rondelle u, et lui permette de se relever.

Le cylindre g s'abaise au même instant, et la pression cesse. z, z, z, z, z, galets sur lesquels roulent les deux règles latérales U, U, et qui supportent le chariot. Comme celui-ci serait trop mobile sur ces galets pour permettre à l'imprimeur d'encrer la pierre, il est retenu pendant cette opération par le loquet 1. Sur le prolongement de l'axe du cylindre g est fixée une roue à 22 dents 2, engrenant avec un pignon à 12 dents 3, qui fait partie du manchon 4, tournant autour de l'arbre 5, et portant le moulinet en fonte 6.

7, 8, Tables destinées à placer le papier, les épreuves et la maculature.

9, Compteur qui communique par la tige 10 à la règle d. Cette tige porte le crochet 11 (*Pl.* XVII), qui fait avancer d'une dent la roue 12, chaque fois que cette règle se relève et s'abaisse. Cette roue porte 50 dents, et une aiguille 13 (*Pl.* XVI), fixée à son axe, indique sur un cadran placé en face de l'imprimeur, le nombre d'épreuves tirées. Lorsque l'aiguille arrive au nombre 50, un mentonnet 14 (*Pl.* XVIII), placé sur la périférie de la roue, rencontre le marteau 15, et lui fait sonner un coup sur le timbre 16, afin d'avertir l'imprimeur. Celui-ci met alors ses épreuves de côté, et il lui suffira, au bout de la journée, de compter la série des paquets qu'il a eu le soin de croiser, pour connaître le nombre exact des épreuves tirées.

17, Porte-lampe. Cette presse n'ayant point de châssis, la lampe peut être placée tout près de la pierre sans en gêner le mouvement, et sans se trouver soufflée par la manœuvre du châssis, comme cela a lieu aux presses ordinaires. Une petite lampe donnera donc plus de lumière à cette presse qu'une grande aux presses à châssis, puisqu'on ne peut la placer alors qu'à une distance plus étendues. 19, boîte en cuivre destinée à soutenir l'éponge à mouiller. 20, un vase avec de l'eau. 21, le flacon à l'essence. 22, autres objets qu'on a besoin d'avoir sous la main.

Manœuvre.

L'imprimeur place la pierre dans le chariot et la fixe au moyen des traverses V, V, et en serrant les vis W, W. Pour que la pierre ne soit point endommagée, il fera bien d'y entreposer une petite cale en bois. Il enlève alors la tringle des crochets X, X. L'extrémité du cuir, abandonnée à elle-même, remonte par l'effet du poids *a*. L'ouvrier pousse le chariot sous le rateau, jusqu'au point où la pression doit commencer, et fixe le butoir *e*. En appuyant ensuite un peu le pied sur la pédale, il fait relever ce butoir et continue à pousser le chariot, jusqu'au point où la pression doit cesser. Alors il tourne le crochet *w* pour tendre la sangle *x*, qui fait partir la détente, lorsque le chariot est arrivé à la fin de sa course. Il ramène ensuite le chariot à sa place et remet la tringle dans les crochets X. Cela fait, il procède à l'encrage, pose le papier et la maculature, décroche le loquet 1, pousse le chariot jusqu'à ce qu'il se trouve arrêté par le butoir *e*, et marche sur la pédale. Celle-ci abaisse l'extrémité *k* du levier *h*, et, le faisant basculer autour de la traverse *i*, relève le cylindre *g*, et avec lui le chariot et la pierre qui vient s'appuyer fortement contre le rateau. L'ouvrier met alors le moulinet en mouvement, et celui-ci fait tourner le cylindre. Nous avons vu précédemment que ce cylindre est légèrement cannelé, et comme le rateau, garni d'un cuir bien graissé, offre bien moins de résistance que la surface rude du cylindre, celui-ci entraîne avec lui le chariot jusqu'au moment où, parvenu à la limite de sa course, il fait partir la détente qui retenait le levier. Le rouleau redescend alors à sa place, et le chariot abandonné à lui-même et sollicité par le cuir, que le poids *a* tend à faire enrouler, revient à sa place, et s'agrafe dans le loquet.

Observations.

J'ai dit dans les considérations générales qui se trouvent au commencement de ce chapitre, qu'un imprimeur d'une intelligence ordinaire employait sur une presse à moulinet :

22 secondes pour humecter et encrer une pierre in-4° à la plume, pour poser et enlever le papier et la maculature.

14 secondes pour le tirage proprement dit, c'est-à-dire la manœuvre de la presse.

36 secondes en tout.

Sur cette presse on emploie :

22 secondes également pour l'encrage, etc., mais seulement

8 secondes pour le tirage.

30 secondes en tout.

Elle procure donc une économie de tirage de 1/6 sur les presses ordinaires à moulinet pour les planches à l'encre. Cette différence provient de ce que le mouvement du châssis est entièrement supprimé, et de ce qu'en général tous les mouvemens se font d'une manière facile et commode, et sans que l'imprimeur ait besoin de se déranger de sa place.

Cette presse ne prend que la moitié de la place d'une presse à moulinet, ayant un chariot de même dimension. Son mouvement est très-facile et peu fatigant; tout se trouvant placé sous la main de l'imprimeur, celui-ci n'a jamais besoin de se déranger pour opérer le tirage.

Les rateaux en acier ont l'avantage de ne point s'user et de ne point exiger de dressage comme ceux en bois; ils sont assez élastiques pour permettre d'imprimer des pierres légèrement concaves ou convexes.

Je dois, avec l'impartialité que je me suis imposée, dire que le mécanisme de cette presse est un peu compliqué, et qu'un imprimeur ordinaire, qui ne serait pas dirigé par un chef qui aurait quelques notions de mécanique, pourrait quelques fois être un peu embarassé pour la régler. Sa pression est trop raide et n'a d'autre élasticité que celle du rateau, qui ne serait pas suffisante, s'il s'agissait de tirer une pierre qui ne fût pas parfaitement égale d'épaisseur. Enfin le contrecoup que donne la détente est un peu désagréable. Trois de ces presses marchent constamment dans mes ateliers depuis dix ans, et mes imprimeurs briguent la faveur d'y travailler, parce qu'elles sont bien moins fatigantes que les presses à moulinet. Nous payons à la pièce 1/8 (1) de moins le tirage sur ces presses que sur les autres; ce qui ne laisse pas que de présenter une économie notable au bout de l'année. Je ne crois pas qu'aucune autre presse offre autant d'avantages que celle-ci pour le tirage des ouvrages courants, pour lesquels la promptitude et l'économie sont à porter en ligne de compte.

Dans sa séance du 29 Décembre 1830, la Société d'encouragement m'a décerné une médaille d'or pour cette presse.

Pour parer aux inconvéniens que je viens de signaler, j'ai supprimé à l'une de ces presses l'étrier *r* et tout ce qui a rapport à la détente. J'ai placé la pédale à côté de la presse en 23 (*Pl.* XIX). Elle est mobile autour du boulon 24.

---

(1) On sera peut-être étonné de ne trouver que 1/8 d'économie, tandis que j'ai dit plus haut que le tirage se faisait de 1/6 plus vite que sur les autres presses; la différence provient de ce que pour humecter le papier, broyer la couleur, etc., l'imprimeur employe autant de temps que pour les autres presses.

25, charnière à laquelle est fixé le levier en fer 26, lié à la pédale au moyen du crochet 27. *l*, tige attachée à l'extrémité du levier *h (V. Coupe, Pl.* XVIII*).* Elle est brisée en 28, et fixée au moyen du boulon 29 au levier 26. 30, Contre-poids fixé sur une tige qui forme le prolongement du levier *h*, et qui sert à relever le levier 26, et avec lui la pédale 23. Pour arrêter la marche du chariot, j'ai fait faire le butoir 31, qu'on met à cheval sur la règle U, et qu'on fixe en serrant la vis 32. Celle 33 vient frapper en 34 contre le bâtis de la presse, et arrête ainsi la course du chariot.

Par ces changemens, la presse est devenue beaucoup plus simple et plus facile à régler. Le coup que donnait la détente est supprimé, et par la flexion du levier 26 et de la pédale 23, la pression a gagné l'élasticité convenable pour y imprimer des pierres de toute espèce. Ainsi modifiée, cette presse ne laisse plus rien à désirer, et je ne crains pas de la recommander comme la meilleure presse accélérée, pour les écritures et autres objets de ce genre.

PRESSE DE M. CLOUÉ, A PARIS.

Cette presse est en tout semblable aux presses à moulinet ordinaires, avec la seule différence que la pédale et le levier qui servent à donner la pression y sont supprimés, et remplacés par une boîte à excentrique, placée sur le devant de la presse, et dont voici la description.

A *(Pl.* XX*)*, pièce servant à accrocher la bascule. Sa charnière B est fixée aux deux jumelles C, C, à coulisse dans la pièce en fonte D, D, fixée sur le bâtis de la presse au moyen de quatre fortes vis. Cette pièce porte une boîte E, traversée par un arbre F auquel est fixée la tige G. Dans l'intérieur de la boîte, une excentrique H est fixée sur cet arbre. Cette excentrique porte sur une pièce I, soutenue par la vis de pression K qui passe dans l'écrou L, fixé aux jumelles C, C. Cette vis fait monter ou descendre ces jumelles, et avec elles le crochet A, et sert ainsi à régler la pression. Elle est soutenue par le ressort M dont le but est d'appuyer tout l'ajustage contre l'excentrique, et de tenir le crochet A élevé de manière à s'agrafer lorsqu'on abat la bascule. Lorsque le manche G est abattu, la noix excentrique présente à la pièce I sa partie la plus rapprochée du centre et elle se trouve par conséquent au point le plus élevé. Aussitôt la bascule abattue et le crochet A agrafé, l'imprimeur relève le manche, et lui donne une position verticale. Alors, la noix présente à la pièce I son point le plus éloigné du centre, et la fait par conséquent baisser de la différence qui se trouve entre ces deux points.

Observations.

Ce moyen est solide, commode et prompt. Cependant il paraît insuffisant pour produire de fortes pressions, et n'est généralement applicable qu'au tirage des écritures. Cette disposition présente en outre l'inconvénient de manquer d'élasticité, et ces motifs sont cause sans doute que ce système de pression est généralement abandonné aujourd'hui.

PRESSE DE M. QUINET A PARIS.

Construction.

A (*Pl.* XXI), bâtis en bois, que M. Quinet place sur six blocs en bois B, B, B, B, lorsque sa presse est destinée à des ateliers situés au rez-de-chaussée, dont l'humidité fait pourrir promptement les parties inférieures. L'espace compris entre les montans de ce bâtis est fermé par les portes C, C, et sert ainsi d'armoire. D, chariot. E, châssis. Le fond du chariot F (*Fig.* 2), est moins épais à l'extrémité G, et fait un ressaut en H. Ce n'est que depuis ce point qu'il a une épaisseur égale. Cette disposition a pour but d'économiser les mouvemens qui servent dans les presses ordinaires à donner la pression, comme la pédale, etc. En effet, lorsque, sollicité par la sangle, le chariot est amené sous le rateau, sa partie amincie de G en H passe sur le cylindre, sans qu'il en résulte aucune pression ; et ce n'est qu'au moment où le ressaut H vient le toucher, que celui-ci fait lever le chariot à mesure qu'il tourne, et presse alors la pierre contre le rateau. Il suffit donc de tourner le moulinet pour opérer à la fois la pression et le tirage. I, sangle attachée sous le chariot au point K (*Fig.* 2), afin que celui-ci puisse passer par-dessus l'arbre du moulinet. De cette manière, la partie de la presse comprise entre le cylindre et le moulinet, n'a pas besoin d'être aussi longue que si elle était attachée à l'extrémité G du chariot, comme cela a lieu habituellement. Cette sangle se loge dans la rainure L, creusée dans le cylindre, afin de ne pas produire une augmentation d'épaisseur. Elle vient ensuite s'enrouler sur l'arbre M, à l'extrémité duquel se trouve fixé le moulinet N. O, porte-rateau en fonte, qui a un mouvement de bascule autour du boulon P; tandis qu'un autre mouvement de charnière autour du boulon Q, permet à sa partie inférieure de venir en avant du côté du chariot, ainsi que je l'ai indiqué par des lignes ponctuées sur la coupe fig. 2. Il est maintenu dans la direction transversale par les tourillons R, R, qui se trouvent sur le même axe que le boulon Q et peuvent monter et descendre dans les échancrures S, S. La partie inférieure qui porte le rateau s'appuye contre les liteaux T, et est retenue par ceux-ci, malgré l'effort que fait le chariot pour l'entraîner du côté du moulinet. Z rateau; il n'a qu'un démi-pouce d'épaisseur et 1 1/2 à 2 pouces de haut, et se trouve enfoncé à frottement dans une rainure pratiquée dans le porte-rateau. Afin de mieux l'y maintenir, on le garnit d'un peu de papier. La pièce entière est supportée par la vis U, qui passe dans l'écrou V, ajusté à collet dans la traverse en bois W. X (*Fig* 2), poids destiné à ramener le chariot à sa place. Il agit sur la corde *a* attachée par une de ses extrémités à la traverse *b*. L'autre extrémité passe sur la poulie *c*, traverse le fond du chariot en *d*, et y est retenue par un nœud qui se loge dans une petite cavité *e* creusée dans son épaisseur.

M. Quinet fait aussi des presses dans lesquelles il remplace le bâtis en bois A, par des supports en fonte. Une de ces presses est représentée, Pl. XXII.

Manœuvre.

En plaçant la pierre dans la presse, l'imprimeur doit avoir soin de l'y fixer de manière à ce que la partie où doit commencer le tirage, se trouve perpendiculairement au-dessus du ressaut H. Après l'avoir encrée et avoir posé le papier, il ferme le châssis. Alors il met le moulinet en mouvement : d'abord le chariot s'avance sans pression sous le rateau jusqu'au point où la pression doit commencer; là il est soulevé par le ressaut H et pressé contre le rateau. L'ouvrier continue à tourner le moulinet jusqu'à ce qu'il soit arrivé au point où la pression doit cesser. Alors il lâche le moulinet, et le chariot, sollicité en sens inverse par le poids X, emmène avec lui la partie inférieure du porte-rateau qui glisse légèrement sur le cuir sans opposer de résistance.

Observations.

Il est facile de se convaincre que, par la disposition de cette presse, il se trouve plusieurs mouvemens d'économisés, et que son action est plus prompte que celle des presses à moulinet ordinaires. Je la regarde comme préférable à celles-ci pour le tirage des écritures et autres planches à l'encre, qui n'exigent pas une forte pression, et pour lesquelles la promptitude de ses mouvemens présente une économie sensible. Elle paraît aussi construite principalement pour cet usage, car le porte-rateau et la vis qui le supporte seraient trop faibles pour soutenir un tirage sous une forte pression. Je reprocherai de plus à cette presse de manquer d'élasticité. Il est vrai que pour parer en quelque sorte à cet inconvénient, M. Quinet fait porter les coussinets qui supportent le rouleau Y, sur des piles composées de morceaux de carton posés les uns sur les autres, et qui se refoulent par la pression; mais je doute que l'élasticité qu'ils offrent fût suffisante s'il s'agissait de tirer une pierre d'épaisseur inégale.

Une disposition qui peut devenir gênante dans quelques cas, c'est que la pierre doit toujours être placée au-dessus du ressaut H, avec la partie où la pression doit commencer. Si donc une pierre avait une marge très-large, on ne pourrait l'imprimer sur cette presse. Si au contraire la marge était très-étroite, il pourrait se présenter un autre inconvénient; car, si au moment où le ressaut commence à faire monter le chariot, le rateau ne se trouvait pas déjà au-dessus de la pierre même, celle-ci viendrait se placer sur le devant du rateau, qui s'enfoncerait dans l'espace vide, derrière la pierre, au lieu de poser dessus, et il serait impossible de faire avancer le chariot. Je regrette aussi de ne point trouver dans la presse de M. Quinet un butoir qui arrête le chariot au point où la pression doit cesser.

En résumé, je pense que dans un atelier qui contient un certain nombre de presses, quelques-unes de ce système seraient fort utiles pour y tirer les travaux d'écriture, qui s'y adaptent avantageusement et demandent de la célérité; mais une personne qui ne voudrait qu'une seule presse, sur laquelle elle se proposerait d'imprimer tous les ouvrages qui se présentent, fera bien de lui préférer une presse à moulinet.

PRESSE A MOULINET DE M. BRISSET, A PARIS.

Construction.

A (*Pl.* XXIII, *Fig.* 1), bâtis en bois. B, chariot dont les deux côtés sont en fonte et ont intérieurement des entailles *a* (*Fig.* 2), qui reçoivent la traverse C contre laquelle la pierre D est fixée au moyen de deux coins. Une traverse pareille est placée au côté opposé de la pierre. Cette disposition (empruntée de ma presse accélérée en fer) permet de fixer promptement et facilement des pierres de toute dimension, sans qu'on ait besoin de recourir à un nombre plus ou moins grand de cales. E, arbre en fer dont les extrémités tournent dans des trous F, percés dans les deux jumelles en fonte qui forment les côtés du chariot. Cet arbre porte deux oreilles G, G, auxquelles est fixé le châssis ou tympan H, au moyen de boulons qui passent dans des entailles ménagées au milieu de ces oreilles, afin qu'on puisse l'élever ou l'abaisser suivant l'épaisseur de la pierre.

I, I, vis servant à le soutenir à la hauteur convenable pour que le cuir ne touche pas la pierre. K, galet sur lequel passe la sangle L, fixée d'un bout sur la traverse M et de l'autre sur l'arbre N, au moyen de la broche 6 qui passe dans un ourlet cousu à l'extrémité de cette sangle. Cette disposition double la force du moulinet; mais le mouvement du chariot en est de moitié plus lent: aussi ne l'emploie-t-on que pour des presses de grande dimension ou pour des tirages qui exigent une forte pression. Pour de petites presses ou pour celles de grandeur moyenne, on fixe l'un des bouts de la courroie directement au chariot, et l'autre sur l'arbre. Dans ce cas une espèce de main remplace le galet; ou bien celui-ci peut rester, mais on y fixe la courroie en la cousant autour.

L'arbre N tourne dans les coussinets en fonte O, O, qui sont surmontés d'un bouton servant de bouchon à un trou par lequel on introduit l'huile nécessaire au graissage de l'arbre. Au bout de l'arbre N se trouve placé le moulinet P. Q (*Fig.* 3), butoir à coulisse sur une barre de fer R. Au moyen de la vis de pression S, on le fixe à la place convenable pour arrêter le chariot à l'endroit où sa course sous le rateau doit cesser. J'ai vu à d'autres presses cette disposition remplacée par deux barreaux parallèles T, T (*Fig.* 4), fixés par l'une de leurs extrémités sur la traverse U, et de l'autre sur celle M. Ils sont percés de trous qui se correspondent et dans lesquels on place la cheville V. La pièce W, fixée au chariot, vient alors butter contre cette cheville pour arrêter sa course; et comme souvent la distance d'un trou à l'autre serait trop grande pour fixer d'une manière convenable la course du chariot, on a une pièce X, en forme de fer à cheval, dont un côté est plus épais que l'autre, et qu'on met à cheval sur la cheville V, en cas de besoin. On tourne du côté du butoir W l'un ou l'autre des côtés, suivant le point auquel on veut arrêter le chariot. Cette dernière disposition offre un peu moins de précision que la première; mais elle est plus solide; car si la vis de pression n'est pas convenablement serrée, on risque que les chocs du chariot fassent glisser peu à peu le butoir G et permettent à celui-ci de pousser sa course au-delà du point où il devait s'arrêter. A l'autre extrémité du chariot se trouve un butoir semblable pour fixer le commencement de la course, mais on ne peut le voir dans la figure.

Y, porte-rateau en fer, traversé à son extrémité postérieure par la tige Z qui tourne à charnière dans la pièce de fonte *b* (*Fig.* 5). Une nervure *c*, forme une saillie qui arrête la tige Z, lorsque le porte-rateau est relevé, afin qu'il ne retombe pas par derrière. *d*, fort écrou en cuivre, fixé à collet dans la pièce *e*, et servant à monter et à descendre le porte-rateau. Dans l'intérieur de ce porte-rateau se trouve une pièce de bois *h*, mobile autour du boulon *i*, et garnie de deux joues de fer *k*, *k*, entre lesquelles on place le rateau *l*, qui y est retenu par la goupille *m*, et qui s'appuye dans tonte sa longueur sur la pièce de bois *h*. *n*, crochet en fer qui vient se fixer dans la pièce *o* lorsqu'on l'abat. Cette pièce est sollicitée vers le bâtis de la presse par un ressort à arbalète placé à l'intérieur de la plaque de fonte *p*, avec lequel elle communique à travers une coulisse *q* entaillée dans cette plaque. Elle porte vers sa partie inférieure la main *r*, dans laquelle passe le levier en fer *s*, lié à la pédale *t* par la crémaillère *u*. A son autre extrémité, il se trouve retenu par le boulon *f* qui passe dans la pièce *g*. Cette pièce est percée de trois trous afin de pouvoir hausser ou baisser ce levier, et avec lui la pièce *o*, suivant l'épaisseur de la pierre. Le levier est soulevé par le contre-poids *v*, placé au bout du levier à bascule *w*. *x*, support du châssis lorsqu'il est ouvert.

1, Tige qui tourne dans les coussinets 2, 2; elle est destinée à retenir la pédale lorsque l'imprimeur l'a abaissée. A cet effet, l'ouvrier la saisit par le manche 3, qu'il tire à soi. Par ce mouvement il fait pivoter la tige et la pièce 4 vient s'appuyer sur la pédale, et la retient abaissée jusqu'à ce que le tirage soit terminé.

5, corde enroulée autour de l'arbre N en sens inverse de la sangle. Son extrémité est fixée sur la traverse M. Elle est destinée à retenir le moulinet, et à l'empêcher de continuer à tourner en sens inverse, lorsque le chariot est revenu à sa place.

Observations.

Cette presse est parfaitement bien construite et c'est avec raison que les lithographes de Paris lui accordent généralement la préférence sur toutes les autres.

PRESSE A MOULINET,

d'après le dernier modèle construit dans mes ateliers.

A (*Pl.* XXIV, *Fig.* 1), bâtis en bois. B chariot supporté par le rouleau de fonte C. D châssis en fer rond, tournant dans les pièces E, E, qui sont ajustées à coulisse en queue d'aronde dans les garnitures F, F, et retenues à la hauteur convenable par des boulons à écrous, qui passent dans des entailles allongées; ce qui permet de les hausser ou de les baisser suivant l'épaisseur des pierres. G, G, vis destinées à régler la hauteur du châssis. H, H, traverses dans lesquelles se trouvent les vis I, I, servant à régler la longueur de la marche du chariot. Elles sont ajustées, dans les crémaillères K, K, afin qu'on puisse les mettre facilement à la place convenable. L, courroie en cuir fort et non élastique, qui s'enroule sur le manchon M fixé sur l'arbre N. Cet arbre porte une roue en fonte O de 50 dents, dans laquelle engrène le pignon P, de 18 dents, et qui tourne autour de l'axe Q, fixé solidement dans le bâtis de la presse. Ce pignon porte le moulinet R, fixé au moyen des vis S, S, sur un ajustage carré, que porte le prolongement cylindrique du pignon P. T, porte-rateau en tôle de fer de 2 lignes d'épaisseur. U, boulon qui traverse le rateau et sert à le retenir dans le porte-rateau qui l'entoure presqu'en entier, et ne laisse dépasser que la partie en bizeau. Cette espèce d'armature augmente sa force et s'oppose à sa rupture, lorsqu'on fait des tirages sous une forte pression. Ce porte-rateau est à coulisse sur la bascule de fer forgé V; de sorte qu'il peut monter et descendre librement. Il est soutenu par l'ajustage W, à coulisse sur la bascule V, et y est attaché par le boulon X, de manière à avoir un mouvement de bascule ou d'oscillation qui lui permet de suivre l'inclinaison de la pierre, si elle n'est pas entièrement droite. Cet ajustage porte la vis Y qui traverse le levier V, et vient s'appuyer sur une pièce de fer Z (*Fig.* 2), dans laquelle tourne celle *a*, fixée sur le porte-rateau. Par cette disposition, la pression de la vis s'exerce directement sur le porte-rateau, et le boulon X n'a aucun effort à soutenir, n'étant destiné qu'à soulever le porte-rateau. Ce n'est pas non plus le boulon U qui supporte l'effort du rateau; celui-ci étant appuyé contre la partie *b* du porte-rateau dans toute sa longueur. La seule fonction du boulon U est d'empêcher le rateau de tomber lorsqu'on relève la bascule. Le support *c*, dans lequel la bascule se meut autour du boulon *d*, a une tige *e* qui traverse tout le bâtis et est retenu par l'écrou *f*, sous le patin de derrière de la presse. Pour que la bascule ne puisse pas blesser l'imprimeur au moment où il l'agrafe, si elle venait à lui échapper, et en général, pour en faciliter le mouvement, j'y ai attaché la corde *g* qui passe sur des poulies fixées au plafond, et porte un contre-poids égal à celui de la bascule.

h, pédale qui tourne autour du boulon *i* fixé dans l'extrémité du patin de devant de la presse. *k*, tige de fer qui réunit la pédale au levier *l*. Il passe dans l'étrier *m*, et est mobile autour du boulon *n*. Le contre-poids *o*, dont la corde passe sur deux poulies fixées au pied *p*, et est attachée au levier *l*, sert à le maintenir élevé lorsqu'on l'abandonne à lui-même. L'étrier *m* forme l'extrémité inférieure de la tige de fer *q*, dont la partie supérieure *r*, est mobile autour de la charnière *s*, et porte une ouverture dans laquelle vient s'agrafer l'extrémité de la bascule V. Le ressort *t* empêche cette partie *r* de retomber en arrière, et la pousse vers la bascule, afin qu'elle s'agrafe d'elle-même. *u*, tige de fer, mobile sur le boulon *v*, et dont la partie inférieure est poussée en avant par le ressort *w*; de manière qu'elle vient s'agrafer sur la pédale, lorsqu'on l'abaisse, et l'empêche de remonter pendant le tirage. *x*, deux contre-poids, dont l'un est caché derrière le pied, qui servent à ramener le chariot à sa place lorsque le tirage est achevé.

Observations.

Une des principales différences de cette presse avec celle de M. Brisset, se trouve dans la bascule. La sienne est comme celle-ci, en fer, et a la même solidité; le rateau y est aussi maintenu par une armature en fer; mais dans la sienne, la vis qui sert à régler la hauteur du rateau, est placée à l'extrémité de la bascule opposée à l'imprimeur, et lorsque la presse est d'une grande dimension, celui-ci a de la peine à atteindre cette vis. Comme en outre cette vis tourne très-durement, il est souvent obligé de faire le tour de la presse pour régler la pression. Il faut aussi remarquer que la marche seule de la vis ne suffit pas lorsqu'il faut imprimer des pierres d'épaisseurs très-différentes, et qu'alors l'ouvrier est obligé de changer encore de trou la cheville *f* (voyez presse de M. Brisset) qui retient le levier. J'ai évité cet inconvénient dans ma presse. La vis est placé au milieu du levier; de sorte que, quelle que soit la dimension de la presse, elle se trouve sous la main de l'imprimeur qui la règle sans se déranger. Une seconde différence entre ces deux presses, c'est que pour doubler la force de l'imprimeur, lorsqu'il met en jeu le moulinet, M. Brisset fait passer la sangle sur un galet fixé au chariot; et en même temps, il a donné une très-grande dimension au moulinet. La sangle se fatigue en passant constamment sur ce galet d'un faible diamètre, et le grand moulinet est souvent gênant et augmente inutilement la longueur de la presse. Je trouve préférable de fixer sur l'arbre autour duquel la sangle s'enroule, une roue à dents qui engrène avec un pignon plus petit, sur lequel se trouve assujetti le moulinet. Celui-ci n'a pas besoin alors d'être si grand, et il se trouve plus près de l'imprimeur et mieux sous sa main. Comme il ne dépasse pas de beaucoup la presse, celle-ci n'occupe pas une place aussi grande que celle de M. Brisset.

Une troisième différence c'est que ma pédale se lève beaucoup moins que celle de M. Brisset. Cela vient de ce que le point d'attache de la tige *k* (*Pl.* XXIV) est plus éloigné du point d'appui *i*, et que le boulon *n* est également plus éloigné de l'étrier *m*, que dans la presse de M. Brisset. Il est vrai que je perds de la force par cette disposition, et que l'imprimeur est obligé, avec ma presse, de faire un effort plus grand sur la pédale qu'à celle de M. Brisset, pour produire la même pression; mais cet effort se fait d'une manière naturelle, par le poids seul du corps et sans fatigue. Tandis qu'il est bien incommode de lever le pied si haut pour aller chercher la pédale, qu'il faut même encore abaisser avec la main. Du reste je dois dire que ceci est une affaire d'habitude, et un imprimeur accoutumé à la presse de M. Brisset, trouverait peut-être la mienne plus fatiguante; tandis que l'inverse arriverait à celui qui serait fait à la mienne. En somme, ces différences et quelques autres plus petites encore, sont peu importantes et je considère ces deux presses comme à peu près également bonnes.

PRESSES DE GRANDES DIMENSIONS.

Si on voulait construire cette presse pour le tirage de papiers de très-grand format, tel que Grand-Aigle ou Grand-Monde, il faudrait faire subir une modification à l'engrenage. Comme le tirage de pierres aussi grandes demande nécessairement plus de force, la roue montée sur l'arbre qu'enroule la sangle, devrait être proportionnellement plus grande, le pignon restant le même. Lorsqu'il s'agirait de ramener le chariot après le tirage terminé, le moulinet devrait faire un bien plus grand nombre de tours que celui d'une presse ordinaire; non seulement parce que la roue avec laquelle il engrène est plus grande, mais aussi parce que le chariot est plus long. Ce mouvement de rotation, que le retour devrait imprimer au moulinet, retarderait la marche du chariot et ferait perdre de la force inutilement. Pour éviter cet inconvénient, il faut donc disposer le pignon de manière à pouvoir le faire dégrener au moment où le châssis est parvenu à la fin de sa course, et rendre par là le mouvement de la grande roue entièrement libre, afin que la sangle puisse se dérouler sans éprouver d'obstacle. Voici la description du mécanisme qu'il convient d'adopter pour cela.

A (*Pl.* XXV. *Fig.* 2 et 3), arbre sur lequel s'enroule la sangle. B, roue à dents montée sur l'extrémité de cet arbre. C, pignon à coulisse sur l'arbre D, à l'extrémité duquel est fixé le moulinet E. Cet arbre porte une nervure F, qui, tout en permettant au pignon d'y glisser longitudinalement, l'empêche de tourner sans qu'il suive le même mouvement. G, G, coussinets en cuivre entre lesquels tourne l'arbre D. Ils sont fixés sur une plaque de fonte H, fortement assujettie au bâtis de la presse, au moyen des trois boulons I, I, I. K, M, levier à fourche. Son point d'appui est en L, et son extrémité M forme une fourche qui embrasse la moitié du pignon. L'extrémité de la fourche porte deux parties cylindriques N, qui sont ajustées dans une rainure O, pratiquée dans le pignon; de sorte que celui-ci peut tourner librement, sans que cette fourche y mette obstacle. Mais si on pousse l'extrémité K du levier, du côté de la presse, la fourche entraînera le pignon du côté opposé, et le fera dégrener d'avec la grande roue B. Ainsi lorsqu'on voudra tirer une épreuve, le levier devra se trouver dans la position où il est représenté par la figure; lorsque le chariot sera parvenu au bout de sa course, on le poussera vers la presse. Le pignon dégrènera, et le chariot reviendra à sa place sans faire tourner le moulinet. On le fera engrener de nouveau en tirant le levier à soi, au moment de tirer une seconde épreuve, etc.

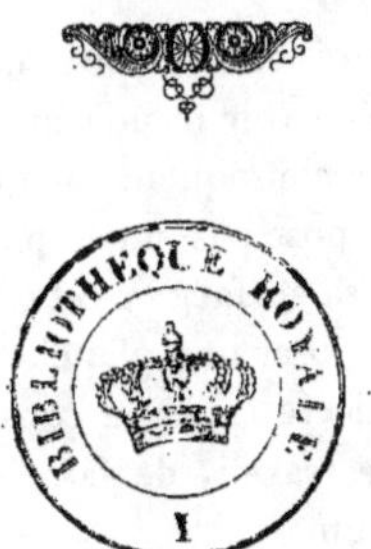

CHAPITRE VII.

OUTILS A L'USAGE DES DESSINATEURS-LITHOGRAPHES.

Je me propose de décrire dans ce chapitre tous les outils à l'usage du lithographe et du dessinateur-lithographe. Quelques-uns sont d'une grande simplicité; tandis que d'autres sont assez compliqués pour que le nom d'outils ne leur convienne peut-être pas beaucoup : ce sont plutôt des appareils, des machines même; mais afin de ne pas trop multiplier les chapitres, il m'a semblé qu'il n'y aurait aucun inconvénient à réunir ces instrumens aux outils proprement dits.

Pupitre à l'usage des dessinateurs-lithographes.

Nous avons vu à la fin du troisième chapitre que, partout où la main touche une pierre, on court le risque de voir le noir attiré par la matière grasse déposée par ce simple contact. Par conséquent lorsqu'on dessine sur une pierre, il est important que la main ne pose pas sur la pierre même, et qu'elle soit soutenue à une petite distance de sa surface. A cet effet, beaucoup de dessinateurs-lithographes se contentent de poser une planchette sur deux bandes de carton collées sur les marges de la pierre; mais je conseillerai à ceux qui s'occupent habituellement de ce genre de travail, de faire usage d'un pupitre fort commode, dont voici la description.

Pupitre.

Sur le pupitre A *(pl.* XXVI, *fig.* 1*)*, sont fixées deux paires de planchettes en bois B, C, B, C, destinées à supporter la planchette D. Comme les pierres sont d'épaisseur fort différente, il est nécessaire que ces supports puissent s'exhausser et se baisser à volonté, afin de maintenir la planchette ou garde-main toujours à la distance convenable de la surface de la pierre. A cet effet, les planchettes sont partagées en deux : celles inférieures B, B, sont fixées sur le pupitre, et portent quatre plaques de fer divisées aussi en deux, dans lesquelles les vis E, E, E, E, sont fixées au moyen de collets. Les planchettes supérieures C, C portent quatre écrous fixés dans l'épaisseur du bois en dessous, et dans lesquels passent les vis E, E, E, E. Il suffit de tourner ces vis pour mettre les supports à la hauteur convenable. D, planche mince servant de garde-main. Elle est taillée en bizeau, c'est-à-dire, que la partie tournée vers le corps, a environ 6 lignes d'épaisseur ; tandis que celle opposée n'a qu'une ligne : ce qui permet à la main d'approcher de la pierre le plus près possible. Cette planchette est échancrée au milieu, afin que le dessinateur puisse approcher suffisamment de la pierre; tandis que les côtés plus larges servent de support aux coudes; ce qui donne de la fermeté à la main. A ses extrémités et en dessous, sont cloués deux petits liteaux F, F qui l'empêchent de glisser tout à fait d'un côté; précaution sans laquelle elle finirait par quitter les supports, et tomberait sur la pierre. A la partie supérieure des tringles C, C, est assujettie, au moyen de charnières, la planchette G, sur laquelle est posé le modèle. Une seconde planchette H est attachée à la précédente par deux charnières, et porte à son centre un miroir I, destiné à réfléchir le modèle en sens inverse. Afin de pouvoir donner à ce miroir l'inclinaison convenable, on a placé sur la droite de ces planchettes le quart de cercle K, passant dans un ajustage en fer fixé à la planchette H, qui est maintenue à l'inclinaison voulue, par la vis de pression L. Les deux planchettes G et H se rabattent sur les pièces C, C, et forment ainsi un couvercle destiné à mettre la pierre à couvert de la poussière, ou de tout autre accident. Pour cela on a ménagé dans la planchette G les ouvertures M, M, qui reçoivent les deux vis supérieures E, E. Si on le jugeait à propos, on pourrait même munir ce couvercle d'une serrure.

Au milieu du pupitre se trouve un plateau rond N, destiné à porter la pierre. Il est fixé à son centre sur un arbre en fer, et se trouve soutenu par quatre galets placés dans l'épaisseur du bois. Cette disposition permet de tourner avec facilité la pierre la plus lourde.

La propreté étant de première nécessité pour le dessinateur-lithographe, il fera bien d'adapter à la table sur laquelle il travaille, un tiroir placé à son côté gauche, et destiné à recevoir les rognures, en taillant les crayons. Il résulte deux avantages de cette disposition : 1° que les rognures ne traînent pas sur la table et souvent sur la pierre, où elles forment des taches; 2° que ces rognures sont garanties de la poussière, et peuvent être employées à faire de nouveaux crayons, qui sont d'ordinaire meilleurs que ceux de première fusion. Sur la droite du pupitre, on fera bien de ménager un second tiroir pour loger les différens outils dont on a besoin.

Comme les pierres sont tantôt plus épaisses, tantôt plus minces, tantôt plus grandes ou plus petites, il ne serait pas commode d'être toujours assis à la même hauteur. Un tabouret à vis *(fig. 2)* est donc nécessaire au dessinateur-lithographe. Les vis en bois prennent promptement du jeu et se dérangent, de manière que le siége n'est plus fixe et, par son ballottement, ôte de la fermeté à la main. Une vis en fer bien faite, tournant dans un écrou en cuivre, et placée dans un long tuyau logé dans l'intérieur du pied, est bien préférable. Cette vis porte à sa partie supérieure une croix sur laquelle est fixé le siége.

Grattoirs.

Le lithographe fait usage de grattoirs de plusieurs sortes, et il ne sera pas sans utilité pour le lecteur, de connaître la forme de tous ceux qu'on a exécutés de manières différentes, suivant les divers usages auxquels ils sont destinés. J'en ai pris les modèles chez M. Bancelin, coutelier, rue de Seine, N° 50, à Paris, qui s'occupe spécialement des outils employés en lithographie.

Le grattoir représenté par la figure 1 *(pl.* XXVII*)*, s'ouvre en deux à l'extrémité opposée à la lame, afin de recevoir une aiguille qui se loge dans une petite rainure A, et se trouve maintenue par la virole B, destinée à serrer les deux parties de l'instrument.

Les figures 2, 3, 4, 5 représentent des grattoirs simples, d'une seule pièce, sur le milieu de laquelle est rivée une garniture en bois d'ébène, qui les arrondit, afin qu'on puisse les tenir commodément.

Le N° 6 est plus spécialement destiné au nettoyage du papier de Chine, quoiqu'on puisse aussi l'employer à d'autres usages.

Le N° 7 est une lame en acier A, A, appelée communément *pointe à rabaisser.* Lorsqu'on veut s'en servir, on la fixe dans le manche B, en serrant la vis de pression C. Ces pointes sont en acier parfaitement trempé. Elles sont principalement destinées à la reliure; mais elles sont aussi fort bonnes et très-commodes pour couper le papier de Chine, et en général toute espèce de papier.

La figure 1 *(pl.* XXVIII*)* représente un grattoir à l'usage des graveurs sur pierre

Il est formé d'une pointe à trois faces, un peu bombée au milieu. Afin que ses arêtes soient plus vives, les faces sont légèrement évidées sur leur longueur. Ce sont les mêmes grattoirs dont se servent les graveurs sur cuivre. Si on n'en a point sous la main, on peut les remplacer par une lime de même forme, qu'on fait aiguiser sur ses trois faces par un remouleur. A cause de la bonne qualité de leur acier, les limes forment d'excellens grattoirs.

Pierres à aiguiser.

Dans chaque lithographie, on doit avoir une petite meule, pour repasser les outils. Il est essentiel en outre d'avoir, dans l'atelier des écrivains, une pierre à huile, dont ils peuvent avoir besoin à chaque instant. Celles qu'on désigne dans le commerce sous le nom de pierres du Levant sont les plus mordantes, et celles qui durent le plus longtemps. Si on veut avoir des tranchans très-doux, on peut aussi se servir de ces pierres à rasoirs, jaunes, dont le revers est ordinairement noir, et qu'on a si souvent confondues avec les pierres lithographiques, quoique leur nature soit entièrement différente. La pierre lithographique n'est pas assez dure pour user l'acier qui, au contraire, la raie facilement; ce qui la rend tout-à-fait impropre au repassage.

Pointes à graver.

Les pointes à graver doivent être de très-bon acier, et parfaitement trempées, afin d'attaquer vivement la pierre, et de sécher le moins vite possible. On peut se servir, pour les faire, d'acier anglais, ou d'acier fondu en broches. On commence par leur donner, au moyen d'une lime, la forme qu'elles doivent avoir; puis, pour les tremper, on en présente la pointe vis-à-vis de l'ouverture d'un chalumeau, en interposant entre eux, une chandelle dont la flamme, qui s'allonge par l'action du vent, et dans laquelle on plonge cette pointe, la rougit promptement. On continue à souffler jusqu'au rouge blanc, et alors on enfonce la pointe dans le suif d'une chandelle, pour la tremper. Si on a bien réussi, on voit une légère pellicule se détacher du métal, et celui-ci paraît alors avec un faible éclat. L'emploi convenable du chalumeau demande une certaine habitude. On doit souffler sans s'interrompre, même pour reprendre haleine, jusqu'à ce que l'opération soit terminée. A cet effet, on enfle d'abord fortement les joues, et l'air qui y est comprimé alimente le chalumeau; tandis qu'on respire par le nez. On ne doit pas s'attendre à réussir du premier coup dans cette manœuvre;

mais avec un peu d'exercice, on en vient aisément à bout. Les pointes ainsi trempées, ne le sont que jusqu'à une certaine distance du bout; aussi lorsque cette partie est usée, il faut retremper l'instrument. Il est beaucoup plus commode, pour éviter cet embarras, de se procurer des *égalisoirs* d'horlogers, sortes de broches d'acier à cinq faces, très-bien trempées, et qui sont d'un excellent usage.

Au reste, qu'on fasse usage de broches d'acier ou d'égalisoirs, il faut toujours les enchâsser dans un manche de bois cylindrique, de la forme d'un crayon; ce qui permet de les manier commodément. Le moyen le plus simple est de former ce manche de deux morceaux de bois collés ensemble, comme le sont habituellement les crayons. A cet effet, on fait préparer deux morceaux de bois tendre, d'environ six pouces de longueur, sur quatre lignes de large et deux lignes d'épaisseur. On enduit de colle l'une des faces larges de chacun de ces morceaux; on pose l'égalisoir ou la broche sur l'un d'eux, en le plaçant au milieu, et de manière que sa pointe dépasse le bois de quelques lignes. On recouvre ensuite avec l'autre pièce de bois, en appliquant l'une contre l'autre les deux surfaces enduites de colle, et on serre avec force dans une presse. Par cette pression, l'égalisoir ou la broche s'enfoncent dans le bois qui se comprime, et dont les deux fragmens adhèrent fortement ensemble. Lorsque la colle est sèche, on fait arrondir la pièce au moyen d'un rabot à fer demi circulaire, ou bien on la fait tourner. A mesure que la pointe s'use, on taille le bois comme on le ferait d'un crayon, et on aiguise l'acier(*fig.* 2).

On peut se procurer chez MM. Neuber frères, et chez M. Bancelin, des manches à pointes, fort commodes. Ils se composent d'une pièce A (*fig.* 3), fendue dans sa longueur, afin de lui donner la faculté de se serrer, et percée, ainsi qu'une partie du manche, d'une ouverture dans laquelle on peut enfoncer librement la pointe B, longue d'environ trois pouces. La base de cette pièce D est taraudée. Une virole C, dont l'intérieur est conique, recouvre la pièce A et, en se vissant sur la partie taraudée D, elle force les extrémités à se serrer, et à presser fortement la pointe, qui alors ne peut plus bouger. On a de ces manches à ouverture de diverses dimensions. On en a même dont la pince présente une ouverture ovale E, pour les pointes qui servent à faire les renflemens et les gros traits.

Quelques graveurs pour la topographie se servent de pointes en acier doubles (*fig.* 4) pour graver les routes, les canaux et autres lignes très-rapprochées et parallèles. Il faut beaucoup d'habitude pour faire un usage convenable de cet instrument, à cause de la difficulté qu'on éprouve à faire marquer à la fois et également les deux pointes.

Burins en diamant.

Lorsqu'il s'agit de graver des travaux très-fins, certains lithographes se servent de burins en diamant (*fig.* 5). Ils se composent d'un manche A, dans lequel est fixé, au moyen d'une virole B, une tige de fer C, au bout de laquelle est solidement incrusté un éclat de diamant D, choisi de manière à présenter une pointe aiguë. Le diamant étant beaucoup plus dur que l'acier, cette pointe ne s'émousse pas sur la pierre, et comme on peut alors la choisir très-déliée, elle entaille plus facilement la pierre, et forme des lignes d'une finesse extrême. Il n'y a ordinairement qu'un côté du diamant qui soit parfaitement tranchant; c'est pour ne pas s'y tromper, qu'on fait sur le manche une petite marque E, qui sert à indiquer la manière dont il faut le tenir, pour qu'il marque très-bien.

Malgré l'avantage incontestable que présente un burin en diamant, peu de graveurs s'en servent pour des travaux à la main, parce que l'extrémité de ce burin étant tronquée, pour pouvoir y fixer le diamant, empêche de voir assez exactement où on en place le bout. Ce n'est que par une longue pratique, qu'on parvient à s'en servir convenablement. Mais c'est surtout pour les machines à graver, que ces burins sont indispensables. Il serait en effet impossible de faire une teinte unie avec une pointe en acier. Non seulement elle ne donnerait pas sur la pierre des raies aussi fines et aussi égales; mais en outre elle s'userait pendant le travail, et deviendrait toujours plus grosse, à mesure qu'on avancerait.

Comme il est très-difficile d'assujettir solidement les éclats de diamant au bout de tiges en fer, et que ces burins coûtent fort cher, M. Neuber a imaginé une pince (*fig.* 6), qui peut les remplacer. Elle se termine en pointe à sa partie supérieure, pour recevoir un éclat de diamant A. Sa partie inférieure D, forme un cône renversé, et se termine par un pas de vis B, sur lequel est ajusté un petit manchon C. Lorsqu'on fait monter ce manchon, en le tournant entre les doigts, il appuie sur la partie conique D, et l'oblige à se fermer et à serrer fortement le diamant. Par ce moyen ingénieux, on remplace en un instant et très-facilement un diamant qui se serait brisé ou usé, par un autre éclat dont on peut avoir une provision. Ces éclats coûtent de 2 à 3 fr. la pièce. Il y a longtemps que nous nous servons d'une pareille pince, pour tous les travaux que nous exécutons à la machine à graver, et nous en sommes fort satisfaits.

Instrument pour faire les têtes de notes.

En Allemagne, on imprime beaucoup de musique au moyen de la lithographie, et comme il serait beaucoup trop long de faire les têtes de notes à la plume, et que d'ailleurs on n'arriverait que difficilement ainsi à les avoir égales, les lithographes de ce pays se servent, pour cet usage, d'un petit instrument fort commode, d'un emploi facile, prompt et régulier. Il se compose d'un tube en laiton ou en argent A (*fig.* 7), fermé en haut par un bouton à vis B, et se terminant en bas par un bec C, dont l'extrémité D est de la grandeur des notes qu'on se propose de faire, et, suivant la forme qu'on veut leur donner, tantôt ronde, tantôt ovale. Ce bec est percé d'une ouverture qui laisse arriver jusqu'à son extrémité l'encre lithographique qu'on introduit par l'ouverture E. Si l'encre était abandonnée à elle-même, et soumise seulement à l'action de son propre poids, il se présenterait de graves inconvéniens. Si l'ouverture du bec était assez petite pour ne laisser passer chaque fois que la quantité d'encre nécessaire, et pour la retenir ensuite à cause de la capillarité, le bec ne tarderait pas à se boucher, par la dessiccation de l'encre. Si au contraire on fait l'ouverture trop grande, afin qu'elle ne s'obstrue pas, l'encre 'sécoule trop abondamment. Pour mettre l'instrument à l'abri de ces deux défauts, on a ajusté dans l'intérieur de l'ouverture qui traverse le bec, une tige en métal F, qui ne présente entre elle et les parois, que la place nécessaire pour laisser couler une faible quantité d'encre, et qui agit assez par la capillarité, pour la retenir. Cette tige dépasse un peu l'ouverture inférieure D; de sorte qu'elle se relève chaque fois qu'on pose l'instrument sur la pierre; mais aussitôt qu'on cesse d'appuyer, elle est forcée de redescendre, par la pression d'un ressort à boudin G, qui pousse continuellement son extrémité opposée. Par cette ingénieuse disposition, cette tige opère un frottement continuel contre l'ouverture du bec; ce qui l'empêche de s'encrasser. Pourvu qu'on ait soin de tenir constamment une quantité à peu près égale d'encre dans le tube, et que celle-ci présente la fluidité convenable, on pourra faire de suite et très-promptement une grande quantité de têtes de notes parfaitement égales. Il est superflu de dire aux lithographes soigneux que chaque fois qu'on s'est servi de cet instrument, on doit le démonter et le nettoyer bien proprement; car si on y laissait sécher l'encre, elle s'y solidifierait, et il faudrait nécessairement l'enlever, lorsqu'on voudrait de nouveau employer l'instrument.

COMPAS A TRACER DE PETITS CERCLES.

Compas de M. Jobard.

(Extrait du Bulletin de la Société d'encouragement, 28e année, page 278.)

« M. Jobard, habile lithographe de Bruxelles, a fait hommage à la Société « d'encouragement d'un compas excentrique pour tracer de petits cercles sur les « pierres lithographiques. L'auteur a cherché longtemps le moyen de tracer un « cercle infiniment petit pour exprimer les villes et les arbres sur les plans to- « pographiques (1). Comme il ne pouvait pas y parvenir à l'aide d'un compas à « deux branches, il a imaginé l'instrument dont il s'agit. Son point central est « suspendu au-dessus du plan et le cercle est produit par une pointe qu'on éloi- « gne plus ou moins du centre, par une vis de pression.

« Dans la figure 1 (*pl.* XXIX), *a* est un bloc en bois dont la face inférieure, « parfaitement dressée, pose sur la pierre. Sur ce bloc est vissée une pièce en cui- « vre *b*, qui reçoit l'axe *c*, qu'on fait tourner à l'aide de la manivelle *d*. L'extrémité « inférieure de cet axe, qui passe à frottement doux à travers une boite *e*, est « réunie à une chape excentrique *f*, munie de deux ressorts *g*, *h*; dont l'un *g*, « appuie contre la pointe à tracer *i*; et l'autre *h*, contre une petite pièce *k*, à « travers laquelle passe cette pointe, qui y est retenue par une vis *l*. On conçoit « que les ressorts, tendant toujours à pousser la pointe en dehors de l'axe cen- « tral *c*, pour la ramener vers le centre ou l'écarter, on fait agir un écrou go- « dronné *m*, qui reçoit l'extrémité taraudée d'une broche carrée *n*, faisant corps « avec la pièce *k*. En tournant l'écrou de droite à gauche, on attire la pointe; en « le détournant on l'éloigne. De cette manière on peut tracer sur la pierre des « cercles d'un diamètre plus ou moins grand. Pour adoucir le frottement de « l'arbre, on le graisse après avoir enlevé la petite plaque *o*, retenue sur le « devant de la boîte *e*, par deux vis. »

On a omis de faire remarquer dans cette description que l'axe *c*, a du jeu en hauteur dans la boîte *e*; ce qui permet de lever cette boîte avec la pointe à tracer, et d'appuyer ensuite celle-ci plus ou moins sur la pierre, suivant que la gravure doit être plus ou moins profonde.

---

(1) Dans mes ateliers nous nous servons pour cela d'un plaque de cuivre mince, dans laquelle on a percé des trous ronds de différens diamètres, et qu'on suit intérieurement avec une pointe. Ce moyen est bien simple, et va vite.

Ce compas a l'avantage d'être commode à tenir, et de conserver toujours une position parfaitement verticale; mais il présente l'inconvénient de manquer d'un point de centre propre à pouvoir le placer tout de suite sur le point autour duquel on veut tracer un cercle; et ce n'est que par tâtonnemens qu'on finit par faire correspondre le centre de l'instrument avec un point placé d'avance sur la planche.

Je trouve de plus que, pendant qu'on cherche le point convenable, la pointe à graver traîne sur la pierre par son propre poids; et si on n'a pas soin de la soulever constamment, elle peut y faire des raies. Je pense aussi qu'en se servant d'une manivelle pour tourner le compas, il est dificile de donner la même pression pendant le tour entier, et que la main passant pendant cette opération d'un côté à l'autre de l'instrument, pourrait bien le déranger. Il serait préférable, à mon avis, de remplacer la manivelle par un bouton P qu'on tournerait entre les doigts. Le mouvement de la pointe en deviendrait plus prompt et plus régulier, et on serait plus sûr d'appuyer également pendant tout le tour. Il serait bon aussi d'adapter entre le bouton P, et la boîte *e*, un petit ressort à boudin Q, qui tiendrait le compas toujours levé, jusqu'à ce que la pression sur le bouton P, vînt l'abaisser sur la pierre.

Compas de M. Roux.

M. Roux, dessinateur et graveur lithographe à Paris, a imaginé un compas à graver de petits cercles sur pierre ou sur cuivre, qui me paraît préférable à celui de M. Jobard. Il a bien voulu me permettre d'en donner la description dans cet ouvrage, et je l'en remercie.

Ce compas se compose d'un bloc en bois A (*pl.* XXIX, *fig.* 2), qui pose sur la pierre par ses quatre angles un peu saillans. Sur ce bloc est adapté, au moyen de la vis B, le support en cuivre C, qui reçoit un tube cylindrique D, qu'on y fixe à la hauteur convenable au moyen de la vis E. Cette vis passe dans une coulisse entaillée dans le support C, afin qu'on puisse le baisser à mesure que la pointe G s'use. Dans le tube D passe, à frottement doux, une seconde pièce cylindrique en fer F, à laquelle est assujettie la pointe à tracer G. Cette pointe est vissée dans la pièce carrée H, qui passe dans la coulisse I, et est assujettie dans la pièce K au moyen de la vis de pression L. Cette disposition permet de l'enlever à volonté, pour l'aiguiser. Une seconde vis de pression M sert à la fixer, pour éviter tout ballottement. Cette pièce est guidée par une vis micrométrique N, dont la tête O porte des divisions qui correspondent au nonius P.

Elle passe dans l'écrou Q, et est retenue à gorge dans la pièce K; de sorte que celle-ci, et avec elle la pointe à graver G, en suivent tous les mouvemens. Au moyen de cette disposition, on peut décrire des cercles concentriques dont on règle la distance avec la plus grande exactitude, au moyen des divisions gravées sur la tête O. Au milieu de la pièce F passe, à frottement doux, une broche en acier R, destinée à chercher le centre autour duquel on veut tracer un cercle. Une fois ce point trouvé, on la relève, pour qu'elle ne fasse aucune marque sur la planche pendant qu'on trace le cercle. Au-dessus du tube D, se trouve une virole S qui supporte la tête T du cylindre F, et qui sert à le tourner pour tracer les cercles. On a pratiqué dans cette virole une entaille U, placée en biais, et à travers laquelle passe une petite broche V, vissée dans le cylindre F. Cette virole est destinée à relever ce cylindre et, avec lui, la pointe du compas. Il suffit pour cela de tourner la petite broche W de droite à gauche, et le cylindre reste dans cette position, jusqu'à ce qu'on retourne cette broche de gauche à droite, au moment où on a convenablement placé le compas sur le centre, et lorsqu'on veut tracer le cercle. Par cette disposition, on évite que la pointe à graver G ne fasse aucune marque sur la planche avant qu'on veuille la faire agir.

M. Roux se sert souvent de ce petit compas en le réunissant à la machine à graver, lorsqu'il s'agit par exemple de tracer une suite de cercles équidistans, et dont les centres sont en ligne droite. Il suffit pour cela de défaire la vis B, fixée dans l'écrou X, et de la placer dans un écrou qui se trouve à cet effet sur sa machine à graver.

Compas à pompe.

Ce compas se compose d'une tige A (*pl.* XXIX, *fig.* 3), sur laquelle est ajusté à frottement doux mais sans ballottement, le tube B. Ce tube est soutenu en l'air par le petit ressort à boudin D, en fil d'acier bien fin, et qui ne doit avoir que tout juste la force nécessaire pour le soulever, sans opposer de résistance à la main lorsqu'on veut appuyer le tire-ligne sur la pierre. Sur ce tube est fixé en E le ressort F, qui porte à son extrémité un petit tire-ligne G. Il est traversé à sa partie supérieure par la vis H, qui sert à l'approcher ou à l'éloigner du centre, et qui se termine par un bouton qui se meut dans une petite gorge à collet, pratiquée dans la pièce I.

Lorsqu'on veut se servir de ce compas, on pose la pointe K sur le centre du petit cercle qu'on veut tracer, et on le maintient dans une position verticale, en plaçant l'index de la main gauche sur le bouton C. On saisit en même temps le bouton L entre le pouce et l'index de la main droite, on le presse légèrement pour faire descendre le tire-ligne sur la pierre, et on le fait alors tourner entre les doigts pour décrire le cercle. On a de ces compas à pièces de rechange; mais je trouve qu'elles sont inutiles. Cet instrument n'est pas assez solide pour qu'on puisse s'en servir à la pointe pour graver, et on fait bien rarement de si petits cercles au crayon.

Ce compas est au reste très-commode. On trouve à l'instant à le placer exactement, puisqu'il suffit de poser la pointe sur le centre du cercle qu'on veut décrire. Puis, au moyen de la vis de rappel, on règle de la manière la plus exacte le diamètre du cercle, et quelque petit qu'il soit, on le trace avec la plus grande facilité. Il ne présente qu'un seul inconvénient, c'est de n'avoir pas une position perpendiculaire constante. Si on l'inclinait sensiblement, on tracerait des ovales au lieu de cercles; mais cet inconvénient est petit, et avec un peu d'habitude on réussit à se servir aisément de cet instrument.

PANTOGRAPHES.

La Lithographie ayant été appliquée à la reproduction des nombreuses cartes du cadastre à Munich, on sentit bientôt le besoin de faire usage d'un pantographe qui permît de tracer immédiatement et à rebours sur pierre, la série de cartes qu'on voulait exécuter. Non seulement on économisait ainsi l'opération du décalque, mais en outre on obtenait un tracé bien plus exact que lorsqu'on faisait d'abord le calque sur un papier transparent pour le transporter ensuite sur pierre en le retournant. Comme il n'existait à cette époque aucun pantographe propre à tracer à rebours, on eut l'idée de placer la pierre sens dessus dessous, et de suivre le trait du dessin avec une machine qui le reproduisait renversé sur cette pierre. Cet instrument est représenté, pl. XXX, fig. 1. Il se compose d'une table A, surmontée d'une colonne en fonte de fer B, qui y est solidement fixée. A cette colonne sont attachés à charnières deux châssis en fer C, D, qui tournent sur des pivots à vis E, E, E, E, afin d'avoir un mouvement parfaitement libre, sans aucun ballottement. A l'extrémité du châssis D, et à sa partie inférieure, est fixée une pointe F, à coulisse dans la virole G, destinée à suivre les traits du dessin. Tant pour la tenir avec facilité, que pour l'empêcher de flotter sur le papier, on y a adapté la pièce H, qui pose à plat sur le dessin. A la partie supérieure de ce même châssis D, et perpendiculairement au-dessus de cette pointe, se trouve un ajustage cylindrique I, à coulisse dans la virole K, et pouvant recevoir soit une pointe à graver, soit une pointe émoussée ou un crayon. Au-dessus de la pointe F, se trouve un levier à bascule L, qui communique par un fil avec un autre levier à bascule M, muni d'un contre-poids N, et destiné à appuyer la pièce I contre la pierre. Par cette disposition, il suffit de lever la pointe F pour que celle fixée dans la pièce I descende, et quitte la pierre; ce qui permet d'interrompre le tracé à volonté.

La colonne B supporte un châssis en fer O, O, qui s'appuie à son extrémité opposée sur un support P. Q, Q, sont deux traverses en bois, garnies de règles en fer R, R, qui les dépassent dans la partie intérieure, et sur lesquelles on pose la pierre X, de manière que la face qui doit recevoir le dessin se trouve en dessous. Ces traverses sont soutenues par les vis S, S, qui passent dans des traverses en fer T, T et permettent de les rapprocher ou de les éloigner suivant la dimension des pierres. Il est facile de comprendre que la pointe supérieure I suivra exactement tous les mouvemens qu'on imprimera à la pointe inférieure F, et tracera en sens inverse sur la pierre, le dessin posé sur la table A. Cette machine est assez solide pour qu'on puisse y fixer une pointe aiguë en acier, qui grave immédiatement sur la pierre, le trait de la carte qu'on veut reproduire. Cependant si, par un motif quelconque, on ne voulait pas graver tout de suite ce trait, il y aurait deux moyens d'en obtenir un simple tracé. Le premier consiste à fixer dans le cylindre I un crayon, ou un morceau d'étain, qui peut dessiner le contour en noir sur une pierre blanche. Quant au second, on l'emploie lorsqu'on veut tracer le trait sur une pierre préparée pour la gravure. Alors on la noircit sans la frotter après qu'elle est sèche, afin qu'elle reste matte. En se servant ensuite d'une pointe en acier émoussée, on obtient sur ce fond noir un trait fort pur et assez brillant, que le dessinateur distingue facilement en plaçant la planche entre ses yeux et le jour. Ce pantographe, tel que je viens de le décrire, reproduit la figure de la grandeur exacte de l'original; mais il est facile de le disposer aussi de manière qu'il réduise en même temps. Il suffit pour cela d'ajouter aux parties supérieures des châssis C, D (*fig.* 2), deux tringles U, U, à coulisse sur ces châssis, et pouvant se fixer à la place convenable par les vis de pression V, V. On placera alors le crayon ou la pointe à graver en W, de manière qu'elle se trouve toujours sur une ligne droite qu'on tirerait entre les points E et G. Les tiges supérieures des châssis C, D et celles U, U, qui composent cet ajustage, peuvent être graduées de manière qu'il soit facile de placer le crayon sur les points convenables, pour opérer toute espèce de réduction. Il est vrai qu'il faudra alors un mécanisme plus compliqué, pour lever la pointe placée en W, lorsqu'on voudra interrompre les lignes.

Ce pantographe offre une grande solidité et beaucoup de précision, lorsqu'il est exécuté avec les soins convenables; mais il présente l'inconvénient d'être fort coûteux, peu portatif, et ne permet pas de voir le tracé produit sur la pierre en même temps que celui que l'on copie; car pour voir ce que fait la pointe à tracer, il faut retourner la tête d'une manière fort incommode.

Ce sont MM. Liebherr et comp., mécaniciens à Munich, qui exécutaient cet instrument; on en trouvait chez eux un autre dont voici la description (1).

Ce pantographe est principalement employé dans la lithographie royale à Stuttgardt, pour le tracé sur pierre des cartes du cadastre..

A (*pl.* XXXI), table sur laquelle se trouve placé un pantographe ordinaire, solidement établi, et construit avec une grande précision. B, pointe qui sert à suivre le dessin. Elle est à coulisse dans la partie C, et porte la rondelle D, sur laquelle est fixé le loquet E destiné à la retenir, lorsqu'on la pousse pour la relever. Une pièce en forme de demi-cercle F G, est ajustée sur l'extrémité recourbée de la branche du pantographe qui porte cette pointe. Ce demi-cercle est mobile autour d'un pivot qu'on ne voit pas dans la figure. Son extrémité F se termine par une fourche qui emboîte la rondelle D; tandis que l'autre extrémité G porte un bouton, auquel est attaché un fil destiné à abaisser et à relever la pointe à tracer. Il est aisé de voir qu'aussitôt qu'on relève la pointe à suivre et, avec elle, la rondelle D, celle-ci entraîne avec elle la fourche F, et fait avancer le bouton G, qui tire alors le fil. Par cette disposition ingénieuse, la pointe à tracer suit le mouvement de la pointe qu'on passe sur le dessin; et aussitôt qu'on soulève cette dernière, l'autre abandonne la pierre. H pointe à tracer tournée vers le haut. Elle est à coulisse dans la pièce I, et sollicitée constamment à monter par le levier K, qui la traverse d'un bout, et porte à son autre extrémité le contre-poids L. En M est attaché un fil N, qui passe sur les poulies O, O, et est fixé par son autre extrémité au bouton G, ainsi que je l'ai dit précédemment. Aussitôt qu'en levant la pointe à suivre, on fait avancer ce bouton, il tire le fil et fait abaisser l'extrémité M du levier K, et avec elle la pointe à tracer H. P pivot ou point fixe autour duquel se meut le pantographe. Il est à coulisse sur la branche Q, et l'ajustage I est également à coulisse sur la branche R. Plus on rapproche ces deux pièces du point S, plus l'image re-

(1) Il paraît que ce sont aujourd'hui MM. Ertel et Sammet, à Munich, qui confectionnent de pareilles machines.

produite se trouve réduite, et plus on les éloigne au contraire, et plus l'image se rapproche de sa grandeur naturelle.

A l'extrémité de la table A sont fixés solidement les deux supports T, T. Leur côté intérieur porte une coulisse dans laquelle se meuvent les traverses U, U, qui portent à leur partie inférieure des règles en fer plat V, sur lesquelles on pose la pierre W, sens dessus dessous.

Le pantographe, tel que le représente la figure, est entièrement à découvert afin qu'on puisse en voir toutes les parties; mais lorsqu'il fonctionne, l'extrémité de la branche R, ainsi que la pointe à tracer, se trouvent sous la pierre.

On voit que les constructeurs de ces deux pantographes sont partis du même principe, c'est-à-dire qu'ils ont toujours renversé la pierre, pour obtenir un tracé en sens inverse de l'original. Celui dont nous nous occupons à présent est beaucoup plus léger et moins coûteux que le précédent. Il a aussi sur lui l'avantage de tracer l'image au choix de la personne qui s'en sert, soit de la même grandeur que l'original, soit dans une proportion réduite, donnée d'avance. Mais il a, à mes yeux, ce grand désavantage, qu'il est impossible de voir le tracé de la pointe pendant le travail; de sorte que le dessinateur n'a d'autre moyen de s'assurer que la pointe fait son effet, qu'en écoutant avec une grande attention toujours soutenue, le bruit bien peu sensible occasionné par son frottement. Si ensuite, lorsqu'on retourne la pierre, on s'aperçoit que, par suite d'un oubli ou par toute autre cause, une partie du dessin n'a pas été tracée, je ne vois aucun moyen de la replacer assez juste pour la réparer, et je pense qu'il faudrait recommencer tout le travail.

Pantographe de M. Gavard, marché St.-Honoré, N° 4, à Paris.

M. Gavard m'ayant montré, il y a quelques années, le diagraphe dont il est l'inventeur, je l'engageai à s'occuper de la construction d'un pantographe à tracer à rebours, ne doutant pas que celui qui avait imaginé et construit un instrument aussi ingénieux et aussi parfait que celui que j'avais sous les yeux, ne réussît à résoudre cet important problème. Effectivement cette solution ne se fit pas attendre et peu de temps après, lorsque je lui fis une nouvelle visite à Paris, il me montra son nouveau pantographe, qui réunit une exactitude qu'on peut appeler microscopique, à un maniement très-commode. La pointe à graver travaille sur la même table qui reçoit le modèle. Elle est à découvert, de sorte qu'à chaque instant on peut voir le travail qu'elle fait. On pourrait même, après avoir tracé une partie d'un dessin, enlever la planche et la replacer ensuite avec assez de justesse pour achever le tracé commencé, ou y ajouter des parties qui auraient été oubliées.

M. Gavard a exécuté avec ce pantographe une quantité de traits sur planches de cuivre, pour être ensuite mordus à l'eau-forte. Ces traits sont d'une pureté et d'une précision qui ne laissent rien à désirer; aussi je n'hésiste pas à considérer cet instrument comme bien préférable aux deux précédens, et comme le plus parfait et le plus commode de ceux qui ont été faits jusqu'ici. En voici la description.

Le pantographe de M. Gavard se compose de deux parties distinctes; l'une destinée à tracer à rebours, et l'autre à réduire l'image dans la proportion voulue. Ces deux parties peuvent être employées à volonté séparément ou ensemble (*planche* XXXII).

Le pantographe à tracer à rebours est formé d'un parallélogramme dont les côtés sont les quatre tiges A, A, A, A. Les deux angles B, B, portent des galets C, qui roulent sur une tringle arrondie ou chemin de fer D, fixée sur la table E. Ces angles sont chargés des poids Y, Y, destinés à les appuyer sur la tringle D. F pointe destinée à suivre le dessin. Lorsqu'on veut se contenter de tracer un dessin à rebours, on place la pointe à graver ou le crayon en G. Pour qu'un pantographe trace une figure à rebours sur le même plan où se trouve l'original, il faut que, dans un certain sens du mouvement, les deux pointes marchent dans la même direction, et que dans l'autre sens leur mouvement soit opposé. C'est ce qui a lieu avec cet instrument. Si on promène la pointe F parallèlement à la tringle D, celle qui se trouve en G suit le même mouvement, puisque la machine entière roule alors sur les galets C; mais si on approche la pointe F de la tringle, celle placée en G s'en approche également, puisque ce mouvement fait écarter les deux charnières B, B.

Le pantographe à réduire se compose également d'un parallélogramme formé par les quatre branches H, H', H'', H'''. La pointe à suivre le dessin est placée en G lorsqu'on veut s'en servir isolément; mais lorsqu'on veut réduire un dessin, en même temps qu'on le trace à rebours, les deux instrumens se trouvent réunis par une tige commune placée en G. I point fixe autour duquel se meut le pantographe. Il est formé de la tige I ajustée sur un bloc de plomb K, qui pose solidement sur la table, et auquel sont adaptées les vis de rappel L, M, qui permettent de diriger le centre de mouvement avec une exactitude parfaite, au point où on veut le placer. N, ajustage qui porte la pointe à graver ou le crayon qui y sont retenus au moyen de coulisses. Un fil O, qui passe dans les galets Q, Q, Q, Q, Q, Q, et est fixé d'un bout à la pointe à tracer, et de l'autre à la pièce P, à charnière, permet de lever et d'abaisser à volonté la pointe à tracer. La coulisse R, qui porte cette pointe, est fixée sur la tringle H''' par la vis de pression S. La tringle H''', est mobile elle-même sur celles H', H'' au moyen des coulisses à charnières T, T'. C'est en l'approchant ou en l'éloignant du point fixe I, qu'on détermine la proportion de la réduction. Cette proportion est très-facile à établir d'une manière fort juste, en la mesurant sur la tringle H''. Si par exemple la distance T' à l'angle U, équivaut à trois fois celle de T' au point I, la réduction sera du quart du dessin original. Si on n'a pas une échelle fixe, on place le dessin de I en U et la réduction de I en T'. C'est ainsi que sans tâtonnemens, on fixe tout de suite la réduction, quand le rapport est donné d'avance. On commence donc à placer la coulisse T' à l'endroit convenable; on mesure la distance de T' à U, et on place la coulisse T à la même distance de l'angle V. Pour que la réduction soit exacte, il faut que les trois points G, N, I, se trouvent sur la même ligne. On tend alors un fil de G en I, et on fait glisser l'ajustage N, jusqu'à ce qu'il vienne toucher ce fil, et on le fixe en serrant la vis S. Le pantographe est soutenu par les roulettes W, W, W, W, W, qui s'ajustent à frottement sur les branches de l'instrument, tournent très-librement sur des pivots, et peuvent s'élever ou s'abaisser à volonté.

Afin de compenser la différence de hauteur, lorsqu'on veut graver sur une pierre, le centre I et l'ajustage en G, peuvent également s'élever et s'abaisser.

MACHINE A GRAVER DE M. DONNDORF, DE FRANCFORT, AVEC LES ADDITIONS FAITES PAR M. G. ENGELMANN.

Construction.

A, A (*Pl.* XXXIII, *fig.* 1), deux règles parallèles en fer, terminées en bizeau à la partie supérieure, et fixées solidement sur les patins en fer B, B. C, C, coulisses en cuivre parfaitement ajustées sur les règles A, A, et réunies par les traverses D, et E. Cet ensemble forme un chariot mobile sur ces règles. Il y est maintenu par les galets 11, 11, 11, 11, que portent les ressorts 12, 12, fixés aux coulisses C, C, par les étriers 13, 13. F, vis micrométrique, tournant à gorge dans le coussinet G, et maintenue à son extrémité opposée par la pointe H. Cette pointe est fixée sur la traverse E, au moyen de la vis I, passant dans une ouverture allongée, qui permet de pousser cette pointe contre la vis, si elle venait à prendre du jeu. Cette vis porte un carré sur lequel sont ajustées la rondelle K et la manivelle

L. L'une et l'autre y sont fixées au moyen de l'écrou M. La rondelle porte 24 entailles, dans l'une desquelles vient se loger une dent N, placée sur le ressort O, afin de la maintenir dans une position invariable pendant qu'on tire les lignes. Si on veut tourner la vis, on appuye sur l'extrémité O du ressort, qui vient alors butter contre la cheville P. La dent N sort de l'entaille, et la rondelle devient libre. On peut avoir des rondelles portant des divisions différentes; cependant celle de 24 dents offre à peu près tous les moyens de diviser, dont on peut avoir besoin. Q, coulisse en cuivre parfaitement ajustée sur la traverse en fer E. Elle y est appuyée d'une manière constante par les deux galets R, R, que portent les extrémités du ressort S, fixé au moyen de la vis T sur cette coulisse. U, écrou qui embrasse la vis F. Il est divisé en deux parties qu'on peut serrer avec la vis V, s'il vient à prendre du jeu. La pièce W est assujettie contre la partie inférieure de la coulisse Q, au moyen de deux vis à pointes X, X, sur lesquelles elle tourne librement et sans ballotter. Cette pièce porte le montant Z, auquel est adaptée, par la cheville 1, la tige 2. Elle est taraudée à son extrémité, et passe dans une ouverture oblongue, pratiquée dans la pièce 3. Un écrou 4, maintenu par un contre-écrou 5, sert à allonger ou à raccourcir cette tige, suivant qu'on veut faire descendre plus ou moins la pièce W. Cette tige sert à relever le burin fixé à l'extrémité de la pièce W, lorsqu'il ne doit pas marquer sur la pierre. Elle est alors dans la position représentée par la figure. Si on veut abaisser le burin, on monte l'écrou jusqu'au-dessus de la partie courbée de la pièce 3, et on le place en 6. 7, support percé dans sa longueur d'un trou dans lequel on place le burin en diamant 8, qui y est maintenu par la vis de pression 9. Ce support a deux tourillons fixés dans les coussinets 10, 10, et qui permettent de lui donner plus ou moins d'inclinaison. On l'arrête en serrant les chapeaux que portent ces coussinets dans l'ouverture 45, pratiquée dans la pièce W. On place une boîte en tôle destinée à recevoir de petits poids en plomb pour augmenter la pression sur le burin, dans les cas où son propre poids n'est pas suffisant pour opérer la gravure voulue. 14, 14, deux buttoirs fixés à vis sur l'une des règles A, pour limiter la course du chariot.

15, plateau en bois, qui porte dans son centre un cercle 16, qui tourne autour du pivot 17. Sur les croisillons 18 qui en forment le milieu, est fixée une roue en cuivre 19, qui porte 360 dents, et qui engrène avec une vis sans fin placée sur la tige 20. L'extrémité de cette tige traverse le plateau et porte la rondelle 21, ainsi que la manivelle 22. Cette rondelle présente un certain nombre d'entailles, comme celle K, et est maintenue par une dent placée sur le ressort

23. Il suffit de tourner cette manivelle pour faire tourner en même temps la roue 19, et avec elle, le cercle 16 qui porte la pierre à graver, lorsqu'au lieu de lignes parallèles on veut tracer des rayons. 24, tige placée à côté de celle 20, et dont l'extrémité taillée en coin, force le coussinet dans lequel tourne la tige 20, à s'éloigner de la roue 19, lorsqu'on l'enfonce, et fait dégrener ainsi la vis sans fin. Alors le plateau peut tourner librement, et donne la facilité de tracer des cercles concentriques, en le faisant tourner avec la main.

Ce sont ces deux pièces séparées qui composent la machine à graver de M. Donndorf. Cet artiste fixe les parallèles A, A, sur la table de travail, ou sur la pierre même qu'il veut graver, au moyen des étriers à vis placés sur les patins B, B. Ceux-ci sont alors posés sur des tasseaux plus ou moins élevés, suivant l'épaisseur des pierres.

J'ai trouvé à cette disposition différens inconvéniens que je dois signaler :

1° La vis micrométrique F, n'ayant qu'une petite longueur, ne suffit pas, quand on veut faire une teinte d'une certaine étendue. Lorsque, dans ce cas, la coulisse Q est parvenue au terme de sa course, et qu'elle touche le coussinet G, il faut détourner la vis, pour la ramener à l'extrémité opposée. On est obligé alors de déplacer toute la machine, et de la rajuster à tâtons jusqu'à ce qu'on soit parvenu à la remettre dans une position qui permette de reprendre le travail; opération toujours longue et fort difficile.

2° Lorsqu'il est question de tracer des divisions un peu larges sur une grande pierre, telles que celles dont on a besoin pour la réglure d'un registre, des feuilles à carreaux pour la mise en carte des étoffes brochées, etc., le mouvement de la petite vis micrométrique est fort long, et il faut, à cause de son peu de longueur, rajuster la machine plusieurs fois.

3° Le placement de simples tasseaux sous la machine à graver est peu régulier, et peu commode pour la mettre à la hauteur exigée par l'épaisseur différente des pierres.

C'est pour parer à ces divers inconvéniens, et surtout pour ajouter à cette machine l'appareil nécessaire quand on veut faire des lignes ondulées, et aussi afin de pouvoir produire des moirés et autres dessins guillochés, que j'ai fait monter les patins B, B, sur deux pièces de bois 25, 25, réunies par les traverses 26, 26. Dans une rainure pratiquée dans ces jumelles en bois, sont logées deux vis 27, 28, dont le pas est d'environ 1 ligne. Elles passent dans des écrous fixés au-dessous des patins B, B. L'une de leurs extrémités est maintenue à gorge dans les coussinets 29, 29; l'autre passe dans les cousinets 30, 30, porte extérieurement les roues dentées 31, 31, et est appuyée contre les coussinets 29, par deux vis à pointe, placées dans les étriers 32, 32, et qui, dans la figure, sont cachées par ces roues. De cette manière on évite tout ballottement de ces vis. Les deux roues dentées 31, 31, communiquent entre elles par une chaîne à la Vaucanson 32, de manière que le mouvement qu'on imprime à la vis 27, se transmet à celle 28, et maintient le mouvement de la machine à graver parfaitement parrallèle. La vis 27 porte à l'extrémité tournée vers la personne qui met la machine en mouvement, le rochet 33, composé de deux roues à 50 dents inclinées en sens opposé. La manivelle 34, tourne librement sur le prolongement de la vis. Elle porte la pièce 35, dont l'une des extrémités correspond aux dents de la roue de devant, tandis que l'autre se rapporte aux dents de la roue de derrière. Au sommet de la manivelle est fixé le ressort 36. C'est en plaçant alternativement les extrémités de ce ressort sous la cheville 37, ou dans celle 38, qu'on fait engrener la pièce 35 avec l'une ou l'autre des roues, et tourner par conséquent la vis dans un sens ou dans l'autre. 39, portion de cercle fixé sur l'extrémité de la pièce 25. D'un côté il porte la vis 40, contre laquelle vient butter la manivelle, et de l'autre le buttoir mobile 41, qui sert à limiter la course de la manivelle, et par conséquent à fixer la quantité dont, à chaque mouvement, on veut faire tourner la vis 27. Si on veut faire faire plusieurs tours de suite à la vis, comme par exemple, pour ramener la machine d'un bout à l'autre, on enlève la vis 40 et le buttoir 41; alors la manivelle tourne sans obstacle.

Afin de pouvoir hausser à volonté le cadre 25, 26 portant la machine, j'y ai fait fixer d'une manière solide quatre oreilles en fonte 42, 42, 42, 42, percées d'une entaille oblongue, dans lesquelles passent les vis 43, 43, fixées dans le plateau 15, et portant les écrous à oreilles 44, 44, qu'on serre pour maintenir la machine à la hauteur convenable.

Pour compléter cet appareil, j'y ai fait ajouter la machine à guillocher, représentée fig. 2. Elle se compose de deux pieds *a*, *a*, fixés sur les patins B, B, au moyen des vis *b*, *b*. Ces pieds ont des entailles qui entrent dans ces vis, et il suffit de les desserrer un peu pour enlever facilement tout l'appareil. Ils sont réunis par la traverse *c*. *d*, *d*, deux coulisses ajustées sur cette règle, et réunies entre elles par une règle *e*. Cette règle porte les vis *f*, *f*, *f*, *f*, *f*, dans lesquelles on fait entrer, au moyen d'entailles en forme d'ajustage à bayonnette, de petites règles *g*, dont un côté est ondulé. On en a plusieurs de rechange, portant des ondulations différentes. *h*, vis micrométrique portant en *i* un rochet semblable à celui

33, et passant dans un écrou *k*, fixé sur la règle *e*. Par ce moyen, on peut avancer ou reculer les petites règles *g*, par division très-régulières.

A la place du porte-burin 7, j'ai fait faire une espèce de compas micrométrique, fixé comme celui-ci dans les coussinets 10. Mais pour le maintenir d'une manière plus invariable, il est muni d'une tige *l*, qui passe dans une ouverture ménagée dans le support Z, et y est fixée par la vis de pression *m*. Ce compas est formé d'un support *n*, qui porte la tige cylindrique *o*. Cette tige est fixée par son extrémité inférieure sur la pièce *p*, et sur le prolongement de cette pièce se trouve ajustée la coulisse *q*, portant le burin *r*. Elle est guidée par la vis *s*, dont la tête *t*, porte des divisions correspondantes au nonius *u*. Au centre de la tige *o*, se trouve une pointe *v*, destinée à chercher le centre des cercles qu'on voudrait tracer. Elle est ajustée dans cette tige à frottement doux, de sorte qu'on peut la remonter lorsqu'on ne s'en sert plus. A la partie supérieure de la tige O, s'adapte une manivelle, lorsqu'on veut s'en servir pour tracer des cercles. Cette manivelle est remplacée dans la figure 2, par une régle en acier *w*, sur laquelle est ajustée la coulisse *x*, qui peut se fixer au moyen de la vis de pression *y*. Cette coulisse porte le montant *z*, qui sert de support à un petit cylindre très-mince *a'* qui tourne sur deux pointes. *b'*, ressort fixé par la vis de pression *c'* sur le plateau *d'*. Son effet est de pousser constamment la pièce *x*, et par conséquent le petit cylindre *a'* contre la règle *g*, afin que celui-ci en suive les sinuosités, et décrive un mouvement de va-et-vient, qu'il communique au burin *r*. On comprend que plus on rapproche du centre la pièce *x*, et plus on en éloigne en même temps le burin *r*, plus les mouvemens que fera ce dernier, seront grands. Dans ce cas, les ondulations qu'il décrira seront très-prononcées. Si on place la pièce *x* et le burin *r*, à égale distance du centre, les ondulations seront les mêmes que celles de la règle. Si, au contraire, on éloigne du centre la pièce *x*, et qu'on en rapproche le burin *r*, ces ondulations deviendront presque insensibles.

Comme ce compas et toutes les pièces qui le composent, sont assez lourds pour que dans certains cas ils appuyent trop fortement sur le burin, j'ai fait ajuster derrière la pièce *w*, une petite boîte *e'* dans laquelle on met des morceaux de plomb qui lui servent de contre-poids.

Je donne dans les planches XXXIV, XXXV, XXXVI, XXXVII, XXXVIII, un grand nombre de modèles de dessins obtenus avec la machine à graver de Donndorf, ainsi modifiée, et telle qu'elle est employée dans mes ateliers. Un lecteur attentif, qui possédera une semblable machine, trouvera facilement à imiter ces modèles, et il pourra en créer d'autres à l'infini, en ne consultant pour cela que son goût.

MACHINE A GRAVER DE MM. NEUBER FRÈRES MÉCANICIENS, RUE Ste-AVOIE, 14, à PARIS.

Construction.

A, A (*pl.* XXXIX, *fig.* 1), supports en fonte fixés sur la table qui porte la machine, par des vis à bois. Cette table doit être parfaitement plane, et il serait convenable que le plateau fût en bois dur et fin, tel que de l'érable, du noyer, etc. Au milieu de chacun de ces supports se trouve une ouverture oblongue B, B, dans laquelle sont ajustés à coulisse deux autres supports C, C. A ceux-ci sont fixées les deux extrémités de la tige cylindrique D. Ces supports C, C, sont solidement fixés sur ceux A, A, par les vis E, E. Il suffit de détourner un peu ces vis pour pouvoir monter ou descendre toute la machine; on les resserre ensuite pour la maintenir en place. A côté et parallélement à la tige D, se trouve la vis-guide F. L'une de ses extrémités est ajustée dans le support de devant, et l'autre est supportée par la pointe de la vis G, qui passe dans le collet H, fixé sur l'arbre D, et empêche par sa pression qu'elle ne puisse ballotter. L'extrémité de la vis F dépasse le support de devant, et porte le rochet I à double roue, dont l'une a les dents inclinées vers la gauche et l'autre vers la droite, afin de faire tourner la vis dans l'un ou l'autre sens, suivant que les circonstances l'exigent. K, manivelle ajustée sur le prolongement arrondi de la vis, et de manière à y tourner librement. Elle porte la pièce L, mobile autour de la vis M, et dont l'une des extrémités correspond aux dents de l'une des roues, tandis que l'extrémité opposée se rapporte à l'autre. Au sommet de la manivelle est fixé le ressort N. En plaçant une de ses extrémités sous l'une ou l'autre des chevilles O, O, que porte la pièce L, on fait engrener celle-ci avec l'une ou l'autre roue. P, portion de cercle fixé sur le support C, et sur lequel se trouve un buttoir fixe Q, et un buttoir mobile R, qui sert à déterminer la longueur du mouvement qu'on veut donner à la manivelle. Il est facile de comprendre le mouvement de ce rochet, et son effet sur celui de la vis. Si la pièce L est placée comme elle se trouve dans la figure, de manière à correspondre à la roue de derrière, en tournant la manivelle de droite à gauche, la pièce L glissera sur les dents sans faire tourner la roue; mais si on la tourne de gauche à droite, alors l'extrémité de cette pièce, qui se termine en forme de ciseau, entrera dans une dent et la poussera devant elle, jusqu'à ce que la manivelle rencontre le buttoir;

et on fera faire ainsi à la roue un quart, un tiers, un huitième de tour, suivant qu'on aura placé les buttoirs. La roue aura imprimé le même mouvement à la vis qui, tournant dans un écrou, aura appelé celui-ci à elle autant que la division adoptée le comporte:

S, règle ou guide solidement fixée sur une autre règle T; celle-ci est adaptée à la coulisse U, au moyen de la vis V, autour de laquelle elle peut se mouvoir. Cette pièce U est réunie par la règle W, à une seconde coulisse X ajustée à frottement doux, ainsi que celle U, sur l'arbre D. Sur cette coulisse X se trouve une branche Y, mobile autour de la vis Z. A son extrémité opposée elle est mobile dans l'ajustage *a*, autour de la vis *b*. Cet ajustage est à coulisse sur la règle T et y est maintenu en place par la vis *c*. Cette disposition a été adoptée pour qu'on puisse placer le guide *s* dans toutes les inclinaisons désirables. Dans la position de la fig. 2, il est d'équerre avec l'arbre D, et les lignes qu'on tirera seront horizontales. Si on rapproche la pièce *a* de l'extrémité *d* de la règle, ce qu'on fait en détournant un peu la tige *e* qui est fixée dans la tête de la vis *c*, le bout du guide s'éloignera de celui qui met la machine en mouvement, et il y aura des lignes en biais dont l'extrémité opposée à la vis se relèvera d'autant plus, qu'on aura poussé plus loin la pièce *a*. Si au contraire on rapproche cette pièce de la vis, l'extrémité du guide se rapprochera du graveur, et on obtiendra des lignes en biais, dont l'extrémité opposée à la vis s'abaissera.

f, coulisse ajustée à frottement doux sur le guide S dont les côtés sont en biseau, afin qu'en serrant les vis *g*, *g*, on puisse remédier à un ballottement, s'il venait à en naître un par l'usage. *h*, pièce d'acier sur laquelle les vis *g*, *g*, appuient. Sur cette coulisse est fixée la pièce *i* qui tourne sur deux pivots, dont l'un est placé sous la coulisse, et dont l'autre est formé par la vis *k*, maintenue par un contre-écrou. A cette pièce est fixée une équerre *l* qui porte la tige *m*, taraudée à son extrémité, et portant un écrou rond 12, qui a la forme d'un couteau à tranchant arrondi. Cet écrou est destiné à suivre les ondulations de la règle *o*, lorsqu'on veut faire des guillochés. Un ressort *p* placé sous la coulisse, attaché par un bout à la pièce *i*, et supporté de l'autre par la cheville *q*, sollicite l'écrou *n* à s'appuyer constamment contre la règle *o*, et à en suivre les ondulations. Il communique à son tour ce mouvement oscillatoire à la pièce *i*, et, par elle, au porte-burin *p* et au burin lui-même. Cette règle est assujettie contre le guide S, au moyen de 8 ajustages à bayonnette (*fig.* 2), qu'elle porte. Pour l'enlever, il suffit de tirer à soi le bouton placé à son extrémité, et ensuite de sortir la règle en l'éloignant du guide S. On a plusieurs règles de rechange à ondulations plus ou moins grandes, et une autre parfaitement droite, qu'on met en place lorsqu'on veut tirer des lignes droites.

Je trouve un inconvénient à ce mode de tirer des lignes droites. En se servant souvent de la machine, le frottement du bouton *n*, qui est en acier, doit aplatir et refouler peu à peu la petite règle en cuivre, à la place où on travaille habituellement; de sorte qu'elle finirait par n'être plus parfaitement droite : et, comme en province, on n'a pas ordinairement d'ouvrier capable de la dresser, il en résulte pour celui qui l'emploie, l'inconvénient très-grave, d'envoyer forcément sa règle à Paris, chaque fois qu'elle est courbée. Ainsi, il est privé pendant quelque temps de l'usage de sa machine. Il me semble qu'il aurait été préférable de bien dresser le guide S, et de fixer par une cheville la pièce *i*, tant qu'on ne veut pas faire de guillochés.

r, porte-burin, mobile sur deux pointes, dont l'une se trouve derrière la pièce *i*, et dont l'autre est formée par la vis *s* fixée invariablement par un contre-écrou. Son extrémité est divisée en deux parties dans lesquelles passent les vis *t*, *t*. C'est dans cette espèce de pince que se place le burin, dans une position plus ou moins inclinée, suivant la volonté du graveur. Le burin se fixe en serrant les vis *t*, *t*. On a aussi une série de rondelles de plomb de différens poids, qu'on peut enfiler sur la tige du burin, afin de le faire graver plus ou moins profondément.

u, tige fixée sur le porte-burin.

v, levier fixé au moyen de la vis *x*, sur la coulisse *f*, et pouvant tourner autour de cette vis. Il appuye par son extrémité inférieure sur la tige *u*, et sert à relever et à abaisser le burin. Dans la position où il est représenté dans la figure, le burin est abaissé. Lorsqu'on a tiré la ligne, et avant de ramener la coulisse en arrière, on pousse le bouton *y* vers la cheville z. La partie inférieure du levier, en décrivant un arc de cercle, fait abaisser l'extrémité de la tige *u*, et par conséquent relever le burin.

1, bouton par lequel on saisit la coulisse *f*, pour la faire aller et venir.

2, 2, deux buttoirs destinés à déterminer la longueur de la course de la coulisse *f*. On les fixe sur le guide S, en serrant les vis 3, 3.

4, support destiné à soutenir l'extrémité du guide. Il est percé au milieu d'une ouverture allongée, à travers laquelle passent les deux vis 5, 5, qui sont destinées à le fixer sur la pièce 6, à coulisse sur le guide S, et qui s'y adapte au moyen de la vis 7 (*fig.* 2). Cette disposition permet de l'éloigner ou de le rapprocher à volonté, et les vis 5, 5, permettent de monter et de descendre le guide, suivant l'épaisseur des pierres. Le support 4 porte à sa partie inférieure la roulette 8, qui pose sur la table à laquelle la machine est fixée.

25, demi écrou fixé à la pièce U au moyen des deux vis 26, 26. Lorsque le guide S se trouve dans une position horizontale, les filets de l'écrou et ceux de la vis entrent les uns dans les autres; et alors la pièce U, et avec elle la pièce S, suivent le mouvement que la vis lui imprime. Mais si on veut déplacer le guide, et le porter plus près ou plus loin du graveur, il suffit de lever le bout opposé à la vis. Alors la pièce U tournera autour de la tige D, et l'écrou faisant bascule, s'abaissera et ses filets se dégageront de ceux de la vis. Dès ce moment le guide devient libre, et on peut le faire glisser à volonté. Lorsqu'il est placé, il suffit de laisser appuyer de nouveau le support 4 sur la table, pour que l'écrou se remette en communication avec la vis. Comme le pas de la vis-guide est extrêmement fin, ce serait une opération fort longue, lorsque l'écrou est parvenu à l'une de ses extrémités, que de le ramener en tournant la vis. Cette disposition est donc très-heureuse, et économise beaucoup de temps.

L'appareil que je viens de décrire forme la machine à graver proprement dite, et peut être employé seul, si on veut se contenter de tirer des lignes parallèles, soit droites soit ondulées. Mais pour compléter le système et pouvoir faire encore des rayons et des cercles, il est bon d'y ajouter le plateau tournant dont je vais donner la description, et qui du reste est entièrement séparé de cette machine.

9 et 10, deux plateaux ronds en fonte. Celui 10 est fixé sur la table par cinq fortes vis à bois; celui 9 tourne librement sur un pivot 11, fixé au centre du plateau inférieur, et est soutenu sur les bords par cinq galets 12. Ce dernier plateau porte une roue en cuivre 13, divisée en 360 dents qui correspondent à une vis sans fin 14. Celle-ci est taillée sur la tige 15, poussée constamment vers la roue par le ressort 16. Ce ressort est fixé d'un bout à la pièce 17, dans laquelle passe cette tige, et s'appuie de l'autre contre l'un des galets 12. La tige est portée par le coussinet 18, fixé à coulisse sur la pièce 19; de manière à pouvoir être approché du plateau 9 et à en être éloigné à volonté, afin qu'on puisse faire engrener et dégrener la vis sans fin avec la roue dentée. Une partie du coussinet dépasse en dessous la pièce 19, et vient s'accrocher sur le côté extérieur du ressort 20, lorsqu'on éloigne la tige du plateau pour faire dégrener la vis, afin de permettre de tourner librement avec la main et sans changer de place, le plateau 9. Ce mouvement est nécessaire lorsqu'on veut faire des cercles concentriques. Mais lorsqu'on veut tracer des rayons, on appuie sur le ressort 20; la pièce accrochée se détend, et le ressort fait approcher la vis sans

fin de la roue 13. Afin de pouvoir diviser encore en 1/4, 1/2 ou 3/4 chacune des 360 divisions de la roue, on a placé sur la tige 15 la rondelle 21, portant quatre entailles évasées et arrondies. Une dent 22, fixée à l'extrémité du ressort 23, entre dans ces entailles, mais ne s'y fixe pas assez solidement pour l'arrêter; de sorte qu'en tournant la tige, cette dent ne fait que marquer quatre temps auxquels le graveur est libre de s'arrêter ou non. 24, manivelle servant à tourner la tige.

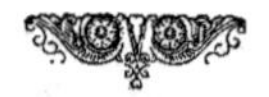

CHAPITRE VIII.

RECETTES.

Les lithographes trouvent aujourd'hui très-facilement à se procurer le vernis, l'encre ou les crayons dont ils peuvent avoir besoin; cependant, il est souvent de leur intérêt, pour ceux surtout qui ont un établissement considérable, de préparer eux-mêmes ces différens objets. Ceux-même qui trouveraient plus d'avantage à se les procurer ailleurs, doivent au moins savoir comment on les obtient, afin de devenir meilleurs juges de leurs qualités et de leurs défauts, et de pouvoir signaler aux personnes de qui ils les achètent, les causes des inconvéniens qu'ils y trouvent. Tout le monde ne procède pas exactement de la même manière à la préparation du vernis, de l'encre et des crayons lithographiques : il y a quelquefois, à cet égard, d'assez grandes différences qui en apportent aussi dans les résultats; de sorte qu'il y a un choix à faire parmi toutes les recettes employées à ces divers usages. Je donnerai dans ce chapitre celles qu'une longue pratique me fait regarder comme les meilleures, et dont je me sers exclusivement.

Vernis.

La substance à laquelle les imprimeurs typographes et lithographes donnent le nom de *vernis*, n'est autre chose qu'une huile épaissie par une cuisson plus ou moins prolongée. On fait encore généralement un grand mystère de la préparation de ce vernis, qui demande à être fait avec de certaines précautions. Pour la lithographie surtout, il est essentiel qu'il soit fabriqué avec tous les soins convenables, et qu'il ne contienne aucun corps étranger. Souvent on ajoute à l'huile, pour la faire épaissir plus vite, une certaine quantité de litharge ou de résine; mais une semblable addition présente de graves inconvéniens. La litharge tache la pierre, et la résine ôte à la couleur le tirant nécessaire pour obtenir de bonnes épreuves d'un dessin fin et transparent. Le vernis qu'emploient les imprimeurs lithographes est plus épais que celui dont on fait usage en typographie, et sa qualité influe beaucoup sur la facilité du tirage, la conservation des pierres, et la beauté des épreuves. Un lithographe prudent fera donc bien de le préparer lui-même, ou il ne l'achetera que chez un fabricant dont il connaît les soins et la probité, et qui le prépare exprès pour les usages de la lithographie.

C'est généralement l'huile de lin qu'on emploie pour fabriquer le vernis lithographique. Cependant, pour l'impression des pierres gravées, on préfère celui qui a été obtenu avec de l'huile de noix, parce qu'il est plus doux, et qu'il s'essuye plus facilement. On doit choisir une huile vieille, qui ait au moins une ou deux années, et qu'on reconnaît à sa belle couleur jaune, et à sa parfaite limpidité; tandis que l'huile nouvelle est verdâtre et trouble. Cette dernière contenant encore une certaine quantité d'humidité et de matières mucilagineuses, se boursoufle facilement, déborde quelquefois les vases, et se répand alors dans le feu, où elle s'enflamme et occasionne quelque danger. L'huile vieille, au contraire, reste parfaitement tranquille pendant toute la durée de l'opération. Il importe aussi de s'assurer que l'huile de lin qu'on emploie, est pure de tout mélange, et qu'on ne l'a point allongée avec de l'huile de colza, de navette, ou autres qui, n'étant pas siccatives, ne s'épaissiraient pas par la cuisson, et s'opposeraient ainsi à la confection du vernis; car, on aurait beau la chauffer alors, elle resterait toujours grasse, ne filerait pas entre les doigts, et ne pourrait être d'aucune utilité. Lors donc qu'on voudra acheter de l'huile, il sera prudent de l'essayer d'abord sur une petite quantité, afin de s'assurer qu'elle est propre à la préparation du vernis.

Comme on est obligé de porter l'huile à une haute température, et même de la laisser brûler pendant quelque temps, il serait imprudent de faire cette opération dans l'intérieur d'une maison, ou dans tout endroit où se trouveraient des matières combustibles. Il n'arrive que trop souvent que la flamme se développe avec une telle intensité, qu'on ne peut s'en rendre maître, et alors l'huile incandescente passe par-dessus les bords du vase, et se répand de tous les côtés. Il est beaucoup plus convenable, et c'est ce qu'on fait généralement d'ailleurs, de procéder à cette préparation dans les champs, ou au moins dans une vaste cour. Quant à moi, pour éviter le désagrément de transporter tous les ustensiles hors de l'établissement, et afin de ne point être exposé aux intempéries de la saison, lorsque je prépare mon vernis, j'ai fait construire à proximité de mes ateliers, un petit laboratoire, bâti entièrement en briques, et par conséquent à l'abri de tout danger d'incendie. Ce laboratoire (*planche* xxxx, *fig.* 1) est ouvert sur le devant. Au milieu du mur du fond, est fixé un bras de fer mobile A, auquel est suspendu un chaudron G, par une chaîne B, D. La partie B de cette chaîne porte un levier C, à l'une des extrémités duquel est attachée la chaîne D, destinée à recevoir l'anse du chaudron. L'autre extrémité du levier peut être retenue à volonté par le crochet E, fixé à la chaîne D. Dans l'un des coins du laboratoire, se trouve un âtre F, sur lequel le chaudron vient se poser, lorsqu'on veut le chauffer.

Le chaudron G a une forme ovoïde, qui rappelle celle d'une poire. Un couvercle muni d'une main H, doit être disposé pour le fermer hermétiquement, et arrangé de manière qu'on puisse le mettre en place avec facilité; car c'est au moment où l'huile brûle avec une grande flamme, qu'il faut l'étouffer, en fermant le chaudron. Celui-ci ne doit-être rempli que jusqu'à moitié environ, afin que si l'huile vient à monter, ce qui arrive quelquefois, elle ne puisse pas dépasser les bords.

Le chaudron étant placé sur l'âtre, on y allume un bon feu, qu'on alimente de manière à le faire brûler le plus également possible. On laisse chauffer l'huile jusqu'au moment où une tranche de pain qu'on y plonge, occasionne un fort bouillonnement. On laisse cette tranche jusqu'à ce que l'ébullition cesse, et on la remplace alors par une seconde. Pour les introduire sans danger de se brûler, et afin de les maintenir au fond du vase, on les pique à une fourchette de fer à longue tige, que j'ai représentée dans la planche xxxx, à côté du chaudron. On met ainsi dans l'huile, de six à dix tranches de pain, et ensuite autant d'oignons, qu'on a eu soin de peler d'abord. Le nombre de ces tranches et de ces oignons, dépend au reste de la quantité d'huile qu'on chauffe à la fois, et de l'habitude du fabricant.

Cette addition de pain et d'oignons, ou tout au moins de pain, se fait dans tous les pays. Est-elle cependant d'une nécessité absolue, et le vernis serait-il moins bon, si on n'y avait pas recours? On prétend que, sans cette précaution, l'encre obtenue avec ce vernis a l'inconvénient de tacher le papier en jaune. J'ignore jusqu'à quel point cela peut être vrai, car je n'ai jamais fait aucun essai en ce sens, et j'ai toujours employé les oignons et le pain pour préparer mon vernis. Il se pourrait que cette addition ne fût qu'une petite ruse employée d'abord par les ouvriers, et consacrée ensuite par le temps. Encore aujourd'hui, dans beaucoup d'imprimeries, en Allemagne surtout, le jour où on cuit le vernis est une fête pour l'atelier, et les imprimeurs ne manquent pas d'arroser de maintes rasades les fritures d'oignons et de pain, qu'ils se partagent.

Cependant, il se pourrait aussi que cette addition fût réellement de quelque utilité. On sait que les huiles siccatives, comme celles de lin ou de noix, abandonnées à l'air, absorbent une grande quantité d'oxigène, deviennent moins coulantes, et finissent même par être presque solides. En cet état, elles ne tachent plus le papier. Il paraît très-probable que, lorsqu'on chauffe l'huile pour en faire du vernis, il se passe une action analogue, outre qu'il se dégage peut-être en même tems quelque substance volatile. Il est fâcheux qu'aucun chimiste ne se soit encore occupé d'étudier cette opération. Quant au pain et aux oignons, on dit généralement qu'ils *dégraissent* l'huile; ce qui est fondé sur ce que l'huile à l'état de vernis ne tachant plus le papier, ne jouit plus, à cet égard de la propriété des corps gras. Par là, on n'a donc qu'indiqué le fait, sans l'expliquer. D'autres ont pensé que l'eau contenue dans le pain ou les oignons, se réduisant en vapeur, celle-ci en se dégageant, facilite le départ des matières volatiles. Ne pourrait-on pas admettre aussi que la forte ébullition causée par le dégagement de l'humidité et de ces substances, favorise l'oxidation, en divisant l'huile en une multitude de petits globules pleins de vapeur, jusqu'au moment où ils crèvent à la surface, pour permettre à cette vapeur de se dégager. Peut-être même, à la température à laquelle on opère, une partie de cette vapeur se trouve-t-elle décomposée, et cède-t-elle son oxigène à l'huile? Toutefois, il ne faut pas attacher beaucoup d'importance à ces explications ou à d'autres, tant qu'il ne sera pas bien démontré, par des expériences directes, que le pain et les oignons jouent réellement un rôle dans cette préparation. Gardons nous de renouveler la ridicule histoire de la dent d'or.

Une fois que l'huile est assez chaude pour brûler en peu de secondes le pain ou les oignons, on cesse d'en ajouter, et on continue le feu, jusqu'à ce que l'huile s'enflamme. Cependant, il est prudent de provoquer cette inflammation, en plongeant une longue baguette allumée à une de ses extrémités, dans la vapeur d'huile qui surmonte le chaudron. De cette manière, la flamme est peu violente au commencement, et on se rend bien mieux maître de l'opération. Il est impossible de fixer généralement la durée de cette opération; l'expérience seule doit servir de guide. Il existe un moyen assez facile de connaître à peu près les progrès de l'épaississement, qui ne s'opère qu'au moment où l'huile brûle avec le plus de force. On emploie pour cela une petite cuillère en fer, à longue tige, représentée dans la figure à côté de la fourchette dont il a été parlé plus haut. On s'en sert pour retirer du chaudron un peu d'huile, dont on laisse tomber quelques gouttes dans un vase d'eau froide, placé à proximité. Ainsi, elle se refroidit promptement, et comme ces gouttes surnagent, on les prend entre les doigts, et on juge du degré de viscosité, ou de la force du vernis, par la longueur du fil qu'elles fournissent en séparant les doigts. Il faut remarquer que l'huile refroidie par ce moyen ne tire pas des fils aussi longs que lorsqu'elle a reposé pendant un jour. Un fil de un demi-pouce à un pouce de longueur indique un vernis suffisamment fort.

Aussitôt que la flamme acquiert une grande intensité, on retire le chaudron du feu, en le soulevant au moyen du levier C, et en tournant le bras A. C'est dans cette position qu'on laisse achever la combustion, jusqu'à ce que les échantillons qu'on en a retirés semblent indiquer une épaisseur suffisante. Alors, on pose le couvercle sur le chaudron pour étouffer la flamme. Il faut pour cela agir avec prudence, et surtout que la peur de se brûler ne fasse pas opérer avec trop de précipitation. Si le couvercle ne tombe pas bien à sa place, et se trouve de travers, il sera fort difficile de le retirer, pour le remettre de nouveau. Le couvercle garantit la main de la flamme; d'ailleurs, si on craignait quelque danger, on pourrait s'envelopper la main et le bras d'un linge légèrement humide.

En recouvrant ainsi le chaudron, on éteint bien la flamme pour le moment; mais il arrive souvent que l'huile très-chaude jette une écume qui finit par remplir le chaudron, et sort alors par les interstices qui se trouvent entre celui-ci et le couvercle. Aussitôt que cette écume arrive à l'air, elle s'enflamme, et peut occasionner la perte totale de l'huile, si on n'apporte un prompt remède. Il y a plusieurs moyens d'obvier à ce grave inconvénient. Le premier consiste à jeter des cendres sur cette écume, à mesure qu'elle sort. On l'empèche ainsi de couler le long des bords du chaudron, et il se forme peu à peu une pâte qui obstrue les ouvertures. Un autre moyen, d'une réussite infaillible, consiste à préparer plusieurs morceaux de toile d'emballage humide, pliée en quatre, et entre les plis de laquelle on fera bien d'intercaller des feuilles de papier, pour intercepter tout passage à l'air entre les fils. On enveloppe le chaudron de ces morceaux de toile, aussitôt que le convercle est placé. L'air n'ayant plus d'accès alors, l'écume ne pourrait plus s'enflammer, même si elle venait à sortir.

Je conseillerai én outre, comme une excellente précaution, de placer à côté de l'âtre un large baquet plein d'eau froide I, dont la profondeur soit égale à peu près à la hauteur dont l'huile s'élève dans le chaudron. On y descend lentement le vase, aussitôt que le couvercle y est placé, et l'eau refroidit assez promptement le vernis pour l'empêcher de passer par-dessus les bords. D'ailleurs, s'il en sortait un peu, il coulerait dans l'eau, et ne pourrait pas brûler. Cette précaution, au reste, n'empêche pas de faire usage en même temps de celles que j'ai indiquées précédemment. On ne saurait agir avec trop de prudence dans une pareille occasion. Mais ce que je dois principalement recommander, c'est de ne jamais jeter d'eau dans le vernis, pour l'éteindre lorsqu'il est enflammé. On s'exposerait par là au plus grand danger, car cette eau se réduisant instantanément en vapeur, projeterait au loin et dans tous les sens l'huile brûlante, qui pourrait atteindre toutes les personnes placées autour du chaudron. Mieux vaudrait cent fois laisser continuer la combustion, et se résigner à perdre toute l'huile sur laquelle on opère.

Il faut laisser le couvercle sur le chaudron au moins pendant une demi-heure. En l'enlevant plus tôt, on s'expose à voir l'huile s'enflammer de nouveau spontanément, au moment où elle vient au contact de l'air.

Comme je l'ai déjà fait remarquer plus haut, la science n'a pas encore suffisamment expliqué la cause de l'épaississement de l'huile dans la fabrication du vernis. Il serait fort à désirer que les chimistes s'occupassent de cette importante question. Peut-être qu'une théorie bien constatée de cette opération, conduirait à une autre méthode d'atteindre le même but, sans offrir autant de danger, tout en permettant d'obtenir un vernis plus parfait et moins coloré.

Les fabricans de papiers peints, qui emploient une grande quantité d'huile épaissie pour faire des tentures veloutées, ne font pas usage des mêmes moyens que les imprimeurs, pour se procurer ce vernis. Ils se contentent de faire chauffer l'huile jusqu'à un degré qui approche de celui auquel elle prend feu, et ils la maintiennent, sans l'enflammer, à cette température élevée, jusqu'à ce qu'elle acquierre le point d'épaisseur convenable. Cette méthode offre moins de danger, mais elle est beaucoup plus longue; car ce n'est qu'au bout de deux jours environ, que l'huile arrive à avoir l'épaississement désiré; et encore le vernis qu'on obtient ainsi, n'a-t-il pas la même viscosité que celui fait par la combustion. Il ne tire pas des fils aussi longs, et par conséquent ne tiendrait pas les pierres aussi transparentes. Il ne peut pas convenir aux lithographes.

Quelques imprimeurs ont adopté l'usage extrêmement dangereux, de fermer hermétiquement leur chaudière, après en avoir retiré le pain et les oignons. A cet effet, ils consolident le couvercle au moyen d'une barre qu'ils passent dans les anses, et ils garnissent les joints de terre glaise. Il est facile de comprendre qu'à la haute température à laquelle on opère, il se produit une grande quantité de vapeur qui, ne trouvant aucun issue, peut causer l'explosion du vase, si celui-ci n'offre pas une résistance suffisante. Un accident déplorable, arrivé dans l'imprimerie de M. Seidel, à Sulzbach, en Allemagne, est bien propre à prémunir contre un pareil danger ceux qui seraient tentés d'agir avec aussi peu de prudence. Une chaudière ainsi fermée, sauta au moment où un grand nombre d'ouvriers se trouvaient placés à sa proximité. Une vingtaine de ces malheureux furent inondés d'huile bouillante, et s'élancèrent dans la rue, poussant des rugissemens affreux, et semblables à des météores enflammés, courant dans toutes les directions. Plus de la moitié payèrent cette imprudence de leur vie.

Si on voulait absolument fermer la chaudière, il faudrait surmonter le couvercle d'un long tuyau, d'un diamètre suffisant pour donner issue à la vapeur, à mesure qu'elle se forme.

C'est ici le lieu de parler du prix proposé par la Société d'encouragement, pour la fabrication d'un vernis lithographique, et remporté par M. Lemercier. Le programme de 1826 de cette Société, qui a montré tant de sollicitude pour les progrès de l'impression sur pierre, proposait un prix de 500 francs *pour la meilleure recette pour la préparation du vernis d'encrage.* Ce prix fut porté à 600 francs en 1828. En 1833, M. Lemercier adressa à la Société d'encouragement, un mémoire dans lequel il propose la recette suivante, pour confectionner le vernis lithographique.

24	parties	huile de lin;		
4	Id.	pain tendre;		
4	Id.	oignons;		
3	Id.	résine blonde du commerce,	pour le vernis	N° 1;
6	Id.	Id.	Id.	N° 2;
9	Id.	Id.	Id.	N° 3.

Il opère à l'ordinaire, pour la cuisson de l'huile, jusqu'au moment de l'inflammation; mais il ne laisse continuer la combustion que tant que la flamme reste bleuâtre. Aussitôt qu'elle passe au jaune, il l'étouffe, et pour faire acquérir à l'huile le degré de consistance nécessaire, il y ajoute alors la résine en plus ou moins grande quantité, selon qu'il veut faire du vernis faible, moyen ou fort.

M. Lemercier assure dans son mémoire, que le vernis fait avec addition de résine, a plus de moelleux que celui obtenu avec de l'huile seule; qu'il jouit de la propriété de ne graisser ni empâter la pierre, de décharger son noir sur le papier, sans exiger une aussi forte pression; que les demi-teintes ont plus de transparence et les noirs plus de valeur; enfin, que sa fabrication est plus facile et moins dangereuse. M. Lemercier étant à juste titre reconnu comme un des plus habiles lithographes de Paris, je me suis empressé de fabriquer du vernis par son procédé, dès que j'en ai eu connaissance. Ce vernis me fournit en effet de belles épreuves aux premiers tirages. Les demi-teintes surtout venaient remarquablement bien; mais comme il ne file pas autant que celui à l'huile seule, et que la couleur qu'on en fait, n'a pas autant de tirant, le rouleau ne pouvait arracher la couleur qui se trouvait de trop sur la pierre. Il en résultait qu'après chaque épreuve, il restait un peu plus d'encre sur la planche; de sorte qu'après le tirage d'une vingtaine d'exemplaires, la pierre se trouvait tellement empâtée, qu'il fallait recourir à l'essence, pour la nettoyer. Cette expérience que j'ai répétée plusieurs fois, et sur différentes planches, m'a donné constamment le même résultat. Ne pouvant croire que M. Lemercier eût présenté à la Société d'encouragement un vernis qui n'aurait pas été préférable à l'ancien, et que cette Société lui eût décerné le prix, si son efficacité n'avait été suffisamment démontrée, je me persuadai que j'avais commis quelque faute dans la préparation. Je pris alors des informations qui m'apprirent que d'autres lithographes avaient rencontré les mêmes inconvéniens que moi, et que M. Lemercier lui-même ne faisait plus usage depuis longtemps du vernis couronné par la Société d'encouragement.

M. Lemercier est un homme trop honorable pour qu'on puisse supposer qu'il ait présenté au concours une recette dont il aurait reconnu la défectuosité, et je suis persuadé que lui-même, ainsi que la commission de la Société d'encouragement, se sont laissé tromper par les qualités apparentes de ce vernis, sans avoir tiré de nombreux exemplaires de planches chargées d'un travail serré et vigoureux.

C'est en broyant le vernis avec du noir, qu'on obtient l'encre d'impression, dont je donnerai la préparation au chapitre *Impression*.

Indépendamment du vernis que je viens de décrire, les lithographes en emploient un autre pour les planches gravées. J'en parlerai à l'article *Gravure*.

Crayons.

La préparation des crayons lithographiques est un point fort essentiel pour la bonne réussite des dessins, et on ne saurait y donner trop de soins. Comme l'effet du dessin sur pierre n'est qu'apparent, et que le tirage ne dépend pas du noir qu'on pose sur la planche en dessinant; mais bien de la partie graisseuse qui y pénètre et se lie avec elle, en formant un savon métallique insoluble qui attire l'encre d'impression, il est facile de comprendre que la composition des crayons joue un des principaux rôles dans l'impression des planches lithographiques. Aussi, depuis Senefelder, la composition et la préparation de ces crayons ont été un objet constant d'étude pour les lithographes qui cherchent à concourir aux progrès de leur art.

Les crayons peuvent être considérés comme composés de trois parties :

1° La partie savonneuse, propre à former avec la pierre un savon calcaire, dont j'ai suffisamment parlé à l'article *Théorie de l'art lithographique*, dans le chapitre III.

2° Une substance compacte qui lui donne du liant, et le rende assez ferme pour qu'il puisse être taillé d'une grande finesse, et résister à la pression de la main.

3° Une partie colorante, afin que le dessinateur voye les traits qu'il trace, et puisse ainsi juger de l'effet de son dessin.

J'ai déjà dit que le tirage d'une pierre n'est dû qu'à la partie grasse du crayon, qui forme avec la pierre, un savon calcaire, capable d'attirer l'encre du rouleau ; et que la matière colorante introduite dans le crayon, n'a d'autre but que de guider le dessinateur dans son ouvrage. Aussi lorsque, dans les crayons, la proportion des parties graisseuses est trop forte, relativement à la quantité de matières colorantes, l'épreuve vient au tirage plus noire que le dessin ne paraissait sur la pierre. Si, au contraire, il y avait une trop forte proportion de noir, le tirage présenterait une épreuve plus pâle que le dessin sur pierre. Un crayon bien fait doit donc avoir les qualités suivantes :

1° La graisse et le noir doivent s'y trouver dans une proportion telle que l'épreuve présente exactement le même effet que le dessin sur pierre.

2° Il doit être assez compacte pour qu'on puisse le tailler très-fin, et présenter en même temps assez d'élasticité, pour que la pointe ne se casse pas trop facilement. Cependant, il doit avoir aussi une fermeté suffisante pour qu'on puisse faire les traits les plus déliés, sans que sa pointe se replie.

3° Il doit se conserver longtemps, sans s'altérer ni se ramollir.

Les crayons lithographiques, d'après toutes les expériences faites jusqu'ici, et les matières qu'on fait entrer dans leur composition, paraissent ne pouvoir être autre chose qu'un *savon alcalin.* On sait en effet que les alcalis, outre la propriété dont ils jouissent de dissoudre les matières grasses, en les convertissant en acides qui présentent une certaine solidité lorsqu'ils sont isolés, ont aussi celle de les faire pénétrer plus facilement dans la pierre, et contribuent par là à fixer le dessin d'une manière plus solide. J'ai fait des crayons de savons métalliques, en mêlant de la litharge aux parties grasses. Ils étaient bien plus durs que ceux à savon alcalin, et étaient loin de se fixer aussi bien sur la pierre; ce dont on se rend aisément compte, d'après ce que j'ai dit, en donnant la théorie de l'art lithographique.

Les premiers crayons que nous préparions dans mes ateliers, d'après les recettes qui me furent communiquées à Munich, se composaient comme suit :

12 parties cire vierge;
8 Id. savon;
10 Id. gomme lacque;
1 Id. dissolution de soude;
2 Id. suif;
4 Id. noir de fumée.

Ces crayons étaient bons tant qu'ils étaient frais; mais ils se ramollissaient à l'air, et on était obligé, pour les conserver, de les tenir dans des flacons bouchés.

Nous avons reconnu plus tard que les savons de résine attirent l'humidité de l'air, et se ramollissent très-promptement. Cette découverte nous a engagés à supprimer la gomme lacque, dès-lors nos crayons se sont parfaitement conservés. Du reste, nous avons vu dans la partie théorique, que les savons ou dissolutions de gomme-lacque ne se combinent pas avec la pierre, et ne forment point de savon métallique. Il faut donc les éviter partout où on peut s'en passer.

Aujourd'hui nous composons nos crayons comme suit :

32 parties cire. Nous prenons de la cire jaune, parce qu'elle est meilleur marché que la cire vierge, et que nous trouvons qu'elle produit le même effet.

24 Id. savon blanc de Marseille. Ce savon étant plus pur que celui qui est marbré, nous lui donnons la préférence. Beaucoup de lithographes emploient du savon de suif; mais nous avons trouvé que celui fait avec de l'huile mérite la préférence, en ce qu'il pénètre mieux dans la pierre.

4 Id. suif.

1 Id. sel de nitre, dissoute dans

7 parties eau.

7 Id. noir de fumée.

Quelques personnes mettent dans leurs crayons de la potasse, ou mieux encore de la soude. Dans nos ateliers, nous préférons le sel de nitre (*salpêtre*, ou chimiquement parlant, *nitrate de potasse*), parce qu'il donne aux crayons plus de dureté que la soude. Comme on le met dans la matière lorsqu'elle est parvenue à une haute température, ce sel se décompose et cède sa potasse aux acides gras, pour achever de les saponifier; tandis que l'acide nitrique se décomposant, a abandonné une partie de son oxigène aux corps gras, a contribué ainsi à les faire passer à l'état acide, et les a rendus plus facilement saponifiables. De plus une partie de l'eau qu'on introduit par ce mélange dans la matière, après la première et la plus forte flamme, y reste combinée et donne aux crayons une élasticité qu'ils n'auraient pas sans ce mélange (1).

Manïpulation.

Comme pour la confection des crayons et de l'encre, il est nécessaire de poser à plusieurs reprises le chaudron sur le feu, et de l'enlever pendant que la matière est en combustion, on pourrait courir le risque, en opérant sur une certaine quantité, de se brûler ou de renverser le chaudron, si on voulait manœuvrer simplement à la main. Il est plus prudent de disposer son appareil de la manière suivante. On attache au manteau de la cheminée, sous laquelle on opère, une chaînette A (*planche* XXXXI, *fig.* 1), portant un levier à bascule en fer B. C. Lorsqu'on ne s'en sert pas, ce levier est posé sur deux crochets D, D, afin de ne pas gêner. Au moment d'enlever le vase du feu, on engage le crochet B dans l'anse du chaudron, et on l'enlève doucement en appuyant sur l'extrémité C. On le place ensuite à côté du feu sur l'âtre, en décrivant une portion de cercle.

On met dans un chaudron, assez grand pour que les matières réunies ne le remplissent qu'au tiers, la cire et le suif, et on les laisse fondre. Lorsque ces corps sont très-chauds, on y jette successivement et par petites portions, le savon qu'on a eu soin de couper en petits morceaux. Il est essentiel d'employer

---

(1) La recette de crayons que publie M. Tudot, page 39 de son Traité de Lithographie, est exactement la nôtre. Il la donne comme étant celle de M. Lemercier, et fait observer que celui qui a eu le premier l'idée de mettre du sel de nitre dans le mélange, n'est pas connu. C'est dans notre établissement que le premier emploi de sel de nitre a été fait, et je ne doute pas que notre recette n'ait été communiquée à M. Lemercier par quelqu'un de nos élèves.

du savon sec, sans quoi il se boursoufle trop fortement avant de fondre; ce qui retarde l'opération. En même temps qu'on met le chaudron sur le feu, on place à côté, dans un petit poëlon, le sel de nitre et l'eau, afin qu'il fonde pendant l'opération, et que cette dissolution se trouve au degré de l'ébullition au moment où on doit l'employer. Par là on évite qu'elle refroidisse trop le mélange lorsqu'on l'y verse. On continue à chauffer ce mélange de cire, de suif et de savon, jusqu'à ce qu'il s'enflamme. Alors on enlève le vase du feu, et on le laisse brûler environ 2 minutes, pour les crayons tendres, et 3 minutes pour les crayons durs. Cependant on ne peut déterminer d'une manière parfaitement exacte, la durée de la combustion; car elle dépend de l'intensité de la flamme.

Lorsqu'on pense que la matière a brûlé assez longtemps, on étouffe la flamme en posant le couvercle sur le chaudron. Ce couvercle doit avoir dans le milieu un renfoncement conique, qui se termine par un petit trou d'environ 1 millimètre de diamètre. C'est par cette espèce d'entonnoir qu'on verse très-doucement la dissolution de nitre. L'eau se vaporise au moment même où les gouttes tombent dans la matière très-chaude, et cause un boursouflement considérable dans toute la masse : de manière qu'elle dépasse même quelquefois les bords du vase, lorsqu'on n'opère pas avec assez de précaution. Lorsque toute la dissolution est introduite dans le chaudron, on enlève son couvercle et on le replace sur le feu jusqu'à ce que la matière s'enflamme de nouveau. On l'enlève aussitôt de dessus le feu, et on étouffe immédiatement la flamme. Cela fait, on ajoute le noir de fumée, et on replace de nouveau le vase sur le feu. Pendant toute cette partie de l'opération, il importe de remuer continuellement la matière avec une spatule à long manche de bois (*fig.* 2), afin de ne pas se brûler les mains; mais à présent, il est préferable de se servir d'une forte cuillère en fer, de forme ronde, ayant également un manche de bois (*fig.* 3). On en frotte, en tournant continuellement, le fond du vase, pour broyer les parties de noir qui sont agglomérées, et opérer par là un mélange parfait. On travaille ainsi la matière jusqu'à ce qu'elle s'enflamme de nouveau, en ayant soin de ne pas pousser le feu trop vivement, afin d'avoir le temps de bien triturer la masse. Alors on l'enlève du feu, et on étouffe la flamme sur-le-champ.

Lorsque la matière est assez refroidie pour que les bords commencent à se figer, on en prend une cuillerée, qu'on verse dans le moule. On laisse refroidir les crayons qu'on obtient ainsi, pendant un jour; car ce n'est qu'au bout de ce temps qu'ils prennent toute leur consistance. On les essaye alors. S'ils se trouvent trop mous, on remet la matière sur le feu, et on la laisse encore un peu brûler; si, au contraire ils étaient trop durs, il n'y aurait d'autre moyen de les corriger, que de faire une seconde portion de matière plus molle, et de mêler ensuite les deux.

Il est bon, après avoir enlevé cet échantillon d'essai du chaudron, de laisser entièrement refroidir la matière, même dans le cas où on supposerait qu'elle est au degré convenable, et de la refondre ensuite pour couler les crayons. Le mélange se fait d'une manière plus intime par cette seconde fusion, et les crayons en deviennent plus homogènes.

Beaucoup de lithographes se contentent de verser la matière sur une pierre ou sur une assiette, et lorsqu'elle est à demi-refroidie, de la couper en bâtons en y faisant des entailles parallèles, au moyen d'un canif et d'une règle. Ils n'obtiennent ainsi que des bâtons carrés, assez irréguliers. Des crayons ronds, d'une longueur et d'une épaisseur constante, étant bien plus commodes, et s'adaptant mieux dans les porte-crayons, j'ai imaginé un moule qui a été depuis employé par beaucoup de mes confrères. Il consiste en deux plaques de laiton A B et I K (*fig.* 4), dans lesquelles se trouvent autant de rainures demi-cylindriques, qu'on veut couler de crayons à la fois. La plaque A B est soudée sur un support en tôle de cuivre C D, et repose sur un plan E F. Elle porte deux chevilles G, H, qui entrent dans des trous correspondans pratiqués dans la plaque supérieure I K, afin que les rainures des deux plaques s'ajustent parfaitement, et forment autant d'espaces cylindriques. Cette plaque I K est fixée à un manche en bois L M. Pour empêcher la matière de dépasser la plaque inférieure lorsqu'on l'y verse, on a deux planchettes en bois N, O, garnies de cuivre intérieurement et par-dessus, afin que la matière n'y adhère pas, et qu'on pose des deux côtés du moule, ainsi que deux morceaux de fer carrés P, Q, placés en travers à leurs deux extrémités, et qui complètent un espace fermé, contenant tous les cylindres.

Lorsqu'on veut mouler des crayons, on pose les deux planchettes N, O, des deux côtés du moule, et pour qu'elles s'y appuyent d'elles-mêmes, la plaque inférieure E F doit avoir ses bords un peu relevés. On pose ces deux morceaux de fer P, Q, immédiatement derrière les chevilles G, H. Afin que les crayons se détachent facilement du moule, on peut l'enduire intérieurement, avant chaque coulée, avec de la poussière de charbon délayée dans l'eau, mais il faut avoir bien soin de le laisser sécher avant d'y verser la matière; si non, l'eau qui se vaporiserait par la chaleur, formerait des soufflures. Cependant, lorsque le moule est bien poli, et qu'on a acquis en ce genre une certaine habitude, on peut se dispenser de cette précaution. On obtient alors des crayons plus nets et plus polis; tandis que si on a frotté le moule de noir, ils sont mats et noircissent les doigts. En coulant la matière le moins chaud possible, elle ne s'attache point au moule, et on peut parfaitement se dispenser de toute préparation préalable. On verse ensuite sur le moule une couche de matière suffisante pour former l'épaisseur des crayons. Il est bon qu'elle ne soit que tout juste assez chaude pour être encore liquide; l'opération en est plus prompte et les crayons adhèrent moins au moule, que si on la versait à une température plus élevée. On laisse refroidir un moment, jusqu'à ce que la matière ne coule plus. Alors on enlève les morceaux de fer P, Q et les planchettes N, O, et on presse avec force la plaque supérieure I K, en la faisant entrer dans les chevilles G, H. Par suite de cette pression, la matière excédante sort des deux côtés du moule, et on coupe les bavures qui en résultent, avec un couteau. On ôte ensuite la plaque supérieure, et on enlève les crayons les uns après les autres, en ayant soin de les redresser, si on les avait courbés en les détachant du moule, et de les poser sur une table platte, afin qu'en achevant de se refroidir, ils restent bien droits. Aussitôt une coulée enlevée, on en fait une seconde et ainsi de suite, jusqu'à ce que la matière soit épuisée. Comme le chaudron doit rester sur un feu doux pendant cette opération, afin de maintenir la matière au degré de fluidité convenable, il est bon de la faire aussi promptement que possible; car si la matière restait trop longtems sur le feu, ou que celui-ci fut trop fort, les dernières coulées pourraient devenir un peu plus dures que les premières.

La société d'encouragement a proposé en 1826, un prix de 500 francs, pour les meilleurs crayons lithographiques; il a été élevé à 600 francs, en 1828, et n'a pas encore été remporté.

Encre pour la plume.

L'encre dont on se sert pour écrire ou pour dessiner sur pierre, a deux fonctions à remplir :

1° Elle doit pénétrer la pierre jusqu'à une certaine profondeur, et y former avec la chaux, un savon métallique insoluble, capable d'attirer l'encre d'impression.

2° Elle doit résister à l'action de l'acide qu'on passe sur les pierres pour les préparer au tirage.

Cette encre doit être assez liquide pour permettre à la plume de faire les traits les plus déliés, et il faut qu'elle puisse conserver le plus longtems possible cet état de fluidité, sans devenir visqueuse et sans se prendre en une espèce de gelée. Il est bon aussi qu'en séchant dans un temps convenable, elle durcisse et devienne assez fixe pour ne pas s'effacer par un léger frottement. L'huile rendue soluble par un alcali, ou pour mieux dire saponifiée, est très-propre à cet usage. D'abord elle pénètre facilement la pierre, et puis nous savons que, par l'action des acides, le savon alcalin se décomposant, les acides gras deviennent libres et se convertissent sur la pierre en savon de chaux. Voilà pourquoi le savon est toujours la base essentielle de l'encre lithographique pour la plume. On doit donner la préférence au savon blanc de Marseille, comme étant le plus pur qui se trouve dans le commerce. Cependant, l'expérience a appris qu'il est bon d'y ajouter une petite portion de cire ou de suif. Les résines et particulièrement la gomme lacque ont aussi la propriété de rendre l'encre plus coulante; ce qui fait qu'on a soin d'en ajouter généralement.

S'il y a beaucoup de savon dans l'encre, et par conséquent un excédant d'alcali, elle se dissout très-facilement; mais elle présente alors l'inconvénient de devenir très-vite visqueuse, et de n'être plus assez liquide peu de temps après qu'on l'a broyée. Il est donc bon d'y mettre le moins de savon possible, sauf à frotter un peu plus longtemps pour la dissoudre. Il faut cependant que l'encre ne soit pas non plus trop coulante, car alors les traits s'étendent en largeur, et il est impossible de faire un travail fin et serré. L'encre dissoute dans l'eau a le degré de viscosité convenable pour permettre les travaux les plus fins. Si on la dissolvait dans de l'alcool, elle resterait toujours parfaitement liquide, mais il serait impossible de faire un trait fin avec une pareille solution, à cause de la facilité avec laquelle elle s'étendrait sur la pierre, autour du dessin.

La composition suivante, qui nous a été communiquée par M. Desmadryll aîné, habile dessinateur lithographe, est celle qui nous a constamment le mieux réussi :

40 Parties de cire vierge pure, ou à défaut, cire jaune;
10 Id. mastic en larmes;
28 Id. gomme lacque;
22 Id. savon blanc;
9 Id. noir de fumée léger.

On fait fondre la cire dans un chaudron, et on la chauffe jusqu'à ce que sa vapeur s'enflamme par le contact d'une baguette allumée. On ôte alors le vase du feu, et on y jette par petites portions le savon, la gomme lacque et le mastic, en dirigeant l'opération de manière que la flamme ne s'éteigne pas, et que, d'un autre côté, elle ne devienne pas trop forte. Lorsque toutes ces matières sont réunies, on étouffe la flamme en posant le couvercle sur le chaudron. On y met ensuite le noir et on replace le tout sur le feu, en l'y maintenant jusqu'à ce que la matière s'enflamme de nouveau. Ainsi que je l'ai indiqué à l'article *crayons*, il est bon de triturer le mélange avec une cuillère en fer, afin de bien écraser le noir. On éteint ensuite la flamme, et on coule un échantillon, qu'on essaye le lendemain. Si la dissolution qu'on en fait devient trop tôt visqueuse, on remet la matière sur le feu, et on la laisse encore un peu brûler.

On peut couler la composition sur une pierre lithographique, préalablement frottée avec du savon, et la couper en gros morceaux carrés, si l'on n'aime mieux la pétrir et la rouler entre les mains pendant qu'elle est encore molle, pour en faire des bâtons ronds. Mais ces moyens sont longs, peu commodes et les bâtons ne deviennent pas égaux. J'y ai substitué une autre méthode. J'ai fait faire un moule composé de deux pièces de laiton A et B (*fig.* 5), dans lesquelles sont pratiquées des rainures de la grosseur convenable, rodées ensemble pour qu'elles soient bien rondes et polies. Ces pièces sont soudées sur deux réservoirs creux en tôle de cuivre C, D, fermés de tous côtés, et n'ayant que les ouvertures E, F, G, H. Il faut avoir en outre une plaque de cuivre I K, sur laquelle on puisse poser le moule, lorsque les deux parties sont réunies. Pour les tenir ensemble, et afin que les rainures se correspondent parfaitement, la pièce B porte deux chevilles qui entrent dans des trous percés dans la pièce A, comme cela a lieu au moule à crayons. Pour couler l'encre, on réunit les deux parties du moule, et on le pose sur la plaque I K, de manière que les ouvertures E, F, G, H, soient en l'air. Dans cette position, l'orifice inférieur des cannelures se trouve fermé par la plaque L K. On verse alors dans ces cannelures, au moyen d'une cuillère à bec, la matière qu'on a laissé refroidir jusqu'au point où les bords commencent à se figer. On a soin ensuite de verser encore une certaine quantité de matière sur le moule, car l'encre se retire en se refroidissant et forme des trous ronds au milieu des bâtons, si on n'a pas la précaution de les combler à mesure qu'ils prennent naissance. Si on laissait le refroidissement s'opérer de lui-même, les bâtons seraient fort longtemps à se durcir assez pour être retirés du moule, et il faudrait trop attendre lorsqu'on voudrait faire plusieurs coulées de suite. Pour hâter ce refroidissement, on verse de l'eau froide par les ouvertures F, H, jusqu'à ce que les réservoirs se trouvent remplis. A mesure que cette eau s'échauffe, on la laisse écouler par les ouvertures E, G, en dressant le moule, et on la remplace par une nouvelle portion d'eau froide. Quand on pense que les bâtons sont assez solides, il suffit pour les détacher de couper la matière qui dépasse le moule, d'enlever la plaque I K, en la faisant glisser à frottement, et de séparer les deux parties du moule.

Encre molle pour la plume.

On a indiqué plusieurs recettes pour faire cette encre. Quelques dessinateurs donnent la préférence à celle dont la composition suit, et que nous devons également à M. Desmadryll. Elle coule bien et permet de faire des traits déliés; mais elle ne durcit pas autant que la précédente, et offre plus de danger d'être effacée par un léger frottement.

16 parties suif;
10 Id. cire;
16 Id. savon;
14 Id. gomme lacque;
5 Id. noir de fumée léger.

Pour la faire, on opère de même que pour la précédente.

Encre pour le pinceau.

Pour l'usage du pinceau, une encre plus visqueuse est préférable à celle préparée pour la plume. J'ai trouvé que la composition suivante réussit bien.

6 parties cire;
6 Id. savon;
3 Id. suif;
2 Id. noir de fumée.

Il suffit que ces matières soient fondues ensemble et chauffées jusqu'à ce qu'elles s'enflamment: elles n'ont pas besoin de brûler longtemps.

Encre pour la plume, de M. *Lemercier.*

La Société d'encouragement a proposé en 1826 un prix de 600 fr. pour une encre lithographique supérieure à celles connues jusqu'alors. Ce prix a été porté en 1828 à 800 fr., et décerné en 1833 à M. Lemercier.

Voici la composition de cette encre, telle que la donne l'auteur :

« 2 parties cire jaune;
« 1 1/2 Id. suif;
« 6 1/2 Id. savon blanc de Marseille;

« 3 parties gomme lacque;

« 1 1/2 Id. noir de fumée léger.

« On commence par faire fondre la cire et le suif; ensuite on ajoute peu à « peu le savon. Il ne faut pas en mettre trop à la fois, et avant d'en mettre « de nouveau, il faut attendre que le précédent soit fondu, autrement on s'ex- « poserait à faire répandre la matière par-dessus les bords de la casserolle. « Quand le tout est fondu, on ajoute la gomme lacque par petites pincées, « agitant continuellement le mélange. Cet amalgame étant terminé, on aug- « mente le degré de chaleur jusqu'au moment où la vapeur blanche commence « à s'épaissir; alors on retire la casserole du feu, puis on enflamme la matière, « et supposant les proportions précédentes prises par onces, on laisserait brû- « ler pendant une minute; puis on fait l'amalgame du noir, le délayant pen- « dant quelques minutes, après lesquelles on remet la casserole sur le feu en « agitant continuellement la matière. On laisse cuire un quart d'heure environ, « et lorsque la cuisson de l'encre est terminée, on laisse refroidir un peu et « on verse cette encre sur une feuille de papier collé, que l'on a frottée d'a- « vance avec du savon, pour faciliter l'enlèvement de l'encre de dessus le papier, « lorsqu'elle est refroidie. Arrivée à ce point on fait refondre l'encre pour mieux « mélanger et raffiner la pâte, moyen bien préférable à celui du broyage, qui « est très-difficile attendu qu'il ne peut se faire qu'à chaud. En faisant refondre « la pâte, il est essentiel de la remuer continuellement et de la maintenir à une « chaleur modérée. Cette opération étant terminée, on coule l'encre dans un « cadre posé sur un marbre ou une pierre, que l'on a préalablement frottés « avec du savon. Avant que l'encre ne soit entièrement refroidie, on la coupe « par morceaux et on la laisse sécher parfaitement. »

Cette encre contenant une forte dose de savon, se dissout facilement; mais elle a le défaut de devenir promptement visqueuse. Elle coule bien et permet d'exécuter les travaux les plus fins. Cependant elle paraît résister moins bien à l'acidulation que celle de M. Desmadryll, et j'ai remarqué que les traits fins et les déliés viennent moins purs au tirage, que lorsqu'ils sont faits avec cette dernière.

Encre pour le lavis lithographique

8 parties cire;

3 Id. suif;

6 Id. savon;

6 parties gomme lacque;
3 Id. noir de fumée.

Après avoir fondu ensemble ces substances par le même procédé que pour l'encre lithographique, on y ajoute 8 parties d'encre ordinaire d'impression, et on la coule en gros bâtons.

Couleur grasse, ou encre de conservation.

Lorsqu'on veut conserver une pierre dessinée, il ne faut pas la laisser recouverte d'encre d'impression (1). D'abord l'huile s'étend sur la pierre, sèche lorsqu'elle y séjourne pendant un certain temps, et les épreuves perdent par là leur finesse et leur pureté. Plus tard, cette huile finit par sécher entièrement, et on ne peut plus l'enlever à l'essence pour y faire prendre d'autre encre, lorsqu'on veut faire un nouveau tirage (2). Il convient donc, pour conserver les pierres, de les débarrasser de l'encre d'impression et d'y passer un rouleau chargé d'une autre encre qui ne présente pas les mêmes inconvéniens, et dans laquelle des substances grasses qui ne se dessèchent point, et des résines, remplacent l'huile épaissie ou vernis lithographique. On a l'habitude de donner à cette substance le nom de *Couleur grasse*, il serait plus juste de l'appeler *Encre de conservation*. Chaque lithographe a la sienne qu'il prépare d'une manière qui lui est particulière.

Observons que l'encre de conservation ne doit contenir que des corps gras qui ne sèchent point; c'est-à-dire qui restent toujours de même, quel que soit le temps qu'on les laisse sur la pierre. La cire et le suif seuls rempliraient bien ces conditions; mais l'encre doit en même temps devenir assez dure pour résister aux légers frottemens, et surtout aux acides lorsqu'on veut faire des retouches. Aussi est-il bon, pour lui donner cette qualité, d'ajouter à ces deux substances une certaine quantité de gomme lacque. Mais comme cette dernière résine ne se mêle pas à la cire et au suif, il faut procéder par voie de saponification. On commence donc par faire de l'encre lithographique pour la plume, en ayant soin cependant de prendre du savon de suif au lieu de savon d'huile, puisque cette dernière substance se dénaturant par l'âge, ne peut con-

(1) On verra plus tard que cette encre se compose de vernis (huile épaissie) et de noir de fumée, broyés ensemble.

(2) Voir la *Théorie de l'art lithographique*, et l'article *huiles*.

venir à la préparation de l'encre de conservation; tandis que le suif y est très-utile, tant pour que les pierres s'encrent facilement et avec pureté, que pour la bonne conservation des parties grasses. On opère ensuite comme il va être dit.

L'encre de conservation que l'expérience m'a fait reconnaître comme la meilleure, se compose d'encre dure pour la plume, qu'on dissout dans de l'eau pure en la coupant en petits morceaux, et en la faisant bouillir jusqu'à parfaite solution. Comme l'alcali qu'elle contient est nuisible aux pierres, parce qu'il détruit la préparation en décomposant le savon calcaire, et est cause par là que les parties qui devraient rester blanches, prennent de la couleur, on l'en sépare en versant dans cette dissolution de l'acide muriatique jusqu'à ce qu'elle se coagule. On verse l'eau qui s'est séparée des grumeaux, et on lave ceux-ci à plusieurs reprises avec de l'eau, pour en dégager tout l'acide. On en forme ensuite des boules en achevant d'en exprimer l'eau qui est restée dans les interstices, et on peut la conserver en cet état.

On se rend facilement compte de la théorie chimique de cette opération. L'acide muriatique (chlorhydrique) décompose le savon, en s'emparant de la soude. De là, formation de chlorhydrate de soude (chlorure de sodium) soluble, qui disparaît par les lavages. Les acides gras devenus ainsi insolubles, se précipitent et forment ces grumeaux dont j'ai parlé, et on s'est ainsi débarrassé de toute la soude du savon.

Pour employer cette encre de conservation, on met quelques-unes de ces boules dans une casserole qu'on pose sur un feu doux, jusqu'à ce qu'elles soient fondues. Alors on enlève le vase du feu, et on y verse de l'essence de térébenthine à peu près le double du volume de la matière. Cette opération doit se faire loin du foyer, car l'essence étant très-inflammable, elle pourrait facilement prendre feu si l'on n'usait pas des précautions convenables; et l'essence brûle avec une telle violence, qu'il serait fort difficile de l'éteindre. Le seul moyen qui pourrait réussir, serait de couvrir le vase, et d'y jeter ensuite beaucoup de cendres. Lorsque cette dissolution est froide, elle doit avoir la consistance du cérat.

On fera bien d'avoir une pierre et un rouleau spécial pour cette encre. Lorsqu'on veut l'employer, on en étend un peu sur le rouleau et on l'égalise, en le passant sur la pierre; mais une fois que le rouleau et la pierre sont couverts d'une quantité asssez grande de couleur grasse, il suffit, quand on veut s'en servir, d'y verser un peu d'essence de térébenthine, et de frotter le rouleau sur la pierre jusqu'à ce qu'elle soit suffisamment délayée. On continue alors de le rouler jusqu'à ce qu'une partie de l'essence soit évaporée, et que la couleur ait pris la consistance nécessaire pour encrer purement la planche. La table sur laquelle se trouve la pierre et le rouleau à la couleur grasse, doit être munie d'un couvercle à charnière, afin de les garantir de la poussière et de toute autre malpropreté.

La gomme lacque ne se dissolvant pas dans l'essence de térébenthine, on a de la peine à enlever cette couleur grasse lorsqu'elle est bien sèche; d'ailleurs sa préparation est longue. Nous y avons substitué le mélange suivant, qui se fait à froid, toutes les parties étant solubles dans l'essence de térébenthine.

10 parties cire;
10 Id. asphalte;
4 Id. suif;
2 Id. noir de fumée.

On divise le tout en petits morceaux, et on y verse de l'essence de térébenthine. Au bout de quelques jours ce mélange forme un corps visqueux, de la consistance du cérat, que l'on conserve dans un pot.

CHAPITRE IX.

DU TRACÉ SUR PIERRE, OU DU DESSIN ET DE L'ÉCRITURE.

Considérations générales.

Aucun moyen d'impression n'est aussi fécond et n'admet autant de manières différentes que la Lithographie. Cependant, pour éviter de trop grands détails, et afin de généraliser autant que possible, nous diviserons en trois classes principales les diverses méthodes d'exécuter les planches lithographiques, savoir :

1° La manière à l'encre;

2° La gravure;

3° Le dessin au crayon.

Le tracé à l'encre est celui dont l'usage est le plus généralement répandu pour les écritures et, en général, pour tous les travaux courans du commerce et des administrations. Ce moyen d'exécution est prompt et permet d'obtenir les résultats les plus purs ; le tirage s'en fait vite et fournit un nombre d'épreuves considérable, qu'on peut continuer pour ainsi dire indéfiniment, si on tire sur un bon papier avec toutes les précautions convenables. Chaque fois donc qu'il sera possible d'exécuter une planche à la plume, on ne devra pas hésiter à le faire, et il sera bien de préférer ce genre à la gravure. Si certains lithographes exécutent encore à la pointe des travaux que d'autres mieux avisés font à l'encre, ce n'est que par suite d'une ancienne habitude, ou parce qu'il n'ont point dans leurs ateliers d'écrivains ou de dessinateurs assez adroits pour exécuter des travaux fins et soignés à la plume d'acier: instrument bien plus difficile à manier que la pointe.

La gravure sur pierre n'est avantageuse que pour des travaux tellement fins qu'on ne pourrait pas les exécuter à la plume, comme par exemple ceux faits par la machine à graver, et dont j'ai donné quelques modèles dans le chapitre précédent. Pour la topographie, le travail de la pointe est plus expéditif, surtout lorsqu'il s'agit d'exécuter des montagnes et le filé des eaux; car la pointe marque toujours également, sans qu'on ait besoin de perdre du temps à prendre de l'encre. Enfin dans quelques cas, que l'usage fait bientôt connaître, il peut être avantageux d'allier la gravure à la plume.

La manière au crayon est la plus facile à exécuter sur pierre, et tous ceux qui ont l'habitude du dessin au crayon sur papier, seront bien vite au fait de la manière lithographique. Cette méthode s'applique avec les plus grands avantages à la reproduction des objets d'art; elle permet de rendre les effets les plus harmonieux et les plus piquants, les touches les plus vigoureuses à côté des teintes les plus suaves; elle donne enfin à l'artiste un moyen sûr de voir renaître sur les épreuves tout son esprit, tout son talent; et on peut la regarder comme un vrai moyen de multiplier à l'infini des originaux. C'est là le caractère propre de la Lithographie, et c'est en cela surtout qu'elle mérite la préférence sur la gravure, qui ne réussit à produire des ouvrages remarquables qu'après une longue étude, à laquelle les peintres se sont rarement soumis. Ce n'est que dans les eaux fortes que quelques-uns se sont essayés, et nous ont transmis leurs inspirations spirituelles. Si les Rembrand, si les Deboissieu, si les Albrecht Durrer et tant d'autres maîtres distingués des temps passés, avaient eu à leur disposition un moyen aussi facile et aussi complet de multiplier leurs pensées, n'est-il pas permis de croire que nous posséderions aujourd'hui un bien plus grand nombre de chefs-d'œuvre de ces grands talens? C'est donc moins à multiplier des copies qu'à reproduire avec vérité les originaux des maîtres eux-mêmes, qu'on devrait employer la Lithographie, pour faire accomplir à cet art sa haute mission, et le voir se produire dans tout son éclat.

Des pierres.

J'ai déjà dit dans le chapitre V quelles sont les pierres les plus propres à la Lithographie, et quels sont les soins à porter à leur préparation. Les dessinateurs qui n'ont pas encore appris par une expérience convenable à connaître les qualités des pierres nécessaires à la bonne réussite d'un travail, feront bien de ne s'adresser qu'à des établissemens de confiance pour en obtenir de bonnes. Je les engage beaucoup à ne pas passer légèrement sur ce conseil, et à bien se persuader que la qualité d'une pierre, et surtout la nature de son grain, sont des élémens essentiels pour bien réussir un dessin au crayon.

Du décalque.

Comme il serait fort difficile en certaines circonstances d'effacer des lignes ou des parties dessinées sur la pierre au moyen du crayon ou de l'encre lithographiques, il est prudent de tracer d'abord le trait du dessin qu'on veut exécuter, avec un corps qui n'attire point la couleur d'impression. Les crayons de mine de plomb, la sanguine, etc. ne renfermant aucune matière grasse capable de se combiner à la pierre, sont parfaitement propres à cet usage, et on pourra s'en servir pour faire son esquisse. Cependant il vaut mieux encore employer le décalque, non seulement parce que cette méthode donne un trait plus pur, mais aussi parce qu'elle fournit un moyen facile de retourner le dessin. La manière d'opérer est simple. On commence à cet effet par poser sur le dessin qu'on veut lithographier, un papier transparent sur lequel on trace, soit au crayon de mine de plomb, soit à l'encre, le trait exact de toutes les parties qu'on veut reproduire. Ensuite on pose ce papier sur la pierre, en le fixant aux angles avec de la colle à bouche ou des morceaux de pains à cacheter, et en ayant soin de ne le faire adhérer ainsi que sur les marges ou autres parties qui ne doivent recevoir aucun travail. Cela fait, on glisse entre le calque et la pierre, un papier rougi dont la partie colorée doit être tournée vers la planche; on suit alors tous les traits avec une pointe d'acier émoussée, en ayant soin d'appuyer assez pour qu'ils marquent sur la pierre.

On trouve de ce papier tout préparé chez les marchands de couleurs. Ceux qui voudront le faire eux-mêmes s'y prendront de la manière suivante. Sur un feuillet de papier fin et mince, par exemple du papier à lettres, on rape de la sanguine, et on l'étend au moyen d'un linge sur la surface entière du papier, en frottant du centre vers les bords, jusqu'à ce qu'elle soit rougie également. On continue ainsi à frotter jusqu'à ce que la poudre superflue soit essuyée de manière que le papier ne déteigne point en le posant sur une feuille blanche, sans une certaine pression.

Si on voulait du papier à décalquer noir, on se servirait de pierre d'Italie au lieu de sanguine. L'opération doit être faite à sec et il faut bien se garder d'y mettre de l'huile, qui graisserait la pierre.

Quant au papier transparent nécessaire pour cette opération, je pense qu'on doit donner la préférence au *papier végétal*, qui ne contient aucune matière grasse qui puisse tacher la pierre. Cependant, ce papier a l'inconvénient d'être très-hygrométrique; et de s'allonger conséquemment par l'humidité. Si on voulait décalquer un dessin d'une certaine grandeur, et dont les dimensions dussent demeurer invariables, comme par exemple une carte topographique, il serait prudent de se servir de papier à la gélatine, ou *papier dioptique*, qui étant imprégné d'une substance grasse, n'est pas sujet à varier de dimension sous l'influence de l'humidité. La surface de ce papier est d'ailleurs assez sèche pour ne pas graisser la pierre. Cependant, par surcroît de précaution, on peut placer une feuille de papier mince ordinaire entre la pierre et le papier à la gélatine.

On peut aussi se servir pour les décalques de *papier glace* qui n'est autre chose qu'une feuille de colle très-mince. Ce papier est beaucoup plus transparent que le papier végétal; mais comme il est entièrement lisse, les crayons n'y marquent pas : il faut y tracer le trait avec une pointe d'acier affilée. Quand le dessin est terminé, on le frotte avec de la sanguine en poudre, qui ne se fixe que dans les traits qui sont un peu en creux. On essuye ensuite avec un chiffon, on retourne la feuille sur la pierre, et on la passe sous la presse ou, à défaut, on la frotte avec un brunissoir. En renouvelant la poudre plusieurs fois, on peut faire autant de décalques qu'on veut avec la même feuille.

Ces moyens sont principalement applicables aux objets qui demandent une grande précision, tels que les plans topographiques, les dessins d'architecture, etc. Mais lorsqu'il s'agit de sujets pittoresques, il suffit souvent au dessinateur d'avoir l'indication des principales masses; et dans ce cas il pourra s'épargner l'ennui de suivre deux fois les mêmes traits. Il n'aura qu'à faire son tracé ou son calque avec de la sanguine ou du crayon noir, en appuyant un peu fortement. Il retournera alors la feuille sur la pierre, la fixera aux quatre angles et la frottera avec un brunissoir, un plioir, ou même l'ongle. S'il a une presse lithographique à sa proximité, il pourra y faire passer la pierre, pour opérer cette contre-épreuve.

Il est préférable de faire le décalque en rouge puisqu'il ne se confond pas avec le crayon lithographique; ce qui peut arriver lorsqu'on le fait en noir.

Une observation qu'il ne devrait pas être nécessaire de faire aux dessinateurs, c'est que toutes les fois qu'il s'agit de représenter un objet qui doit venir sur l'épreuve dans un sens donné, il faut le tracer sur la pierre à l'inverse, parce que l'effet de l'impression est de le retourner. Ainsi, par exemple, en faisant un soldat, on mettra le sabre ou le fusil à droite pour que sur l'épreuve ils viennent à gauche.

Cette observation peut paraître puérile, et n'en est pas moins essentielle. On est frappé tous les jours de voir des gravures et des lithographies où la gauche est toujours prise pour la droite, et réciproquement : défaut qu'il serait bien facile à l'artiste d'éviter.

Lorsqu'il s'agit d'écritures, on ne décalque que les parties ornées, comme l'écriture gothique enrichie de traits, qu'il faut d'abord composer sur papier pour les produire avec l'élégance et la symétrie convenables. Mais l'écriture courante deviendrait raide si on voulait la calquer, et il est indispensable, pour lui donner la grâce et la fermeté qui en font la beauté, que les écrivains s'exercent à la faire à main libre. Cependant, pour diviser régulièrement son travail et donner aux lettres la hauteur nécessaire, on doit régler d'abord la planche au crayon de mine de plomb, en se servant de l'espèce la plus dure. Pour des écritures très-fines on peut se servir d'une pointe en cuivre, et lorsqu'il s'agit de régler un grand nombre de mots d'égale hauteur, comme par exemple, dans une carte géographique, on fera bien d'employer une pointe double en cuivre, (*pl.* XXXXII, *fig.* 1.), qu'on ajuste au moyen d'une petite lime, et dont on écarte ou rapproche les pointes en les courbant.

Lorsqu'il s'agit d'un dessin dont le trait doit être rendu avec pureté et précision, tel que des ornemens ou figures d'architecture, on peut remplacer le simple décalque par une contre-épreuve autographique. On trouvera dans le chapitre *Autographie* la description de cette opération.

Écritures et dessins à l'encre.

Pour le dessin à l'encre, les pierres doivent être polies à la pierre ponce; mais avant de commencer le travail, le dessinateur doit encore leur faire subir une autre préparation préalable. S'il employait la pierre telle qu'elle sort des mains du polisseur, les traits qu'il y formerait s'étendraient à peu près comme si on dessinait sur du papier non collé, et il lui serait impossible de rendre son dessin avec netteté. Cet inconvénient s'évite en graissant légèrement la surface de la pierre; mais ce graissage doit être bien égal, et n'offrir que le moins de résistance possible à l'acidulation, afin que cette dernière opération puisse enlever en entier la matière grasse; car s'il en restait la moindre partie, elle attirerait le noir pendant le tirage, et toutes les épreuves seraient entièrement perdues. Quelques dessinateurs se contentent de laver la pierre à l'essence, d'autres y frottent un mélange d'essence et de très-peu d'huile de lin : ces moyens sont bons, mais celui qui nous a donné les résultats les plus constans est le suivant. On fait dissoudre du savon blanc de Marseille (il est important que ce soit du savon à l'huile, le savon de suif résisterait trop à l'acide) dans l'eau, jusqu'à ce que cette dissolution *tire un fil.* On en met un peu sur la pierre, et on l'étend en le frottant avec la main sur toute sa surface. On l'essuie ensuite avec un linge; on y jette quelques gouttes d'eau de pluie, ou autre qui dissout le savon, et on essuie une seconde fois. On continue ainsi jusqu'à ce que la pierre repousse bien l'eau sur tous les points de sa surface. Puis on y verse un peu d'essence de térébenthine et on enlève, en frottant la pierre également partout avec un linge, tout l'excès de graisse qui pourrait encore s'y trouver. La pierre séchée ensuite pendant quelques instans est bien préparée, et on peut commencer le travail.

En hiver, il est bon de placer les pierres dans le voisinage d'un poêle avant de commencer à travailler, afin de les chauffer légèrement et d'empêcher par là que l'humidité de l'air ne se condense à leur surface; ce qu'on appelle vulgairement *suer.* En général le travail à la plume se fait plus facilement sur des pierres un peu tièdes que sur des pierres froides; mais il faut bien se garder de les chauffer trop et surtout inégalement; car dans ce cas il arrive quelquefois qu'elles se fendent, et le motif en est tout simple. Il est connu qu'en général les corps se dilatent par la chaleur; si donc, par exemple, le milieu d'une pierre est chauffé plus fortement que les bords, il tendra à se dilater, mais ceux-ci n'ayant pas le même degré de température ne se seront pas allongés dans la même proportion, l'effort que fait le milieu pour s'étendre occasionnera alors une fente dont la direction sera du centre vers l'extrémité. On peut apercevoir cette fente au moment ou la pierre vient d'éclater; mais à mesure que le refroidissement s'opère, elle se referme et finit par devenir imperceptible. Elle n'en existe pas moins cependant, et offrira au tirage un grave danger de casse, dont l'imprimeur ne saurait être responsable.

Si donc un dessinateur s'aperçoit d'un pareil accident, il doit se garder de faire un dessin sur la pierre fêlée. Il vaudra beaucoup mieux faire couper la pierre en deux, à l'endroit où elle est fendue, afin de ne pas s'y tromper plus tard, lorsque la fente aura disparu à l'œil. Si cependant un dessin se trouvait déjà fort avancé, au moment où cet accident arriverait, il faudrait pour ne pas le perdre, faire mettre un fort lien autour de la pierre, et la mastiquer sur une autre, ainsi que je l'indiquerai au chapitre de l'impression. Au moyen de cette précaution, on pourra encore en faire le tirage sans danger.

Dessin au pinceau.

La plume lithographique étant un instrument très-difficile à manier, ceux qui n'en ont pas acquis une grande habitude par un usage journalier, auraient bien de la peine à s'en servir. Le travail au pinceau leur paraîtra beaucoup plus facile. Comme l'encre lithographique ne tient pas les poils réunis, ainsi que cela a lieu pour les couleurs à l'aquarelle, et qu'au contraire elle tend à les écarter et à faire faire deux pointes au pinceau, il sera bon de prendre un pinceau de martre bien effilé et d'en couper les poils extérieurs de manière à n'en laisser qu'une petite mèche au milieu *(pl.* XXXXII, *fig.* 2.*)*, qui se réunissent alors en pointe très-fine. Il est utile de remarquer que le pinceau ne fournit pas l'encre aussi abondamment que la plume, et qu'en conséquence on devra bien faire attention que les traits qu'on forme soient noirs et bien nourris.

Travail à la plume.

Pour ceux qui font leur état du dessin à l'encre sur pierre, la plume est bien préférable au pinceau en ce qu'elle permet d'obtenir un travail plus ferme, plus prompt et mieux nourri: et une fois qu'on aura acquis l'habitude de s'en servir, on exécutera avec facilité et pureté les travaux les plus fins. C'est surtout pour les écritures que la plume est avantageuse; et on peut raisonnablement espérer qu'on verra des lithographes écrire aussi vite sur la pierre, qu'on le fait communément sur le papier avec l'encre et les plumes ordinaires. Il s'agit seulement de s'exercer à rendre promptement l'écriture cursive. J'ai vu à l'institut royal de Berlin des écrivains faits à ce genre de travail, tracer huit pages in-folio sur pierre en un seul jour. Je ne saurais trop engager les écrivains lithographes à s'habituer par une application et une pratique soutenues, à cette espèce de travail qui serait plus avantageux et plus sûr que l'autographie pour les travaux pressés, qu'il faut livrer promptement. On se servira alors de plumes plus dures que pour l'écriture lente et soignée.

Les plumes d'oie ne peuvent pas se tailler assez fin pour être employées sur pierre; d'ailleurs leur pointe s'émousserait bientôt, parce qu'elle serait attaquée par l'alcali de l'encre. On a imaginé pour les remplacer, de se servir de plumes d'acier qui permettent d'exécuter les traits les plus délicats, et dont la pointe résiste longtemps au travail sur pierre. On en trouve à acheter chez tous les lithographes. M. Perry, parmi le grand nombre de plumes d'acier à tous les usages qu'il fabrique, en a fait établir aussi pour la lithographie; mais un lithographe de profession fera bien de les confectionner lui-même pour les avoir entièrement à sa main. On se sert pour cela d'une petite lame d'acier assez mince pour qu'on puisse la plier avec la même facilité qu'une feuille de papier, et la couper avec des ciseaux sans les émousser. Autrefois on employait à cet usage des ressorts de montre, qu'on faisait ronger par l'acide nitrique jusqu'à ce qu'ils fussent réduits à l'épaisseur convenable. A cet effet, on met moitié acide nitrique et moitié eau dans une soucoupe, et on y plonge le ressort de montre. Il se fait alors une vive effervescence et il se dégage en abondance un gaz rougeâtre (acide hyponitrique), extrêmement délétère, qu'il faut éviter de respirer; aussi est-il prudent de se placer dans un courant d'air, qui emporte ce gaz à mesure qu'il se developpe, lorsqu'on veut procéder à cette opération. Il arrive quelquefois que l'acide ne mord pas tout de suite; ce qui peut provenir de ce que les ressorts sont gras. Alors on fera bien de les nettoyer en les frottant avec de la pierre ponce et de l'eau. Quelquefois aussi l'acide n'attaque pas le ressort lorsqu'il est froid, et il faut alors le faire un peu chauffer. Lorsque les ressorts ont été réduits à l'épaisseur nécessaire, on les lave, on les pose ensuite sur un morceau de pierre, et on les frotte avec une pierre ponce et de l'huile pour les polir et les empêcher de se rouiller.

L'opération que je viens de décrire était difficile et désagréable; on perdait souvent des ressorts qui se trouvaient rongés trop fortement ou inégalement; aussi est-elle à peu près généralement abandonnée. Aujourd'hui on se procure des lames d'acier qui se fabriquent à Genève, et qui sont assez minces pour servir directement à la confection des plumes, sans aucune préparation préalable. On en coupe une petite bande d'environ un pouce de long sur deux lignes de large, à laquelle, avant de la tailler, il faut donner la forme d'une portion de cylindre du diamètre d'une plume à écrire. On la place pour cela sur un morceau de bois rond, préparé d'avance, et on la frappe dans toute sa longueur avec un petit marteau convenablement arrondi *(pl.* XXXXII, *fig.* 3*)*, jusqu'à ce qu'elle ait pris la courbure nécessaire. On peut aussi interposer entre le morceau d'acier et le marteau, une broche d'acier, bien ronde, ou frotter avec un instrument dont le bout serait bien arrondi. Au moyen d'une virole faite avec un tuyau de plume coupé, on fixe cette lame ainsi préparée sur un manche en bois (*fig.* 4), ou mieux encore sur un roseau (*fig.* 5), plus commode à manier, parce qu'il est plus léger.

On taille ces plumes avec de petits ciseaux qui doivent être du meilleur acier. On fait d'abord la fente, et ensuite on la coupe en biais de chaque côté jusqu'à ce qu'on obtienne une pointe suffisamment fine, en ayant soin de couper toujours dans le sens de la pointe vers le manche (*planche* XXXXII, *fig.* 6). Si on commençait à couper du côté de la hampe, en allant vers la pointe, celle-ci se roulerait, et il serait fort difficile ensuite de redresser les deux côtés, de manière à les faire rejoindre parfaitement. Il faut une grande habitude pour saisir tout juste la place où on doit couper les deux parties de la plume, afin qu'elles forment une pointe très-fine, et qu'elles conservent une longueur parfaitement égale. Ce n'est qu'après un exercice plus ou moins long, suivant l'adresse de la personne, qu'on parviendra à en tailler de bonnes. Après avoir coupé convenablement la plume, on fera bien d'en ébarber la pointe, en la passant légèrement sur une pierre à huile, et en ayant soin de la tourner en même temps entre les doigts, en tirant à soi. Pour qu'une plume soit bonne, il faut qu'elle fasse des traits très-fins, qui soient cependant bien fournis d'encre.

Pour dissoudre l'encre on fera bien d'en frotter d'abord à sec dans un godet jusqu'à ce que le fond en soit couvert, ensuite on ajoute de l'eau de pluie, de l'eau distillée, ou tout autre qui dissolve bien le savon. Les eaux connues vulgairement sous le nom d'eaux dures, ou séléniteuses, et qui ne font pas écumer le savon parce qu'elles contiennent divers sels, comme sont généralement les eaux de puits, ne sont pas bonnes pour cet usage. J'en ai donné la raison dans le chapitre III. On continue de frotter jusqu'à ce que l'encre ait le degré d'épaisseur convenable; ce que l'expérience seule peut apprendre à connaître. Quelques dessinateurs, au lieu de conserver leur encre en bâtons, la font verser dans une large soucoupe pendant qu'elle est chaude, de manière à en garnir le fond. Pour en délayer ensuite une partie, ils versent de l'eau sur cette masse et frottent avec le doigt, jusqu'à ce que la solution ait le degré de force convenable. Ils la versent alors dans un petit vase de la forme d'un encrier, d'où ils la puisent avec la plume, pour s'en servir. Quelle que soit la méthode qu'on emploie, il est essentiel que l'encre soit amenée à un certain degré d'épaisseur. C'est là un point fort important, car la réussite du travail dépend en grande partie du degré de fluidité de l'encre. En général il ne faut pas craindre de la faire un peu épaisse; les traits en deviennent plus fins. Mais elle doit toujours être assez coulante pour que ces traits soient noirs et fournis d'une quantité d'encre suffisante pour résister à l'acidulation. C'est là le grand secret du dessinateur lithographe à la plume. Les traits qu'il forme peuvent être aussi fins qu'il lui sera possible de les faire : *pourvu qu'ils soient suffisamment fournis d'encre*, son travail viendra pur au tirage; tandis qu'il sera dépouillé et inégal s'il fait des traits gris qui ne contiennent pas la quantité d'encre suffisante pour pénétrer dans la pierre, et résister ensuite à l'acidulation.

Si l'encre lithographique est bien faite, elle doit conserver sa fluidité pendant une journée. Lorsqu'elle devient gluante, il suffit d'y ajouter quelques gouttes d'eau, et de la rebroyer.

Pour ne verser dans l'encre que la quantité d'eau voulue, il serait mal commode de se servir d'une bouteille, et encore plus d'un verre. On ne serait pas assez maître de son coup de main, on en verserait souvent trop ou pas assez. Il vaut bien mieux, pour cet usage, mettre sur un flacon un bouchon de liége percé au milieu d'un trou dans lequel on met un petit tuyau de plume de canard ou de corbeau (*planche* XLII, *fig.* 7). On fait sortir l'eau goutte à goutte par ce tuyau en secouant le flacon, et on est toujours sûr de la quantité qu'on en verse. J'ai vu aussi employer fort commodément, à cet effet, de ces petits biberons qui se trouvent dans le commerce, et dont on se sert pour donner du lait aux petits enfans.

La plume d'acier est un instrument fort difficile à manier pour ceux qui n'en ont pas une habitude journalière. Ce n'est qu'après un long exercice qu'on se familiarise avec son usage, de manière à exécuter avec facilité et pureté les travaux les plus fins. Son principal défaut est que l'encre se dessèche très-promptement au bout de la pointe très-fine qu'elle forme; il suffit de la lever un instant pour qu'en voulant reprendre son travail, elle ne marque déjà plus. Il faut alors ramener l'encre liquide vers la pointe, soit en passant la plume entre les doigts, ou en la frottant contre le bord de la planchette qui sert d'appuie-main, soit en faisant d'avance un gros pâté d'encre sur la marge de la pierre, et en y plongeant la plume chaque fois qu'elle ne marque plus, afin de remettre de l'encre liquide au bout du bec. Lorsque la plume est engorgée d'encre coagulée, il va sans dire qu'on doit l'essuyer soigneusement avec un linge.

Tirelignes.

On peut aussi se servir du tireligne pour tracer sur pierre des lignes droites et des cercles. Cet instrument est aussi difficile à faire marcher avec une certaine perfection, en se servant de l'encre lithographique, que la plume d'acier; mais une fois qu'on est parvenu à vaincre ses caprices, et qu'on s'est bien familiarisé avec son usage, il est d'un grand secours, et fournit le moyen d'exécuter des travaux d'une pureté et d'une finesse remarquables. Il est important que les tirelignes soient d'acier très-bien trempé pour ne pas s'user trop vite, et qu'ils soient parfaitement ajustés. Le dessinateur doit avoir soin de les affiler sur une pierre à huile, à mesure que les pointes s'émoussent. Il est bon pour cela de se servir de tirelignes à charnières, afin de pouvoir séparer les deux lames et les ajuster intérieurement et extérieurement. Pour bien affiler un tireligne, on commence par faire joindre les deux pointes au moyen de la vis, jusqu'à ce qu'elles se touchent sans se presser : on les égalise alors en posant le tireligne perpendiculairement sur la pierre à rasoirs, et en le faisant glisser à droite et à gauche en arrondissant en même tems légèrement ses extrémités. On desserre ensuite la vis ; les pointes se disjoignent, et elles se trouvent alors terminées par une arête brillante, formée par l'épaisseur de l'acier. Il ne reste plus qu'à les repasser chacune en particulier pour en diminuer l'épaisseur, jusqu'à ce que les arêtes brillantes disparaissent, et que l'extrémité des faces soit parfaitement aiguë. Cette opération est fort délicate : il faut bien saisir le moment où l'arête brillante disparaît; si l'on repassait quelques instans de plus, l'une des pointes deviendrait plus courte que l'autre, et il faudrait recommencer. Cela fait, on ouvre les deux pointes et on enlève, en les passant à plat sur pierre, le morfil qui pourrait s'être formé.

Les tirelignes ont, comme les plumes, l'inconvénient que l'encre sèche promptement au bout, et qu'ils ne marquent plus si on veut reprendre un travail qu'on a cessé un instant. Il suffit quelquefois alors, pour faire marquer l'instrument de nouveau, d'en passer les pointes sur la peau de la main ou sur un morceau de drap, comme la manche d'une veste de travail. Si cependant cette opération ne suffisait pas pour le faire marquer, il faudrait passer entre les deux pointes une plume d'acier pour enlever l'encre coagulée. Quelques lithographes se contentent d'y passer un morceau de papier, mais il peut arriver que celui-ci laisse un petit duvet au bout des pointes; ce qui empêcherait la pureté du trait. Pour tirer des lignes pures et fines, il faut avoir soin d'essuyer extérieurement les deux côtés du tireligne, afin qu'il ne reste d'encre qu'à l'intérieur. Toutes ces opérations doivent être faites vivement; pour peu que l'on y mette de lenteur, l'encre s'épaissit et ne coule plus.

Le degré d'épaisseur convenable de l'encre est aussi un point fort essentiel, pour faire avec le tireligne des travaux très-fins et cependant convenablement nourris.

Lignes imitant celles au crayon.

Souvent on a à exécuter des registres, des factures ou autres travaux dans lesquels il doit se trouver des lignes très-légères, imitant la réglure au crayon. Si on les faisait à l'encre, quelque déliées qu'on les traçât, elles seraient trop marquées. On n'exécute donc à l'encre que les écritures et les lignes qui doivent marquer fortement, on acidule ensuite la pierre et on y passe de la gomme, qu'on essuie immédiatement après avec un linge, afin qu'il en reste le moins possible. Plus la couche de gomme est mince, plus il est facile d'y graver des lignes, et plus elles deviennent fines et régulières. Lorsque la planche est sèche, on y grave légèrement les lignes avec une pointe d'acier, ou mieux encore avec un burin en diamant. Il suffit que le trait attaque la pierre dans toute sa longueur; ce qu'on reconnaît à une petite poussière blanche qui se dépose sur les bords. Ce serait une faute de faire des traits profonds, ils ne viendraient pas bien au tirage. Le milieu étant trop enfoncé pour que le rouleau pût l'atteindre, il n'y aurait que les bords qui prendraient le noir, et on aurait ainsi sur l'épreuve deux lignes souvent interrompues et sans pureté.

Quelquefois on a des modèles à faire dont les épreuves doivent présenter exactement la même dimension. Si on traçait ces objets sur pierre, de la dimension du modèle, ils se trouveraient plus petits sur les épreuves, car le papier étant humide au moment du tirage, il devient plus petit en séchant, et avec lui l'épreuve qu'on y a tirée. Dans ces cas, il faut d'abord humecter le modèle, en le plaçant pendant au moins une heure entre du papier humide destiné à l'impression, et c'est dans cet état humide de la feuille, qu'il faut prendre les mesures pour le dessin sur pierre; c'est-à-dire qu'il faut le faire plus grand que le modèle d'une quantité égale à l'extension que prend le papier par l'humidité. Par là, on sera sûr que les épreuves, lorsqu'elles seront sèches, se trouveront entièrement conformes au modèle.

Repères.

Pour que l'imprimeur puisse poser sa feuille exactement sur la planche, surtout lorsqu'il s'agit de registres ou autres objets à imprimer des deux côtés, et dont les lignes doivent se correspondre, il est nécessaire qu'il ait des repères ou marques qui lui indiquent la place des angles. Si ces places étaient indiquées avec de l'encre lithographique, elles s'imprimeraient sur le papier ou sur la maculature et, de celle-ci, se reporteraient sur l'envers des épreuves et les saliraient. Il faut donc qu'elles soient marquées avec une substance qui ne s'efface pas par l'eau, et qui n'attire pas l'encre du rouleau. Quelques imprimeurs se contentent de les tracer sur la pierre avec un morceau d'étain taillé en pointe; mais si ces traits sont faits légèrement, ils s'effacent quelquefois, et si on les trace trop fortement, ils prennent souvent le noir. Je trouve préférable d'employer à cet usage une dissolution de carmin dans de l'alcali volatil (*ammoniaque*). Cette encre rouge se fixe dans la pierre d'une manière indestructible et n'attire jamais l'encre. Elle peut même servir à écrire sur chaque planche le nom du propriétaire, ou autres notes qu'on veut conserver. Pour faire cette dissolution on met dans un flacon à bouchon de verre, du carmin sur lequel on verse un peu d'alcali volatil, ou ammoniaque. Après un jour, le carmin se trouve complétement dissous, et on y ajoute alors quatre à cinq fois son volume d'eau. Cette précaution est nécessaire pour la conservation de cette encre rouge; si on n'y mettait pas d'eau, elle se gâterait au bout de quelques semaines. Lorsque l'écrivain a terminé sa planche, il trace à la pointe un angle à la place où l'imprimeur doit poser un des coins du papier, et un trait sur le prolongement de la ligne du haut, pour qu'il pose la feuille bien droit. Puis au moyen d'une plume trempée dans la solution de carmin, il suit ces traits gravés et les colore.

Corrections.

Lorsque l'écrivain fait une faute dont il s'aperçoit à l'instant même, il lui suffit d'effacer avec le doigt l'encre encore liquide qui n'a pas eu le temps de laisser de trace sur la pierre. Mais une fois que l'encre est sèche, il faut l'enlever avec un grattoir émoussé, afin de ne pas attaquer la surface légèrement graissée de la pierre. Si une pierre entière ou une certaine partie devait être changée, on pourrait la laver à l'essence, qui ferait disparaître jusqu'aux dernières traces des traits touchés.

Comme les corrections sont beaucoup plus faciles à faire avant l'acidulation qu'après, parce que alors le savon calcaire n'est pas encore formé, on fera bien de repasser avec soin chaque pierre à mesure qu'elle est terminée, et avant de la préparer pour l'impression.

S'il y a des corrections à faire après le tirage des épreuves d'essai, il faut enlever la partie défectueuse avec un grattoir bien tranchant; car ici il ne s'agit plus d'enlever seulement l'encre qui se trouve à la surface de la pierre; mais aussi la combinaison gommeuse qu'y a déposée la préparation, afin de mettre la pierre à nu, et de permettre aux nouveaux travaux qu'on se propose de faire, de s'y fixer. Mais en faisant cette opération il faut avoir soin de ne pas creuser la pierre, sans quoi ni le rouleau d'encrage, ni le papier dans la presse ne pourraient atteindre le fond de la cavité qu'on aurait ainsi formée, et la partie refaite serait perdue pour toujours, puisqu'il serait impossible d'en obtenir l'empreinte.

Lorsque la place à refaire est assez grande, il est préférable de l'enlever à la pierre ponce : la surface de la pierre en devient plus unie qu'en se servant du grattoir, et on ne risque pas de la trop creuser.

S'il ne s'agit que de corriger un petit objet, une simple lettre par exemple, on la refait sur la place grattée sans aucune préparation. Mais comme il est plus facile d'écrire sur une pierre légèrement graissée, lorsque la place enlevée est assez grande, il est bon de la graisser, soit en la frottant simplement avec le doigt, soit, si son étendue le permet, en y passant de l'essence mêlée d'un peu d'huile. Toutefois, il faut avoir soin de ne pas dépasser avec ce graissage la partie enlevée et, après que le nouveau tracé y a été fait, d'y passer, au moyen d'un pinceau, un peu du même mélange d'acide et de gomme dont on se sert pour préparer les pierres dessinées à l'encre. Si on omettait d'aciduler une partie ainsi grattée et graissée, elle deviendrait noire au tirage.

On peut aussi employer pour faire des corrections sur des pierres dessinées à l'encre, la lessive caustique proposée par MM. Chevalier et Langlumé, et dont je parlerai plus en détail à l'article des corrections des pierres dessinées au crayon. Ce moyen est surtout très-bon lorsqu'il s'agit de faire plusieurs changemens à une même place, puisqu'il a l'avantage de ne pas creuser la pierre.

Lorsque sur une grande pierre couverte de travaux, comme par exemple une carte géographique, il y a beaucoup de corrections à faire, on la mettra en encre grasse, et on la laissera sécher quelques jours. On enlèvera alors les parties défectueuses au grattoir ou à la lessive, et on préparera toute la pierre à la retouche, en la lavant à l'acide citrique étendu d'eau, comme on le verra à l'article des retouches. On y tracera ensuite les corrections et on l'acidulera comme une pierre au crayon, afin de détruire ce qui pourrait être resté des parties enlevées. Si on n'avait rien gratté, il suffirait de couvrir la pierre de gomme, et de l'y laisser sécher.

Dessin au crayon.

Ainsi que je l'ai dit dans le chapitre précédent, les crayons lithographiques sont un savon noirci, porté à un certain degré de consistance par la chaleur.

Chaque lithographe a sa manière particulière de les faire; ils diffèrent donc dans leurs proportions et leurs qualités, suivant l'atelier duquel ils sortent. Dès lors il est indispensable que le dessinateur s'assure de l'effet des crayons qu'il se propose d'employer, avant de s'en servir pour un ouvrage important. En faisant usage pour le même dessin de crayons préparés par divers fabricans, on s'expose à n'obtenir que des résultats très-imparfaits. Il ne faut pas perdre de vue, ainsi que je l'ai déjà dit, que ce sont uniquement les parties grasses qui pénètrent dans la pierre et se lient avec elle, qui attirent plus tard l'encre d'impression; et que le noir n'y est ajouté, qu'afin que le dessinateur juge de l'effet de son travail. Je ne saurais trop répéter aux dessinateurs que, pour qu'un crayon soit bon, il faut que le noir soit avec les corps gras dans une telle proportion, que les épreuves produisent exactement, après l'impression, le même effet que présentait le dessin sur pierre. Ainsi, lorsque la quantité de noir contenue dans les crayons sera trop forte en proportion des parties grasses, un dessin qui paraîtra vigoureux sur la pierre ne produira au tirage que des épreuves pâles et dénuées d'effet; tandis que s'il y a excès de parties grasses, un dessin qui offrira sur la pierre une apparence de légèreté et de transparence, viendra charbonné et lourd sur les épreuves. J'ai vu des dessins faits dans l'ignorance de ce principe, par des artistes qui croyaient arriver à des effets plus piquans, en employant pour les lointains des crayons qui marquaient peu, parce qu'ils ne contenaient pas assez de noir; et pour les premiers plans, des crayons dans lesquels le noir se trouvait en excès. Ces dessins produisaient, il est vrai, un très-bel effet sur les pierres; mais on peut se faire un idée du désappointement des dessinateurs, lorsqu'ils voyaient les fonds venir au tirage beaucoup plus vigoureux que les premiers plans.

Chaque trait de crayon déposé sur la pierre a deux fonctions à remplir:

1° D'y laisser pénétrer une partie de la graisse qui le compose, afin de former avec elle un savon calcaire présentant une grande fixité, et capable d'attirer l'encre d'impression, lorsque la partie restant à sa surface en a été enlevée;

2° De garantir son point de contact de l'influence de l'acide qu'on a l'habitude d'y passer avant l'impression.

Le dessinateur doit donc mettre une attention particulière à faire un travail ferme et bien adhérent à la pierre; car on conçoit qu'autrement les parties de crayon qui ne poseraient sur la surface du grain que comme une espèce de poussière, ne produiraient qu'un effet imparfait au tirage. On remarque généralement une grande différence entre les dessins faits en Allemagne par certains artistes, et ceux exécutés par des artistes français. Les premiers sont ordinairement pâles et sans vigueur, tandis que les derniers sont brillans et bien nourris de ton. La plupart des imprimeurs allemands croient que cette différence provient du tirage; quant à moi, je suis convaincu au contraire, qu'elle réside dans la manière de dessiner. L'artiste français est naturellement adroit et hardi; il attaque avec fermeté les parties vigoureuses, et dépose ainsi sur la pierre des masses de crayon bien nourries qui y adhèrent fortement; et ce n'est qu'après avoir ainsi couvert ses parties les plus vigoureuses, qu'il fond et harmonise les demi-teintes par un travail plus léger. L'artiste allemand, moins habile ou plus timide, commence son dessin légèrement, et pose une teinte fine sur l'autre, jusqu'à ce qu'il arrive aux plus fortes vigueurs qu'il fait à la fin. De cette manière, ces vigueurs n'adhèrent point directement à la pierre; elles ne sont que superposées à des tons légers qui ne peuvent fournir à la planche la graisse suffisante pour attirer la quantité d'encre d'impression nécessaire, afin de produire des tons nourris et brillans, et les épreuves sont fort imparfaites.

Avant de commencer à dessiner, il convient de s'approvisionner d'une douzaine de crayons taillés, afin de n'être pas obligé d'interrompre son travail chaque fois qu'une pointe s'émousse ou se casse. Ce sont là de ces précautions minutieuses dont on se trouve bien, et qui font avancer l'ouvrage. Des artistes dont le temps est précieux, ont même quelquefois à côté d'eux une personne qui n'a d'autre charge que de tailler leurs crayons, chaque fois qu'il est nécessaire de le faire. Pour éviter de casser la pointe des crayons aussi souvent, et afin de les affiler très-fins, il faut avoir soin de les tailler en allant toujours de la pointe vers le porte-crayon. En s'y prenant avec précaution, et avec un peu d'habitude, on peut obtenir ainsi des pointes de la plus grande finesse, nécessaires pour certains travaux, tels que ciel, lointains, etc. La pointe doit être très-allongée, de manière à offrir de l'élasticité. Pour les travaux fermes et appuyés, elle doit au contraire, être plus obtuse, afin de ne pas se casser trop facilement. Lorsque la pointe est un peu usée, il suffit pour l'affiler de la passer sur un papier en poussant le porte-crayon en avant, et en le tournant en même temps entre les doigts. De cette manière, les parcelles qui se détachent du crayon restent en arrière, et la pointe devient entièrement nette.

La température et l'état hygrométrique de l'atmosphère ne sont pas sans influence sur les crayons lithographiques. Lorsqu'il fait un temps humide et lourd, la vapeur contenue dans l'air en pénètre bientôt la pointe et la rend molle. Il faut alors les tailler souvent, et on ne pourrait en tailler une provision d'avance; tandis que lorsque l'air est sec, les crayons, s'ils sont faits d'après ma recette, conservent bien leur pointe, et on peut en tailler à l'avance telle quantité qu'on voudra, sans crainte de les voir s'altérer.

Les parties légères dessinées avec un crayon bien affilé, tiennent mieux et présentent au tirage plus de finesse et d'égalité, que lorsqu'elles sont faites avec une pointe émoussée. La raison en est toute simple : plus la pointe est déliée, plus elle pénètre dans les parties les moins saillantes du grain, pour déposer sur chacune d'elles une portion égale de crayon gras. Appuyant alors de tout son poids sur chaque point qu'elle laisse sur la pierre, elle l'y attache solidement. Il n'en est pas ainsi du crayon émoussé. Sa large extrémité n'atteint que les aspérités les plus élevées, et y dépose de gros points tandis que les parties inférieures le touchent à peine, et ne reçoivent que quelques grains mal assurés, que souvent l'acidulation en détache entièrement.

Plus le travail est franchement et régulièrement exécuté; plus on a eu soin d'appuyer également sur chaque trait, pour l'obtenir d'un ton uni, et plus on peut compter sur un résultat satisfaisant.

Quelquefois, lorsqu'on a porté des tons à un certain degré de vigueur, on éprouve de la difficulté à y tracer des touches nouvelles plus vigoureuses encore, à cause de la fragilité des crayons. Pour bien réussir dans un pareil travail, il faut tenir le porte-crayon presque perpendiculaire à la pierre, ou mieux encore, le pousser en avant, en sens inverse du mouvement ordinaire de la main (*planche* XLIII, *fig.* 1).

Les porte-crayons ordinaires en métal n'offrent point à la main une forme aussi commode à manier qu'un crayon monté en bois, qui est partout parfaitement cylindrique. Plusieurs dessinateurs les ayant trouvés trop lourds, et quelques dames leur reprochant l'odeur que le cuivre communique aux doigts, on les a quelquefois remplacés par des tubes en papier (*fig.* 2). On enduit à cet effet un feuillet de papier de colle, et on le roule plusieurs fois autour d'un crayon ou d'une baguette en bois, un peu plus mince que les crayons lithographiques. On retire ensuite le crayon et on laisse sécher le tube qui devient un porte-crayon fort léger; mais qui présente cet inconvénient, qu'il faut y ajuster le crayon et l'y enfoncer jusqu'à ce qu'il tienne solidement. Par là, on en perd nécessairement un bout, et souvent même le crayon n'y tient pas bien, lorsqu'il n'a pas été ajusté avec tout le soin convenable. C'est ce qui m'a suggéré l'idée de remplacer ces tubes par des porte-crayons en roseau (*fig.* 3), fendus par un bout et serrés au moyen d'une virole en cuivre très-légère.

Comme il est difficile de faire des travaux légers et également appuyés avec des porte-crayons ordinaires, quelques personnes ont eu l'idée d'en faire fabriquer en liége (*fig.* 4). Le crayon est fixé à leur extrémité dans une virole en cuivre très-légère. D'autres dessinateurs se contentent d'envelopper le crayon d'un papier qu'ils tordent pour le faire tenir; ce qui dans les ateliers est connu sous le nom de tortillon (*fig.* 6). Cette espèce de manche en liége ou en papier est flexible et, malgré l'inégalité des mouvemens qu'on pourrait faire avec la main, le crayon se trouve toujours appuyé également sur la pierre. Les mouvemens de ces porte-crayons manquent de précision et il est difficile, à cause de leur flexibilité, de s'arrêter à des formes pures et précises, comme par exemple les nuages, ou un édifice qui s'élèverait dans l'azur du ciel. C'est par ce motif que les dessinateurs qui ont la main légère préfèrent les tubes en papier ou les porte-crayons en roseau. Ils les tiennent du bout des doigts (*fig.* 5), afin d'obtenir par là un peu d'élasticité dans la pression, et réussissent, après avoir acquis une certaine habitude, à produire des teintes légères et égales.

En général, les demi-teintes légères perdent un peu de leur intensité par les opérations du tirage, et se reproduisent plus claires sur l'épreuve qu'elles n'étaient sur la pierre. Il est donc nécessaire de les tenir un peu plus fermes qu'on ne veut les obtenir sur le papier.

Quelques dessinateurs ont essayé de frotter leurs dessins, lorsqu'ils sont près d'être terminés, avec un chiffon de laine, en appuyant assez fortement. Par ce moyen, ils estompent le crayon, et chargent les intervalles restés blancs entre le grain du travail; de sorte que celui-ci en devient plus doux et plus harmonieux. Comme dans ce cas toute la pierre se trouve couverte d'une teinte plus ou moins colorée, suivant la manière dont on a frotté, il faut enlever au grattoir les lumières qui doivent rester entièrement blanches, et retoucher les grands noirs qui ont été plus ou moins enlevés par le frottement. D'autres artistes ont même essayé de faire dans leurs dessins des tons estompés, en se servant d'une espèce d'estompe en laine qu'ils frottaient d'abord sur un papier noirci avec du crayon lithographique, et en terminant ensuite ces dessins au crayon et au grattoir. Ce dernier procédé n'a rien produit de satisfaisant : les teintes estompées venant souvent inégales au tirage, et ne conservant pas le ton qu'elles avaient sur la pierre. La première méthode a eu plus de succès, parce que le travail principal est fait au crayon, et que la teinte estompée n'en remplit que les intervalles; de sorte que si elle vient plus ou moins ferme au tirage, cette circonstance n'a que peu d'influence sur l'ensemble du dessin. Cependant, je regarde ce moyen comme dangereux, et je conseillerais aux dessinateurs qui seraient tentés de l'employer, de ne le faire qu'après s'être bien rendu compte de son résultat par des essais répétés. M. Deveria a obtenu, à la vérité, par ce frottement des effets très-piquans; mais il ne fallait rien moins que tout son talent et toute son adresse, pour en tirer un aussi brillant parti. A mon avis, il est plus facile, en estompant ainsi un dessin, de le gâter que de le rendre meilleur.

Après avoir achevé un dessin au crayon, on peut se servir du grattoir pour enlever les lumières vives, ou de la pointe pour obtenir des détails lumineux fins et précieux. Mais il est nécessaire de tenir ces instrumens toujours bien aigus, afin qu'ils enlèvent le crayon en même temps qu'une petite portion de la pierre. Si on se servait d'outils émoussés, il pourrait arriver qu'au lieu d'enlever la matière grasse, on en étalât au contraire une partie; et l'endroit qu'on croirait avoir rendu lumineux, n'offrirait que des barbouillages noirs au tirage. Quelques artistes sont assez adroits pour effleurer seulement le grain avec le grattoir, et obtiennent par là des touches fines en demi-teintes, qui produisent un fort bon effet en certains cas.

On peut aussi sans inconvénient toucher à la plume ou au pinceau, avec de l'encre lithographique, ou simplement avec des crayons délayés dans de l'eau pure, les parties les plus vigoureuses d'un dessin. On exécutera ainsi des travaux fins et en même temps d'une grande fermeté, qu'on chercherait vainement à rendre au crayon.

Par tout ce qui précède et par les détails qui vont suivre, les dessinateurs doivent se convaincre que leurs principaux moyens de réussite sont dans leurs mains, et que le succès d'un dessin sur pierre dépend au moins autant d'eux que de l'imprimeur, qui certainement peut y contribuer aussi pour beaucoup. Mais il est essentiel qu'ils se pénètrent bien de cette vérité, que ce n'est que par le concours simultané d'un dessin soigné, d'une préparation prudente et d'un bon tirage, qu'on peut arriver à un résultat entièrement satisfaisant. On a vu plus d'un imprimeur maladroit gâter un dessin bien fait; mais le lithographe le plus habile ne saurait tirer de bonnes épreuves d'une planche faite contre les règles de l'art.

Des moyens d'effacer.

Si l'on est dans la nécessité d'effacer une partie d'un dessin au crayon, pour redessiner autre chose à la même place, l'opération offre quelque difficulté. S'il ne s'agit que d'enlever des traits ou des taches se trouvant à des endroits qui doivent rester blancs, on le fera aisément à l'aide du grattoir; mais l'emploi de cet instrument détruit le grain de la pierre pour y substituer une surface plus ou moins rayée, et le dessin qui serait fait sur une place ainsi grattée porterait, au lieu du grain de la pierre, l'empreinte de ces raies, qui produiraient un fort mauvais effet.

Le crayon lithographique fournit lui-même un premier moyen d'éclaircir un dessin sans altérer le grain de la pierre. Si on pique vivement et perpendiculairement avec la pointe du crayon une partie chargée de travail, le noir qui est sur la pierre adhère à la pointe du crayon qui l'arrache. Avec de l'adresse et un peu d'habitude, on peut éclaircir ainsi promptement et facilement des parties qui ne doivent pas être entièrement blanches; car il est bon d'observer que, par cette méthode, il reste toujours une légère trace graisseuse sur la pierre. Cette opération ne peut se faire que sur des pierres neuves et avant l'acidulation. Après le tirage le crayon n'enlève plus rien, même sur un nouveau dessin qu'on ferait sur la pierre.

Lorsqu'il s'agit d'éclaircir ou d'enlever de petites parties, on peut le faire au moyen d'une plume d'acier, pareille à celles dont se servent les écrivains lithographes. En promenant ses pointes flexibles en tous sens, elles détachent le crayon de la pierre sans altérer le grain; on enlève ensuite avec un blaireau les parties détachées, en ayant soin d'épousseter légèrement.

Si on veut seulement égaliser des teintes, on divise les points trop gros, en se servant d'une pointe. Avec de la patience, on peut par ce moyen rendre des tons extrêmement fins et unis.

Lorsque la partie qu'on veut enlever est d'une étendue assez grande, il faut recourir à l'emploi du sable. On étend à cet effet, sur la partie à corriger, du même sable dont on se sert pour donner le grain aux pierres, en ayant soin qu'il soit tamisé très-fin. Puis on frotte, en décrivant de petits cercles qui se croisent en tous sens, avec une petite molette en verre, ou mieux encore, faite d'un morceau de pierre lithographique, jusqu'à ce que le crayon soit entièrement effacé. Lorsque cette opération se fait sur une pierre qui n'est pas encore acidulée, il faut agir à sec; et comme, lorsqu'on opère sans eau, le grain tend ordinairement à devenir trop gros, on devra se garder d'appuyer la molette. Elle ne doit agir que par son propre poids, et être mue avec beaucoup de légèreté. Lors même qu'on voudra obtenir un grain très-fin, on fera bien de la soulever un peu. On pourra aussi écraser d'abord le sable sur une autre pierre ou sur la marge de celle sur laquelle on travaille. Lorsque le dessin a entièrement disparu, on enlève le sable au moyen d'un blaireau, et il faut avoir soin de bien épousseter la place, sans quoi la poudre la plus fine qui resterait sur la pierre, empêcherait le nouveau dessin d'y adhérer convenablement. Si, au contraire, on veut enlever une partie d'un dessin qui a subi l'acidulation et qui, par ce motif, n'est plus susceptible de s'effacer par le lavage, on fera bien de mêler de l'eau au sable. L'opération se fait mieux; le grain devient plus fin, et par le lavage à grande eau, après l'opération terminée, la place repolie devient plus propre que par l'époussetage. Il est inutile de dire que pour faire cette opération, la pierre doit être sous l'encre de conservation, et que celle-ci doit être parfaitement sèche.

Si la partie qu'on veut effacer avant l'acidulation se trouvait isolée, on pourrait sans inconvénient l'enlever à l'essence de térébenthine et redessiner sur la même place. Seulement faut-il avoir soin alors de laver la place à plusieurs reprises, en se servant d'un linge propre, afin qu'il n'y reste rien de gras. Il faudrait bien se garder d'employer ce moyen lorsqu'il s'agit d'enlever une tache au milieu d'une partie couverte de travaux, car l'essence laisserait à l'endroit où on s'arrêterait un bord noir impossible à enlever.

On doit à MM. Chevalier et Langlumé un moyen d'effacer certaines parties d'un dessin, même après le tirage, qui offre de grands avantages s'il est mis en usage avec les soins convenables. Il consiste à étendre sur la partie qu'on veut enlever, une lessive caustique concentrée composée de

3 parties eau,
1 » potasse caustique (1).

On l'y laisse séjourner pendant deux ou trois heures, afin de lui laisser le temps de pénétrer dans les pores de la pierre, et de convertir le savon calcaire insoluble qui s'y est formé, en savon alcalin soluble. Ensuite on lave la pierre à grande eau. La partie couverte de cette lessive disparaît entièrement, et la place est propre à recevoir un nouveau dessin; car non-seulement la lessive enlève les corps gras qui se trouvent à la surface de la pierre, mais elle dissout aussi la couche de gomme insoluble qui recouvre les parties blanches et les remet ainsi à nu. Si on craignait que la première opération n'eût pas tout enlevé, il serait prudent de la répéter en recouvrant la place une seconde fois de lessive, et en lavant de

---

(1) On réussit aussi bien, et à moins de frais, en employant de la soude caustique, qu'on prépare soi-même en faisant bouillir pendant une heure un kilogramme de sel de soude du commerce, avec un demi-kilogramme de chaux récemment éteinte; le tout dans deux litres d'eau. Après l'ébullition, on retire du feu, on recouvre la casserole, pour empêcher le contact de l'air, et on laisse refroidir et éclaircir la liqueur. Alors on décante, et on enferme la liqueur claire dans un flacon bien bouché. (Voir le chapitre III.)

nouveau après qu'elle y aurait séjourné quelques heures. La lessive a le grand inconvénient de couler sur la pierre et de s'étendre ainsi au-delà des limites des parties sur lesquelles on a passé le pinceau.

M. Hanhart, habile lithographe, mon premier élève et maintenant à Londres, a complété le procédé de MM. Chevalier et Langlumé, en observant la propriété qu'a la gomme d'arrêter cette extension. Avant de passer la lessive sur la partie qu'on veut enlever, il faut d'abord la circonscrire par une couche de gomme assez épaisse (la réserve composée pour le procédé du tampon peut être employée avec succès pour cela). On la laisse sécher et on y passe ensuite la lessive, en ayant soin de suivre les contours de la partie couverte, mais de ne pas passer sur la gomme; car dans ce cas la lessive la dissoudrait et pénétrerait jusqu'aux parties couvertes. Il ne faut pas non plus mettre une trop grande quantité de lessive sur la pierre : elle ne doit pas y couler, et il suffit que les parties à enlever soient mouillées. Il vaut mieux y revenir une seconde fois, quand la première couche est sèche, que d'en mettre trop à la fois (1).

La lessive caustique ayant une grande tendance à attirer l'acide carbonique de l'air et à perdre ainsi sa causticité, doit être conservée dans un flacon muni d'un bouchon de verre. Sans cette précaution, des parties qu'on croirait enlevées pourraient reparaître au tirage. C'est sans doute à la négligence de cette précaution et à l'ignorance de l'emploi de la gomme pour arrêter l'extension de la lessive, qu'il faut attribuer le peu d'usage d'un procédé du reste aussi commode et et aussi utile.

Comme la lessive caustique dissout les substances animales, un pinceau ordinaire dont on se servirait pour l'étendre sur les pierres, serait bientôt détruit, et la lessive s'y combinant pour faire un savon, perdrait en même temps de son efficacité. Il faut donc se faire pour cet usage une espèce de pinceau d'une branche verte d'un bois dur, ou mieux encore, d'une racine qu'on taille en pointe et qu'on mâche ensuite entre les dents jusqu'à ce que son extrémité soit divisée en fibres aussi menues que possible.

Lorsqu'on a refait la partie effacée, il faut y repasser de l'acide et de la gomme comme sur une pierre neuve; soit seulement sur la partie refaite, en se servant d'un pinceau, soit sur la planche entière en l'immergeant, si elle peut supporter

(1) Peut-être pourrait-on faire un mélange de lessive caustique et de terre de pipe broyée très-fin, de manière à leur donner une certaine consistance, celle d'un sirop, par exemple. On passerait alors ce liquide ainsi épaissi sur les parties à effacer. La terre de pipe l'empêcherait de s'étendre autour des points touchés.

cette opération. On évitera par ce dernier moyen de faire naître un bord autour de la partie redessinée, à l'endroit où on s'est arrêté avec l'acide, en se servant du pinceau.

La Société d'encouragement de Paris avait proposé en 1826 un prix de 100 fr. *pour la meilleure méthode de faire des retouches*.

En 1828, elle a décerné une médaille d'or à MM. Chevalier et Langlumé, pour leur procédé d'effaçage à la lessive caustique, et une autre à M. Jobard de Bruxelles, pour le procédé d'effaçage suivant :

« On commence par enlever avec de l'essence de térébenthine l'encre ou le » crayon sur la place où l'on veut faire des changemens; on y applique un peu » de vinaigre avec un pinceau; on enlève l'acide avec une éponge mouillée, et » lorsque la place est sèche, la retouche se fait avec la même facilité que sur » une pierre neuve. Ce procédé est plus prompt que celui par la lessive, et con- » vient surtout aux corrections de l'écriture. »

J'ai déjà dit qu'on ne peut enlever à l'essence un objet au milieu d'un dessin, parce que les bords sont toujours barbouillés. Ce procédé ne peut donc être appliqué qu'à une partie isolée; mais j'en ai décrit un autre à l'article *Théorie*, qui a quelque analogie avec celui-là, et qui consiste à faire un mélange d'essence de thérébenthine et d'acide, et d'en couvrir les parties à effacer, après l'avoir préalablement épaissi avec une quantité suffisante de terre de pipe, broyée très-fin, afin que ce liquide ne puisse pas couler au-delà des points sur lesquels on l'étend (1).

La Société d'encouragement n'ayant pas remis au concours le prix pour la retouche, il paraît qu'elle a regardé la question comme résolue par les deux procédés ci-dessus. S'il est question d'enlever une partie d'un dessin et de la remplacer par une autre, on peut en effet considérer la solution comme satisfaisante; mais souvent on a des retouches à faire sans rien vouloir enlever, et c'est malheureusement cette partie de la question, la plus difficile et la plus importante, qui reste encore tout entière.

Précautions à prendre pendant qu'on dessine sur pierre.

Les pierres grenées ont une faculté d'absorption à peu près égale à celle du

(1) M. Engelmann n'ayant pas eu le temps de faire un assez grand nombre d'essais, au moyen de ce procédé, que je lui avais communiqué; et les premiers résultats ayant paru favorables, j'ai cru devoir le rappeler ici aux lithographes, espérant que quelqu'un d'eux tentera quelques expériences à ce sujet. P.

papier brouillard, et tous les corps gras y pénètrent plus facilement que sur celles qui sont polies. Aussi pour éviter l'inconvénient de voir paraître au tirage, des taches auxquelles on ne remédie pas aisément, que souvent même on ne peut effacer entièrement, il est essentiel de prendre les précautions suivantes :

1° Il faut autant que possible mettre les pierres à l'abri de la poussière, et ne commencer son dessin qu'après avoir épousseté la planche avec soin, en se servant pour cela d'un petit plumeau *(planche* XLIII, *fig.* 7*)*, d'un blaireau ou d'une queue de renard. On comprend, en effet, que s'il y avait de la poussière sur la pierre, elle s'interposerait entre elle et le crayon, et empêcherait celui-ci d'y adhérer suffisamment; de sorte qu'on n'obtiendrait au tirage que des teintes dépouillées.

2° Il faut éviter de porter les doigts sur la portion de la pierre où le dessin doit être exécuté; car pour peu qu'ils fussent gras, la partie qu'ils auraient touchée pourrait attirer l'encre d'impression et produire des taches. Comme il est impossible de manier une pierre sans la toucher, on doit avoir soin de ne la saisir qu'au bord, et de laisser tout autour du dessin une marge d'un pouce de largeur au moins. Cette marge est même indispensable pour les opérations du tirage; car les lithographes savent très-bien que si un dessin se rapproche trop près du bord de la pierre, ses parties extrêmes s'encrent mal, et deviennent ordinairement charbonnées.

3° La gomme, la colle et tous les corps de cette nature, étant imperméables à la graisse, forment des taches blanches dans les places où ils arrivent avant le crayon, puisqu'ils s'interposent entre celui-ci et la pierre. On devra donc éviter qu'il n'en tombe la moindre goutte sur la pierre, ou que celle-ci soit touchée par un corps sur lequel il se trouverait de ces substances en état liquide. Il faudra prendre garde, par exemple, en collant un calque sur une planche avec de la colle à bouche ou des pains à cacheter, de n'en point mettre sur la partie qui doit être dessinée, et de n'appliquer ces matières que sur la marge. La salive n'y produit pas des effets moins fâcheux. Ce liquide contient des parties mucilagineuses et laisse, en séchant, un sédiment imperceptible, qui suffit cependant pour empêcher le crayon d'adhérer à la pierre. Lorsqu'ensuite on le mouille, ce sédiment gommeux se dissout et le crayon dont il était couvert, se trouvant entièrement enlevé, ne laisse à sa place que ces taches rondes et blanches, qu'on ne rencontre que trop fréquemment dans les premières épreuves des dessins. On devra donc s'abstenir soigneusement de souffler sur les pierres, et éviter de parler en face d'un dessin en ouvrage. Si, malgré ces précautions, il arrivait qu'une goutte de salive tombât sur la pierre, il faudrait aussitôt laver la place tachée, avec de l'eau bien pure, pourvu toutefois que la pierre ou au moins cette place ne fût pas déjà chargée de travaux; car, dans ce cas, l'eau répandue sur le dessin dissoudrait le crayon et ne ferait qu'aggraver le mal, au lieu d'y remédier. Il vaut mieux alors enlever la salive en y appuyant légèrement du papier brouillard ou un linge propre, mais sans frotter.

4° Il arrive souvent que les épreuves se trouvent criblées de petits points noirs et ronds, qui ne paraissent pas d'ordinaire dès le commencement du tirage. Ils proviennent des pellicules grasses, qui tombent des cheveux du dessinateur, et qu'il a laissées négligemment séjourner sur la pierre. Si on veut se donner la peine d'observer l'action de ces pellicules à la loupe, on verra qu'après qu'elles ont passé quelques heures sur la pierre, la matière grasse qu'elles contiennent y pénètre, et forme autour d'elles une auréole ronde qui s'étend jusqu'à ce que la pierre ait absorbé toute la graisse qu'elles peuvent abandonner. Si on veut se convaincre de leur effet, il n'y a qu'à prendre une pierre grainée, et y faire tomber une quantité de ces pellicules, en passant les doigts dans les cheveux qu'on secoue au-dessus. On divisera la pierre en plusieurs parties : on balayera la première à l'instant même où on y a fait tomber ces pellicules; on balayera la seconde au bout d'une demi-journée, la troisième au bout d'une journée, et on laissera ces pellicules sur la quatrième sans les enlever. On passera alors de l'acide et de la gomme sur la pierre, comme pour une planche au crayon; on la frottera avec de l'encre de communication, et on y passera ensuite le rouleau. On verra alors que sur la partie qu'on a balayée tout de suite, il n'y aura pas un seul point noir; tandis que sur les autres parties de la pierre, ces points seront d'autant plus saillans que les pellicules y auront séjourné plus longtemps. Il est presque impossible d'enlever ces taches dans les endroits légèrement colorés, et surtout dans les teintes unies, telles que les ciels, etc., sans qu'il en reste quelque trace. Je ne saurais donc recommander aux dessinateurs trop de précautions pour les écarter. Il faut éviter de porter les doigts dans les cheveux pendant que la tête est penchée sur la pierre, et il serait même bon de ne travailler que la tête couverte. Dans tous les cas, un dessinateur soigneux fera bien de balayer sa pierre souvent, car nous avons vu par ce qui précède, que ces pellicules ne causent de taches que lorsqu'elles séjournent quelques heures sur la planche. J'ai conseillé d'employer, à cet usage, un petit plumeau (*fig.* 7) qui présente un grand avantage, à cause de la légèreté et de la flexibilité des plumes. On peut bien aussi se servir d'un blaireau; mais il faut qu'il soit neuf ou du moins très-propre; car, s'il se trouvait graissé par l'emploi qu'on en aurait fait pour la peinture à l'huile, il donnerait lieu à des inconvéniens plus graves que ceux qu'on voudrait prévenir. D'ailleurs, en balayant souvent des dessins chargés de crayon, et en ne s'y prenant pas avec toute la légèreté convenable, le blaireau peut se graisser, et devenir par là hors de service; au moins pour l'emploi dont je parle à présent.

On nous apporta un jour à tirer un fort beau portrait, et il arriva que, malgré tous nos soins, toutes les parties qui devaient être blanches, se trouvèrent dans les épreuves, couvertes d'une teinte grise. On ne manqua pas, comme de coutume, d'accuser la lithographie de ce manque de réussite, et moi-même je ne pus, pendant longtemps, me rendre compte de la cause de cet accident. Enfin, le hasard voulut que mon attention se portât sur le blaireau de l'artiste qui avait fait ce dessin, et je reconnus qu'il était tout noir du crayon qui s'y était attaché, à force de le frotter sur le fond chargé de ce portrait. Je m'expliquai alors facilement le ton gris que nous avions obtenu et qui n'était autre chose qu'une espèce de teinte estompée, produite par ce blaireau graissé.

5° La gomme élastique, grasse de sa nature, ne peut être employée sans danger pour effacer un trait à la mine de plomb ou à la sanguine. Elle laisserait sur la pierre une partie de sa substance, qui causerait des barbouillages noirs au tirage. Si on voulait effacer ou atténuer un trait de l'esquisse ou du décalque, de la raclure de peau de gants ou un morceau de peau blanche, seraient les seules substances qu'on pourrait employer sans danger.

6° Quand une pierre est froide, l'haleine, ou même la vapeur contenue dans l'air d'une pièce chauffée, s'y condensent, et sa surface devient aussitôt humide. L'eau ainsi déposée dissout le crayon qui s'étale alors, et remplit les intervalles blancs entre le grain; et une teinte chargée de travail qui a été ainsi humectée, ne présente au tirage que des tons lourds et pâteux. Ces parties sont faciles à reconnaître, en ce qu'elles conservent un ton roux après qu'elles sont séchées, et un lithographe qui en rencontrera de pareilles sur une pierre, dont on lui propose le tirage, fera bien d'en prévenir le propriétaire, afin que si elle vient mal, il en reconnaisse la cause, et ne l'attribue pas à l'imprimeur. De pareilles pierres ont besoin d'être acidulées plus fortement que d'autres. Pour prévenir ces accidens, il faut donner un degré de chaleur tiède à la pierre, avant de commencer le travail; et pour cela, on l'approche d'un poêle avec précaution, afin de la chauffer bien également et d'éviter par là qu'elle ne saute. Si une pierre neuve dessinée au crayon, a été transportée par un temps froid, il faut se garder de l'introduire tout de suite dans un appartement chauffé. Il vaut mieux la déposer d'abord dans un lieu légèrement tempéré, puis dans un autre plus chaud, et ainsi successivement jusqu'à ce qu'on la porte enfin dans la chambre où on veut l'introduire. Sans cette précaution, elle se recouvre promptement d'humidité; d'où résulte le grave inconvénient que je viens de signaler. Si on n'a plus aucun travail à y faire, le mieux est de l'aciduler en arrivant, ou de la laisser déposée dans un endroit froid jusqu'à ce que cette opération puisse être faite.

Quelques lithographes ont l'habitude de placer les pierres dessinées froides qu'on leur apporte, immédiatement près d'un poële, la face dessinée tournée vers le feu. Si ce poële est suffisamment chaud, le courant d'air qu'il détermine, et la chaleur qu'il communique assez promptement à la surface dessinée, l'empêchent d'attirer l'humidité; ou si la pierre sue un peu, elle se sèche promptement. En usant de ce moyen, il faut bien surveiller la pierre, et la retirer aussitôt qu'elle a atteint une température tempérée; car si on la laissait trop longtemps, la chaleur pourrait la faire casser.

Je ne saurais trop recommander ces diverses précautions, dont la négligence peut avoir pour suite la détérioration complète d'un dessin sur pierre.

Épreuves rehaussées.

La lithographie dans son origine ne reproduisait pas les teintes fines et légères avec la même harmonie qu'on obtient aujourd'hui. Les premiers produits de cet art n'étaient que des croquis qui, à la vérité, portaient tout l'esprit de leur auteur; mais qui manquaient généralement d'effet. Pour suppléer à ce défaut, les lithographes de Munich imaginèrent de rehausser l'empreinte noire primitive par une seconde planche d'une teinte claire et unie, dans laquelle ne se trouvaient réservées que les lumières les plus vives, et imitant les dessins sur papier de couleur rehaussés de blanc. Quelquefois aussi ce furent seulement les parties vigoureuses du dessin qui furent chargées d'une teinte colorée, ressemblant à des touches à l'encre de Chine; tandis que les masses lumineuses restaient blanches. Souvent ils réunissaient ces deux moyens, et produisaient ainsi des empreintes à trois planches. Mais à mesure que la lithographie s'est perfectionnée, on a abandonné ces moyens auxiliaires et, en France surtout, où les artistes ont su les premiers donner à leurs dessins, par le travail du crayon seul, tout l'effet désirable, et produire les teintes les plus suaves, ce moyen n'a été employé que dans quelques cas particuliers, et se trouvait à peu près oublié, lorsqu'il est venu à l'idée de quelques lithographes anglais de le ressusciter, en le faisant passer pour une nouvelle invention. Il faut convenir toutefois qu'il ont su porter tant d'adresse et de talent dans l'emploi de ces planches teintées, qu'il y a eu de leur part un vrai mérite à en tirer un aussi beau parti, et à les remettre à la mode.

Il y a différentes manières de faire les planches pour ces teintes. Dans tous les cas on commence par faire un dessin au crayon comme de coutume, en ayant soin seulement d'y laisser les lumières plus larges, afin de pouvoir y faire des détails rehaussés dans la seconde planche. On fait ensuite de cette première pierre, une contre-épreuve sur une pierre grenée, en prenant les précautions convenables pour que cette contre-épreuve soit exactement de la même dimension que la pierre originale, c'est-à-dire qu'il faut bien faire attention que le papier n'ait pu ni se raccourcir ni s'allonger dans l'intervalle qui s'écoule entre le tirage de l'épreuve et l'opération de la contre-épreuve. Ce qu'il y a de mieux pour cela, c'est de tirer l'épreuve sur une feuille de papier sec. On passe ensuite de l'essence de térébenthine sur la pierre qui doit recevoir la contre-épreuve, de manière cependant qu'elle n'en soit que légèrement humectée. On y pose l'épreuve sans dessus dessous et on la passe sous le rateau.

Si on veut colorer seulement quelques parties du dessin, et y donner des touches vigoureuses, on les peint sur la contre-épreuve avec de l'encre lithographique, en se servant d'un pinceau. Si on veut couvrir le dessin tout entier d'un ton uni, en n'y réservant que les lumières les plus vives, on peint ces lumières sur la pierre qui a reçu la contre-épreuve, avec de la gomme mêlée d'une matière colorante quelconque, ou avec la réserve dont on trouvera la description à l'article *Lavis lithographique*. On couvre les marges de la pierre avec la même couleur gommeuse. Lorsque ce travail est sec, on y passe le rouleau à la couleur grasse, afin de noircir toute la pierre; on laisse un peu sécher la couleur grasse, et on mouille ensuite la pierre, en continuant d'y passer le rouleau qui arrache le noir de dessus les touches à la gomme, à mesure que celle-ci se dissout. Lorsque la pierre est entièrement nettoyée, on laisse sécher la couleur grasse pendant un jour. On examine alors si toutes les touches sont bien reproduites : s'il manquait quelque chose on pourrait le reprendre au grattoir, ou bien couvrir à l'encre lithographique les parties qui se seraient dépouillées par accident. On acidule ensuite la pierre très-fortement, afin de donner un creux notable aux touches blanches. Le papier s'y enfonce par la pression du rateau, et les lumières paraissent alors en relief, comme si elles avaient été posées avec du blanc au pinceau. Pour ces deux manières on peut prendre des pierres poncées, et elles peuvent être de mauvaise qualité.

Dans la nouvelle application que les anglais ont faite de ces planches teintées, ils ne se sont pas contentés de rehausser leurs dessins par des lumières vives et coupées net; ils les ont en même temps dégradées et amenées par de douces transitions, du ton de la teinte jusqu'au blanc. On fait un grand mystère encore des moyens employés pour obtenir cet effet, et les dessinateurs s'efforcent, en frottant les pierres avec des chiffons, de produire des demi-teintes; ou bien ils essaient de les enlever au grattoir, en employant pour cela des pierres grenées. Mais ces moyens me paraissent peu sûrs, et j'en proposerai d'autres sur lesquels, à mon avis, on peut compter d'une manière plus positive.

Le premier consiste, ainsi que je l'ai expliqué ci-dessus, à faire une contre-épreuve sur une pierre grenée à grain un peu fort. Au moyen d'un crayon, on y dessine les teintes dégradées; mais en les appuyant très-fortement, et en se rappelant constamment que le noir pur ne rendra au tirage que la teinte claire qu'on emploie pour le tirage de ces planches, et qu'une demi-teinte sera par conséquent la moitié de ce ton. Lorsque tous les tons qu'on veut dégrader sont faits au crayon, on couvre avec de l'encre lithographique toute la partie de la pierre qui doit produire au tirage un ton uni. On pourrait aussi couvrir les lumières vives qu'on veut y réserver, avec de la gomme, comme je l'ai indiqué précédemment, et passer sur la pierre le rouleau à la couleur grasse; mais dans ce cas, il faudrait aussi couvrir de gomme toutes les teintes dessinées au crayon, tant pour préserver les intervalles blancs, que pour précipiter le crayon et le rendre insoluble à l'eau qu'on emploie ensuite pour dissoudre la gomme. On acidule ces planches comme des pierres au crayon, ou un peu plus fortement. Le grené du crayon ne s'imprimant qu'avec une couleur très-claire, les points qu'il forme sont peu apparens, et les teintes produisent l'effet d'un ton lavé.

Le second moyen que je proposerai est destiné à produire des épreuves qui rendent l'effet de dessins rehaussés au crayon blanc, avec toute la liberté qu'un artiste mettrait à y tracer ces lumières avec le crayon même.

On compose à cet effet, un vernis mou et gluant de

7 parties cire vierge,
2 » mastic,
1 » asphalte, ou bitume brillant,
2 « colophane,
4 » suif.

On divise toutes ces substances en petits morceaux, et on les met dans une bouteille avec 50 parties environ d'essence de térébenthine. On expose cette bouteille à une douce chaleur jusqu'à ce que le tout soit dissout. On prend alors une pierre grenée à gros grain, et on la couvre de ce vernis, auquel on peut ajouter un peu de noir de fumée pour le colorer davantage. On employe pour cela une brosse ou un pinceau dont se servent les peintres à l'huile, et on égalise la teinte, soit en la tamponnant avec un tampon de taffetas rembourré de coton, soit en y passant légèrement un blaireau, et on la laisse sécher pendant deux ou trois jours.

On tire une épreuve de la pierre noire primitive sur une feuille de papier sec, en la chargeant autant que possible. On prend ensuite une feuille de papier, de couleur pas trop foncée, on l'humecte avec de l'essence de térébenthine, et on la pose sur cette épreuve. On place ensuite l'une et l'autre sur une pierre, et on les fait passer sous le rateau, en les pressant fortement, afin d'obtenir une contre-épreuve aussi nette que possible. On tend la contre-épreuve ainsi obtenue sur la planche couverte de vernis, en la fixant sur les bords. Alors on dessine sur cette épreuve, avec un crayon blanc dur, les lumières qu'on y veut avoir, et qui sont très-visibles, puisque la contre-épreuve est tirée sur du papier de couleur. Suivant qu'on appuie plus ou moins fortement ces touches, on attache plus ou moins le revers de la feuille au vernis appliqué sur la pierre. Lorsqu'on a fini le dessin, on enlève la feuille, qui arrache avec elle les parties de vernis sur lesquelles elle a été appuyée par le crayon, et met ces places à nu sur la pierre, en formant un grené produit tant par les aspérités du papier, que par le grain de la pierre, et qui ressemblera parfaitement à des touches faites au crayon blanc. Si on veut en quelques endroits obtenir des lumières entièrement blanches, on les enlève au grattoir. On acidule ensuite ces planches comme les dessins à la plume. Il est inutile de dire que, pendant qu'on dessine sur le papier, on doit se garder d'y appuyer la main; car partout où elle aurait pressé le papier sur le vernis, celui-ci serait en partie enlevé. Il faut donc se servir de la planche pour y appuyer la main comme pour le dessin ordinaire sur pierre. Si, malgré cette précaution, le vernis se trouvait enlevé en quelques endroits, il faudrait avoir soin de les recouvrir avec ce même vernis, ou avec de l'encre lithographique. Si, tant par cette manière que par la précédente, on voulait, en certains endroits, obtenir des lumières en relief, il faudrait aciduler ces places plus fortement, en se servant d'un pinceau.

Les divers procédés que je viens de décrire peuvent produire les effets les plus piquans, lorsqu'ils sont employés avec l'adresse convenable; et surtout par des artistes qui ont une touche aussi spirituelle que les Harding, les Robert, les Prout, les Lewis, les Hanfield, les Vivian et autres à qui on doit les plus beaux ouvrages en ce genre.

Gravure sur pierre.

La gravure sur pierre a été un des premiers moyens employés pour produire des travaux fins et déliés, tels que plans d'architecture, cartes topographiques, etc. Comme dans l'origine de la lithographie, on n'avait point encore d'artistes familiarisés avec le travail fort délicat de la plume d'acier, la gravure offrait plus de facilité, en ce que chaque graveur pouvait l'exécuter, puisqu'elle se fait avec les outils qu'il a l'habitude de manier, et que le travail est à peu près le même que celui auquel il est exercé. Il y eut une époque où on gravait généralement en Allemagne presque tous les objets qui exigeaient un fini précieux; et même aujourd'hui ce genre s'est encore maintenu dans bien des lithographies. Cependant, depuis que la manière de la plume s'est perfectionnée, et qu'il s'est formé des dessinateurs et des écrivains habiles en ce genre, on la préfère à la gravure pour tous les travaux auxquels elle peut facilement s'appliquer; parce que le tirage s'en fait plus rapidement, et que les planches à l'encre fournissent un bien plus grand nombre d'épreuves. Néanmoins la gravure forme encore un des chaînons les plus importans de la série si riche de moyens d'exécuter des planches lithographiques. Elle est propre aux travaux très-fins, et indispensable à ceux qu'on veut exécuter à l'aide de la machine à graver, parce que les burins en diamant seuls peuvent exécuter une suite de lignes fines et parfaitement égales. Elle s'applique de préférence à l'exécution de la topographie, et surtout pour les hachures des montagnes et le filé des eaux. La pointe d'acier marquant constamment et également, les travaux en deviennent plus réguliers, et on n'est pas arrêté à chaque instant pour aller prendre de l'encre et faire marquer sa plume. Ces travaux se font donc plus vite qu'à la plume; mais lorsqu'il s'agit de produire des traits tantôt plus forts, tantôt plus fins, comme dans un dessin, où des lignes qui doivent avoir des renflemens, comme celles de l'écriture, la plume va plus vite, puisqu'elle les forme d'un seul trait en appuyant plus ou moins fortement; tandis qu'à la pointe on est obligé d'y revenir à plusieurs reprises.

La théorie de la gravure sur pierre se déduit facilement des principes que nous avons posés dans le chapitre III. On commence par aciduler une pierre et par la couvrir de gomme. Il se forme alors cette couche insoluble dont j'ai parlé à l'article de la théorie, et qui est impénétrable à la graisse. On entaille ensuite le dessin en traversant cette couche au moyen d'un instrument tranchant : cette opération a pour but de mettre la pierre à nu, et de lui permettre de se pénétrer du corps gras dont on la recouvre ensuite, et qui s'y fixe en formant avec elle un savon métallique insoluble. On voit par là qu'il ne s'agit point de creuser dans la pierre, des lignes profondes destinées, comme dans la gravure sur cuivre, à retenir la couleur par un moyen mécanique. L'opération consiste seulement à mettre à nu la pierre, afin qu'elle puisse se pénétrer de graisse aux endroits qui doivent marquer sur les épreuves. Si on pouvait percer la couche gommeuse seule sans creuser la pierre, l'effet serait le même; car moins les tailles sont profondes et plus le tirage est facile. Aussi une pierre gravée, usée par le tirage, présente-t-elle encore toutes les lignes qui y ont été faites; mais ces lignes sont blanches, et ne sont plus susceptibles de prendre l'encre.

Il y a deux manières de préparer les pierres pour la gravure. D'abord, et dans tous les cas, on commence par les aciduler et les gommer. Cependant quelques lithographes se dispensent de l'acide, et y passent seulement de la gomme pour ne pas altérer le poli de la pierre, prétendant que la gravure des objets délicats s'y fait avec plus de facilité. Mais dans ce cas, il faut être bien sûr qu'aucun corps gras n'ait touché la surface de la pierre, sans quoi on aura des taches difficiles à faire disparaître au tirage. Je pense qu'il est plus prudent de les aciduler pour bien les décaper; mais pour cela, l'acidulation des planches au crayon est suffisante. Pour la première méthode et la plus généralement usitée, on lave ensuite la gomme et on couvre la pierre d'une légère couche de noir de fumée broyé avec de l'eau, et très-peu de gomme; seulement autant qu'il en faut pour qu'on ne puisse l'enlever par le frottement lorsqu'elle est sèche. Si on mettait beaucoup de gomme, elle offrirait trop de résistance ou une résistance inégale à la pointe, et la gravure se ferait mal. On étend cette couche aussi mince que possible avec un pinceau, et on l'égalise au moyen d'un blaireau. Quelques lithographes remplacent le noir par une couleur verte, dans le but de ménager les yeux des graveurs. Mais comme cette couche de couleur gommée, quelque mince quelle soit, offre toujours une petite résistance à la pointe, surtout lorsqu'il s'agit de faire des travaux très-fins, tels que ceux à la machine à graver, d'autres graveurs se contentent de laisser sécher la couche de gomme qu'on a étendue sur la pierre pour la préparer. Ils la lavent ensuite, et la laissent sécher; de sorte qu'il n'y reste que la petite couche de gomme insoluble. Pour voir les travaux qu'ils font, ils la colorent en y frottant à sec de la sanguine en poudre; mais il importe de remarquer qu'elle doit être en poudre bien fine et exempte de grains durs qui pourraient rayer la couche mince qui recouvre la pierre.

On fait le décalque en noir sur les pierres frottées de rouge, et en rouge sur celles noircies ou vertes. Lorsqu'on trace le trait au pantographe, on peut l'inciser avec cet outil même, en y fixant une pointe aiguë, ou bien on y adapte une pointe d'acier émoussée, qui trace des lignes brillantes sur le fond noir mat.

J'ai déjà décrit, dans le chapitre VII, tous les outils à l'usage des graveurs sur pierre; il serait superflu d'entrer ici dans de nouveaux détails à ce sujet.

Pour faire l'écriture et d'autres travaux qui ont des renflemens, on commence par tracer un trait fin à la pointe ronde, et on y revient ensuite avec la pointe ovale, pour y faire les pleins, en la tournant plus ou moins sur le côté, suivant que ce trait doit être plus ou moins élargi.

Il est très-important, pendant qu'on grave sur pierre, surtout si on travaille sur des planches couvertes de noir gommé, d'éviter qu'elles soient humectées par la condensation de l'haleine; car la gomme qui se dissoudrait alors, coulerait dans les tailles, et empêcherait la graisse de s'y fixer. On doit donc avoir soin que la pierre ne soit jamais très-froide. Quelques graveurs ont pris la bonne habitude de tenir dans leur bouche, pendant qu'ils travaillent, un petit bouton en bois fixé au milieu d'une petite rondelle de carton, afin d'éviter que l'haleine ne frappe directement sur la pierre.

Il est inutile d'employer une planchette pour y appuyer la main, lorsqu'on grave sur pierre. Ce travail ne pouvant s'effacer par le frottement de corps mous, il suffit de poser sur la pierre un morceau de drap épais et bien feutré, sur lequel la main repose. Ce drap sert en même temps à essuyer la poussière blanche que produit la pointe et qui, se déposant des deux côtés des traits, les fait paraître plus gros qu'ils ne sont réellement. Il sert en même temps à couvrir la pierre lorsqu'on quitte le travail, afin de la garantir contre tout accident.

Si on se trompe et qu'on fasse des travaux qui ne doivent pas paraître à l'impression, il suffit de passer dessus, avant qu'on mette l'huile sur la planche, de la gomme contenant un peu d'acide nitrique. On se sert pour cela d'un pinceau ou d'une plume. Mais si on veut enlever une partie gravée, et en faire une autre à la place, il est indispensable de faire disparaître au grattoir les traits incisés, afin qu'ils ne gênent pas les nouveaux travaux qu'on veut mettre à leur place. Il convient dans ce cas, d'attendre que la pierre soit achevée. On l'encre alors, et seulement ensuite on gratte la place avec le grattoir à trois faces, décrit au chapitre des outils, en ayant soin de n'enlever tout juste que ce qu'il faut pour que la gravure disparaisse, afin de creuser la pierre le moins possible. Le creux qu'on fait doit être très-évasé et insensible, pour que la pression puisse en atteindre le fond lors du tirage. On passe ensuite, au moyen d'un pinceau, de l'acide et de la gomme sur la place grattée, et on la traite comme une pierre neuve. Pour y refaire le travail, on la colore avec de la sanguine, afin de voir à travers les travaux encrés en noir, avec lesquels il faut raccorder ceux de la retouche. S'il est difficile d'enlever quelques parties de travail sur des planches gravées, il est très-aisé au contraire, d'en ajouter de nouvelles; et en cela ce genre de lithographie offre un grand avantage sur tous les autres. On peut faire, par exemple, le trait d'une carte géographique, en tirer des épreuves, ajouter ensuite les montagnes, le filé des eaux, etc.; il suffit pour cela de recouvrir la planche d'une légère couche de gomme, ou même, on peut se contenter de laver celle qui y est. On colore la pierre avec de la sanguine, et on y grave les nouveaux travaux qu'on peut raccorder parfaitement avec les anciens, puisqu'on les voit à travers la teinte rouge.

En 1826, la Société d'encouragement de Paris a proposé, pour la meilleure méthode d'incision sur pierre, un prix de 300 francs, qui a été retiré en 1828, et remplacé par un nouveau prix de 1000 francs, pour la correction de la lithographie par incision. Elle a accordé en même temps à M. Knecht une médaille d'or, pour les perfectionnemens qu'il a apportés à la lithographie par incision, et pour son procédé d'effaçage et de retouche; ces moyens n'ont pas été publiés par cette Société; ce qui est fâcheux, car la médaille décernée à M. Knecht fait présumer que son procédé pourrait être utile.

Le prix de 1000 francs a été remporté en 1830, par MM. Knecht et Girardet. Voici la description de leur procédé, publié dans l'année 29e du Bulletin de cette Société, page 459.

« M. Jobard de Liége, avait fait voir que l'acide acétique pouvait détruire « complétement le dessin lithographique; il pouvait paraître probable que le « même procédé serait applicable sur pierre incisée. Les essais auxquels votre « comité s'est livré, en répétant chez l'un des concurrens les procédés qu'il avait « indiqués, lui ont prouvé que celui-ci avait trouvé le meilleur procédé d'effaçage; « nous rappellerons seulement ici les résultats.

« L'acide acétique enlève bien les traits superficiels; mais il pénètre mal dans « le fond des tailles profondes et enlève difficilement la portion du dessin sur « laquelle il agit.

« L'acide sulfurique attaque fortement la pierre, la recouvre d'une couche « mince de sulfate de chaux, sur laquelle on grave mal ensuite.

« L'acide nitrique efface bien, mais il donne à la pierre un grain particulier; « son action doit être prolongée quelque temps.

« L'acide hydrochlorique efface avec la plus grande facilité; les traits les plus « fins disparaissent et la pierre ne change pas de grain, dans le point attaqué; « l'action de cet acide demande à être bien dirigée pour ne pas attaquer la « pierre.

« Mais l'acide phosphorique enlève parfaitement le dessin; son action est mo- « dérée, facile à borner aux points où il est nécessaire de la produire, et le grain « de la pierre n'est pas changé. C'est cet acide que MM. Knecht et Girardet « avaient indiqué et dont ils font usage dans la correction de la Flore du Brésil.

« Il est nécessaire que la pierre soit mise préalablement à l'encre grasse avant « d'enlever à l'essence le dessin qui est tracé, et détruire ensuite, par le moyen « de l'acide, les traits à remplacer. Par ce moyen on ménage les parties environ- « nantes, et on ne risque pas de fatiguer la planche.

« La potasse ne produit que très-difficilement un effet sur la pierre incisée, « elle n'attaque que très-peu le fond des tailles, son usage aurait d'ailleurs l'in- « convénient d'être long. »

Dans la description de ce procédé, contenue dans le Traité de la Lithographie, par MM. Chevalier et Langlumé, il est ajouté : « Si les lignes de la précédente « gravure gênent pour le nouveau travail, il devient indispensable d'unir la « pierre en cet endroit, ce que l'on fait avec un bouchon de liége et de la poudre « de pierre-ponce acidulée avec de l'acide phosphorique. »

Dès qu'il faut enlever par un moyen mécanique quelconque une partie de la surface de la pierre, pour faire disparaître les lignes précédentes, ce que je crois indispensable, il est inutile de faire précéder cette opération par le lavage à l'essence et l'acidulation à l'acide phosphorique. Il est plus simple d'enlever la partie défectueuse, soit au grattoir, soit à la poudre de pierre-ponce, et de passer ensuite un acide quelconque sur la pierre en se servant d'un pinceau, ainsi que je l'ai indiqué.

Machine à graver.

La machine à graver est devenue depuis quelques années un puissant auxiliaire de la gravure sur pierre. Cette machine, établie sur le même système que celles à graver sur cuivre, se trouvant décrite dans le chapitre des outils, il ne me reste que peu de chose à ajouter sur son emploi. On peut très-bien y ajuster un tireligne, et s'en servir pour tracer des lignes parallèles éloignées les unes des autres; mais l'encre ne coulant pas toujours bien également, les lignes qu'on obtient ainsi n'ont pas toujours la même force; de sorte que, quoiqu'elles soient à des distances parfaitement égales, elles ne représentent pas une teinte unie, lorsqu'elles sont rapprochées. On a donc dû chercher un autre outil qui marquât toujours bien également, et on l'a trouvé dans le burin en diamant, que j'ai aussi décrit dans le chapitre des outils. On peut avec cet instrument former des teintes parfaitement égales et aussi pures que les gravures sur acier. Lorsqu'il s'agit d'arrêter ces lignes parallèles à une forme qui a un contour, on peut le faire à la vue simple, et en soulevant le diamant au moment où on arrive au point marqué; mais on n'est pas toujours sûr que, par suite de quelque inadvertance, on ne passe pas quelquefois une ligne sur une place qui devrait rester blanche.

J'ai vivement senti cet inconvénient, et je me suis occupé des moyens d'y remédier, et de donner une forme à volonté aux travaux de la machine, en couvrant les parties qui ne doivent pas être attaquées, avec un corps impénétrable au diamant. Parmi les substances que j'ai essayées, la gomme est celle qui m'a le mieux réussi. Je commence par décalquer sur la pierre le dessin que je veux reproduire; je couvre d'une gomme colorée (ou de la réserve décrite à l'article *Lavis lithographique*) les parties qui doivent rester blanches. Observons que la gomme doit y être appliquée très-épaisse, et que lorsque la première couche est sèche, il est bon d'en appliquer une seconde; car, malgré ces précautions, il arrive encore quelquefois que l'angle aigu du diamant les traverse et marque sur la pierre. Il est à désirer que, mettant à profit ce premier avis, quelqu'autre lithographe plus adroit ou plus heureux que moi, trouve une substance qui résiste mieux que la gomme, et qui permette de couvrir des lignes très-fines. On exécuterait alors des dessins délicieux à la machine. Lorque la gomme est sèche on soumet la pierre au travail de la machine, et on laisse passer les lignes parallèles ou autres travaux sur toutes les parties du dessin. Si les places réservées ont été bien couvertes, elles doivent rester blanches, et les endroits où la pierre s'est trouvée à nu, doivent seuls être attaqués. Après avoir encré cette première teinte, on peut couvrir la pierre une seconde fois, et y tracer des travaux dans un sens différent du premier; de manière que les lignes se croisent en biais; ce qui forme alors une teinte plus foncée. On peut ainsi y revenir autant de fois qu'on veut, et rendre l'effet d'un dessin lavé, surtout puisqu'on peut faire des tons régulièrement dégradés, qui sont d'un grand secours pour les ciels et autres teintes représentant des plans fuyans.

Si les lignes gravées à la machine sont fines et peu profondes, on peut les imprimer au rouleau et, par ce motif, on peut les lier à des travaux à la plume. Il suffit d'appuyer un peu fortement le rouleau en encrant, et d'avoir une pression assez forte pour que les lignes gravées soient reproduites avec pureté sur le papier. On fera même bien de recouvrir la feuille qui doit recevoir l'empreinte, d'un morceau de drap bien feutré, pour mieux la faire pénétrer dans les tailles.

Cette combinaison de la gravure avec les travaux à la plume dont, à ce que je crois, la première application a été faite dans nos ateliers, est extrêmement utile, et nous l'employons journellement soit à des objets de commerce, comme par exemple, les lettres de change, dont l'écriture est faite à la plume et le fond gravé, soit à des paysages dont les arbres et tous les détails croustilleux sont faits à la plume, et le ciel, les lointains, les fabriques, etc., à la machine. Le tirage de ces planches au rouleau se fait bien plus vite que si on devait les imprimer à la manière des planches gravées, et elles fournissent un plus grand nombre d'épreuves.

On peut aussi faire à la machine des travaux blancs sur des fonds colorés, et même ce sont les plus fins et les plus jolis, surtout lorsqu'il s'agit de produire des objets guillochés. Il faut pour cela couvrir la pierre d'un vernis gras et résineux, qui lui donne la propriété d'attirer la couleur d'impression et de résister aux acides. Ce vernis doit sécher complétement, devenir très-dur, et cependant ne point s'arracher ou sauter en éclats par le travail du diamant. L'encre lithographique est trop molle, et il en faut une couche trop épaisse pour résister aux acides. Elle encrasserait le diamant au bout de très-peu de temps; elle ne peut donc être employée avec succès. Le vernis dont nous faisons usage, se compose comme suit :

Asphalte à cassure brillante,	100	parties.
Cire vierge,	30	»
Mastic en larmes,	25	»
Gomme élastique ou caoutchouc,	25	»
Savon,	25	»
Essence de térébenthine,	500	»
Essence de lavande,	60	»

On met le tout dans une bouteille qu'on expose à une chaleur modérée, à l'exception du caoutchouc qu'on fait dissoudre séparément dans de l'essence de lavande, et qu'on y ajoute ensuite.

On peut, au moyen d'un pinceau, couvrir à volonté certaines parties seulement d'un dessin, avec ce vernis, ou bien en mettre sur toute la pierre, et l'égaliser alors avec un tampon de taffetas rembourré de coton, ou avec un blaireau. Lorsqu'il est bien sec, on procède à la gravure. Ce travail terminé, et après avoir eu soin de réparer toutes les parties qui auraient pu être entamées, on acidule au moins deux fois, aussi fortement qu'un dessin à l'encre, afin que les lignes soient toutes attaquées par l'acide. Il est inutile cependant qu'elles soient trop profondes. J'ai cru remarquer que ce ne sont pas ces dernières qui se tirent le mieux. En imprimant des pierres exécutées par ce procédé, avec des couleurs tendres, on obtient des effets extrêmement fins. Il est inutile de dire que ce moyen peut s'appliquer simultanément sur une même pierre avec un dessin à l'encre. Rien n'empêche en effet d'écrire, par exemple, un titre à la plume, de l'entourer d'un cadre au vernis, et d'y graver une bordure guillochée. Seulement faut-il alors l'aciduler d'abord séparément avec un pinceau, avant de passer l'acide sur la pierre entière.

Gravure à l'eau-forte.

Je pense que lorsqu'on voudra graver à l'eau-forte, on fera mieux de prendre une planche de cuivre et de suivre le procédé connu et pratiqué pour cela depuis des siècles. On aura un matériel moins lourd à manier, on ne courra pas le risque de la rupture, et le tirage se fera tout aussi facilement que sur pierre. Cependant, quelques artistes qui ne sont point au fait des procédés de gravure à l'eau-forte sur cuivre, trouvant que la manière de faire mordre présente beaucoup de difficultés et exige, pour bien réussir, une longue pratique, ont préféré se servir de la gravure à l'eau-forte sur pierre, qui s'obtient plus aisément. D'ailleurs, comme dans certaines localités on ne trouverait ni les outils, ni les imprimeurs, pour faire le tirage d'une planche de cuivre, et qu'il peut convenir à un lithographe d'exécuter des travaux auxquels cette manière de graver serait applicable, je vais donner la description des moyens à employer pour la pratiquer sur pierre.

On polit une pierre à la pierre-ponce, et on la prépare à l'acide et à la gomme, comme pour la gravure. On lave ensuite la gomme à l'eau, de manière qu'il n'y reste que la petite couche de gomme insoluble, dont j'ai déjà si souvent parlé. On la laisse sécher, et on la couvre du même vernis dont les graveurs sur cuivre se servent, et en procédant de la même manière qu'eux, c'est-à-dire en chauffant la pierre jusqu'au point où elle fait fondre le vernis en pains. Ce chauffage demande à être fait avec beaucoup de précautions, et il faut y procéder d'une manière bien égale, pour que la pierre n'éclate pas. J'ai indiqué à l'article *dessin à l'encre*, les motifs de pareils accidens. Le meilleur moyen de les éviter, est de placer la pierre dans un four de boulanger, si on en a un à sa portée. Comme elle se trouve alors enveloppée partout de la même chaleur, toutes ses parties se chauffent également, et arrivent en même temps à la même température; d'où résulte une dilatation partout égale et sans danger, et l'habitude apprend bientôt à reconnaître le degré de température qu'elle doit avoir. Lorsque la pierre est assez chaude, on y frotte le pain de vernis, qu'on a eu soin d'envelopper d'un morceau de taffetas, pour retenir toutes les impuretés, jusqu'à ce qu'elle soit couverte partout d'une couche suffisante pour résister à l'acide. On égalise ensuite cette couche au moyen d'un petit tampon de taffetas rembourré de coton. Alors on retourne la pierre sens dessus dessous, en la faisant reposer par ses bords, soit sur les extrémités de deux tables convenablement rapprochées, ou sur tout autre support; de manière que la pierre presque entière soit dégagée en dessous; ce qui permet d'y passer un petit paquet de quatre bougies de cire jaune filée (de celles appelées communément rats de cave), qu'on tourne les unes autour des autres, en manière de grosse corde. On y promène cette espèce de flambeau, jusqu'à ce que la fumée abondante qu'il répand ait noirci convenablement la surface du vernis. Alors on laisse refroidir la pierre dans un lieu où elle se trouve à l'abri de la poussière. On peut aussi prendre du vernis liquide que j'ai décrit à l'article précédent, en parlant de la gravure en blanc sur fond coloré, et on en couvre la pierre de la manière que j'ai indiquée.

Lorsqu'il est bien sec, on y fait le décalque, en se servant d'un papier frotté de sanguine.

Au lieu de faire la gravure avec des pointes très-affilées, on se sert de pointes d'acier légèrement émoussées, afin de ne traverser que la couche de vernis, sans attaquer la pierre même. Ces pointes permettent un travail plus libre et plus prompt que celles qui sont tranchantes; et la main pouvant les mouvoir facilement dans toutes les directions, peut tracer avec bien plus d'esprit le feuillé des arbres et quantité d'autres travaux qui demandent de la liberté dans la touche. Tout artiste peut faire ce travail avec facilité, tandis que pour la gravure à la pointe tranchante, il faut une main très-exercée.

Après que le travail est terminé, on borde la pierre avec de la cire molle, ou

de la pâte faite avec de la farine et de l'eau, et on y verse de l'eau acidulée composée d'environ 1 partie acide nitrique,
sur 40 » eau;
sauf à modifier ce mélange suivant l'effet qu'on veut produire. On l'y laisse séjourner tout le temps qu'on croit suffisant pour faire mordre le dessin. L'action de l'acide n'ayant pour but que d'enlever pour ainsi dire la gomme insoluble, et de mettre ainsi la pierre entièrement à nu, on comprendra qu'il n'est pas nécessaire de la prolonger au point d'entamer profondément la surface de la pierre. Si le dessin a été bien fait, il suffira d'une légère acidulation pour qu'il prenne le noir au tirage. Cependant, si on voulait encore aider à l'effet du dessin par une acidulation progressive, rien n'empêcherait de procéder comme on le fait sur cuivre; c'est-à-dire de faire mordre d'abord les parties les plus légères, en ayant soin de détruire les petites bulles de gaz acide carbonique qui se dégagent, au moyen d'un pinceau qu'on y passe légèrement. Alors on verse l'eau acidulée dans un vase; on rince la pierre avec de l'eau pure, on la laisse bien sécher, et on couvre les parties qui sont assez fortement mordues, avec de l'encre lithographique. Cette opération a le double but de garantir les parties qu'on en couvre, du contact futur de l'acide, et de graisser les tailles creusées par l'eau-forte; de manière que plus tard, elles attirent l'encre d'impression. C'est par ce motif qu'elles devront être parfaitement sèches au moment où on y passe l'encre. On verse ensuite de nouveau sur la pierre un peu du même acide qu'on a employé la première fois, pour faire mordre les parties qui doivent être plus fortes; et lorsqu'elles ont assez mordu, on les recouvre comme les premières. On continue ainsi à faire mordre et à couvrir jusqu'à ce qu'on pense avoir produit l'effet désiré. Lorsque l'opération est terminée, il faut passer de l'encre lithographique sur toutes les parties qui sont encore à découvert, afin de les graisser. Pour se guider autant que possible, et ne point agir au hasard dans l'opération difficile de l'acidulation, on fera bien de faire d'abord sur une pierre, une échelle de lignes qu'on fait mordre successivement, en marquant à côté de chaque division le nombre de minutes pendant lesquelles on y a laissé séjourner l'acide.

On lave ensuite la pierre à l'essence. Le vernis de graveur n'ayant pu pénétrer la légère couche de gomme insoluble qui a garanti la pierre de son contact, toutes les parties qui en ont été couvertes n'attireront pas l'encre d'impression, qui ne se fixera que dans les tailles graissées. Il est inutile d'observer qu'on peut terminer des planches ainsi gravées, en se servant de la pointe aiguë, ou du diamant et de la machine à graver. On pourra ainsi y ajouter des ciels et autres teintes fines et légères, qu'on n'aurait pu produire par la gravure à l'eau-forte. On peut encore tracer avec la machine à graver, des lignes parallèles et très-fines dans le vernis, et, en les couvrant successivement, produire ces jolis ciels à effets si piquans, qu'on admire dans les gravures anglaises. On peut, en un mot, avec de l'adresse et du talent, produire par ces procédés réunis sur pierre, les mêmes gravures qu'on a l'habitude de faire sur planches de cuivre et d'acier. Mais, ainsi que je l'ai dit au commencement de ce paragraphe, ce n'est que dans quelques cas exceptionnels que je crois qu'il y aurait avantage à exécuter ces travaux sur pierre, plutôt que sur planches de métal.

On imprime ces planches comme celles qui sont gravées à la pointe, en y frottant la couleur au moyen d'un chiffon ou d'une brosse.

Imitation de la manière noire.

L'art de la Lithographie, si fécond dans ses applications et dans sa facilité à reproduire des dessins de toute espèce, aspire aussi, depuis quelque temps, à rendre l'effet des gravures à la manière noire. Plusieurs recueils de vues intérieures, exécutées par M. d'Orshwiller, ont frappé les connaisseurs par la vigueur de leur ton et la finesse de leur grain qui échappe à la simple vue, et ressemble à une teinte lavée au pinceau. Tout ce qui est fortement coloré est parfaitement rendu dans ces dessins; les ciels et autres teintes claires seules présentent un aspect un peu dépouillé. Je regrette de ne pouvoir donner une description précise des procédés suivis par M. d'Orschwiller, n'ayant jamais vu opérer cet artiste, et ne connaissant pas moi-même les moyens qu'il emploie.

On doit encore à M. d'Orschwiller un moyen fort ingénieux d'enlever des demi-teintes et des lumières sur des parties foncées dessinées sur pierre. Il consiste à tendre par-dessus le dessin un papier à calquer, sur lequel on trace soit avec une pointe émoussée, soit avec un crayon dur, les détails qu'on veut enlever en clair sur des parties foncées. Par cette opération, le papier s'applique fortement sur le crayon, s'y attache et l'arrache avec lui lorsqu'on l'enlève. Si une seule opération ne suffit pas pour obtenir des teintes claires, on la répète à plusieurs reprises, en repassant sur les mêmes parties, qu'on distingue à travers le papier à calquer. Cette opération n'altérant en rien le grain de la pierre, on peut redessiner sans inconvénient sur des places ainsi enlevées, et je ne serais pas étonné que ce procédé entrât pour beaucoup dans les moyens employés par M. d'Orschwiller, pour obtenir les dessins dont j'ai parlé plus haut.

La Société d'encouragement a décerné, dans sa séance du 29 Décembre 1831, une médaille d'or, de la valeur de 2000 fr. à M. Tudot, pour un procédé de manière noire lithographique, dont voici la description sommaire, extraite de la *Description de tous les moyens de dessiner sur pierre*, etc., *par Tudot.*

Fabrication des *égrainoirs.* Pour faire des égrainoirs, on prend du fil d'acier, connu dans le commerce sous le nom de *corde de Nuremberg, N°* 12. Il faut avoir de petits tuyaux en fer blanc, de la grosseur dont on veut faire cet instrument, et de la longueur d'un porte-crayon. On commence par mettre ensemble plusieurs fils d'acier, en les tendant sur une longueur de deux pouces. On en met le nombre nécessaire pour que, étant pliés, ces fils remplissent le tube de fer blanc; ensuite on joint les deux bouts de ces fils, et, d'un coup de marteau, on les plie nettement. Le faisceau se trouve réduit à la longueur d'un pouce; alors on fait entrer dans le tube la partie qu'on vient de plier. Il faut qu'elle ne puisse y entrer qu'en la comprimant fortement avec des pinces; et, l'ayant enfoncée d'environ six lignes dans le tuyau, on coupe les fils de cette espèce de pinceau à trois ou quatre lignes du fer blanc. Puis on l'aiguise *sur une pierre du Levant*, de manière à lui donner une forme conique. Si on veut leur donner une forme plate, on aplatit avec le marteau le bout du tube contenant le faisceau, puis on l'aiguise en bizeau sur toute la largeur.

Des crayons. Pour faire usage de ce procédé, le crayon doit être sec et friable, afin que l'égrainoir puisse l'enlever facilement. Il convient de les composer de la manière suivante :

Cire jaune,	29 parties.	
Savon de cire à la soude,	9 »	
Savon de suif à la soude,	18 »	
Sel de nitre,	1 »	dissous dans
Eau,	7 »	
Noir calciné,	7 »	

Exécution du dessin. Ayant tracé le carré où doit être le dessin, on le couvre de crayon, en formant des hachures larges en tous sens. Quand le carré est noirci de crayon, on prend un ébauchoir de sculpteur; c'est un morceau de bois, plat d'un bout et rond de l'autre. On pose l'extrémité large et plate sur un bord de la pierre, et, tenant l'ébauchoir penché sur le carré noirci, on appuye fortement en le conduisant d'un bord de la pierre au bord opposé. On fait cette opération dans divers sens, de manière à faire entrer le crayon dans le fond des intervalles du grain.

On fait ensuite le décalque à la sanguine, ou bien on esquisse à la pointe d'acier, et on commencera alors à enlever les lumières au moyen de l'égrainoir.

Pour se servir de cet instrument, on le tient penché dans la main, et on le pousse en avant afin d'enlever le crayon; on le retire légèrement en arrière et on essuye, sur un morceau de toile étendu sur la planchette qui sert d'appuye-main, le crayon qu'il a retenu entre ses fils. On ébauche ainsi d'abord son dessin et, lorsqu'il ne reste sur la pierre que le noir nécessaire, on s'occupe d'unir les teintes et de les modeler davantage, en se servant d'égrainoirs plus petits et plus fins. Pour faire les détails minutieux et achever d'égaliser les teintes, on se sert d'une plume d'acier un peu dure et non fendue.

Pour tracer nettement des détails qui se détachent en clair sur une teinte foncée, on se sert de pointes carrées de buis ou d'ivoire, qu'on tient à la main, si elles sont assez longues, ou qu'on met dans un porte-crayon, dans le cas contraire. On réussit encore à dessiner en blanc sur une teinte claire, en traçant avec une plume trempée dans de l'eau pure, les traits que l'on veut détacher en clair. Au moment où l'eau a suffisamment amolli le crayon, on l'essuye légèrement avec un linge. Enfin, on termine en enlevant les lumières les plus vives au grattoir.

Rien n'empêche de retoucher ces dessins au crayon, ou de les terminer en donnant des touches vives à l'encre.

Des pierres ainsi traitées doivent être acidulées comme les pierres au crayon, ou un peu plus fortement, à ce que dit M. Tudot, à l'ouvrage duquel je renvoie pour de plus amples détails.

Je n'ai pas été moi-même dans le cas d'essayer ce procédé; mais comme depuis 1831, époque à laquelle M. Tudot a reçu sa médaille, aucun ouvrage exécuté de cette manière n'a été publié, je dois en conclure que, dans l'application, il s'est rencontré des obstacles insurmontables, qu'on n'avait pas d'abord prévus. Je sais par expérience, que les artistes se laissent facilement rebuter par les difficultés que présente un pareil procédé, et les soins qu'il exige. Aussi je m'étonnerais peu qu'ils n'eussent pas voulu se décider à s'en occuper, malgré les avantages réels qu'il aurait pu présenter. Mais comment se fait-il que l'inventeur, qui devrait avoir pour son procédé cette tendresse qu'on a toujours pour ses propres enfans, et qui est dessinateur, n'ait encore rien produit depuis cette époque? Ce n'est certainement pas manque d'adresse, de soins et de patience pour l'exécution sur pierre; on en a toujours assez, lorsqu'il s'agit de soutenir une œuvre de son propre génie. Je présume donc que c'est dans le tirage que ces planches ont rencontré les plus grands obstacles, et que souvent une pierre, d'abord entièrement couverte de crayon, dont la matière grasse a eu le temps de se combiner avec elle, d'y pénétrer et d'y former un savon métallique, n'a pas pu être assez bien dégagée de cette matière savonneuse, surtout dans les parties délicates, pour qu'elle n'ait pas reparu plus ou moins au tirage, et que par ce motif, on n'ait obtenu que peu de bonnes épreuves.

Je ne terminerai pas cet article sans parler d'essais fort heureux qui ont été faits par M. Zép. Gingembre, en 1831 et 1832. Je possède deux planches exécutées à cette époque par cet artiste : l'une représentant des *chevaux de trait*, et l'autre, plus grande, des *chevaux en liberté*. Le grain de ces planches est d'une finesse remarquable, et leur effet semblable à celui de la manière noire. Il est facile de voir qu'elles sont le résultat d'un procédé particulier, et je sais par M. Lemercier, qu'elles ont supporté, sous son habile direction, un tirage assez considérable. Il est d'autant plus à regretter que, depuis cette époque, l'habile auteur de ces planches n'ait plus rien produit, lorsque ces premiers essais donnaient l'espérance la plus favorable de son procédé. Ne connaissant pas les moyens qu'il a employés, je ne puis émettre aucune opinion sur leur efficacité.

Lavis lithographique.

Ainsi que je l'ai dit dans la partie historique de cet ouvrage, le procédé auquel j'ai donné dans le temps ce nom, n'a plus aujourd'hui le même intérêt, qu'à l'époque où j'en fis les premières applications, parce que les grands progrès faits depuis dans la manière du crayon, permettent facilement de s'en passer. Néanmoins, comme il n'est pas indifférent de connaître toutes les ressources de la lithographie, et tous les moyens dont elle permet l'application, je crois être agréable à mes lecteurs en leur donnant une description un peu détaillée de ce procédé.

Beaucoup de lithographes ont cherché à faire des planches, en lavant sur pierre avec de l'encre étendue d'eau. On a même colporté des procédés de ce genre qui, au premier moment, présentaient quelque apparence d'un succès qui s'évanouissait au bout d'un petit nombre d'épreuves. Persuadé que sur cette voie il n'y avait rien de passable à obtenir, et que ce n'était qu'en cherchant à couvrir la pierre de teintes produites par une multitude de points fins et égaux, dont on pût à volonté augmenter la vigueur, je m'appliquai à trouver une méthode qui pût me conduire plus sûrement à ce but.

Il fallait que la matière dont les teintes devaient se former, fût très-adhérente à la pierre, afin que les points presque imperceptibles qui en seraient recouverts, résistassent à l'acide et attirassent l'encre d'impression. Dès lors, je jugeai que c'était d'une encre liquide et non d'un corps solide qu'il fallait se servir. Je remarquai ensuite qu'en faisant usage d'un tampon de peau légèrement chargé d'encre, on obtenait, sur une pierre grainée, des teintes composées d'un grain très-fin et parfaitement égal. Cet effet est aisé à concevoir : la peau fortement tendue qui recouvre le tampon, ne peut atteindre le fond de la pierre entre les petites aspérités du grain ; elle ne dépose l'encre qu'à leur sommet; et, à mesure qu'on augmente l'épaisseur de la couche d'encre sur le tampon, et qu'on y exerce une plus forte pression, ces aspérités s'y enfoncent davantage, se chargent de plus de couleur, et permettent ainsi d'obtenir une vigueur progressive dans les tons.

Mais il ne suffisait pas qu'on pût donner aux teintes la force désirable ; il fallait aussi pouvoir leur imposer une forme, une étendue déterminée, en préservant la pierre du contact du tampon dans les endroits où on ne voulait pas mettre de couleur. Je fis usage pour cela de gomme, qui est imperméable aux corps gras ; mais en l'employant seule, on a de la peine à tracer des lignes pures, et on ne voit pas bien les traces qu'on en fait sur la pierre. Afin de la colorer, j'y mêlai du vermillon comme une des substances qui s'appliquent le plus facilement, et pour lui donner plus de coulant et l'empêcher de se retirer sur les parties déjà graissées par le tampon, j'y ajoutai du fiel de bœuf. Ces substances broyées ensemble composent une réserve qui atteint parfaitement le but.

Le dessinateur qui veut exécuter le lavis lithographique, doit se munir des objets suivans :

1° De tampons de différentes grosseurs, soit dans le genre de ceux des imprimeurs *(planche* XLIV, *fig.* 1), soit en forme de marteau *(fig.* 2). Cette dernière disposition me paraît préférable et plus facile à manier, surtout pour les petits objets. Ces tampons se composent d'un manche en bois A *(fig.* 3), concave à l'endroit B, sur lequel s'applique la garniture. On fait une pelotte de coton C, aussi régulière que possible, qu'on loge dans cette cavité ; on la recouvre d'une peau de gants très-fine D, qu'on cloue tout autour en E, en tournant son côté lisse, c'est-à-dire l'épiderme en dehors. Ces tampons doivent être de différentes grandeurs, depuis environ 4 pouces de diamètre jusqu'à 1 pouce. Les grands s'emploient pour les grandes teintes, et les petits pour modeler et fondre de petits tons, tels que les nuages, etc.

On peut aussi faire des tampons avec la matière élastique, dont on compose aujourd'hui les rouleaux qui ont remplacé dans les imprimeries typographiques les tampons rembourrés de crin dont on se servait autrefois. Cette matière se compose de parties égales de sirop de mélasse et de colle forte ramollie dans l'eau, qu'on fait fondre ensemble au bain marie. On fait tourner des manches de tampons percés d'un trou (*fig.* 4); on les recouvre d'un verre concave A, qu'on a soin d'huiler intérieurement, et on lutte les bords B avec de la terre grasse ou de la pâte de farine et d'eau. On y coule la matière élastique par l'ouverture C, et on la laisse refroidir pendant quelques heures. On enlève ensuite le verre, lorsque la matière est figée. Ces tampons donnent un grain plus fin que ceux en peau; mais lorsqu'on s'en sert, il est plus difficile de faire de grandes teintes unies; car, en les frappant sur la pierre, ils forment une teinte ronde, coupée net, comme un cercle; tandis qu'un coup de tampon couvert de peau, présente une empreinte ronde dont les bords sont fondus.

2° Un bâton d'encre qui doit se dissoudre dans l'essence, mais être insoluble dans l'eau, afin de résister aux différens lavages de la pierre, et être assez gluante pour se tamponner facilement. J'en ai donné la composition au chapitre des recettes.

3° Un godet de la réserve décrite ci-dessus.

4° Un flacon contenant un mélange d'essence de térébenthine et d'essence de lavande à égales quantités. La première sèche trop vite; la seconde tient l'encre plus longtemps gluante et fraîche; mais employée seule elle sècherait trop lentement.

On fait un décalque comme pour le dessin au crayon, mais en appuyant fortement les traits; autrement il pourrait arriver qu'en appliquant les premiers tons, le tampon n'arrachât les lignes trop faiblement tracées, et ne les fit disparaître. Si on voulait faire un trait qui se reproduisît sur l'épreuve, il faudrait se servir d'encre lithographique délayée à l'essence de térébenthine. Ni l'encre lithographique dissoute dans l'eau, ni le crayon, ne pourraient servir à cet usage, puisqu'ils se délayent dans l'eau, et seraient enlevés par les lavages de la pierre. Ce trait doit être fait avec peu d'encre, et de préférence avec un pinceau, afin de présenter le moins de relief possible : sinon l'encre trop épaisse sur la pierre empêche le tampon d'en approcher, et il reste des deux côtés des lignes blanches qui produisent ensuite un mauvais effet.

Le premier tracé étant déterminé, on couvre la marge du dessin et toutes les parties qui doivent rester blanches, avec de la réserve, en se servant d'un pinceau. Il faut que la couche en soit assez nourrie pour que l'encre ne puisse la pénétrer; toutefois, il est nécessaire d'éviter qu'elle soit épaisse au point de former un relief, parce que cela empêcherait le tampon d'approcher immédiatement du bord, et les contours pourraient rester mous et indécis.

Cette opération achevée, on verse sur une pierre ou une assiette, quelques gouttes du mélange d'essences de térébenthine et de lavande, et on y frotte le bâton d'encre, jusqu'à ce qu'on obtienne une dissolution ayant à peu près la consistance d'un sirop. On en charge alors, mais en petite quantité, l'un des tampons que l'on appuye contre un autre à plusieurs reprises, et en tous sens, jusqu'à ce que l'encre y semble étendue bien également. On essaye le tampon, ainsi chargé, sur un coin de la planche, ou sur une autre pierre; il ne doit laisser qu'une marque légère pour faire les premiers tons et les plus diaphanes. Il y a moins d'inconvéniens à ce qu'il n'y ait pas assez d'encre sur le tampon, que s'il y en avait trop, car dans ce dernier cas, des taches seraient presque inévitables. Avant de commencer un dessin de quelque importance, il est prudent de s'exercer au maniement du tampon, et surtout de s'habituer à faire des teintes égales ou régulièrement dégradées.

Lorsqu'on a donné sur la pierre quelques coups de tampon, on le frappe sur celui qui a servi à y étendre l'encre, et que l'on tient de la main gauche, afin de le recharger d'encre, et on doit avoir soin de l'y maintenir aussi égale que possible. Lorsqu'on a produit ainsi les tons les plus légers du dessin, on les couvre de réserve. Dès que celle-ci est sèche, on continue le tamponnage pour arriver au second ton; on couvre encore avec la réserve les endroits qui doivent rester tels qu'on les a déjà obtenus. On reprend ensuite le tamponnage, et on continue ainsi à monter progressivement les tons, jusqu'au degré de vigueur qu'on désire leur donner.

Si, croyant son dessin terminé, ou ne se retrouvant plus dans les tons qu'on a faits, on désire reconnaître au juste l'état réel du travail, on plonge la pierre dans l'eau, et on l'y laisse quelques minutes, jusqu'à ce que la réserve soit dissoute; puis avec une éponge, on essuye légèrement, jusqu'à ce que la réserve et le noir qui la couvrait aient disparu. Une fois ce noir enlevé, on peut appuyer davantage pour laver complétement la planche; mais si on portait simplement une éponge mouillée sur la pierre sèche, pour enlever l'encre qui couvre la réserve, celle-ci s'attacherait à l'éponge à mesure qu'elle se détacherait de la pierre, et elle la reporterait à son tour sur d'autres points de la pierre, ce qui produirait des taches noires qui, loin de diminuer, ne feraient qu'augmenter à mesure qu'on frotterait davantage. Il est donc important que cette encre soit enlevée à grande eau avant qu'on y frotte l'éponge. En général, ce lavage demande à être fait avec soin pour ne pas gâter le travail. Lorsque la réserve et l'encre superflue sont enlevées, on rince l'éponge, et on relave la pierre avec soin, afin de n'y laisser aucun vestige de gomme.

Du moment que la planche est sèche, on peut recouvrir de réserve les parties du dessin qui sont à leur ton, et retamponner celles qu'on veut colorer davantage. Ces retouches terminées, on lave de nouveau la pierre et, au moyen de ces opérations, il est possible de revenir sur son dessin autant de fois qu'on le juge nécessaire; de passer des glacis sur certaines parties, d'ajouter des détails à d'autres; en un mot, d'amener successivement le dessin à l'effet que l'on désire obtenir.

En définitive, après avoir fait du tampon l'usage que l'on a voulu, soit qu'on ait seulement établi de grandes masses, soit qu'on ait exécuté des détails, on a encore la faculté de se servir du crayon lithographique ou de la plume, pour terminer son dessin. On peut aussi y piquer des lumières au grattoir, et en un mot, on peut traiter une planche commencée au tampon comme une pierre faite en entier au crayon.

Un tampon dont on a fait usage pendant quelque temps finit par s'encrasser, et on doit alors le laver à l'essence de térébenthine. Si cela ne suffisait pas pour lui rendre la souplesse nécessaire, il faudrait en renouveler la peau; car plus celle-ci est souple et douce, plus le grain devient fin.

En couvrant au pinceau avec la réserve les parties qui doivent rester claires, il est très-facile de rendre des formes légères et fines qui se détachent en clair sur un fond vigoureux; mais il n'en est pas de même si on veut rendre des parties légères qui se détachent en vigueur sur un fond clair. Il faudrait pour cela couvrir tout le fond, et ne laisser à nu que ces parties. Par ce travail, il ne serait guère possible de les réserver avec autant d'esprit et de franchise que si elles étaient touchées elles-mêmes au pinceau.

Dans un ouvrage publié par Senefelder et Cie, à Paris en 1824, sous le titre de *Aquatinte lithographique*, se trouve un moyen fort ingénieux pour faire des parties fines et légères au pinceau même, et de manière qu'elles se détachent en vigueur sur le fond.

L'auteur propose de composer une couleur résineuse, en mêlant du noir de fumée, du blanc de céruse et de la térébenthine de Venise, et en délayant ces substances à l'essence de térébenthine. On peint avec cette couleur sur la pierre, toutes les parties qu'on veut obtenir d'un ton plus ou moins vigoureux sur un fond clair, en ayant soin que les traits qu'on forme soient bien noirs et chargés de couleur. Lorsque celle-ci est sèche, on passe la réserve sur toute la pierre, et lorsque cette réserve est sèche à son tour, on y répand un peu d'essence de térébenthine, et on la frotte légèrement sur la planche, en se servant d'un morceau de drap de laine. La couleur résineuse se dissoudra, emportera avec elle la réserve qui la recouvrait, et mettra la pierre à découvert. Lorsque celle-ci aura été bien nettoyée, on commencera l'opération du tamponnage, et, si on veut obtenir plusieurs teintes dans les parties tracées par ce procédé, on couvrira de réserve les tons les plus légers. Lorsqu'ils seront parvenus à leur force convenable, on tamponnera de nouveau, et on couvrira alternativement, jusqu'à ce qu'on soit parvenu à l'effet désiré. On n'aura plus alors qu'à laver la pierre.

Cette opération terminée, on couvrira de réserve les marges et les parties qui doivent rester blanches, et on commencera l'opération du tamponnage comme je l'ai décrit précédemment.

Il est nécessaire, en employant cette méthode, de commencer un dessin par les parties vigoureuses; car si on l'employait après qu'un premier travail serait fait, celui-ci pourrait être endommagé par le lavage à l'essence.

En réunissant les deux méthodes, on pourrait, avec de l'adresse et de l'habitude, produire des planches qui auraient une grande ressemblance avec du lavis, puisque toutes les touches y seraient faites au pinceau. On ferait d'abord toutes les touches foncées qui tiendraient lieu d'un trait massé, et ensuite on y mettrait les tons fins et larges, dans lesquels la réserve ménagerait les touches claires et spirituelles; et s'il restait encore quelque chose à terminer, le crayon, l'encre et le grattoir serviraient à donner les dernières touches. Quoique cette manière de dessiner sur pierre soit abandonnée aujourd'hui, je suis persuadé que si quelque artiste habile et patient voulait s'y vouer, il en tirerait un fort bon parti, tant sous le rapport de la promptitude de l'exécution, que sous celui de l'esprit des touches et de l'harmonie de l'ensemble.

En 1828, la Société d'encouragement a décerné à M. Jobard de Bruxelles, une médaille d'or, pour plusieurs perfectionnemens, parmi lesquels était compris un procédé de lavis entièrement conforme au mien, avec cette différence, qu'au lieu de tamponner les teintes, M. Jobard les produit par le frottement d'une pincée de laine garnie de noir, en la frottant sur une pierre déjà chargée d'une légère couche d'une encre dont voici la composition :

Cire,	1 partie.
Saindoux,	2 »

Spermaceti,	3 parties.
Savon,	1 »

On fait fondre ces matières et on les laisse sur le feu assez longtemps pour leur donner une consistance comprise entre celle de la cire vierge et celle du suif. On y mêle, avec la molette, le plus de noir calciné possible; car ce noir doit être en excès plutôt qu'en quantité insuffisante; sans cela, le travail paraîtrait roux, et à l'impression, il viendrait plus noir qu'on ne le voudrait.

M. Jobard couvre de réserve et opère du reste exactement comme moi.

La préparation de la pierre est la même que celle du crayon, mais moins forte.

Comme son encre contient un peu de savon, il recommande de ne pas se servir d'eau de pluie pour laver la pierre. On doit prendre pour cela une eau dure, c'est-à-dire, chargée de sels calcaires, qui ne dissout pas facilement le savon. D'ailleurs, M. Jobard couvre sa pierre en entier de réserve avant de la laver; de sorte que la gomme qu'elle contient précipite déjà le savon.

N'ayant jamais essayé ce procédé, je ne puis me permettre de le juger.

Dessins exécutés dans la manière des gravures sur bois.

Dans les gravures sur bois, le noir ou la partie de la planche qui le produit est en relief, et les lumières sont enlevées ou creusées au moyen de différens instrumens tranchans. Ce travail se fait donc à l'inverse de la gravure sur cuivre, où les parties noires sont entaillées. Cette manière de graver entre aussi dans la série si riche des moyens qu'offre la lithographie, et les méthodes qu'elle emploie sont plus faciles que celles de la gravure sur bois elle-même.

On comprendra facilement que si on enduit une pierre d'une matière grasse ou résineuse, imperméable aux acides; que si on traverse cette matière avec des instrumens tranchans, sans même attaquer la pierre, et que si on y passe ensuite de l'acide, les lignes qu'on aura ainsi enlevées ne prendront pas l'encre d'impression, et que la partie couverte s'en chargera seule; de sorte que ces travaux resteront blancs sur l'épreuve.

Pour des travaux grossiers, on pourrait se contenter de couvrir la pierre d'encre lithographique; mais comme la couche doit être assez épaisse pour résister aux acides, et qu'elle reste constamment molle, il est préférable de couvrir la pierre du vernis que j'ai indiqué en parlant de la gravure sur pierre à la machine.

Lorsque la pierre est ainsi couverte, et que le vernis est convenablement sec, on y exécute les travaux avec une pointe un peu émoussée, qui suffit pour découvrir la pierre, et qui permet à la main plus de liberté qu'une pointe aiguë. On peut surtout obtenir par ce moyen des détails précieux dans des parties colorées : avantage que ne présente pas une autre méthode. En général, ce travail ressemble entièrement à celui de la gravure sur bois, et produit à peu près les mêmes effets. Cependant, il présente une ressource de plus. S'il est facile de couper sur bois des détails blancs dans des parties noires, il est bien plus difficile de réserver des détails noirs sur des parties blanches, qu'il faut en entier enlever à l'échoppe. Il n'en est pas ainsi sur pierre, où il suffit de ne pas couvrir de vernis les parties où on veut exécuter des détails en noir sur un fond blanc. On pourra alors avec une grande facilité, exécuter ces travaux à la plume avec l'encre lithographique. On pourrait même commencer un dessin à la plume, en exécutant toutes les parties pour lesquelles cet outil est favorable, et ensuite couvrir au pinceau celles dans lesquelles on voudrait exécuter des détails en blanc à la pointe.

Si on veut imprimer dans la presse lithographique, une pierre exécutée par ce procédé, on n'a besoin de l'aciduler que comme une pierre dessinée à la plume, aucun relief n'étant nécessaire dans ce cas. Mais si on veut imprimer ces planches à sec dans la presse typographique, ou les utiliser pour en faire des clichés, il faut les aciduler plus fortement et de manière à obtenir un relief notable. Dans ce cas, on les borde de cire molle ou de pâte de farine et d'eau, à la manière des gravures sur cuivre, et on y verse un mélange d'acide nitrique ou muriatique et d'eau, plus ou moins fort, et qu'on y laisse plus ou moins longtemps, suivant le relief qu'on veut obtenir.

Nous avons vu dans la partie historique que la première application de ce procédé date de 1810, et est due à M. Duplat, à Paris, qui sut en tirer un heureux parti.

En 1828, la Société d'encouragement a proposé un prix de 2000 fr. pour *la combinaison de la lithographie avec la typographie dans les cartes géographiques.* Ce prix a été remporté en 1831, par M. Girardet, de Paris. Voici un extrait du rapport qui contient la description de son procédé.

« M. Girardet ayant composé un vernis, qu'il a reconnu susceptible de s'attacher fortement à la pierre et de ne pas se détacher par l'action de l'acide, il a
« pensé qu'il pourrait dessiner et écrire à la manière ordinaire sur la pierre,
« attaquer ensuite celle-ci par le moyen d'un acide et obtenir des traits assez en
« relief pour qu'il fût possible d'en tirer des épreuves à sec.

« Voici le procédé qu'il a suivi pour sa préparation : on fait fondre dans un « vase neuf en terre vernissée en dedans,

« Cire vierge,	2 onces,
« Poix noire,	1/2 »
« Poix de Bourgogne,	1/2 »

« On y ajoute peu à peu 2 onces de poix grecque, ou asphalte réduit en pou- « dre fine. On laisse cuire le tout jusqu'à ce que le mélange soit bien fait; on retire « alors le vase du feu; on le laisse un peu refroidir et on verse la matière dans « l'eau tiède, afin de la manier facilement; on en fait de petites boules que l'on « dissout au feu et à mesure du besoin dans de l'essence de lavande, en quantité « suffisante pour obtenir un vernis du degré de consistance convenable.

« Ce vernis s'applique avec la plus grande facilité sur la pierre en se servant « du rouleau à la manière ordinaire (1). Quand la quantité que l'on juge conve- « ble y a été fixée, on borde la pierre avec de la cire comme pour une eau-forte, « et on verse dessus de l'eau à la hauteur de quelques lignes, puis de l'acide ni- « trique étendu d'eau en quantité suffisante pour que l'action ne soit pas trop « vive; au bout de quelques minutes, la liqueur ayant été retirée et la pierre la- « vée, on la laisse sécher et on passe de nouveau le rouleau imprégné du même « vernis, de manière à bien garnir les caractères ou les traits du dessin et, après « qu'elle a été bordée de nouveau, on l'acidule une seconde fois pendant trois à « quatre minutes, et on lave comme la première fois.

« Par cette seconde application, le vernis, qui adhère fortement aux traits, « forme un relief assez considérable pour que l'on puisse tirer des épreuves à « sec.

« Ainsi on peut dessiner sur la pierre une carte géographique, ou tout autre « objet, y tracer des lettres ou des chiffres, écrire ou dessiner sur papier auto- « graphique et faire le transport sur pierre, puis donner ensuite aux traits une « saillie qui permette de mouler le tout et de le clicher avec la plus grande fa- « cilité.

« Ainsi, on pourra remplacer avec le plus grand avantage, la gravure en bois « par le dessin sur pierre ou sur papier autographique, dont on fera le trans- « port, et multiplier ainsi dans le texte des ouvrages élémentaires, les figures de

(1) Il est sous-entendu ici que la pierre a du être acidulée et lavée à l'essence, avant d'y appliquer le vernis de M. Girardet.

« machines, d'appareils, d'animaux et de plantes, dont les anglais profitent avec « tant d'avantage.

« Les commissaires se sont assurés que des traits excessivement déliés pou- « vaient acquérir un relief de plus d'une demi-ligne sans rien perdre de leur pu- « reté. Ils craignaient, dans les premiers essais, que l'acide en réagissant sur la « pierre, ne parvînt à s'insinuer par-dessous les traits et ne tendît ainsi à les déta- « cher; mais ils ont acquis facilement la conviction que le vernis forme autour « du trait comme une espèce de congé qui en garnit la base, et l'examen at- « tentif qu'ils ont fait à la loupe, de pierres encrées par ce moyen, les a mis à même « de voir que la pierre peut être corrodée profondément autour de ces traits « sans qu'il en résulte aucun inconvénient pour le trait qui y est appliqué.

« Nous ne pensons pas qu'il puisse s'élever aucun doute sur la bonté des « moyens employés par M. Girardet, qui non-seulement a résolu la question que « vous aviez proposée, mais qui a été même au-delà de ce que demandait le pro- « gramme, et nous avons l'honneur de vous proposer de lui accorder le prix de « 2000 fr. qui avait été promis pour la solution de cette question. »

Ce procédé se liant plutôt à la typographie qu'à la lithographie, je ne suis point à même de discuter ses avantages sur la gravure sur bois, ni même d'émettre une opinion sur l'efficacité du moyen proposé par M. Girardet, pour élever en relief les traits d'un dessin lithographique ordinaire, n'ayant point pratiqué ce procédé.

Manière pointillée à la brosse.

Quelquefois, pour faire ressortir une écriture ou un ornement en blanc, on est dans l'usage de les placer sur un fond présentant une demi-teinte, sans vouloir y employer le temps nécessaire pour le pointiller à la main, surtout si l'objet est un peu grand, comme par exemple, lorsqu'on veut remplir des massifs dans des plans d'architecture. Il y a un moyen facile et prompt de faire un fond pareil, pourvu qu'on n'exige pas une parfaite régularité et beaucoup d'égalité dans les points qui doivent le composer. Il suffit pour cela d'imbiber une petite brosse dure, telle qu'une brosse à dents, d'encre lithographique, et d'y passer à plusieurs reprises une petite règle ou couteau en bois, afin de la décharger de l'encre qu'elle peut contenir en excès. Si on continue ensuite à y passer la règle, on obtiendra des éclaboussures très-fines et passablement égales. On tient alors la brosse au-dessus de la pierre, les soies en l'air, et on y passe la règle à plusieurs reprises. Il résulte de là que la planche se recouvre d'une multitude de petits points qui augmentent à mesure qu'on continue l'opération. Il faut avoir soin de promener la brosse pendant qu'on opère, au-dessus de tous les points qu'on veut couvrir, pour obtenir un sablé parfaitement égal. Il faut aussi éviter d'incliner la brosse vers la pierre; les petites gouttes lancées par les soies arrivant alors en biais ne formeraient que des points plus ou moins allongés; tandis qu'en tenant la brosse comme je l'indique (*planche* XLIV, *fig.* 5), elles sont lancées en l'air et, retombant perpendiculairement sur la pierre, y forment des points parfaitement ronds.

Pour renfermer cette teinte dans les limites voulues, il suffit de couvrir les parties qui doivent rester blanches, avec de la gomme, ou mieux encore, avec la réserve que j'ai indiquée à l'article *Lavis lithographique*. On pourrait même par ce moyen produire plusieurs teintes, en couvrant successivement les parties qui sont assez colorées; mais pour cela, il faut que la partie du dessin qui a dû être exécutée à la plume, soit terminée avant qu'on y passe le pointillé à la brosse afin que, cette opération achevée, on n'ait plus qu'à aciduler la pierre : opération qui dissoudra en même temps la gomme qui a servi de réserve. Pour cela, il faut laisser après la première couche d'acide et la seconde à la gomme, le temps suffisant pour se dissoudre, afin qu'elle n'empêche pas l'acide de pénétrer sur les parties qui en étaient couvertes. Si on voulait laver la gomme à l'eau simple, on dissoudrait en même temps l'encre qui se trouve encore en état de savon soluble. Si on avait quelque motif pour laver la gomme avant l'acidulation de la pierre, il faudrait le faire avec une eau mêlée d'un peu d'acide marquant un degré à l'aréomètre. De cette manière, on éviterait de dissoudre l'encre, et on pourrait après ce lavage faire encore de nouveaux travaux sur la pierre, avant l'acidulation définitive et le gommage.

Si on voulait faire le pointillé avant le dessin à la plume, on n'aurait d'autre moyen que d'enlever au grattoir les parties qui doivent rester blanches. Pour donner une forme à de grandes masses, on peut aussi découper simplement un patron en papier qu'on pose sur la pierre, et qu'on y fixe par quelques petits poids. On peut même employer successivement plusieurs patrons pour produire des teintes de différentes forces.

Pour terminer et égaliser une pareille teinte pointillée, on divise à la pointe les points qui sont devenus trop gros, et on remplit à la plume les espaces trop peu garnis.

Fond noir avec dessin en blanc.

Lorsqu'on veut exécuter un dessin à fond noir, ou à fond uni de toute autre couleur, avec figures ou ornemens en blanc, dans le genre des vases étrusques, par exemple, il y a un moyen très-facile de les produire en lithographie. Il suffit pour cela de dessiner sur pierre avec une couleur gommeuse, telle que la réserve employée pour le lavis lithographique, les objets qui doivent rester en blanc. On couvre de même les marges, et on y passe ensuite le rouleau à la couleur grasse, jusqu'à ce que la pierre en soit entièrement couverte. On la mouille alors, et on continue à y passer le rouleau avec rapidité, afin d'arracher l'encre qui couvre le dessin à mesure que la couleur gommeuse se dissout. On laisse sécher la couleur grasse, et ensuite on acidule la planche comme un dessin à l'encre.

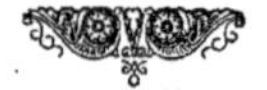

CHAPITRE XI.

AUTOGRAPHIE ET CONTRE-ÉPREUVES.

Je réunis dans un même chapitre ce qui concerne l'autographie et les contre-épreuves, parce que ces deux méthodes ont entre elles la plus intime liaison, et ne font en réalité qu'un seul des nombreux moyens de reproduction que possède la lithographie.

On appelle autographie le procédé par lequel on multiplie par l'impression une écriture originale d'abord faite sur papier avec une encre graisseuse. Ce procédé, qui appartient à la lithographie seule, et qui ne peut être imité par aucune des autres manières d'imprimer, offre deux grands avantages : celui de donner un fac-simile parfaitement exact, puisque c'est l'écriture elle-même et non une copie qui se trouve reproduite; et celui d'une promptitude extraordinaire, qu'il sera facile de comprendre, lorsqu'on saura qu'il suffit d'écrire sur papier une circulaire, un mémoire, etc., pour pouvoir, peu d'instans après, en obtenir le nombre d'exemplaires désiré. La théorie de l'autographie est facile à saisir pour ceux qui connaissent la lithographie, et qui ont lu avec quelque attention le troisième chapitre du présent ouvrage. Ils savent que ce sont les traces graisseuses faites sur une pierre, qui attirent plus tard l'encre d'impression. Pour produire ces traces graisseuses, il n'est pas nécessaire de les obtenir directement sur la pierre : si on les fait sur du papier, dont on applique ensuite la face écrite sur une pierre, et qu'on l'y presse fortement, tous les caractères qui s'y trouvent y adhéreront fortement, et laisseront pénétrer dans la pierre une partie de leur graisse, qui s'y fixera à l'état d'un savon métallique calcaire, et produira au tirage le même effet que si ces traces y avaient été faites directement.

L'autographie est un des procédés les plus délicats et les plus difficiles de la lithographie. La moindre négligence peut faire manquer une planche, et comme de pareils accidens arrivent ordinairement lorsqu'on est le plus pressé, parce qu'on croit pouvoir alors s'affranchir de certains soins indispensables, il est nécessaire qu'un lithographe qui veut s'occuper de cette partie avec succès et obtenir des épreuves pures et sans défaut, étudie à fond tout ce qui s'y rattache. Il y a cent recettes d'encre autographique, cent espèces de papier et autant de manières d'opérer le transport sur pierre. Presque chaque lithographe a la sienne, et cependant toutes ces méthodes ne diffèrent que dans quelques détails. Vouloir les décrire toutes, ou même seulement un certain nombre d'entre elles, serait aussi long que peu utile. Je n'entrerai point dans ce dédale, et je me contenterai de faire connaître le procédé que nous avons adopté comme le meilleur, après de nombreux essais. J'y ajouterai quelques notes sur le procédé de M. Cruzel, couronné par la Société d'encouragement; sur une méthode particulière d'autographie sur papier non préparé, pratiquée en Allemagne, et sur un autre procédé inventé par M. Bleibienhaus.

Préparations.

Avant de décrire ces divers procédés, il convient d'abord de faire connaître et d'indiquer avec détail les divers objets dont on aura besoin, et qui sont indispensables.

Papier autographe.

Le papier autographe ou autographique, est un papier ordinaire couvert d'une légère couche de matière gommeuse, qui a pour but d'en isoler entièrement l'écriture faite avec une encre grasse; de manière que celle-ci se transporte toute entière sur la pierre. Nous savons que toutes les gommes, ainsi que les colles végétales et animales sont imperméables aux corps gras, et, sous ce rapport, il eût été indifférent de choisir l'une ou l'autre. Mais pour que les contre-épreuves réussissent bien, il faut que cette couche ne se ramollisse que légèrement par l'humidité, qu'elle ne se dissolve pas avant que le transport sur pierre en soit fait, et que ce papier adhère assez fortement à la pierre pour qu'on puisse le passer plusieurs fois sous le rateau sans qu'il se dérange. Si, par exemple, on voulait employer du papier enduit de gomme arabique, l'écriture s'en détacherait trop facilement, et quelques parties se fixeraient déjà au papier sur lequel on humecterait la feuille; d'autres s'imprimeraient sur la pierre avant que le rateau n'y passât, et on n'obtiendrait que des résultats très-imparfaits. Si, au contraire, on employait la colle forte seule, elle se dissoudrait trop difficilement, et on ne pourrait détacher la feuille qu'avec de l'eau chaude. C'est pour ces motifs que le meilleur enduit doit être composé de matières qui se dissolvent lentement; mais cependant qui finissent par se ramollir assez pour permettre à l'encre de se séparer complétement. On y a ajouté du blanc d'Espagne, afin que ce corps absorbe une partie de l'eau dans laquelle l'encre est délayée, et que celle-ci s'étende d'autant moins en largeur. Enfin, le but principal de la gomme gutte est de colorer l'enduit, afin qu'on voie du premier coup d'œil de quel côté du papier il se trouve. Voici du reste la manière de préparer ce papier; les proportions que je donne sont celles que l'expérience m'a fait reconnaître comme les plus convenables.

4 onces amidon,
1 » gomme adragante,
2 » colle forte,
1 » blanc d'Espagne en poudre très-fine,
1/2 » gomme gutte,
4 litres d'eau.

On met tremper dans une partie de l'eau la colle, la gomme adragante et la gomme gutte, chacune séparément, en observant de mettre la gomme adragante dans un litre d'eau; car elle augmente tellement que la dissolution deviendrait trop épaisse si on mettait moins de liquide. On les laisse ainsi se dissoudre pendant environ deux jours. Lorsqu'on veut faire le mélange, on fait à froid une bouillie épaisse en écrasant l'amidon dans peu d'eau; et ce n'est que lorsqu'il est bien divisé et qu'il n'y a plus aucune agglomération, qu'on y ajoute le restant de l'eau et qu'on met le vase qui le contient sur le feu. On continue de remuer jusqu'à ce que cette bouillie arrive au degré de chaleur où elle perd sa couleur blanche et sa liquidité, pour devenir bleuâtre et visqueuse. Alors on y ajoute la colle forte, la gomme adragante et le blanc d'Espagne, et on laisse le vase sur le feu, jusqu'à ce qu'on obtienne une colle bien homogène. On la laisse alors un peu refroidir, et on y ajoute la gomme gutte. Si on faisait bouillir cette substance avec les autres, elle changerait de couleur et deviendrait brunâtre. On passe ensuite cette colle dans un linge ou un tamis de crin, et on en étend deux couches bien égales et aussi minces que possible sur du papier à lettres. Nous nous servons pour cela d'une éponge fine et applatie d'un côté, parce qu'elle laisse bien moins de colle sur le papier, et qu'avec un peu d'habitude, on réussit à l'étendre plus également qu'avec un pinceau. Moins la couche de colle est épaisse et mieux on réussit, pourvu toutefois qu'il n'y ait pas un point qui n'en soit couvert. C'est pour ce dernier motif seul, que nous passons deux couches; car si on était bien sûr de couvrir parfaitement la feuille du premier coup, une seule couche suffirait. Il s'agit seulement d'interposer entre le papier et l'écriture une matière soluble, pour que celle-ci s'en sépare ensuite entièrement. Si cette couche de colle est trop épaisse, elle devient gélatineuse lorsqu'on humecte le papier, et s'écrase sous le rateau. Il en est de même lorsque des parties seulement se trouvent recouvertes de trop de colle; elles ne peuvent que produire des imperfections dans la contre-épreuve. Lorsque le papier est sec, on en pose une feuille après l'autre sur une pierre polie, le côté encollé tourné contre la pierre, et on les passe sous le rateau, comme si on tirait une épreuve, pour les rendre très-lisses.

Il est bon de ne pas faire une trop grande provision de ce papier; j'ai remarqué que lorsqu'il a été conservé pendant plusieurs mois, les contre-épreuves ne s'obtiennent plus aussi bien.

En 1826, la Société d'encouragement a proposé un prix de 200 francs pour le meilleur papier et encre autographique. Ce prix a été porté en 1828 à 400 fr., et décerné dans la séance générale du 29 Décembre 1830, à M. Cruzel, lithographe du ministère de la guerre.

Voici la description publiée dans la 30e année du Bulletin de la Société d'encouragement, du procédé de M. Cruzel.

Composition :

« 3 couches légères de gélatine de pieds de moutons,
« 1 » d'empois blanc,
« 1 » gomme gutte.

« On met la première couche avec une éponge trempée dans de la dissolution « de gélatine chaude, bien également sur toute la feuille et en petite quantité, « pour que la feuille étant étendue sur une corde, la gélatine ne coule pas; ce « qui produirait des épaisseurs et des cavités. Lorsque la première couche est « sèche on met la deuxième, et la troisième quand la deuxième est sèche. La der-

« nière couche de gélatine étant sèche, on met avec une éponge la couche d'em- « pois, qui doit être assez léger pour pouvoir s'étendre également sur le papier. « Cette couche d'empois étant sèche, on applique sur le papier une couche de « gomme gutte pilée récemment et dissoute dans de l'eau. Lorsque le papier est « sec, on le lisse à la presse lithographique; plus il est lissé, plus il est facile d'y « tracer à l'encre lithographique des déliés fins.

« La gélatine seule ne convient pas, parce qu'elle s'étend lorsqu'on humecte « le papier; mais employée de cette manière, elle facilite le départ de la couche « d'empois.

« L'empois à l'avantage de ne pas s'étendre lorsqu'il est humecté, mais on ne « pourrait l'employer seul, parce qu'il s'attache trop au papier, qu'il absorbe « l'encre, et que les transports seraient imparfaits si, pour obvier à cet incon- « vénient, on n'employait la couche de gomme gutte.

« La couche de gomme gutte seule réussirait quelquefois, mais elle ne tien- « drait pas lieu du procédé que nous indiquons.

« La gélatine doit être assez légère, pour qu'étant prise en gelée, elle puisse en- « encore être étendue facilement avec une éponge à froid, sur du papier non « collé; elle ne s'attache alors qu'à la surface.

« Lorsqu'on l'emploie à chaud, elle peut être plus forte parce qu'elle s'étend « davantage.

« La gomme gutte doit être employée le même jour qu'elle est dissoute, attendu « qu'à la longue la dissolution devient huileuse; elle ne nuit pas en cet état au « transport, mais elle donne un brillant au papier, qui pourrait rendre le tracé « plus difficile, surtout à des personnes peu exercées.

« L'empois ne peut s'employer qu'à froid, le lendemain qu'il est fait et après « avoir enlevé du vase qui le contient, la peau qui s'y est formée. »

M. Cruzel, employé autrefois dans ma maison, est un des plus habiles autographes, et un papier présenté par lui ne peut qu'être bon. Maintes fois nous avons transporté des autographies qu'il a faites, et toujours elles ont bien réussi; et si nous préférons employer dans nos ateliers la recette que j'ai donnée, ce n'est uniquement que parce qu'il est plus simple de passer deux couches que cinq, et qu'il y a moins d'inégalités à craindre.

Encre autographique.

Toute encre lithographique peut à la rigueur servir à l'autographie; cependant, on doit donner la préférence à celle qui permet à la plume de tracer les caractères les plus coulans et les plus déliés. Il doit donc entrer dans cette encre une assez grande quantité de résine, et nous donnons la préférence à une encre qu'on peut tenir à l'état liquide pendant quelques mois. On sait que le savon, lorsqu'il est dissous dans l'eau, devient promptement visqueux; cette encre doit donc en contenir le moins possible, seulement la quantité exactement nécessaire pour favoriser la dissolution dans l'eau, des matières qui la composent, et qui sont les suivantes :

16 parties gomme laque,
10 » cire vierge,
8 » savon,
6 » sang dragon,
5 » suif;

On remarquera qu'il n'entre point de noir de fumée dans cette composition. Cette substance n'étant pas soluble, se précipiterait au fond du vase dans lequel on tiendrait cette encre en dissolution; l'addition du sang dragon donne une couleur assez foncée pour qu'on voie l'écriture.

On fait chauffer dans un chaudron la cire et le suif, jusqu'à ce qu'ils soient prêts à s'enflammer; on y jette alors le savon par petits morceaux, et on continue de chauffer jusqu'à ce que la matière s'enflamme. Pendant qu'elle brûle, on y ajoute la gomme laque et le sang dragon. Si la flamme devenait trop violente, on la tempérerait en l'éteignant de temps en temps avec le couvercle, et en y remettant le feu ensuite. On laisse ainsi brûler les matières réunies pendant environ cinq minutes. Si on veut dissoudre toute la quantité d'encre, on y ajoute tout de suite 150 à 200 parties d'eau pure bouillante, qu'on verse avec les précautions convenables dans la matière fondue, et on laisse bouillir jusqu'à ce que l'encre soit bien dissoute. Si on ne veut pas en dissoudre sur-le-champ la totalité, on la verse sur une pierre frottée de savon, et on la divise en la coupant en lanières avec un couteau. Lorsqu'on veut en dissoudre, on prend

1 partie de cette encre,
8 » eau pure;

on les fait bouillir dans un vase de terre propre, jusqu'à réduction d'un quart, et on la conserve dans des flacons bouchés.

L'encre ainsi obtenue se conserve liquide assez longtemps. Cependant à la longue, elle devient gluante. On peut alors lui rendre sa fluidité en y ajoutant un peu d'eau, et en plaçant le flacon dans une casserole pleine d'eau froide, qu'on chauffe ensuite jusqu'au degré de l'ébullition.

M. Cruzel qui a, ainsi que je l'ai dit plus haut, remporté le prix de la Société d'encouragement pour son procédé autographique, fait son encre de la manière suivante :

« 8 grammes cire vierge,
« 2 » savon blanc,
« 2 » gomme laque,
« 3 cuillerées à bouche de noir de fumée ordinaire.

« On fait fondre ensemble la cire et le savon, et avant que ce mélange s'en« flamme, on y joint le noir de fumée, que l'on remue avec une spatule; on « laisse brûler le tout pendant 30 secondes; on éteint la flamme, puis on ajoute « peu à peu la gomme lacque en remuant toujours; on remet le vase sur le feu, « pour parfaire l'amalgame, jusqu'à ce qu'il s'enflamme ou soit près de s'en« flammer. On éteint la flamme et l'on ne verse dans les moules que lorsque l'en« cre est un peu refroidie.

« On sera peut-être surpris de ne pas trouver de suif dans cette composition; « nous avons observé que l'encre qui en contient une petite quantité, est bonne « quand on l'emploie de suite et que le transport se fait aussi de suite; mais que « le suif séchant promptement, son effet devient nul, et souvent des ouvrages « transportés quatre à cinq jours après qu'ils ont été écrits paraissent défectueux, « bien que faits par une main très-exercée. Si le suif est employé en plus grande « quantité, les traits s'étendent au transport, et si ce transport se fait longtemps « après le tracé, la défectuosité est encore plus sensible. »

N'ayant point employé cette encre, je ne puis dire quel est son effet, comparativement à celle que j'ai indiquée. Toutefois, je ne puis pas croire à la justesse du raisonnement de M. Cruzel, pour ce qui concerne le suif; car cette substance ne se dessèche point, comme il le suppose. Il faut que l'action qu'il a cru remarquer provienne de quelque autre cause.

La Société d'encouragement a décerné en 1832, une médaille d'or à M. Mantoux, pour une encre autographique dont voici la description (1).

---

(1) Extraite du Traité complet de lithographie de MM. Chevalier et Langlumé, avec des notes de MM. Mantoux et Joumac.

Formule (1).

« Gomme copal,	3 parties,
« Cire,	5 »
« Suif de mouton épuré,	5 »
« Savon,	4 »
« Gomme laque,	5 »
« Mastic en larmes,	5 »
« Soufre,	1/2 »

Fabrication.

« Mettez sur le feu la gomme copal placée dans une casserole en cuivre : quand « elle commence à pétiller, joignez-y, pour en déterminer la fusion, deux cuille- « rées à bouche d'huile d'olive, et, lorsqu'elle est bien fondue, ajoutez la cire et « le suif; puis, ces matières étant suffisamment échauffées, enflammez-les et je- « tez-y, par petites portions, le savon bien desséché et réduit en copeaux minces; « lorsque le savon est fondu, ajoutez, la combustion durant toujours, la gomme « laque et le mastic en larmes. Activez la flamme avec la fleur de soufre; cette « précaution est indispensable, parce qu'aux difficultés que présente la bonne « confection des encres lithographiques, se joint ici celle, plus grande encore, « du mélange parfait de la gomme copal avec les autres substances, mélange que « ce coup de feu a pour but d'opérer. Eteignez alors, pour refroidir un peu les « matières, puis enflammez de nouveau et laissez brûler lentement jusqu'à réduc- « tion d'un quart du volume total.

« En poussant la réduction trop loin, les corps gras se calcinent, et au trans- « port l'encre ne s'attache plus à la pierre, ou bien elle est enlevée par le rouleau « dans l'opération de l'encrage. Si la composition, au contraire, n'est pas suffi- « samment cuite, l'encre se coagule promptement : pour qu'elle puisse bien con- « server sa fluidité, sans rien perdre de sa solidité, il est important de bien saisir « le degré de cuisson.

« Lorsqu'on veut délayer cette encre, on en fait dissoudre une partie dans dix « parties d'eau, et on laisse bouillir jusqu'au moment où la liqueur prend une « couleur jaune pâle; alors on y trempe une plume taillée, pour s'assurer si elle

(1) A l'exposition de 1834, M. Mantoux a reçu une médaille de bronze pour la même encre.

« ne coule pas trop aisément. Ce point obtenu, on essaie l'encre sur du papier « autographe, et si ses traces sont brillantes et donnent, en séchant, un beau re- « lief, elle est assez réduite.

« Lorsqu'elle est ainsi confectionnée, on peut la mettre dans un flacon bouché « à l'émeri; elle se conservera liquide pendant des années sans s'altérer et sans « déposer. L'encre ancienne est même préférable à la nouvelle.

« Lors du transport de l'autographie, on peut se dispenser de faire chauffer les « pierres, si elles ne contiennent pas d'humidité; mais pour peu qu'elles en ren- « ferment, il est indispensable de les chauffer pour la faire disparaître : sa pré- « sence est la cause la plus ordinaire de l'imperfection du décalque.

« Ceux qui la trouveraient trop pâle pourraient, lorsqu'ils veulent s'en servir, « la mettre dans un petit flacon et y ajouter soit un peu de carmin, soit un peu « d'encre de Chine bien délayée; il n'en faut préparer ainsi qu'une petite quan- « tité, parce que l'addition de ces corps étrangers, susceptibles de décomposition, « la détériore en peu de jours. »

Cette encre est très-bonne; elle coule bien et permet de faire les traits les plus fins et les plus déliés. Le transport s'obtient avec beaucoup de pureté, et je n'hésite pas à reconnaître cette recette comme la meilleure de toutes celles que j'ai encore essayées. L'encre est assez colorée pour qu'on voie ce qu'on écrit. D'ailleurs, outre les moyens que propose l'auteur pour la colorer davantage, on pourrait le faire aussi en remplaçant en tout ou en partie, dans sa composition, le mastic qui est une gomme blanche, par du sang dragon, dont la nuance est d'un rouge foncé.

De l'Écriture.

On peut, sans inconvénient, tracer des raies au crayon de mine de plomb sur le papier autographique; on peut même le frotter de sandaraque en poudre, en l'essuyant toutefois le mieux possible, sans que cela fasse du tort au transport. Pendant qu'on écrit, on doit se servir d'un garde-main, et avoir bien soin de ne pas toucher le papier autographique avec des doigts gras; car chaque trace graisseuse qui se trouve sur ce papier, se transporte sur la pierre en même temps que l'écriture, et prend le noir à l'encrage. Si on fait une faute, il ne faut pas la gratter, car on enlèverait en même temps la couche de colle, et ce qu'on écrirait à la place ne se détacherait plus du papier. Il vaut mieux enlever le mot ou la phrase mal écrite, en la lavant à l'essence de térébenthine, qui dissout l'encre sans altérer la couche gommeuse qui couvre le papier; mais il faut avoir soin alors de laver la place bien proprement, et de manière qu'il ne reste aucun vestige de l'encre sur le papier. Si on n'aperçoit une faute que lorsqu'une page est écrite, et qu'elle ne se trouve pas assez isolée pour pouvoir la laver à l'essence, on coupe avec un canif le morceau sur lequel la faute se trouve, et on colle derrière un petit morceau de papier autographique, sur lequel on refait la partie enlevée.

Transport.

Pour faire le transport de l'écriture, on met en presse une pierre poncée; mais on doit veiller à ce qu'il n'y reste aucun vestige d'un ancien dessin. Comme on acidule ces pierres très-faiblement, on risquerait que ces traits anciens reparussent avec la contre-épreuve. Les pierres tendres sont préférables aux pierres dures pour les autographies. Elles viennent beaucoup mieux au tirage, sans doute parce que la graisse les pénètre plus promptement et plus facilement. On doit avoir soin, avant de procéder au transport, d'essuyer la pierre avec un linge propre, afin d'en enlever la poussière et autres corps étrangers qui pourraient s'y trouver et s'interposer entre sa surface et la feuille écrite.

On pose alors la copie qu'on veut transporter, sur quelques feuilles de papier, le revers en-dessus, et on l'humecte légèrement avec une éponge trempée dans un mélange d'eau et d'acide muriatique, marquant 1 1/2 degré à l'aréomètre; le même qu'on emploie pour l'acidulation des dessins au crayon. On laisse agir un instant, jusqu'à ce que le papier en soit pénétré, et que sa surface jaune devienne un peu gluante. Il faut se garder de mouiller le papier trop fortement, car la colle devenant par là trop molle, permettrait au papier de glisser un peu sur la pierre, et de former des plis sous le rateau; ce qui dérangerait l'écriture, et le transport se ferait mal. J'ai même vu des cas où il y avait trop de colle sur le papier, et alors, parce qu'on l'avait trop mouillé, la pression successive du rateau a fait sortir la colle ramollie de dessous la planche, et l'a étalée sur les marges de la pierre. Le papier étant ensuite posé sur la pierre, en ayant la précaution de ne pas le frotter, on le recouvre d'une douzaine de feuilles de papier de soie. Cette espèce de matelas a pour but de rendre la pression moins vive, et d'empêcher par là que l'encre ne s'étale. On abat le châssis, et on passe la pierre sous le rateau en donnant une faible pression. Cette première opération a pour objet de fixer la feuille sur la pierre. On change alors de place le papier de soie, afin que s'il s'y trouvait quelque inégalité, elle ne restât pas au même endroit, et on passe une seconde fois sous le rateau, en donnant une pression un peu plus forte. On répète cette opération six à huit fois, en augmentant successivement la pression, afin d'appuyer bien solidement l'écriture sur la pierre. On mouille ensuite le papier avec la même eau acidulée dont on s'est servi pour l'humecter, et on la laisse pendant quelques minutes jusqu'à ce que le papier commence à former des plis, qui sont la preuve que la matière gommeuse est suffisamment dissoute. On enlève alors la feuille qui ne doit contenir aucune trace de l'écriture, si l'opération a bien réussi. Après cette opération, il reste sur la pierre une partie de la couleur jaune qui recouvrait le papier autographique. Pour l'enlever, et achever d'aciduler la pierre, on y passe un blaireau, ou mieux encore un pinceau fait avec des cordes, dont on trouve la description au chapitre de la préparation des pierres, et qu'on a préalablement trempé dans l'eau acidulée qu'on a sous la main. Si l'autographie se compose de traits délicats, ou qu'on ait quelque autre raison d'appréhender que cette acidulation puisse l'altérer, on peut s'en dispenser; surtout si la pierre et le papier ont été maniés avec une grande propreté, et qu'il n'y ait aucune tache graisseuse à craindre. On peut se contenter d'y passer de la gomme en se servant d'une éponge douce.

Tout cela fait, on peut procéder immédiatement à l'encrage, surtout si on a acidulé et gommé la pierre. Mais si on n'a fait que la gommer, il vaudrait mieux la laisser sécher d'abord. On lave, à cet effet, la gomme avec de l'eau, et on procède à l'encrage sans laver la pierre à l'essence. On passe d'abord le rouleau lentement et en l'appuyant assez fortement, jusqu'à ce que l'encre ait bien pris sur tous les traits. On tire ensuite une épreuve, et si elle est bien, on peut continuer à tirer. Mais s'il y avait quelque tache ou parties écrasées, il faudrait les enlever au grattoir, et si des mots ou des lettres manquaient ou venaient dépouillées, il faudrait les retoucher après qu'on aurait laissé sécher la pierre.

Autographie sur papier non préparé.

Beaucoup de lithographes de l'Allemagne font leurs autographies sur du papier ordinaire, sans le couvrir préalablement d'aucun enduit gommeux. Je suis convaincu que le procédé que je viens d'indiquer doit être préférable, en ce qu'il est plus sûr et surtout plus prompt, puisqu'on peut procéder au tirage immédiatement après le transport; ce qui est d'autant plus important, qu'on n'emploie ordinairement l'autographie que dans des cas où on est pressé. Cependant, pour compléter ce qui concerne l'autographie, je vais extraire de l'ouvrage sur la Lithographie, de M. Bantz, la description de son procédé autographique, et le lecteur pourra ainsi comparer les deux méthodes.

Encre autographique.

« 3 parties gomme laque,
« 1 » cire,
« 6 » suif,
« 5 » mastic,
« 4 » savon,
« 1 » noir de fumée.

« On met le savon, la cire et la gomme laque dans un poëlon, et on les fait « chauffer jusqu'au moment où la masse cesse de jeter de l'écume. Ensuite, on « ajoute le mastic, et après que celui-ci est fondu, on ajoute le suif et à la fin le « noir.

« On conserve cette encre à l'état solide, et pour la dissoudre, on la frotte dans « un godet avec de l'eau pure, comme l'encre lithographique ordinaire.

« Tout papier à écrire lisse, est bon pour cette opération ; cependant les sortes « les plus minces sont préférables, à cause de la facilité avec laquelle l'acide peut « les pénétrer.

« Lorsque l'écriture est terminée et bien sèche, on pose la feuille sens dessus « dessous sur le papier mou, et on l'humecte par derrière avec un mélange de

1 partie acide nitrique,
3 » eau,

« jusqu'à ce que l'écriture soit visible à l'envers, et que l'encollage du papier « soit détruit. On trempe ensuite la feuille dans l'eau pour enlever par le lavage « tout l'acide qui pourrait y être resté. Ceux qui pratiquent d'habitude ce moyen, « ont un baquet carré qui contient de l'eau, et un châssis qui puisse y entrer, « et sur lequel on a tendu des fils sur la longueur et la largeur; de manière à for- « mer une espèce de filet, dont les mailles ont un pouce carré. On pose la feuille « acidulée sur ces fils, et on la plonge ainsi à plusieurs reprises dans l'eau. En- « suite, on la place entre des feuilles de papier fongeant pour en enlever l'eau « surabondante.

« La feuille est ensuite appliquée sur la pierre destinée à recevoir la contre- « épreuve, et qui doit être légèrement chauffée. On la recouvre de quelques ma- « culatures et on la passe sous le rateau avec une assez forte pression. La feuille « peut s'enlever facilement.

« On laisse refroidir la pierre. Pendant ce temps, on peut enlever au grattoir « les parties qui se seraient étalées, et on retouche celles qui manqueraient.

« Cela fait, on gomme la pierre, et on la laisse encore un peu reposer. En-« suite, on enlève cette gomme, et on lave la pierre au moyen d'une éponge, « avec de l'eau gommée dans laquelle on a versé un peu d'acide nitrique; de ma-« nière à former sur la pierre des bulles de gaz à peine visibles. On frotte en-« suite un chiffon dans de la couleur d'impression, à laquelle on ajoute un peu « de suif, et on en frotte la planche pendant qu'elle est humectée de cette eau « gommée acide, jusqu'à ce qu'on voie que la couleur a pris partout sur l'écri-« ture. On enlève alors la gomme au moyen d'une éponge trempée dans l'eau, « et on procède à l'encrage comme de coutume. Si la planche prenait le noir en « certaines parties qui doivent rester blanches, on la laverait de nouveau avec « la gomme acide. »

Si, comme je l'ai dit, ce moyen me paraît moins prompt et moins parfait pour l'autographie, que l'usage du papier couvert d'un enduit gommeux, il peut recevoir une autre application utile en l'employant au décalque de dessins dont le trait devrait être fait à l'encre. On prendrait, à cet effet, du papier végétal qu'on poserait sur le dessin à reproduire, et on y tracerait le calque avec l'encre autographique que je viens d'indiquer, en se servant d'une plume d'acier et d'un tire-ligne. On opérerait, comme il est dit ci-dessus, pour le transport sur pierre. Aussitôt le papier enlevé, on laisserait sécher la pierre sans la gommer, et on la terminerait au crayon. Ce moyen serait d'autant plus utile pour l'exécution au crayon de dessins d'architecture, d'ornemens, de machines et autres qui doivent avoir un contour net et fin, qu'il est fort difficile de faire un trait fin à l'encre sur une pierre grenée. Le papier à enduit gommeux ne pourrait être employé pour cet usage, puisque les matières mucilagineuses dont il est couvert, se fixeraient en partie sur la pierre, et empêcheraient les travaux au crayon de tenir.

Procédé de M. Bleibienhaus.

En 1820, M. Bleibienhaus de Salem, aux environs de Constance, imagina un procédé d'autographie différent de ceux que je viens de décrire, et qui a rendu de bons services avant qu'on eût perfectionné le papier autographique. Il nous le communiqua en 1822, et nous nous en sommes servis pendant plusieurs années. Ce procédé s'est même répandu à Paris hors de notre atelier, et plusieurs lithographes en ont fait usage.

La différence principale de ce procédé avec les autres, consiste dans l'emploi d'un papier verni pour y tracer l'écriture. M. Bleibienhaus prend, à cet effet, une feuille de papier fort, ou même de parchemin; il la tend sur un châssis et la couvre d'une couche de vernis lithographique, étendu d'essence de térébenthine, et il la suspend à l'air pour la laisser sécher. Mieux vaudrait encore faire pour cet usage du vernis composé d'une livre d'huile de lin qu'on fait bouillir avec 2 onces de litharge; il sécherait plus vite. On écrit sur ce papier verni avec de l'encre lithographique, on le pose ensuite sur une pierre légèrement chauffée, et on le passe sous le rateau, en donnant une pression moyenne. On enlève alors la feuille de papier verni, qui ne retient que très-peu d'encre, et on acidule la pierre comme un dessin au crayon. La même feuille de papier verni peut servir pendant longtemps. Il suffit pour cela de laver avec de l'eau de savon et un chiffon de laine, ce qui est resté de l'encre lithographique, et de la rincer ensuite avec de l'eau pure; après quoi on l'essuye avec un linge propre. Si on n'a pas le temps de faire du papier verni, ou qu'on ne veuille pas s'en donner la peine, on peut se servir de taffetas ciré qu'on tend sur un léger châssis de fil de fer. Comme la substance sur laquelle on écrit est lisse et élastique, l'écriture devient très-nette et se reporte de même sur la pierre. Ce procédé est prompt et manque rarement; il n'y a même pas de doute, qu'avec une pression plus forte et une encre convenable, on ne réussisse à faire ces transports sur des pierres froides; ce qui abrégerait encore l'opération. Le seul inconvénient que présente le procédé de M. Bleibienhaus, consiste dans la difficulté qu'on a d'écrire sur le vernis, la plume s'engageant facilement dans cette substance molle, et c'est ce qui est cause qu'aujourd'hui on lui préfère le papier autographique.

Ce moyen pourrait être employé comme le précédent pour des décalques, et sous ce rapport, il aurait l'avantage que ceux-ci conserveraient la dimension exacte du modèle; tandis que ceux faits sur papier végétal s'allongent par le fort degré d'humidité qu'on est forcé de leur donner.

Reports, ou contre-épreuves des pierres lithographiques.

En partant du principe qu'une trace graisseuse faite sur une pierre, n'importe par quel moyen, suffit pour attirer l'encre d'impression, on comprendra facilement que si on tire sur un papier une épreuve avec une encre grasse, et que si on pose ensuite la face du papier ainsi imprimée sur une pierre neuve, il lui communiquera une plus ou moins grande quantité de cette encre grasse, et que celle-ci à son tour pourra attirer l'encre d'impression, lorsqu'on y passera le rouleau. Aussi, tous les lithographes étaient convaincus de la possibilité de multiplier des planches par le moyen des contre-épreuves, et tous ceux qui se sont occupés d'étendre les limites de cet art nouveau, ont fait des essais nombreux pour parvenir à un résultat aussi important. Mais on a rencontré dans l'application des difficultés très-grandes, et pendant longtemps on n'a obtenu que des résultats informes et grossiers. Ce n'est que depuis quelques années que plusieurs lithographes sont arrivés à une certaine perfection dans cette partie.

La multiplication des planches par le moyen des contre-épreuves, offre des avantages immenses sous le rapport de l'économie et de la prompte multiplication des objets. Lorsqu'on est bien au fait de ce procédé, il suffit de faire sur une planche une seule étiquette, par exemple, ou tout autre objet dont on veut tirer un grand nombre, pour en remplir ensuite une grande pierre et en tirer 10, 20, 50 à la fois; et si cette pierre vient à s'user, elle est refaite à l'instant par une nouvelle série de contre-épreuves de la pierre matrice qu'il suffit de conserver seule.

Je ne crois pas avoir besoin de dire que, dans mes établissemens, nous ne sommes pas restés en arrière en fait d'études de ce procédé, et après de nombreux essais nous sommes à la fin parvenus à résoudre cette question de la manière la plus satisfaisante.

Le papier dont nous nous servons est couvert du même enduit gommeux que le papier autographique, avec cette seule différence, qu'au lieu de papier à lettres collé, nous employons du papier sans colle. Et comme la première condition pour obtenir une bonne contre-épreuve est d'avoir une épreuve parfaite, nous employons à cet usage du papier de Chine.

L'encre avec laquelle on tire les épreuves, joue dans cette opération un rôle fort important. Elle doit donner des empreintes de la plus grande pureté; elle doit adhérer à la pierre sans s'étendre par la pression, et y pénétrer autant que possible, pour former avec elle un savon métallique, indispensable à un bon tirage. L'encre d'impression seule ne remplirait pas ces conditions; aussi pour donner plus de fermeté à l'encre, et en même temps obtenir des épreuves plus pures, nous avons ajouté au vernis, de la cire et du suif; et pour que cette encre pénètre davantage dans la pierre, nous avons fait entrer une partie de savon dans sa composition. Enfin, pour augmenter son adhésion après le tirage de la contre-épreuve, nous y ajoutons de la térébenthine. En voici les proportions :

1 partie cire,
1 » suif,
1 » savon noir,
12 » vernis moyen,
6 » térébenthine de Venise.

On met sur le feu le vernis, la cire et le suif, dans un vase qui contienne au moins le triple de leur volume, afin que ces matières qui augmentent considérablement par la fusion, ne passent pas par-dessus les bords. Lorsque la cire et le suif sont fondus, et que le mélange est parvenu à peu près au degré de chaleur de l'eau bouillante, on y ajoute le savon par petites parties, en ayant soin que l'ébullition causée par l'eau d'une partie qui se vaporise, ait cessé avant d'en ajouter une autre. Sans cette précaution, on courrait le risque qu'il s'élevât une telle quantité d'écume, qu'elle déborderait le vase, et qu'on ne serait plus maître de l'opération. Lorsque tout le savon est incorporé, et que l'ébullition a entièrement cessé, on enlève le vase du feu, et on y ajoute la térébenthine.

C'est avec ce vernis et la quantité de noir de fumée nécessaire, et qui n'a pas besoin d'être aussi considérable que pour l'encre d'impression ordinaire, qu'on broye l'encre avec laquelle on tire les épreuves. Ce vernis se prend en masse lorsqu'il est refroidi; mais il se ramollit sous la mollette, et forme une encre qui produit un tirage d'une grande pureté.

On lave à l'essence la planche dont on veut faire des contre-épreuves, et on l'encre avec la couleur dont je viens de donner la composition. Cette encre doit être plus forte que l'encre d'impression ordinaire. L'imprimeur doit mettre le plus grand soin à obtenir des épreuves pures qui, d'ailleurs, n'ont pas besoin d'être très-vigoureuses; car le défaut des contre-épreuves est plutôt de venir trop noires que trop claires. Tous les efforts doivent donc tendre à les obtenir nettes et pures. On tire les épreuves sur le côté jaune du papier de Chine dont j'ai parlé ci-dessus. Comme ce papier devient gluant par l'humidité, il faut se garder de l'humecter, car il se collerait tellement sur la pierre, qu'on ne pourrait l'enlever qu'en lambeaux. Lorsqu'on tire des épreuves de planches dessinées à la plume, on peut l'imprimer à sec; mais s'il s'y trouve des travaux très-fins et gravés, il faut l'humecter légèrement en le plaçant quelques secondes seulement entre du papier humide. Dans cet état, il se colle sur la pierre par le tirage, mais n'y tient pas assez pour qu'on ne puisse l'enlever en y mettant les soins convenables. L'imprimeur doit s'attendre à en déchirer quelques feuilles avant de saisir tout juste le degré d'humidité nécessaire. Dans tous les cas, il faut laisser sécher la planche avant d'y poser le papier. On peut hâter sa dessiccation en agitant l'air au-dessus avec une feuille de papier.

Il faut en général, apporter dans toutes les opérations la plus grande propreté, et bien se garder de toucher les épreuves avec des doigts gras; car ce n'est qu'à cette condition qu'on peut espérer un résultat satisfaisant.

Il est rare qu'on ne transporte qu'une seule épreuve sur une pierre. Si on fait cette opération, c'est ordinairement pour en garnir une planche d'un certain nombre, qui doivent être placées dans des divisions régulières. Il serait trop long et trop difficile de les poser l'une après l'autre, et on aurait de la peine à arriver à les ranger avec une parfaite régularité. Il vaut mieux prendre une feuille du même papier dont on s'est servi pour tirer les épreuves, afin qu'en l'humectant elle s'allonge dans la même proportion que les épreuves. On fait sur cette feuille, au moyen d'un crayon de mine de plomb, la division dont on a besoin; on découpe exactement les épreuves, et on les place dans ces divisions en les collant légèrement par les quatre coins. Mais, ainsi que je l'ai dit ci-dessus, cette opération doit être faite avec délicatesse, et en ayant soin de ne toucher les épreuves que le moins possible, et sur les marges ou autres places blanches, afin de ne pas faire de taches. On met alors la feuille entière ainsi disposée, entre du papier humide, et on l'y laisse jusqu'à ce qu'elle soit humectée partout également, et qu'elle ne fasse plus de plis.

Pendant ce temps, on place dans la presse une pierre polie à la pierre ponce, et sur laquelle il ne doit exister aucune trace d'un ancien dessin. Il est bon de remarquer que, ainsi que les autographies, les contre-épreuves viennent mieux sur les pierres tendres que sur celles qui sont dures. On ajuste le rateau, on essuye la planche avec un linge propre, et on y pose ensuite la feuille qui contient les épreuves. Cette feuille doit, comme pour les autographies, être humide au point seulement de se coller sur la pierre par la pression; mais l'enduit gommeux ne doit pas en être ramolli. On la recouvre d'une douzaine de feuilles de papier de soie, et on la passe plusieurs fois sous le rateau avec une pression progressive, ainsi que je l'ai décrit à l'article des autographies. On mouille ensuite la feuille au revers, et on l'enlève aussitôt qu'elle se détache. Cela fait, on mouille les épreuves qui sont fortement collées sur la pierre, et on enlève le papier à mesure que la gomme se dissout. On passe ensuite de la gomme sur la pierre au moyen d'une éponge et on la laisse sécher. Le lendemain, on lave la gomme à l'eau, et on passe sur la pierre un rouleau chargé de l'encre à contre-épreuves, à laquelle on ajoute du vernis moyen pour la rendre plus liquide et faciliter son adhérence. Cette opération a pour but d'augmenter la couche de matière grasse sur les lignes transportées, et de faciliter par là leur combinaison avec la pierre. On y passe ensuite de la gomme, en laissant de nouveau reposer la pierre jusqu'au lendemain; alors on répète la même opération, et ce n'est qu'au troisième jour qu'on lave la pierre à l'essence, et qu'on passe à l'encrage avec l'encre d'impression (1). Si elle vient bien, on peut tout de suite en continuer le tirage; mais il faut, surtout au commencement, la traiter avec soin, et la donner à un bon imprimeur, ces pierres étant plus délicates que celles sur lesquelles on a dessiné directement. Si la pierre ne venait pas bien et exigeait des retouches, ou si on voulait y faire quelque changement, il faudrait la mettre sous la couleur grasse, et attendre, au moins un jour avant d'y toucher, que cette couleur fût bien sèche. Il est probable que, si après l'avoir mise en couleur grasse, on la laisse sans gomme, les retouches qu'on y fera à l'encre tiendront, parce que sur les pierres neuves la couche de gomme insoluble ne paraît pas être aussi bien fixée que si elles sont gommées depuis longtemps. Cependant, pour être plus sûr de son fait, il vaut mieux la laver à l'eau mêlée de jus de citron, ainsi qu'on le verra à l'article des retouches.

On remarquera que ces pierres ne sont point acidulées, et que la gomme seule est employée comme moyen de préparation. C'est par ce motif qu'elles doivent être traitées avec une grande propreté; car la moindre trace graisseuse ferait une tache au tirage. On pourrait cependant, lorsqu'elles sont en couleur grasse, y passer un léger acide, si l'état des planches le rendait nécessaire; mais ordinairement c'est une opération inutile.

On peut, avec de l'habitude et de l'adresse, obtenir par ce procédé des contre-épreuves de planches dessinées au crayon. Cependant, surtout si on voulait opérer sur des dessins très-soignés, on aurait de la peine à atteindre la finesse du modèle. Ordinairement les dessins qui ont subi cette opération deviennent plus lourds et d'un grain plus gros; mais pour des dessins à la plume et des planches gravées, les personnes qui ont acquis une certaine pratique dans cette opération, obtiennent des épreuves qu'un connaisseur seul pourra distinguer de celles de la planche originale.

On peut par le même procédé, faire des transports de pierres gravées; mais cette opération est plus difficile que lorsqu'il s'agit de dessins à l'encre; non-seulement parce que les travaux sont ordinairement plus fins; mais parce qu'ils sont en creux; et que pour en obtenir de bonnes épreuves, il faut que le papier soit humide. Or, comme on ne peut l'humecter que jusqu'à un certain point, afin de pouvoir encore l'enlever de la pierre, c'est dans l'expérience que l'imprimeur aura acquise dans cette opération, que résideront tous les élémens de succès;

(1) Dans le cas où on serait pressé, on pourrait abréger ces délais.

car pour le reste, l'opération est exactement la même que celle que je viens de décrire. On encre la pierre avec l'encre à contre-épreuves rendue plus liquide en y mêlant de l'essence de térébenthine. Lorsque la pierre est encrée, on la fait sécher, et on y pose alors la feuille de papier à contre-épreuves, qu'on recouvre d'un drap bien feutré, et on tire l'épreuve. En la relevant, il faut non-seulement avoir soin de ne pas la déchirer; mais comme on doit tirer assez fortement, il ne faut pas tirer toujours à la même place pour ne pas allonger le papier dans cet endroit, et ne pas déformer par là l'épreuve; surtout si on opère sur des cartes géographiques ou autres planches qui exigent une grande régularité.

En employant les mêmes moyens, on peut transporter sur pierre des épreuves fraîches typographiques, et faire ainsi une espèce de stéréotypie. Il suffit pour cela, de faire tirer par un imprimeur une épreuve bien pure, avec l'encre à contre-épreuves qu'on peut, au besoin, rendre un peu plus liquide, en y ajoutant de l'essence de térébenthine, sur du papier à contre-épreuves, et de la transporter ensuite sur pierre par le procédé que j'ai indiqué.

Ce moyen serait certainement employé souvent, si le tirage beaucoup plus cher de la lithographie que celui de la typographie, n'y mettait obstacle; car des livres imprimés par un transport bien fait, seraient plus beaux que ceux tirés avec les caractères; puisqu'il n'y aurait pas de foulage. Je ne connais qu'un seul cas où ces transports pourraient avoir une application utile; c'est celui où on voudrait imprimer un ouvrage dans lequel on intercallerait beaucoup de dessins au milieu du texte. On laisserait alors les espaces vides dans la composition typographique, on tirerait une épreuve sur papier préparé, et on pourrait ensuite y dessiner à la plume, et par le procédé autographique, des figures simples. On pourrait tirer, toujours sur papier à contre-épreuves, des épreuves de pierres ou mêmes de planches de cuivre, les coller dans les intervalles, et transporter le tout ensemble; ou bien faire seulement le transport de l'épreuve typographique, et tracer ensuite directement sur la pierre les figures qu'on voudrait intercaller. Si un jour on trouve un procédé d'impression mécanique pour les planches lithographiques, plus économique que celui qu'on emploie aujourd'hui, ce procédé recevra un grand nombre d'applications utiles.

En 1833, la Société d'encouragement a proposé un prix de 3000 fr. pour celui qui aura fait adopter définitivement les reports des dessins et lettres autographiques intercallées dans les épreuves typographiques. Ce prix n'a pas encore été remporté.

Reports de planches en cuivre.

Dans la partie historique de cet ouvrage, on aura vu que les premiers reports de planches de cuivre sur pierre ont été opérés dans mon établissement de Paris, et que dès 1821, cette partie de la lithographie se trouvait régulièrement exploitée par nous. Non-seulement nous avons fourni par ce procédé le grand nombre de tabatières à la charte que M. Touquet a lancées dans le public, et dont j'ai déjà parlé; mais nous avons exécuté une quantité de reports d'objets pour différens industriels, comme pour confiseurs, etc. Cette branche si intéressante a pris non-seulement un degré particulier de développement par l'application qu'on fait des reports à la multiplication des cartes géographiques; mais aussi par nombre d'épreuves vendues au public, qui passent à ses yeux pour des épreuves de planches de cuivre, tandis qu'elles sont réellement tirées avec des pierres lithographiques.

Le premier procédé que j'employai, étant dérivé de celui des impressions sur fayence, fut le suivant.

On choisit du papier sans colle, mince et d'une pâte spongieuse et bien pourrie, qui se pénètre promptement d'eau et ne retienne point l'empreinte qu'on y a tirée. Il faut ordinairement en essayer plusieurs sortes avant d'en trouver une bien bonne. C'est la coquille sans colle, qu'on fabrique pour les presses à copier les lettres, qui nous a généralement le mieux réussi. On humecte ce papier, comme pour les tirages ordinaires des imprimeurs en taille douce, et on y imprime la planche de cuivre avec la couleur habituellement employée pour ces planches.

Immédiatement après que l'épreuve est tirée, on la pose sur un vase large rempli d'eau, de manière que le revers seul touche le liquide, et qu'il n'en vienne pas une seule goutte sur l'épreuve. En un instant la feuille se pénètre d'eau, et on la retire alors en la tenant par deux angles, pour la poser sur du papier fongeant, ou du carton sans colle, en ayant soin qu'elle ne fasse pas de plis. On l'y laisse jusqu'à ce que toute l'eau en excès soit absorbée, et que le papier ne paraisse plus brillant. Alors on la pose sur une pierre poncée, de manière que l'empreinte soit tournée contre la pierre : on l'y appuye en se servant d'une roulette (*planche* XLV) garnie de drap, qu'on a eu soin d'humecter en la faisant tourner dans l'eau, et qu'on essuye en la faisant rouler sur du carton, afin que l'épreuve conserve le même degré d'humidité et ne se contracte pas en séchant; ce qui dérangerait la contre-épreuve. Mais aussi il ne faut pas que l'épreuve soit mouillée, car alors elle communiquerait trop d'humidité à la pierre, et elle n'y adhérerait pas bien. On commence par fixer l'épreuve par le milieu, et on roule alors vers les bords, pour faire sortir toutes les bulles d'air qui se trouvent entre l'épreuve et la pierre. Lorsque la feuille est bien hermétiquement appliquée partout, on continue d'y passer la roulette dans tous les sens, en appuyant successivement plus fortement. Lorsqu'on a repassé ainsi souvent sur tous les points, de manière qu'on croie l'épreuve fixée sur la pierre, on trempe la roulette dans l'eau et on la passe sur le papier, pour qu'il se pénètre d'eau. Lorsqu'il est bien ramolli, on le soulève par un coin pour voir si l'épreuve se trouve sur la pierre; si non, on le laisse retomber et on continue l'opération. Si ce report réussit comme il faut, il ne doit rester sur le papier qu'une légère ombre, et l'épreuve doit se trouver sur la pierre avec la plus grande netteté.

On laisse ensuite sécher la planche pendant quelques jours, et on la prépare comme une pierre au crayon.

J'ai obtenu de très-bons résultats par ce moyen, et ils auraient sans doute encore mieux répondu à mon attente, si au lieu de l'encre ordinaire des imprimeurs en taille-douce, nous avions employé l'encre à contre-épreuves; mais lorsque l'épreuve à transporter était de grande dimension, l'emploi de la roulette donnait souvent lieu à des inégalités, et on avait beaucoup de peine à l'empêcher de sécher dans une place, tandis qu'on travaillait dans une autre.

Lorsque nous avons vu que les épreuves des planches lithographiques gravées réussissaient parfaitement sur papier à contre-épreuves, l'idée nous est venue d'essayer le même procédé pour les planches de cuivre, et un succès complet a été la suite de ces essais. Nous avons fait encrer la planche de cuivre avec l'encre à contre-épreuves, étendue en cas de besoin d'un peu d'essence de térébenthine: nous avons attendu que la planche fut refroidie et nous avons alors tiré des épreuves sur papier préparé, légèrement humide. Ce papier adhère un peu aux planches, mais si l'humidité est au point convenable, on réussit cependant à l'en détacher. Le report s'est fait comme pour les planches lithographiques. Il faut surtout avoir soin, dans cette opération, que le cuivre soit parfaitement nettoyé, et qu'il n'y reste aucune trace graisseuse; sans quoi celle-ci se contre-épreuverait sur la pierre, et attirerait l'encre d'impression.

La Société d'encouragement a proposé en 1831, un prix de la valeur de 1000 fr., pour le transport des *anciennes gravures* sur pierre lithographique.

A ma connaissance, personne n'a encore résolu ce problème. On a bien obtenu par divers moyens, une trace de contre-épreuve d'anciens imprimés; on a même, dans plusieurs ouvrages sur la Lithographie, publié des moyens d'y parvenir; mais je n'ai connaissance d'aucun essai qui ait produit quelque chose de pur et de satisfaisant.

Litho-typographie (1).

Je ne dois pas terminer ce chapitre sans parler d'une invention toute récente, qu'on a signalée comme capable de produire une véritable révolution dans l'art de l'impression; je veux dire la Litho-typographie de MM. Dupont frères. N'ayant pas moi-même connaissance de ce procédé, je ne puis que citer ici les paroles de MM. Dupont même, qui semblent prédire un puissant avenir à leur découverte; j'y ajouterai seulement cette phrase de M. le baron Thénard, dans son rapport sur la dernière exposition des produits de l'industrie :

« La lithographie est parvenue à opérer facilement le *report* de toutes les impressions; les ouvrages les plus rares pourront donc être reproduits avec tous les caractères qui les distinguent. »

Voici à présent comment s'expriment MM. Dupont.

« Nous avons fait une découverte fort importante pour l'imprimerie.

« Il s'agit du remplacement des clichés ou stéréotipes par des *feuilles-types*, « c'est-à-dire par de simples épreuves, et de la réimpression des vieux livres et « des vieilles gravures sans le secours des caractères d'imprimerie ni des plan- « ches gravées.

« Il y a là toute une révolution dans l'art de l'imprimerie.

« Les typographes auront compris que *l'Imprimerie en lettres* est aujourd'hui « inséparable de la *Lithographie*, et que les deux arts réunis et combinés par « notre procédé, auquel nous avons donné le nom de *Litho-typographie*, étaient « appelés à revivifier la *Typographie*, dont la décadence était notoire.

« Les lithographes auront vu, de leur côté, que d'après ce procédé ils peu- « vent devenir producteurs de livres et avoir part aux travaux de la librairie.

« L'une des conditions essentielles du commerce et de l'industrie en général « est de tendre constamment à simplifier les moyens de production, pour ame- « ner d'abord l'abaissement du prix des produits et, comme conséquence, un « accroissement de la consommation. Sous ce rapport, la typographie, abandon- « née à ses seules ressources, est restée depuis bien des années stationnaire. La « lithographie est venue prendre place à côté d'elle sans que nul imprimeur ait

(1) J'ai cru devoir ajouter ce qui suit aux notes laissées par M. Engelmann. P.

« songé à faire tourner ses ressources au profit de l'art typographique. De leur « côté les lithographes, qui n'avaient ni intérêt, ni les moyens suffisans pour « combiner entre elles les deux industries, se sont bornés au dessin et à l'impres- « sion des travaux légers, tels que factures, mémoires, circulaires, avis, etc.

« Ainsi, dès l'origine, ces deux arts restèrent en quelque sorte étrangers l'un « à l'autre. Un petit nombre d'imprimeurs de Paris et des départemens réunirent, » il est vrai, une lithographie à leur typographie, mais sans les confondre, sans « même avoir l'intention d'utiliser réciproquement leurs procédés.

« En réunissant une lithographie à notre imprimerie en lettres, notre but a été « principalement de faire que ces deux arts se prêtent un mutuel appui, et les « expériences que nous avons tentées nous ont procuré les résultats les plus « avantageux.

« Notre méthode embrasse trois divisions bien distinctes :

« Reproduction des vieux livres et des vieilles gravures;

« Remplacement des clichés pour les ouvrages de librairie;

« Cadres et modèles dits *ouvrages de ville ;*

« Reproduction des gravures.

« 1° *Cadres et modèles dits ouvrages de ville.*

« Nos premiers essais ont d'abord porté sur les modèles imprimés qui forment « l'une des branches les plus importantes de notre *Imprimerie administrative.*

« La conservation de ces modèles, dont le nombre s'élève à près de 4,000 et « augmente chaque jour, nous avait été jusqu'ici si coûteuse par les procédés or- « dinaires, que nous avions renoncé à donner à cette branche importante de « notre maison tout le développement dont elle était susceptible.

« En effet, pour conserver les planches des modèles composés en caractères « d'imprimerie, lithographiées ou même clichées, il eût fallu des capitaux énor- « mes qu'aucune entreprise industrielle n'aurait pu réunir. La place même stric- « tement nécessaire pour les caser dans un ordre méthodique ne pouvait se trou- « ver, au centre de Paris, sans un loyer onéreux. Tirer un grand nombre d'exem- « plaires d'avance, pour détruire ensuite la planche, c'était encore engager des « capitaux longtemps improductifs et s'exposer à de grandes pertes, si le modèle « venait à éprouver des changemens par suite de lois ou d'instructions nouvelles. « Dans l'un comme dans l'autre cas, ces dépenses considérables forçaient à aug- « menter le prix des modèles, et dès lors le but principal était manqué; car, pour « généraliser dans toute la France et jusqu'au sein de la plus petite commune

« l'emploi des modèles administratifs, pour que chaque fonctionnaire pût en faire « usage, il fallait obtenir dans leur confection une économie telle que leur prix « fût à peine au-dessus de celui du papier blanc. Il fallait aussi trouver le moyen « de satisfaire à chaque instant aux demandes adressées des différens points de « la France, et fournir les modèles à un prix uniforme, n'en demandât-on qu'un « seul exemplaire. La *litho-typographie* seule a pu nous mettre a même de rem- « plir cette double condition.

« Au lieu de conserver soit les planches, soit les clichés, nous nous bornons « à en prendre quelques empreintes sur un papier préparé, et avec une encre spé- « ciale de conservation qui en rend le report facile à toute époque. Dès qu'il par- « vient une demande, l'une de ces empreintes est fixée sur pierre, et l'on peut « ainsi tirer sur-le-champ le nombre exact d'exemplaires dont un fonctionnaire « a besoin. Cette opération est répétée pour chaque commande nouvelle. Dès « lors, il n'y a plus d'autres frais que ceux du papier et du tirage; car les em- « preintes-matrices ne sauraient s'épuiser, puisqu'on peut les remplacer au fur « et à mesure de leur emploi.

« Pour le premier établissement des planches à filets notre procédé réalise même « d'immenses avantages.

« Tout le monde sait combien la composition des cadres et des tableaux est « coûteuse en typographie, non-seulement par le prix de main-d'œuvre payé à « l'ouvrier, mais par l'usure des matériaux employés.

« C'est à grande peine, en outre, qu'on obtient dans les tableaux à nombreux « compartimens, une régularité parfaite, une précision rigoureuse. Mais ce n'est « là qu'un des moindres inconvéniens. Les filets coupés en petits morceaux n'ont « plus désormais aucun emploi, et il est peu de cadres compliqués qui ne coûtent « à l'imprimeur, en perte matérielle de filets, 4 ou 5 francs par page. On con- « çoit, dès lors, combien le prix des tableaux, malgré leurs imperfections, doit « encore rester élevé.

« En lithographie, la composition des tableaux n'est guère plus économique « par suite du prix élevé que coûte l'écriture placée dans les têtes de colonnes; « seulement ils sont plus parfaits en ce qui concerne les filets et les cadres. Aussi « n'hésiterait-on pas à préférer ce dernier mode si le texte était plus lisible; mais « jusqu'à ce jour aucun écrivain n'a pu parvenir à dessiner des lettres aussi pu- « res, aussi nettes, aussi régulières que les caractères typographiques; enfin, « travaillant moins vite que l'ouvrier typographe, il est payé beaucoup plus cher.

« Il faut donc reconnaître comme un fait incontestable :

« Que l'imprimerie est à *meilleur marché, plus lisible et plus prompte pour* « *les textes ;*

« Que la lithographie, au contraire, est *à meilleur marché, plus parfaite et* « *plus prompte pour les filets et cadres.*

« Il s'agissait donc simplement, pour résoudre le problème, d'emprunter à la « lithographie et à l'imprimerie ce que chacune fournissait *de mieux, de plus* « *prompt et de plus économique.*

« C'est là tout le secret de la *litho-typographie* appliquée aux ouvrages d'ad- « ministration.

« Il est démontré, par les exemples que nous avons soumis au jury de l'expo- « sition génerale, que l'économie varie pour les ouvrages à filets faits en litho- « typographie de 25 à 80 p. 0/0.

« Chaque imprimeur comprendra que, par un pareil moyen, il peut se mettre « à même d'exécuter tous les modèles qui lui seront présentés, presque sans « frais.

« Dans beaucoup de cas même, lorsqu'un modèle leur sera présenté imprimé « tel, par exemple, qu'il est envoyé de l'Imprimerie royale, ils pourront, à l'aide « du procédé que nous appliquons aux vieux livres, et dont nous parlerons plus « loin, l'appliquer par simple report sur la pierre, et faire immédiatement des ti- « rages dont la composition n'aura rien coûté.

« 2° *Remplacement des clichés pour les ouvrages de librairie.*

« Des cadres imprimés nous sommes bientôt arrivés à la reproduction, par la « litho-typographie, des ouvrages même de librairie.

« L'invention du clichage a fait faire à la l'imprimerie un pas immense, et on « peut juger du développement qu'elle a reçu par le nombre considérable d'ate- « liers de clichage qui se sont établis à Paris.

« Les éditeurs y trouvaient des économies importantes et la possibilité de pu- « blier avec sûreté des ouvrages qu'ils n'eussent pas osé faire imprimer à un « grand nombre d'exemplaires. Mais ces avantages dont peu d'établissemens de « province sont encore dotés étaient rachetés par des inconvéniens de plusieurs « espèces, et qu'il est nécessaire d'indiquer ici, afin qu'on puisse mieux apprécier « les avantages de la *litho-typographie.*

« 1° Chaque page in-8° coûte, même aujourd'hui, terme moyen, 1 fr. 50 cent. « Pour un volume de 500 pages, l'éditeur est donc obligé de faire une dépense de « 750 fr. dont il ne peut guère retirer que le tiers, valeur intrinsèque de la ma-

« tière, si, par suite du peu de succès de la première édition, les clichés devien-« nent sans emploi.

« Lorsque l'ouvrage se compose de plusieurs volumes, cette dépense engage « un capital énorme devant lequel reculent bien des éditeurs incertains du suc-« cès. C'est ainsi que les clichés du *Bulletin annoté des Lois* ont coûté au-delà de « 20,000 fr., somme que nous n'aurions certainement pas avancée si nous eus-« sions un seul instant douté d'une deuxième édition.

« 2° Les pages s'altèrent avec une extrême facilité, et les corrections en sont « fort coûteuses. On les paie ordinairement à raison de 5 cent. la lettre, et un « ouvrier en place difficilement plus de 80 en un jour. Dès qu'il faut remanier, « elles deviennent même tout-à-fait impossibles, et il est plus économique de re-« composer la page entière.

« 3° Le clichage est un véritable fléau pour l'imprimerie; car il détériore le ca-« ractère dans un court espace de temps. Il résulte des expériences que nous « avons faites sur de nouvelles fontes que le caractère d'un volume stéréotypé a « été plus usé, après le tirage de ce volume, que le caractère qui avait imprimé « deux volumes sans stéréotypage. Cela se conçoit facilement, lorsqu'on songe « que, pour lui faire prendre exactement l'empreinte des traits les plus déliés, le » platre dont on enduit la forme est frappé avec une brosse, et qu'il reste ainsi, « entre les caractères ou dans les entre-lignes, des parcelles de plâtre qui ne peu-« vent être enlevées que par un frottement répété. Assez souvent, aussi, le moule « manque dans certaines parties, et il faut, avant de recommencer, dégager avec « une pointe de fer le plâtre qui remplit toutes les cavités : opération longue, dif-« ficile, et dans laquelle il est impossible de ne pas attaquer un grand nombre « de lettres. Dans les deux cas, il résulte pour les caractères des altérations « sensibles; les arêtes qui forment l'œil de la lettre s'arrondissent, s'émoussent, « et le caractère a bientôt perdu la netteté et le relief qui faisaient tout son mérite.

« 4° Un autre inconvénient que les imprimeurs ont rencontré dans le clichage, « c'est la nécessité de faire transporter les formes de leurs ateliers dans ceux du « clicheur. Non-seulement les caractères peuvent quelquefois se mettre en pâte, « mais, soit dans le double trajet, soit dans les ateliers du clicheur, les formes « éprouvent des chocs qui écrasent les lettres, ou des frottemens qui les dété-« riorent.

« Ce court résumé des inconvéniens et des frais occasionnés par le clichage « suffit pour démontrer combien ce mode d'impression laissait encore à désirer à « la librairie française.

« C'est pour obvier à tous ces inconvéniens que nous proposons le remplace-« ment des clichés par des épreuves-types qui n'usent point le caractère, ne coû-« tent pour ainsi dire rien, et sont au moins aussi parfaites que les empreintes « en métal.

« *Supériorité de la litho-typographie sur le clichage.*

« Le mode de réimpression *litho-typographique* présente tous les mérites du « clichage sans aucun de ses inconvéniens. Voici ses principaux avantages.

« 1° *Des empreintes.* — Pour conserver l'empreinte du caractère, il suffit en « *litho-typographie* d'imprimer par les procédés ordinaires une feuille sur papier « préparé, et avec une encre spéciale. A quelque époque qu'on veuille plus tard « se servir de cette feuille, elle fournit une impression soignée, et pour ainsi dire « de luxe, au nombre de plus de 12 à 1,500 exemplaires.

« Les frais, par ce procédé si simple, sont bien inférieurs à ceux du clichage « ordinaire, comme on peut en juger par la comparaison suivante :

« *Prix du clichage d'un volume in-8°.*

« 500 pages, à raison de 1 fr. 50 seulement par page (le prix s'élève souvent « à 2 fr.) donnent un total de	750 fr.	»
« L'usure du caractère ne peut s'estimer à moins de 2 fr. « par feuille.	62	»
« Total.	812	»

« *Prix d'un volume litho-typographié.*

« Chaque feuille de 16 pages coûte 1 fr.; soit, pour 30 feuilles.	30	»
« Économie obtenue par le nouveau procédé.	782	»

« C'est-à-dire 96 pour 0/0.

« 2° *Des corrections.* — Les corrections *litho-typographiques* sont faciles et nul-« lement coûteuses. Le mot, la ligne, le paragraphe que l'on veut changer, est « composé dans le même caractère que l'original. On en prend épreuve de la « même manière, avec un papier préparé que l'on colle sur les mots ou les lignes « modifiés, et l'empreinte transportée sur la pierre s'y retrace très-correctement. « Les frais se bornent donc à ceux de composition, qu'on n'évite pas, d'ailleurs, « dans la correction des clichés. La promptitude et la facilité de cette opération,

« comparées à celles exigées pour le clichage, présentent une économie de plus de « moitié.

« On peut modifier ainsi des colonnes entières, des fractions de pages ou de « tableaux avec autant de rapidité que de facilité et d'économie.

« 3° *Usure du caractère.* — L'empreinte-matrice prise pour la *litho-typographie* « ne saurait nuire en rien au caractère, ainsi qu'on le comprendra sans peine, « puisqu'il ne s'agit que de l'impression d'une feuille *de plus.* L'économie qui en « résulte pour les imprimeurs ne peut s'évaluer à moins de 15 p. 0/0.

« 4° *Imposition.* — La feuille à imprimer, tirée du carton où tout l'ouvrage « se trouve renfermé, est, après une légère préparation, mise sous presse, et « une seule pression suffit pour la décalquer. Le tirage commence à l'instant « même.

« Le temps, qui représente aussi de l'argent dans le commerce, est donc sur- « tout économisé par ce procédé; car l'imposition et le tirage, à 100 exemplaires, « de 16 pages de clichés, ainsi que j'en ai fait souvent l'expérience, donnent sur « l'imposition et le tirage en *litho-typographie* une différence de plus de deux « heures.

« 5° *Tirage.* — Le clichage a principalement pour objet d'éviter à l'éditeur des « avances onéreuses dans lesquelles il n'est pas toujours sûr de rentrer. Si, par « exemple, l'ouvrage est imprimé à un petit nombre d'exemplaires, les frais de « composition pesant sur l'édition entière, le prix de revient de chaque exemplaire « est fort élevé et la vente difficile. S'il est imprimé à grand nombre, le prix de « revient baisse progressivement; mais les avances du papier, tirage, emmagasi- « nage étant de beaucoup accrues, l'insuccès du livre peut ruiner l'éditeur.

« En clichant, le tirage peut avoir lieu à un petit nombre d'exemplaires. Si le « livre ne réussit pas, la perte est peu considérable; si, au contraire, l'édition s'é- « puise rapidement, on trouve toujours, dans les clichés, le moyen de fournir « successivement aux besoins de la vente.

« D'après ces données, un ouvrage cliché est rarement imprimé à plus de 100 « exemplaires, parce que l'éditeur a toujours la ressource, lorsque cette édition « est vendue, d'en faire une autre : il évite ainsi des frais d'emmagasinage, la dé- « térioration des exemplaires, et gagne l'intérêt d'un capital qui aurait pu rester « longtemps improductif.

« Il n'est pas jusqu'au local nécessaire qui ne présente une économie. Pour les « clichés, il faut des armoires ou des casiers, et, comme le poids est fort lourd, « un local au rez-de-chaussée. Pour les feuilles litho-typographiées quelques

« grands cartons suffisent. L'éditeur, ce qui est pour lui une garantie de plus, « peut garder lui-même les empreintes de son ouvrage.

« L'empreinte-matrice ne se perd jamais, et il y a plusieurs moyens de la con- « server. Au lieu de garder une seule empreinte, on pourrait, à la rigueur, en « conserver 25 et même davantage, qui, à 1000 exemplaires seulement par em- « preinte, donneraient un tirage 25,000 exemplaires, nombre égal à celui que « peuvent fournir des planches clichées. Mais cette précaution est inutile, puis- « qu'une seule feuille suffit pour fournir, après le décalque et par le même pro- « cédé, de nouvelles empreintes pourvues des mêmes qualités reproductives, et « qui permettent de faire constamment de nouvelles éditions.

« Ainsi, les imprimeurs de province qui, la plupart, étaient privés des avan- « tages du clichage, pourront l'obtenir par notre procédé qui le met à la portée « des établissemens même les moins importans.

« 3° *Reproduction des vieux livres et des vieilles gravures.*

« Nos essais, qui ont bientôt une année de date, nous démontraient de la ma- « nière la plus certaine que le report des empreintes destinées à remplacer le cli- « chage pourrait se faire à toute époque; cependant il était permis de craindre « le contraire tant qu'on n'avait pas acquis la seule sanction incontestable, celle « du temps.

« Dans la vue de dissiper nos appréhensions, M. Auguste Dupont, notre frère, « se livra avec ardeur et persévérance au transport direct des anciennes impres- « sions, et le succès le plus complet répondit à ses espérances. Cette découverte « permettra de reproduire les livres les plus rares et les plus précieux, de com- « pléter, pour toutes les bibliothèques, des ouvrages qui n'existent que dans « quelques-unes (1). On ne saurait donc contester à la *litho-typographie* la durée « du report de ses empreintes; car si l'on obtient la reproduction d'une vieille « impression faite avec une encre ordinaire et sur un papier ordinaire, à plus « forte raison doit-on compter sur le succès, quand on se sert d'une encre spé- « ciale et d'un papier préparé exprès.

---

(1) « Quelques essais avaient été faits précédemment; il a même paru à l'exposition de 1834 « des pages de vieux livres reproduites par la lithographie. Mais soit que des difficultés imprévues « aient arrêté les auteurs, soit par toute autre cause, ce procédé, si important pour le commerce « de la librairie et les progrès de l'esprit humain, est resté enseveli dans l'obscurité. Ce qui consti- « tue une découverte industrielle, c'est moins un premier essai que la mise à exécution et l'appli- « cation sur de larges bases. »

« Ainsi, l'application de la litho-typographie à toutes les impressions nou-
« velles n'est plus une question. Mais la découverte qui en assure l'infaillibité, et
« la garantit même aux plus incrédules, peut avoir de bien autres conséquences,
« et devenir elle-même un art particulier et d'une importance non moins incon-
« testable.

« *Avantages de cette découverte. — Ses nombreuses applications.*

« Considérée sous le rapport des intérêts de la science, elle offre des avantages
« d'un ordre élevé et se lie étroitement au passé autant qu'à l'avenir de la civili-
« sation.

« On comprendra qu'il est une foule d'ouvrages grecs, latins, français, édités
« dans les premiers siècles de la typographie, qu'on n'imprime plus aujourd'hui,
« et qui pourtant sont recherchés par les savans; portés, d'ailleurs, à des prix
« très-élevés, à cause de leur rareté, ils ne peuvent être la propriété que de quel-
« ques établissemens publics et de quelques riches bibliophiles. Et pourtant il
« serait à désirer qu'ils fussent plus répandus, autant dans l'intérêt de la réputa-
« tion de leurs auteurs que dans celui de la propagation de la science.

« Cette découverte, qui est le complément de la *litho-typographie*, en dimi-
« nuant de beaucoup les frais d'impression, notamment des livres scientifiques
« et en langues étrangères, en dotera les bibliothèques publiques, dans lesquelles
« on les cherche souvent en vain, et les mettra entre les mains de tous les hommes
« éclairés.

« Les vieux livres français seront reproduits dans l'orthographe du temps où
« ils furent publiés, avantages immenses qu'apprécieront les philologues et tous
« ceux qui savent combien il est difficile de conserver dans des éditions nouvelles
« l'orthographe des siècles passés.

« Quant aux ouvrages grecs et latins, il y a beaucoup d'anciennes éditions qui
« sont devenues fort rares et dont on est en danger de déplorer la perte. La litho-
« typographie rendra cette perte impossible.

« Mais l'utilité de cette découverte est surtout bien évidente en ce qui con-
« cerne les livres écrits en langues étrangères et imprimés en caractères étran-
« gers.

« C'est qu'en thèse générale, un ouvrage ne peut être bien imprimé que dans
« le p ays où sparle la langue de l'auteur.

« Le procédé *litho-typographique*, en ne faisant subir aucune altération à
« l'ouvrage reproduit, pourra propager parmi nous les meilleures éditions des

« livres imprimés hors de notre pays, et qui sont tombés dans le domaine pu-
« blic.

« *De la contre-façon.*

« Après avoir décrit les bienfaits de l'art nouveau que nous venons de mettre « en lumière, il faut bien en signaler les inconvéniens, afin qu'on arrive à en « pallier le danger.

« Il n'est pas douteux que la litho-typographie ne puisse favoriser puissam-« ment la contrefaçon.

« Si cette découverte était advenue à quelqu'un qui eût voulu en faire un mau-« vais usage, il l'eût gardée très-secrètement, et eût pu ruiner la librairie fran-« çaise, sans que de longtemps on en eût découvert la cause.

« En la publiant, au contraire, on met tout le monde en garde contre un pa-« reil moyen de contrefaçon.

« Ce n'est pas une des moindres raisons qui nous ont engagé à prendre un « brevet, qui sera une garantie non-seulement pour nous, mais pour le com-« merce de la librairie.

« Ce que nous désirons, c'est que cette découverte tourne au profit de la « science; qu'elle serve à la propager dans toutes les classes de la société, prin-« cipalement par la reproduction des ouvrages anciens tombés dans le domaine « public, et des ouvrages en langues étrangères.

Mise en œuvre du procédé.

« Notre système de reports est en pleine exploitation — *Il a procuré sur un « seul ouvrage une réduction de* 55,000 *fr.*

« Outre les applications nombreuses que ce procédé reçoit déjà dans notre ate-« lier de l'hôtel des Fermes, où nos presses lithographiques sont toutes occupées « de réimpressions d'anciens ouvrages, il vient de rendre possible un livre d'une « haute importance : l'Histoire de la découverte de l'*Impression* et de son appli-« cation à la gravure, aux caractères mobiles et à la lithographie, par M. Léon « de Laborde.

« Voici ce que dit l'auteur dans son prospectus qui vient de paraître :

« Un ensemble de recherches sur les arts de l'impression n'avait jamais été fait; « on a publié d'innombrables ouvrages sur l'imprimerie et sur les estampes, mais « on n'a jamais réuni dans un corps d'ouvrage tout ce qui concerne ce sujet : « c'est la tâche que je me suis imposée. L'étude des arts, l'habitude de la gravure,

« un long séjour en Allemagne et plusieurs voyages en Hollande et en Italie, « m'ont fait espérer que je pouvais apporter dans cette matière des connais- « sances et une expérience pratique qui ont souvent manqué à ceux qui l'ont « traitée.

« L'ouvrage que je publie aujourd'hui a été annoncé, il y a trois années, en « Allemagne, comme devant paraître incessamment; en effet, mes recherches, « qui ne sont pas restées infructueuses depuis cette époque, étaient déjà alors « assez avancées pour présenter un ensemble; mais ce qui m'a empêché de les « mettre au jour, c'était l'obligation d'ajouter au texte un nombre considérable « de *fac-simile*, aussi longs à exécuter que coûteux. Ces retards auraient pu se « prolonger, si une invention dans les arts même de l'impression n'était venue « en aide à celui qui voulait en écrire l'histoire.

« Au moyen du transport sur pierre, on est parvenu à reproduire avec exac- « titude et sans altérer sensiblement l'original toute impression, qu'elle que fût « son ancienneté; j'ai fait exécuter des essais dont les résultats ne me laissent « aucun doute sur l'heureux emploi de ce moyen, et sur la facilité qu'il donne à « ma publication. »

« En effet, pour reproduire tous les fac-simile des anciennes gravures sur bois « qui remontent à la naissance de l'art, les vignettes nombreuses, les types des « caractères des différens âges, il eût fallu dépenser plus de 60,000 fr. Notre « procédé en rendra l'exécution facile et peu coûteuse.

« On ne peut se faire qu'une idée imparfaite de tout ce que ce nouvel art ren- « dra exécutable. Chaque jour en fait reconnaître de nouvelles applications; le « temps pourra seul les indiquer toutes, ainsi que les nombreux perfectionne- « mens que ce procédé acquerra lui-même par une plus longue expérimentation.

« Nous ne cesserons de nous occuper de le porter au plus haut degré de per- « fection possible, et nous prenons d'avance l'obligation de ne laisser ignorer « à nos cessionnaires rien de ce que nous pourrons concevoir d'innovations heu- « reuses dans l'art auquel nous voulons les initier. »

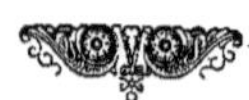

CHAPITRE XI.

PRÉPARATION DES PIERRES POUR L'IMPRESSION.

On attache généralement une très-grande importance à cette opération; chaque lithographe a ses procédés plus ou moins compliqués, qu'il pratique ordinairement avec beaucoup de mystère; et dans certaines lithographies, la préparation d'une pierre est un événement qu'on met plus d'un jour à accomplir. On pense que le sort entier d'un tirage dépend de la manière dont l'acidulation a été faite. Je suis loin de regarder cette opération comme aussi essentielle. Certainement, il faut qu'elle soit bien faite comme toutes les autres; mais d'après ma conviction, il y a plus de causes de succès ou de dommage dans la main de l'imprimeur que dans l'acidulation même.

D'après mon opinion, que j'ai longuement développée à l'article *Théorie de l'art lithographique,* dans le troisième chapitre, la préparation doit avoir pour but 1° de fixer sur la pierre la couche gommeuse insoluble qui la protége contre tout nouveau corps gras qu'on voudrait y appliquer; ce qui fait que les parties qui doivent rester blanches ne prennent pas l'encre d'impression. D'après cette manière de voir, l'acide ne jouerait dans cette opération qu'un rôle secondaire, et c'est à la gomme que serait réservée l'action principale. On sait, en effet, que si une pierre est parfaitement propre, et qu'il ne s'y trouve aucun corps étranger, la gomme seule suffit pour lui donner la propriété de repousser les corps gras, et conséquemment l'encre d'impression. Je pense donc que, dans cette circonstance, l'acide n'a d'autre fonction à remplir que celle de décaper la pierre, en détruisant une légère couche de sa surface, et de faire disparaître ainsi tous les corps étrangers, et surtout les traces graisseuses légères, qui pourraient attirer l'encre d'impression. Ainsi, la gomme fait pénétrer et fixe jusques dans les moindres interstices du grain, la couche insoluble qu'elle forme avec la pierre, et dont j'ai parlé à la fin du troisième chapitre.

Secondement, l'acide a pour objet de décomposer le savon, qui est la base essentielle de l'encre et des crayons lithographiques. Il se forme ainsi un sel de soude, soluble, qui disparaît au lavage; et les acides gras, devenus libres, forment alors le savon calcaire insoluble qui, d'après moi, constitue sur la pierre les traits destinés à attirer l'encre d'impression. Toutefois, je dois rappeler que j'ai établi que la gomme seule qu'on passe sur les pierres, suffit pour produire un semblable effet. Aussi, je ne suis pas de l'avis des personnes qui pensent que les parties vigoureuses d'un dessin au crayon doivent être plus fortement acidulées que les parties légères. Puisque la gomme seule agit suffisamment, ce n'est pas sur un dessin qui ne présente le savon qu'en couche imperceptible, qu'il peut être nécessaire d'employer plus ou moins d'acide, pour obtenir l'action chimique dont je viens de parler. Aussi, n'est-ce point sur l'encre même ou le crayon du dessin, qu'on croit généralement qu'agit l'acide. On ne l'emploie que pour donner un certain relief à la pierre, et faciliter par là le tirage, disent quelques lithographes, qui ne semblent frappés que de l'action énergique d'un acide sur une pierre de carbonate de chaux. C'est encore une erreur à mon avis. Le dessin n'a besoin d'aucun relief pour attirer l'encre lithographique; cette attraction étant purement chimique, comme je crois l'avoir suffisamment expliqué à la fin du troisième chapitre. Qu'on essaie d'aciduler une pierre de manière à obtenir un fort relief, et on verra que non-seulement elle ne s'imprimera pas mieux qu'une planche où le dessin est de niveau, mais que même elle s'imprimera moins bien, et qu'il se formera des bavures et des impuretés sur le côté des traits.

L'habitude contractée par quelques lithographes d'aciduler plus fortement une partie d'un dessin qu'une autre, n'est donc pas seulement inutile, mais elle offre, je crois, les plus grands dangers. Comment faire cette acidulation partielle, si ce n'est avec un pinceau qui n'étendra jamais l'acide bien également, et laissera des gouttes et des raies sur certaines parties qui seront attaquées plus fortement à ces places, et produiront ensuite des inégalités. Où s'arrêter sans s'exposer à ce qu'on aperçoive au tirage la ligne où on a changé la force de l'acidulation, et comment calculer le degré de la préparation, lorsqu'il y a une multitude de tons. Il faudrait donc, d'après ce système, avoir autant de mélanges acides à différens états de concentration.

On m'objectera, peut-être, que l'acide est nécessaire pour décomposer le crayon et empêcher qu'il ne soit enlevé plus tard par les lavages réitérés; mais j'ai déjà démontré que, même pour cet objet, il n'est pas indispensable; la gomme dont il faut nécessairement couvrir une pierre avant le tirage, décomposant le savon alcalin, et donnant aussi lieu par là à la formation du savon calcaire insoluble.

Après ces observations préliminaires, je vais indiquer la manière dont je m'y prends pour aciduler les pierres, et qu'une longue expérience m'a fait reconnaître comme préférable à toutes celles qui sont parvenues à ma connaissance, et surtout comme offrant le moins de danger et d'inégalités. Des milliers de pierres ont été préparées suivant cette méthode dans nos ateliers, et je ne connais pas un exemple d'une seule qui aurait été manquée.

Pierres dessinées à l'encre.

Ces pierres ayant été couvertes d'une légère couche graisseuse pour faciliter l'écriture, et d'ailleurs, l'encre lithographique résistant mieux aux acides que le crayon, il convient de les aciduler assez fortement pour être sûr qu'elles soient parfaitement décapées.

J'emploie pour cela un mélange de

6 parties eau de gomme, à peu près de la consistance de l'huile,

1 » acide muriatique du commerce à 23 degrés.

Beaucoup de lithographes emploient l'acide nitrique; mais comme ces deux acides produisent exactement le même effet, et que l'acide muriatique est beaucoup meilleur marché, j'ai dû lui donner la préférence.

L'acide phosphorique prépare les pierres également bien, mais il est encore beaucoup plus cher que l'acide nitrique.

L'acide sulfurique donne aux pierres, même en présence de la gomme, la propriété de repousser l'encre d'impression; parce qu'il change leur surface en sulfate de chaux, sel sur lequel, ainsi que nous l'avons vu à la partie théorique, les corps gras ne peuvent se fixer. Mais cette couche étant très-friable, elle se détache promptement de la pierre.

Je pose la pierre de niveau sur un lavoir (*planche* XLVI, *fig.* 1). C'est une table creuse A, dont le fond B est formé par deux planches inclinées vers le milieu, et placées en pente vers le bec C, par lequel les eaux qu'on y répand s'écoulent dans le baquet D. Au-dessus sont fixées quatre fortes barres E, E, E, E, placées de niveau et destinées à recevoir la pierre.

Pour passer l'acide sur la pierre, on pourrait se servir d'un pinceau très-large, en poil de blaireau, de l'espèce connue sous le nom de *queue de morue*. Mais comme l'acide détruit promptement ces pinceaux, et qu'ils coûtent fort cher, je les remplace par l'outil suivant (*fig.* 2). Autour d'une planchette légère A B, dont l'extrémité B a 3 à 4 pouces de large, j'enveloppe deux tours de flanelle que je lie avec une ficelle en C. Pour s'en servir, on en trempe la partie inférieure dans le mélange et, en la retirant, on laisse écouler l'excès d'acide. On passe ensuite cette espèce de pinceau deux fois sur la pierre, en sens opposés. Le mélange blanchit par suite de l'effervescence que cause le dégagement de l'acide carbonique. On attend que cette effervescence ait cessé, et on lave alors la pierre avec de l'eau, pour la mettre immédiatement en presse. Comme il se trouve de la gomme mêlée à l'acide, il est inutile de la gommer avant le tirage, la couche de gomme insoluble s'étant formée au moment même où on y a passé le mélange.

Pierres dessinées au crayon.

Ces pierres n'ayant point reçu de préparation grasse avant le dessin, un fort acidulage serait inutile et pourrait endommager les parties les plus légères qui, par les points extrêmement déliés dont elles sont composées, offrent bien moins de résistance que les traits à la plume. D'ailleurs, le crayon est simplement frotté sur la pierre à l'état solide, et y adhère par cette raison moins que l'encre qui y est portée à l'état liquide.

La majeure partie des lithographes mettent leur pierre dans une position plus ou moins inclinée, et y versent à plusieurs reprises l'eau acidulée. Je trouve à ce moyen l'inconvénient que partout où il y a de fortes traces graisseuses, il s'arrête au-dessus une couche plus forte de liquide, qui peut produire des inégalités. L'acide passe trop rapidement sur la pierre pour agir convenablement, et en général, l'action est moins sûre que sur une pierre placée de niveau; car si, dans ce cas, on y verse une quantité d'acide plus que suffisante pour la couvrir, l'excédent s'écoulera par-dessus les bords, et on aura une quantité constamment la même qui restera sur la pierre.

C'est de cette manière que j'opère. Je pose la pierre de niveau sur le lavoir décrit à l'article précédent : je commence par nettoyer, à l'essence ou à la pierre ponce, toutes les traces de crayon ou autres salissures qui se trouvent sur la marge, et j'y passe la préparation forte dont je me sers pour les dessins à la plume.

Je prépare alors dans une éprouvette un mélange d'acide muriatique et d'eau marquant 1 1/2 degré à l'aréomètre. Je ne m'écarte de cette proportion que dans des cas fort rares; par exemple, par les fortes chaleurs où l'action de l'acide est plus énergique, ou si j'ai à traiter une pierre tendre. Je ne l'augmente que dans le cas où un ton roux répandu sur un dessin, m'indique qu'elle a sué et que, par conséquent, une partie du savon contenu dans le crayon s'est dissous et a coulé dans les intervalles du grain. Alors je le porte à 2 degrés. Il serait fort long d'employer chaque fois l'aréomètre pour déterminer la quantité d'acide à ajouter à l'eau; d'ailleurs, cette opération est peu précise, puisqu'il est difficile de voir à 1/2 degré près, le niveau de l'eau qui décrit une courbe en remontant le long du tube gradué de l'aréomètre. Pour faire le mélange d'une manière prompte et avec une grande précision, j'emploie un tube de verre gradué (*planche* XLVI, *fig.* 3), qui a quatre lignes de diamètre intérieur et 8 à 9 pouces de haut. Après avoir mesuré exactement la quantité d'acide, environ 6 grammes, nécessaire pour porter à 1 degré de l'aréomètre le demi-kilogramme d'eau, que contient l'éprouvette que j'emploie, je la verse dans le tube et j'y marque, au moyen d'un diamant, la division N° 1; j'y verse ensuite une seconde quantité semblable, et je marque la division 2; puis une troisième qui donne la division 3. Chaque division occupe une hauteur d'environ 45 lignes, que je partage ensuite en 1/2 et quarts; de cette manière, je puis mesurer bien exactement la quantité d'acide que je veux employer, et qui diffère fort peu de ce qu'on aurait, en obtenant rigoureusement à l'aréomètre 1, 1 1/2, 2, 2 1/2, 3 degrés. Je verse donc de l'acide, dans ce tube gradué, jusqu'à ce qu'il soit arrivé à la hauteur de 1 1/2 division, correspondant, à très-peu de chose près, à 1 1/2 degré de l'aréomètre. Je le verse dans une éprouvette, pouvant contenir un demi-litre d'eau, que j'achève de remplir ensuite de ce liquide. Cette quantité suffit pour une pierre de 18 pouces et au-dessous. Si elles ont de plus fortes dimensions, il faut réunir le contenu de plusieurs éprouvettes dans un vase plus grand, afin d'en avoir en abondance. Je verse ensuite ce mélange sur la pierre, de manière qu'elle en soit couverte d'un seul jet. Il y a un tour de main à acquérir pour bien faire cette opération; mais il suffira pour cela de s'exercer quelquefois avec de l'eau sur une mauvaise pierre. Une grande partie de l'eau acidulée s'écoule par-dessus la pierre; mais il en reste toujours la quantité nécessaire pour opérer l'effet convenable. Comme souvent il peut y avoir sur la pierre un peu de poussière qui empêcherait l'acide de l'attaquer partout bien également, et que d'ailleurs des bulles d'air peuvent rester longtemps fixées à une même place, avant de venir crever à la surface; ce qui paraliserait pendant ce temps l'action de l'acide, il est prudent, afin d'égaliser l'action, de promener légèrement sur le dessin un blaireau, ou mieux encore, une espèce de gros pinceau (*fig.* 4), formé de quelques cordes liées ensemble et effilées par le bout; le chanvre étant plus doux et tendant moins à arracher le crayon que les poils d'animaux. D'ailleurs, ce pinceau est beaucoup plus économique que les blaireaux, qui s'usent en outre assez vite. Cette opération a de plus l'avantage de ramener constamment l'eau acidulée sur les parties fortement chargées de travail, dont elle se retire ordinairement, parce qu'elles sont les plus graissées; et de faire continuer l'action de l'acide sur ces parties. On promène ce pinceau en tous sens, jusqu'à ce que l'effervescence ait entièrement cessé, et en ce moment, il ne reste plus que peu de liquide sur la pierre. On verse alors au milieu de la planche un peu de gomme, épaisse comme du miel, soit 1 partie de gomme dissoute dans 4 à 5 parties d'eau. On y pose le plat de la main, et on commence par l'étendre tout doucement, en décrivant de petits cercles qu'on élargit successivement, jusqu'à ce que la pierre entière en soit couverte. Alors on frotte fortement dans tous les sens, pendant environ une minute, afin de bien faire pénétrer la gomme dans tous les points qui doivent rester blancs. On n'a point à craindre d'endommager par là le dessin, puisque la gomme est entre les traits et la main. D'ailleurs, en ce moment, son effet sur la pierre est déjà produit; et enlevât-on même une partie du noir qui est à la surface, il reparaîtrait au tirage. J'attache beaucoup d'importance à bien faire cette opération, que je regarde comme essentielle pour obtenir un bon tirage : elle a pour but de mettre la gomme en parfait contact avec les parties de la pierre qui doivent rester blanches, et d'y déposer le corps insoluble qui doit les protéger contre l'encre d'impression. C'est en partie à cette opération que j'attribue l'absence totale des empâtemens dans nos ateliers.

On place la pierre dans la presse aussitôt ce gommage fini.

Quelques lithographes, peu familiers avec les théories chimiques, recueillent soigneusement dans un vase l'eau acidulée qui a été versée sur la pierre, pour en faire usage une seconde fois. Mais il est facile de se convaincre qu'elle ne pourra plus produire le même effet que la première fois; une partie ou la totalité même de l'acide se trouvant saturée par la chaux et convertie en muriate de chaux (ou en nitrate de chaux, si on emploie de l'acide nitrique), qui n'a plus d'action sur la pierre.

MM. Chevalier et Langlumé, indiquent dans un mémoire autographié qu'ils ont publié en 1828, le moyen suivant pour l'acidulation des pierres.

« On prend 3 livres d'acide hydrochlorique pur, on met cet acide dans un vase

« bien propre, on y ajoute peu à peu du marbre blanc en quantité suffisante « pour saturer l'acide. Lorsque la saturation est opérée et qu'il y a un excès de « marbre, on filtre le produit résultant de la combinaison de l'acide avec l'oxide « de calcium du carbonate de chaux (hydrochlorate de chaux). Lorsque la filtra- « tion est terminée, on lave le filtre à plusieurs reprises avec 3 livres d'eau; aus- « sitôt que le lavage est opéré, on fait dissoudre dans le liquide obtenu, qui con- « tient et la solution première et les eaux de lavage, 12 onces de gomme arabi- « que blanche, séparée de toute substance étrangère. La dissolution étant termi- « née, on y ajoute, acide hydrochlorique pur, 3 onces; on mêle et on introduit « le mélange dans des bouteilles bien propres.

« Lorsqu'on veut employer la préparation acide, on en verse dans un verre. « A l'aide d'un pinceau en poils de blaireau, on acidule avec la plus grande faci- « lité toutes les parties de la pierre, en agissant de la même manière que si on « voulait la gommer.

« Voici les avantages que nous avons cru reconnaître dans l'emploi de la pré- « paration dont nous donnons la formule.

« 1° Elle offre une garantie de certitude que l'ancienne n'a pas, puisque le li- « thographe exercé n'emploie cette dernière qu'avec une juste défiance.

« 2° Répandue à l'aide d'un pinceau, elle prépare également et d'une manière « uniforme, toutes les parties de la pierre. En effet, l'acide n'est pas saturé au « moment où on l'applique, il agit avec la même énergie sur toutes les parties « de la surface et son action est égale.

« 3° Elle peut être employée avec autant de facilité sur les grandes pierres « que sur les petites.

« 4° Elle n'exige pas que la pierre soit retournée, ensuite immergée à l'aide « d'une grande quantité d'eau; opération désagréable, qui rend les ateliers insa- « lubres, nuit à la conservation des planches et à la santé des ouvriers; de plus, « elle dispense encore de recouvrir la surface de la pierre d'une couche de gomme « arabique, cette gomme faisant partie de la composition.

« 5° Les teintes les plus vigoureuses, de même que les teintes les plus légères « viennent également bien, lorsque les pierres ont été acidulées de cette ma- « nière.

« 6° Cette préparation peut être étendue sur les pierres avec la plus grande « facilité, et l'opération peut même être confiée à un enfant intelligent.

« 7° La pierre préparée reste constamment humide, ce qui est dû à ce que la « préparation contient une grande quantité de sel déliquescent, qui pénètre la

« pierre et lui conserve pendant longtemps l'humidité indispensable. Cette pro-
« priété est d'un grand avantage, car on a remarqué que la pierre qui sèche trop
« vite est plus difficile à encrer, et donne beaucoup plus de peine à l'imprimeur,
« qui alors emploie un noir d'impression plus dur. »

Préparer les pierres au pinceau n'était pas une chose neuve pour moi; nous nous sommes servis de cette méthode il y a près de 20 ans. Nous employions en même temps un mélange de

20 parties eau gommée,
1 » acide muriatique,

que nous passions sur les pierres au moyen de l'outil représenté par la figure 2 de la planche XLVI. Mais ayant reconnu les inconvéniens de cette méthode pour les dessins au crayon, nous l'avons abandonnée depuis nombre d'années, et ne l'avons conservée que pour les dessins à l'encre.

S'il s'agit d'aciduler des croquis ou dessins de détails sur fonds blancs, certainement le pinceau est très-bon; mais je le regarde comme dangereux pour des dessins délicats, et surtout pour de grands ciels et des teintes unies. Au moment où on commence l'acidulation, le pinceau est chargé de préparation fraîche. Si on fait ainsi un premier trait, l'acide agit avec sa plus grande force, et lorsqu'on passe un second trait à côté avec le même pinceau, il contient alors moins d'acide et celui-ci est déjà en partie saturé. Le troisième trait fait encore moins d'effet, et ainsi de suite. Mais lorsqu'il s'agit d'aciduler une grande pierre, le pinceau ne contient pas assez de liquide; il faut donc le retremper dans l'acide, avant d'avoir terminé son travail, et le premier trait qu'on en fera agira avec beaucoup plus de force que le dernier qui aura été obtenu avec le pinceau épuisé, et qui se trouve à côté. Si la rencontre de ces deux traits de pinceau se fait au milieu d'une teinte unie, il y aura grandement à craindre une inégalité. Ce n'est pas là, au reste, le seul inconvénient de l'emploi du pinceau. Il est impossible de placer les traits qu'on en fait, tellement juste à côté les uns des autres, qu'il n'y ait ni intervalle, ni croisement, et partout où le second trait repassera sur le premier, il y aura double action de l'acide et nouveau danger d'inégalité. Ce n'est que par une extrême adresse et une grande promptitude dans l'opération qu'on peut en diminuer les dangers, et je suis loin de partager l'opinion qu'on puisse la confier à un enfant. Pour parer jusqu'à un certain point à ces inconvéniens, quelques lithographes ont fait faire des blaireaux d'une grande largeur, jusqu'à un pied et plus; mais il serait difficile et surtout extrêmement dispendieux d'en avoir de la largeur du plus grand dessin. D'ailleurs, ils contiendront difficilement assez de liquide pour ne pas courir la chance qu'ils n'en manquent lorsqu'on sera parvenu à moitié chemin, ou au moins qu'il ne reste des lignes sèches, si certaines mèches du pinceau avaient retenu moins de liquide que d'autres.

Il vaudrait peut-être encore mieux employer une espèce de drapeau *(fig.* 5) en flanelle double, qu'on imbiberait de préparation jusqu'en haut, en le trempant dans un large vase. A mesure que le liquide, qui se trouverait au bout qui touche la pierre, resterait étendu sur celle-ci, il serait remplacé par celui qui est logé dans la partie supérieure du drapeau, et qui s'écoule doucement vers son extrémité inférieure. Rien n'empêcherait d'ailleurs de verser sur la partie qui se trouve près du manche, de l'eau gommée acidulée, à mesure qu'on avance, afin que la flanelle en fût toujours trempée. On pourrait faire ce drapeau aussi large que le plus grand dessin, et dans tous les cas, son emploi serait plus économique que celui de larges pinceaux en poils de blaireau.

MM. Chevalier et Langlumé font valoir comme une grande amélioration, la présence d'une quantité de muriate de chaux dans leur préparation. D'après ma conviction, ce corps ne joue aucun rôle. S'il était possible de retenir ce sel déliquescent sur la pierre, je ne doute pas qu'il ne fût utile pour la maintenir humide; mais il est tellement soluble dans l'eau, qu'au premier lavage tout est parti.

En résumé, la préparation de MM. Chevalier et Langlumé est bonne. Un mélange de 28 parties eau, 4 onces gomme et 1 once acide muriatique, serait plus simple et tout aussi bon; mais pour des dessins délicats, je trouve l'immersion plus sûre que le pinceau.

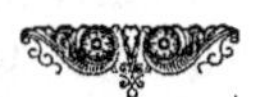

CHAPITRE XII.

IMPRESSION.

Je me propose de donner dans ce chapitre tout ce qui a rapport à l'impression des pierres. J'y décrirai successivement d'abord les divers objets et tout le matériel dont un imprimeur doit être pourvu; j'indiquerai ensuite les moyens d'imprimer toutes les sortes de travaux qui peuvent se présenter en lithographie. J'aurai soin en même temps d'appuyer sur les difficultés qu'on rencontre souvent, et je donnerai les méthodes à employer pour les vaincre.

OUTILS ET MATÉRIAUX DONT L'IMPRIMEUR DOIT ÊTRE MUNI.

Rouleaux.

Dans l'origine de la Lithographie, on s'est servi pour encrer les pierres, de tampons semblables à ceux qu'employaient à cette époque les imprimeurs typographes; mais on reconnut bientôt leur inefficacité, et on les remplaça par des rouleaux ou manchons. Ce sont des cylindres en bois léger, de 3 à 4 pouces de diamètre, et de 6 pouces à 1 pied de longueur, portant des tourillons de 5 à 6 pouces de long, sur environ 1 pouce d'épaisseur. On les garnit de deux tours de flanelle qu'on y coud de manière que la couture ne produise aucun relief, et on les enveloppe ensuite d'un cuir. Ce cuir, qui forme la partie essentielle d'un bon rouleau, doit être de veau très-bien tanné, souple, partout d'égale épaisseur, et bien lisse à la partie qui a touché la chair, et qui se place à l'extérieur. Si on mettait en dehors le côté du cuir qui portait le poil, l'épiderme qui le recouvre s'arracherait par le travail et y formerait des inégalités. La couture doit être faite avec le plus grand soin, et de manière à ne former aucune épaisseur; autrement elle laisserait des marques sur les épreuves : ce qui devrait faire rejeter l'emploi d'un semblable rouleau. Elle doit en même temps être très-solide; car un rouleau s'améliore à mesure qu'on s'en sert, et c'est un grand avantage si la couture lui permet un long usage sans se défaire.

Pour cet effet, il est essentiel que le cordonnet de soie qu'on emploie pour faire cette couture, soit logé dans l'épaisseur du cuir, et ne pénètre pas jusqu'à sa surface; sans quoi il se trouverait bientôt coupé par le couteau avec lequel on gratte la couleur. Les meilleures coutures sont faites de la manière suivante : on coupe bien nettes et bien droites les deux extrémités de la peau qu'on veut réunir; on retourne alors le cuir, en plaçant à l'intérieur le côté A *(planche* XLVII, *fig.* 1), qui doit être en dehors *(fig.* 2). On pique l'aiguille de manière à ne traverser qu'un des angles du cuir, et à ne pas pénétrer jusqu'à la surface A. Lorsque la couture est ainsi achevée en allant et venant, on retourne le manchon de cuir, et la couture prend alors l'aspect de la figure 1 *bis*. Si une couture semblable est faite par un ouvrier adroit, et ensuite bien poncée après que le cuir est posé sur le rouleau, elle se perd entièrement, et on n'en aperçoit plus la trace une fois que le rouleau est couvert d'encre.

Le cuir ainsi cousu, on le mouille pour l'étendre et le ramollir; après quoi on y fait entrer de force le rouleau garni de flanelle. Il doit le dépasser environ d'un pouce à chaque extrémité. On y perce des trous à un demi-pouce du bord, et on y passe une ficelle, qu'on serre fortement pour rapprocher les extrémités du cuir autant que possible du tourillon, et le tendre par là dans le sens de la longueur *(fig.* 2). On le laisse ensuite sécher, puis on l'unit à la pierre ponce.

Quelques imprimeurs, et surtout en Allemagne, ont fait des rouleaux très-gros et très-longs, afin d'éviter par là et la marque que la couture peut laisser et les inégalités que le bord du rouleau peut donner sur les épreuves; ce que les imprimeurs ont l'habitude d'appeler *coups de rouleau.* De pareils cylindres sont trop incommodes à manier et ne permettent point à l'imprimeur assez de facilité et de légèreté dans ses mouvemens, pour bien diriger l'encrage. On a aussi fait des rouleaux très-mous, dans lesquels le cylindre de bois est enveloppé de 5 à 6 tours de flanelle; mais l'expérience a prouvé qu'ils ne valent rien. Les pierres qu'on imprime avec de pareils rouleaux deviennent lourdes et monotones, parce qu'ils n'arrachent pas l'encre qui se trouve de trop, ainsi que le font les rouleaux durs. Ces derniers sont donc préférables sous tous les rapports, et permettent d'obtenir des épreuves plus fines et plus brillantes.

Avant d'employer un rouleau neuf, il faut le rouler fortement sur une pierre déjà recouverte de vernis, afin qu'il s'en charge complétement, et que celui-ci puisse pénétrer dans tous ses pores. On le laisse alors sécher pendant quelques semaines, afin que la peau soit traversée d'outre en outre de cette matière grasse. Sans cette précaution, l'eau qui se trouve sur la planche qu'on imprime, s'infiltre peu à peu dans la peau et s'y étend de manière à former des places qui se dépouillent de l'encre grasse, qui ne peut plus y adhérer, parce qu'elles sont mouillées. Plus on travaille, et plus ces places augmentent, ce qui met bientôt le rouleau entièrement hors de service. Il faut alors bien le laisser sécher, le rouler dans le vernis, et ne l'employer de nouveau que lorsque celui-ci y a convenablement pénétré. En général, un rouleau neuf encre mal; il ne se fait qu'en travaillant. Un imprimeur expérimenté emploiera donc les rouleaux neufs à l'encrage des ouvrages les moins importans, et aura en réserve des rouleaux faits, c'est-à-dire déjà en usage depuis quelque temps, pour les ouvrages soignés.

Pour tenir les rouleaux, on a des poignées en cuir *(fig. 3)*, dans lesquelles les tourillons jouent librement. Elles doivent être assez fermes pour conserver une forme cylindrique, lorsqu'elles sont abandonnées à elles-mêmes; mais en même temps assez souples pour céder à la pression de la main, lorsque l'imprimeur veut serrer les tourrillons.

En 1826, la Société d'encouragement a proposé un prix de 200 fr., pour la construction d'un *rouleau préférable à ceux dont on se sert en ce moment.* Ce prix a été porté en 1828 à 500 fr., et remporté en 1831 par M. Tudot, qui a remis à la Société un mémoire sur la confection des rouleaux, dans lequel il examine avec beaucoup de soin et discute les propriétés que doivent présenter ces instrumens pour bien atteindre le but qu'on se propose dans leur emploi. Ce mémoire indique en même temps un nouveau rouleau dont voici la description.

Au lieu d'appliquer sur un mandrin une peau cousue et rembourrée d'une substance molle, M. Tudot a eu d'abord l'idée de se servir de rondelles de cuir, appliquées les unes sur les autres et ensuite tournées, pour leur donner une forme bien régulière. Toutefois, la perte considérable que l'on fait dans des morceaux de cuir, pour y tailler des rondelles, a conduit l'auteur à faire son dernier rouleau d'une seule lanière taillée dans une peau de veau, en commençant au centre par un petit rond, et continuant à couper la lanière toujours de même largeur, environ un demi-pouce, en suivant une ligne spirale. Il a ensuite enroulé cette lanière autour d'un mandrin en la plaçant de champ, c'est-à-dire que les côtés plats se touchaient, comme si le rouleau était composé de rondelles. Lorsque tout le mandrin a été garni, il a placé sur ce cuir enroulé une rondelle de bois A (*fig.* 4), emmanchée à coulisse sur le mandrin, et il l'a placée sous une presse pour comprimer le cuir. Les lanières s'étant trouvées complétement serrées, il a arrêté cette rondelle sur le mandrin, en y perçant les trous B, dans lesquels il a enfoncé des chevilles de bois; ensuite il a mis le rouleau sur le tour pour dégager cette rondelle et le mandrin du bois inutile, et leur donner la même forme que la partie C. Il a en même temps fait tourner le cuir pour lui donner une surface unie et cylindrique. M. Tudot pense qu'on pourrait aussi se servir de bandes de buffle de 3 à 4 lignes de largeur, roulées à plat; et qu'on obtiendrait ainsi, sans avoir besoin de les tourner, des rouleaux qui présenteraient de très-bonnes qualités.

Le rapport de la commission nommée pour examiner ces rouleaux, se termine ainsi : « Dans les nombreux essais qui ont été faits chez plusieurs imprimeurs-li« thographes, on s'est assuré que ces rouleaux n'étaient en rien inférieurs aux « rouleaux ordinaires, dès le moment qu'on les mettait en usage; que s'ils étaient « moins promptement arrivés à un état satisfaisant, ils se perfectionnaient avec « le temps, de manière à surpasser de beaucoup les rouleaux ordinaires, et « qu'une fois arrivés à cet état, ils seraient susceptibles d'une longue durée avec « les mêmes caractères. »

Je comprends que la solidité qu'offre un pareil rouleau et l'absence d'une couture, aient pu séduire messieurs les commissaires de la Société d'encouragement. Mais j'ai peine à m'expliquer comment les lithographes qui les ont essayés en leur présence, ont pu leur déclarer que ce rouleau est préférable à ceux en usage; car ceux qui ont l'habitude de manier de pareils outils, ont dû s'apercevoir au premier essai que l'élasticité, première condition d'un rouleau pour qu'il s'applique parfaitement sur la planche, et se mette en contact avec tous les plus petits points d'un dessin, lui manque totalement et que ces lanières de cuir, appuyées par leur bord intérieur sur un mandrin, et comprimées fortement les unes contre les autres, forment une masse aussi dure que du bois. Aussi le rouleau de M. Tudot n'est-il employé par aucun lithographe, et il est tombé depuis sa première apparition dans un oubli complet.

Il me semble que les personnes qui veulent s'occuper du perfectionnement des rouleaux, devraient tâcher de trouver à appliquer à la lithographie des cylindres semblables à ceux dont se servent aujourd'hui les imprimeurs-typographes, et qui sont recouverts d'une matière élastique composée de sirop de mélasse et de colle forte. De pareils rouleaux s'appliqueraient sur la pierre d'une manière bien plus hermétique et bien plus parfaite que ceux de cuir rembourrés de laine. Il est à regretter que, tels que sont aujourd'hui ces cylindres, on ne puisse pas les employer; mais comme il s'agit de travailler sur des planches constamment humides, la substance dont ils sont composés se dissoudrait à mesure du travail. J'ai fait plusieurs essais pour les recouvrir d'une peau, sans avoir pu y réussir convenablement. Peut-être qu'il suffira à quelque artiste ingénieux d'avoir mis en avant cette idée, pour lui suggérer un moyen de l'exécuter; soit en trouvant une substance analogue, comme le caoutchouc, par exemple, qui ne se dissoudrait pas dans l'eau, soit en recouvrant cette matière élastique d'une substance quelconque qui résisterait à la fois à l'action de l'eau et aux efforts que fait l'imprimeur pour étendre la couleur sur le rouleau.

Table à couleur (Planche XLVIII, fig. 1).

Elle doit être très-solidement établie, et pour cela il est bien de remplir l'intervalle des pieds par des panneaux qui les consolident et en forment une armoire très-commode pour serrer les vernis, couleurs et autres objets dont on a besoin à chaque instant, et qu'il est bon de préserver de la poussière. On fera bien aussi d'y ménager un tiroir qui sert à loger différens outils. Comme l'effort que fait l'imprimeur en frottant le rouleau sur la pierre à couleur, est assez grand, il convient que cette table soit fixée au plancher par des pattes aux quatre pieds. Le plateau est entouré d'un bord pour maintenir le marbre ou pierre à couleur, qui y est en outre fixé avec des liteaux, aux deux côtés qui ne touchent pas le bord. On accroche à cette table un petit vase A en fer-blanc, à deux compartimens, destiné à contenir du vernis fort et du vernis moyen, afin de l'avoir sous la main et de pouvoir en prendre avec la pointe du couteau, sans courir le risque de renverser le vase.

La pierre à couleur B doit être en marbre; cependant on peut aussi employer à cet usage une pierre lithographique trop mince pour l'impression, ou ayant d'autres défauts. La surface de cette pierre sera alors polie, afin de mieux se prêter au broyage des couleurs et d'user le moins possible le cuir du rouleau. Par ce motif, il faut éviter d'employer à cet usage un grès ou toute autre pierre rude.

A côté de la pierre à broyer, se trouvent deux couteaux C, D. Le premier est un couteau ordinaire qui sert à étendre l'encre sur le rouleau et à la gratter pour l'enlever. Le second doit être flexible et coupé carrément du bout. Il sert à enlever la couleur de dessus la pierre.

L'imprimeur doit avoir de plus :

1° Un flacon contenant de l'encre communicative, composée de la matière dont on fait la couleur grasse, dissoute dans l'essence de térébenthine. Cette dissolution se fait exactement comme la couleur grasse, avec cette différence qu'on y met assez d'essence pour qu'elle reste liquide. Elle est destinée à faire revenir des parties qui ne prennent plus le noir, ainsi qu'on le verra plus loin.

Au lieu de ce flacon, quelques imprimeurs préfèrent employer la matière solide. Dans ce cas, on coupe en deux une des boules faites après avoir précipité l'alcali de l'encre (voyez le chapitre des recettes), afin d'obtenir une surface plate sur laquelle l'imprimeur frotte un paquet d'étoupes imbibé d'essence. Cette disposition fait perdre un peu de temps, mais aussi elle est avantageuse, en ce qu'elle donne à l'imprimeur la faculté de faire son encre communicative plus ou moins chargée, en frottant plus ou moins longtemps sur la demi-boule. Du reste, sous quelque forme qu'on emploie l'encre, le résultat est le même.

Nous verrons plus loin que, dans certains cas, l'imprimeur doit aussi avoir sous la main un gâteau de matière à crayons, destiné au même usage.

2° Un verre contenant de l'eau gommée, épaisse comme de l'huile, et une petite éponge, qu'il doit avoir soin de tenir constamment humectée de gomme, de manière qu'aucun de ses points ne sèche. Sans cette précaution, il s'y formerait des duretés qui pourraient rayer un dessin délicat.

3° Un verre contenant de l'acide muriatique étendu de moitié d'eau gommée, pour nettoyer les bords de la pierre. On tient à côté de ce vase un petit écouvillon (*planche* XLVIII, *fig.* 2), formé d'un petit morceau de flanelle, enveloppée autour du bout d'un manche en bois, et qu'on y lie au moyen d'une ficelle. C'est une bonne précaution que de donner une forme tout-à-fait différente à ces deux vases, afin de ne jamais les confondre. Il est même prudent de tenir le verre à l'acide écarté de celui à la gomme, afin qu'aucune éclaboussure ne puisse l'atteindre.

4° Une plume pour enlever au moyen de l'acide, de petites taches qui se forment quelquefois sur les planches.

5° Une pierre ponce pour nettoyer et adoucir les bords des pierres.

6° Une écuelle remplie d'eau propre.

7° Un imprimeur de dessins à la plume et surtout d'écritures, doit avoir un paquet d'étoupes ou de filasse, destiné à humecter la pierre. Pour l'arranger, on commence par battre une partie d'étoupes, afin de les débarrasser de leurs impuretés. On l'étend ensuite en nappe sur une table (*fig.* 3), en ramenant les filamens des deux bords vers le milieu, et on la roule ensuite aussi serrée que possible. Le bout doit se terminer en une pointe allongée dont on se sert pour lier ce rouleau, afin qu'il ne se défasse pas. Il doit avoir environ huit pouces de long, afin de pouvoir mouiller une pierre en entier en deux ou trois tours. Ce paquet d'étoupes doit être posé sur une vieille éponge plate, mouillée, afin de se pénétrer de la quantité d'eau nécessaire, pendant les intervalles du tirage. Quelques imprimeurs se contentent de tremper les doigts dans l'eau et d'en jeter quelques gouttes sur la pierre qu'ils étendent alors avec l'étoupe ou l'éponge; mais le moyen que j'indique est préférable, en ce qu'on est assuré d'avoir toujours le même degré d'humidité. L'imprimeur doit en outre avoir une provision d'étoupe, dont il puisse arracher de petits paquets pour différens usages.

8° Un imprimeur de planches au crayon doit avoir une éponge à mouiller la pierre. Il la choisira de l'espèce la plus fine; non que les éponges communes soient moins bonnes, quant à leur effet sur la pierre; mais elles s'usent beaucoup plus vite, et quoique moins chères, leur emploi finirait par coûter davantage. Celle dont on se servira devra avoir 5 à 6 pouces de diamètre; elle devra être de forme régulière et plate en-dessous. Il faut la choisir de manière à pouvoir la laisser entière, les éponges coupées s'usant beaucoup plus vite. En arrachant les éponges des rochers de corail auxquels elles sont attachées au fond de la mer, elles en retiennent souvent des morceaux, et il s'y trouve ordinairement contenu de petits coquillages et du sable. Tous ces corps auraient l'inconvénient de rayer les planches. Pour les extraire, on place l'éponge sèche sur un billot, et on la bat pendant quelque temps avec un bâton, jusqu'à ce qu'on pense que toutes les impuretés en soient tombées; ensuite on la lave encore dans l'eau; ou, comme je l'ai déjà dit au chapitre III, et ce qui vaut encore mieux, on la plonge pendant vingt-quatre heures dans de l'eau à laquelle on a ajouté un peu d'acide muriatique, qui dissout les petits coquillages que l'éponge pourrait contenir. L'éponge ainsi préparée doit être ensuite posée sur une autre déjà vieille, comme je l'ai dit du paquet d'étoupes.

9° Une soucoupe de saindoux pour graisser le cuir de presse. Lorsque le cuir est neuf, on met une grande pierre dans la presse, on ferme le châssis, et on enduit de saindoux la partie sur laquelle frotte le rateau. On passe alors le cuir sous le rateau à plusieurs reprises, en augmentant successivement la pression, afin de le refouler partout bien également. Le cuir s'allonge par cette opération : il faut donc avoir soin de le tendre à mesure. Pour rendre le mouvement du rateau plus doux, quelques imprimeurs frottent le cuir avec un peu de mine de plomb.

10° Un petit linge imbibé de suif, pour graisser le rateau après l'avoir dressé. Il faut bien se garder de se servir de savon pour cet usage ; car la moindre parcelle qui sauterait sur la pierre ou viendrait à la toucher, y occasionnerait des taches noires.

Préparation de l'encre d'impression.

L'encre d'impression se compose de vernis et d'une matière colorante en poudre, qui est ordinairement le noir de fumée.

Pour préparer l'encre destinée à l'impression des dessins ordinaires à la plume, qui n'a pas besoin d'être aussi ferme, ni aussi intimement mêlée que celle pour les dessins au crayon, on peut se contenter de faire chauffer du vernis moyen dans un chaudron et, lorsqu'il est devenu bien liquide par la chaleur, d'y mêler la quantité de noir nécessaire, en remuant pendant quelque temps avec une spatule de fer. On peut y employer du noir de fumée ordinaire sans être calciné. Quelques lithographes ajoutent au noir de fumée environ 1/3 de noir de Francfort, dans le but d'obtenir plus de pureté dans les épreuves, puisque ce noir s'attache moins à la pierre que le noir de fumée. Dans nos ateliers nous avons abandonné depuis longtemps cet usage. D'autres lithographes ajoutent un peu de minium à leur encre. Cet oxide de plomb rend l'huile plus siccative, et contribue à faire sécher l'encre plus vite sur les épreuves. Mais c'est un moyen dangereux, qu'il ne faut employer qu'avec précaution, parce que la couleur salit facilement les pierres.

Pour l'impression des dessins soignés à la plume et pour celle des dessins au crayon, il est nécessaire que l'encre soit beaucoup plus ferme que pour les planches ordinaires à la plume, et elle doit être mêlée sur la pierre à broyer. On doit y employer le noir le plus fin, celui de Paris, par exemple. Ce noir doit être calciné, car l'encre dans la composition de laquelle il entre, tient la pierre plus nette et les tons plus transparens. En outre, le rouleau arrache mieux ce noir des parties qui tendraient à s'empâter; les épreuves conservent aussi un plus beau noir que si elles sont tirées avec du noir non calciné. Ce dernier est plus liant et prend plus facilement sur la pierre; mais aussi lorsqu'on s'en sert, les pierres sont plus sujettes à s'encrasser. Les épreuves qu'on tire avec du noir non calciné prennent souvent, au bout de quelques mois, un ton roux qui est produit par les parties graisseuses qui se sont élevées par la distillation, pendant la combustion des résines, et par d'autres corps gras dont on fait le noir, et qui sont restés mêlés. Ce ton roux peut cependant aussi provenir de la mauvaise habitude qu'ont certains imprimeurs de mêler de l'huile non cuite à leur encre. Il est vrai qu'alors la pierre s'encre plus facilement; mais aussi elle devient souvent estompée. On reconnaît surtout cette addition d'huile à ce que des épreuves tirées avec une pareille encre deviennent jaunes à l'envers au bout de quelques mois, par l'infiltration de l'huile dans le papier; tandis que celles tirées avec de bon vernis restent parfaitement blanches.

Quelques lithographes mettent même de l'indigo dans l'encre d'impression pour les planches au crayon, afin de lui donner un œil bleuâtre. Je crois ce mélange inutile, si on a du noir bien calciné.

En été, on emploie du vernis fort, et dans les temps moins chauds du vernis moyen. On ne peut indiquer exactement la proportion qu'on doit prendre du vernis sur une quantité donnée de noir; puisque le premier n'est pas toujours également fort, et que la tenacité de l'encre doit varier suivant la nature des planches dont on veut faire le tirage. C'est à l'expérience de l'imprimeur que ces proportions doivent être abandonnées.

On commence par mêler grossièrement une certaine quantité de noir et de vernis; on ramasse ce mélange avec le couteau, et on le place sur un des coins du marbre. Alors on en prend une petite portion, et on l'étend sur la pierre, au moyen de la mollette, et on continue de frotter en allant et en venant, jusqu'à ce que le mélange soit intime et bien fin. Car il ne s'agit pas dans cette opération de rendre le noir lui-même plus fin; il est composé de molécules tellement déliées, qu'il serait impossible de les rendre plus menues par le frottement sur la pierre; mais il s'agit de diviser toutes les agglomérations, et de bien incorporer tout dans le vernis.

Cette encre doit être très-ferme, à peu près comme du mastic de vitrier, c'est-à-dire que si on en coupe un morceau, elle doit conserver sa forme, et ne pas s'étendre ni couler. Il serait impossible de la broyer en posant la mollette à plat. Pour bien réussir, on doit empoigner la mollette des deux mains (*planche* XLVIII, *fig.* 4), et se servir de son coin arrondi pour triturer la couleur.

Lorsque le noir et le vernis sont bien intimement mêlés, on enlève l'encre avec le couteau, et on la pose sur un autre coin de la pierre. On en prend une nouvelle portion, qu'on broye de même, et ainsi de suite. Ce serait une erreur de croire qu'en broyant beaucoup de couleur à la fois sur la pierre, on abrège l'opération; au contraire, elle devient beaucoup plus longue par là, parce que l'encre broyée se mêle toujours à celle qui ne l'est pas; tandis qu'en en prenant peu, à peine de quoi couvrir la pierre, elle se triture plus vite, car l'action de la mollette est plus vive sur une couche mince, que sur une masse épaisse. On met la couleur ainsi broyée dans une boîte en fer-blanc, sur une assiette, ou simplement dans un papier, et on la conserve jusqu'au moment de s'en servir. On peut la garder plusieurs semaines, et elle s'améliore plutôt que de se détériorer; seulement faut-il quelquefois la broyer de nouveau au moment de s'en servir, lorsqu'elle est devenue trop solide.

Pour garnir le rouleau d'encre, on en prend une portion qu'on y étend au moyen d'un couteau, et on le roule alors en allant et en venant sur le marbre, en ayant soin de le lever un peu à chaque tour, afin de le changer de place, et pour que ses mêmes points ne correspondent pas toujours aux mêmes points de la pierre. Il est même bon, afin de bien étendre l'encre, de faire pirouetter le rouleau sur lui-même (*planche* XLVII, *fig.* 5), chaque fois qu'on a fait trois ou quatre tours, afin de produire un frottement entre le cuir qui le recouvre et le marbre. Cette manipulation est surtout nécessaire si on mêle du vernis à la couleur, pour la rendre plus liquide, et lorsqu'on met de l'encre nouvelle sur le rouleau.

Il est à observer, que non-seulement la quantité d'encre qui est sur le rouleau diminue par le tirage, mais même qu'elle s'épuise après un certain tirage, sans que son volume semble diminué. La pierre n'attirant que les parties les plus fines, les plus grossières restent sur le rouleau et ne produisent plus que des épreuves grises, quoiqu'il y ait encore sur le marbre, de l'encre en suffisante quantité. Dans ce cas, il faut l'enlever en raclant le rouleau, et la remplacer par de nouvelle encre.

Pour certains ouvrages, on est quelquefois dans le cas de faire de l'encre de différentes couleurs. Comme les substances qu'on employe alors sont loin d'avoir la finesse du noir de fumée, il ne suffirait pas de les mêler au vernis. Elles doivent d'abord être broyées, et réduites en poudre aussi fine que possible; car, comme le vernis est fort épais, il serait impossible de les pulvériser convenablement si elles s'y trouvaient déjà mêlées. Il faut employer à cette opération une substance qui n'oppose aucune résistance à la mollette, comme l'eau et l'essence de térébenthine. On broye donc d'abord les couleurs aussi fin que possible, en les délayant avec de l'eau et mieux encore avec de l'essence de térébenthine. Alors on les jette avec le couteau à couleur en petits tas sur une feuille de papier, et on les laisse sécher. Ce n'est qu'après cette opération préliminaire, qu'on peut les mêler au vernis. Il est à remarquer de plus que plusieurs couleurs ont de l'action sur le vernis, comme le minium, par exemple, qui le fait sécher si promptement, qu'au bout d'une heure on ne peut plus l'employer. Il n'est donc pas indifférent quelles substances on emploie, et cet objet demande une étude toute particulière.

IMPRESSION.

Principes généraux.

Le lithographe ne doit s'attendre à obtenir de bonnes impressions, que lorsqu'il réunira les plus grands soins à la plus grande habileté dans tous les détails de ses opérations; et il ne doit pas surtout perdre de vue que le tirage est la partie la plus importante des manipulations lithographiques. C'est dans la pratique et le discernement de l'imprimeur que reposent les moyens les plus sûrs du succès d'une planche; mais précisément parce que ces moyens dépendent principalement de l'adresse et de l'intelligence de celui qui les emploie, ils sont aussi les plus difficiles à faire comprendre par une description. J'essayerai cependant de les faire connaître aussi clairement que possible, et si, par la lecture de ce traité, un imprimeur ne peut se former seul, du moins j'aime à croire que celui qui a déjà acquis quelque habitude de notre art, y trouvera aisément bien des moyens de se perfectionner.

Pour imprimer des planches au crayon d'une certaine importance, et avec une perfection qui répondît à celle du travail du dessinateur, il serait utile que l'imprimeur lui-même fût initié dans l'art du dessin, et pût juger de ce qu'une pierre doit rendre sur le papier, pour répondre à l'attente de l'artiste. Comme je l'ai déjà dit, une grande partie de l'effet est entre ses mains, et dépend de l'adresse avec laquelle il sait manier son rouleau. C'est donc à lui de compléter pour ainsi dire l'ouvrage, en forçant ou en ménageant certaines parties; et en cela, il devient jusqu'à un certain point artiste lui-même. Comme le sort des imprimeurs de première classe, surtout à Paris, est assez beau, il vaudrait bien la peine que des jeunes gens qui voudraient se vouer à cette partie, fissent pendant quelques années des études de dessin. Nous ne pouvons pas nous dissimuler que jusqu'ici, il n'y a que peu ou point d'ouvriers imprimeurs qui aient acquis à cet égard les connaissances nécessaires, et que je regarde presque comme indispensables. Ce métier exigeant en même temps des hommes robustes, ils sont sortis presque tous de la classe ouvrière, et se sont alors plus ou moins perfectionnés plutôt par routine que par les études qu'ils avaient faites; c'est donc à celui qui est appelé à diriger un atelier d'impression, à suppléer à ce défaut d'instruction chez ses ouvriers, s'il veut que son établissement ait du succès, et qu'on puisse lui confier des ouvrages importans. Il faut qu'il soit initié aux arts du dessin, au moins assez pour distinguer le mérite d'un ouvrage, en raisonner l'exécution avec l'artiste, et comprendre le langage des arts. C'est lui qui doit alors diriger l'imprimeur en suivant les tirages, et lui expliquer comment il doit traiter chaque planche. Ce n'est qu'à cette condition qu'un atelier peut prospérer, lorsqu'il veut s'occuper de travaux d'un ordre supérieur.

Le premier tour de rouleau qu'on donne à une pierre dessinée, après l'avoir roulé sur le marbre à couleur, est celui qui y dépose le plus de noir, parce que sa surface est velue comme un drap fin, et qu'il ne s'y trouve encore aucune humidité. Mais aussi il dépose l'encre inégalement et en trop grande quantité en certains endroits, et c'est en continuant de rouler sur la pierre, que le rouleau reprend la couleur qui se trouve de trop sur quelques points, pour en déposer dans ceux qui en manquent. C'est pour cela qu'il faut passer longtemps sur les pierres d'un travail fini, et surtout lorsqu'on se sert d'encre très-ferme, pour y déposer le noir convenable à une bonne épreuve. A force de rouler sur la pierre, la surface du rouleau se polit et se couvre d'une petite couche d'eau. Alors il ne charge plus la planche, puisque l'humidité l'empêche d'adhérer suffisamment aux parties dessinées. Il faut, dans ce cas, revenir au marbre et y passer le rouleau à plusieurs reprises, afin d'aviver sa surface, et d'en faire disparaître l'eau qui s'y était attachée.

En passant le rouleau lentement sur la pierre, en l'appuyant fortement, et en serrant les tourillons dans les poignées de manière qu'il tourne difficilement, on charge la planche de beaucoup de noir. En passant le rouleau vite et légèrement sur la pierre, et lâchant les poignées de manière que les tourillons s'y meuvent sans résistance, on enlève de la couleur, et on éclaircit la planche.

C'est à mettre à profit avec discernement ces principes, que consiste l'art de l'imprimeur. Celui-ci pourra ainsi tirer à volonté des épreuves plus ou moins noires d'une même planche, avec le même rouleau. Il pourra suivant le besoin renforcer certaines parties et en éclaircir d'autres : c'est dans le mouvement de ses mains, en un mot, qu'il doit trouver la plus grande ressource pour tirer de bonnes épreuves. Si nombre de lithographes n'obtiennent que de médiocres résultats, c'est parce qu'ils cherchent la perfection dans une quantité de petits moyens accessoires et négligent cette partie essentielle. C'est à tirer un grand nombre d'épreuves bonnes et égales que consiste la plus grande difficulté en lithographie, l'imprimeur ne peut y réussir qu'en observant avec soin la marche de sa planche. Aussitôt qu'elle tendra à s'empâter, il mettra plus de légèreté dans ses mouvemens. Si des parties faiblissent, il les fera reprendre en appuyant davantage le rouleau, et en serrant les tourillons. Il attachera toute son attention à parer aux inconvéniens à mesure qu'il les aperçoit, et à ne pas laisser empâter tout-à-fait une partie, ou la laisser tout-à-fait disparaître avant d'y porter remède; car alors il est souvent difficile de réparer le mal qu'on aurait pu éviter facilement avec un peu plus d'attention. C'est par la négligence de ces principes que des imprimeurs peu soigneux abiment souvent une planche au bout d'un petit nombre d'épreuves, tandis qu'elle en eût fourni un grand nombre entre les mains d'un ouvrier soigneux et vigilant.

Un autre principe général, et qu'il ne faut pas perdre de vue, est que les éponges et les chiffons de laine et de coton usent les dessins sur pierre par le frottement, tandis que les étoupes ou les chiffons de lin et de chanvre n'attaquent point les traits. Par ces motifs, on se sert généralement d'un paquet d'étoupes ou de chiffons de lin pour humecter les dessins à la plume; ce qui conserve les déliés très-purs, tandis que les éponges les attaquent assez promptement. Comme, au contraire, les dessins au crayon tendent généralement à prendre du ton, et même quelquefois à s'estomper, il est préférable de se servir d'une éponge pour les humecter. Un imprimeur adroit tirera encore parti de la connaissance de ce principe, et si, par exemple, une planche au crayon tendait à se dépouiller, il l'humecterait avec un paquet d'étoupes au lieu de se servir de l'éponge.

Enfin, je rappellerai ici ce que j'ai dit en parlant des rouleaux; c'est que ceux qui sont durs encrent plus difficilement que ceux qui sont mous. On fera donc bien de se servir des premiers pour les planches qui tendent à prendre trop d'encre. Celles au crayon, par exemple, étant généralement dans ce cas, on fera bien de les encrer avec des rouleaux durs. Les mous encrent plus vite et peuvent être préférés pour les planches à l'encre. Cependant, si une planche au crayon ne venait pas assez garnie avec un rouleau dur, on pourrait le changer contre un autre plus mou. Il suffira à un imprimeur intelligent, que je l'aie rendu attentif à cette différence, pour en tirer parti suivant les circonstances.

Tirage des planches à la plume.

Lorsqu'une planche est acidulée et gommée, comme je l'ai dit au chapitre de la préparation des pierres, on la fixe dans la presse. On abat le rateau sur la pierre pour s'assurer qu'il s'y ajuste parfaitement, et qu'il n'a aucune encoche. Pour cela, il doit être placé entre le jour et l'œil de l'imprimeur. S'il y a des endroits où il ne porte pas, on verra la lumière entre lui et la pierre; on doit alors le dresser sur un rabot long, ayant un fer double dit à l'anglaise, et disposé sur un établi de menuisier à la portée des imprimeurs; ou bien, s'il ne manque que peu de chose, on pourra le faire en raclant avec du verre les parties trop élevées, ou en les usant avec de la peau de chien de mer, ou du papier verré. Si la presse est disposée de manière que le rateau ne soit soutenu que par le milieu, il doit être tenu un peu concave, et ne porter sur une pierre très-large que par les deux bouts; parce que le rateau fléchit un peu par la force de la pression, et portera alors également partout; tandis que s'il était parfaitement droit, la pression serait plus forte au milieu qu'aux extrémités. C'est par ce motif que des presses, comme celle de M. Brisset et notre presse à moulinet nouvelle, où le rateau se trouve pris dans toute sa longueur dans un ajustage en fer, sont préférables. On règle ensuite la longueur de la marche du chariot, puis la hauteur du châssis, de manière que le cuir soit élevé de 3 à 4 lignes au-dessus de la pierre. Cette précaution est nécessaire pour empêcher les bavochures. On doit, en outre, avoir soin que le cuir soit toujours bien tendu. Enfin, on règle la force de la pression. On lave ensuite la pierre avec une éponge particulière, et ensuite avec une autre petite éponge ou un paquet d'étoupes, et de l'essence de térébenthine; on enlève l'encre si c'est une planche neuve, ou la couleur grasse si on doit tirer une pierre qui a déjà servi. Si sur une pierre neuve il se trouve des lignes gravées, il faut avoir soin d'y frotter de l'encre communicative dissoute dans l'essence, ou de l'huile, avant de laver la gomme.

Ainsi que je l'ai dit plus haut, on se sert d'un paquet d'étoupes pour humecter les planches faites à l'encre, afin de conserver les déliés de l'écriture et autres lignes très-fines.

Après avoir lavé la pierre avec de l'eau propre et y avoir passé le paquet d'étoupes pour enlever l'eau qui s'y trouve de trop, on procède à l'encrage, que l'on continue jusqu'à ce que toutes les parties du dessin paraissent suffisamment noires. Comme l'encre dont on se sert pour le tirage de ces sortes de planches est faible ou de force moyenne, il doit suffire pour encrer une pierre, une fois qu'elle est en train, d'y passer deux fois le rouleau en appuyant, et une troisième fois légèrement pour enlever les bavures.

Si on s'aperçoit, en encrant une planche, que les bords prennent le noir, on enlève ces taches avec la pierre ponce, et on y passe de l'acide avec le petit écouvillon que j'ai décrit à l'article des outils dont l'imprimeur doit être pourvu.

Souvent l'encre s'attache aux bords de la pierre sans même que celle-ci soit graissée. Cela provient d'un frottement du rouleau contre les bords de la pierre, ou quelquefois de ce que ceux-ci sont un peu séchés. L'encre n'adhère dans ce cas que faiblement, et il suffit, pour l'enlever, de mouiller et d'y passer le rouleau avec un léger frottement de côté, si l'encre s'est déposée sur le bord même de la pierre. J'ai dit à l'article *polissage* que les bords des pierres doivent être arrondis avec une rape et adoucis au moyen d'une pierre ponce. Si le polisseur avait négligé cette opération, l'imprimeur ne doit pas manquer d'y suppléer en mettant la pierre dans la presse.

Après avoir encré, on pose la feuille de papier sur la pierre, en la tenant par les deux angles diagonalement opposés. On place de la main droite l'angle du papier sur le repère d'angle fait sur la pierre, soit à l'encre rouge, soit avec un crayon d'étain, et on la laisse ensuite tomber verticalement de la main gauche sur le second repère, en ayant soin de ne pas la frotter sur la pierre. On la recouvre d'une feuille de papier, qu'on désigne habituellement sous le nom de maculature, et qui ne doit pas être plus large que l'épreuve à tirer. On doit choisir pour cela un papier uni, sans nœuds ni défauts. Souvent on colle deux feuilles de papier l'une sur l'autre pour en former une maculature plus consistante. Pour s'éviter la peine de la poser et de l'enlever au tirage de chaque épreuve, certains imprimeurs l'attachent sur le châssis par ses deux bouts, au moyen d'une petite ficelle tendue au-dessous du cuir.

En 1826, la Société d'encouragement a proposé un prix de 1500 fr., soit pour un encrage mécanique, soit pour un moyen supérieur au mode usité et plus indépendant de l'adresse de l'ouvrier. (Voir pour la mise à l'encre grasse, la fin de l'article suivant et l'article gommage.)

Tirage des planches au crayon.

Les pierres au crayon étant plus délicates et beaucoup plus difficiles à tirer que celles à l'encre, elles exigent plus de soin et une étude particulière ; aussi ne doit-on les confier qu'aux imprimeurs les plus habiles. La température de la pierre et de l'atelier dans lequel on travaille, n'est pas indifférente au succès de l'ouvrage ; elle influe très-sensiblement sur la facilité et la perfection du tirage. Lorsque la température de l'atmosphère ou celle de la pierre sont élevées, celle-ci sèche trop vite et devient sujette à s'empâter. Il faut donc tâcher de placer les imprimeries dans des appartemens où il ne fasse pas trop chaud en été, et, pendant les chaleurs, tenir portes et fenêtres fermées, afin d'éviter des courans d'air qui contribuent beaucoup à faire sécher trop vite les pierres.

Lorsqu'une pierre sort d'une chambre très-chaude, il est prudent de la mettre rafraîchir pendant quelques minutes dans l'eau, avant d'en commencer le tirage. Cette précaution est surtout nécessaire pour les pierres neuves; bien entendu que cette immersion ne peut avoir lieu qu'après qu'elles ont été acidulées.

Après que la pierre acidulée est ajustée dans la presse, ainsi que je l'ai dit à l'article précédent, on lave la gomme et ensuite, en se servant d'une petite éponge ou d'un peu d'étoupe, on enlève le dessin à l'essence, tant pour les nouvelles planches, que pour celles qui ont déjà été tirées. Beaucoup de lithographes, dans la crainte d'enlever quelques parties fines, encrent les pierres neuves sur le crayon même, et en tirent ainsi un nombre plus ou moins grand d'épreuves, et c'est seulement après ce tirage qu'ils lavent le dessin à l'essence. Non-seulement on perd par là inutilement du temps et du papier, mais on s'expose à des accidens. Souvent l'acide faible qu'on passe sur ces pierres, n'a pas décomposé en entier le crayon dans les parties très-vigoureuses du dessin, et il reste, dans les plus fortes épaisseurs, des noyaux qui se trouvent encore en état de savon alcalin. Ces noyaux s'étalent peu à peu par la pression, et, remplissant les intervalles du grain, se fixent sur les parties qui devraient rester blanches; car, rien n'attire mieux le noir d'impression sur les pierres, que les traces de savon non décomposé. Ainsi se forment des empâtemens qu'il n'est plus possible de faire disparaître.

On évite cet inconvénient en lavant la pierre à l'essence immédiatement après l'acidulation. La crainte d'enlever par là les parties faibles est mal fondée. C'est la partie du crayon qui a pénétré dans la pierre, et formé avec elle un savon calcaire, qui attire la couleur d'impression. Or, ce savon calcaire est insoluble, et ne peut être enlevé par l'essence. En effet, si celle-ci avait une action sur les parties adhérentes à la pierre, elle les enlèverait encore aussi bien après vingt épreuves qu'immédiatement après l'acidulation. Une expérience de plus de 15 années confirme cette théorie, et sur des milliers de planches traitées de cette manière dans mes établissemens, nous ne nous sommes jamais aperçus que les teintes les plus fines aient souffert la moindre des choses. D'un autre côté, depuis que nous enlevons tout de suite le dessin, nous ne savons plus ce que c'est que les empâtemens des parties foncées.

Le lecteur se rappellera que j'ai fait voir par des expériences directes rapportées dans le chapitre III, que le savon calcaire est insoluble dans l'essence de térébenthine.

Si on remarquait que, par l'encrage seul au rouleau, toutes les parties du dessin ne viennent pas suffisamment, il faudrait avoir recours à l'encre de communication. A cet effet, on présente un chiffon de laine ou un peu d'étoupes à l'ouverture du flacon qui contient cette encre à l'état liquide, et on le secoue pour en mettre un peu sur ces étoupes; ou bien on présente ce chiffon au flacon d'essence, et on le frotte ensuite sur la demi-boule d'encre de communication solide, jusqu'à ce qu'on croie qu'il en est suffisamment chargé. On mouille alors la planche, et on la frotte avec ces étoupes ainsi imbibées. D'abord ce mélange enlève le dessin, comme si on le lavait à l'essence; mais en continuant de frotter légèrement, on voit bientôt reparaître le dessin, qui se charge de noir à mesure que l'essence s'évapore.

La théorie de cette opération est facile à saisir. D'abord l'essence qui se trouve en excès dans l'encre de communication, dissout l'encre qui se trouve sur la pierre; mais cette essence étant très-volatile, s'évapore assez promptement pendant le frottement, et alors les substances graisseuses et résineuses qu'elle contient s'épaississent par degrés, et se fixent à mesure partout où il y a seulement la moindre trace graisseuse sur la pierre. Peut-être aussi que, dans quelques cas, la couche gommeuse insoluble pourrait recouvrir certains petits points du dessin, et que l'étoupe et surtout un chiffon de laine enlèvent par le frottement cette petite couche, et déposent alors la graisse dont elle est chargée, sur les points qui avaient été ainsi recouverts.

Si on veut donc abréger cette opération, on ne prendra sur l'étoupe que tout juste la quantité de couleur de communication nécessaire, proportionnellement à la grandeur de la pierre; car plus on en prend et plus le dessin est long à reparaître. Peu à peu tout le dessin se couvre de noir, et même la couleur de communition se fixe sur les parties blanches de la pierre, surtout si on la laisse un peu sécher, pour favoriser l'adhésion de cette couleur aux parties faibles du dessin. Il ne faut pas s'en effrayer. En mouillant ensuite la pierre, le premier coup de rouleau enlève tout ce qui s'était fixé sur les parties qui doivent rester blanches. On passe d'abord le rouleau lentement sur une pierre ainsi frottée, pour que l'encre d'impression y prenne plus facilement. Son premier effet est d'enlever presque toute l'encre de communication; de sorte qu'on ne voit plus sur la pierre qu'une légère ombre. Mais bientôt le dessin reparaît plus pur et plus harmonieux qu'auparavant. Cette opération n'a pas besoin de s'étendre chaque fois sur la planche entière. Si certaine partie tendait à attirer trop de noir, et qu'une autre vînt dépouillée, il ne faudrait frotter que cette dernière seule. Si ce frottement avec l'encre de communication était insuffisant pour faire revenir tout ce qui manque, il est encore un moyen plus efficace; c'est de se servir, au lieu d'encre de communication, d'un gâteau de matière à crayons. J'ai fait observer dans plusieurs occasions, que le savon prend très-facilement sur la pierre. La raison en est que, non-seulement l'alcali qu'il contient dissout la petite couche de gomme insoluble qui s'interpose entre la pierre et les corps gras; mais qu'une des propriétés des alcalis est de pénétrer les pierres calcaires et d'y entraîner les corps qu'ils tiennent en dissolution. Or, comme la matière à crayon est savonneuse, elle prend mieux sur la pierre que l'encre de communication, dont l'alcali a été enlevé. Mais il faut l'employer avec prudence, sans quoi on s'expose à salir les parties blanches de la pierre. Ordinairement on ne se sert pas de cette substance seule; on prend d'abord de l'encre de communication sur l'étoupe, et on la frotte ensuite plus ou moins sur la matière à crayon.

Il y a encore un autre moyen de faire prendre certaines parties, et surtout de rendre fin le grain d'un dessin qui tendrait à devenir gros. C'est de frotter fortement la pierre avec un chiffon de laine sur lequel on a mis quelques gouttes d'huile de lin. Cette huile enlève l'encre comme l'essence; mais la pierre reste blanche tant qu'on frotte. Après cette opération, il faut charger la pierre avec de l'encre d'impression. Si on y passait le rouleau à l'encre grasse, elle deviendrait toute noire. Pour la mettre à l'encre grasse, il faudrait la gommer quand elle est en encre d'impression, et la laisser reposer d'abord pendant quelques heures.

Ces opérations peuvent être répétées chaque fois que cela est nécessaire, surtout le frottement à l'encre de communication. Cependant il faut se garder d'en abuser, et ne l'employer que comme un moyen auxiliaire en cas de besoin; car si on traite par trop souvent une planche par l'encre de communication, surtout plusieurs fois de suite, il pourrait arriver que les parties vigoureuses en souffrissent, et que celles qui sont claires devinssent trop fortes. Souvent même l'usage trop répété de cette opération pourrait produire un ton sur toute la pierre, et la rendre comme on dit *estompée*.

Cette estompe paraît offrir à certains lithographes de grands embarras. Quant à moi, je ne puis en parler d'expérience; c'est un accident qui n'arrive jamais dans nos ateliers. Je ne sais s'il faut l'attribuer à quelque cause locale, ou peut-être encore plutôt à ces prétendus secrets que pratiquent beaucoup d'ouvriers imprimeurs, en mêlant à l'insu des chefs toutes sortes de drogues à leur encre; et je ne serais pas éloigné de croire qu'une addition d'huile non cuite à l'encre d'impression, pourrait bien produire un effet semblable. L'éponge en passant souvent sur une telle encre, pourrait se charger d'une partie de cette huile et, en frottant constamment sur la pierre, découvrir les petites aspérités du grain, en les dépouillant de la faible couche de gomme insoluble qui les recouvre, et y déposer en place cette huile grasse et liquide. Quelques lithographes ont cru remarquer que le vernis préparé avec de l'huile rance, ou un vernis mal dégraissé, produisaient cet effet.

On ne doit confier le tirage des premières épreuves d'une planche nouvelle qu'à un imprimeur habile; car elles sont bien plus délicates que les planches qui ont déjà servi à tirer un certain nombre d'épreuves. Le succès de tout le tirage peut dépendre de la manière dont on a traité la pierre immédiatement après l'acidulation; et si elle a été bien mise en train, elle continue ordinairement à fournir de bonnes épreuves et à s'imprimer facilement jusqu'à la fin. Aussi une fois que le premier cent d'épreuves est tiré, on peut confier la pierre à un imprimeur moins habile.

J'ai dit qu'une éponge est préférable aux étoupes pour humecter les pierres au crayon. Il faut, pour obtenir de bonnes épreuves, qu'elle ne contienne que tout juste autant d'eau qu'il est nécessaire pour *humecter* la surface de la pierre, et non la *mouiller*. L'expérience prouve en effet que, lorsqu'on mouille trop une pierre, elle s'empâte facilement, et qu'alors l'encre s'y fixe par paquets; tandis qu'on obtient un tirage plus fin et plus pur en n'humectant que tout juste à point. Un imprimeur habile s'arrange de manière que sa pierre soit presque sèche au moment où il donne les derniers coups de rouleau. Son oreille exercée entend au bruit qu'il fait en roulant, lorsqu'il est temps de s'arrêter, pour obtenir une épreuve bien brillante, sans cependant laisser sécher la planche assez pour que le noir s'attache aux parties qui doivent rester blanches.

Pour encrer une nouvelle pierre, il est prudent de ne mettre d'abord que peu d'encre sur le rouleau, sauf à l'augmenter à mesure qu'il en est besoin, pour arriver à la vigueur convenable. En encrant la pierre, l'imprimeur doit avoir soin de passer partout le rouleau bien également, afin d'éviter les *coups de rouleau.* C'est ainsi qu'on nomme une teinte trop foncée, s'arrêtant à l'endroit où l'ouvrier a passé en appuyant trop fort, et qu'il n'a pas suffisamment égalisée, en repassant assez souvent en différens sens. J'ai déjà dit qu'à chaque tour, c'est-à-dire chaque fois qu'il est allé et revenu avec le rouleau sur la pierre, il doit le lever légèrement pour le changer de place, afin de ne jamais repasser deux fois de même sur un point quelconque.

Quelque soin que l'imprimeur prenne d'appuyer également le rouleau d'un bout de la pierre à l'autre, la partie du dessin qui est près de lui recevra toujours plus d'encre que celle qui en est éloignée; parce que le poids du corps agit perpendiculairement sur le rouleau lorsqu'il est rapproché de l'imprimeur; tandis qu'il n'agit plus qu'obliquement lorsqu'il en est éloigné, et que les bras tendus presque horizontalement ont bien moins de force pour l'appuyer. Il est donc prudent de poser la planche de manière que la partie qui doit être la plus vigoureuse soit tournée vers l'imprimeur.

Plus l'imprimeur est leste à tirer des épreuves, tout en les encrant suffisamment, plus grand sera le nombre qu'il en obtiendra d'une même planche. J'ai cru remarquer que celles-ci ne se détérioraient pas en raison du nombre d'épreuves tirées; mais bien plutôt en raison du temps qu'elles passent dans la presse. Certains imprimeurs ont le préjugé que, pour obtenir un grand nombre de bonnes épreuves d'une planche, il ne faut en tirer de suite que quelques cents, remettre la pierre sous la couleur grasse et la gommer pour la laisser reposer. Certainement, lorsqu'une pierre tend à devenir trop noire, et que les moyens à la disposition de l'imprimeur ne suffisent pas pour arrêter le mal, il est bon de la laver, de la mettre en couleur grasse, et d'y laisser sécher la gomme pendant quelque temps. Mais il faut considérer ceci comme une exception, comme un moyen de parer à un inconvénient, et non en faire une règle générale. Tant qu'une pierre va bien, on peut continuer le tirage sans danger, et on en obtiendra ainsi plus de bonnes épreuves, que si on la met de côté, pour la reprendre à plusieurs fois. J'ai dans plus d'une circonstance, fait tirer d'une pierre dessinée au crayon, 2 à 3000 épreuves, sans qu'elle ait quitté la presse. Mais l'imprimeur doit être attentif à maintenir constamment la planche dans le ton convenable; car s'il la laissait se charbonner ou se dépouiller, il faudrait nécessairement suspendre le tirage pour la remettre en état.

Lorsqu'on doit imprimer une pierre qui a déjà été tirée, on lave la couleur grasse à l'essence avant d'y passer le rouleau à l'encre d'impression. Il arrive alors quelquefois qu'on a de la peine à enlever l'encre grasse, lorsqu'elle a séjourné très-longtemps sur une pierre. D'autres fois même, un imprimeur peut avoir mis de côté une pierre qui est à l'encre d'impression, sans penser à la mettre sous couleur grasse. Lorsqu'elle a resté seulement quelques semaines en cet état, il est presque impossible d'enlever à l'essence cette encre qui a eu le temps de sécher. Dans ce cas, il faut humecter la pierre, et y passer le rouleau à la couleur grasse, et la laisser ainsi reposer une journée. Pendant ce temps, l'essence de térébenthine contenue dans la couleur grasse, pénètre l'encre sèche qui se dissout alors plus facilement. Si une seule opération ne suffit pas, on remet la pierre sous couleur grasse plusieurs fois, jusqu'à ce qu'on puisse enfin enlever entièrement l'ancienne couleur.

Lorsqu'un dessin est convenablement encré, on y pose la feuille de papier, comme je l'ai dit à l'article précédent, en la tenant par les deux angles opposés, et en ayant soin de ne pas la frotter sur la planche. Il faut porter un soin plus grand à avoir une bonne maculature que pour les dessins à la plume; car le moindre défaut, le moindre manque d'épaisseur laisse une marque sur l'épreuve. Le papier sans colle étant préférable pour cet usage, on y emploie ordinairement des épreuves manquées. On peut en coller deux feuilles l'une sur l'autre pour faire un petit carton, qu'on a soin ensuite de lisser en le passant sous le rateau, sur une grande pierre. La maculature ne doit pas être plus large que l'épreuve. Par la pression réitérée, il est naturel qu'elle s'allonge un peu. Si cette pression ne passait pas sur les bords, ceux-ci ne céderaient pas au même mouvement, la feuille commencerait par goder (faire des ondulations) et finirait par former des plis qu'on verrait sur l'épreuve.

Lorsque l'épreuve est tirée, on doit la relever doucement et avec précaution, si le dessin est chargé de travail; car l'encre qu'on emploie pour ces tirages étant très-tenace, il arrive souvent qu'elle arrache des parties du papier, si on y va trop vivement, surtout s'il a été fortement humecté.

Mise sous l'encre de conservation.

Quand un tirage est fini, il ne faut pas laisser l'encre d'impression sur la pierre. Elle présente deux inconvéniens qui font beaucoup de tort aux tirages subséquens et, dans quelques cas, peuvent même les rendre impossibles. Tant que l'encre d'impression est fraîche, l'huile tend à s'étendre en s'infiltrant dans les pores de la pierre devenue sèche, et par conséquent à faire empâter le dessin. Si on la laisse séjourner longtemps sur la pierre, elle finit par sécher de manière à devenir presque entièrement insoluble à l'essence; de sorte qu'on ne peut plus l'enlever. Dans ce cas, l'encre d'impression ne s'y attache plus que très-imparfaitement. Tous les moyens employés pour remettre en bon état une pierre qui aurait reposé ainsi une ou plusieurs années sous l'encre d'impression, peuvent échouer, et la pierre peut se trouver entièrement perdue. Il faut donc, aussitôt le tirage fini, laver la planche à l'essence et remplacer l'encre d'impression par *l'encre de conservation* ou *couleur grasse*, composée de matières qui ne changent pas par le temps, et sont de nature à conserver à la planche toutes ses propriétés, n'importe le temps qu'elle y séjourne.

L'encrage à la couleur grasse doit être fait avec le plus grand soin, et de manière que le dessin présente exactement l'aspect qu'on veut qu'il ait, lorsqu'on reprendra la pierre. On comprendra que si on met trop de couleur grasse, celle-ci déborde les points du dessin et, par le long séjour qu'elle fait sur la pierre, finit par y pénétrer et s'y fixer sous la forme de savon calcaire. Lorsqu'on reprend alors la pierre elle vient plus noire au tirage, qu'elle n'était auparavant. Si, au contraire, on met trop peu de couleur grasse, les parties du dessin qui ne sont pas suffisamment couvertes, se dessèchent et perdent à la longue la propriété d'attirer l'encre d'impression. L'imprimeur adroit saura tirer parti de ces circonstances, pour corriger les défauts des planches qu'il met en couleur grasse. Si, par exemple, une pierre ou seulement une partie de pierre est venue trop faiblement au premier tirage, il la frottera plus ou moins avec l'encre de communication, avant de la mettre en couleur grasse, afin qu'elle s'en trouve bien chargée. Si, au contraire, une partie tend à se charger de trop de noir, il la frottera au chiffon de laine avec un peu de gomme, pour qu'elle ne prenne que tout juste la couleur grasse nécessaire, et qu'elle reste parfaitement transparente. Ce sont toutes ces précautions, sagement employées, qui contribuent puissamment à la bonne conservation des planches.

Lorsque l'encre d'impression est enlevée de dessus la pierre, on verse un peu d'essence sur le rouleau à la couleur grasse, et on le frotte sur le marbre pour dissoudre une quantité suffisante de cette couleur. Ensuite on le roule jusqu'à ce que l'excès d'essence soit évaporé, et que la couleur ait pris assez de force pour permettre d'encrer la pierre. Elle doit cependant être bien moins forte que l'encre d'impression, puisqu'elle se dessèche encore pendant l'encrage. On aura soin de mouiller la pierre plus que pour l'encrage ordinaire, puisque celui à l'encre grasse dure plus longtemps, et qu'on ne peut y passer l'éponge sans effacer le dessin. On passe le rouleau d'abord très-légèrement sur la pierre, et en ne le laissant pas même appuyer de tout son poids, et lâchant entièrement les poignées pour qu'il y tourne librement. Il se dépose trop de couleur sur le dessin au commencement de l'opération; mais à mesure qu'on la continue, la couleur devient plus ferme par l'évaporation, et le rouleau reprend ce qu'il avait d'abord déposé de trop; et si on continuait toujours à rouler, il finirait par arracher presque toute la couleur qui est dessus la pierre. Il faut donc bien observer la marche de l'encrage, et s'arrêter au moment où le dessin se présente avec la pureté et l'effet qu'on veut lui conserver. On laisse alors sécher la pierre pendant une heure ou deux avant de la gommer; car si on voulait lui faire subir cette opération immédiatement après l'encrage, la couleur grasse, encore trop molle, s'effacerait par le frottement de l'éponge.

Ces moyens employés depuis vingt ans dans nos ateliers de Paris et de Mulhouse, ont toujours constamment réussi, et au risque d'être taxés de *charlatan* par MM. Chevalier et Langlumé (1), j'affirme que jamais aucune pierre n'a présenté la moindre tache ou inégalité, lorsque, même après plusieurs années de repos, on en a repris le tirage.

Gommage.

Autrefois on croyait en gommant les pierres, ne faire autre chose que les mettre par là à l'abri de tout corps qui pourrait les graisser et les endommager; mais bientôt on a reconnu que la gomme joue un rôle bien plus important, et que c'est elle qui donne à la pierre la propriété de refuser l'encre. Tout le monde est d'accord là-dessus aujourd'hui, seulement il ne me paraît pas qu'on ait expliqué chimiquement jusqu'ici, les moyens par lesquels elle agit. L'opinion générale est qu'elle se loge dans les pores de la pierre et s'y maintient pendant tout le tirage. Je suis loin de partager cette opinion, et je pense, ainsi que je l'ai dit à l'article *Théorie*, que la gomme dépose à la surface de la pierre une légère couche d'une matière insoluble. (Voir le chapitre III.) Quoiqu'il en soit, il est de fait que, pour bien conserver les parties blanches d'une pierre, il est nécessaire qu'elles soient couvertes de gomme.

Aussitôt que la couleur grasse est sèche, on doit donc y passer une éponge trempée dans une dissolution de gomme, qui a à peu près la viscosité de l'huile. Il faut avoir soin d'en mettre partout, en passant plusieurs fois sur toute la pierre; mais la couche doit en être aussi mince que possible. Il y a, en effet, un très-grand danger à couvrir les pierres d'une couche trop épaisse de gomme. Si elles sont conservées dans un endroit très-sec, placées près d'un poêle, ou exposées aux rayons du soleil, il arrive que la gomme se fendille et arrache avec elle non-seulement la partie insoluble qui couvre la pierre, mais même une portion de sa surface. Ces places prennent alors le noir à l'encrage, et j'ai vu plus d'une fois des pierres, sur lesquelles la gomme s'était ainsi fendillée, présenter sur une partie du dessin, un réseau noir qu'on n'a pu détruire qu'en repolissant la place, et en refaisant le dessin à neuf.

M. Tudot propose dans son Traité, pour empêcher cet inconvénient, d'ajouter

(1) Traité complet de la Lithographie, page 150.

à la gomme un 20e de sucre candi; mieux vaudrait peut-être encore du sirop de mélasse, qui a la propriété de ne pas se dessécher. Mais le moyen le plus simple est, comme je l'ai dit, d'étendre la couche de gomme très-mince; d'autant plus que le sucre et la mélasse attirent les mouches d'une manière fort incommode.

Plusieurs lithographes se plaignent que la gomme dissoute dans l'eau aigrit au bout de quelques jours, surtout en été. Si, dans cet état, on la passe sur les pierres, il arrive fréquemment qu'elle attaque les parties les plus légères du dessin, et y forme des raies dans la direction qu'on y a passé l'éponge, surtout si on y met beaucoup de gomme. Il est fort difficile de faire reprendre l'encre également sur des parties ainsi détériorées, et souvent on est obligé de recourir à la retouche. Je ne puis parler par expérience de cet inconvénient, notre gomme à Mulhouse ne s'aigrissant jamais. Je ne sais quelle peut être la cause de cette différence; peut-être faut-il l'attribuer à ce que nous tenons notre gomme dissoute assez épaisse, et qu'elle ne passe à la fermentation acide que lorsqu'elle a un certain degré de liquidité. On a proposé, pour ramener la gomme acide à son état naturel, d'y ajouter quelques morceaux de craie ou de pierre lithographique. Par la décomposition de cette craie (carbonate de chaux), l'acide carbonique se dégage, et la chaux neutralise l'acide formé dans la gomme. Lorsque l'action est terminée; ce qu'on reconnaît à ce que la gomme ne rougit plus le papier de tournesol, on passe à travers un linge, pour séparer le dépôt qui s'est formé. Au reste, les lithographes qui s'aperçoivent que leur gomme s'aigrit, feront bien de n'en faire dissoudre à la fois que la quantité nécessaire pour un ou deux jours, et de la tenir dans un endroit frais.

Pour conserver les pierres, il faut les tenir dans un endroit sec, mais pas trop chaud. Nous avons vu ci-dessus les effets pernicieux de la chaleur sur la gomme. L'humidité ne présente pas moins d'inconvéniens, dont le moindre est que les pierres s'en pénètrent tellement, que les parties fines du dessin refusent le noir au moment du tirage. Mais lorsque les pierres y sont exposées pendant longtemps la gomme se moisit, et il s'y forme des taches qui se communiquent au dessin, et en détruisent tout l'effet. Les personnes qui n'auraient point de local suffisamment sec pour y conserver leurs planches dessinées, doivent au moins isoler les casiers des murs humides, et ne pas les faire descendre trop près de terre, afin que l'air puisse circuler librement tout autour. Elles doivent les visiter souvent et, au moindre indice de moisissure, renouveler la gomme et même la couleur grasse.

La Société d'encouragement, étendant sa sollicitude sur toutes les parties de notre art, a décerné dans sa séance du 28 Décembre 1831, une médaille d'argent à M. Langlumé, pour un enduit propre à garantir les pierres des effets destructeurs de l'humidité. En voici la composition :

Blanc de baleine,	5 parties.
Poix de Bourgogne,	4 1/2 »
Huile d'olives,	3 »
Cire blanche,	1 »
Térébenthine de Venise,	1 »

On fait fondre toutes ces matières ensemble, et on les étend sur les pierres avec un rouleau. On peut passer cet enduit sur la gomme; mais M. Lemercier assure qu'il vaut mieux l'étendre sur les pierres sans les gommer, et qu'elles n'en sont que mieux conservées.

N'ayant jamais eu d'ateliers humides, je n'ai point été à même de vérifier l'efficacité de ce procédé.

Moyens accessoires pour parer aux différens inconvéniens qui peuvent se présenter pendant le tirage.

J'ai dit, et je ne saurais trop le répéter, que le principal moyen d'obtenir un bon tirage, réside dans la manière dont l'imprimeur sait manier son rouleau. Il existe cependant des cas où il faut employer différens moyens accessoires, qu'une longue pratique apprend seule habituellement, pour enlever des taches, et parer à divers inconvéniens qui peuvent se présenter pendant le tirage; je vais les faire connaître successivement.

Taches produites par les pellicules des cheveux.

J'ai parlé à l'article *Dessin sur pierres*, des petites taches rondes que forment sur les pierres grainées, les pellicules des cheveux qu'on y laisse séjourner. Ces taches prennent le noir au tirage, et paraissent ordinairement après qu'on a obtenu quelques épreuves. On se sert pour les enlever d'une plume taillée très-fin, et qu'on trempe dans l'acide. Au moment où une épreuve vient d'être tirée et qu'elle a enlevé la plus grande partie de l'encre qui s'est fixée sur ces taches, et pendant que la pierre est sèche, on touche ces taches avec le bout du bec. Pour que l'acide ne s'étende pas trop loin, il faut qu'il y en ait très-peu au bout de la plume; qu'elle n'en soit que pour ainsi dire humectée. Il faut tâcher que l'acide n'agisse absolument que sur le point même, surtout si le défaut se trouve dans une partie teintée du dessin. Lorsque l'acide a produit convenablement son action, le rouleau qu'on passe ensuite sur la pierre doit enlever la tache; mais ordinairement la place où elle se trouvait devient blanche. Il faut alors tirer de nouveau une épreuve, et lorsque la pierre est sèche, la retoucher avec un crayon taillé bien fin. Cette opération demande beaucoup de soin; et ce n'est qu'avec une grande adresse qu'on parvient à faire disparaître entièrement ces taches, lorsqu'elles se trouvent dans des teintes unies, comme, par exemple, les ciels. Souvent il faut y revenir à plusieurs reprises. On peut, au lieu d'une plume d'oie, employer pour cette opération une plume d'or ou de platine; mais il faudrait bien se garder de prendre une plume d'acier : le muriate et le nitrate de fer formant des taches noires sur les pierres, on augmenterait le mal au lieu de le diminuer.

Taches de salive.

Très-souvent, lorsqu'on encre une pierre neuve, il s'y trouve des taches blanches rondes, provenant de gouttes de salive qui y sont tombées avant ou pendant l'opération du dessin. Il n'y a d'autre moyen de les faire disparaître, que la retouche; mais le crayon tient difficilement sur ces places; et souvent, quand on croit pour le moment les avoir enlevées, elles reparaissent au bout d'un certain nombre d'épreuves. Le meilleur moyen que l'expérience m'ait appris, de s'en débarrasser complétement, consiste à laisser sécher la pierre après avoir tiré une épreuve. On retouche alors ces taches avec un crayon bien effilé. Comme le savon sec ne traverse pas facilement la petite couche gommeuse insoluble qui se trouve sur ces taches, on souffle sur les points retouchés, jusqu'à ce que la pierre y devienne légèrement humide, alors l'alcali du crayon agit sur la gomme et la rend soluble; ce qui permet au crayon de la traverser et de se fixer sur la pierre. On fait ensuite sécher de nouveau, en agitant l'air au-dessus avec la main, ou avec un morceau de papier. Si on frottait immédiatement l'éponge, elle enlèverait le crayon encore à l'état de savon. Il faut donc auparavant y passer un peu de gomme pour le précipiter. Alors on humecte et on passe le rouleau. Malgré ces précautions, les retouches ne tiennent pas toujours, et il faut souvent y revenir à plusieurs reprises avant qu'elles ne se fixent définitivement. Si, malgré toutes les précautions et tous les soins, on ne pouvait pas les faire tenir, il faudrait gratter légèrement la place avec une pointe d'acier, pour enlever la couche gommeuse insoluble qui s'oppose à l'adhérence de la graisse, et les retoucher ensuite.

Lorsqu'il tombe pendant le travail des gouttes de sueur sur les pierres, elles forment des taches blanches, dues à l'acide contenu dans ce liquide. Si on les frotte à l'instant avec de l'encre de communication, elles disparaissent; mais mieux vaut encore que l'imprimeur s'essuye le visage de temps en temps, afin d'éviter de semblables accidens.

Moyen de faire revenir des parties qui ont disparu.

J'ai parlé à l'article de l'encrage des dessins au crayon, de l'emploi de l'encre de communication pour faire prendre le noir sur des parties qui la refusent. C'est M. Hanhart, contre-maître dans mon établissement de Mulhouse, qui observa le premier l'action produite sur une pierre dessinée, par une couleur graisseuse dissoute dans l'essence de térébenthine. Il venait de laver avec peu d'essence une pierre très-chargée de travail, et il remarqua que les parties, d'abord enlevées à blanc, reprenaient peu à peu l'encre à mesure qu'il continuait de frotter, et qu'elles reparaissaient avec plus de finesse et de pureté qu'auparavant. C'est ce qui lui donna l'idée de composer une liqueur chargée de parties graisseuses et résineuses, pour favoriser l'adhésion de l'encre d'impression; et cette préparation nous a fourni un des moyens les plus puissans que je connaisse, de faire venir au tirage les parties les plus légères. J'ai décrit en détail la manière d'employer cette encre de communication; je n'y reviendrai donc pas, et je me bornerai à rappeler ici qu'elle est parfaitement applicable chaque fois qu'une partie d'un dessin faiblit ou refuse de prendre l'encre.

Si, malgré le frottement de l'encre de communication, un dessin continuait à refuser l'encre d'impression, il faudrait y laisser sécher cette encre de communication, afin de lui donner le temps de mieux pénétrer dans la pierre. Pour cela, on prend de l'encre de communication sur un chiffon de laine, on enlève le dessin, et on continue à frotter jusqu'à ce qu'elle ait bien repris partout; mais en ayant soin de tenir la pierre constamment assez humide pour que cette encre ne se fixe point sur les parties blanches, et que le dessin paraisse dans toute sa pureté. On laisse alors sécher un peu la pierre, et on couvre de gomme seulement, les parties qui d'elles-mêmes viennent assez noires et n'ont pas besoin d'être renforcées. Quant à celles qui refusaient l'encre, on les laisse sans gomme pendant plusieurs heures, et même une journée entière, si on le croit nécessaire. En passant alors l'encre d'impression sur la pierre, il est probable que tout viendra bien. On pourrait aussi, après que la pierre frottée de l'encre de communication a séjourné le temps convenable avec la gomme, laisser sécher cette gomme, puis la laver à l'eau, et passer sur la planche le rouleau à la couleur grasse, en ne faisant que deux ou trois tours, afin de déposer encore plus de matière grasse sur chaque point. On la laisserait reposer dans cet état pendant quelque temps, avant de reprendre le tirage.

Lorsqu'en général, on remarque que les parties légères d'une pierre ont peine à prendre l'encre, et que les épreuves présentent un grain inégal et dépouillé, on peut quelquefois y remédier par l'addition d'un peu de suif dans l'encre d'impression, ou mieux encore, on fait chauffer dans un poëllon

10 parties vernis moyen, auquel on ajoute
1 » suif,

et on s'en sert pour broyer la couleur. Si cette addition de suif ne suffisait pas, on pourrait y ajouter encore 1/3 de partie de savon. Mais alors il faut surveiller le tirage avec attention, car le savon est toujours un moyen dangereux qu'il ne faut employer qu'à la dernière extrémité. Pour peu qu'on remarquât que les épreuves viennent trop chargées, il faudrait enlever cette encre de dessus le rouleau, et la remplacer par l'encre ordinaire.

Je connais des imprimeurs qui composent un mélange de

6 parties térébenthine de Venise,
4 » moëlle de bœuf,
5 » savon,
8 » suif,
2 » cire,

qu'ils font fondre ensemble, et en ajoutent environ 1/6 à leur encre, en broyant bien le tout ensemble. On travaille bien plus facilement avec une pareille encre, et les épreuves viennent très-bien; mais cependant il faut se garder d'abuser de ces moyens, car s'il y avait trop de matières graisseuses de cette nature dans l'encre, les épreuves ne sécheraient pas suffisamment, et pourraient s'effacer par le frottement.

Si ce sont des parties d'un dessin à la plume qui ne prennent pas l'encre, et si elles ont résisté aux moyens que je viens d'indiquer, il y a encore un moyen de les faire venir. Comme ces dessins sont acidulés fortement, les lignes du dessin se trouvent un peu en relief et, surtout si on opère sur une partie dont les travaux sont serrés, on peut y frotter légèrement une pierre ponce bien plane, sans que celle-ci atteigne le fond qui doit rester blanc. On prend, dans ce cas, une petite pierre ponce très-fine. On met de l'huile sur une mauvaise pierre, et on y frotte cette pierre ponce, tant pour la rendre bien plane, que pour l'imbiber de ce liquide gras. On en frotte alors bien délicatement les parties du dessin qui ne viennent pas. Par cette opération, la pierre ponce enlève sur les traits saillans, le corps gommeux insoluble qui empêche l'encre d'y adhérer, et met la pierre à nu, en lui communiquant en même temps une partie de l'huile dont elle est imbibée. On peut faire cette opération sur une pierre mouillée, et si elle ne réussissait pas bien, on la laisserait d'abord sécher ; mais surtout il faut avoir soin de poser la pierre ponce bien à plat, afin de ne toucher nulle part le fond de la pierre.

EMPATEMENS.

Pierres qui s'estompent ou prennent trop d'encre.

Le premier moyen d'enlever les empâtemens partiels, est d'y passer le coin du rouleau (*planche* XLVIII, *fig.* 5), en le faisant rouler avec vivacité, et même en frappant sur la pierre.

Si ce moyen ne suffit pas, il faut enlever la pierre à blanc; c'est-à-dire la laver à l'essence, de manière qu'elle devienne entièrement blanche, et frotter alors la place empâtée avec un chiffon de laine trempé dans de l'eau, en employant plus ou moins de force, suivant que l'empâtement est plus ou moins tenace. Ce même moyen peut aussi être employé lorsque la pierre se couvre d'un ton ou, comme on dit, lorsqu'elle devient estompée. Si on voit que l'estompe tend à revenir, on pourra passer de temps en temps sur la pierre une éponge trempée dans du vin blanc ou de la bière. Si ces liqueurs sont légèrement aigries, elle n'en font que plus d'effet; on peut aussi en mettre un peu dans l'eau dont on se sert pour humecter la pierre (1).

Si ces moyens ne suffisent pas, après avoir enlevé le dessin à blanc, on frotte la pierre au moyen d'un chiffon de laine, avec un mélange d'essence et de gomme. Quelquefois les imprimeurs se contentent de cracher sur la pierre pendant qu'ils la lavent à l'essence; la salive fait à peu près le même effet que la gomme, à cause des matières mucilagineuses qu'elle contient.

Moyen d'enlever d'anciens dessins qui reparaissent, ou d'autres taches.

J'ai parlé au chapitre des pierres, du danger qu'il y a de ne pas repolir suffisamment celles sur lesquelles se sont trouvés des dessins, surtout s'ils étaient

---

(1) Du vinaigre faible, ou de l'acide muriatique très-étendu d'eau ne feraient-ils pas le même effet? P.

très-colorés, et s'ils y ont séjourné longtemps. Il arrive souvent, lorsque cette précaution a été négligée, qu'en imprimant le nouveau dessin fait sur une pareille pierre, l'ancien, ou du moins ses parties les plus foncées, reparaissent et forment des taches d'autant plus fâcheuses, qu'elles augmentent à mesure qu'on continue le tirage. Ce sont aussi, de toutes, les plus difficiles à enlever, et même souvent on n'y réussit pas complétement, malgré tous les soins qu'on y apporte; surtout si elles se trouvent dans les ciels ou autres teintes unies. Le moyen suivant est celui qui me paraît offrir le plus de chances de succès. On encre la pierre, afin de garnir de matière grasse les points qui forment le dessin, et de les garantir par là de l'action de l'acide, et on la laisse ensuite sécher. On prend un mélange d'eau et d'acide muriatique, marquant 1 à 1 1/2 degré à l'aréomètre, suivant que la tache est plus ou moins forte. On fera bien d'ajouter un peu de gomme à ce mélange; après quoi, on y trempe un pinceau qu'on passe sur les parties qui sont trop foncées, en ayant soin que le pinceau ne contienne que tout juste assez d'acide pour les mouiller sans y laisser de gouttes; parce que celles-ci occasionneraient des inégalités, en attaquant plus la pierre que les places environnantes. Comme les points formés par l'ancien dessin qui repousse, sont infiniment plus petits que ceux du nouveau dessin, et que ces derniers sont chargés d'une plus grande quantité d'encre, l'action corrosive de l'acide très-faible qu'on emploie ne détruit que les premiers, sans attaquer sensiblement les autres. Lorsqu'on a touché toutes les taches, on mouille la pierre, et on y passe vivement le rouleau pour enlever l'encre que l'acide a détachée. Si tout n'a pas disparu, on laisse de nouveau sécher la pierre, et on répète l'opération jusqu'à ce qu'on ait atteint le résultat désiré. Quelquefois même, ces taches ne reparaissent qu'au bout d'un certain nombre d'épreuves. Aussitôt qu'on s'en aperçoit, il faut s'empresser d'y repasser le pinceau à l'acide, afin de ne pas laisser au mal le temps de s'aggraver. Cette opération demande à être faite par une main exercée qui ait assez l'habitude du maniement du pinceau, pour ne pas dépasser les parties trop chargées; sans quoi on s'exposerait à faire des lignes blanches à côté. On doit agir doucement et avec précaution; il vaut mieux revenir plusieurs fois sur un même point, que d'employer de l'acide qui agisse trop fortement. Si, malgré ces soins, certaines parties étaient devenues trop claires, on les retouchera au crayon en employant le même moyen que j'ai indiqué pour réparer les taches de salive. Il est inutile de dire que ce moyen peut être employé pour enlever toute espèce de tache légère, ou éclaircir des parties qui viendraient trop foncées. Lorsqu'on doit agir sur une teinte très-délicate, il faut préparer de l'acide très-faible, en prendre très-peu dans le pinceau, et se contenter de picoter sur la partie à éclaircir, au lieu d'y passer une teinte. Il est plus facile par ce pointillé, de fondre l'opération de manière qu'on ne puisse en apercevoir la limite; tandis que sur certaines parties on agit plus fortement, en multipliant le pointillé.

Bavochures.

On appelle ainsi des salissures qui se forment sur l'épreuve lorsqu'elle frotte sur la pierre. On rencontre souvent ces salissures sur les grands registres : comme il y a alors ordinairement des lignes verticales, la feuille de papier glisse sur elles en s'allongeant, et entraîne un peu de couleur qui se dépose à côté de ces lignes. C'est surtout lorsqu'on imprime de grandes planches au crayon, et principalement lorsqu'on fait des tirages sur papier de Chine, qui happe plus facilement l'encre que le papier ordinaire, que les épreuves présentent en travers des lignes, ordinairement courbées, formées par des salissures, qui ne sont autre chose qu'une multitude de points noirs qui se sont imprimés sur le papier aux endroits où il a touché la pierre, avant que le rateau y ait passé, et qui se sont trouvés changés de place par l'allongement du papier. Il est excessivement difficile d'éviter ces bavochures, en tirant de grandes pierres sur papier de Chine, et j'avoue que je n'ai encore trouvé d'autre moyen de parer complétement à cet inconvénient, que de tirer les épreuves sur le papier de Chine seul, sans qu'il soit encollé d'abord, pour le fixer sur une autre feuille. Il faut croire que la feuille seule, et alors très-légère, offrant des plis bien moins résistans que du papier épais, ne prend pas l'encre avant que la pression ne l'atteigne. On encolle ces épreuves lorsqu'elles sont sèches, et on les applique sur le papier blanc par une seconde opération, en les passant sous le rateau sur une pierre non dessinée. Voir ce qui concerne le papier de Chine, dans le chapitre IV.

Les moyens les plus efficaces d'éviter autant que possible ces bavochures, sont:

1° D'humecter bien également le papier, de manière que les feuilles soient bien plates et sans aucun pli. Par la pression, la partie de la feuille qui passe sous le rateau s'allonge, tandis que les bords restent tels qu'ils sont. Il est clair, dans ce cas, que le milieu de la feuille ne pourra que goder, et faire même des plis, si ses bords ne peuvent suivre son mouvement. Ces plis s'appuyent plus fortement sur la planche que le reste de la feuille, et y prennent le noir qui fait ensuite des bavochures. Il est donc prudent de tenir les bords un peu plus humides que le milieu de la feuille.

2° De bien tendre le cuir. Lorsqu'il n'est pas assez tendu, il s'allonge par le frottement du rateau et, en glissant sur la pierre, il entraîne avec lui le papier qui y est posé. On remarque aussi que, lorsqu'il est lâche, il forme devant le rateau un pli qui peut arriver jusque sur le papier et, en le pressant sur la pierre, lui faire prendre le noir. Il faut aussi avoir soin de tenir le cuir à une distance convenable de la pierre, afin qu'il ne touche la feuille de papier qu'au moment où le rateau y arrive.

3° D'avoir de bonnes maculatures. Elles doivent être bien plates, et ne pas goder, ni faire des plis; car ceux-ci, pressant sur la feuille de papier, lui feraient prendre l'encre. Il est bon également de choisir les maculatures aussi petites que possible, et seulement de la grandeur exactement nécessaire pour couvrir la place où la racle passe. J'ai observé que les maculatures fortes, composées de deux ou plusieurs feuilles collées ensemble, produisaient moins de bavochures que de simples feuilles. Je pense que cela provient de ce que le cuir glisse sur cette espèce de carton, et ne fait point d'effet sur l'épreuve. Au lieu de ces maculatures composées, on peut aussi se servir d'une feuille mince de carton lissé à satiner, qu'on pose sur la maculature ordinaire.

4° Il faut prendre l'encre aussi ferme que les circonstances le permettent, afin qu'elle ne macule pas facilement sur le papier.

5° Lorsqu'on tire des épreuves de dimensions ordinaires sur papier de Chine, un moyen d'éviter les bavochures, est de coller d'avance la feuille de papier de Chine sur le papier blanc, et de poser ensuite les deux feuilles réunies sur la pierre. A cet effet, on place d'abord sur la pierre la feuille qui doit recevoir l'épreuve, et sur celle-ci une feuille de papier blanc humide. Il n'est pas besoin de dire que le côté collé du papier de Chine est tourné vers le papier blanc. On recouvre le tout d'une maculature. Par le passage sous le rateau, les deux feuilles réunies deviennent bien plates, et s'allongent autant que la pression peut les étendre; de sorte que si alors on les soumet à la pression, pour recevoir l'empreinte, elles ne forment point de plis et ne s'allongent plus ou très-peu. Dans ce cas, pour placer l'épreuve juste sur le papier de Chine, il faut faire deux points de repère sur la pierre, et se servir d'aiguilles pour poser la feuille, comme je l'indiquerai à l'article des épreuves rehaussées.

Pierres mal dressées.

Quelquefois il arrive qu'une pierre dressée avec trop peu de soin, n'a pas ses deux faces parfaitement parallèles, et se trouve par conséquent plus épaisse à un bout qu'à l'autre; ce qui rend un bon tirage impossible. En effet, si on règle la pression sur le bout le plus épais, elle diminuera à mesure qu'elle approchera du côté le plus mince; tandis que si on ajustait le rateau sur le côté le plus bas, le chariot se trouverait arrêté par l'augmentation de pression, avant que le rateau ne fût arrivé au milieu de la planche. Lorsqu'une pierre présentera ainsi une notable différence d'épaisseur, il faudra coller avec de la gomme une feuille de papier fort sur le dessin, afin de le garantir de tout frottement, et donner la pierre à un menuisier, pour qu'il adapte à l'envers, à la colle forte, une planchette en bois blanc, qu'il dresse alors parallèlement avec la surface dessinée, lorsque la colle est bien sèche. Cette opération demande beaucoup de soin, pour ne pas endommager le dessin, et on ne devra la confier qu'à un menuisier habile et intelligent. Comme il faut chauffer la pierre pour y appliquer convenablement la colle, on ne saurait y apporter trop de précautions.

Lorsque la différence d'épaisseur n'est pas considérable, le lithographe peut lui-même la compenser en collant à l'envers de la pierre un petit coin, ou bande de papier, en commençant à l'endroit où la pierre est plus mince. Sur celui-ci il en collera un autre un peu plus large, ensuite un troisième encore plus large, et ainsi de suite; de sorte qu'à la partie mince il y aura de superposées autant de feuilles de papier qu'il en faudra pour compenser le manque d'épaisseur, et que ces feuilles diminueront progressivement jusqu'à la partie la plus épaisse de la pierre (*planche* XLIX, *fig.* 1). Pour opérer bien régulièrement, il faudra mesurer avec exactitude ce qui manque à la partie la plus mince, pour l'amener au niveau de la partie la plus épaisse. Puis, en pressant un certain nombre de feuilles de papier, on y appliquera la mesure trouvée; on comptera ensuite les feuilles du paquet, et on divisera la longueur de la pierre en autant de parties qu'on a de feuilles; ce qui indiquera la largeur dont chacune devra dépasser la précédente, pour arriver à niveler parfaitement la pierre.

Des pierres cassées.

J'ai dit dans le chapitre qui traite des pierres, qu'on doit avoir soin que les deux faces d'une pierre soient parfaitement droites, afin d'en éviter la rupture; car il est clair que si elles portaient à faux dans la presse, elles se briseraient dès les premières épreuves. Par la même raison, l'imprimeur doit veiller à ce que le fond du chariot et le rouleau qui le supporte, soient parfaitement droits. Il doit aussi visiter à la règle l'envers de chaque pierre qu'il met en presse, afin de s'assurer si elle est bien droite; si non, il faudrait la dresser avant d'en commencer le tirage. Il est bon, en outre, de poser une planche en bois tendre ou un carton sous les pierres, afin que s'il s'y trouvait un grain de sable ou d'autres impuretés, elles pussent s'y enfoncer sans occasionner la rupture de la pierre. Quelques imprimeurs couvrent le fond du chariot d'un drap de laine; d'autres enfin y mettent du sable, mais ce dernier moyen est mauvais et plus nuisible qu'utile; car ordinairement, en plaçant la pierre dans le chariot, on dérange le sable qui se trouve alors en parties inégales sous la planche, et peut plutôt provoquer sa rupture que l'empêcher. En général, l'imprimeur doit tenir l'intérieur du chariot très-propre, afin qu'aucun corps formant épaisseur ne puisse se trouver sous la pierre. Par ces précautions il pourra, autant qu'il dépend de lui, éviter la rupture des planches. Cependant, il est possible qu'une pierre ait une fêlure difficile à apercevoir, ou un défaut intérieur qui en occasionne la casse, quelquefois même après le tirage d'un grand nombre d'épreuves; sans qu'on puisse en jeter la responsabilité sur l'imprimeur.

Si la pierre casse seulement en deux parties, et qu'il ne s'enlève pas beaucoup d'éclats dans les parties dessinées, on peut la rajuster de manière à pouvoir soutenir encore un fort tirage. A cet effet, on nettoie bien la cassure, afin qu'il ne s'y trouve aucun corps étranger qui empêcherait la parfaite jonction des deux parties. On pose les deux morceaux sur une pierre plate, et en les rapprochant avec précaution, de manière qu'elles se rejoignent parfaitement. Alors on les lie avec une ficelle qu'on tourne autour de la pierre, autant de fois que le permet son épaisseur, et en serrant fortement à chaque tour *(planche* XLIX, *fig.* 2). Mieux serait encore de la lier au moyen de deux bandes de fer mince, portant des deux côtés de la pierre des vis destinées à les serrer fortement *(fig.* 3). Ce dernier moyen est surtout préférable pour de grandes pierres; cette armure en fer étant moins sujette à céder que des ficelles.

La pierre ainsi rajustée, il faut la mastiquer sur une autre. On prend pour cela une mauvaise pierre lithographique ou tout autre bien plate; on la pose de manière à ce que la partie dressée se trouve en-dessous, et la partie raboteuse en-dessus. On gâche dans un vase du plâtre et de l'eau à parties égales. Aussitôt que le mélange est parfait, et qu'il n'y reste plus de plâtre aggloméré, on le verse sur le milieu de cette pierre, et on y pose celle qui est cassée, en remuant un peu, jusqu'à ce que le plâtre sorte sur les côtés. Il faut avoir soin de tenir la surface dessinée bien parallèle à la surface inférieure de la seconde pierre. On laisse alors prendre le plâtre pendant qu'on nettoie les bords.

J'ajouterai, pour les personnes qui n'ont pas l'habitude de manier le plâtre, que si le corps est de bonne qualité, il doit se prendre en une masse solide quelques minutes après qu'il a été mêlé à l'eau. Il faut donc se dépêcher de le mêler avant ce durcissement, afin que tout soit terminé au moment où il doit prendre; et alors on le laissera en repos pendant tout ce temps, si non il ne se consoliderait plus. Lorsque le plâtre est resté longtemps exposé à l'air, il perd la propriété de se solidifier ainsi, et ne vaut plus rien. Il faut donc, avant de l'employer, s'assurer par un essai s'il est encore en bon état.

En général, c'est un très-bon moyen d'empêcher les pierres de casser, que de les doubler avant le tirage, et je conseillerai de prendre cette précaution pour toute pierre dont le dessin a une grande valeur, et qui inspirerait quelque crainte de casse. Les pierres qu'on emploie pour ce doublage, n'ont pas besoin d'être fort épaisses. Il suffit qu'elles aient neuf lignes à un pouce. Je suis même porté à croire qu'on pourrait se contenter de coller une feuille ou deux de fort carton sur l'envers d'une pierre, pour l'empêcher de casser. On se servirait, à cet effet, d'une gomme épaisse. Il n'y a pas assez longtemps que j'emploie ce moyen, pour pouvoir en affirmer l'efficacité dans tous les cas. Je puis dire cependant, qu'aucune des pierres que nous avons doublées avec du carton, n'a jamais cassé.

Je dois ajouter que, si on veut doubler une pierre neuve avant le tirage, il faut d'abord l'aciduler, la laver à l'essence et l'encrer. Alors on colle sur le dessin une feuille de papier avec de la gomme, et on laisse sécher. De cette manière, le dessin se trouve garanti de tout accident; tandis que, si on voulait doubler la pierre avant l'acidulation, il suffirait d'un peu de plâtre ou d'eau qui tomberait sur le dessin, pour le gâter.

Si on s'apercevait qu'une pierre a une fente, il ne faudrait pas attendre qu'elle se cassât, pour la lier et la mastiquer sur une autre. On peut, par ce moyen, en éviter la rupture, et continuer le tirage sans qu'on voie même la marque de la fente sur les épreuves. Quant aux pierres cassées, il arrive rarement qu'elles se brisent sans qu'il ne saute quelques éclats qui laissent sur les pierres une marque blanche, qu'il faut retoucher sur chaque épreuve avec du crayon lithographique.

Pour de petites pierres et des choses de peu d'importance, il suffit quelquefois de réunir les pierres à la colle forte. A cet effet, on chauffe autant que possible les deux parties qu'on veut réunir, on y étend de la colle assez liquide pour qu'elle ne forme pas d'épaisseur, et on serre ensuite le tout avec des ficelles. Il faut laisser les ficelles plusieurs jours, jusqu'à ce qu'on pense que la colle soit sèche d'outre en outre. On peut alors procéder au tirage. Il nous est souvent arrivé dans nos ateliers de faire des tirages de plusieurs centaines d'épreuves de pierres ainsi collées.

Impression de pierres gravées.

La gravure sur pierre est généralement usitée en Allemagne, et presque toutes les lithographies de ce pays ont l'habitude d'imprimer ces sortes de pierres. Mais dans cette partie, il y a presque autant de méthodes que d'établissemens. Chacun croit la sienne préférable, parce que la longue habitude qu'il en a, fait que ses épreuves réussissent. Les uns encrent et nettoyent au chiffon; d'autres encrent au chiffon et nettoyent au rouleau. Quelques-uns encrent à la brosse, etc. Tous ces moyens peuvent réussir, s'ils sont mis à exécution avec l'adresse convenable. Dans nos ateliers nous encrons et essuyons au chiffon, parce que nous avons trouvé que ce procédé donne les épreuves les plus pures et les plus brillantes; le chiffon laissant plus d'encre dans les tailles que le rouleau. Nous nous y prenons de la manière suivante.

Après que la pierre est gravée, et qu'on a eu soin de faire sécher les parties qu'on pourrait avoir couvertes de gomme et d'acide, on y frotte de l'huile, de manière à la faire entrer dans toutes les tailles. Il est même bon, si on en a le temps, de l'y laisser séjourner pendant environ un heure, afin qu'elle puisse pénétrer dans les travaux les plus fins. On met la pierre en presse, en observant les précautions que j'ai recommandées à l'article des pierres dessinées à l'encre; ensuite on lave la planche à l'eau, et on commence l'encrage.

L'encre pour ce genre d'impression, se fait de préférence avec du vernis d'huile de noix, qu'on traite comme celui à l'huile de lin, si ce n'est qu'on ne chauffe l'huile que jusqu'à ce qu'elle commence à s'enflammer. On la laisse brûler quelques minutes seulement, et on l'étouffe alors afin d'obtenir un vernis plus liquide que ceux pour les pierres à la plume et au crayon. L'huile de noix est préférable, en ce qu'elle fournit un vernis plus moëlleux et plus doux que l'huile de lin; cependant on peut aussi employer cette dernière. On broye de la couleur avec

3 parties de noir de fumée calciné,
1 » de noir de Francfort très-fin et de première qualité; ce dernier s'essuyant plus facilement que le premier.

Beaucoup de lithographes mêlent de la gomme épaisse à la couleur qu'ils préparent pour les pierres gravées. Cette gomme ne peut, à mon avis, avoir d'autre effet que de se dissoudre dans l'eau à mesure de l'encrage, et de contribuer ainsi à tenir les planches plus propres. Il me semble qu'il est plus simple de mêler un peu de gomme à l'eau, si on le juge convenable, sans se donner la peine de la broyer avec la couleur.

Pour encrer, on se sert d'une espèce de tampon en bois *(planche* L, *fig.* 1), plat en-dessous et recouvert de drap de laine. On pose la couleur broyée sur un coin du marbre, et on en prend une petite portion qu'on délaye avec un peu d'essence de térébenthine, en frottant avec le tampon. On mouille alors la pierre, et on y frotte ce tampon dans toutes les directions, jusqu'à ce que les tailles en soient remplies. On prend ensuite un chiffon humide, et on s'en sert pour essuyer l'excès d'encre resté sur la pierre. Si celui-ci ne suffisait pas pour la rendre entièrement propre, ou qu'il fût déjà un peu sali par l'usage, on en prendrait un second pour achever le nettoyage. Ces chiffons devront être de toile de lin ou de coton. Cette opération exige de l'adresse et de l'habitude. Il faut essuyer légèrement et sans trop appuyer, pour ne pas arracher la couleur des lignes gravées. Si quelques parties d'encre résistent à l'emploi des chiffons, on y passe légèrement la paume de la main qui rendra la place propre. Si une pierre ne s'essuye pas bien, on mêlera un peu de gomme dans l'eau qui sert à humecter les chiffons. En général, les pierres neuves ne s'essuyent pas si bien que lorsqu'on en a déjà tiré un certain nombre d'épreuves, et qu'elles se trouvent polies par le frottement des chiffons. Il arrive quelquefois qu'une pierre neuve se couvre en entier d'un ton grisâtre lorsqu'on l'encre pour la première fois; ceci provient ordinairement de ce qu'elle n'a pas été convenablement préparée avant la gravure. Quelquefois aussi, des chiffons qu'on aurait lavés au savon, et qu'on n'aurait pas suffisamment rincés dans de l'eau propre, pourraient, en altérant la couche gommeuse insoluble, produire un pareil ton. Dans ce cas, il faut passer de la gomme sur la pierre et continuer de frotter avec le chiffon; elle se nettoiera peu à peu.

J'ai dit au chapitre *Dessin sur pierre*, que pour les travaux ordinaires de gravure, on couvre les pierres d'une légère couche de gomme colorée en noir ou en vert. Mais que, quelque mince que soit cette couche, elle oppose encore trop de résistance aux travaux très-fins de la machine à graver. Pour se servir avec succès de cette dernière, on se contente de passer sur la pierre, de la gomme mêlée d'acide, comme on traite les pierres dessinées à la plume. On laisse sécher la gomme, puis on la lave. Il ne reste donc sur la pierre que la couche gommeuse insoluble très-mince. Ces dernières pierres sont plus difficiles à encrer pour la première fois, que celles couvertes d'une couche de gomme; car il arrive assez ordinairement que d'abord le noir s'attache presque sur toute la pierre. On tâche de l'enlever peu à peu en frottant avec le chiffon, et la paume de la main; mais le moyen le plus efficace est de mettre un peu de gomme sur la pierre, et de mêler assez d'essence à l'encre d'impression pour que celle-ci dissolve l'encre qui s'est fixée sur les parties blanches. On frotte cette encre sur la planche avec un chiffon, et à mesure qu'elle enlève les salissures, la gomme prépare les places de manière qu'ensuite elles ne s'y fixent plus; tandis que les tailles sont toujours tenues garnies d'encre et ne souffrent en aucune manière de cette opération.

Si tous les moyens d'enlever une tache sur une pierre manquaient leur effet, on pourrait essayer d'y passer légèrement une pierre ponce fine et bien plate, qu'on trempe dans de l'eau gommée. Mais cette opération doit être faite avec bien de l'adresse, pour ne pas endommager les lignes très-fines qui ne sont que légèrement entaillées.

Si on ne peut réussir à essuyer une pierre au chiffon, de manière à en obtenir des épreuves bien nettes, on peut, après avoir encré au tampon (mais ce moyen est moins bon à mon avis), se servir du rouleau qui nettoyera très-facilement la planche, et on obtiendra des épreuves presque aussi pures que si on essuyait au chiffon. Cependant, elles ne seront pas aussi brillantes, parce que le rouleau enlève une partie de la couleur qui est dans les tailles. Lorsqu'on continue d'essuyer les pierres au rouleau, il faut de temps en temps enlever la couleur faible qui s'y attache, et y remettre de l'encre d'impression ordinaire pour la plume ou le crayon.

Quant aux pierres sur lesquelles on n'a gravé que des travaux très-fins, et qui ne sont pas entaillées profondément, on peut les encrer entièrement au rouleau, avec de l'encre pour les dessins à la plume. On pourra donc lier à de tels travaux des parties tracées à l'encre, comme, par exemple, l'écriture d'une lettre de change, qui pourra être faite à la plume, tandis que le fond aura été gravé à la machine, etc. Cette manière d'encrer les pierres va bien plus vite que lorsqu'on emploie le chiffon.

Il faut avoir grand soin qu'il ne se trouve point de grain de sable dans l'encre dont on se sert pour encrer au tampon, car, par le frottement, ils produisent des raies qui attirent le noir et qu'il est bien difficile d'enlever ensuite.

Le papier pour les pierres gravées doit être plus humide que celui pour les planches à la plume; et on fera bien, après avoir posé la feuille sur la planche, de la recouvrir d'un drap bien feutré, afin de la faire entrer dans les tailles de la gravure. La pression doit être plus forte que pour les pierres dessinées.

Le nombre d'épreuves à tirer d'une pierre gravée dépend beaucoup de l'adresse de l'imprimeur. S'il ne la nettoie pas assez, les traits finissent par devenir trop gros; s'il la nettoie trop, il arrache la couleur des tailles, et il n'est souvent plus possible de leur faire prendre l'encre. Alors le dessin reste dépouillé, à moins qu'on ne veuille le retoucher à la pointe, opération fort difficile et qui réussit rarement bien. Il est donc nécessaire de surveiller constamment le tirage, et de le maintenir dans le ton convenable, si on veut arriver à un grand nombre d'épreuves, qui ne sera cependant jamais aussi considérable que celui qu'on peut tirer des dessins à l'encre. 5 à 6000 exemplaires sont généralement regardés comme le maximum des pierres gravées.

Après le tirage, on lave les planches à l'essence de térébenthine, et on frotte dans les tailles un mélange de suif, de noir de fumée et d'essence de térébenthine, en observant d'essuyer les pierres bien soigneusement, afin que le dessin reste suffisamment garni et soit cependant bien pur. Après que l'essence s'est évaporée, on gomme la pierre.

Dans nos ateliers, on ne se sert que du procédé que je viens d'indiquer, parce qu'il nous a toujours paru le meilleur. Je n'ai jamais pratiqué l'encrage à la brosse; comme il pourra cependant être agréable à mes lecteurs de connaître ce moyen, je vais leur en donner la description que j'extrais du *Lithographe*, publié par M. Jules Desportes, et auquel je renvoie pour de plus amples détails.

« Les ustensiles supplémentaires de l'imprimeur en gravure consistent :

« 1° En une brosse de 5 pouces de long sur 2 1/2 de large, garnie de longs « poils flexibles (celles dont on se sert pour le cirage sont très-bonnes pour cet « usage). Cette brosse doit être tenue proprement, c'est-à-dire grattée avec le cou- « teau au noir chaque fois que l'ouvrier quitte son travail.

« 2° En un tampon; c'est une tablette de bois dressée convenablement d'un « côté, de 6 pouces de long, 4 de large et 1 d'épaisseur. Au milieu de cette plan- « chette et de l'autre côté, s'élève une saillie ou poignée. Ce tampon ressemble « parfaitement à un presse-papier. On garnit le dessous d'un double morceau de « drap, que l'on fixe sur l'épaisseur du bois, soit avec de petits clous, soit avec « une ficelle qui se loge dans une rainure pratiquée à cet effet autour de la ta- « blette; l'emploi de la ficelle est préférable, à cause de la facilité qu'elle pré- « sente pour le renouvellement du drap. Ce changement est indispensable lors- « que l'étoffe est usée, ou lorsque le tampon, après un long usage, aura besoin « d'être redressé.

« L'encre que l'on prépare pour l'impression de la gravure, se compose ainsi :

« on mélange avec le couteau au noir et jusqu'à ce qu'elles ne fassent plus qu'un « corps ensemble, de l'encre d'impression et une dissolution de gomme arabique « passée préalablement dans un linge. Il faut bien se garder d'employer de la « gomme aigrie; on ajoute un peu d'essence de térébenthine pour faciliter l'a- « malgame. Les doses de ces matières ne peuvent être indiquées bien positive- « ment, les quantités sont subordonnées au genre de travail, à la température, à « l'état même de la pierre; cependant nous pouvons dire par approximation que « la gomme et l'encre y concourent à parties égales. Toutefois, nous le répétons, « ce n'est pas une règle générale. Quant à la qualité, celle de la gomme doit être « parfaite, et l'encre sera de premier ou de second choix, selon l'importance de « la gravure.

« Avec une éponge fine, convenablement humectée, comme pour le tirage or- « dinaire de l'encre ou du crayon, on mouille la pierre tant soit peu plus que « pour les écritures; avec la brosse on prend une quantité d'encre proportionnée « à la grandeur de la planche, puis on promène cette brosse dans tous les sens de « la pierre; en lui faisant décrire avec vivacité de petits cercles, on cherche à « faire pénétrer les soies dans les tailles de la gravure; l'encre s'étale d'abord d'une « manière presque uniforme, puis elle se retire par places irrégulières et entas- « sées, enfin elle se laisse entraîner par la brosse qui en retient la plus grande « partie. Lorsque l'imprimeur juge que sa pierre est suffisamment encrée, il « achève de la nettoyer avec le tampon. L'encre que la brosse a laissée sur la su- « perficie de la pierre est facilement enlevée par le frottement léger du tampon; « une partie de cette encre complète le remplissage des tailles, l'autre s'attache « au drap qui le recouvre. Pour que le tampon puisse bien produire l'effet qu'on « se propose, il faut que la pierre conserve encore assez d'humidité; s'il en était « autrement, le tampon noircirait au lieu de nettoyer. S'il arrivait que la pierre « eût perdu toute son humidité; que le tampon au lieu d'enlever laissât après lui « des taches d'encre, il faudrait mouiller de nouveau, encrer un peu à la brosse « et passer de nouveau le tampon. Si, au contraire, il ne restait que quelques « traces légères d'encre, l'ouvrier pourrait facilement les enlever par un petit « coup de paume de la main, ou avec une petite éponge fine bien propre et un « peu humectée d'eau.

« L'imprimeur doit apporter la plus grande attention à ne laisser attacher au- « cun corps dur au drap du tampon; ce serait la cause certaine d'une infinité de « raies très-difficiles à faire disparaître, surtout si elles étaient produites par des « grains de sable.

« Quoique l'impression de la gravure soit une des opérations de la lithogra-« phie les plus salissantes, elle exige néanmoins beaucoup de propreté et de soin ; « ainsi l'imprimeur doit chaque jour laver ses éponges, racler avec un couteau « la brosse ainsi que le tampon, et renouveler entièrement son encre qui se con-« serve difficilement.

« Pendant le tirage, on verse de temps en temps quelques gouttes d'essence « sur l'encre, que l'on délaye avec la brosse même. ».

Épreuves rehaussées.

J'ai donné au chapitre *Dessin sur pierres*, la manière de faire les planches pour obtenir des épreuves rehaussées; je vais à présent indiquer les procédés à suivre pour les imprimer.

Avant de faire les contre-épreuves, on doit avoir soin de marquer sur la pierre originale quelques points destinés à servir de repères, à moins qu'on ne veuille prendre pour cela deux angles du dessin lorsqu'il est inscrit dans un carré. Ces points doivent être reproduits avec la plus grande exactitude sur les planches des teintes. Les premiers lithographes de Munich se contentaient de couper les épreuves à raz du cadre, et plaçaient alors les angles sur les repères. Ce procédé a non-seulement l'inconvénient de priver les épreuves des marges; mais il ne permet pas même une grande exactitude. Aujourd'hui on a généralement recours à des pointes d'aiguilles qu'on pique, soit dans deux angles opposés des épreuves, soit dans les points de repère, et qu'on place dans de petits trous percés aux points correspondans dans la pierre qui sert à imprimer la teinte. Je trouve qu'il est très-commode de se servir pour cela d'une espèce de compas à verge en bois (*planche* L, *fig.* 2), dans lequel on a enfoncé en A et en B deux pointes d'aiguilles, qu'on place bien exactement à la distance convenable, afin qu'elles s'ajustent dans les deux petits trous percés dans la planche à la teinte.

Il faut avoir soin d'humecter les épreuves déjà tirées, de manière qu'elles reprennent exactement la grandeur du dessin sur pierre. On pose alors une de ces épreuves sur une table recouverte d'un drap de laine, et on la mesure en présentant le compas à verge sur les points correspondans aux repères. Si ces points se rapportent aux aiguilles, on les y enfonce légèrement pour percer le papier; on retourne alors la feuille et on pique les pointes dans ces trous. On relève les deux bords du papier des deux mains (*fig.* 3), en tenant en même temps le compas dans la main droite, entre l'index et le doigt du milieu. Puis avec la délicatesse convenable pour ne pas agrandir les trous, et en même temps empêcher les aiguilles de s'échapper du papier, on les pose alors dans les petits trous de repère, et on laisse retomber la feuille sur la pierre; en ayant soin de tenir le compas perpendiculairement. Cela fait, on appuye légèrement la feuille sur la pierre de la main gauche, afin qu'elle ne puisse plus se déranger, et on enlève le compas de la main droite. On y pose ensuite la maculature, en la laissant tomber perpendiculairement pour ne pas déranger l'épreuve, et on procède à l'impression. Si une épreuve se trouve trop grande, on la met de côté et on la laisse sécher jusqu'à ce qu'elle se soit retirée aux justes proportions. Quant à celles qui sont trop petites, il faut les humecter légèrement pour qu'elles s'allongent de manière à atteindre la juste mesure.

Quant à l'encrage de ces planches à teintes, il se fait avec une encre qui n'est presque que du vernis très-fort, auquel on mêle une très-petite quantité de la couleur qu'on veut leur donner, et qui est ordinairement très-claire. Quelques lithographes, et notamment autrefois ceux de Munich, mêlent de la craie blanche à l'encre pour obtenir avec plus de facilité une teinte parfaitement égale. Mais ce moyen est mauvais, si on imprime d'abord l'épreuve noire et qu'on teinte par-dessus; car, au bout de quelque temps, lorsque l'huile qui rendait ces teintes transparentes, s'est infiltrée dans le papier et a séché, ces teintes deviennent opaques, et l'épreuve paraît recouverte d'une couche de blanc qui lui ôte toute sa vigueur. On pourrait bien imprimer d'abord la teinte, et y appliquer ensuite l'épreuve noire; mais, dans ce cas, on perdrait le relief des blancs qui se trouveraient aplatis par le second tirage. Il vaut donc mieux se donner un peu plus de peine et tâcher d'obtenir des teintes égales sans y mettre du blanc.

Les moyens que je viens de décrire, sont ceux qu'on peut employer par les procédés lithographiques généralement connus et avec les presses ordinaires. Ma nouvelle machine pour l'impression chromolithographique, offre un moyen plus prompt et infaillible pour opérer ces repères; mais ayant pris des engagemens avec quelques personnes pour un certain nombre d'années, ce procédé ne pourra être publié que plus tard.

Impressions dorées.

Il y a deux manières de faire des impressions dorées : l'une en passant de l'or métallique en poudre sur les épreuves, l'autre en y posant des feuilles de ce métal.

L'or faux en poudre est généralement connu dans le commerce sous le nom de *bronze*. Il se fabrique à Fürth et à Nuremberg. Comme il y a beaucoup de batteurs d'or faux dans ces deux villes voisines l'une de l'autre, ce n'est qu'à la portée de leurs fabriques que cette industrie pouvait prospérer. Lorsqu'on bat les feuilles de ce métal, elles s'étendent en tous sens, et présentent, lorsqu'elles sont terminées, une forme irrégulière à peu près ronde. Il faut alors les rogner pour en faire des feuilles carrées, et ce sont les rognures qui résultent de ce travail, qu'on utilise pour en faire le bronze. On les mêle avec du sirop, ou un autre corps glutineux, afin de pouvoir les broyer sur des pierres comme on broye les couleurs. Lorsqu'on a réduit ainsi ces feuilles en poudre, on met celle-ci dans un baquet avec beaucoup d'eau, pour en enlever le corps glutineux, et on vide ensuite le vase dans une longue caisse inclinée, dans laquelle se trouvent autant de compartimens qu'on veut obtenir de numéros, ou de qualités différentes. La poudre la plus grossière et la plus lourde s'arrête dans le premier; celle de seconde grosseur dans le second, et ainsi de suite jusque dans le dernier, qui contient la plus fine, qui a resté le plus longtemps suspendue dans l'eau. On en fait ainsi une quinzaine de sortes qui se vendent depuis 3 fr. jusqu'à 100 fr. la livre, composée de 16 paquets d'une once chaque, suivant leur degré de finesse et de beauté. On teint ce métal broyé en diverses couleurs. Il y en a de blanc, provenant de feuilles d'argent faux, de jaune pâle ou couleur d'or, de jaune orangé, de vert et de rouge. Il n'y a point d'économie à employer des qualités communes, parce que ce sont les parties fines seules qui peuvent s'attacher sur les épreuves, et il reste alors un résidu grossier qu'il faut jeter. J'emploie ordinairement la sorte qui coûte environ 36 fr., et pour les travaux les plus soignés, celle qui coûte de 60 à 80 fr. la livre. Avec ces sortes, et surtout avec la dernière, les épreuves deviennent aussi belles qu'avec de l'or fin; et comme elles sont très-fines, on peut dorer plus d'épreuves avec un paquet de ces bronzes qu'avec plusieurs onces de bronze commun.

Pour l'employer, on tire les épreuves avec de l'encre d'impression ordinaire, et aussitôt on y passe le bronze en poudre, en se servant d'un petit paquet de coton. Je connais des lithographes qui étendent le bronze sur les épreuves avec un gros pinceau; mais cette méthode fait lever en poussière une partie du bronze qui se répand dans l'air et est respiré par les ouvriers; ce qui n'est pas sans danger. Comme la principale base de ce métal est du cuivre, il forme du vert de gris en s'oxidant dans les intestins, cause des coliques et quelquefois des vomissemens. C'est un véritable poison dont il faut se garantir en faisant le moins de poussière possible. Cependant de pareils accidens n'ont lieu que si on reste exposé pendant longtemps, par exemple, une journée entière, à cette poussière métallique.

Lorsque les épreuves sont terminées, on les essuye une seconde fois avec un paquet de coton, et on fait tomber dans une large boîte l'excédant du bronze qui n'est pas fixé sur l'impression, afin de s'en servir pour d'autres épreuves.

Plus le papier sur lequel on fait ces impressions dorées est lisse, plus elles deviennent brillantes, mais c'est surtout sur le *papier à titre* de fabrique allemande, qu'elles viennent d'une netteté et d'un brillant remarquable. Si on veut faire des dorures très-riches, on peut passer sur les épreuves des bronzes de diverses couleurs, et pour cela, il est nécessaire de se servir d'un petit pinceau, et de les appliquer comme si on les coloriait. Remarquons qu'il ne faut pas que le papier sur lequel on veut bronzer soit humide, car alors toutes ses parties prendraient l'or.

Depuis quelques années, on voit beaucoup de cartes d'adresse et de visite d'un luisant très-fin, et qui sont connues sous la dénomination de *carton porcelaine*. Ce carton se fait en y passant plusieurs couches très-minces et égales d'une couleur composée de blanc léger ou blanc d'argent, ou selon la dénomination allemande, blanc de Cremnitz, lié avec une petite quantité de colle forte et d'alun. Si on place le côté ainsi couvert de ce carton sur une planche d'acier bruni, et qu'on le passe dans une presse d'imprimeur en taille-douce, sous une très-forte pression, il acquiert ce brillant doux qui le fait distinguer de tout autre carton satiné ou lissé. Si on attend pour cette dernière opération qu'on ait fait sur ces cartons des impressions dorées au bronze, celles-ci prennent par là un brillant très-vif, surtout si on passe la carte plusieurs fois sous le rouleau en allant et en venant. Pour imprimer sur ces cartes, il faut les humecter très-peu en se contentant de les poser quelques instans avant le tirage entre des feuilles de papier légèrement humide. La couleur blanche qui les couvre absorbe très-proptement le vernis, et la couleur sèche au bout de peu d'instans; de manière que le bronze ne s'y attache plus. Il faut donc avoir soin de les dorer au moment où on vient de les imprimer. Pour parer à cet inconvénient, quelques imprimeurs composent de l'encre d'or, en broyant du bronze avec du vernis; mais ce moyen est plus dispendieux que le précédent.

Avant de lisser ces cartes en les passant sous presse sur une plaque d'acier poli, il faut les laisser sécher plusieurs jours. Si on ne peut pas attendre, il faudra essuyer la planche d'acier après chaque pression, pour enlever la partie maculée; si non on salirait la carte qu'on y pose après. Pour obtenir un plus beau brillant, on peut mettre les cartes pendant quelques instans entre des feuilles de papier humide, avant de les passer en presse. Mais il faut prendre garde qu'elles ne soient pas trop humides, si on ne veut s'exposer à voir le blanc s'enlever, et rester collé à la planche d'acier.

Il va sans dire, qu'au lieu de bronze, on peut employer de la poudre d'argent et d'or fin pour de pareilles impressions. Mais comme le cas arrive rarement où on veut faire la dépense de matières aussi précieuses, je me suis principalement occupé du bronze.

Pour faire des impressions dorées en feuilles, on imprime le sujet avec une encre composée de

2 parties vernis moyen,
1 » cire vierge,
1 » térébenthine de Venise.

On y mêle la couleur qu'on veut, mais de préférence une nuance qui approche le plus possible de celle de l'or, afin que si quelques parties se dépouillent, elles soient le moins visibles que possible. Du jaune de chrôme clair et de la terre de Sienne brûlée donnent une bonne couleur, qui convient dans ce cas, et qui s'imprime bien. Lorsque l'épreuve est faite, on y pose les feuilles d'or. Si on emploie de l'or faux, on peut se servir des doigts pour le poser sur les épreuves, en les frottant d'un peu de blanc d'Espagne s'il s'y attachait. Mais si on applique de l'or fin, qui est beaucoup plus mince, il faut se servir d'une *palette de doreur*, faite de poils longs de blaireau fixés entre deux cartes. On graisse légèrement ces poils, en les passant seulement sur la joue ou les cheveux; ce qui suffit pour qu'ils retiennent la feuille d'or pour la porter sur l'épreuve, sur laquelle on l'applique alors, au moyen d'un petit tampon de coton. Pour diviser l'or fin, on le coupe sur un coussin de cuir frotté de blanc d'Espagne, avec un couteau bien poli et fait exprès.

En général, le maniement de l'or fin demande une certaine habitude, et on fera bien de s'instruire auprès d'un doreur ou d'un relieur, des tours de mains nécessaires à une bonne réussite. Quant à l'or faux, on coupe des livrets tout entiers avec les feuilles qu'ils contiennent, en se servant de ciseaux. Comme cet or est très-bon marché, on n'a pas besoin de l'économiser comme l'or fin; mais un point essentiel pour faire des dorures bien réussies, c'est de se procurer du métal aussi mince que possible, et dont toutes les feuilles soient de même nuance. Car souvent dans ces qualités communes, il y en a de plus ou moins jaunes, et cela fait un fort mauvais effet si elles sont posées l'une à côté de l'autre sur un même sujet.

L'or faux le plus beau et le plus mince que j'aie encore trouvé, porte le titre de *Fein planier Metall*, et est fabriqué par G.-L. Fuchs, à Fürth, près Nuremberg. Il coûte environ 40 fr. le paquet de dix mains, chacune de 252 feuillets, soit les 2520 feuillets.

Lorsque les feuilles d'or sont posées sur l'épreuve, on la met entre une double feuille de papier, et on y frotte la main pour les y fixer, afin qu'elles ne s'envolent pas. On place ensuite cette double feuille contenant l'épreuve sur l'épreuve suivante, qu'on tire afin de la passer sous le rateau, pour y fixer l'or par la pression. Si on se sert de métal commun et épais, ce sera même une bonne précaution que de la passer deux fois sous le rateau. Si le temps le permet, on laissera sécher ces épreuves pendant quelques jours; si non on peut aussi les nettoyer tout de suite, en prenant plus de soin et en frottant moins rudement. On se sert pour cela d'un ruban de flanelle roulé et lié par le milieu. On frotte dans tous les sens sans trop appuyer, jusqu'à ce que tous les détails du dessin soient bien nets et complétement dégagés.

Plus l'or dont on se sert est commun, et plus le dessin à dorer doit offrir de lignes massives et éloignées les unes des autres; car cet or ne tient pas bien sur les lignes fines; et lorsque l'espace qui sépare deux traits est trop petit, la flanelle ne peut parvenir à percer le métal tendu par-dessus cet espace, et à l'enlever. Mais si on emploie le *planier Metall*, et surtout de l'or fin, on peut exécuter des dessins bien plus délicats.

Salaire des imprimeurs.

Pour les planches au crayon, je pense qu'on doit payer les imprimeurs à la journée. Ils ne doivent pas être pressés par la crainte de ne pas gagner assez; il vaut mieux que, certains de ne pas voir diminuer leur salaire, ils puissent prendre le temps nécessaire pour la réussite des épreuves. Je parle ici de planches soignées; mais s'il s'agissait d'une suite composée de planches égales et faciles à imprimer, on pourrait encore les faire tirer à la pièce.

Quant aux écritures et objets courans exécutés à la plume, le mode de les faire tirer à la pièce est certainement le plus avantageux. L'imprimeur est stimulé à se donner de la peine et trouve son intérêt à accélérer son travail. Le maître y trouve, de son côté, l'avantage de pouvoir faire son calcul exactement, de ne payer à ses ouvriers que ce qu'ils gagnent réellement, et d'avoir constamment de

bon ouvrage; car si l'imprimeur lui fournit de mauvaises épreuves, il ne les lui paie pas et peut même, lorsque la faute est trop grossière, se faire rembourser le papier gâté.

Voici le tarif adopté depuis nombre d'années dans mes ateliers de Mulhouse : je le crois dans une juste proportion avec le travail des ouvriers.

TARIF

DU PRIX DE TIRAGE A LA PIÈCE DES PLANCHES EXÉCUTÉES A LA PLUME.

	Prix du cent tiré d'un côté.	
Format in-plano ou feuille entière.		
Colombier,	1 fr.	50 c.
Jésus,	1	25
Grand-raisin,	1	»
Carré, coquille,	»	75
Ecu,	»	60
Couronne, tellière, pot, etc.	»	50
In-folio ou demi-feuille.		
Colombier,	»	75
Jésus,	»	60
Grand-raisin,	»	50
Carré, coquille, écu,	»	40
Couronne, tellière, pot, etc.,	»	30
In-quarto ou quart de feuille.		
Colombier,	»	40
» deux quarts de feuille à poser,	»	75
Jésus,	»	35
» deux poses,	»	60
Grand-raisin,	»	30
» deux poses,	»	50
Carré, coquille, écu, couronne, tellière, pot, etc.,	»	30
» » » » » » deux poses,	»	50

In-octavo ou huitième de feuille.

	Prix du cent tiré d'un côté.
Colombier,	» fr. 30 c.
» deux poses,	» 50
Jésus,	» 30
» deux poses,	» 50
Grand-raisin, carré, coquille, écu, couronne, etc.,	» 25
» » » » » deux poses,	» 35
Adresses et cartes de visite,	» 25
» deux poses,	» 35
Augmentation pour chaque pose en sus,	» 5

Avec ce tarif, un ouvrier actif, qui travaille 10 heures par jour, gagne de 15 à 18 fr. par semaine. C'est d'ailleurs à chaque chef d'établissement de le diminuer ou de l'augmenter suivant le prix de la main-d'œuvre dans sa localité. Par exemple, pour Paris, il devrait être doublé; car dans cette ville, les imprimeurs lithographes sont accoutumés à gagner 30 à 36 fr. par semaine.

Il est bien entendu que le tarif ne s'applique qu'aux ouvrages courans, tels qu'ils se présentent ordinairement. Mais pour des planches plus difficiles à tirer, telles que cartes géographiques, objets accompagnés de dessins très-soignés, planches dans lesquelles se trouvent mêlés des travaux gravés, etc., et qui exigent d'être encrées avec plus de soin, il faudra nécessairement augmenter les prix proportionnellement à la difficulté.

Si ce tarif tombe sous les yeux d'autres personnes que des imprimeurs lithographes, elles auraient tort de vouloir s'en prévaloir pour obtenir de ceux-ci des prix plus réduits que ceux qu'ils ont coutume de faire; car outre ces frais directs de tirage, l'imprimeur a une quantité de faux frais qui dépassent ordinairement ceux de la paie des ouvriers, et dont il doit également se récupérer sur les épreuves qu'il livre au public.

Séchage et satinage.

Pendant le tirage, l'ouvrier empile les épreuves, à mesure qu'il les obtient. S'il travaille avec de l'encre ferme, ou si le dessin qu'il imprime n'est pas très-chargé de noir, il n'y a aucun inconvénient à les poser immédiatement les unes sur les autres. Mais si on se sert de couleur faible, et que les dessins présentent de grandes masses de noir, on est quelquefois obligé de placer une feuille de papier, c'est-à-dire une maculature, entre chaque épreuve, afin de garantir les revers de la salissure que leur causerait la contre-impression du noir trop frais de l'épreuve placée au-dessous. Cet inconvénient a lieu surtout lors du tirage des pierres gravées qu'on imprime avec du vernis faible, et où la couleur se trouve en relief sur le papier.

Les imprimeurs en taille-douce, dont les épreuves sont plus délicates et déteignent plus facilement que les lithographies, les placent entre des cartons et les y laissent sécher un jour ou deux. Ils retirent ensuite les épreuves des cartons pour les mettre dans la presse à satiner, et ils font sécher ces derniers sur des étendages dans une étuve. Ce procédé occasionne une assez forte dépense par la grande provision de cartons qu'elle exige; mais il offre l'avantage d'empêcher toute maculature, et de conserver les épreuves bien plates pendant le séchage.

Ordinairement on suspend les épreuves lithographiques sur des cordes de crins, ou mieux encore, sur des lattes arrondies, pour éviter un pli trop marqué; ces lattes sont disposées dans l'atelier à peu près à un pied du plafond. Pour y suspendre les épreuves, on se sert d'une espèce de règle placée à l'extrémité d'un bâton d'une longueur proportionnée à la hauteur de l'atelier (*planche* XLIX, *fig.* 4). Malgré le satinage qu'on fait subir plus tard aux feuilles ainsi suspendues, le pli formé par leur séjour sur les cordes ou les lattes ne disparaît souvent pas en entier. Si on peut disposer d'une place convenable, il est bien préférable de former dans un grenier, par exemple, ou même dans une place perdue de l'imprimerie, des étendages composées d'un filet, d'une toile très-claire, comme celles dont se servent les tapissiers pour poser sous les papiers peints, ou même seulement de ficelles, tendues horizontalement sur des châssis. On peut en faire plusieurs étages à 8 ou 10 pouces de distance les uns des autres, et c'est là qu'on place les épreuves à plat, par petits paquets de 5 ou 6. Ces étendages sont surtout très-commodes pour les petits objets, tels que cartes, lettres de change, étiquettes, etc., qu'on ne pourrait dans aucun cas suspendre sur les cordes.

Lorsque les épreuves sont sèches, elles ont encore une opération à subir, et qui a pour but de les redresser et de leur rendre l'apprêt qu'elles ont perdu par le mouillage. Cette opération s'appelle *satinage;* on y procède au moyen de fortes presses à vis en fer, ou de presses hydrauliques. Ces dernières présentent le moyen de produire avec peu d'effort une pression considérable; mais ordinairement elles ont le défaut de ne pas soutenir la pression, et on est réduit à caler le plateau avec des coins en bois pour le maintenir dans sa position pendant le temps nécessaire. En outre, les réparations aux presses hydrauliques, sont difficiles et dispendieuses ; tandis qu'elles sont à peu près nulles pour une presse à vis de fer, solidement construite. Mon opinion est donc qu'on doit donner la préférence à ces dernières.

Il faut avoir une provision de cartons lissés de différens formats, proportionnée à l'importance de l'imprimerie. Les meilleurs cartons de ce genre se fabriquent à Vienne, en Dauphiné. On place les épreuves une à une, ou bien deux à deux, en ayant soin de tourner le revers d'une épreuve contre celui de l'autre, afin d'éviter qu'ils ne se salissent mutuellement, si l'empreinte n'est pas complétement sèche.

Voici, du reste, la manière de procéder à cette opération. On commence par placer sur le sommier de la presse, un ais en bois bien dur; ensuite un carton lissé, puis une épreuve ou deux, ainsi que je l'ai dit ci-dessus; ensuite un second carton et toujours ainsi, en alternant les cartons et les épreuves, jusqu'à ce que toutes celles d'un même format soient empilées. Alors on place de nouveau un ais avant de continuer à mettre en presse des épreuves d'une autre dimension; car on concevra aisément, que si on plaçait immédiatement des épreuves d'un petit format sur une pile d'épreuves plus grandes, le bord de celles-ci ne se trouverait pas pressé. Il n'est pas besoin de dire que, lorsqu'on veut satiner des demi-feuilles ou des quarts de feuilles, on en place deux ou quatre, les unes à côté des autres, pour remplir les cartons. Mais alors, il faut avoir soin de les placer bien perpendiculairement les unes au-dessus des autres, pour obtenir une pression égale partout. Pour les objets de moindre importance, tels que lettres de voitures, notes et autres impressions courantes, on peut les placer par paquets de 25 épreuves entre les cartons; mais il faut pour cela que ces épreuves soient bien sèches et ne maculent plus. Lorsqu'on a placé ainsi sous la presse toutes les épreuves qu'on veut satiner, on la serre fortement, et on la laisse dans cette position au moins une demi-journée. Si on peut la laisser plus longtemps, cela ne vaut que mieux.

Pour que les épreuves sur papier fort deviennent bien lisses et perdent leurs plis, il faut quelquefois les humecter avant de les mettre sous presse; mais on doit le faire bien légèrement, afin qu'elles sèchent entre les cartons. Si elles étaient encore humides en les retirant de la presse, il faudrait les y remettre en les plaçant entre de nouveaux cartons secs. Si on a tiré une petite planche sur une grande feuille de papier, le milieu de la feuille qui a passé sous le rateau se trouve allongé par la pression, tandis que les marges n'ont pas changé de dimension. Si on mettait les épreuves sous presse en cet état, il se formerait immanquablement des plis. Il faut donc avoir soin d'humecter légèrement les marges, afin qu'elles s'allongent proportionnellement au reste de la feuille.

Lorsqu'on a satiné des épreuves humides, il faut faire sécher les cartons sur des étendages, avant de les remettre en presse. C'est par ce motif qu'il est nécessaire d'en avoir une provision double de la quantité qu'on emploie chaque jour.

Ordinairement, on ne peut pas attendre que les épreuves soient entièrement sèches avant de les mettre sous presse, et alors elles maculent sur les cartons. Si on en remettait de nouvelles entre ces cartons, ces maculatures se reproduiraient nécessairement sur les épreuves. Pour éviter cet inconvénient, il faut essuyer chaque carton en le frottant fortement, soit avec un paquet de papier de soie, soit avec un linge, avant d'y remettre de nouvelles épreuves. Si le simple frottement n'enlevait pas les empreintes qui se trouvent sur les cartons, il faudrait y passer une éponge légèrement humide, avant de les frotter avec le linge.

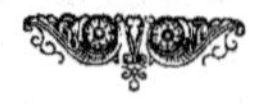

CHAPITRE XIII.

Retouches.

Quelque soin qu'un dessinateur mette à l'exécution d'un dessin sur pierre, les épreuves ne répondent pas toujours à son attente, et son ouvrage deviendrait plus parfait s'il pouvait, après le tirage, ajouter encore à la planche ce qui lui manque pour rendre entièrement l'effet qu'il a en vue. Quelquefois aussi, certaines parties fléchissent au bout d'un tirage plus ou moins considérable, et on voudrait pouvoir les rétablir telles qu'elles étaient primitivement. A chaque instant enfin, on sent le besoin d'un bon *procédé de retouche;* mais pour être bon, un tel procédé doit avant tout ne porter aucun préjudice au dessin qui existe sur la pierre. Il doit donner à la planche la propriété de recevoir et de retenir les teintes les plus légères, comme les touches les plus vigoureuses; il doit la remettre dans le même état qu'une pierre neuve; et cette opération doit même pouvoir se répéter plusieurs fois. Malheureusement, il faut en convenir, il n'existe encore aucun procédé qui remplisse entièrement ces diverses conditions.

Les retouches sont la partie la plus difficile de la Lithographie, et celle sur laquelle on a le moins de données certaines. C'est un problème qu'on ne peut espérer de résoudre complétement que lorsque la théorie chimique de l'art lithographique sera bien connue. Puissent les efforts que j'ai faits pour apporter quelque lumière sur cette partie, produire quelques résultats heureux!

J'ai dit qu'il se forme sur la pierre une couche d'une matière gommeuse insoluble, qui s'oppose à ce que de nouveaux corps gras qu'on applique à sa surface puissent y adhérer. Il faut donc enlever cette couche, pour opérer des retouches avec quelque certitude de succès; mais comme on ne sait pas encore positivement par quelle combinaison chimique elle est produite, on ignore également par quel réactif on peut la détruire; et on en est réduit à cet égard aux tâtonnemens.

Autant que j'ai pu m'en convaincre par des essais multipliés, cette couche gommeuse est soluble dans les acides et dans les alcalis; mais tous les agens qui appartiennent à ces deux catégories sont plus ou moins dangereux pour une pierre dessinée. MM. Chevalier et Langlumé ont proposé de laver les pierres avec une lessive caustique légère, composée de

125 parties d'eau, sur
2 » de potasse caustique,

et de l'y laisser séjourner 4 à 5 minutes, en la lavant après à grande eau. Ce moyen peut entraîner de graves inconvéniens; car, pour peu que la lessive soit trop forte, que la couleur soit trop fraîche, ou qu'on la laisse un peu trop longtemps, elle attaque le dessin, et le mal ne serait plus réparable.

Comme la question de la retouche est la moins avancée de toutes celles qui concernent la Lithographie, je me fais un devoir de citer la théorie sur laquelle MM. Chevalier et Langlumé établissent leur procédé de retouche, quoique je sois loin de l'admettre, et que je me propose même de la réfuter; mais je pense que des discussions de ce genre, sont le seul moyen d'arriver à la solution de ce problème difficile. MM. Chevalier et Langlumé disent dans leur mémoire :

« L'acidulation des pierres, en attaquant le crayon lithographique, a surtout « fixé notre attention, et de l'examen de cette opération, nous avons pu conclure « que le crayon n'était plus apte à en recevoir une nouvelle quantité. Nous avons « pensé que pour obvier à cet inconvénient, on doit ramener à l'état savonneux « la partie du dessin que l'on veut retoucher. Nous avons conçu que ce savon « nouvellement préparé pouvait s'unir à celui qu'on y apportait, et c'est en nous « basant sur cette idée que nous avons fait nos expériences. »

S'il ne s'agissait que de faire revivre par la retouche des parties qui auraient faibli, ce raisonnement pourrait avoir quelque apparence de justesse, sauf toutefois, ce qui concerne les acides gras, qui ne s'allieraient plus avec le savon, sans être de nouveau saponifiés eux-mêmes. Mais là ne se borne point l'effet de leur moyen de retouche, car ces messieurs ont produit eux-mêmes, comme exemple de l'efficacité de leur procédé, des épreuves de planches sur lesquelles on a dessiné à la retouche des objets à des places qui étaient restées blanches dans le dessin primitif. Ils n'ont pas pensé en établissant leur théorie que, pour obtenir un tel résultat, leur préparation a dû donner à des parties de la pierre où il n'y avait aucun dessin et où, par conséquent, il ne se trouvait aucun corps gras à saponifier, la propriété de recevoir la retouche. Ils n'ont pas pensé que ce raisonnement s'applique à toutes les retouches; car dans quel but les fait-on, si ce n'est pour tracer à certaines places des parties qui ne s'y trouvent pas? Pour cela, les points formés par le crayon doivent se fixer sur les parties blanches qui existent entre les points noirs, même des parties dessinées, ou augmenter le volume de ces points; ce qui ne peut avoir lieu que si une portion du nouveau corps gras se fixe sur la partie blanche de la pierre. C'est donc à donner à celle-ci la propriété de recevoir les corps gras, et de s'en laisser pénétrer, que doit se porter l'attention de ceux qui s'occupent de cette question; et si MM. Chevalier et Langlumé ont réussi dans leur procédé, c'est qu'il s'est rencontré à leur insu que la lessive dissout la couche gommeuse qui couvre les parties blanches de la pierre; et non parce qu'elle saponifie les parties déjà chargées de travail, qui n'ont pas besoin d'être graissées de nouveau par le crayon.

J'ai fait observer dans la partie théorique, qu'une pierre qui a été acidulée et gommée conserve, même après un lavage réitéré à l'eau, une teinte jaunâtre que n'a pas une pierre sur laquelle il n'a pas été appliqué de gomme. Cette teinte jaunâtre n'est due, à mon avis, qu'à la couche gommeuse insoluble qui la couvre. Si on lave une pierre ainsi préparée avec un acide quelconque, la place sur laquelle on opère redevient blanche. Il est donc évident que l'acide dissout cette couche gommeuse, ou au moins qu'en attaquant plus ou moins la surface de la pierre, il l'en détache; et les retouches qu'on fait sur cette place y tiennent comme un dessin fait sur une pierre neuve. Ce procédé serait donc bon, s'il n'exposait à un autre inconvénient aussi funeste que la retouche serait utile. Les acides minéraux et notamment les acides muriatique et nitrique, même très-étendus d'eau, attaquent fortement les dessins sur pierre et, en lavant avec ces acides des pierres dessinées, on ne manquerait pas d'enlever les teintes les plus fines, et de donner un gros grain à toute la planche.

Comme les acides végétaux sont moins corrosifs et peuvent avoir la même action sur la couche gommeuse, j'essayai l'acide acétique. Ce moyen réussit assez bien et fut promptement répandu parmi mes confrères, dont un grand nombre l'emploient encore aujourd'hui. Mais ayant reconnu que souvent des pierres venaient trop noires au tirage après avoir été lavées avec cet acide, et que d'ailleurs, il fallait chaque fois aciduler de nouveau le dessin après les retouches, ce qui faisait du tort au dessin, je fis de nouvelles recherches et trouvai que le jus de citron, à cause de l'acide citrique qu'il contient, enlevait la couche gommeuse sans nuire au dessin; et qu'après les retouches, il suffit de gommer la pierre pour pouvoir en faire le tirage. Je m'arrêtai donc à ce moyen que j'emploie habituellement et presque toujours avec succès.

Voici comment j'opère. J'exprime le jus de quelques citrons (1), j'y mêle à peu près quatre fois autant d'eau et renferme le tout dans un flacon bien bouché. Il faut même, pour éviter qu'il se forme à sa surface une peau composée de moisissure, coucher le flacon ou le placer sens dessus dessous, afin que le bouchon soit couvert de liquide. Je pense qu'on réussirait également, en employant 15 grammes d'acide citrique dissous dans un litre d'eau. Il y aurait de l'économie, et il est toujours facile de se procurer de cet acide cristallisé dans le commerce.

Lorsqu'on veut préparer une pierre pour la retouche, elle doit être en couleur grasse, déjà depuis plusieurs jours, afin que celle-ci soit bien sèche, et ne se barbouille pas par le frottement. Je commence par laver la gomme avec de l'eau aussi complétement que possible; ensuite j'imprègne une éponge fine du mélange de jus de citron et d'eau, et je m'en sers pour laver la planche en frottant dans tous les sens, et en n'appuyant que légèrement sur l'éponge, afin de fatiguer le moins possible le dessin. Lorsque j'ai frotté la pierre ainsi pendant environ une minute, j'exprime l'éponge et j'enlève autant que possible tout le liquide qui se trouve sur la pierre. Alors je l'imbibe d'une nouvelle portion de jus de citron étendu d'eau, et je recommence l'opération. Lorsqu'après le second lavage j'ai enlevé avec l'éponge et autant que possible le liquide de dessus la pierre, je l'essuye complétement avec un linge très-fin; ou bien, si je pense que ce frottement puisse y causer quelque altération, je place d'abord quelques feuilles de papier de soie, et je les appuye partout avec la main, afin de sécher la pierre et de n'y laisser aucune goutte d'eau qui pourrait retenir encore quelques atomes de gomme. Cette gomme, en se séchant, empêcherait les retouches de tenir.

Il est fâcheux qu'on n'ait aucun moyen certain de s'assurer si l'opération a produit son effet, et si on peut compter que les retouches ne manquent pas. Il est vrai qu'en faisant bien attention, si on a l'habitude de ce travail, on sent au frottement de l'éponge lorsque le corps gommeux est enlevé; car elle glisse facilement tant que la pierre n'est pas remise à nu; tandis qu'une fois tout enlevé, elle éprouve une petite résistance. La couleur blanchâtre qu'acquiert la pierre

---

(1) On vend dans le commerce, du jus de citron qui reviendrait à bien meilleur marché; mais il paraît qu'il est souvent falsifié avec du vinaigre ou de l'acide sulfurique; de sorte que pour être sûr de réussir, il vaut mieux prendre des citrons et en exprimer le jus.

après ce lavage, est aussi un signe qu'on a plus ou moins réussi à enlever la couche gommeuse; mais il faut en convenir, ce ne sont là que des signes assez équivoques, et on n'a d'autre garantie que le soin et la régularité avec laquelle on a fait l'opération. L'artiste est donc obligé de courir la chance que ses retouches tiennent plus ou moins. Mais ce procédé a pour lui l'avantage que le pis-aller est que le travail fait soit inutile; car il ne porte aucun tort au dessin primitif. Cependant, comme je l'ai dit, cette opération réussit presque toujours, lorsqu'elle a été faite avec les soins convenables.

Lorsque la pierre est sèche, on y dessine au crayon comme sur une pierre neuve. Quand les retouches sont terminées, je souffle sur la planche pour qu'elle devienne légèrement humide. Cette opération a pour but de dissoudre un peu le crayon qui, par son alcali, agit alors sur un peu de matière gommeuse qui pourrait être restée, la traverse, et va se fixer dans la pierre. Mais il faut bien se garder d'y souffler assez longtemps pour que l'humidité s'y réunisse en petites gouttes. Le crayon se fondrait trop dans ce cas, et coulerait en largeur; ce qui pourrait occasionner des empâtemens. Il vaut mieux répéter l'opération plusieurs fois, et n'humecter la pierre que très-légèrement à chaque reprise. Après que la pierre est redevenue parfaitement sèche, on y passe de la gomme et on la laisse sécher. Il n'est nécessaire d'aciduler ces pierres de nouveau que si on y avait enlevé des parties à la pointe ou au grattoir.

Quelque temps après cette opération, on lave la gomme et on passe sur la pierre le rouleau à la couleur grasse, seulement trois ou quatre fois, afin que l'essence contenue dans cette couleur n'ait pas le temps de dissoudre le dessin. Il faut seulement, que sur chaque point, il vienne se loger une partie d'encre grasse molle, qui pénètre jusqu'à la pierre, et contribue à y fixer les retouches. Lorsque la couleur grasse est sèche, on la gomme de nouveau et, après un jour de repos, on peut commencer le tirage.

Lorsqu'on n'a fait que tirer des épreuves d'essai d'une pierre, et qu'après l'avoir mise en couleur grasse, on ne la gomme pas, les retouches qu'on y fait tiennent presque toujours sans qu'on ait besoin de la laver au jus de citron. Mais toujours est-il bon de souffler dessus, et d'y passer le rouleau à la couleur grasse, comme je l'ai dit ci-dessus. Il faut conclure de ce fait que la couche de gomme insoluble se fortifie par l'action du tirage, ou peut-être par le temps que la gomme y séjourne; car plus une pierre a tiré, plus les retouches y sont difficiles.

Comme l'alun a la propriété de détruire la préparation des pierres et d'y faire prendre le noir, plusieurs lithographes ont eu l'idée de tirer parti de cette circonstance pour la préparation des pierres à la retouche. Ils lavent, à cet effet, les pierres avec de l'eau saturée d'alun, autant qu'elle peut en dissoudre à froid. Ce moyen réussit assez bien; mais il est dangereux en ce que des dessins ainsi traités deviennent facilement trop noirs au tirage. Il faut aciduler ces pierres avant de passer au tirage, sans quoi elles deviendraient toutes noires.

M. Hanhart, autrefois contre-maître dans mon établissement, et maintenant employé dans une lithographie de Londres, ayant observé que le nitrate de fer détruit la couche gommeuse qui se trouve sur les pierres, et y forme des traces qui prennent le noir comme si elles eussent été faites avec de l'encre lithographique, eut l'idée de mettre cette propriété à profit pour préparer les pierres à la retouche. Il fait dissoudre, à cet effet, dans

1/2 litre d'eau,
1 1/2 gramme de nitrate de fer (1),
1 1/2 » acide nitrique,
1 1/2 » acide acétique.

Il enlève d'abord la gomme, et il lave ensuite la pierre avec une éponge imprégnée de ce mélange; puis il la rince avec de l'eau, et il la sèche en y frottant un linge fin, ou en y appliquant du papier brouillard. Lorsque la retouche est faite, il l'humecte légèrement en soufflant dessus, et il l'acidule ensuite avec un mélange d'eau et d'acide nitrique, tirant un degré de l'aréomètre. M. Hanhart m'assure se trouver bien de ce procédé, qu'il pratique depuis nombre d'années. Je pense cependant que le jus de citron lui est préférable, parce qu'il n'offre aucun danger; tandis que le nitrate de fer a une action très-puissante sur la pierre, et que pour peu qu'on en employât une trop grande quantité, elle pourrait devenir unie. D'ailleurs, la préparation au jus de citron n'exige aucune acidulation après que les retouches sont faites.

Il paraît qu'en Angleterre, quelques lithographes lavent les pierres destinées à des dessins au crayon, avec un mélange analogue à celui que je viens de décrire, et qu'ils appellent *faising*. Une fois le dessin achevé, ils ne font qu'y passer de la gomme. Des pierres ainsi préparées doivent résister à un long tirage, et les parties blanches doivent prendre moins le noir que celles préparées par les procédés ordinaires. Mais que deviennent alors les parties grattées? Il faut bien qu'elles reçoivent une légère acidulation. Ce *faising* a encore une autre propriété : c'est

---

(1) On obtient du nitrate de fer en mettant dans de l'acide nitrique, des clous ou autres morceaux de fer, jusqu'à ce qu'il en soit saturé, et ne les rouge plus.

d'empêcher l'encre de s'étendre en largeur sur des pierres grenées qui en ont été lavées; ce qui permet d'y faire à la plume des lignes aussi fines que sur des pierres préparées pour ce genre de dessin. On pourrait donc l'employer utilement, si on voulait lier sur une pierre le travail de la plume à celui du crayon. Mais je conseillerais d'aciduler une pareille pierre comme un dessin ordinaire au crayon.

La Société d'encouragement, ainsi que je l'ai dit au chapitre *Dessin*, dans la partie qui traite de l'effaçage, avait proposé un prix de 100 fr., pour la meilleure méthode de faire des retouches. Elle a décerné à MM. Chevalier et Langlumé, et à M. Jobard, des médailles d'or pour des procédés qui donnent les moyens d'enlever une partie d'un dessin pour en substituer une autre. Cette Société n'a pas cru dès lors devoir remettre ce prix au concours; mais les moyens couronnés auraient été appelés avec plus de justesse *procédés de correction*. Quant à la question de retouche pour des pierres sur lesquelles on ne veut rien enlever, mais seulement ajouter, on n'a présenté d'autre moyen que celui de MM. Chevalier et Langlumé, que j'ai décrit ci-dessus, et on aura vu par mes observations que je ne regarde pas ce procédé comme applicable, puisqu'il expose ceux qui l'emploient à gâter leurs dessins.

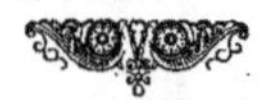

CHAPITRE XIV.

Zincographie.

Avant d'entamer cette matière, je dois avouer que, de toutes les parties de la Lithographie, la zincographie est celle qui m'est la moins familière et dont je me suis le moins occupé. Aussi ce chapitre sera-t-il fort court et fort incomplet, et je prie le lecteur de ne pas perdre de vue que l'art d'imprimer sur planches de zinc n'a encore acquis en Lithographie qu'une très-faible importance.

Il paraît que c'est à l'ingénieux Senefelder lui-même qu'on doit la première idée de l'application de planches métalliques à *l'impression chimique*, comme s'appela d'abord la Lithographie. Il dit dans son ouvrage publié en 1818, qu'il a observé que tous les métaux sont susceptibles de retenir des traces graisseuses, et de pouvoir être disposés à repousser l'encre d'impression, lorsque sur les parties bien dégraissées on applique des acides, de la gomme, de la décoction de noix de galles, etc. Il n'avait encore fait que peu d'expériences dans cette partie à cette époque; mais il se proposait, aussitôt son ouvrage terminé, de s'en occuper plus sérieusement.

En 1823, son établissement à Paris présenta à l'exposition des produits de l'industrie, de petites presses portatives sur lesquelles il tirait des épreuves de planches d'étain, et dont j'ai déjà parlé.

Cependant ces essais n'eurent pas de suite, et pendant nombre d'années il ne fut plus question de l'impression de planches métalliques, sur le même principe qu'on emploie sur les pierres lithographiques.

En 1829, M. Bregnot fit des essais pour imprimer au moyen de planches de zinc, de grandes cartes qu'il appelait géoramas. Il prit un brevet pour cette invention en 1834. A l'exposition de cette même année, il obtint une médaille de bronze. M. Bregnot céda son brevet à M. Carcenac, et il paraît que c'est vers cette époque que la zincographie commença à se répandre en Angleterre. M. Carcenac étant mort, son brevet a passé entre les mains de M. Kæppelin qui paraît avoir apporté quelques améliorations à cette partie de l'art.

J'ai déjà eu occasion de dire qu'ayant fait un voyage à Berlin en 1831, j'y trouvai la zincographie en pleine activité dans la lithographie royale où on employait des planches de zinc au lieu de pierres, pour le tirage des autographies. Ce procédé paraissait assez bien réussir, et je sais que depuis cette époque on a continué ces travaux; mais plutôt dans le but d'avoir sous la main une lithographie portative qui puisse suivre l'armée en cas de guerre, que comme moyen avantageux de remplacer les pierres; car le directeur de cet établissement, M. le major Kurts, m'a assuré ne trouver aucun avantage dans l'emploi de ces planches de zinc.

Depuis quelques années, on s'occupe en Angleterre de tirages au moyen de planches de zinc, et je possède de fort jolis dessins au crayon produits de cette manière.

Lorsqu'on opère avec le zinc, il arrive l'inverse de ce qu'on voit avec les pierres. Les dessins au crayon sont ceux qui viennent le mieux, et c'est sans doute au grain qu'on donne au métal pour recevoir ces dessins, qu'il faut attribuer cette circonstance. Il est probable que la surface rude du zinc retient mieux et les traces graisseuses et la préparation gommeuse, que lorsqu'il est poli. J'ai essayé moi-même des dessins au crayon sur zinc, qui ont assez bien réussi; mais je n'y ai point trouvé d'avantage sur la pierre; ce qui m'a peu encouragé à continuer. Le grainage de ces planches est fort long et bien plus difficile que celui des pierres; et la couleur noirâtre du métal est désagréable pour le dessinateur, qui ne voit pas aussi bien l'effet de son dessin que sur le gris si doux et si agréable de la pierre.

Lorsque le dessin était achevé, nous y passions une décoction de noix de galles, mêlée d'un peu d'acide muriatique. Pour tirer les planches, nous posions sur une pierre une feuille de papier mouillé, et nous y plaçions la planche de zinc. Cette disposition l'empêchait de glisser ou de se déranger lorsqu'on y passait l'éponge et le rouleau d'encrage. Mais malgré ces précautions elle ne tenait pas toujours bien en place; il suffisait du moindre grain saillant dans le papier, ou de la moindre impureté qui se logeait entre la pierre et la planche mince de zinc, pour y produire une bosse qui prenait alors l'encre d'impression. En un mot, jusqu'ici c'est une opération qui a paru présenter peu d'avantage.

Les contre-épreuves viennent assez bien sur le zinc; mais il est fort difficile d'y faire des écritures directes. Le métal est trop mou et la plume d'acier s'y trouve arrêtée à chaque instant.

Il est cependant à désirer qu'on ne se laisse pas décourager par les difficultés qu'on éprouve dans ce genre d'impression. Peut-être qu'elles finiront par s'applanir à force d'essais et de persévérance, et il viendra sans doute un jour où on imprimera au moyen de planches de métal, aussi facilement qu'on le fait maintenant au moyen de pierres.

Depuis que ce qui précède a été écrit (1), M. Poirier, ingénieur-mécanicien à Paris, s'est fait breveter pour un procédé de zincographie de son invention. Ne connaissant pas ce procédé, qui est la propriété de l'inventeur, il ne m'est pas possible d'en parler ici. Au dire de M. Poirier, au moyen de son appareil, qu'il appelle *presse auto-zinco-graphique*, chacun peut aisément reproduire jusqu'à *mille* copies d'un écrit tracé à la plume.

J'apprends, pendant l'impression de ce chapitre, que M. Kæppelin, dont il a déjà été parlé plus haut, a présenté à la dernière exposition des produits de l'industrie, des lames de zinc préparées et dessinées, propres à l'impression. J'ai vu quelques-unes de ces lames, ainsi que plusieurs épreuves qu'on disait en avoir été obtenues, et qui m'ont paru aussi bien que sur pierre. Toutefois, ne pouvant me permettre de juger un procédé que je ne connais pas, j'userai de la même réserve que j'ai mise déjà à annoncer d'autres découvertes, me bornant à rappeler ce qu'en dit l'auteur.

Voici comment s'exprime M. Kæppelin :

« Une importante découverte, la Zincographie ou impression sur zinc pur, « ouvre une ère nouvelle à l'imprimerie lithographique.

« La Lithographie au berceau ne fut d'abord qu'un essai, plus tard elle devint « un art; aujourd'hui c'est une puissance.

« Nos plus grands artistes l'ont appelée à leur aide pour la reproduction de « leurs ouvrages les plus spirituels. Chaque jour de nouveaux progrès justi- « fièrent cette faveur et lui permirent enfin de rivaliser avec la gravure.

« Mais si la Lithographie donnait les plus beaux résultats, la matière première « était loin de cette perfection désirable que trois années d'études et d'essais « viennent enfin de conquérir dans la nouvelle découverte que nous annon- « çons au public.

(1) J'ai ajouté la suite de ce chapitre aux notes de M. Engelmann. P.

« La pierre lithographique présentait de graves et insurmontables obstacles à « cette perfection. Cassante par sa nature, peu maniable par son poids, difficile « à loger convenablement, d'un prix d'acquisition très-élevé, quoique sans va- « leur intrinsèque, nous sommes parvenus à la remplacer par le zinc pur, et à « donner à ce métal toutes les applications de la pierre.

« Nous avons dénommé ce procédé Zincographie.

« Quelques détails suffiront pour faire apprécier les immenses avantages de « cette découverte pour les artistes et pour les imprimeurs.

« Le commerce du zinc s'étend à peu près dans tous les pays, la pierre litho- « graphique ne s'exploite en bonne qualité qu'en Bavière.

« Le zinc ne peut, en aucune circonstance, se casser; les pierres, au premier « coup de pression, peuvent se briser, et faire perdre ainsi non-seulement la va- « leur de la pierre, mais encore celle du dessin, qui souvent est d'un grandprix. »

« Le zinc coûte, prix moyen, le quart de la pierre lithographique, et conserve « toujours une valeur réelle. Il est coté en bourse régulièrement comme tous les « métaux, circonstance qui n'a jamais pu exister pour les pierres lithographiques « dont la valeur est fictive.

« On peut loger une quantité considérable de planches de zinc dans un local « où il serait difficile de caser quelques pierres, ce qui, dans Paris surtout, pré- « sente une grande économie.

« Un seul exemple va faire comprendre l'immense économie que notre pro- « cédé présente aux éditeurs.

« Un ouvrage de 50 planches de zinc du n° 1, c'est-à-dire de la plus forte di- « mension, comportant deux lignes d'épaisseur, coûtera à raison de 2 fr. 20 c. par « planche, 110 fr.

« Les mêmes quantité et dimensions en pierre lithographique coûteront à rai- « son de 9 fr. par pierre, 450 fr.

« Les 50 planches de zinc auront l'épaisseur de 8 *pouces*, tandis que les 50 « pierres réunies forment un diamètre de 150 *pouces*.

« On juge donc par là de l'importance des logemens nécessaires, et de toutes « les difficultés qui doivent accompagner une pierre dans toutes ses périodes.

« Pour les objets de grandes dimensions, tels que cartes géographiques, de- « vants de cheminées, etc., etc., etc., la pierre ne peut supporter un instant la « comparaison, pour le haut prix qu'il faudrait la payer; il serait d'ailleurs im- « possible de s'en procurer d'aussi grandes. On a tiré d'un seul jet, par une « planche de zinc, une carte de quatre pieds sur six. Où trouverait-on une pierre

« de cette dimension, et quel est l'artiste qui oserait l'employer en pensant aux « dangers de la voir se briser?

« L'éditeur aura la satisfaction d'avoir ses planches chez lui, qu'il pourra con-« server dans ses portefeuilles, et ne les livrer à l'imprimerie que lorsqu'il vou-« dra en faire un tirage; tandis que les pierres restent chez l'imprimeur, vu l'em-« placement immense qu'elles nécessitent, et que les éditeurs ne sont pas jaloux « de fournir.

« Sans nous arrêter à tous les avantages de détail qu'il serait trop long d'énu-« mérer ici, et que les éditeurs et les artistes pourront apprécier en visitant nos « ateliers, qu'il nous soit permis de faire remarquer que les planches de zinc, « très-portatives, permettront aux artistes de dessiner de suite, d'après nature, « et de rapporter leurs planches dans leur carton comme ils eussent rapporté « leurs croquis sur papier, ce qui leur épargnera un double travail. Ajoutons en-« core que le zinc mettant le dessin à l'abri de tout danger, les artistes pourront « envoyer de quelque point que ce soit leur ouvrage sans aucune crainte et à « frais minimes.

« Les avantages et l'économie de travail et d'argent que nous annonçons pour « tous, ne promettent-ils pas de nouveaux et immenses développemens aux arts « et à l'imprimerie?

« Nos travaux sont aussi parfaits que les plus belles lithographies; le public « pourra s'en convaincre en venant visiter notre établissement. »

CHAPITRE XV.

LOIS ET ORDONNANCES SUR LA PRESSE.

Il a été publié un assez grand nombre de lois et ordonnances concernant les impressions de tous genres, typographiques, lithographiques ou par la gravure. Cette législation règle aussi tout ce qui a rapport à l'obtention des brevets, et aux devoirs des imprimeurs; mais de quelque importance qu'elle soit pour ceux-ci, je sais par expérience que beaucoup d'entre eux ne la connaissent que très-imparfaitement. Malheureusement, ces lois et ordonnances sont disséminées dans le *Bulletin des lois*, ou dans des ouvrages assez volumineux; ce qui exige beaucoup de recherches et de perte de temps, pour trouver le texte dont on a besoin. C'est pour parer à cet inconvénient, que j'ai cru utile de consacrer un chapitre de mon ouvrage à cette législation. J'y ai réuni tout ce qui concerne les imprimeurs-lithographes, qui trouveront ainsi résumé en quelques pages tout ce qui peut les intéresser à cet égard.

BREVETS ET ÉTABLISSEMENT DES IMPRIMERIES.

Ordonnance du 8 *Octobre* 1817.

L'art de la lithographie a reçu depuis une époque très-récente, de nombreuses applications qui l'assimilent entièrement à l'impression en caractères mobiles et à celle en taille-douce; et il s'est formé pour la pratique de cet art, des établissemens de la même nature que les imprimeries ordinaires, sur lesquelles il a été statué par la loi du 21 Octobre 1814.

A ces causes, voulant prévenir les inconvéniens qui résulteraient de l'usage clandestin des presses lithographiques,

Vu les articles 11, 13, 14, de la loi du 21 Octobre 1814,

Nous avons ordonné et ordonnons ce qui suit :

ARTICLE 1er. Nul ne sera imprimeur-lithographe, s'il n'est breveté et assermenté.

ART. 2. Toutes les impressions lithographiques seront soumises à la déclaration et au dépôt avant la publication, comme tous les autres ouvrages d'imprimerie.

Notre ministre secrétaire-d'état au département de la police générale, est chargé de l'exécution de la présente ordonnance.

Loi du 21 *Octobre* 1814.

ART. 11. Nul ne sera imprimeur, ni libraire, s'il n'est breveté par le roi et assermenté.

ART. 13. Les imprimeries clandestines seront détruites et les possesseurs et dépositaires punis d'une amende de 10,000 francs et d'un emprisonnement de 6 mois.

Sera réputée clandestine, toute imprimerie non déclarée à la direction générale de la librairie, et pour laquelle il n'aura pas été obtenu de permission.

Décret du 5 *Février* 1810.

ART. 7. Lorsqu'il viendra à vaquer des places d'imprimeurs, soit par décès, soit autrement, ceux qui leur succéderont ne pourront recevoir leurs brevets et être admis au serment, qu'après avoir justifié de leur capacité, de leur bonne vie et mœurs et de leur attachement à la patrie et au souverain.

Observation (1).

Pour obtenir un brevet d'imprimeur en lettres, d'imprimeur-lithographe ou de libraire, il faut joindre à l'appui de sa demande :

1° Un certificat de moralité délivré par le maire de la ville où l'on est domicilié ;

(1) J'ai fait suivre quelques articles de lois, d'observations qui m'ont paru nécessaires pour les compléter.

2° Un certificat de capacité délivré par quatre imprimeurs en lettres, en lithographie, ou libraires;

3° Son acte de naissance.

Pour un brevet en remplacement d'un titulaire, il faut joindre aux pièces ci-dessus mentionnées, la démission du titulaire.

La demande doit être faite au ministre compétent, et remise, dans les départemens, au préfet qui la transmet au ministre.

Art. 8. On aura, lors des remplacemens, des égards particuliers pour les familles des imprimeurs décédés.

Observation.

Bien que le brevet ne puisse pas être transmis par succession, le décret de 1810 établit cependant un droit au profit des familles des imprimeurs décédés. Il a même été jugé (C. C. 2 Juin 1827), que la veuve de l'imprimeur (ou du libraire), peut continuer l'exploitation de l'industrie de son mari, sans autorisation, tant qu'elle reste en viduité.

Cette décision, qu'aucun article de nos lois nouvelles ne justifie, est fondée uniquement sur l'article 55 du règlement de 1723. Mais le droit que cet article accorde à la veuve, étant subordonné à la condition de sa viduité, serait perdu pour elle si elle convolait à d'autres nôces, à moins qu'elle ne fût pourvue d'un brevet personnel.

A l'exception de ce cas, le brevet est purement personnel. Il est donné pour un lieu et une résidence déterminés, que le titulaire ne peut changer sans autorisation du ministre.

Il suit de là que le brevet ne peut être vendu, cédé, loué, en tout ou en partie. Il n'est donc pas loisible à un imprimeur d'exploiter une imprimerie dans une autre ville que celle de sa résidence, soit par lui-même, soit par un tiers qui se dirait son commis. (C. C. 15 Mai 1833.)

Mais il peut prendre des associés, sans pouvoir cependant déléguer la gestion de son entreprise (C. C. 28 Juillet 1827), et sans pouvoir la mettre sous le nom de son associé, ni s'affranchir de la responsabilité que la loi attache à la qualité d'imprimeur.

Toutefois, une lettre du ministre de l'intérieur du 16 Octobre 1822, dit qu'on a accordé dans tous les temps, aux imprimeurs d'une moralité éprouvée, la faculté d'avoir une seconde imprimerie à titre de succursale de leur principal établissement, sous la condition qu'elle sera toujours ouverte, comme les autres ateliers, aux agens de l'administration.

Art. 9. Le brevet d'imprimeur sera délivré par notre directeur-général de l'imprimerie et soumis à l'approbation de notre ministre de l'intérieur; il sera enregistré au tribunal civil du lieu de la résidence de l'impétrant, qui y prêtera serment de ne rien imprimer de contraire aux devoirs envers le souverain et à l'intérêt de l'état.

Observation.

Ces dispositions s'appliquent à tous les imprimeurs, quels que soient les procédés qu'ils emploient. Elles concernent notamment les imprimeurs-lithographes. (Ordonnance du 8 Octobre 1817, article 1.)

Art. 31. La profession de libraire pourra être exercée concuremment avec celle d'imprimeur.

Art. 32. L'imprimeur qui voudra réunir la profession de libraire sera tenu de remplir les formalités qui seront imposées aux libraires.

Décret du 2 *Février* 1811

Art. 1. Les brevets d'imprimeur et de libraire seront délivrés sur parchemin par notre directeur-général de l'imprimerie et de la librairie, en la forme voulue par l'article 9 du décret du 5 Février 1810.

Art. 2. Les frais d'expédition des brevets demeurent fixés à cinquante francs pour Paris et vingt-cinq francs pour les autres villes de France.

Art. 3. Les brevets ne seront remis aux impétrans que sur le vu de la quittance des frais d'expédition (1).

Loi du 21 *Octobre* 1814.

Art. 12. Le brevet pourra être retiré à tout imprimeur ou libraire qui aura été convaincu par un jugement de contravention aux lois et règlemens.

Observation.

L'article 8 de la loi du 18 Juillet 1828, fait exception à cette règle. Il décide formellement qu'en cas de contravention, prononcée contre l'imprimeur d'un

---

(1) Les dispositions générales qui se trouvent à la fin de nos budgets ne permettent pas la perception de ce droit; aussi les récipiendaires ne le payent-ils plus.

journal, pour avoir omis d'imprimer au bas la signature du gérant, la révocation du brevet ne pourra s'en suivre.

DÉCLARATIONS D'IMPRESSION ET DÉPÔTS DES OUVRAGES IMPRIMÉS.

Loi du 21 *Octobre* 1814.

Art. 14. Nul imprimeur ne pourra imprimer un livre, avant d'avoir déclaré qu'il se propose de l'imprimer, ni le mettre en vente ou le publier, de quelque manière que ce soit, avant d'avoir déposé le nombre prescrit d'exemplaires, savoir; à Paris, au secrétariat de la direction générale et dans les départemens, au secrétariat de la préfecture.

Observation.

La direction générale de l'imprimerie et de la librairie a été supprimée par décret du 24 Mars 1815 et par ordonnance du 6 Avril 1824. La police de l'imprimerie et de la librairie est aujourd'hui dans les attributions immédiates du ministère de l'intérieur.

Ordonnance du 24 *Octobre* 1814.

Art. 2. Chaque imprimeur sera tenu, conformément aux règlemens, d'avoir un livre coté et paraphé par le maire de la ville où il réside, où il inscrira par ordre de dates, et avec une série de numéros, le titre littéral de tous les ouvrages qu'il se propose d'imprimer, le nombre des feuilles, des volumes et des exemplaires, et le format de l'édition. Ce livre sera représenté, à toute réquisition, aux inspecteurs de la librairie et aux commissaires de police, et visé par eux, s'ils le jugent convenable.

La déclaration prescrite par l'article 14 de la loi du 21 Octobre 1814, sera conforme à l'inscription portée au livre.

Observation.

Si l'imprimeur tirait un nombre d'exemplaires plus grand que celui porté sur sa déclaration, il serait punissable. (C. C. 29 Décembre 1823.)

Art. 3. Les dispositions dudit article (14) s'appliquent aux estampes et aux planches gravées, accompagnées d'un texte.

Observation.

Ainsi qu'à la musique gravée accompagnée de paroles. (C. C. 29 Mai 1823.)

Art. 8. Le nombre d'épreuves des estampes et planches gravées, sans texte, qui doivent être déposées pour notre bibliothèque, reste fixé, etc. (Voir plus loin l'ordonnance du 9 Janvier 1828.)

Art. 9. Le dépôt ordonné en l'article précédent sera fait, à Paris, au secrétariat de la direction générale, et, dans les départemens, au secrétariat de la préfecture. Le récépissé détaillé, qui en sera délivré à l'auteur, formera son titre de propriété, conformément aux dispositions de la loi du 9 Juillet 1793.

Ordonnance du 8 *Octobre* 1817.

Art. 2. Toutes les impressions lithographiques seront soumises à la déclaration et au dépôt avant la publication, comme tous les autres ouvrages d'imprimerie.

Ordonnance du 9 *Janvier* 1828.

Art. 1er. Le nombre des exemplaires des écrits imprimés et des épreuves des planches et estampes dont le dépôt est exigé par la loi, et qui avait été fixé à cinq par les articles 5 et 8 de l'ordonnance royale du 24 Octobre 1814, est réduit, outre l'exemplaire et les deux épreuves destinés à notre bibliothèque, conformément à la même ordonnance, à un seul exemplaire et une seule épreuve pour la bibliothèque du ministère de l'intérieur.

TIMBRE.

Loi du 9 *Vendémiaire an* VI (30 Septembre 1797).

Art. 56. Les lettres de voiture, les connaissemens, charteparties et polices d'assurances, les cartes à jouer, les journaux, gazettes, feuilles périodiques ou papiers nouvelles, les feuilles de papiers-musique, toutes les affiches autres que celles d'actes émanés d'autorités publiques, quels que soient leur nature ou leur objet, seront assujettis au timbre fixe ou de dimension.

Art. 58. Le droit de timbre fixe ou de dimension pour les journaux et affiches, sera de cinq centimes par chaque feuille de vingt-cinq décimètres carrés de superficie, et de trois centimes pour chaque demi-feuille de même espèce.

Ceux qui voudraient user, pour lesdites impressions, de papier dont la superficie serait plus grande que vingt-cinq décimètres carrés pour la feuille entière, et douze décimètres et demi carrés pour la demi-feuille, paieront un centime en sus du droit fixe pour chaque cinq décimètres carrés d'excédant.

Le papier sera fourni, dans tous les cas, par les citoyens auxquels il sera nécessaire.

Art. 60. Ceux qui auront répandu des journaux ou papiers-nouvelles, et autres objets compris dans l'article 56 ci-dessus, et apposé ou fait apposer des affiches sans avoir fait timbrer leur papier, seront condamnés à une amende de cent livres pour chaque contravention; les objets soustraits aux droits seront lacérés.

Art. 61. Les auteurs, afficheurs, distributeurs et imprimeurs desdits journaux et affiches, seront solidairement tenus de l'amende, sauf leur recours les uns contre les autres.

Arrêté du 13 *Brumaire an* VI (3 Novembre 1797).

Art. 3. Les papiers destinés à la musique ne pourront être gravés ou imprimés qu'ils n'aient été timbrés avant la gravure ou l'impression de la musique.

Les journaux, gazettes, feuilles périodiques ou papiers-nouvelles et les affiches, assujettis au timbre par la loi du 9 Vendémiaire, ne pourront également être imprimés que sur du papier timbré avant l'impression.

Art. 4. Les imprimeurs et graveurs qui impriment ou gravent des journaux, gazettes, feuilles périodiques ou papiers-nouvelles, des affiches et papiers-musique sur du papier non timbré, encourront l'amende et la peine de lacération prononcées par l'article 50 de ladite loi.

Art. 5. Dans le cas de contravention, les préposés de la régie retiendront les feuilles imprimées ou gravées qui ne seront pas timbrées, pour les joindre au procès-verbal qu'ils seront tenus de rapporter contre l'imprimeur ou le graveur.

Observation.

L'article 6 du même arrêté prononce une amende de 50 francs contre le préposé qui appliquerait le timbre sur des feuilles déjà imprimées ou gravées. Il y a lieu à destitution en cas de récidive.

Loi du 13 *Brumaire an* VII (3 Novembre 1798).

Art. 12. Sont assujettis au droit de timbre établi en raison de la dimension, tous les papiers à employer pour les actes et écritures, soit publics, soit privés, savoir :

Les consultations, mémoires, observations et précis, signés des hommes de loi et défenseurs officieux.

Loi du 6 *Prairial an* VII (25 Mai 1799).

Art. 1. Les avis imprimés, quel qu'en soit l'objet, qui se crient et se distribuent dans les rues et lieux publics, ou que l'on fait circuler de toute autre manière, seront assujettis au droit de timbre, à l'exception des adresses contenant la simple indication de domicile, ou le simple avis de changement.

Art. 2. Le droit établi par l'article précédent sera, etc. (Voir plus loin, la loi du 28 Avril 1816).

Loi du 28 *Avril* 1816.

Art. 65. Toutes les affiches, quel qu'en soit l'objet, seront sur papier timbré.

Conformément à la loi du 28 Juillet 1791, ce papier ne pourra être de couleur blanche; il portera le même filigrane que les autres papiers timbrés.

Observation.

Quelques imprimeurs ont cru se conformer à cette disposition en faisant des affiches imprimées en diverses couleurs sur papier blanc, ou en mettant en couleur les quatre coins d'une feuille de papier blanc; la chose a été tolérée pendant longtemps par l'administration, mais aujourd'hui on exige impérieusement que le papier même sur lequel on imprime, soit de couleur.

Le prix de la feuille portant vingt-cinq décimètres carrés de superficie, sera de dix centimes, celui de la demi-feuille de cinq centimes.

Observation.

Une décision du ministre des finances du 12 Juillet 1833, porte que lorsque la dimension du papier employé pour affiches, excède celle fixée par la loi, cet excédant ne doit supporter aucune augmentation, ce qui doit s'entendre dans ce sens, que les droits doivent être perçus à raison de cinq centimes pour les papiers d'une dimension de douze centimètres et demi carrées et au-dessous, et à raison de dix centimes pour les papiers au-dessus de cette dimension.

Art. 66. Les avis et autres annonces de quelque nature et espèce qu'ils soient, assujettis au timbre par la loi du 6 Prairial an VII, qui ne sont pas destinés à être affichés, pourront être imprimés sur papier blanc.

Le prix de la feuille sera de dix centimes, celui de la demi-feuille de cinq centimes, celui du quart de feuille de deux centimes et demi, celui du demi-quart, cartes et autres de plus petites dimensions, sera d'un centime.

Les cartes seront fournies par les particuliers, mais timbrées avant tout emploi.

Observation.

Toute adresse qui contient d'autres indications que le nom, la qualité et la demeure ancienne et nouvelle de l'individu, est une annonce, un avis sujet au timbre. (Décision ministérielle du 8 Germinal an VIII).

Les feuilles imprimées, qui circulent dans les villes de commerce pour annonces, le prix courant des marchandises et l'arrivée des navires, sont sujettes au timbre. (Décision du 9 1808).

Il en est de même des avis imprimés que l'on distribue sous la forme de lettres missives, les circulaires, par exemple. (Arrêt de cassation du 12 Septembre 1809).

Art. 67. La subvention du dixième ne sera point ajoutée aux droits de timbre énoncés aux cinq articles précédens.

Art. 68. Il est défendu aux imprimeurs de tirer aucun exemplaire desdites annonces, affiches ou avis, sur papier non timbré, sous prétexte de les faire frapper d'un timbre extraordinaire.

Observation.

Les lettres de voiture, effets de change ou autres imprimés qui ne portent que quelques mots entrecoupés, sans signature, ni somme, et ne forment par conséquent point une pièce complète, peuvent être tirés sur papier libre et timbrés après le tirage, mais avant qu'on les remplisse à la main.

Art. 69. La contravention d'un imprimeur à ces dispositions sera punie d'une amende de cinq cents francs, sans préjudice du droit de S. M. de lui retirer sa commission (son brevet).

Ceux qui seront convaincus d'avoir ainsi fait afficher et distribuer des imprimés non timbrés, seront condamnés à une amende de cent francs.

Les afficheurs et distributeurs seront en outre condamnés aux peines de simple police déterminées par l'article 474 du Code pénal. L'amende sera solidaire et emportera contrainte par corps.

Loi du 25 *Mars* 1817.

Art. 76......... Seront également exempts (du timbre), les annonces, prospectus et catalogues de librairie.

Art. 77. La contravention à la disposition de l'article 65 de la loi du 28 Avril 1816, qui défend de se servir pour les affiches, du papier de couleur blanche, sera punie d'une amende de cent francs à la charge de l'imprimeur qui sera toujours tenu d'indiquer son nom et sa demeure au bas de l'affiche.

Loi du 15 *Mai* 1818.

Art. 76. A compter du 1er Juillet prochain, le papier pour affiches, avis ou annonces, ne sera plus fourni par la régie de l'enregistrement.

Conformément à l'article 58 de la loi du 9 Vendémiaire an vi, les particuliers feront timbrer le papier dont ils voudront faire usage.

Ils acquitteront le droit réglé par les articles 65, 66 et 67 de la loi du 28 Avril 1816.

Le papier sera présenté au timbre avant l'impression, sous les peines portées par l'article 69 de cette dernière loi.

Néanmoins, la disposition de l'article 77 de la loi du 25 Mars 1817, qui défend de se servir pour affiches, de papier de couleur blanche, et qui prononce une amende de cent francs contre l'imprimeur, en cas de contravention, est, et demeure maintenue.

Art. 83. L'exemption du timbre portée en l'article 76 de la loi du 25 Mars 1817, en faveur des annonces, prospectus et catalogues de librairie, est étendue aux annonces, prospectus et catalogues d'objets relatifs aux sciences et aux arts.

Observation.

Diverses décisions ministérielles ont étendu l'exemption du timbre aux objets suivans :

Les bulletins du cours des changes et du prix des marchandises, qui circulent de la main à la main ou par lettres cachetées. (Décision ministérielle du 10 Février 1807).

Les billets de faire part pour naissances, mariages ou décès. (Décision ministérielle du 19 Juin 1822).

Loi du 16 *juin* 1824.

Art. 10. Toutes les amendes fixes prononcées par les lois sur l'enregistrement et le timbre,...... sont réduites, savoir : celles de cinq cents francs à cinquante francs ; et toutes celles au-dessous de cinquante francs à cinq francs.

PORT DES JOURNAUX ET IMPRIMÉS.

Loi du 5 *Mars* 1823.

Art. 1er. La dimension de la feuille d'impression pour les ouvrages périodiques ou journaux, livres brochés, catalogues et prospectus, est fixée conformément à la loi du 13 Vendémiaire an vi (4 Octobre 1797), à 25 décimètres carrés de superficie (ou 341 pouces carrés), et à 12 1/2 décimètres carrés pour chaque demi-feuille. En conséquence, l'administration des postes est autorisée à appliquer les proportions de cette dimension à toute feuille, demi-feuille, etc., d'ouvrages périodiques, journaux, livres brochés, catalogues et prospectus présentés sous bandes, pour être admis à jouir de la modération de port accordée par l'article 2 de la loi du 4 Thermidor an iv (22 Juillet 1796).

Art. 2. Les personnes qui voudront user, pour l'impression des ouvrages périodiques, journaux, livres brochés, catalogues ou prospectus, de papier dont la dimension serait supérieure à 25 décimètres carrés pour la feuille entière, et à 12 1/2 décimètres carrés pour la demi-feuille, pourront le faire en payant une augmentation de port d'un centime pour chaque cinq décimètres carrés (ou 68 pouces carrés) d'excédant.

Loi du 15 *Mars* 1827.

Art. 8. Le port des journaux, gazettes et ouvrages périodiques, transportés hors des limites du département où ils sont publiés, et quelle que soit la distance parcourue dans le royaume, est fixé à cinq centimes pour chaque feuille de la dimension de trente décimètres carrés et au-dessous. Ce port sera augmenté de cinq centimes pour chaque trente décimètres ou fraction de trente décimètres excédant. Les mêmes feuilles ne paieront que la moitié des prix fixés ci-dessus, toutes les fois qu'elles seront destinées pour l'intérieur du département où elles auront été publiées. (*Voir la loi du* 14 *Décembre* 1830).

Dans tous les cas le port devra être payé d'avance.

Il n'est rien changé au prix du transport fixé par les lois précédentes pour les recueils, annales, mémoires, bulletins périodiques, uniquement consacrés aux arts, à l'industrie et aux sciences, et pour les livres brochés, catalogues, prospectus, musique, annonces et avis de toute nature.

Art. 9. Les imprimés ne pourront être expédiés que sous bandes, et ces bandes ne devront pas couvrir plus du tiers de la surface du paquet. Ils ne devront contenir ni chiffres, ni aucune espèce d'écriture à la main, si ce n'est la date et la signature.

Toutefois, les avis imprimés de naissances, mariages ou décès, pourront être présentés à l'affranchissement sous forme de lettres, mais de manière qu'ils soient facilement vérifiés, et pourvu qu'ils ne contiennent point d'écriture à la main. Il sera perçu sur chacun de ces avis un décime, quelle que soit la distance à parcourir dans l'étendue du royaume, et cinq centimes seulement lorsqu'ils seront destinés pour l'arrondissement du bureau où ils auront été présentés à l'affranchissement. La dimension de la feuille d'impression de ces avis ne pourra excéder onze décimètres carrés : son port sera double pour les feuilles qui dépasseront cette dimension.

Loi du 14 *Décembre* 1830.

Art. 3. Le droit de cinq centimes fixé par l'article 8 de la loi du 15 Mars 1827, pour le port sur les journaux et autres feuilles transportées hors des limites du département dans lequel ils sont publiés, sera réduit à quatre centimes.

Les mêmes feuilles ne paieront que deux centimes toutes les fois qu'elles seront destinées pour l'intérieur du département où elles auront été publiées.

Art. 4. Les journaux imprimés en langues étrangères, et ceux venant des pays d'outre-mer seront taxés au maximum du tarif établi pour les journaux français.

CONTREFAÇONS.

Loi du 19 *Juillet* 1793.

Art. 3. Les officiers de paix seront tenus de faire confisquer à la réquisition et au profit des auteurs, compositeurs, peintres ou dessinateurs et autres, leurs héritiers ou cessionnaires, tous les exemplaires des éditions imprimées ou gravées sans la permission formelle et par écrit des auteurs.

Art. 6. Tout citoyen qui mettra au jour un ouvrage, soit de littérature ou de gravure, dans quelque genre que ce soit, sera obligé d'en déposer deux exemplaires à la bibliothèque royale ou au cabinet des estampes du royaume, dont il recevra un reçu signé par le bibliothécaire, faute de quoi il ne pourra être admis en justice pour la poursuite du contrefacteur.

Loi du 25 *Prairial an* III (13 Juin 1795).

Les fonctions attribuées aux officiers de paix par l'article 3 de la loi du 19

Juillet 1793, seront à l'avenir exercées par les commissaires de police, et par les juges-de-paix dans les lieux où il n'y a point de commissaire de police.

Décret du 5 *Février* 1810.

Art. 41. Il y aura lieu à confiscation et amende au profit de l'état, dans les cas suivans, sans préjudice des dispositions du Code pénal.....

7° Si c'est une contrefaçon, c'est-à-dire, si c'est un ouvrage imprimé sans le consentement et au préjudice de l'auteur ou éditeur, ou de leurs représentans.

Art. 42. Dans ce dernier cas, il y aura lieu en outre à des dommages-intérêts envers l'auteur ou éditeur, ou leurs ayant-cause; et l'édition ou les exemplaires contrefaits seront confisqués à leur profit.

Atr. 43. Les peines seront prononcées, et les dommages-intérêts seront arbitrés par le tribunal correctionnel ou criminel, selon les cas et d'après les lois.

Art. 45. Les délits et contraventions seront constatés par les inspecteurs de l'imprimerie et de la librairie, les officiers de police, et en outre, par les préposés aux douanes pour les livres venant de l'étranger.

Chacun dressera procès-verbal de la nature des délit et contravention, des circonstances et dépendances, et le remettra au préfet de son arrondissement, pour être adressé au directeur-général.

Art. 46. Les objets saisis sont déposés provisoirement au secrétariat de la mairie, ou au commissariat général de la sous-préfecture ou de la préfecture la plus voisine du lieu où le délit ou la contravention sont constatés, sauf l'envoi ultérieur à qui de droit.

Art. 47. Nos procureurs-généraux ou royaux seront tenus de poursuivre d'office, dans tous les cas prévus en la section précédente, sur une simple remise qui leur sera faite d'une copie des procès-verbaux dûment affirmés.

Code pénal.

Art. 425. Toute édition d'écrits, de composition musicale, de dessin, de peinture ou de toute autre production, imprimée ou gravée, en entier ou en partie au mépris des lois et règlemens relatifs à la propriété des auteurs, est une contrefaçon; et toute contrefaçon est un délit.

Observation.

La sixième chambre a jugé aujourd'hui en principe, que la réimpression frauduleuse d'un dessin sur toile ou papier, au préjudice du commerçant qui, le premier, a inventé ce dessin et en a fait le dépôt, constituait le délit de la contrefaçon tel qu'il est défini par l'article 425 du Code pénal. (*Extrait du Constitutionnel du* 12 *Décembre* 1834).

ART. 426. Le débit d'ouvrages contrefaits, l'introduction sur le territoire français d'ouvrages qui, après avoir été imprimés en France, ont été contrefaits chez l'étranger, sont un délit de la même espèce.

ART. 427. La peine contre le contrefacteur, ou contre l'introducteur, sera une amende de cent francs au moins, et de deux mille francs au plus; et contre le débitant, une amende de vingt-cinq francs au moins, et de cinq cents francs au plus.

La confiscation de l'édition contrefaite sera prononcée tant contre le contrefacteur que contre l'introducteur et le débitant.

Les planches, moules ou matières des objets contrefaits, seront aussi confisqués.

ART. 429. Dans les cas prévus par les quatre articles précédens, le produit des confiscations, ou les recettes confisquées, seront remis au propriétaire pour l'indemniser d'autant du préjudice qu'il aura souffert; le surplus de son indemnité, ou l'entière indemnité, s'il n'y a eu ni vente d'objets confisqués ni saisie de recettes, sera réglé par les voies ordinaires.

DROITS DES AUTEURS.

Loi du 19 *Juillet* 1793.

ART. 1er. Les auteurs d'écrits en tout genre, les compositeurs de musique, les peintres et dessinateurs qui feront graver des tableaux ou dessins, jouiront durant leur vie entière du droit exclusif de vendre, faire vendre, distribuer leurs ouvrages dans le territoire français et d'en céder la propriété en tout ou en partie.

ART. 2. Leurs héritiers ou cessionnaires jouiront du même droit durant l'espace de dix ans après la mort des auteurs.

ART. 7. Les héritiers de l'auteur d'un ouvrage de littérature ou de gravure, ou de toutes autres productions de l'esprit ou du génie, qui appartient aux beaux-arts, en auront la propriété exclusive pendant dix années.

Décret du 1er *Germinal an* XIII (22 *Mars* 1805).

Les propriétaires par succession ou à un autre titre, d'un ouvrage posthume, ont les mêmes droits que l'auteur, et les dispositions des lois sur la propriété exclusive des auteurs et sur sa durée, leur sont applicables; toutefois à la charge d'imprimer séparément les ouvrages posthumes, et sans les joindre à une nouvelle édition des ouvrages déjà publiés et devenus la propriété publique.

Décret du 5 *Février* 1810.

Art. 39. Le droit de propriété est garanti à l'auteur et à sa veuve pendant leur vie si les conventions matrimoniales de celle-ci lui en donnent le droit, et à leurs enfans pendant vingt ans.

Art. 40. Les auteurs, soit nationaux, soit étrangers, de tout ouvrage imprimé ou gravé, peuvent céder leur droit à un imprimeur ou libraire, ou à toute autre personne qui est alors substituée en leur lieu et place, et pour eux et leurs ayant cause, comme il est dit à l'article précédent.

POLICE DE LA PRESSE.

Charte constitutionnelle de 1830.

Art. 7. Les français ont le droit de publier et de faire imprimer leurs opinions en se conformant aux lois.

La censure ne pourra jamais être rétablie.

Décret du 5 *Février* 1810.

Art. 10. Il est défendu de rien imprimer ou faire imprimer qui puisse porter atteinte aux devoirs des sujets envers le souverain et à l'intérêt de l'état.

Les contrevenans seront traduits devant nos tribunaux et punis conformément aux lois, sans préjudice du droit qu'aura notre ministre de l'intérieur, sur le rapport du directeur-général, de retirer le brevet à tout imprimeur qui aura été pris en contravention.

Loi du 21 *Octobre* 1814.

Art. 15. Il y a lieu à saisie et sequestre d'un ouvrage,

1° Si l'imprimeur ne présente pas le récépissé de la déclaration et du dépôt ordonné en l'article précédent;

2° Si chaque exemplaire ne porte pas le vrai nom et la vraie demeure de l'imprimeur;

3° Si l'ouvrage est déféré aux tribunaux pour son contenu.

Art. 16. Le défaut de déclaration avant l'impression, et le défaut de dépôt avant la publication constatés, comme il est dit en l'article précédent, seront punis chacun d'une amende de mille francs pour la première fois et de deux mille pour la seconde.

Art. 17. Le défaut d'indication de la part de l'imprimeur, de son nom et de sa demeure, sera puni d'une amende de trois mille francs. L'indication d'un faux nom et d'une fausse demeure sera punie d'une amende de six mille francs, sans préjudice de l'emprisonnement prononcé par le Code pénal.

Code pénal.

Art. 283. Toute publication ou distribution d'ouvrages, écrits, avis, bulletins, affiches, journaux, feuilles périodiques ou autres imprimés, dans lesquels ne se trouve pas l'indication vraie des noms, profession et demeure de l'auteur ou de l'imprimeur, sera, pour ce seul fait, punie d'un emprisonnement de six jours à six mois, contre toute personne qui aura sciemment contribué à la publication ou distribution.

Art. 284. Cette disposition sera réduite à des peines de simple police :

1° A l'égard des crieurs, afficheurs, vendeurs ou distributeurs, qui auront fait connaître la personne de laquelle ils tiennent l'écrit imprimé;

2° A l'égard de quiconque aura fait connaître l'imprimeur;

3° A l'égard même de l'imprimeur qui aura fait connaître l'auteur.

Loi du 21 *Octobre* 1814.

Art. 19. Tout libraire chez qui il sera trouvé, ou qui sera convaincu d'avoir mis en vente ou distribué un ouvrage sans nom d'imprimeur, sera condamné à une amende de deux mille francs, à moins qu'il ne prouve qu'il a été imprimé avant la promulgation de la présente loi. L'amende sera réduite à mille francs si le libraire fait connaître l'imprimeur.

Loi du 9 *Septembre* 1835.

Art. 20. Aucun dessin, aucunes gravures, lithographies, médailles et estampes, aucun emblème de quelque nature et espèce qu'ils soient, ne pourront être publiés, exposés ou mis en vente sans l'autorisation préalable du ministère de l'intérieur à Paris, et des préfets dans les départemens.

En cas de contravention, les dessins, gravures, lithographies, médailles, estampes ou emblèmes pourront être confisqués, et le publicateur sera condamné, par les tribunaux correctionnels, à un emprisonnement d'un mois à un an, et à une amende de cent francs à mille francs, sans préjudice des poursuites auxquelles pourraient donner lieu la publication, l'exposition et la mise en vente desdits objets.

Ordonnance du Roi du 9 *Septembre* 1835.

Art. 1er. L'autorisation préalable exigée par l'article 20 de la loi du 9 Septembre 1835, contiendra la désignation sommaire du dessin, de la gravure, lithographie, estampe, ou de l'emblème qu'on voudra publier, et le titre qui lui aura été donné. L'auteur ou éditeur sera tenu de la représenter à toute réquisition.

Lorsqu'il s'agira de gravure, lithographie, estampe ou emblème se multipliant par le tirage, l'auteur ou l'éditeur, en recevant l'autorisation, déposera au ministère de l'intérieur, ou au secrétariat de la préfecture, une épreuve destinée à servir de pièce de comparaison. Il certifiera la conformité de cette épreuve avec celles qu'il se propose de publier.

Observation.

D'après cette ordonnance, les imprimeurs ont à déposer :
3 exemplaires de chaque estampe qu'ils imprimeront, plus
1 » de la même estampe, sur laquelle ils écriront :
« Je soussigné certifie que l'édition entière sera conforme à la présente épreuve. »

Art. 3. Les autorisations délivrées à Paris et dans les départemens seront insérées, chaque semaine, par ordre alphabétique et de matières dans le journal général de la librairie.

AFFICHEURS ET CRIEURS PUBLICS.

Loi du 10 *Décembre* 1830.

Art. 1er. Aucun écrit, soit à la main, soit imprimé, gravé ou lithographié, contenant des nouvelles politiques ou traitant d'objets politiques, ne pourra être affiché ou placardé dans les rues, places ou autres lieux publics.

Sont exceptés de la présente disposition, les actes de l'autorité publique.

Art. 2. Quiconque voudra exercer, même temporairement, la profession d'afficheur ou crieur, de vendeur ou distributeur, sur la voie publique, d'écrits imprimés, lithographiés, gravés ou à la main, sera tenu d'en faire préalablement la déclaration devant l'autorité municipale, et d'indiquer son domicile.

Le crieur ou afficheur devra renouveler cette déclaration chaque fois qu'il changera de domicile.

Art. 3. Les journaux, feuilles quotidiennes ou périodiques, les jugemens et autres actes d'une autorité constituée, ne pourront être annoncés dans les rues, places et autres lieux publics, autrement que par leur titre.

Aucun autre écrit imprimé, lithographié, gravé ou à la main, ne pourra être crié sur la voie publique, qu'après que le crieur ou distributeur aura fait connaître à l'autorité municipale le titre sous lequel il veut l'annoncer, et qu'après avoir remis à cette autorité un exemplaire de cet écrit.

Art. 4. La vente ou distribution de faux extraits de journaux, jugemens et actes de l'autorité publique, est défendue et sera punie des peines ci-après :

Art. 5. L'infraction aux dispositions des articles 1 et 4 de la présente loi, sera punie d'une amende de vingt-cinq à cinq cents francs, et d'un emprisonnement de six jours à un mois, cumulativement ou séparément.

L'auteur ou l'imprimeur de faux extraits défendus par l'article ci-dessus, sera puni du double de la peine infligée au crieur, vendeur ou distributeur de faux extraits.

Les peines prononcées par le présent article seront appliquées sans préjudice des autres peines qui pourraient être encourues par suite de crimes et délits résultant de la nature même de l'écrit.

Art. 6. La connaissance des délits punis par le présent article est attribuée aux cours d'assises. Ces délits seront poursuivis conformément aux dispositions de l'article 4 de la loi du 8 Octobre 1830. (Voyez l'article *Peines.*)

Art. 7. Toute infraction aux articles 2 et 3 de la présente loi, sera punie par la voie ordinaire de police correctionnelle, d'une amende de vingt-cinq à deux cents francs et d'un emprisonnement de six jours à un mois, cumulativement ou séparément.

Art. 8. Dans les cas prévus par la présente loi, les cours d'assises et les tribunaux correctionnels pourront appliquer l'article 463 du Code pénal, si les circonstances leur paraissent atténuantes, et si le préjudice causé n'excède point vingt francs.

Art. 9. La loi du 5 Nivose an v, relative aux crieurs publics et l'article 290 du Code pénal, sont abrogés.

Loi du 16 *Février* 1834.

Art. 1er. Nul ne pourra exercer, même temporairement, la profession de crieur, de vendeur ou de distributeur, sur la voie publique, d'écrits, dessins ou emblèmes imprimés, lithographiés, autographiés, moulés, gravés ou à la main, sans autorisation préalable de l'autorité municipale.

Cette autorisation pourra être retirée.

Les dispositions ci-dessus sont applicables aux chanteurs sur la voie publique.

Art. 2. Toute contravention ci-dessus sera punie d'un emprisonnement de six jours à deux mois pour la première fois, et de deux mois à un an en cas de récidive. Les contrevenans seront traduits devant les tribunaux correctionnels, qui pourront, dans tous les cas, appliquer les dispositions de l'article 463 du Code pénal.

POURSUITES.

Décret du 5 *Février* 1810.

Art. 41. Il y aura lieu à confiscation, etc., si c'est une contrefaçon, c'est-à-dire, si c'est un ouvrage imprimé sans le consentement et au préjudice de l'auteur ou éditeur, ou de leur ayant-cause.

Loi du 21 *Octobre* 1814.

Art. 15. Il y a lieu à saisie et séquestre d'un ouvrage :

1° Si l'imprimeur ne présente pas les récépissés de la déclaration et du dépôt ordonnés en l'article précédent. (Voir à l'article *Police.)*

2° Si chaque exemplaire ne porte pas le vrai nom et la vraie demeure de l'imprimeur.

3° Si l'ouvrage est déféré aux tribunaux pour son contenu.

Art. 18. Les exemplaires saisis pour simple contravention à la présente loi (voyez l'article *Police)*, seront restitués après le paiement des amendes.

Art. 20. Les contraventions seront constatées par les procès-verbaux des inspecteurs de la librairie et des commissaires de police.

Art. 21. Le ministère public poursuivra d'office les contrevenans par-devant les tribunaux de police correctionnelle, sur la dénonciation du directeur-général de la librairie et la remise des procès-verbaux.

Ordonnance du 24 *Octobre* 1814.

Art. 7. En exécution de l'article 20 (ci-dessus), les commissaires de police rechercheront et constateront d'office toutes les contraventions, et ils seront tenus aussi de déférer à toutes les réquisitions qui leur seront adressées à cet effet par les préfets, sous-préfets et maires, et par les inspecteurs de la librairie. Ils enverront dans les vingt-quatre heures tous les procès-verbaux qu'ils auront dressés, à Paris, au directeur-général de la librairie; et dans les départemens, aux préfets, qui les feront passer sur-le-champ au directeur-général, seul chargé par l'article 21 de dénoncer les contrevenans aux tribunaux.

Loi du 28 *Février* 1817.

Lorsqu'un écrit aura été saisi en vertu de l'article 15 de la loi du 21 Octobre 1814; l'ordre de saisie et le procès-verbal seront, sous peine de nullité, notifiés dans les vingt-quatre heures à la partie saisie, qui pourra y former opposition.

En cas d'opposition, le procureur du roi fera toute diligence pour que dans la huitaine, à dater du jour de ladite opposition, il soit statué sur ladite saisie; le délai de huitaine expiré, la saisie, si elle n'est maintenue par le tribunal, demeurera de plein droit périmée et sans effet, et tous dépositaires de l'ouvrage seront tenus de le remettre au propriétaire.

Loi du 8 *Octobre* 1830.

Art. 1er. La connaissance de tous les délits commis, soit par la voie de la presse, soit par tous les autres moyens de publication énoncés en l'article 1er de la loi du 17 Mai 1819 (voyez *Provocation*, etc.), est attribuée aux cours d'assises.

Art. 2. Sont exceptés les cas prévus par l'article 14 de la loi du 26 Mai 1819.

Art. 3. Sont pareillement exceptés les cas où les chambres, cours et tribunaux, jugeraient à propos d'user des droits qui leur sont attribués par les articles 15 et 16 de la loi du 25 Mars 1822.

Art. 4. La poursuite des délits mentionnés en l'article 1er de la présente loi aura lieu d'office et à la requête du ministère public, en se conformant aux dispositions des lois des 26 Mai et 9 Juin 1819.

PEINES APPLICABLES AUX DÉLITS DE LA PRESSE.

Délits contre la religion et les mœurs.

Loi du 17 *Mai* 1819.

Art. 8. Tout outrage à la morale publique et religieuse, ou aux bonnes mœurs, par l'un des moyens énoncés en l'article 1er (voyez *Provocation aux crimes*, etc.), sera puni d'un emprisonnement d'un mois à un an et d'une amende de seize francs à cinq cents francs.

Code pénal.

Art. 287. Toute exposition ou distribution de chansons, pamphlets, figures ou images contraires aux bonnes mœurs, sera punie d'une amende de seize francs à cinq cents francs, d'un emprisonnement d'un mois à un an, et de la confiscation des planches et des exemplaires imprimés ou gravés, de chansons, figures, ou autres objets du délit.

Art. 288. La peine d'emprisonnement et l'amende prononcées par l'article précédent seront réduites à des peines de simple police,

1° A l'égard des crieurs, vendeurs ou distributeurs, qui auront fait connaître la personne qui leur aura remis l'objet du délit.

2° A l'égard de quiconque aura fait connaître l'imprimeur ou le graveur.

3° A l'égard même de l'imprimeur ou du graveur qui auront fait connaître l'auteur ou la personne qui les aura chargés de l'impression ou de la gravure.

DÉLITS CONTRE LES POUVOIRS ET LES DROITS RECONNUS PAR LA CHARTE.

Loi du 29 *Novembre* 1830.

Art. 1er. Toute attaque, par l'un des moyens énoncés en l'article 1er de la loi du 17 Mai 1819 (voyez *Provocation*), contre la dignité royale, l'ordre de successibilité au trône, les droits que le roi tient du vœu de la nation française, exprimé dans la déclaration du 7 Août 1830, et de la Charte constitutionnelle par lui acceptée et jurée dans la séance du 9 Août de la même année, son autorité constitutionnelle, l'inviolabilité de sa personne, les droits et l'autorité des chambres, sera puni d'un emprisonnement de trois mois à cinq ans, et d'une amende de trois cents francs à six mille francs.

Loi du 25 *Mars* 1822.

Art. 3. L'attaque par l'un de ces moyens des droits garantis par les articles 5 et 9 de la Charte constitutionnelle, sera punie d'un emprisonnement d'un mois à trois ans, et d'une amende de cent francs à quatre mille francs.

Observation.

Voici le texte de ces deux articles de la Charte :

Art. 5. Chacun professe sa religion avec une égale liberté, et obtient pour son culte la même protection.

Art. 9. Toutes les propriétés sont inviolables, sans aucune exception de celles qu'on appelle nationales, la loi ne mettant aucune différence entre elles.

Art. 4. Quiconque, par l'un des mêmes moyens, aura excité à la haine ou au mépris du gouvernement du roi, sera puni d'un emprisonnement d'un mois à quatre ans, et d'une amende de cent cinquante francs à cinq mille francs.

Art. 11. L'offense par l'un des mêmes moyens envers les chambres ou l'une d'elles, sera punie d'un emprisonnement d'un mois à trois ans et d'une amende de cent francs à cinq mille francs.

DÉLITS CONTRE LE ROI, LES PRINCES, LES SOUVERAINS ÉTRANGERS ET LES FONCTIONNAIRES PUBLICS.

Loi du 17 *Mai* 1819.

Art. 9. Quiconque, par l'un des moyens énoncés en l'article 1er de la présente loi (voyez *Provocations*), se rendra coupable d'offenses envers la personne du roi, sera puni d'un emprisonnement qui ne pourra être de moins de six mois, ni excéder cinq années, et d'une amende qui ne pourra être au-dessous de cinq cents francs, ni excéder dix mille francs.

Le coupable pourra, en outre, être interdit de tout ou partie des droits mentionnés en l'article 42 du Code pénal, pendant un temps égal à celui de l'emprisonnement auquel il aura été condamné; ce temps courra à compter du jour où le coupable aura subi sa peine.

Art. 10. L'offense par l'un des moyens énoncés en l'article 1er, envers les membres de la famille royale, sera punie d'un emprisonnement d'un mois à trois ans, et d'une amende de cent francs à cinq mille francs.

Art. 12. L'offense par l'un des mêmes moyens, envers la personne des souverains, ou envers celle des chefs des gouvernemens étrangers, sera punie d'un emprisonnement d'un mois à trois ans, et d'une amende de cent francs à trois mille francs.

Loi du 25 *Mars* 1822.

Art. 9. Seront punis d'un emprisonnement de quinze jours à deux ans et d'une amende de cent francs à quatre mille francs......

Art. 10. Quiconque, par l'un des moyens énoncés en l'article 1er de la loi du 17 Mai 1819, aura cherché à troubler la paix publique en excitant le mépris ou la haine des citoyens contre une ou plusieurs classes de personnes, sera puni des peines portées en l'article précédent.

PROVOCATION AUX CRIMES, DÉLITS, ET A LA DÉSOBÉISSANCE AUX LOIS.

Loi du 17 *Mai* 1819.

Art. 1er. Quiconque, soit par des discours, des cris ou des menaces proférés dans des lieux ou réunions publics, soit par des écrits, des imprimés, des dessins, des gravures, des peintures ou emblèmes vendus ou distribués, mis en vente, ou exposés dans des lieux ou réunions publics, soit par des placards et affiches exposés aux regards du public, aura provoqué l'auteur ou les auteurs de toute action qualifiée crime ou délit à la commettre, sera réputé complice et puni comme tel.

Art. 2. Quiconque aura par l'un des moyens énoncés en l'article 1er, provoqué à commettre un ou plusieurs crimes, sans que ladite provocation ait été suivie d'aucun effet, sera puni d'un emprisonnement qui ne pourra être de moins de trois mois, ni excéder cinq années, et d'une amende qui ne pourra être au-dessous de cinquante francs, ni excéder six mille francs.

Art. 3. Quiconque aura par l'un des mêmes moyens, provoqué à commettre un ou plusieurs délits, sans que ladite provocation ait été suivie d'aucun effet, sera puni d'un emprisonnement de trois jours à deux années, et d'une amende de trente francs à quatre mille francs, ou de l'une de ces deux peines seulement, selon les circonstances, sauf les cas dans lesquels la loi prononcerait une peine moins grave contre l'auteur même du délit, laquelle alors sera appliquée au provocateur.

Art. 6. La provocation par l'un des mêmes moyens, à la désobéissance aux lois, sera également punie des peines portées en l'article 3.

Code pénal.

Art. 285. Si l'écrit imprimé contient quelques provocations à des crimes ou délits, les crieurs, afficheurs, vendeurs et distributeurs, seront punis comme complices des provocateurs, à moins qu'ils n'aient fait connaître ceux dont ils tiennent l'écrit contenant la provocation.

En cas de révélation, ils n'encourront qu'un emprisonnement de six jours à trois mois, et la peine de complicité ne restera applicable qu'à ceux qui n'auront point fait connaître les personnes dont ils auront reçu l'écrit imprimé, et à l'imprimeur s'il est connu.

Art. 286. Dans tous les cas ci-dessus (articles 283, 284, voir *Police*, et 285), il y aura confiscation des exemplaires saisis.

Art. 289. Dans tous les cas exprimés dans la présente section (articles 283, 284, 285, 287 et 288) et où l'auteur sera connu, il subira le maximum de la peine attachée à l'espèce de délit.

Loi du 9 Septembre 1835.

Art. 1er. Toute provocation par l'un des moyens énoncés en l'article 1er de la loi du 17 Mai 1819, aux crimes prévus par les articles 86 et 87 du Code pénal, soit qu'elle ait été ou non suivie d'effet, est un attentat à la sûreté de l'État.

Si elle a été suivie d'effet, elle sera punie conformément à l'article 1er de la loi du 17 Mai 1819.

Si elle n'a pas été suivie d'effet, elle sera punie de la détention et d'une amende de dix mille à cinquante mille francs.

Dans l'un comme dans l'autre cas, elle pourra être déférée à la chambre des pairs, conformément à l'article 28 de la Charte.

Observation.

Voici le texte des deux articles du Code pénal :

Art. 86. L'attentat ou le complot contre la vie ou contre la personne du roi est crime de lèze-majesté ; ce crime est puni comme parricide, et emporte, de plus, la confiscation des biens.

Art. 87. L'attentat ou le complot contre la vie ou la personne des membres de la famille royale;

L'attentat ou le complot dont le but sera,

Soit de détruire ou de changer le gouvernement, ou l'ordre de successibilité au trône;

Soit d'exciter les citoyens ou habitans à s'armer contre l'autorité royale;

Seront punis de la peine de mort et de la confiscation des biens.

Nota. La Charte a aboli la confiscation des biens.

Art. 2. L'offense au roi, commise par les mêmes moyens, lorsqu'elle a pour but d'exciter à la haine ou au mépris de sa personne, ou de son autorité constitutionnelle, est un attentat à la sûreté de l'État.

Celui qui s'en rendra coupable, sera jugé et puni conformément aux deux derniers paragraphes de l'article précédent.

Art. 3. Toute autre offense au roi sera punie conformément à l'article 9 de la loi du 17 Mai 1819. (Voyez *Délits contre le roi*, etc.).

Art. 4. Quiconque fera remonter au roi le blâme ou la responsabilité des actes de son gouvernement, sera puni d'un emprisonnement d'un mois à un an, et d'une amende de cinq cents à mille francs.

Art. 5. L'attaque contre le principe ou la forme du gouvernement établi par la charte de 1830, tels qu'ils sont définis par la loi du 29 Novembre 1830, est un attentat à la sûreté de l'État, lorsqu'elle a pour but d'exciter à la destruction ou au changement du gouvernement.

Celui qui s'en rendra coupable sera jugé et puni conformément aux deux derniers paragraphes de l'article 1er.

Art. 6. Toute autre attaque prévue par la loi du 29 Novembre 1830, continuera d'être punie conformément aux dispositions de cette loi.

DES OBLIGATIONS RÉCIPROQUES DES CHEFS ET DE LEURS OUVRIERS OU APPRENTIS.

Loi du 22 *Germinal an* XI (12 Avril 1803).

Art. 6. Toute coalition contre ceux qui font travailler des ouvriers, tendant à forcer injustement et abusivement des salaires, et suivie d'une tentative ou d'un commencement d'exécution, sera punie d'une amende de 100 francs au moins, de 3,000 francs au plus, et, s'il y a lieu, d'un emprisonnement qui ne pourra excéder un mois.

Art. 7. Toute coalition de la part des ouvriers pour cesser en même temps de travailler, interdire le travail dans certains ateliers, empêcher de s'y rendre et d'y rester avant ou après certaines heures, et en général pour suspendre, empêcher, enchérir les travaux, sera punie, s'il y a eu tentative ou commencement d'exécution, d'un emprisonnement qui ne pourra excéder trois mois.

Art. 8. Si les actes prévus dans l'article précédent, ont été accompagnés de violences, voies de fait, attroupemens, les auteurs et complices seront punis des peines portées au Code de police correctionnelle ou au Code pénal, suivant la nature des délits.

Art. 9. Les contrats d'apprentissage consentis entre majeurs, ou par des mineurs avec le concours de ceux sous l'autorité desquels ils sont placés, ne pourront être résolus, sauf l'indemnité en faveur de l'une ou de l'autre des parties, que dans les cas suivans :

1° D'inexécution des engagemens de part ou d'autre;

2° De mauvais traitemens de la part du maître;

3° De l'inconduite de la part de l'apprenti;

4° Si l'apprenti s'est obligé à donner, pour tenir lieu de rétribution pécuniaire, un temps de travail, dont la valeur serait jugée excéder le prix ordinaire des apprentissages.

Art. 10. Le maître ne pourra, sous peine de dommages-intérêts, retenir l'apprenti au-delà de son temps, ni lui refuser un congé d'acquit, quand il aura rempli ses engagemens.

Les dommages-intérêts seront au moins du triple du prix des journées depuis la fin de l'apprentissage.

Art. 11. Nul individu employant des ouvriers, ne pourra recevoir un apprenti sans congé d'acquit, sous peine de dommages-intérêts envers son maître.

Art. 12. Nul ne pourra, sous les mêmes peines, recevoir un ouvrier s'il n'est porteur d'un livret portant le certificat d'acquit de ses engagemens, délivré par celui de chez qui il sort.

Arrêté du 9 *Frimaire an* XII (1er Décembre 1803).

Art. 1er. A compter de la publication du présent arrêté, tout ouvrier travaillant en qualité de compagnon ou garçon, devra se pourvoir d'un livret.

Art. 2. Ce livret sera en papier libre, coté et paraphé sans frais, savoir : à Paris, Lyon et Marseille, par un commissaire de police, et dans les autres villes par le maire ou l'un de ses adjoints. Le premier feuillet portera le sceau de la municipalité, et contiendra le nom et le prénom de l'ouvrier, son âge, le lieu de sa naissance, son signalement, la désignation de sa profession et le nom du maître chez lequel il travaille.

Art. 3. Indépendamment de l'exécution de la loi sur les passeports, l'ouvrier sera tenu de faire viser son dernier congé par le maire ou son adjoint, et de faire indiquer le lieu où il se propose de se rendre.

Tout ouvrier qui voyagerait sans être muni d'un livret ainsi visé, sera réputé vagabond et pourra être arrêté et puni comme tel.

Art. 4. Tout manufacturier, entrepreneur, et généralement toute personne employant des ouvriers, seront tenus, quand ces ouvriers sortiront de chez eux, d'inscrire sur leurs livrets un congé portant acquit de leurs engagemens, s'ils les ont remplis.

Les congés seront inscrits sans lacune, à la suite les uns des autres; ils énonceront le jour de la sortie de l'ouvrier.

Art. 5. L'ouvrier sera tenu de faire inscrire le jour de son entrée sur son livret, par le maître chez lequel il se propose de travailler, ou à son défaut, par les fonctionnaires publics désignés en l'article 2, et sans frais, et de déposer le livret entre les mains de son maître, s'il l'exige.

Art. 6. Si la personne qui a occupé l'ouvrier, refuse, sans motif légitime, de remettre le livret ou de délivrer le congé, il sera procédé contre elle de la manière et suivant le mode établi par le titre V de la loi du 22 Germinal.

En cas de condamnation, les dommages adjugés à l'ouvrier, seront payés sur-le-champ.

Art. 7. L'ouvrier qui aura reçu des avances sur son salaire, ou contracté l'engagement de travailler un certain temps, ne pourra exiger la remise de son livret et la délivrance de son congé, qu'après avoir acquitté sa dette par son travail, et rempli ses engagemens, si son maître l'exige.

Art. 8. S'il arrive que l'ouvrier soit obligé de se retirer, parce qu'on lui refuse du travail ou son salaire, son livret ou son congé lui seront remis, encore qu'il n'ait pas remboursé les avances qui lui ont été faites; seulement le créancier aura le droit de mentionner la dette sur le livret.

Art. 9. Dans le cas de l'article précédent, ceux qui emploieront ultérieurement l'ouvrier, feront, jusqu'à entière libération, sur le produit de son travail, une retenue au profit du créancier.

Cette retenue ne pourra, en aucun cas, excéder les deux dixièmes du salaire journalier de l'ouvrier; lorsque la dette sera acquittée, il en sera fait mention sur le livret.

Celui qui aura exercé la retenue, sera tenu d'en prévenir le maître, au profit duquel elle aura été faite, et d'en tenir le montant à sa disposition.

Art. 10. Lorsque celui pour lequel l'ouvrier a travaillé, ne saura ou ne pourra écrire, ou lorsqu'il sera décédé, le congé sera délivré, après vérification, par le commissaire de police, le maire du lieu, ou l'un de ses adjoints, et sans frais.

Loi du 22 *Germinal an* XI (12 Avril 1803).

Art. 11. Le premier livret d'un ouvrier lui sera expédié :

1° Sur la présentation de son acquit d'apprentisage;

2° Ou sur la demande de la personne chez laquelle il aura travaillé;

3° Ou enfin sur l'affirmation de deux citoyens patentés de sa profession, et domiciliés, portant que le pétitionnaire est libre de tout engagement, soit pour raison d'apprentissage, soit pour raison d'obligation de travailler comme ouvrier.

Art. 12. Lorsqu'un ouvrier voudra faire coter et parapher un nouveau livret, il représentera l'ancien. Le nouveau livret ne sera délivré qu'après qu'il aura été vérifié que l'ancien est rempli, ou hors d'état de servir. Les mentions des dettes seront transportées de l'ancien livret sur le nouveau.

Art. 13. Si le livret de l'ouvrier était perdu, il pourra, sur la présentation de son passeport en règle, obtenir la permission provisoire de travailler, mais sans pouvoir être autorisé à aller dans un autre lieu; et à la charge de donner à l'officier de police du lieu la preuve qu'il est libre de tout engagement, et tous les renseignemens nécessaires pour autoriser la délivrance d'un nouveau livret, sans lequel il ne pourra partir.

Art. 14. Les conventions qui sont faites de bonne foi entre les ouvriers et ceux qui les emploient, seront exécutées.

Art. 15. L'engagement d'un ouvrier ne pourra excéder un an, à moins qu'il ne soit contre-maître, conducteur des autres ouvriers, ou qu'il n'ait un traitement et des conditions stipulées par un acte exprès.

Art. 19. Toutes les affaires de simple police entre les ouvriers et apprentis, les manufacturiers, fabricans et artisans, seront portées à Paris devant le préfet de police; devant les commissaires-généraux de police dans les villes où il y en a d'établis, et dans les autres lieux, devant le maire ou un de ses adjoints.

Ils prononceront sans appel les peines applicables aux divers cas, selon le code de police municipale.

Si l'affaire est du ressort des tribunaux correctionnels ou criminels, ils pourront ordonner l'arrestation provisoire des prévenus, et les faire traduire devant le magistrat de sûreté.

Art. 20. Les autres contestations seront portées devant les tribunaux auxquels la connaissance en est attribuée par les lois.

Art. 21. En quelque lieu que réside l'ouvrier, la juridiction sera déterminée par le lieu de la situation des manufactures ou ateliers dans lesquels l'ouvrier aura pris du travail.

Décret du 17 *Juin* 1791.

Art. 7. Ceux qui useraient de menaces ou de violence contre les ouvriers usant de la liberté accordée par les lois constitutionnelles au travail et à l'industrie, seront poursuivis par la voie criminelle et punis suivant la rigueur des lois, comme perturbateurs du repos public.

Code pénal.

Art. 414. Toute coalition entre ceux qui font travailler des ouvriers, tendant à forcer injustement et abusivement l'abaissement des salaires, suivie d'une tentative ou d'un commencement d'exécution, sera punie d'un emprisonnement de six jours à un mois, et d'une amende de 200 à 3000 fr.

Art. 415. Toute coalition de la part des ouvriers pour faire cesser en même temps de travailler, interdire le travail dans un atelier, empêcher de s'y rendre et d'y rester avant ou après certaines heures, et en général, pour suspendre, empêcher, enchérir les travaux, s'il y a eu tentative ou commencement d'exécution, sera punie d'un emprisonnement d'un mois au moins, et de trois mois au plus.

Les chefs ou moteurs seront punis d'un emprisonnement de deux ans à cinq ans.

Art. 416. Seront aussi punis de la peine portée par l'article précédent et d'après les mêmes distinctions, les ouvriers qui auront prononcé des amendes, des défenses, des interdictions ou toutes proscriptions sous le nom de *damnations*, et sous quelque qualification que ce puisse être, soit contre les directeurs d'ateliers et entrepreneurs d'ouvrages, soit les uns contre les autres.

Dans le cas du présent article et dans celui du précédent, les chefs ou moteurs du délit pourront, après l'expiration de leur peine, être mis sous la surveillance de la haute police pendant deux ans au moins et cinq ans au plus.

Art. 417. Quiconque, dans la vue de nuire à l'industrie française, aura fait passer en pays étranger des directeurs, commis ou des ouvriers d'un établissement, sera puni d'un emprisonnement de six mois à deux ans et d'une amende de 50 à 300 fr.

Art. 418. Tout directeur, commis, ouvrier de fabrique, qui aura communiqué à des étrangers où à des français résidant en pays étranger, des secrets de la fabrique où il est employé, sera puni de la réclusion et d'une amende de 500 à 20,000 fr.

Si ces secrets ont été communiqués à des français résidant en France, la peine sera d'un emprisonnement de trois mois à deux ans et d'une amende de 16 à 200 fr.

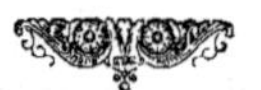

CHAPITRE XVI.

RÉCOMPENSES ACCORDÉES A LA LITHOGRAPHIE.

Personne n'ignore aujourd'hui les services immenses rendus aux sciences et aux arts par la Lithographie; et il est aisé de concevoir tout ce qu'on peut s'en promettre dans l'avenir, surtout depuis l'invention de la Chromolithographie. A coup sûr, à aucune époque on n'a vu une découverte de cette importance marcher aussi rapidement vers sa perfection; et après le Bavarois Senefelder, l'illustre auteur de cette admirable création, c'est presque uniquement à des artistes français que la Lithographie doit ses plus importantes améliorations. C'est un point que tout le monde reconnaît à l'étranger, et dont personne ne doute chez nous; si ce n'est peut-être le gouvernement, s'il faut en juger par la valeur des récompenses accordées aux lithographes, à l'occasion des différentes expositions des produits de l'industrie nationale.

On s'étonnera sans doute que, tandis que l'Europe entière admire les belles lithographies sorties des ateliers de Paris; que tandis que la désignation de *Lithographies françaises* est devenue en Allemagne et dans presque tous les pays, synonyme de *belles lithographies*; que tandis que le roi de Prusse offre un prix de 1000 Rx. (4000 fr.) à celui qui exécutera dans ses états la Lithographie *aussi bien qu'en France*, MM. les commissaires des diverses expositions qui ont eu lieu depuis 1819, n'aient pas jugé cet art digne d'une plus belle récompense qu'une médaille d'argent; faisant ainsi marcher de pair la rivale de la Typographie et de la gravure, avec l'art sans doute aussi important à leurs yeux, de faire des pommades.

C'est au point, qui le croirait! que l'invention de la Chromolithographie elle-même, dont les beaux produits ont paru pour la première fois à l'exposition de 1839, n'a valu à son auteur que la banale médaille d'argent, qui semble être l'apogée des récompenses que le gouvernement daigne accorder à la Lithographie, et que M. Engelmann, s'il eut vécu jusqu'à ce moment, aurait renvoyée au ministre, soigneusement enveloppée dans une superbe Chromolithographie. C'était une petite vengeance que se proposait ce célèbre artiste, comme il me l'a dit plusieurs fois; car il croyait connaître si bien la bienveillance du gouvernement pour la Lithographie, qu'il s'attendait à cette magnifique récompense, qui rappelle un peu la libéralité de MM. les membres de l'Académie des sciences de Munich, envers Senefelder. (Voir l'histoire de ce lithographe, CHAPITRE I.)

« Si du moins cette indifférence pour notre art, me disait-il, avait eu lieu « envers moi seul; si quelqu'un de mes confrères avait reçu une récompense de « première classe, l'art eût été honoré, et je me serais retiré modestement en « pensant que le mérite d'un autre était plus grand que le mien; mais aucun « lithographe n'a reçu plus que moi, d'où je me crois en droit de conclure que « c'est l'art lui-même qu'on refuse de récompenser.

« Il ajoutait :

« Si j'ai à me plaindre de l'indifférence des commissaires chargés de dispenser « les récompenses nationales, il m'est doux de rendre témoignage aux lumières « de S. M. Louis Philippe. En connaisseur éclairé il a su porter un jugement plus « favorable et plus juste sur la Lithographie, et, comme pour donner un dé- « menti à MM. les commissaires des expositions, il m'a prouvé, en 1831, par « un témoignage particulier de sa bienveillance, qu'il savait apprécier à leur « juste valeur les progrès faits par la Lithographie. »

La Société d'encouragement de Paris, et la Société industrielle de Mulhouse ont su mieux apprécier l'importance de la Lithographie, celle-ci en accordant une médaille d'or à M. Engelmann, pour la découverte de la Chromolithographie, celle-là en décernant des récompenses à plusieurs artistes, comme on le verra dans ce qui va suivre (1).

---

(1) Ce qui précède a été écrit après la mort de M. Engelmann. P.

Récompenses publiques décernées à la Lithographie, à la suite des expositions des produits de l'industrie française.

EXPOSITION DE 1819.

Mention honorable.

M. le comte de Lasteyrie, pour le service qu'il a rendu en introduisant en France l'art lithographique, et pour la belle exécution des estampes lithographiques qu'il a exposées (1).

M. G. Engelmann, pour la belle exécution de ses estampes lithographiques, et pour avoir trouvé le moyen d'imiter, par la Lithographie, les effets de l'aqua-tinta ou lavis.

Parmi les titres que le jury a fait valoir en faveur de MM. Haussmann frères, fabricants de toiles peintes à Colmar, en leur accordant une médaille d'or, se trouve l'application de la Lithographie à l'impression des étoffes de soie et de coton.

EXPOSITION DE 1823.

Médailles d'argent. — MM. Engelmann. — Motte. — Senefelder et Comp.

Médailles de bronze. — MM. Chapuy. — Constans.

Mention honorable. — M. Langlumé.

EXPOSITION DE 1827.

Rappels de médailles d'argent. — MM. Engelmann et Comp. — Charles Motte. — Senefelder et Comp.

Médailles de bronze. — Mlle Formentin. — M. Langlumé.

Mentions honorables. — MM. Desmadryl aîné. — Berdalle de la Pommeraye et Comp., de Paris. — Bernard et Delarue, de Paris.

PRESSES.

Mention honorable. — M. Brisset.

---

(1) La commission a partagé l'erreur qui considère M. le comte de Lasteyrie comme l'introducteur de la Lithographie en France; j'ai prouvé dans la partie historique de cet ouvrage, que cette opinion n'est pas fondée.

EXPOSITION DE 1834.

Rappel de médailles d'argent. — MM. Engelmann et Comp. — Motte.

Médailles de bronze. — Mme Ve Delpech. — MM. Mantoux, encre autographique. — Bregnot, planche de zinc. — Seib, à Strasbourg, lithographies sur toile cirée.

Mentions honorables. — MM. Houbloup, à Paris. — Ardit, à Paris. — Desrosiers, à Moulins. — Roissy frères, à Paris. — Gigault-d'Olincourt, à Bar-le-Duc.

PRESSES.

Médaille de bronze. — M. Pierron, à Paris.

Mentions honorables. — MM. François jeune et Benoist, à Troyes. — Brisset, à Paris. — Benard, à Paris.

Citation favorable. — M. Ch. Debourges, à Paris.

PIERRES LITHOGRAPHIQUES.

Médailles de bronze. — MM. A. Dupont et Comp., à Perigueux. — Chevalier et Comp., à Paris.

TRANSPORT D'EPREUVES SUR PIERRE.

Médaille d'argent. — M. Daiguebelle, à Paris, transport d'anciennes gravures sur pierre.

Médaille de bronze. — M. Delarue, à Paris.

Mention honorable. — M. Martenot, à Paris.

Citation favorable. — M. Seguin, à Paris.

EXPOSITION DE 1839.

Médailles d'argent — MM. Lemercier-Benard et Comp., à Paris. — Thierry frères, successeurs d'Engelmann et Comp., à Paris. — E. Simon fils, à Strasbourg. — Engelmann, à Paris et à Mulhouse. — Dupont frères, Lithotypographie, à Paris.

Médailles de bronze. — MM. Villain, à Paris. — Bobœuf, à Paris. — Houbloup, à Paris. — Martenot et Comp., à Paris. — Kæppelin et Comp., Zincographie, à Paris.

ENCOURAGEMENS ET PRIX DÉCERNÉS A DES LITHOGRAPHES PAR LA SOCIÉTÉ D'ENCOURAGEMENT.

1810 — 8 Août. A M. Duplat, un prix de 2000 fr. pour un procédé de gravure en relief sur pierre, dont il tirait ensuite des clichés à l'usage des imprimeurs typographes.

1816 — 6 Novembre. Médaille d'argent à M. André d'Offenbach, pour avoir créé la première Imprimerie lithographique en France.

Id. Id. M. Engelmann, pour l'exécution en grand et le perfectionnement de la Lithographie.

1818 — . . . . Médaille d'argent à M. Lefèvre, de Bellay, pour une carrière de pierres lithographiques, découverte par lui à Bellay.

1821 — 18 Avril. Mention honorable à M. A. Senefelder, pour les procédés nouveaux dont il est auteur et particulièrement pour l'invention d'un papier propre à remplacer les pierres.

Id. Id. M. Engelmann, pour les résultats remarquables qu'il a obtenus et pour plusieurs perfectionnemens qu'il a introduits dans la Lithographie.

Id. 3 Octobre. Prix de 600 fr. à M. Lefevre, de Bellay, pour la découverte d'une carrière de pierres lithographiques.

1828 — Séance générale du 3 Décembre. Prix de 400 fr. décerné à M. François jeune, à Troyes pour une machine à dresser les pierres.

Id. Id. Encouragement de 400 fr. à M. Brisset, pour une presse perfectionnée.

Id. Id. Encouragement de 1200 francs à M. François jeune, à Troyes, pour sa nouvelle presse.

Id. Id. Médaille d'or à M. Knecht, à Paris, pour les perfectionnemens qu'il a apportés à la Lithographie, dans la gravure par incision, et pour son procédé d'effaçage et de retouche.

Id. Id. Médaille d'or à M. Jobard, pour avoir apporté un perfectionnement important au dressage des pierres, en ajoutant au sable une matière mucilagineuse, et pour avoir donné le moyen de faire des retouches et celui d'imiter les effets du lavis et de l'estompe.

Id. Id. Médaille d'or à MM. Chevalier et Langlumé, à Paris, pour leur procédé d'effaçage et la description qu'ils ont publiée de plusieurs opérations de la Lithographie.

1830 — Séance du 29 Décembre. Prix de 2400 francs à M. François jeune, à Troyes, pour sa nouvelle presse.

Id. Id. Médaille d'or à M. Engelmann, pour sa nouvelle presse en fer.

Id. Id. Prix de 400 fr. décerné à M. Cruzel, à Paris, pour son papier autographe.

Id. Id. Prix de 1000 fr. accordé à MM. Knecht et Girardet, à Paris, pour un moyen de corriger les planches gravées, qui consiste à enlever le tracé défectueux à l'essence, et à y passer ensuite de l'acide phosphorique.

Id. Id. Médaille d'or de 1re classe à MM. Chevalier et Langlumé, à Paris, pour leur manuel sur la Lithographie.

Id. Id. Médaille d'argent à M. Desportes de Champguerin, à Paris, pour son manuel.

1831 — Séance générale du 28 Décembre. Prix de 500 fr. à M. Tudot, à Paris, pour un rouleau d'encrage perfectionné.

Id. Id. Médaille de 200 fr. accordée à M. Joumar, pour le procédé de tremper le papier dans un lait de chaux, pour l'empêcher de sâlir les pierres.

Id. Id. Médaille d'argent à M. Lemercier, à Paris, pour un enduit propre à conserver les pierres.

Id. Id. Médaille de 2000 francs décernée à M. Tudot, pour sa manière noire.

1832 — . . . . . . Médaille de bronze décernée à M. Cruzel, pour des crayons lithographiques.

Id. . . . . . . Médaille de 300 fr. à M. Tudot, pour des crayons lithographiques.

Id. . . . . . . Prix de 800 fr. décerné à M. Lemercier, de Paris, pour son encre lithographique.

Id. . . . . . . Médaille de bronze à M. Cellier, de Paris, pour son vernis.

Id. . . . . . . Prix de 600 fr. décerné à M. Lemercier, de Paris, pour son vernis.

Id. . . . . . . Médaille d'or à M. Mantoux, pour une encre autographique.

Id. 27 Juin. . Médaille d'or décernée à M. Girardet à Paris, pour l'application à plusieurs ouvrages, de son procédé de lithographie en relief.

1833 — . . . . . . Médaille d'argent, à M. Delarue à Paris, pour le report des épreuves de planches gravées et de pierres lithographiques sur d'autres pierres.

1836 — . . . . . . Médaille d'argent à M. Dupont de Périgueux, pour l'exploitation en grand d'une carrière lithographique.

1838 — Séance générale du 17 Janvier. Prix de 3000 francs à M. Dupont de Perigueux, pour l'exploitation en grand d'une carrière de pierres lithographiques à Chateauroux.

Id. Id. Prix de 2000 fr. à M. G. Engelmann, de Mulhouse, pour son procédé d'impression lithographique en couleurs.

Id. Id. Encouragement de 500 fr. à M. Villeroy, de Paris, pour un encrage mécanique.

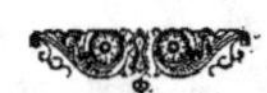

CHAPITRE XVII.

Ouvrages publiés sur la Lithographie.

J'ai pensé qu'il pourrait être agréable à mes lecteurs de connaître les titres des divers ouvrages qui ont été publiés sur la Lithographie. J'ai réuni dans ce chapitre tous ceux que j'ai pu me procurer, et je les ai inscrits par ordre de date. Peut-être en existe-t-il d'autres qui me sont inconnus; mais je n'ai rien négligé pour avoir dans ma bibliothèque tous ceux qui sont venus à ma connaissance. Je dirai avec franchise ce que je pense de chacun de ces ouvrages : le lecteur pourra d'ailleurs réformer, s'il le juge convenable, ces jugemens, qui ne sont pas sans appel.

Das Geheimniß des Steindrucks in seinem ganzen Umfange, praktisch und ohne Rückhalt nach eigenen Erfahrungen beschrieben von einem Liebhaber. Als Einladung zum Nachdenken und Mitwirken an Alle, denen die Vervollkommnung dieses neuen Kunstzweiges angelegen seyn kann.

Im Verlag der J. G. Cotta'schen Buchhandlung in Tübingen. 1810.

Cet ouvrage est le premier qui a été publié sur la Lithographie. L'auteur y a décrit en détail, tout ce qu'il savait à cette époque. L'art ayant fait depuis de grands progrès, il n'a plus aujourd'hui qu'un intérêt historique.

Dans l'ouvrage intitulé : Essai sur les arts et les manufactures de l'Empire d'Autriche, par M. Marcel de Serres, tome 2, page 51, se trouve une notice historique et descriptive de la Lithographie.

Cette notice faite à une époque (en 1809 et 1810) où la Lithographie était encore fort peu avancée, par un savant qui n'a fait que recueillir en passant à Munich ce qu'on lui a dit, mais qui lui-même n'a aucune pratique en Lithographie, contient une quantité d'erreurs et ne peut aujourd'hui être d'aucune utilité.

Dans la feuille intitulée : Anzeigen für Kunst und Gewerbfleiß in Bayern, années 1816 et 1817, se trouvent plusieurs lettres de M. Schlichtegroll, sur l'origine de la Lithographie. Elles contiennent des détails historiques fort curieux.

Vollständiges Lehrbuch der Steindruckerei enthaltend eine richtige und deutliche Anweisung zu den verschiedenen Manipulations-Arten denselben in allen ihren Zweigen und Manieren, belegt mit den nöthigen Musterblättern, nebst einer voran gehenden ausführlichen Geschichte dieser Kunst, von ihrem Entstehen bis auf gegenwärtige Zeit. Verfaßt und herausgegeben von dem Erfinder der Lithographie und chemischen Druckerei Alois Senefelder.

Mit einer Vorrede des General-Sekretärs der königl. Akademie der Wissenschaft zu München, des Direktors Friedrich von Schlichtegroll.

München bei Karl Thiermann, wie bei Karl Gerold. — 1818.

Cet ouvrage a été traduit en français et publié par Treuttel et Würtz, en 1819, à Paris, sous le titre de l'Art de la Lithographie, ou instruction pratique contenant la description claire et succinte des différens procédés à suivre pour dessiner, graver et imprimer sur pierres; précedée d'une histoire de la Lithographie et de ses divers progrès, par M. Aloys Senefelder, inventeur de l'art lithographique.

Cet ouvrage est écrit avec conscience. On y voit combien Senefelder a fait d'efforts et d'essais pour arriver à produire sur pierre, la série si riche des moyens d'imprimer, dont cet art est susceptible. Il renferme une quantité d'observations très-justes et peut en général être considéré comme le meilleur ouvrage publié sur la Lithographie : la plus grande partie de ceux qui ont paru depuis n'en étant que des extraits plus ou moins parfaits. Toutefois, il est à regretter que l'auteur se soit plutôt attaché à publier une quantité de recettes inutiles ou de pure curiosité, qu'à donner des détails pratiques sur les procédés les plus essentiels de la Lithographie. Cette imperfection tient sans doute à deux causes, 1° à l'état encore peu avancé de la Lithographie au moment où l'ouvrage a été publié; 2° à la tendance naturelle de Senefelder à chercher plutot de nouveaux procédés qu'à perfectionner ceux déjà existans.

Notice sur la Lithographie ou l'art d'imprimer sur pierre par M. . . . . *Dijon*, 1818.

Ce petit ouvrage, excessivement laconique, présente peu d'intérêt.

Procédé actuel de la Lithographie mis à la portée de l'artiste et de l'amateur, ouvrage contenant les différens procédés qu'il est indispensable de suivre pour obtenir un résultat satisfaisant, et à l'aide duquel on peut soi-même, sans le secours de qui que ce soit, mettre au jour toutes sortes de productions utiles, ingénieuses et agréables. Par D. . . . . . *Paris*, 1818.

Non seulement cet ouvrage est écrit d'une manière tellement confuse qu'il en est presque inintelligible; mais il annonce en général peu de connaissances de la part de son auteur. Il ne peut être utile ni aux amateurs ni aux lithographes.

Mémoire sur les expériences lithographiques faites à l'école royale des ponts et chaussées de France, ou manuel théorique et pratique du dessinateur et de l'imprimeur lithographe; publié par Raucourt, de Charleville, ancien élève de l'école polytechnique. *Toulon*, 1819.

La Lithographie fondée à l'école des ponts et chaussées, ne l'a été qu'avec les faibles renseignemens contenus dans l'ouvrage de M. Marcel de Serres. On a eu une peine infinie à perfectionner, d'après des notices si peu complètes, un art aussi difficile que la Lithographie, et à trouver par des expériences nombreuses ce que d'autres lithographes savaient déjà depuis longtems à cette époque. Il est fâcheux qu'on ne se soit pas adressé franchement à l'un des établissemens existans alors en France, pour en obtenir la communication de ses procédés. En travaillant sur de pareilles bases, il n'y a pas de doute que les hommes distingués qui étaient à la tête de cette Lithographie, n'eussent porté cet art à un haut point de perfection.

Quoique l'ouvrage de M. Raucourt soit bien écrit, il ne serait aujourd'hui d'aucune utilité à un lithographe.

Manuel du dessinateur lithographe, ou description des meilleurs moyens à employer pour faire des dessins sur pierre dans tous les genres connus, suivie d'une instruction sur le nouveau procédé du lavis lithographique, par G. Engelmann. 1822.

Édition allemande sous le titre : Engelmann's Handbuch für Steinzeichner oder Beschreibung der besten Mittel um in allen bekannten Manieren auf Stein zu zeichnen. Aus dem Französischen von Dr. Karl Dielitz.

Verlag von G. Gropius in Berlin. 1833.

Die Anwendung des Zinks statt der Stein und Kupferplatten zu den vertieften Zeichnungsarten. Nebst einer Anweisung Metallabgüsse von erhabenen und tiefgeäzten Steinzeichnungen zu machen. Dargestellt von H. W. Eberhart mit 10 Probeblättern. Darmstadt, Verlag von C. W. Leske. 1822.

Quoique le principal but de cette petite brochure soit de traiter la gravure en creux sur zinc, en remplacement des planches de cuivre, il contient cependant aussi quelques notices qui ont rapport à la Lithographie.

L'Aquatinte lithographique, ou manière de reproduire des dessins faits au pinceau, dédié à M. le comte de Forbin. *Paris*, 1824.

Le texte de ce cahier est lithographié et très-laconique; et les moyens enseignés sont peu clairs et inintelligibles pour celui qui ne serait pas déjà au fait de la Lithographie.

Code des imprimeurs-libraires, écrivains et artistes, etc., par F. A Pic, juge au tribunal de première instance à Lyon. 1827.

Cet ouvrage devrait être entre les mains de tous les imprimeurs.

Manuel du dessinateur et de l'imprimeur lithographe, par L. Bregaut, lithographe breveté de S. A. R. Mgr le Dauphin. *Paris*, 1827.

Ouvrage superficiel, qui ne contient à peu près que ce que tout lithographe sait déjà.

Théorie lithographique, ou manière facile d'apprendre à imprimer soi-même; contenant six planches représentant douze sujets; par L. Houbloup, imprimeur-lithographe, 2e édition. *Paris*, 1818.

Brochure exécutée par le procédé de l'autographie.

Cet ouvrage, qui est plutôt pratique que théorique, peut contenir quelques renseignemens utiles à celui qui est déjà au fait de la Lithographie; mais il n'est ni assez clair, ni assez explicite pour accomplir la tâche si difficile d'apprendre *à imprimer soi-même*.

Mémoire sur la Lithographie et sur des procédés de retouche et d'effaçage. Par MM. A. Chevalier, pharmacien-chimiste, et Langlumé, lithographe. *Paris*, 1828.

Ce mémoire autographié n'est que le prélude d'un ouvrage complet sur la Lithographie que les auteurs se proposaient de publier, et pour lequel la Société d'encouragement leur a décerné en 1830 une médaille d'or. Mais M. Langlumé ayant quitté Paris, cette publication a été retardée et a paru plus tard sous les noms de MM. Chevalier et Langlumé, avec des notes de MM. Mantoux et Joumar.

Ce mémoire contient un nouveau moyen d'acidulation adopté aujourd'hui par beaucoup de lithographes, et un moyen d'effaçage par la lessive caustique. J'en ai parlé dans les chapitres précédens.

Dans le Dictionnaire Technologique, tome 12, page 333, se trouve une description de la Lithographie. L'espace réservé à cet art dans un pareil ouvrage n'a point permis de le traiter avec les détails nécessaires pour l'instruction des lithographes. Cet article peut plutôt être considéré comme destiné à donner au public une idée du système et de tous les moyens employés pour produire des impressions lithographiques.

Description de tous les moyens de dessiner sur pierre avec l'étude des causes qui peuvent empêcher la réussite de l'impression des dessins. Par E. Tudot, dessinateur-lithographe. *Paris*, 1833.

S'il y a quelques bonnes choses dans ce livre, on regrette de les y trouver intercallées dans une quantité de raisonnemens peu justes. M. Tudot lui-même n'est pas lithographe et n'a dû qu'à des communications ce qu'il a dit de cet art. On concevra donc facilement qu'il a dû tomber dans de nombreuses erreurs, en voulant expliquer toutes les causes et les effets de l'art d'imprimer sur pierre.

Die Lithographie oder Steindruckerei im ganzen Umfange und in allen Manieren; nach den neuesten Erfindungen der Deutschen, Franzosen, Italiener und Engländer, bearbeitet von Dr. J. H. M. Poppe, Hofrath und ordentlichem Professor der Technologie zu Tübingen. Stuttgardt, 1833.

Misérable compilation faite par un homme qui n'entend rien à la Lithographie.

Manuel pratique du lithographe, ouvrage qui a obtenu une médaille de la Société d'encouragement pour l'industrie nationale, au concours de 1830, augmenté de notes sur les nouveaux procédés, avec les lois et ordonnances qui régissent cette profession. Par M. Jules Desportes, imprimeur-lithographe. *Paris*, 1834.

Cet ouvrage exécuté en autographie doit être classé parmi les meilleurs qui aient paru sur la Lithographie. Seulement il est à regretter que l'auteur ait été un peu trop concis dans certaines parties, et ne soit pas sufisamment entré dans les détails de manutention.

Taschenbuch der nothwendigsten Recepte für jeden Lithographen und Steindrucker, oder genaue Anleitung wie man eine gute chemische Tusche (Tinte) sowohl zum Lithographieren als zum Umdruck, Kreide zum Steinzeichnen, und alle bunte und schwarze Farben zum Drucken der verschiedenen Manieren verfertigt, nebst einer kurzen Beschreibung wie die Steine bei den verschiedenen Manieren präpariert, und selbst verdorbene Steine wieder in brauchbaren Zustand gesetzt werden können.

Auf praktische Erfahrung gegründet, gesammelt, herausgegeben und den Anfängern so wie allen Collegen dieser Kunst gewidmet von Dunst jun. Lithograph und Besitzer einer lithographischen Anstalt. Bonn. 1835.

Eigenthum und Verlag der oberländischen Buch-, Kunst- und Musikhandlung von J. M. Dunst u. Comp.

Ce titre comme on voit promet beaucoup; mais la petite brochure qui le porte tient fort peu.

L'imprimeur-lithographe, nouveau manuel à l'usage des élèves, par Auguste Bry, ouvrier imprimeur-lithographe. *Paris*, 1835.

Très bon ouvrage fait par un praticien habile et entendu dans sa partie. Il contient d'excellens conseils, surtout sur les travaux manuels de l'imprimeur.

Die Lithographie in ihrem ganzen Umfange. Ein theoretisch- praktisches Lehr- und Handbuch sämmtlicher in diese Kunst sich verzweigenden Gegenstände, für Steinzeichner, Steinschreiber, Steindrucker und lithographische Anstalten so wie auch für Anfänger und Dilettanten. Nebst einer Anweisung zur zweckmäßigsten Einrichtung chemischer Druckereien im großen sowohl als für den Privatgebrauch.

Sistematisch geordnet und mit den neuesten erprobten Entdeckungen bereichert von J. B. B. Bautz, praktischem Lithographen,

Zweite Auflage.

Augsburg, in Commission der von Jenich und Stageschen Buchhandlung. 1836.

Quoique ce petit ouvrage ne réponde pas entièrement à son titre un peu emphatique, il contient cependant de bonnes choses, dont à la vérité une partie est tirée de l'ouvrage publié en 1818 par Senefelder.

Le Lithographe, Journal des artistes et des imprimeurs, paraissant du 1er au 10 de chaque mois en un cahier de 32 à 40 pages avec des dessins lithographiés, publiant tous les procédés connus de la Lithographie avec leurs différentes modifications, signalant les découvertes nouvelles dans cet art, et rendant un compte impartial de ses productions; redigé par des lithographes sous les auspices et avec le concours d'hommes de lettres.

Ce Journal est publié par M. Jules Desportes; il a été fondé en 1837.

Traité complet de la Lithographie, par MM. Chevalier, chimiste, membre de la Société d'encouragement, professeur à l'école de pharmacie de Paris, et Langlumé, imprimeur-lithographe; avec des notes de MM. Mantoux et Joumar, imprimeurs-lithographes. Ouvrage qui a obtenu en 1830 le prix de la Société d'encouragement. *Paris*, 1838.

On concevra facilement qu'un ouvrage écrit avant 1830 et publié en 1838, sur un art qui fait des progrès aussi rapides que la Lithographie, n'est plus, sous bien des rapports, au niveau des connaissances actuelles. Aussi, dans les notes qu'on y a ajoutées au moment de sa publication, a-t-on souvent été obligé de contredire ce que contient le texte de l'ouvrage. Il y a certainement de bonnes choses dans ce livre, mais le nom du savant chimiste qui l'a publié permettait d'espérer quelque chose de mieux, surtout sous le rapport théorique.

FIN.

TABLE DES CHAPITRES.

FIN DE LA TABLE DES CHAPITRES.

TABLE GÉNÉRALE DES MATIÈRES

PAR ORDRE ALPHABÉTIQUE.

I.

L.

M.

N.

O.

P.

Q.

R.

S.

T.

FIN DE LA TABLE DES MATIÈRES.

ERRATA.

Pages.	Lignes.		
16	effacer la dernière ligne.		
17	2	*au lieu de :*	Staugen, *lisez :* Stangen.
34	11	»	Manlich, *lisez* : Mannlich.
38	dernière,	»	(1), *lisez :* (2).
40	28	»	pouvoir, *lisez :* pouvait. (Cette faute ne se trouve que dans quelques exemplaires.)
59	17	»	ou tire à clair, *lisez :* on tire à clair.
61	12 et 13	»	végétale de charbon : *lisez* : de charbon végétal.
70	12	»	lienx, *lisez :* lieux.
75	dernière,	»	on conserve, *lisez :* on la conserve.
76	5	»	cpréceités demment, *lisez :* cités précédemment.
79	18	»	couvertit, *lisez :* convertit.
106	2	»	le pierre, *lisez :* la pierre.
112	28	»	le trace, *lisez:* la trace.
124	28	»	par le tems, *lisez :* pas le tems.
158	2	»	grands de service, *lisez :* de grands services.
175	22	»	rouleau le seul, *lisez :* le rouleau seul.
177	18	»	K, *lisez :* k.
220	4 du bas,	»	flotter, *lisez :* frotter.
229	13	»	O, *lisez :* o.
231	12	»	s, *lisez :* S.
»	27	»	12, *lisez :* n.
»	4 du bas,	»	p, *lisez :* r.
250	25	»	LK, *lisez :* IK.
280	20	»	et ou, *lisez:* et on.
311	1	»	Chapitre XI, *lisez:* X.
340	3 du bas	»	ou sparle, *lisez* : où se parle.

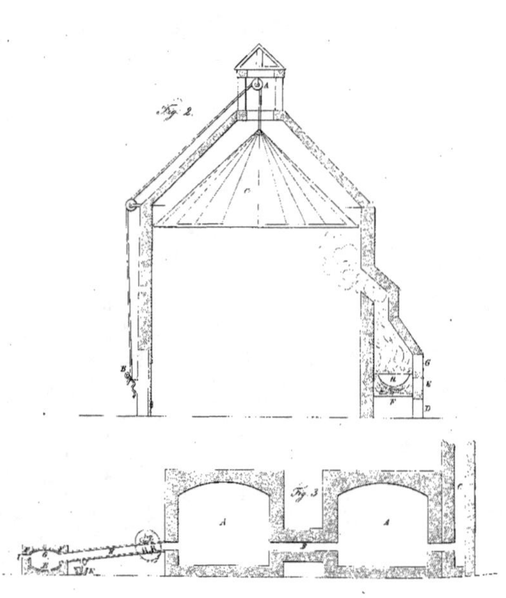

Pl. 1.

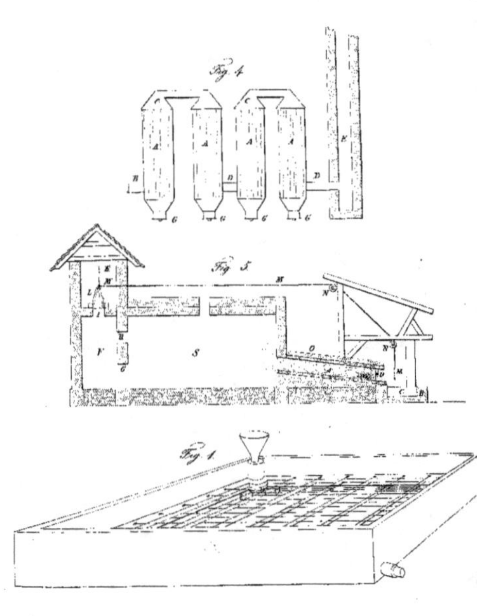

Lith. de Engelmann

Pl. II.

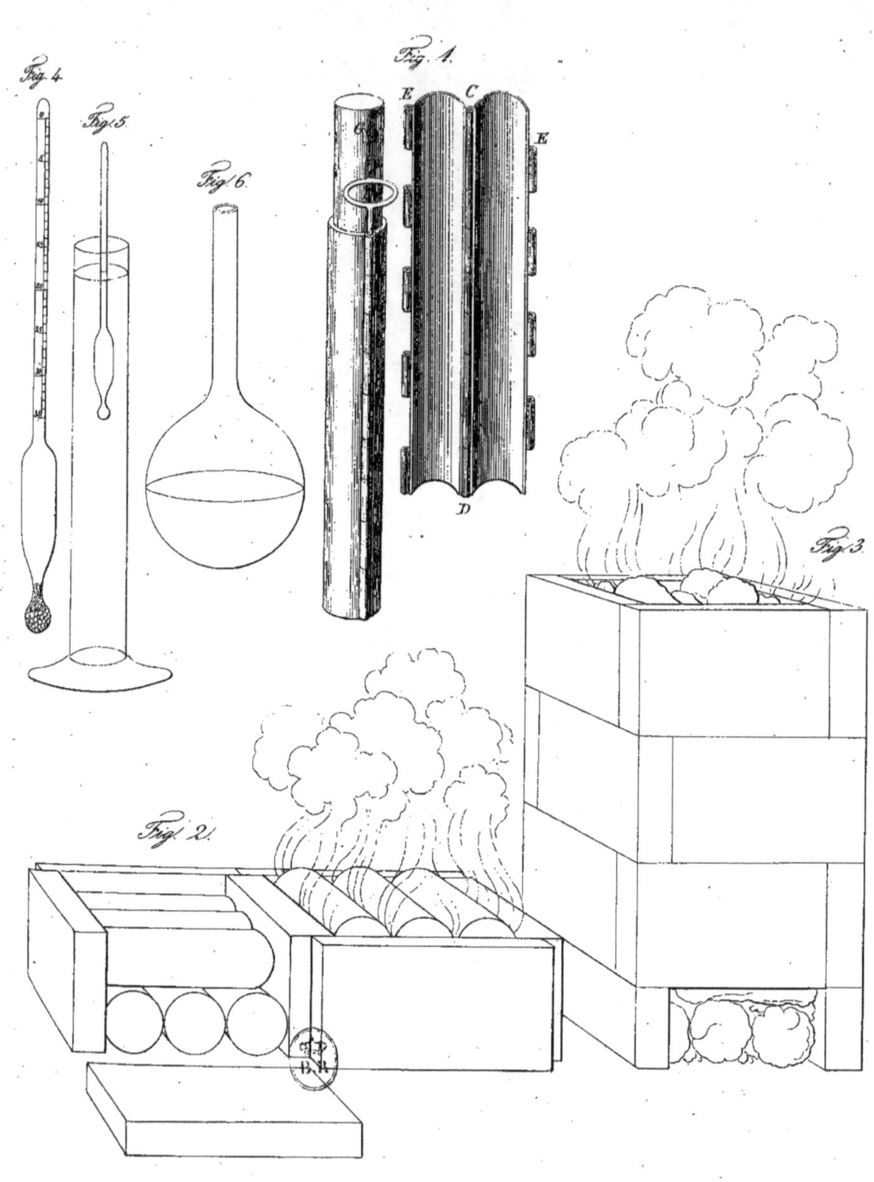

Lith. de Engelmann, père et fils.

Pl. III.

Fig. 1.

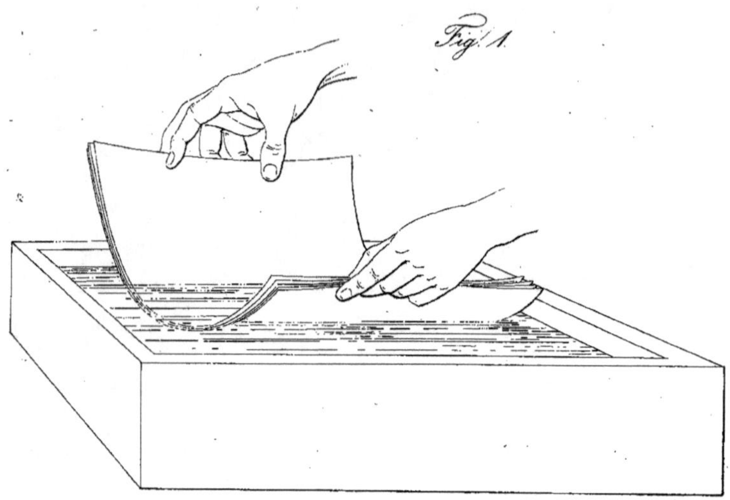

Fig. 2.

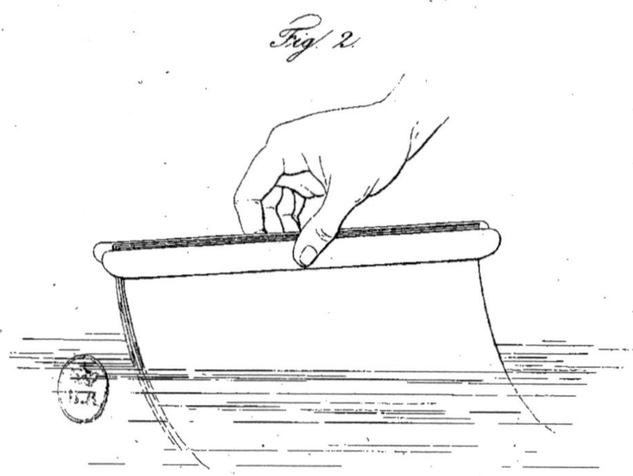

Lith. de Engelmann père & fils.

Pl. IV.

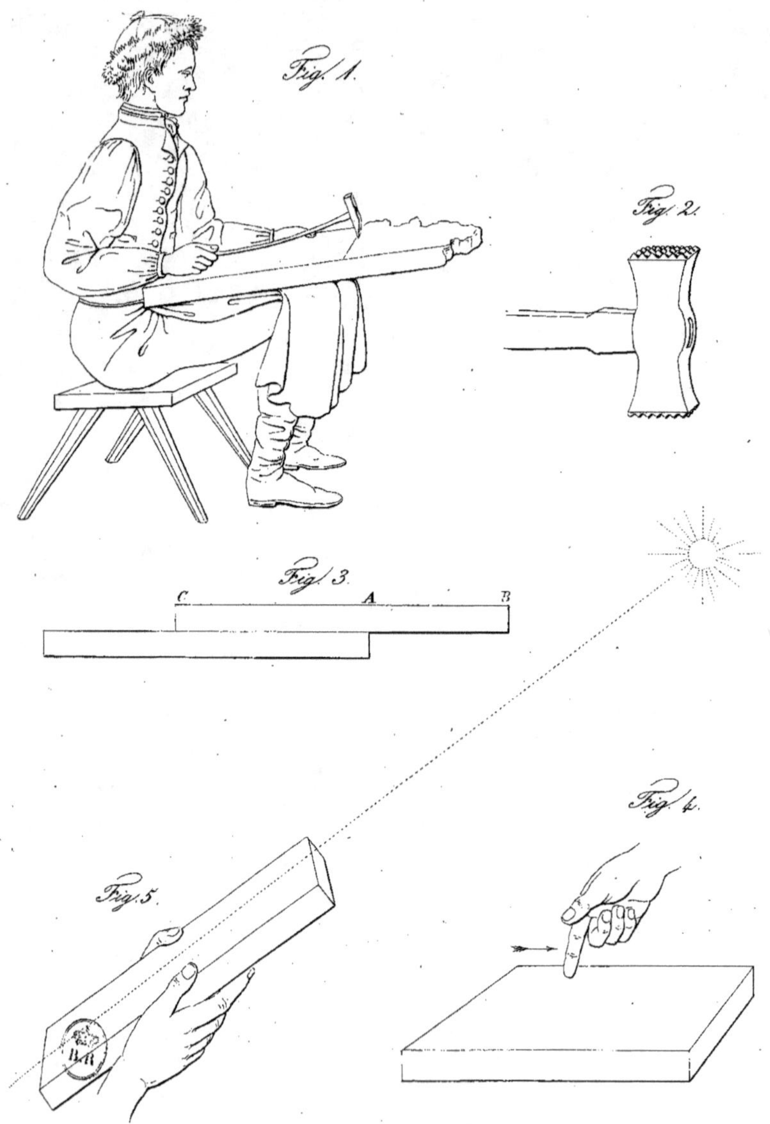

Lith: de Engelmann père & fils.

Pl. V.

Machine à dresser les pierres.

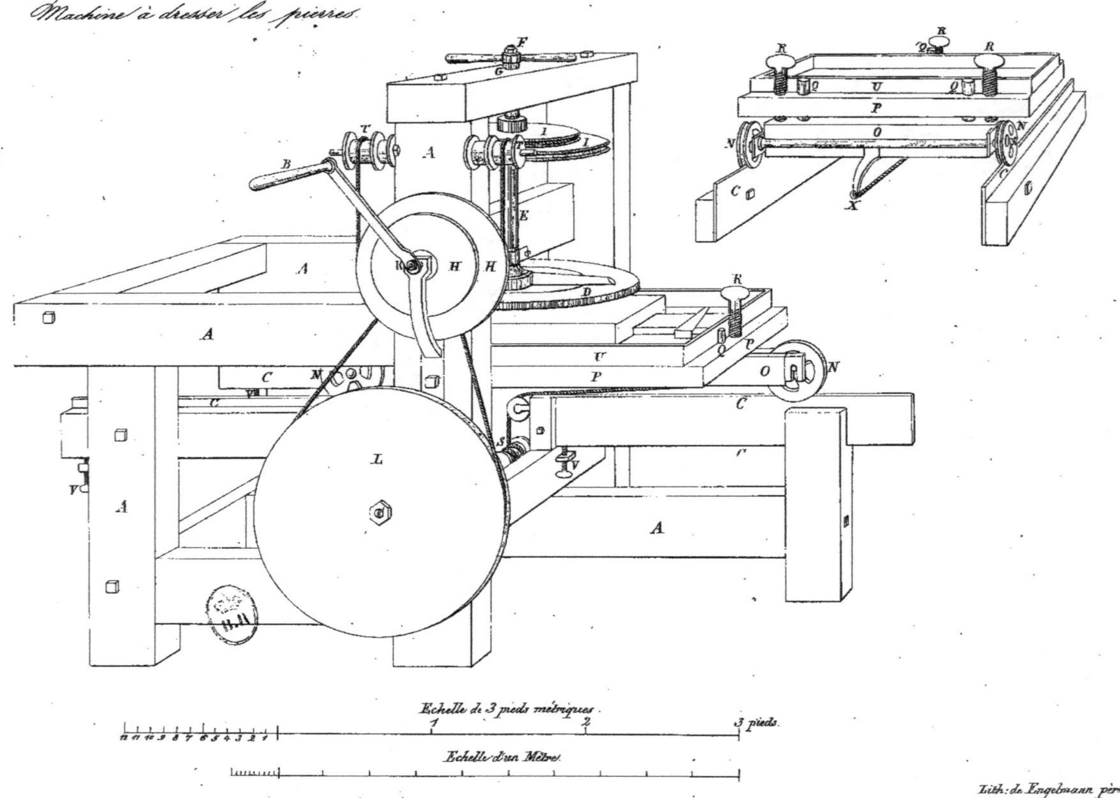

Lith: de Engelmann père & fils.

Presse à montant brisé.

Échelle de 3 pieds métriques

Échelle d'un Mètre

Lith. de Engelmann père et fils

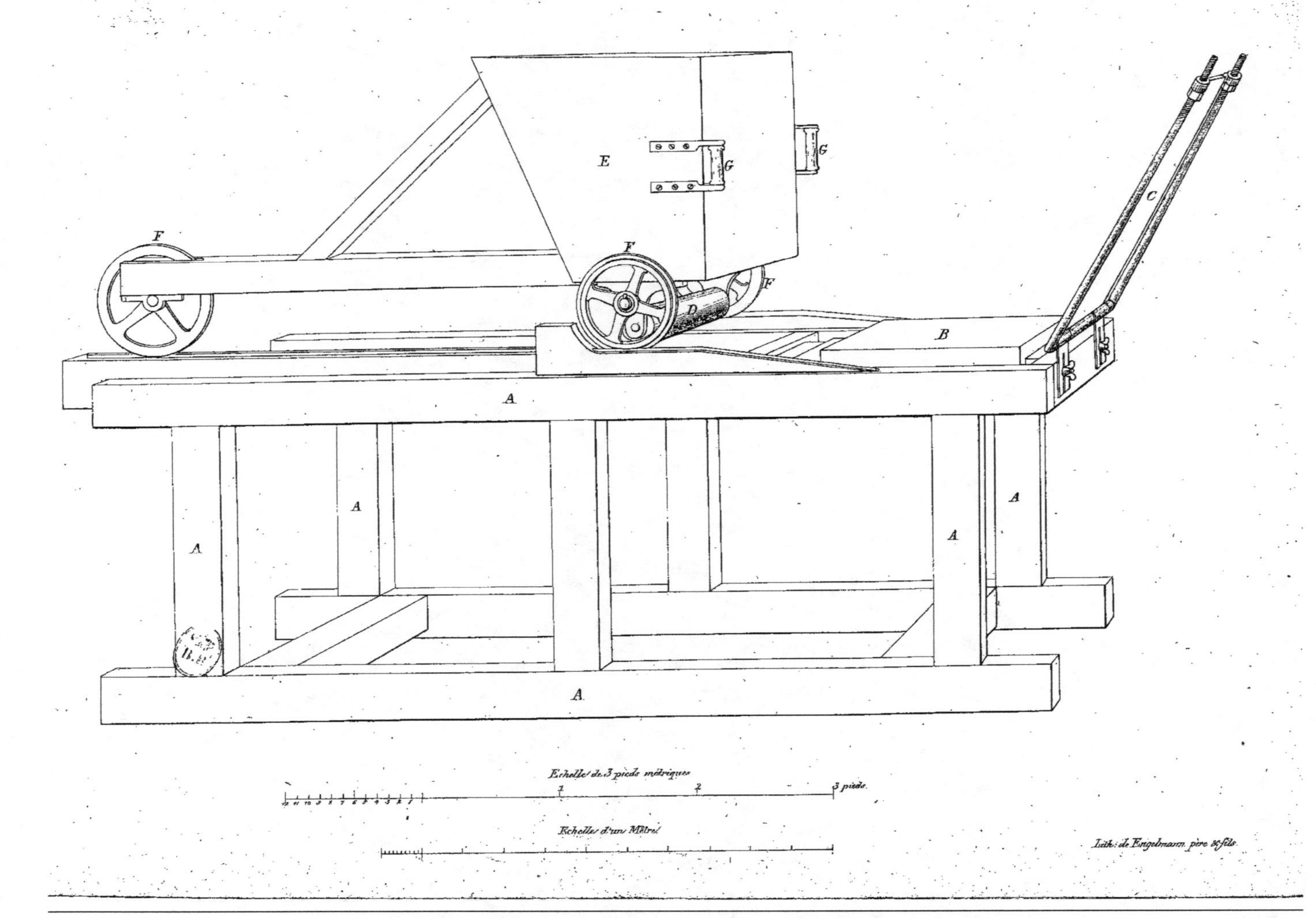
E
G
G
C
F
F
F
D
B
A
A
A
A
A
A
Echelle de 3 pieds métriques
1
2
3 pieds
Echelle d'un Mètre
Lith: de Engelmann père & fils

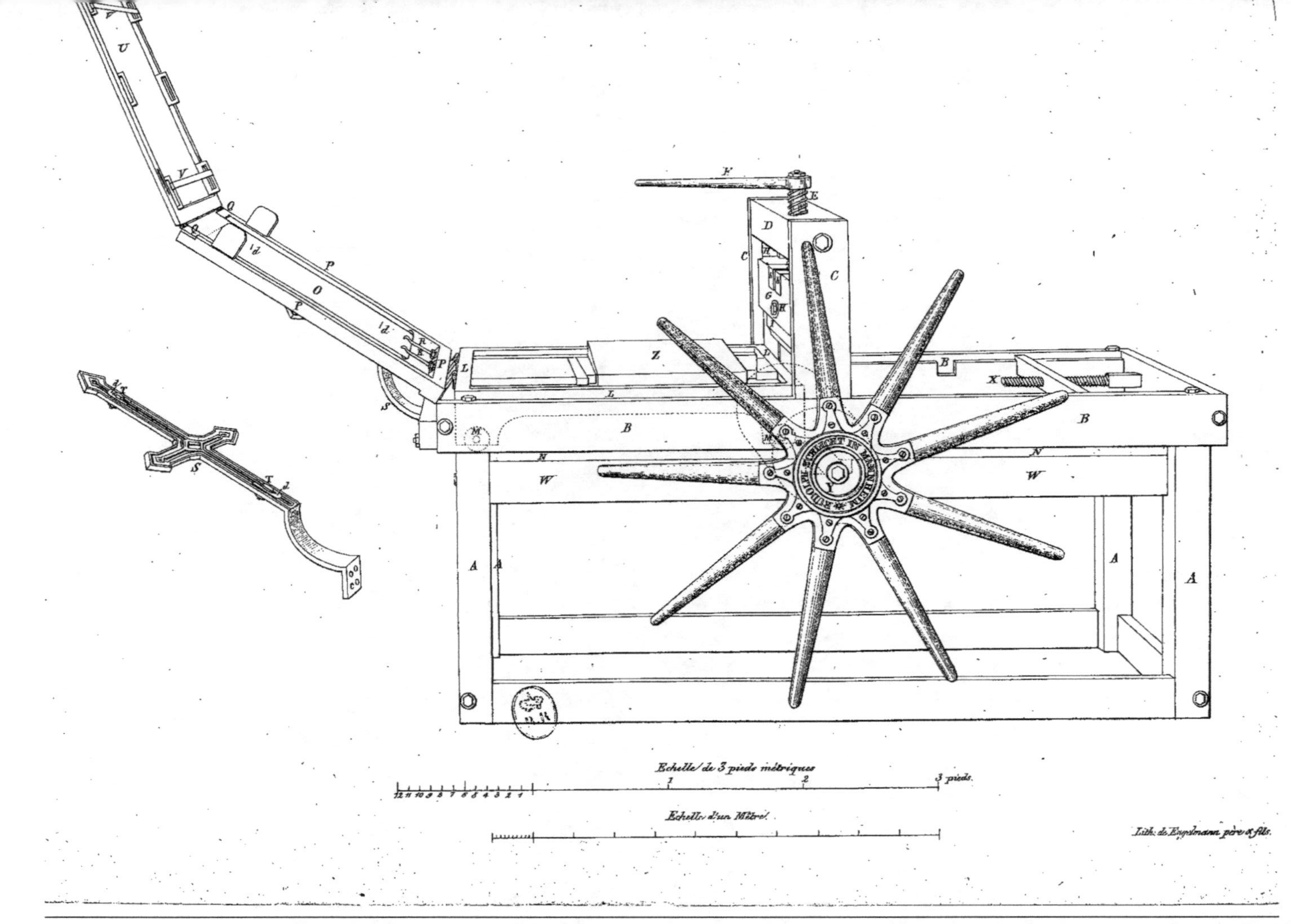
RUDOLPH SCHMIDT IN MANNHEIM
Echelle de 3 pieds métriques
3 pieds.
Echelle d'un Mètre.
Lith. de Engelmann père & fils.

Pl. IX.

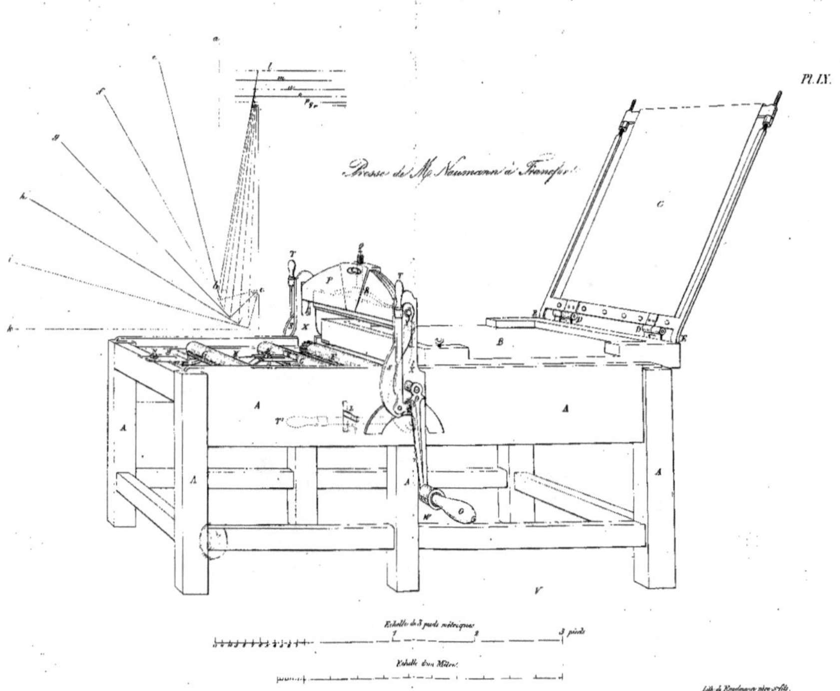

Lith. de Engelmann père & fils.

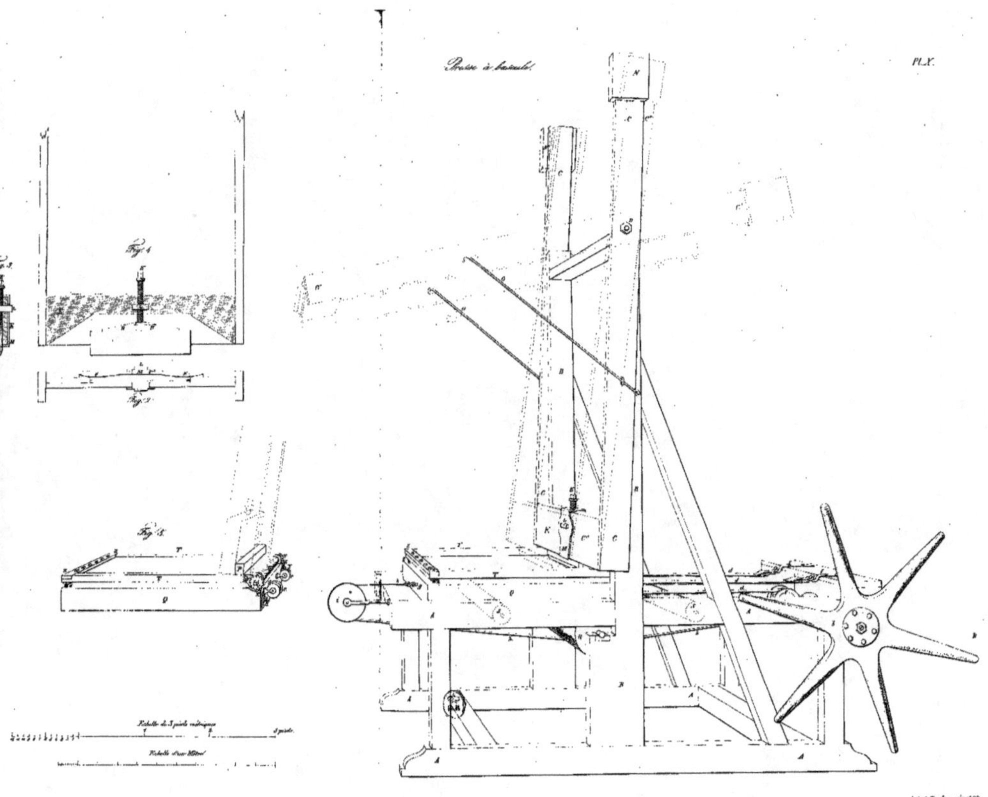
Presse à bascule.
Pl. X.
Fig. 4
Fig. 5
Fig. 8
Echelle d'un Mètre

Echelle de 3 pieds métriques

1 2 3 pieds

Echelle d'un Mètre

Lith. de Engelmann père et fils.

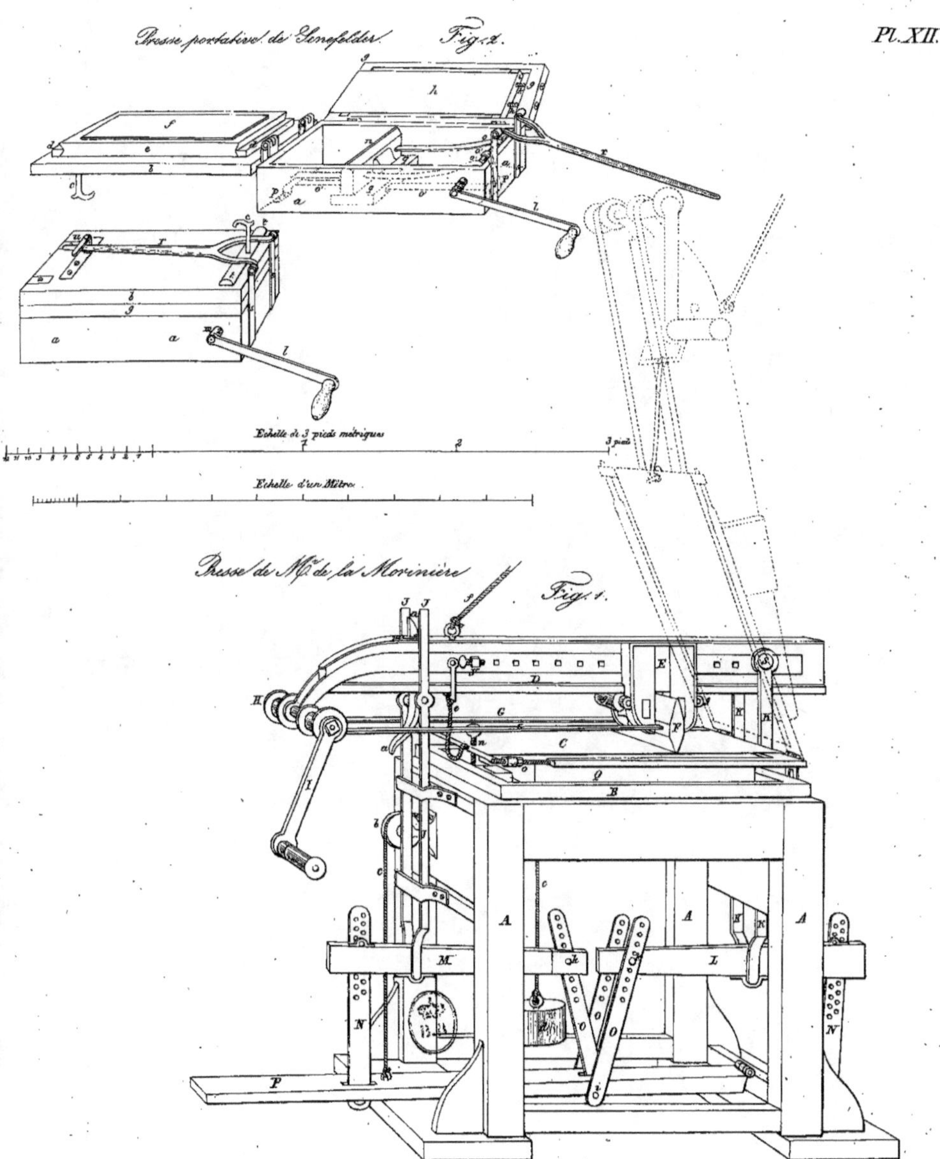

Lith. de Engelmann père et fils.

Presse anglaise.

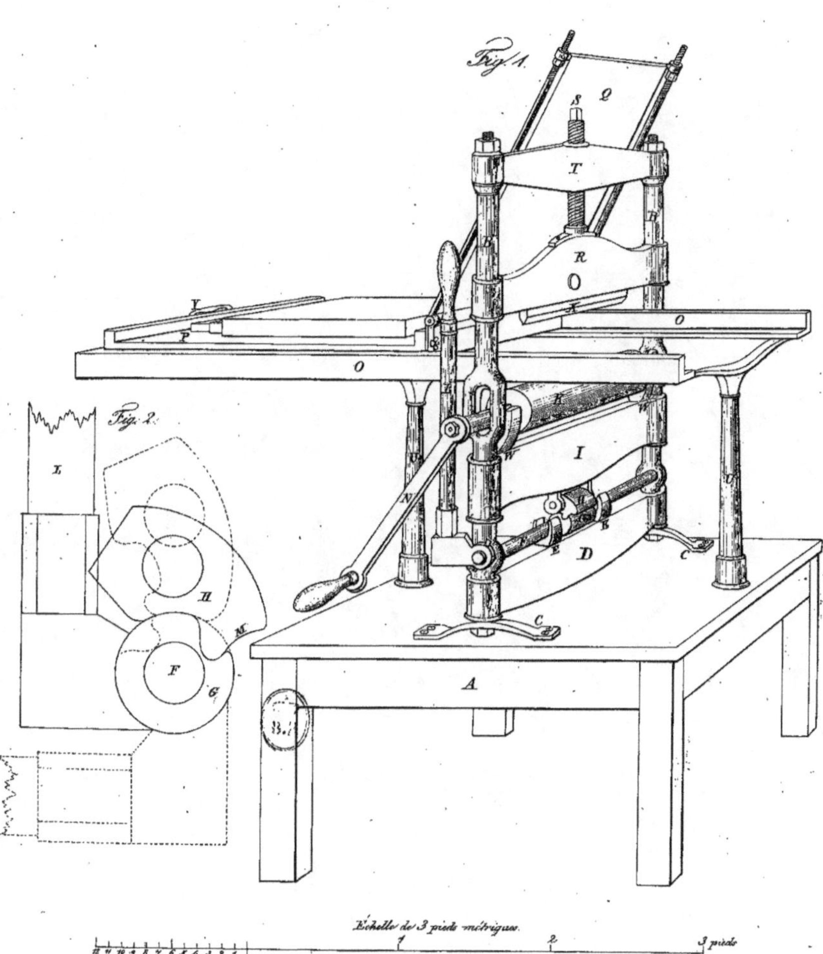

Lith. de Engelmann père & fils.

Pl. XIV.

Presse anglaise.

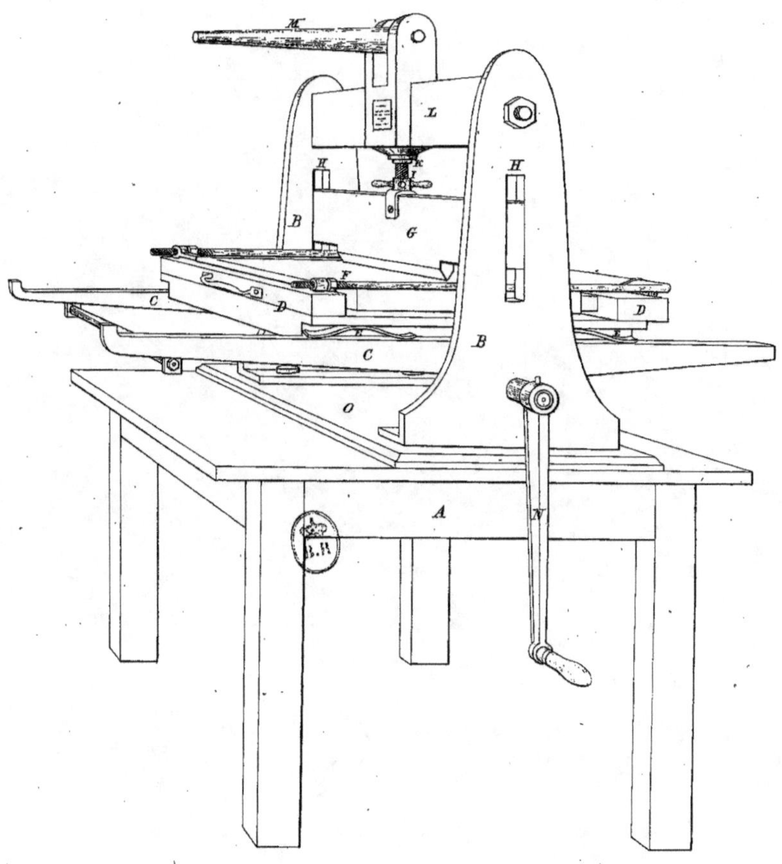

Echelle de 3 pieds métriques.

12 11 10 9 8 7 6 5 4 3 2 1 — 1 — 2 — 3 pieds.

Echelle d'un Mètre.

Lith. de Engelmann père et fils.

Presse de Mrs François jeune et Renaud.

Pl. XV.

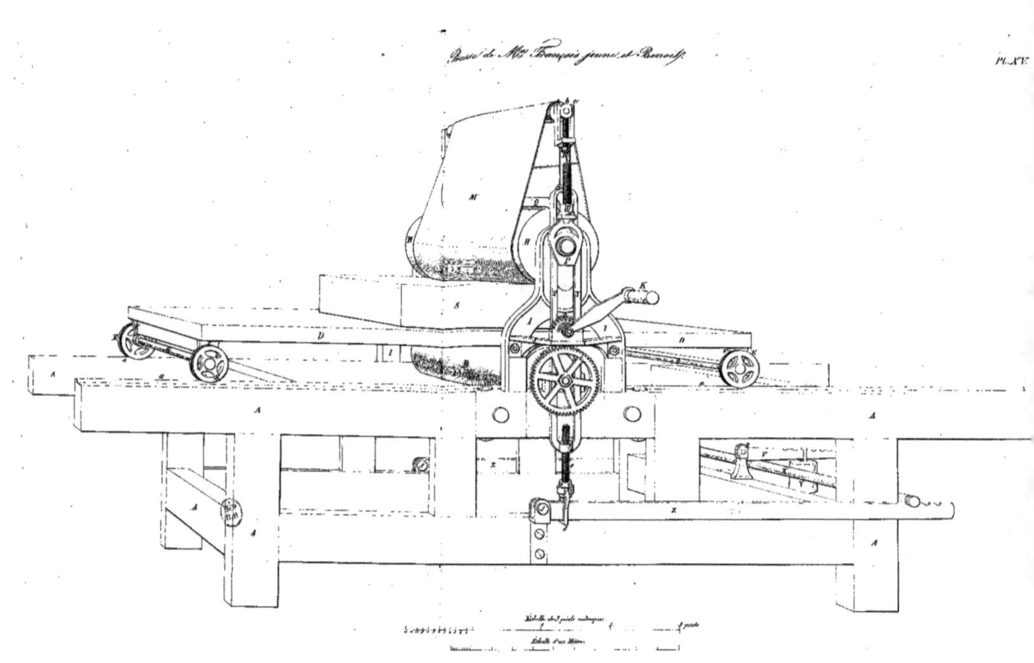

Presse accélérée de Mrs Emile Grimpé et Engelmann.

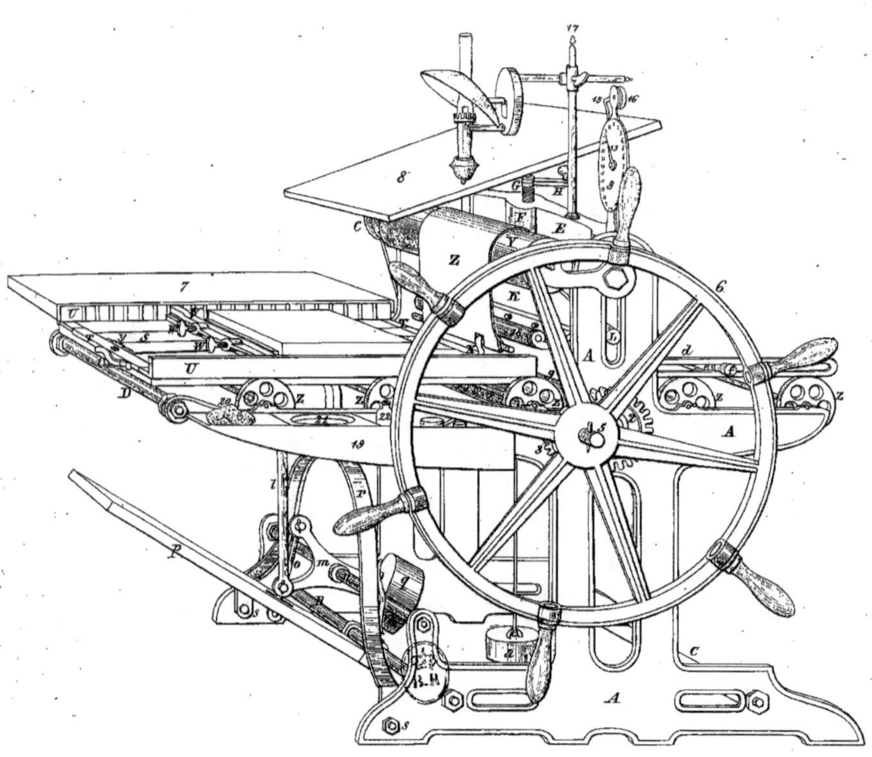

Echelle de 3 pieds métriques.

12 11 10 9 8 7 6 5 4 3 2 1 — 1 — 2 — 3 pieds.

Echelle d'un Mètre.

Lith: de Engelmann père & fils.

Pl. XVII

Presse accélérée de Mrs Emile Grimpé et Engelmann.

Élévation géométrale de la presse vue par derrière.

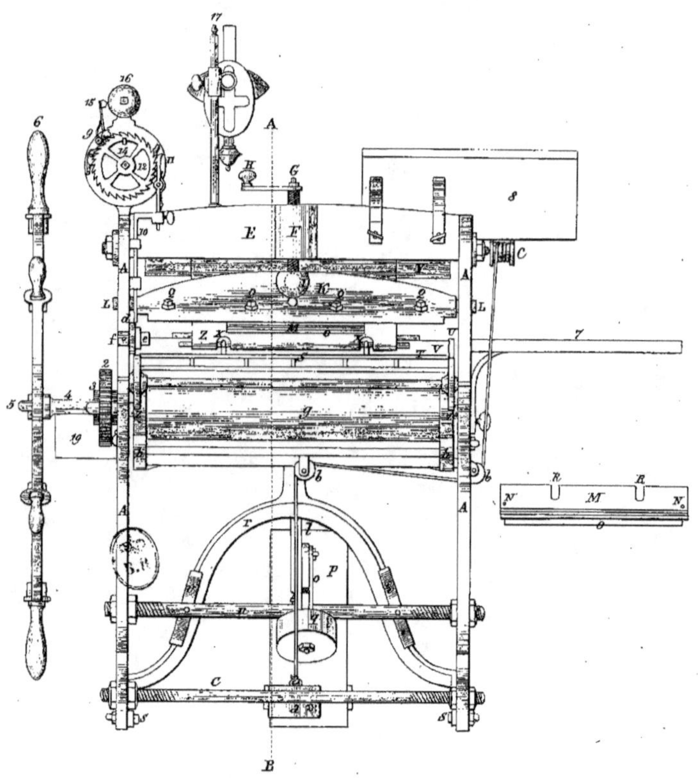

Lith. de Engelmann père & fils

Pl. XVIII.

Presse accélérée de Mrs Emile Grimpé et Engelmann.

Coupe suivant la ligne A.B

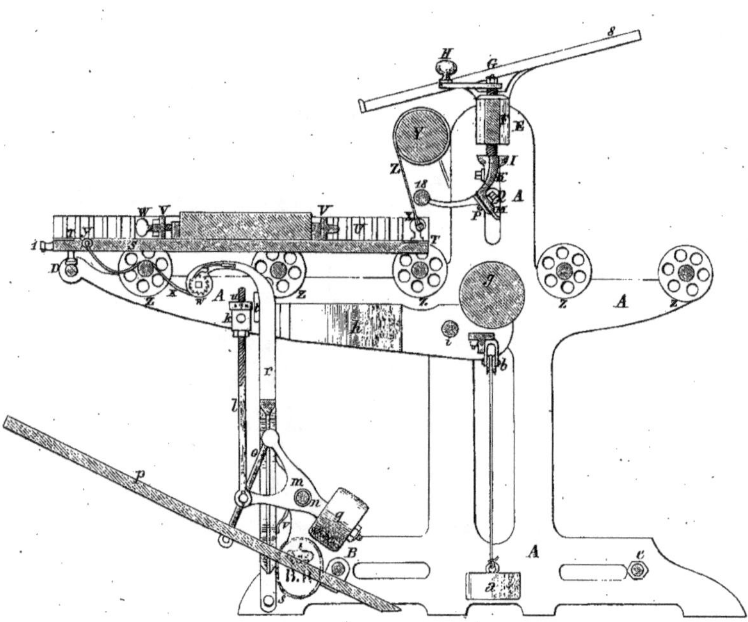

Echelle de 3 pieds métriques

12 11 10 9 8 7 6 5 4 3 2 1 — 1 — 2 — 3 pieds.

Echelle d'un Mètre.

Lith. de Engelmann père & fils.

Pl. XIX.

Presse accélérée de Mrs Emile Grimpé et Engelmann.

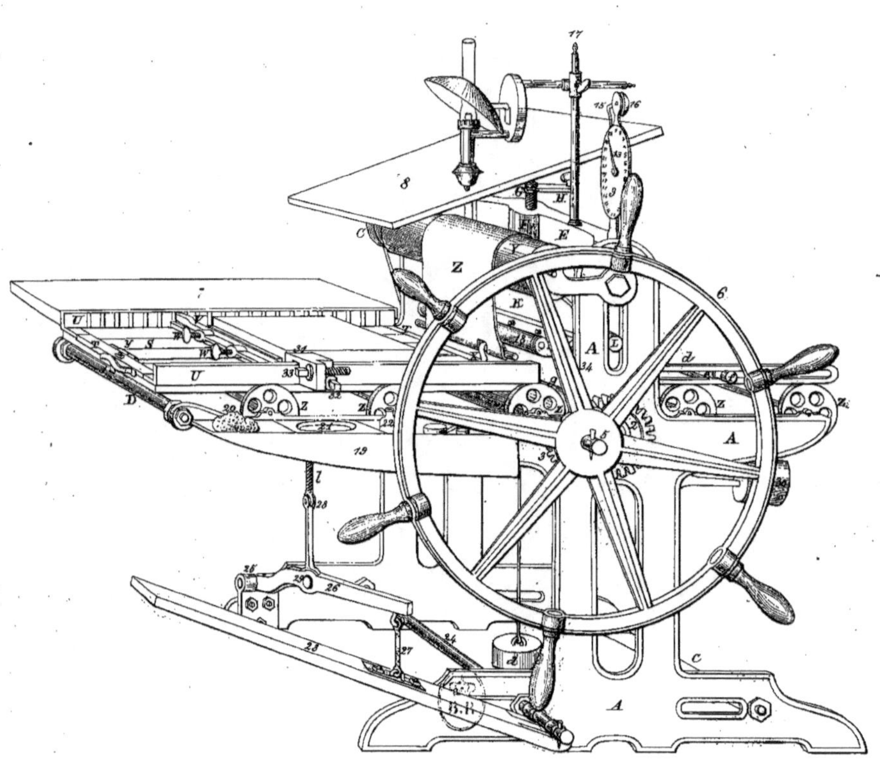

Echelle de 3 pieds métriques.

Echelle d'un Mètre.

Lith. de Engelmann père & fils.

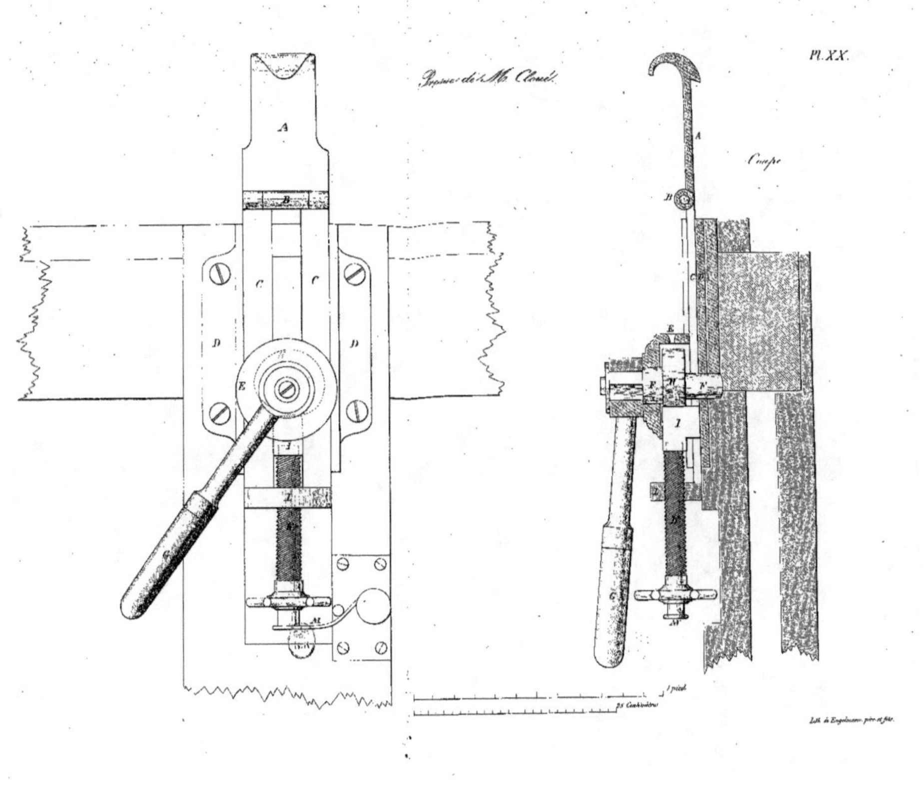

Pl. XX.
Coupe
A
B
C
C
D
D
E
1 pied
25 Centimètres

Pl. XXI.

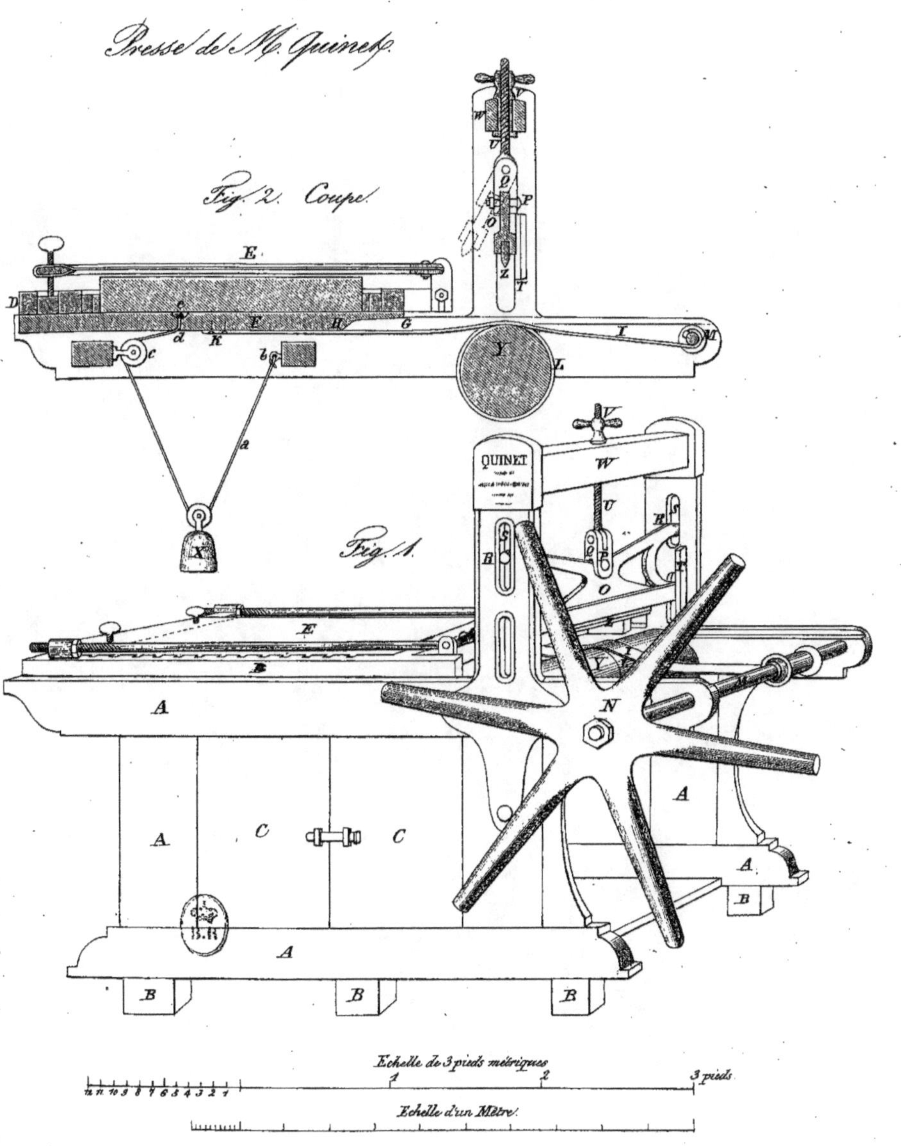

Lith. de Engelmann père & fils.

Presse de M. Quinet.

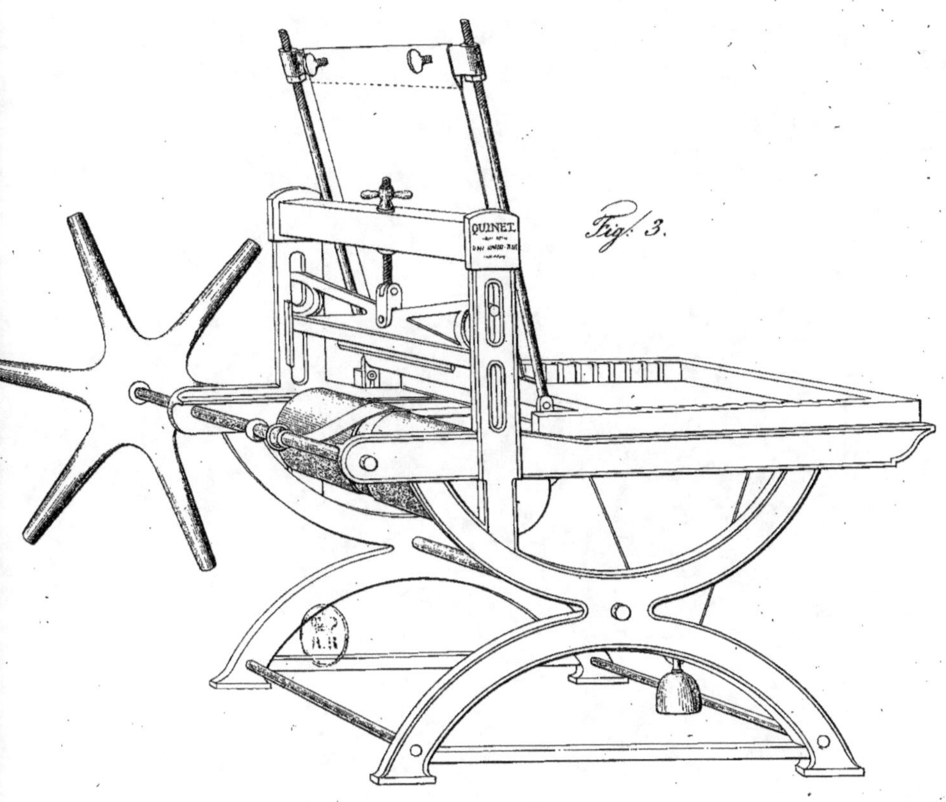

Echelle de 3 pieds métriques.

12 11 10 9 8 7 6 5 4 3 2 1 | 1 | 2 | 3 pieds

Echelle d'un Mètre.

Lith. de Engelmann père & fils.

Pl. XXIII.

Presse de Mr Brissat.

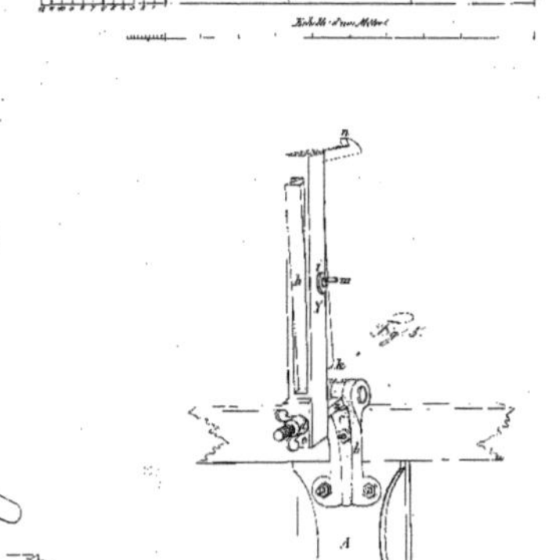

Pl. XXIV

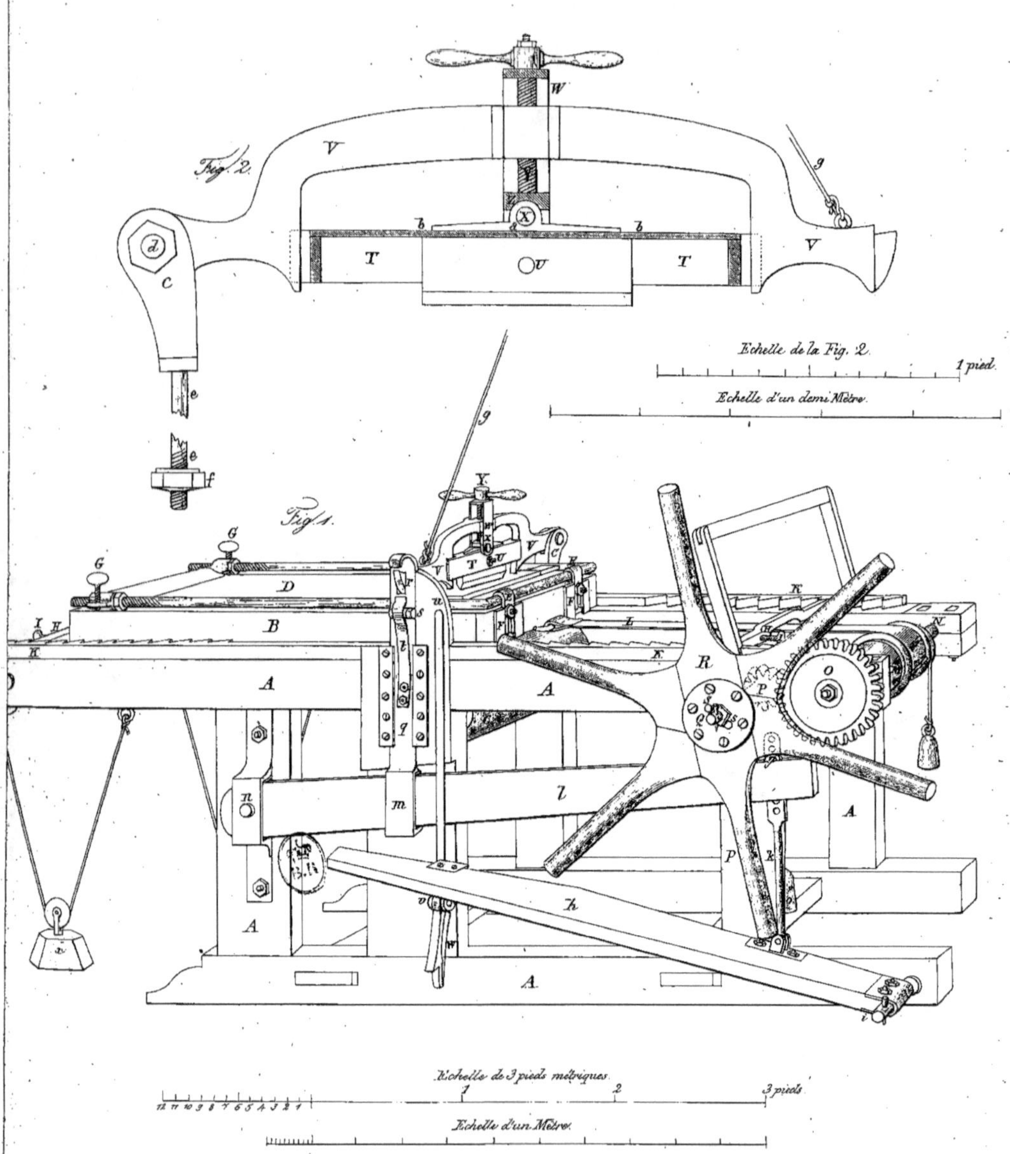

Lith.: de Engelmann père

Pl. XXV.

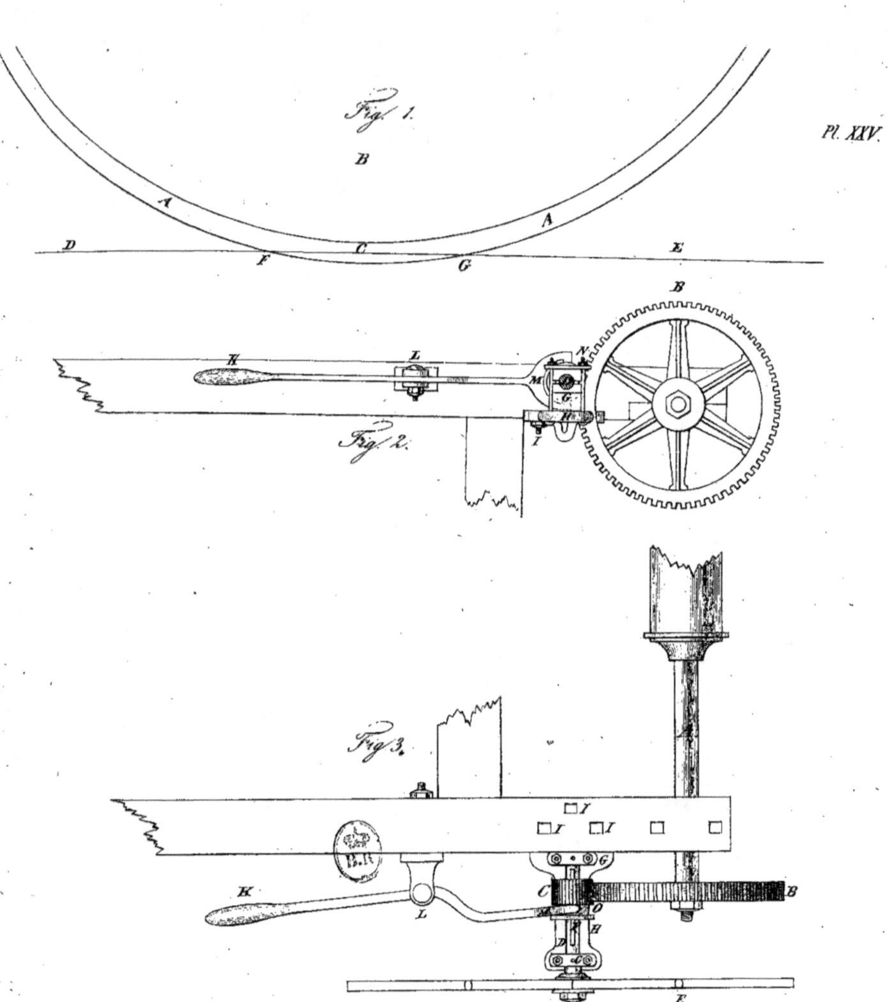

Lith. de Engelmann père et fils.

Pl. XXVI

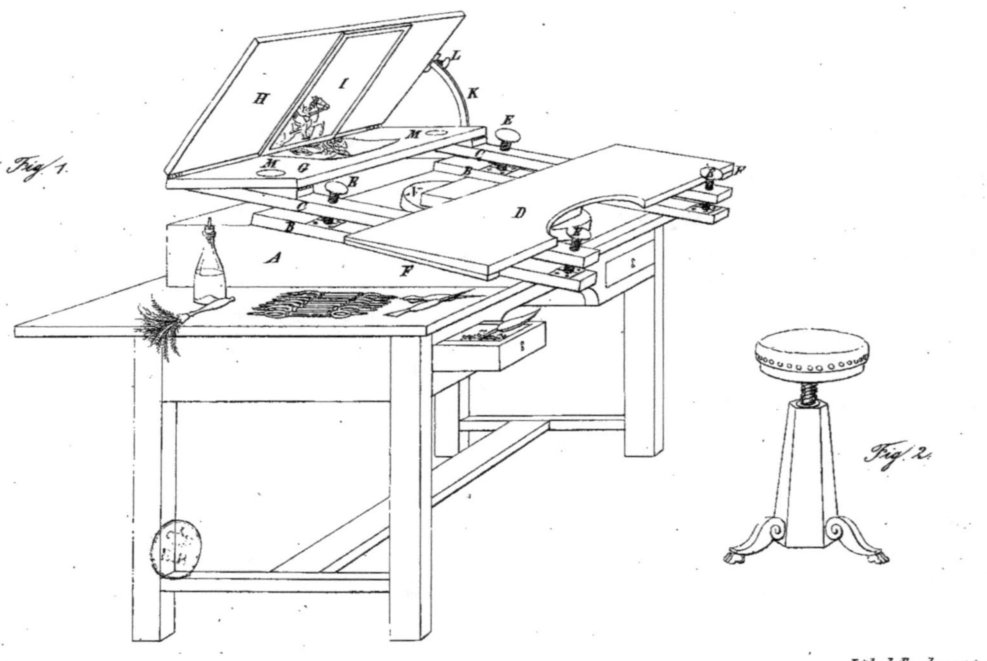

Lith. de Engelmann père et fils

Pl. XXVII

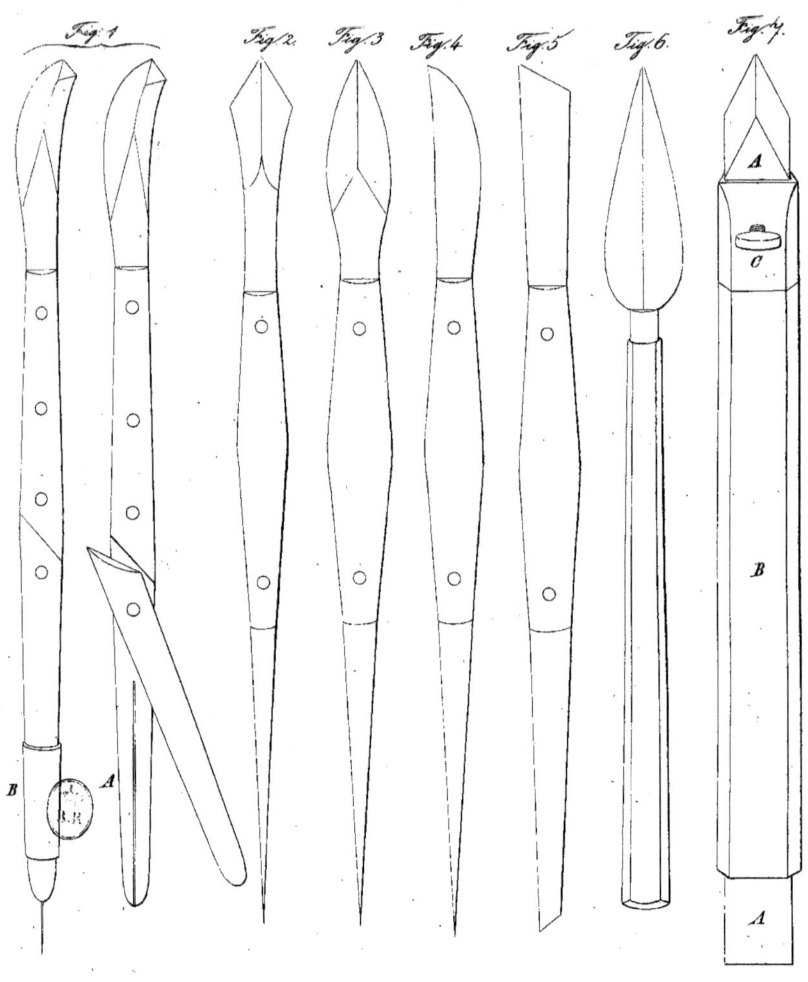

Lith. de Engelmann père et fils.

Pl. XXVIII.

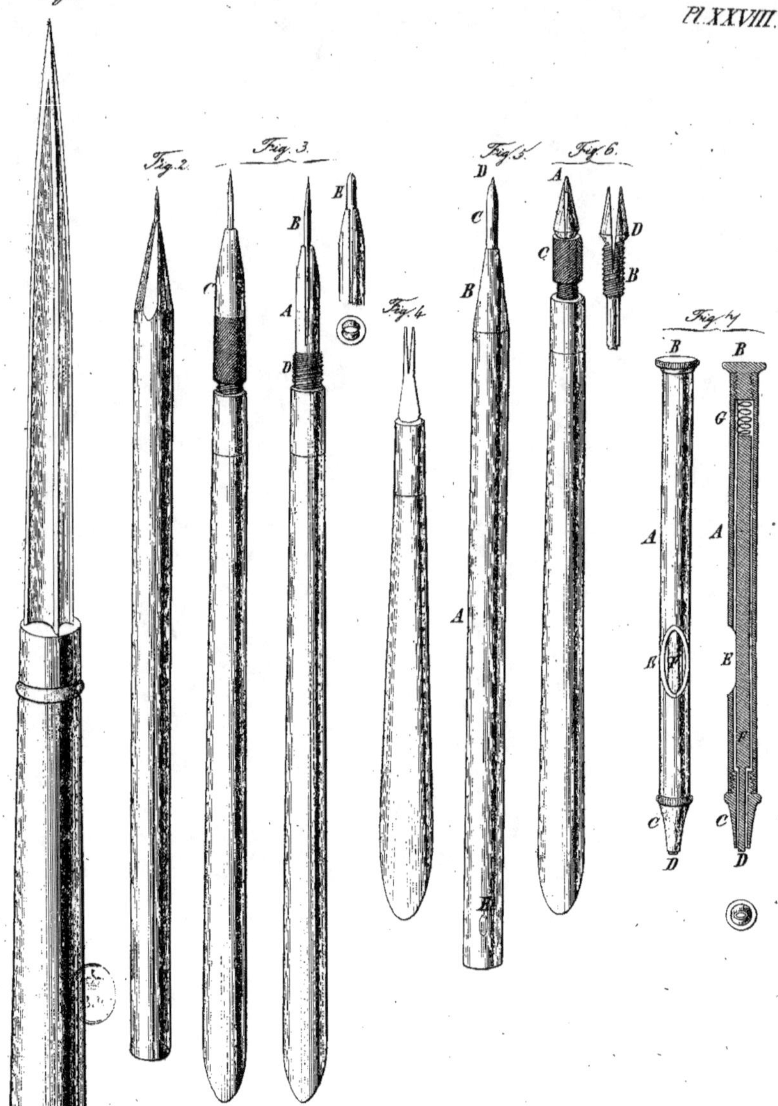

Lith. de Engelmann père et fils.

Pl. XXIX

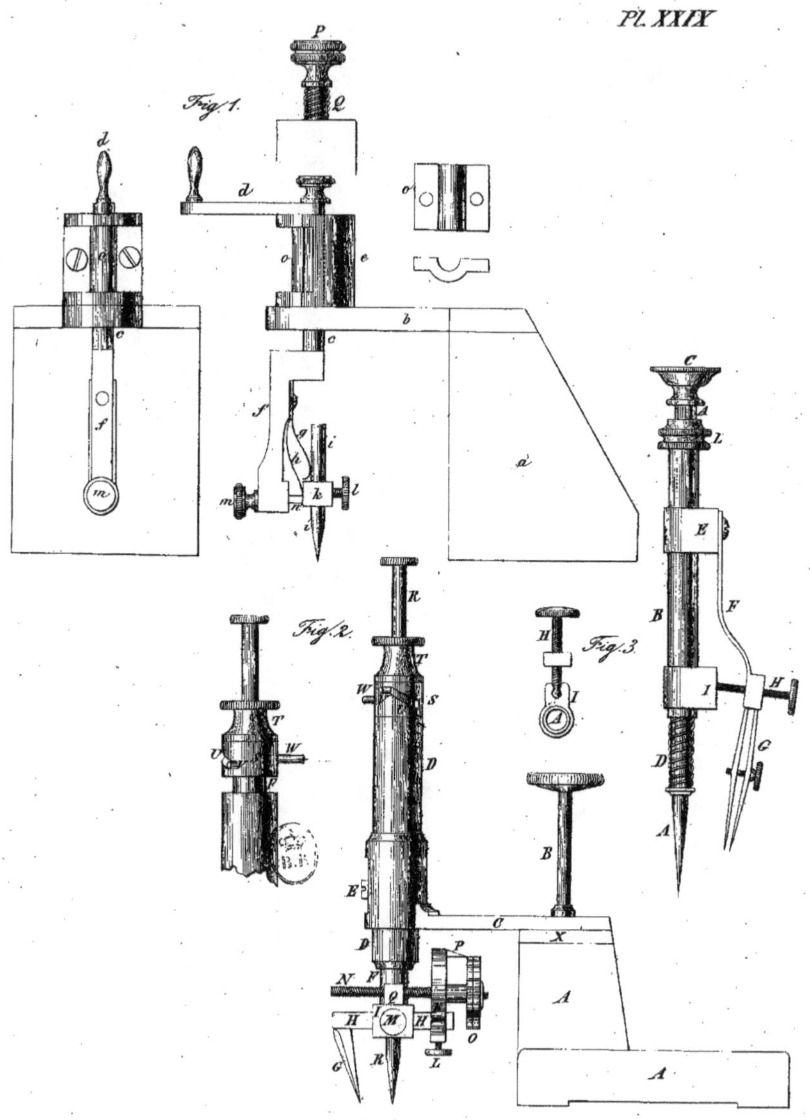

Lith. de Engelmann père et fils.

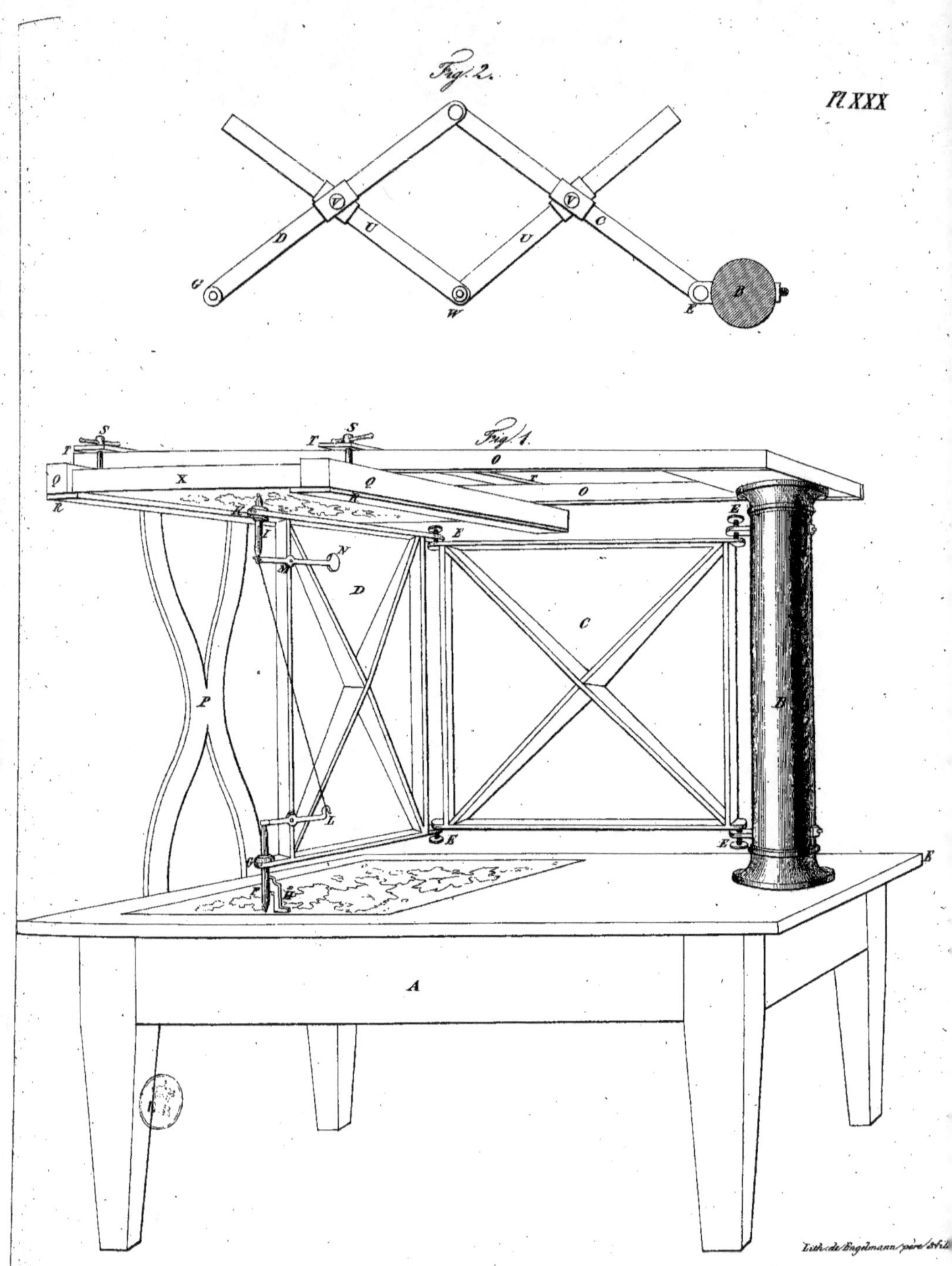
Pl XXX
Fig. 2.
V
V
D
U
U
C
G
W
E
B
Fig. 1.
S
S
T
T
Q
X
Q
O
O
R
R
T
E
E
K
I
N
M
D
C
P
B
L
E
E
E
G
F
H
A
Lith. de Engelmann père et fils

Pl. XXXI.

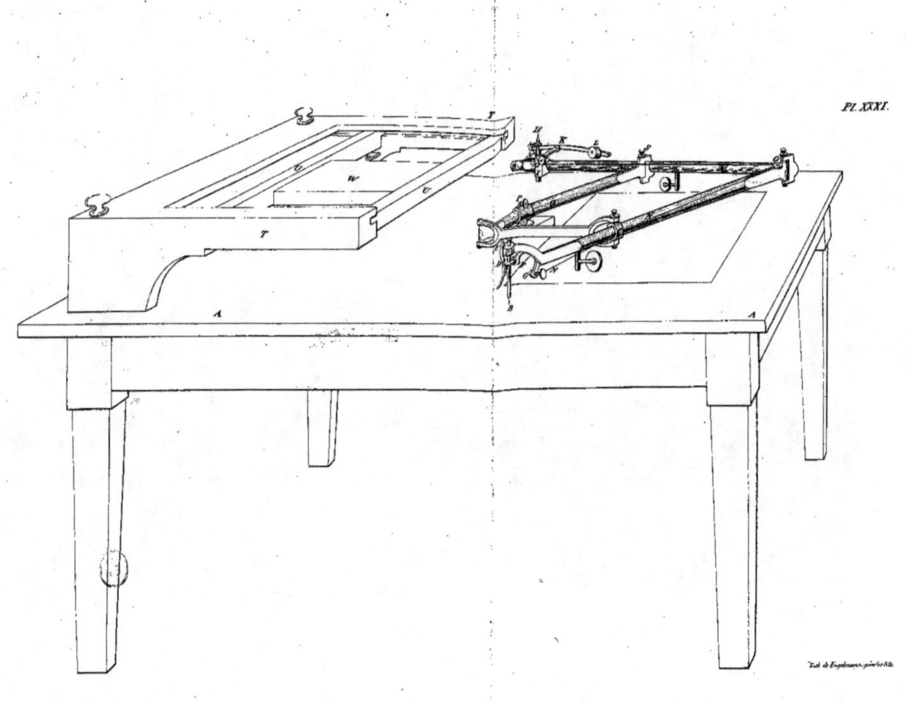

Lith de Engelmann.

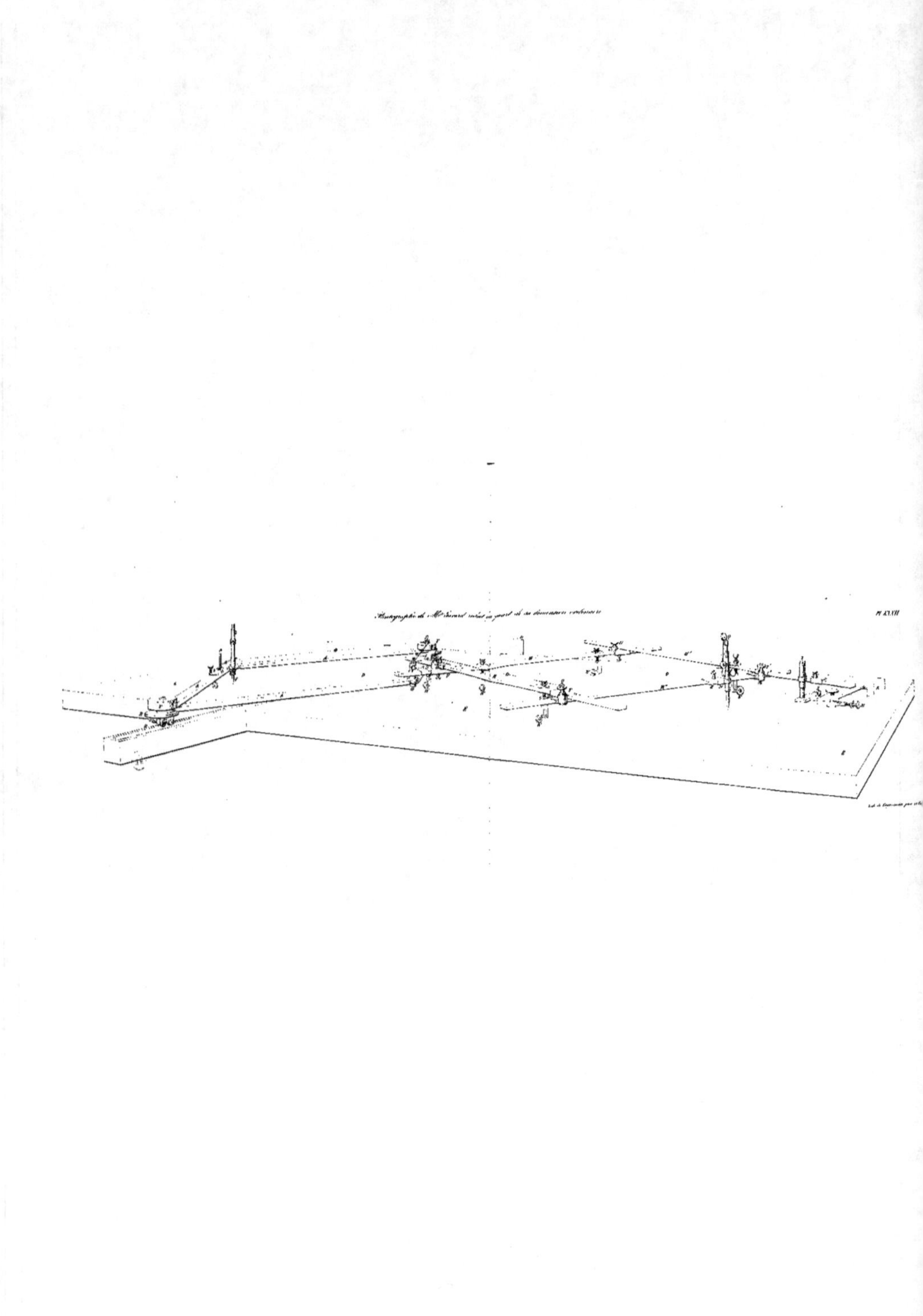

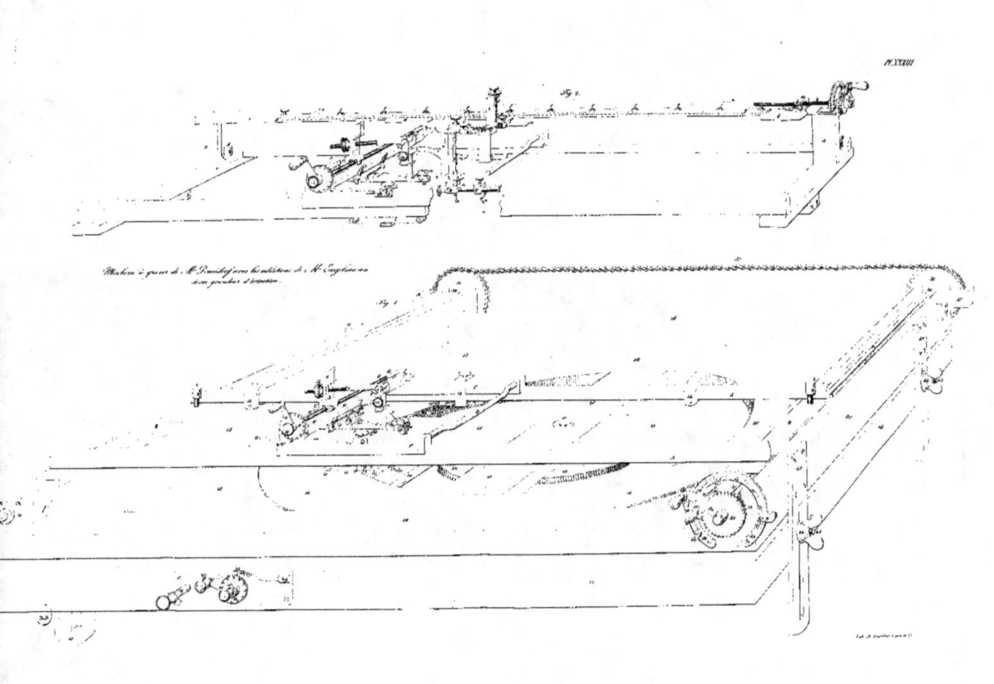
Pl. XXXIII
Fig. 2
Fig. 1

Pl. XXXIV.

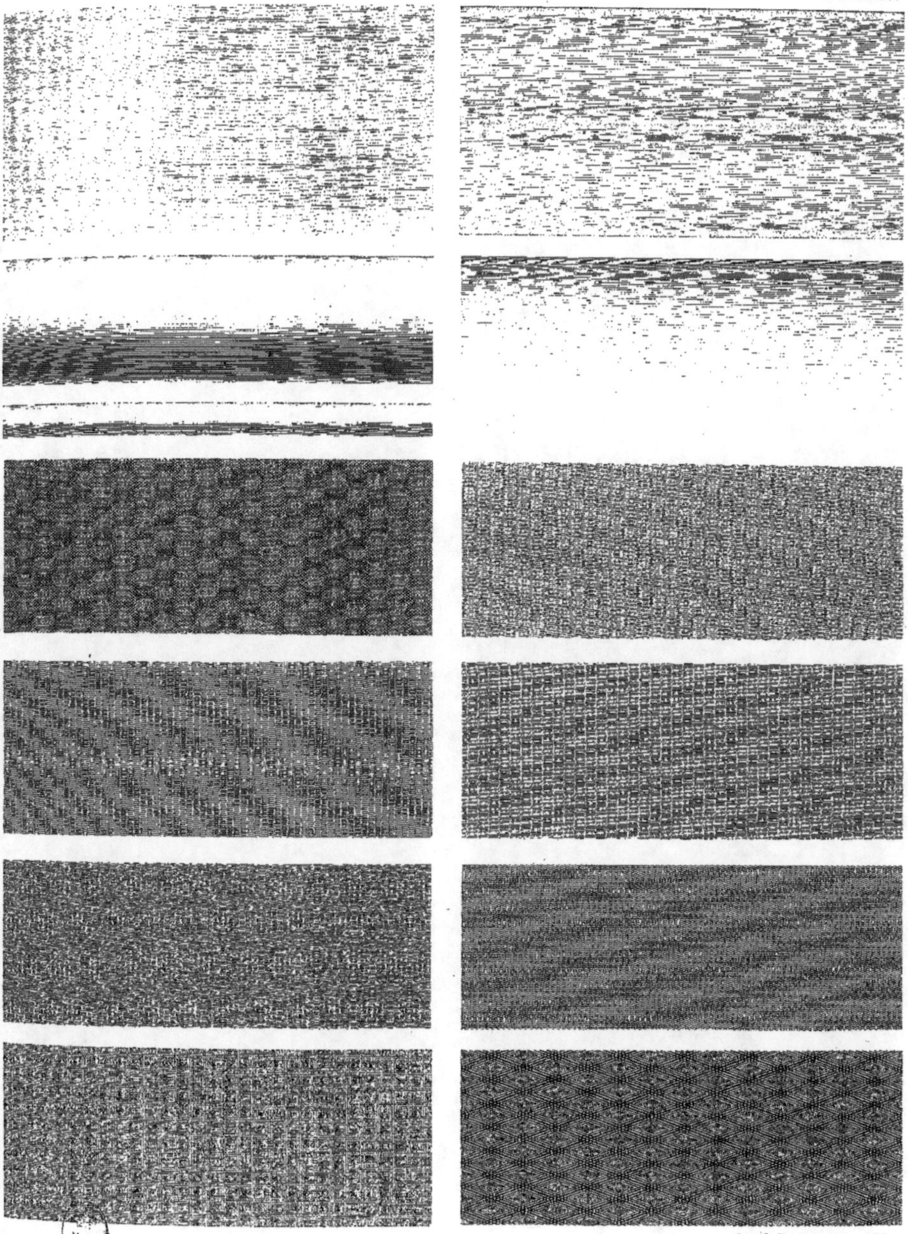

Lith. de Engelmann, père et fils.

Pl. XXXV.

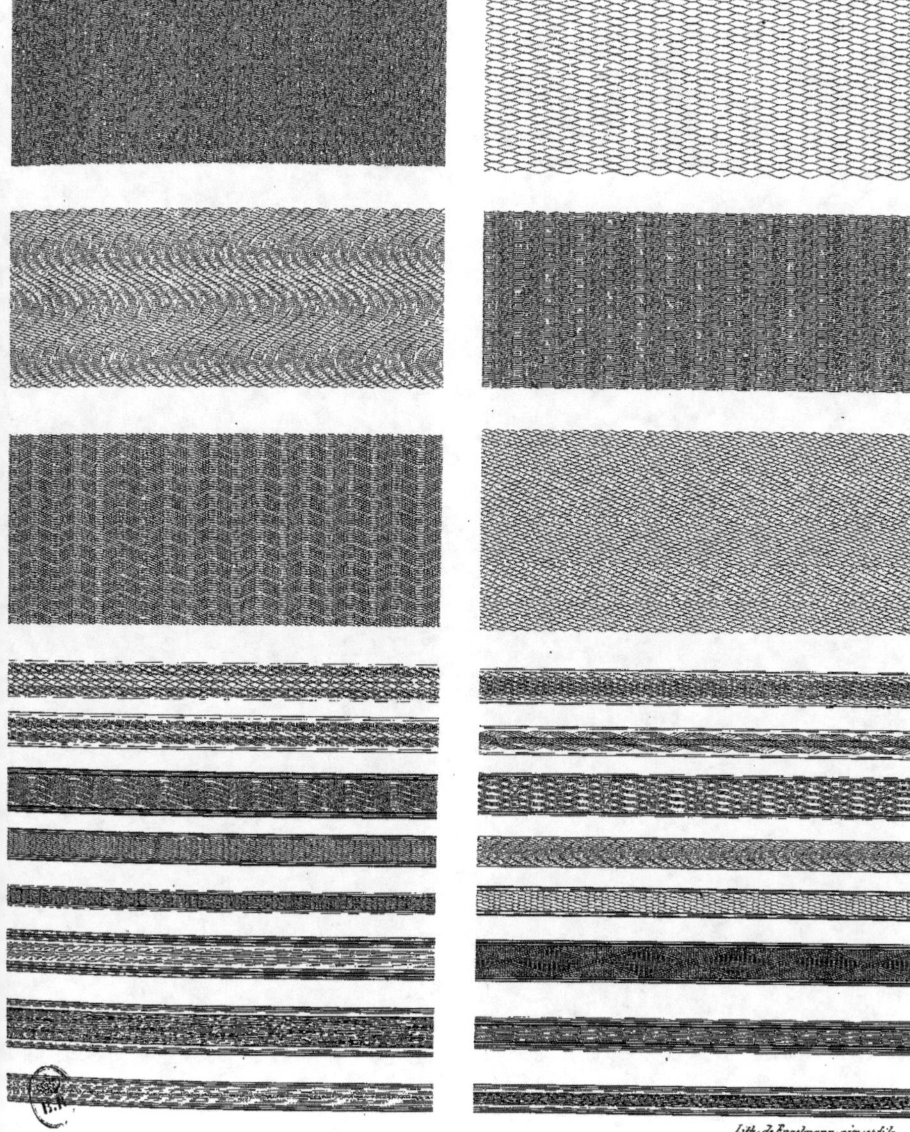

Lith. de Engelmann père et fils

Pl. XXXVI

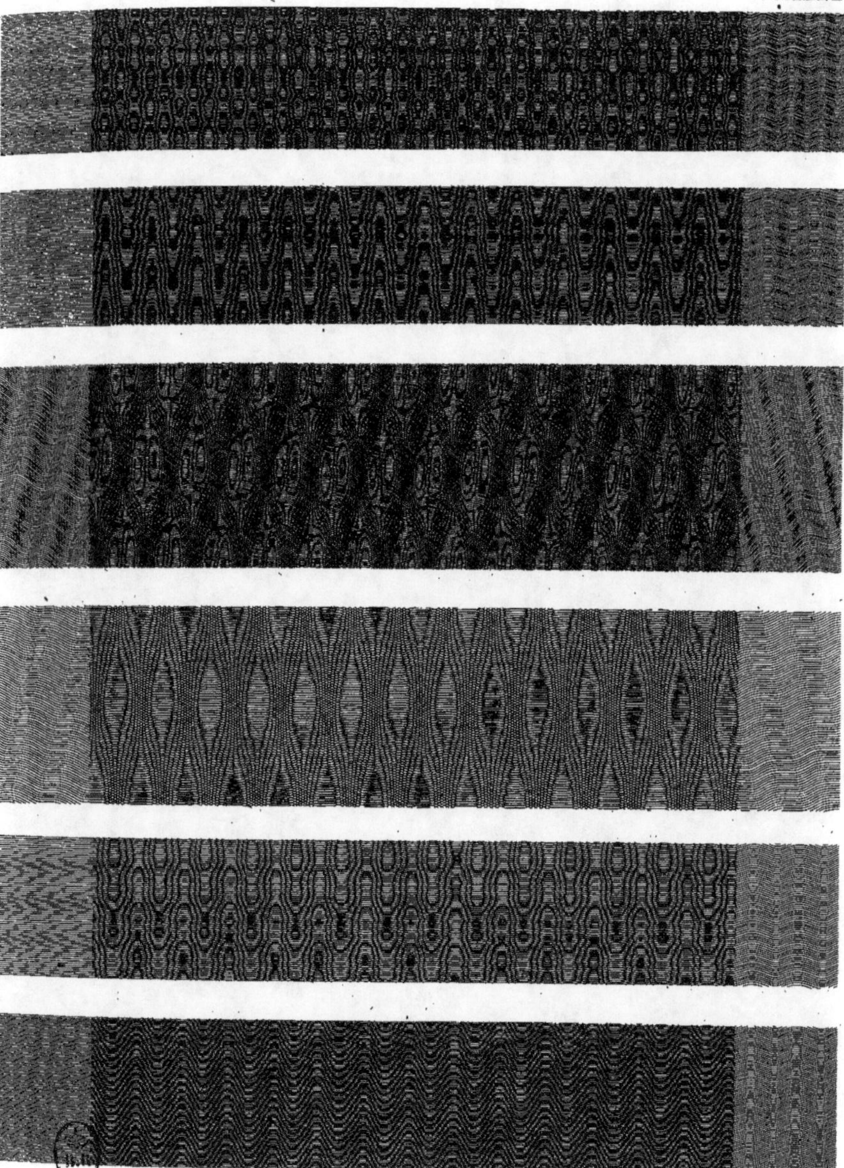

Lith. de Engelmann père et fils.

Pl. XXXVII.

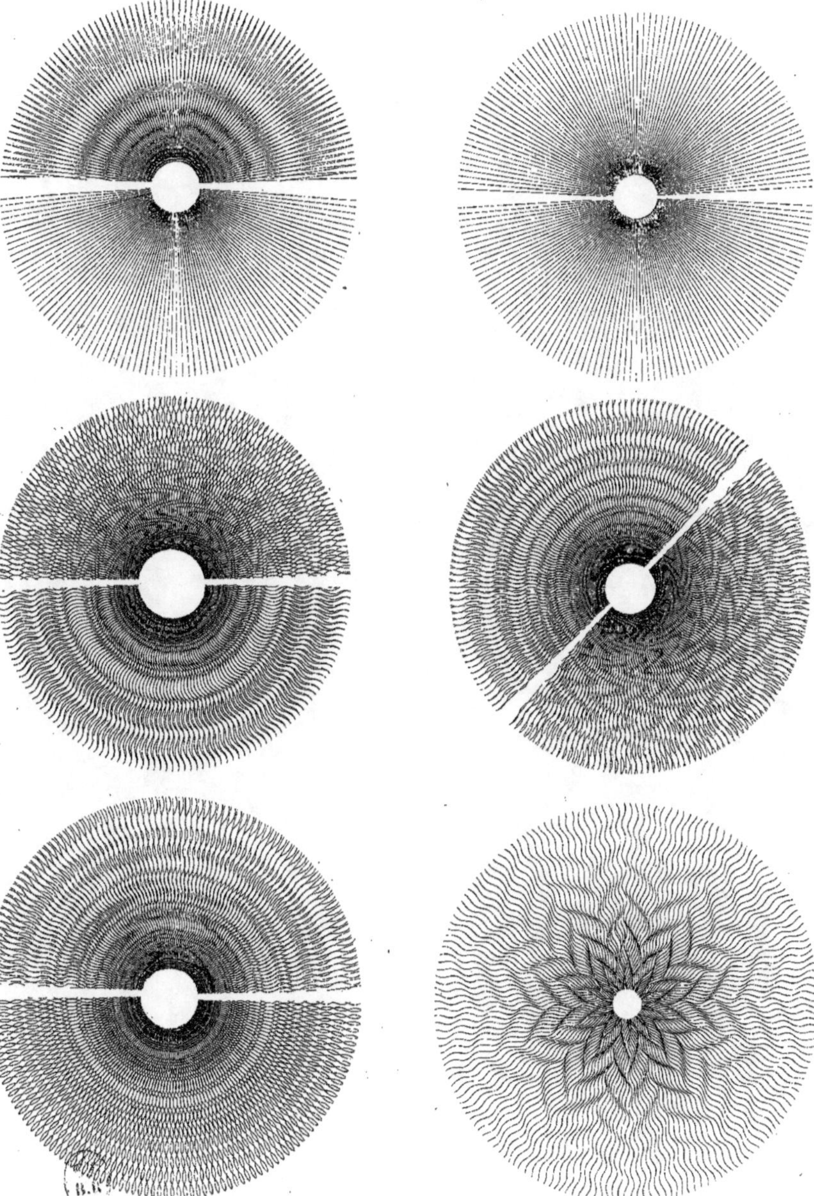

Lith. de Engelmann père et fils.

Pl. XXVIII

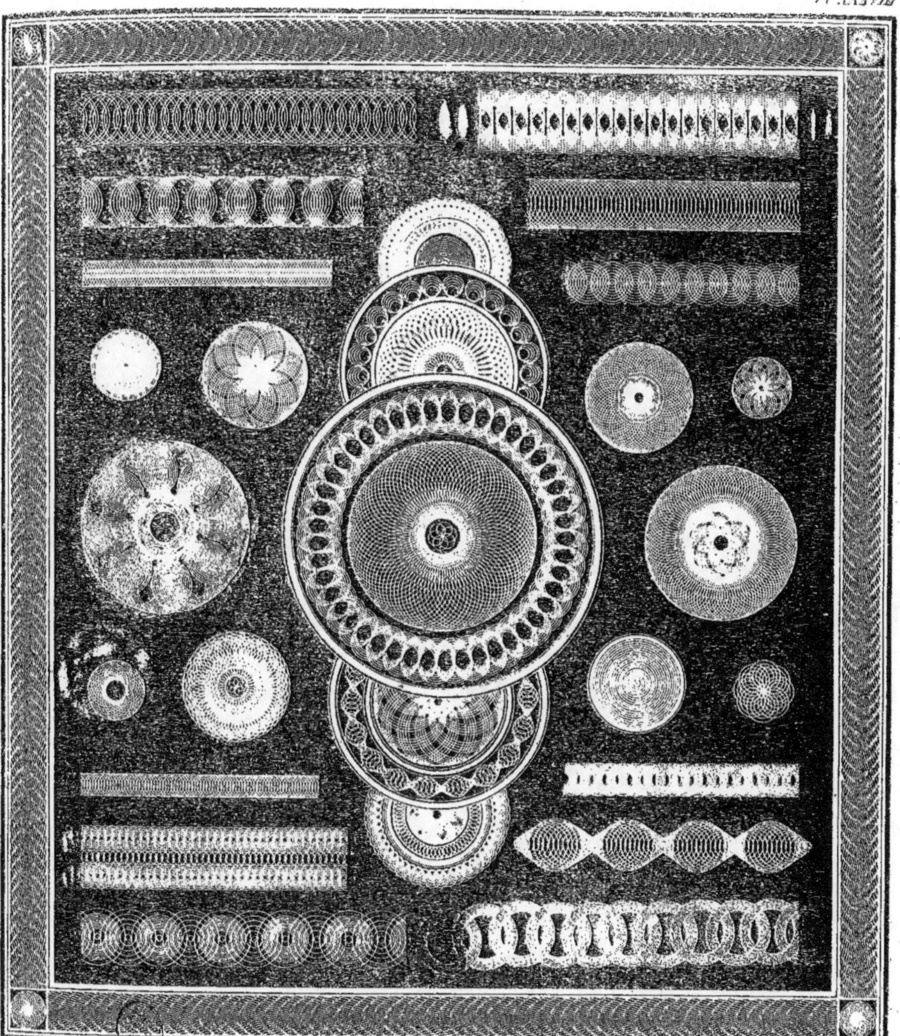

Lith. de Engelmann père et fils

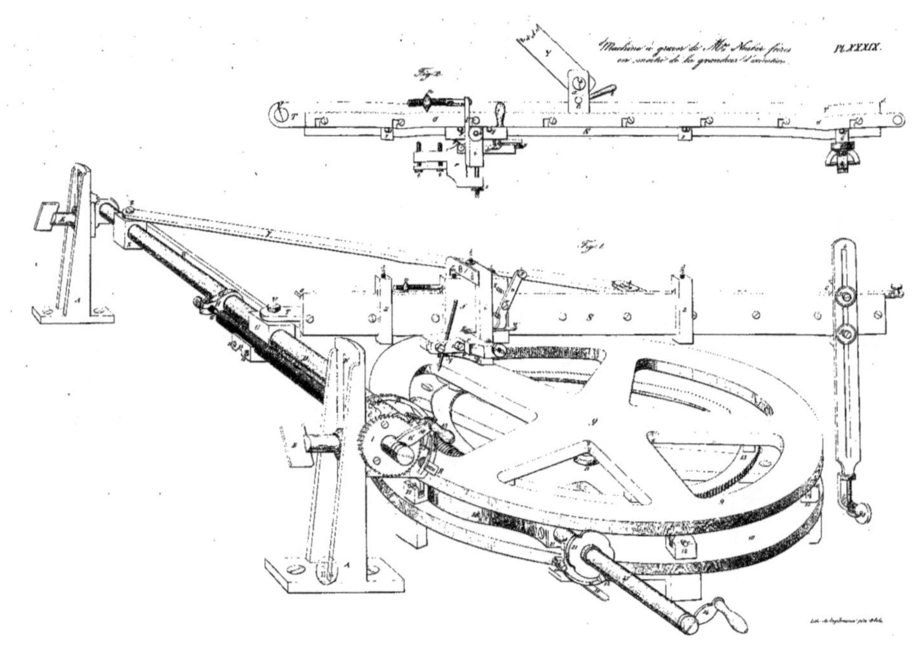
Machine à graver de Mrs
frères
en moitié de la grandeur d'exécution
Pl. XXXIX.
Fig. 2
Fig. 1

Pl. XI.

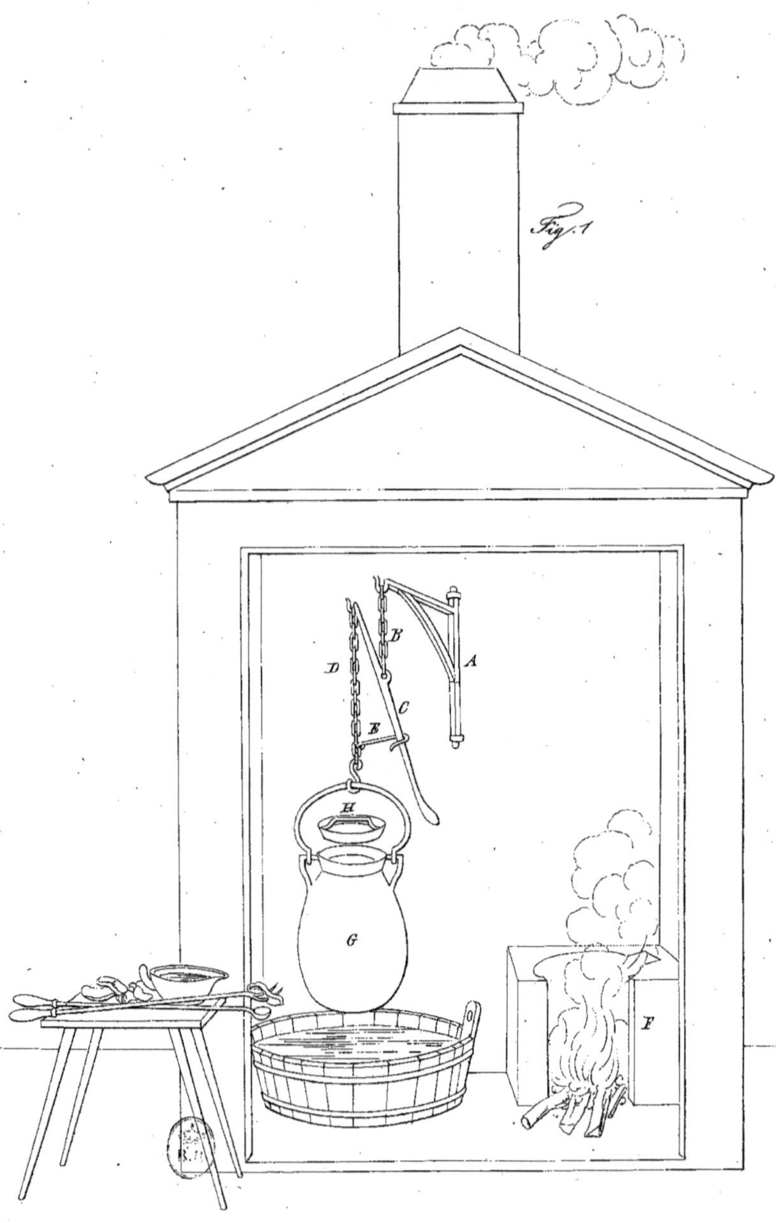

Lith. de Engelmann père et fils.

Pl. XLI.

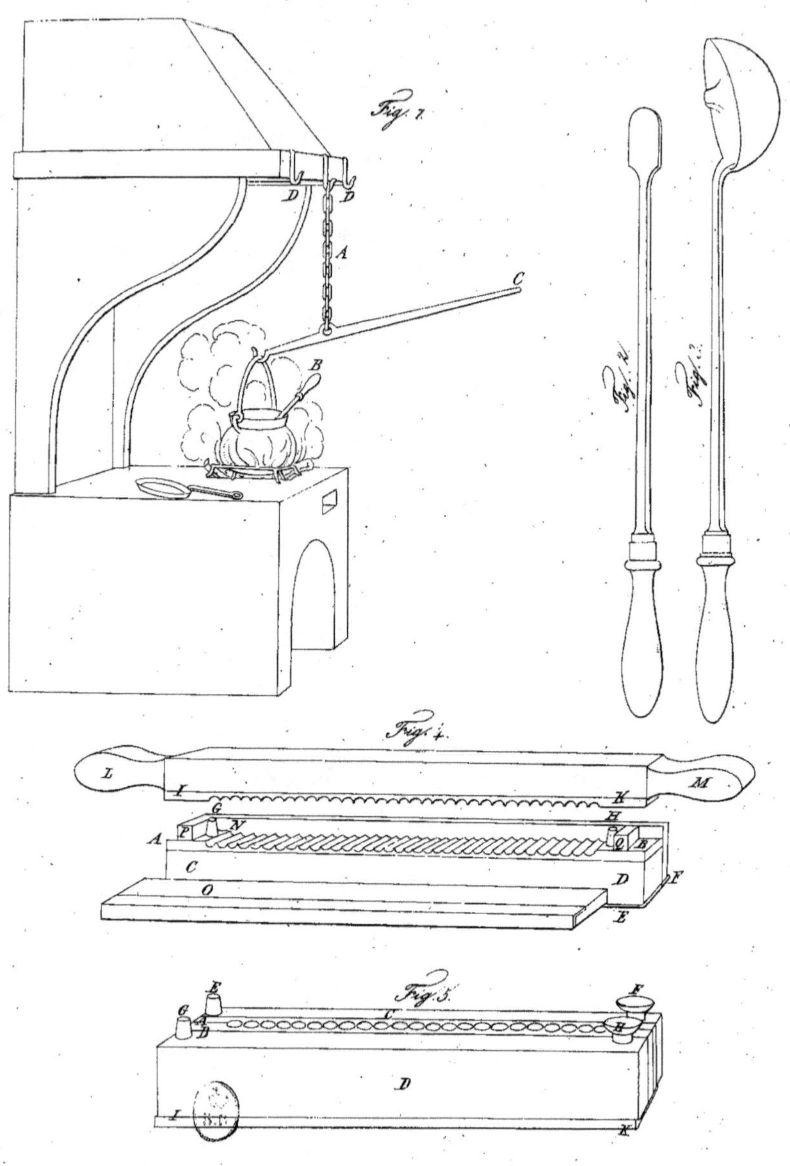

Lith. de Engelmann père et fils.

Pl. XLII.

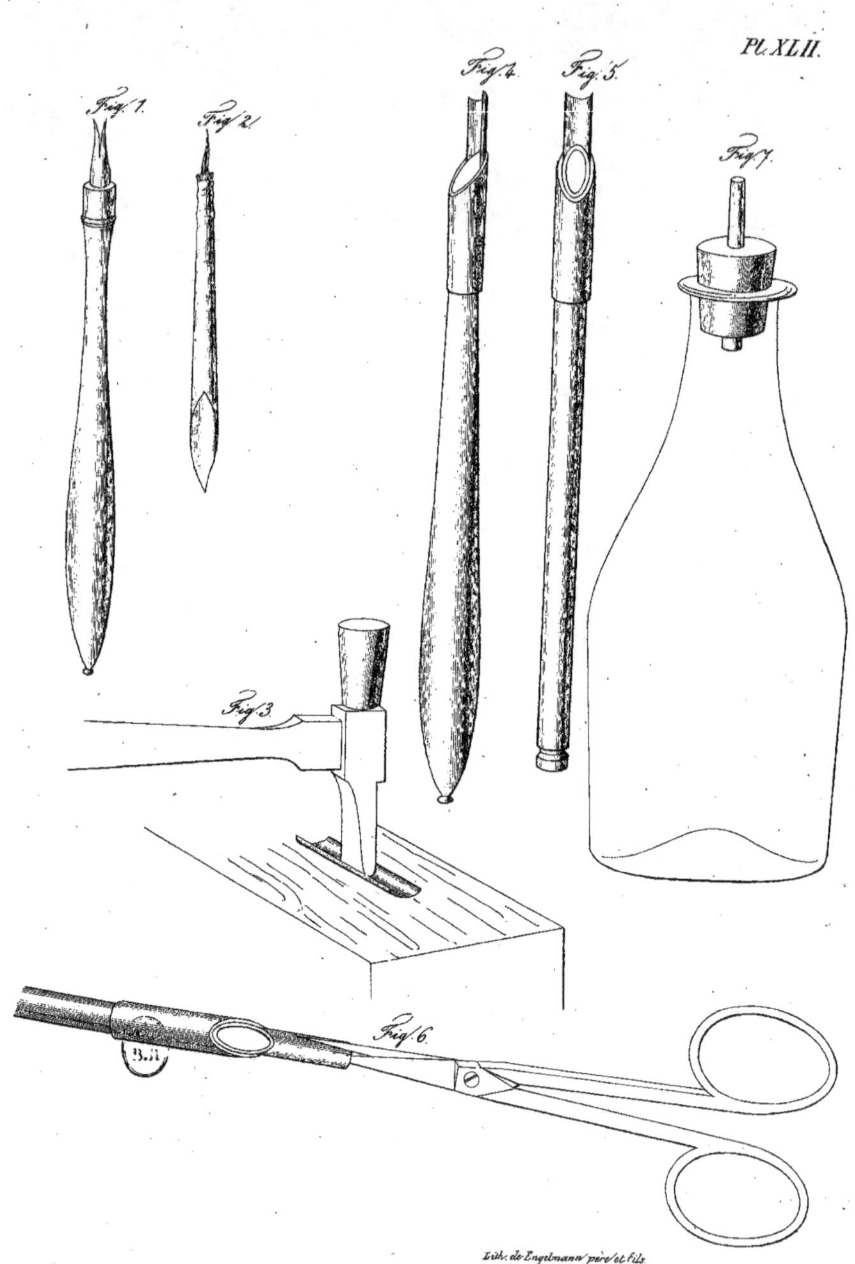

Lith. de Engelmann père et fils.

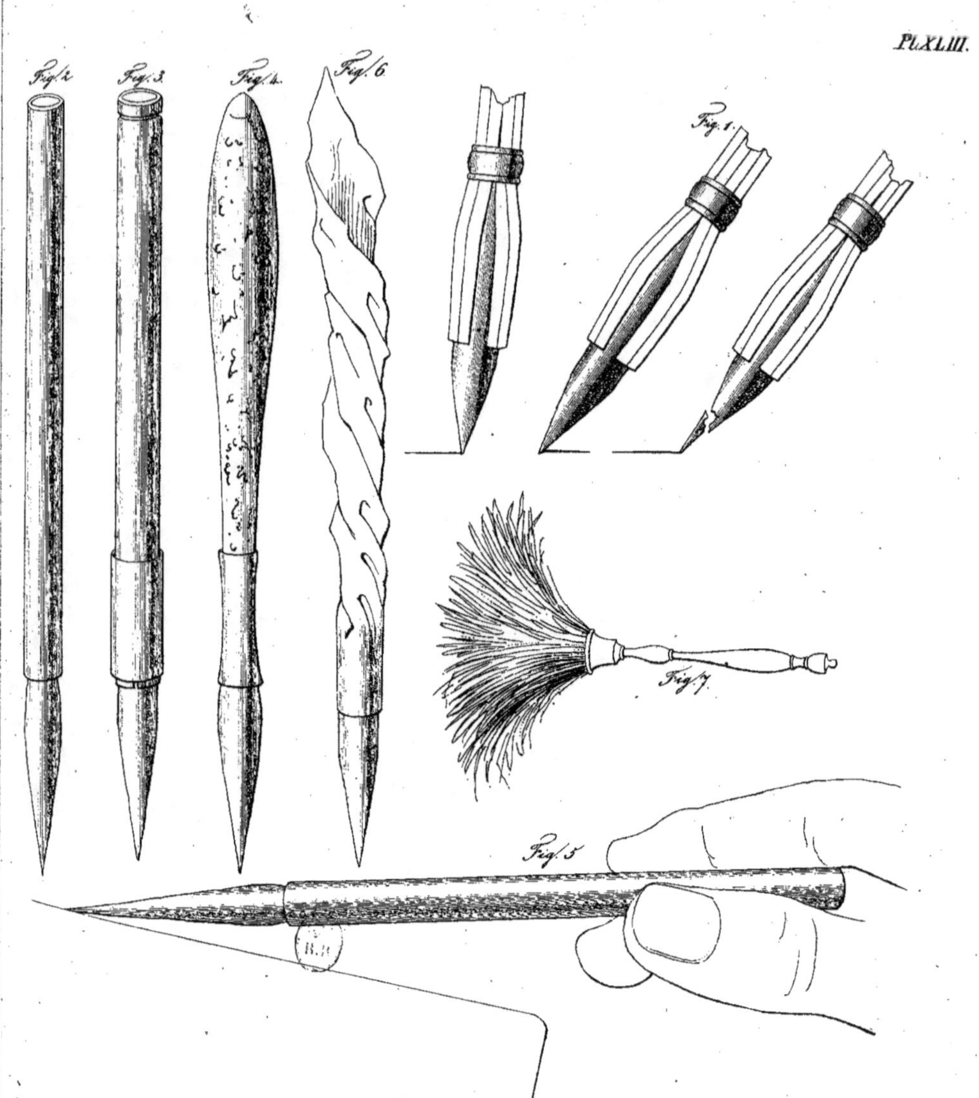

Lith. de Engelmann père et fils.

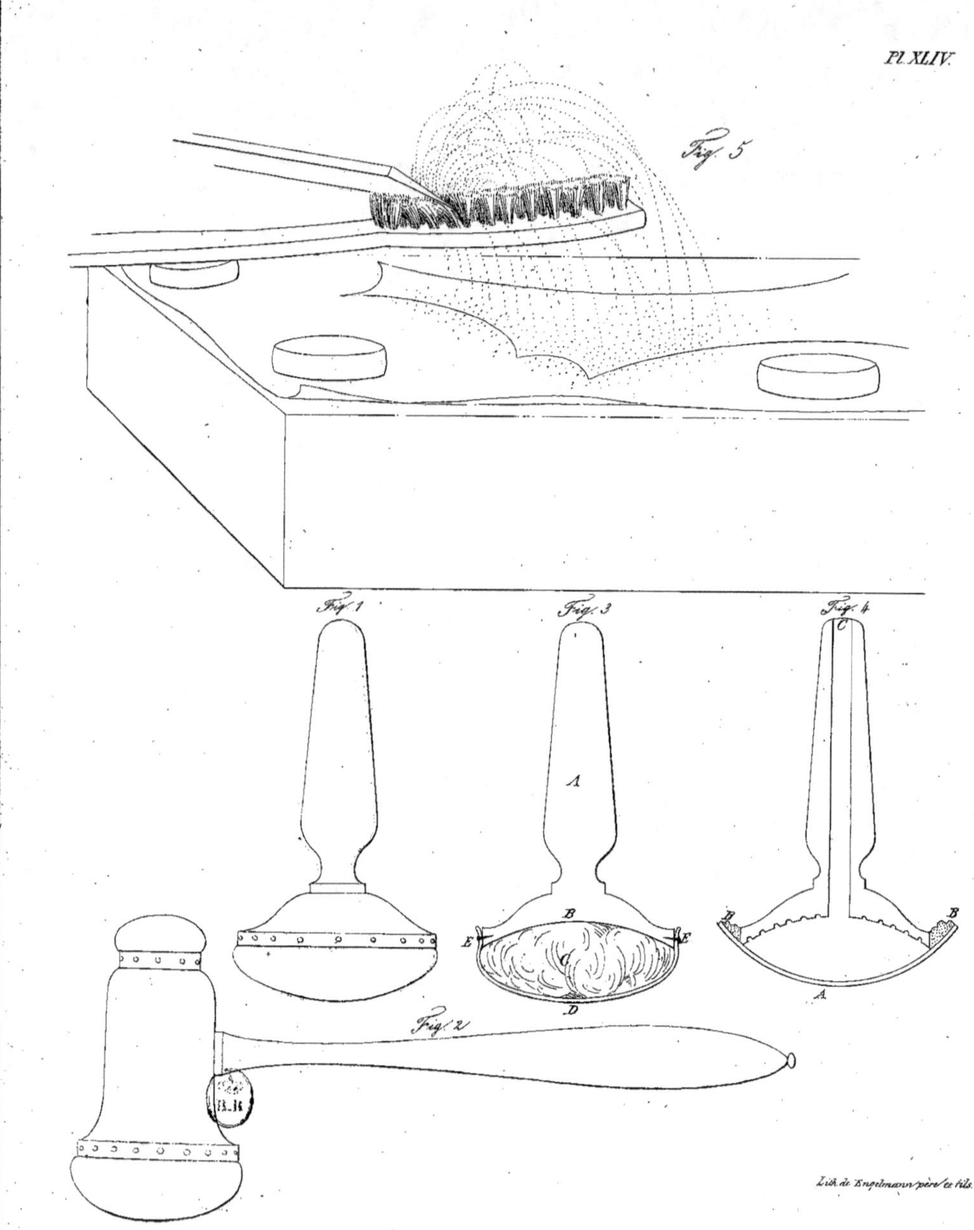
Pl. XLIV.
Fig. 5
Fig. 1
Fig. 3
Fig. 4
A
B
C
D
E
Fig. 2
Lith. de Engelmann père et fils.

Pl. XLV.

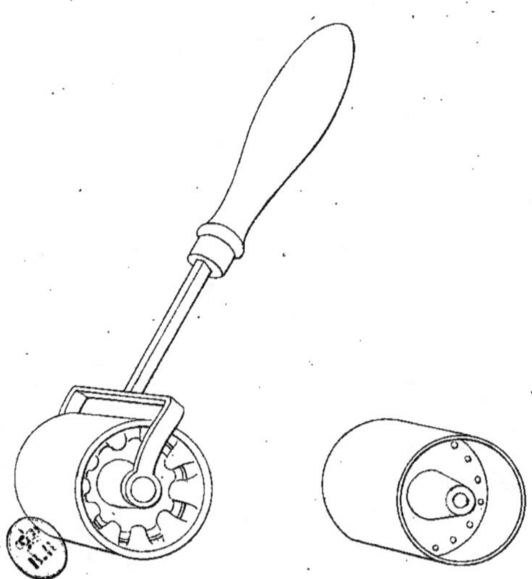

Lith. de Engelmann père et fils.

Pl. XLVI.

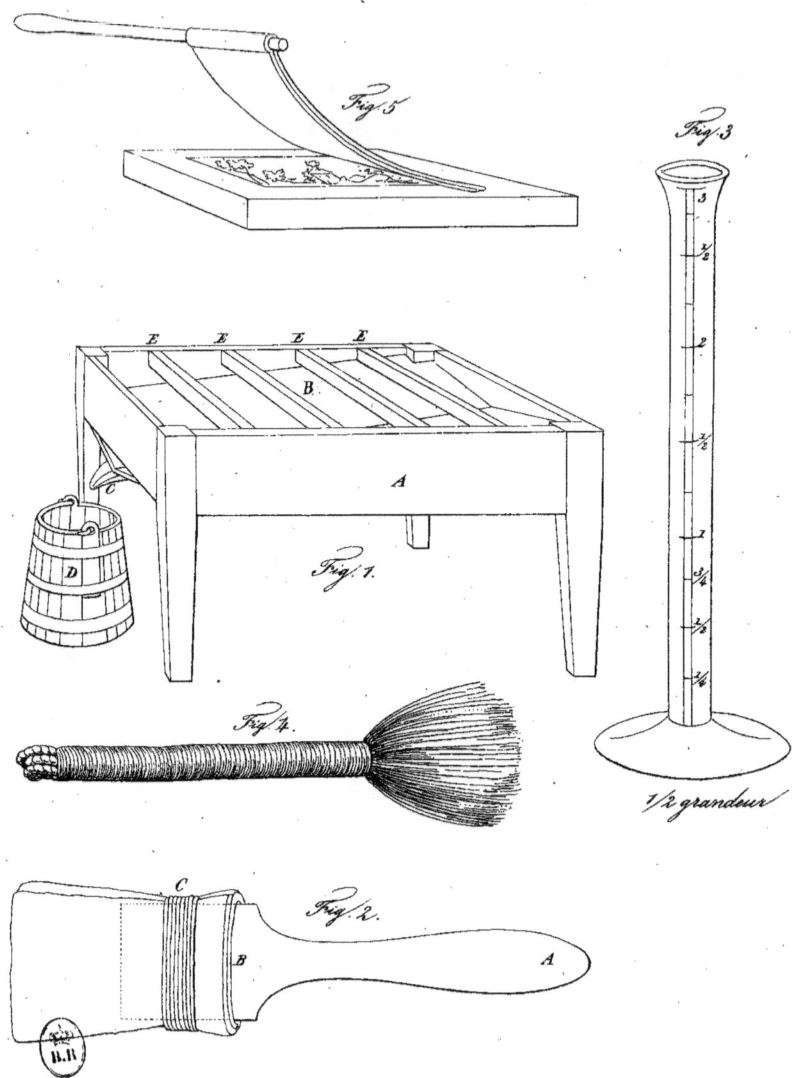

Lith. de Engelmann père et fils.

Pl. XLVII.

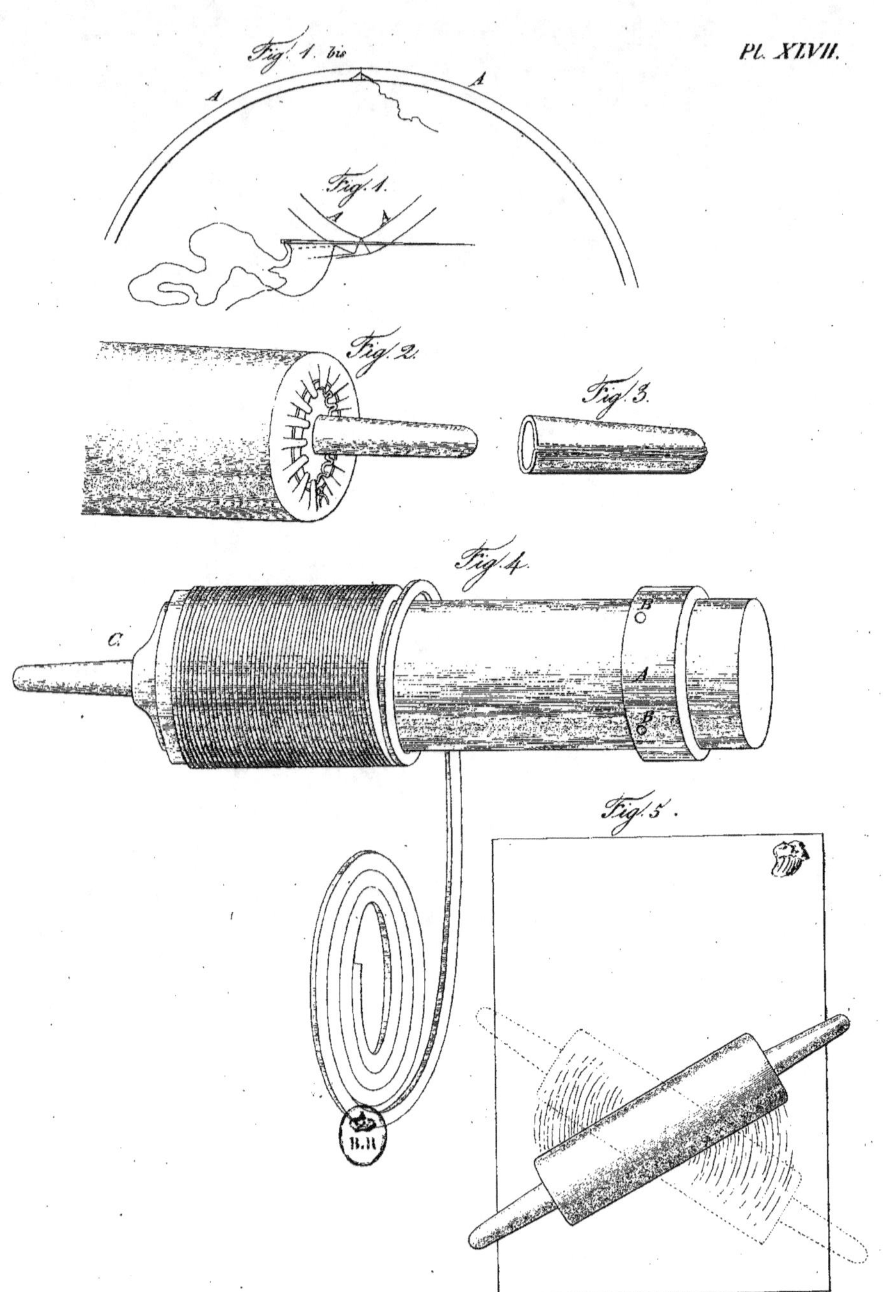

Lith. de Engelmann père & fils

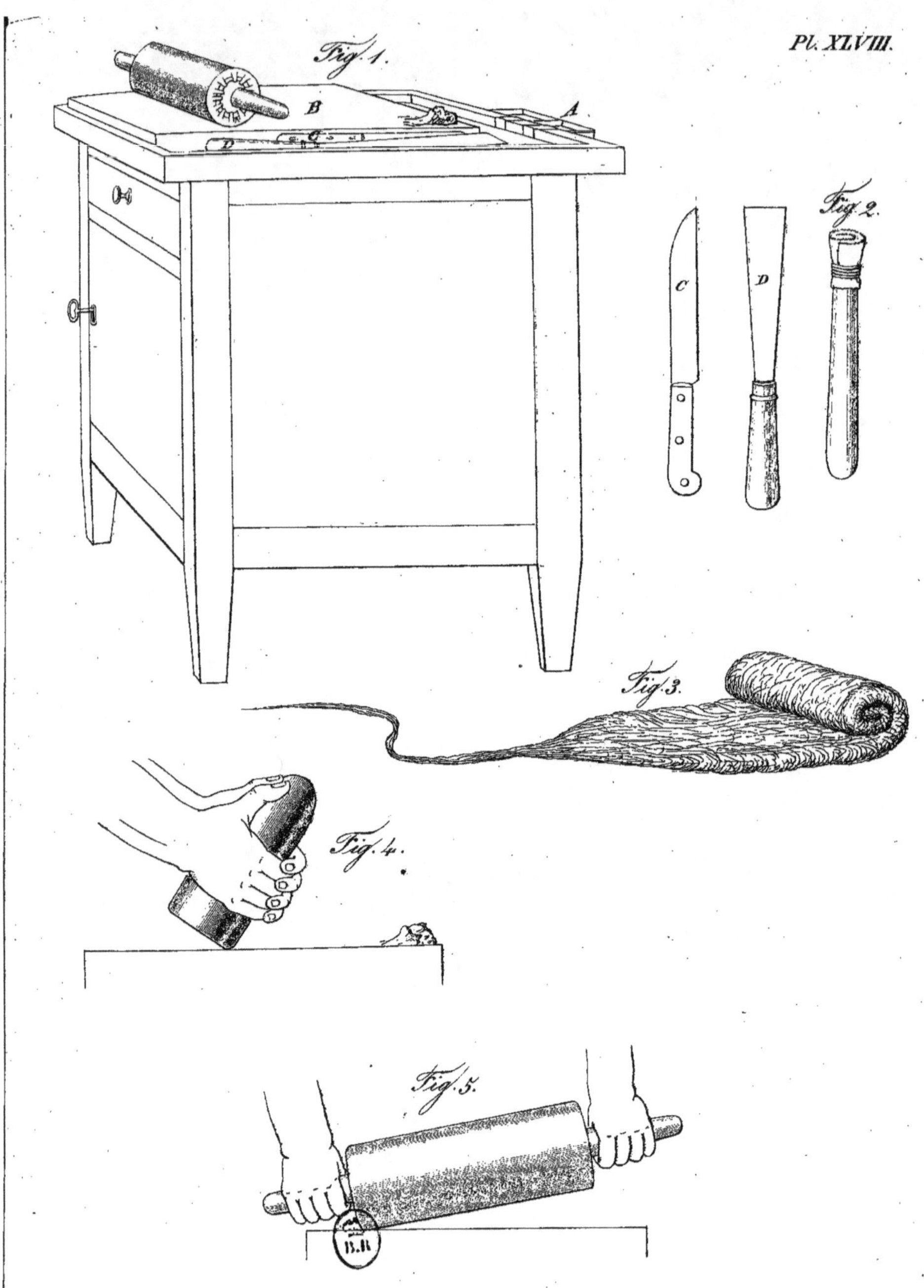
Pl. XLVIII.
Fig. 1.
A
B
C
D
Fig. 2.
C
D
Fig. 3.
Fig. 4.
Fig. 5.
B.R
Lith. de Engelmann père & fils.

Pl. XLVIIII.

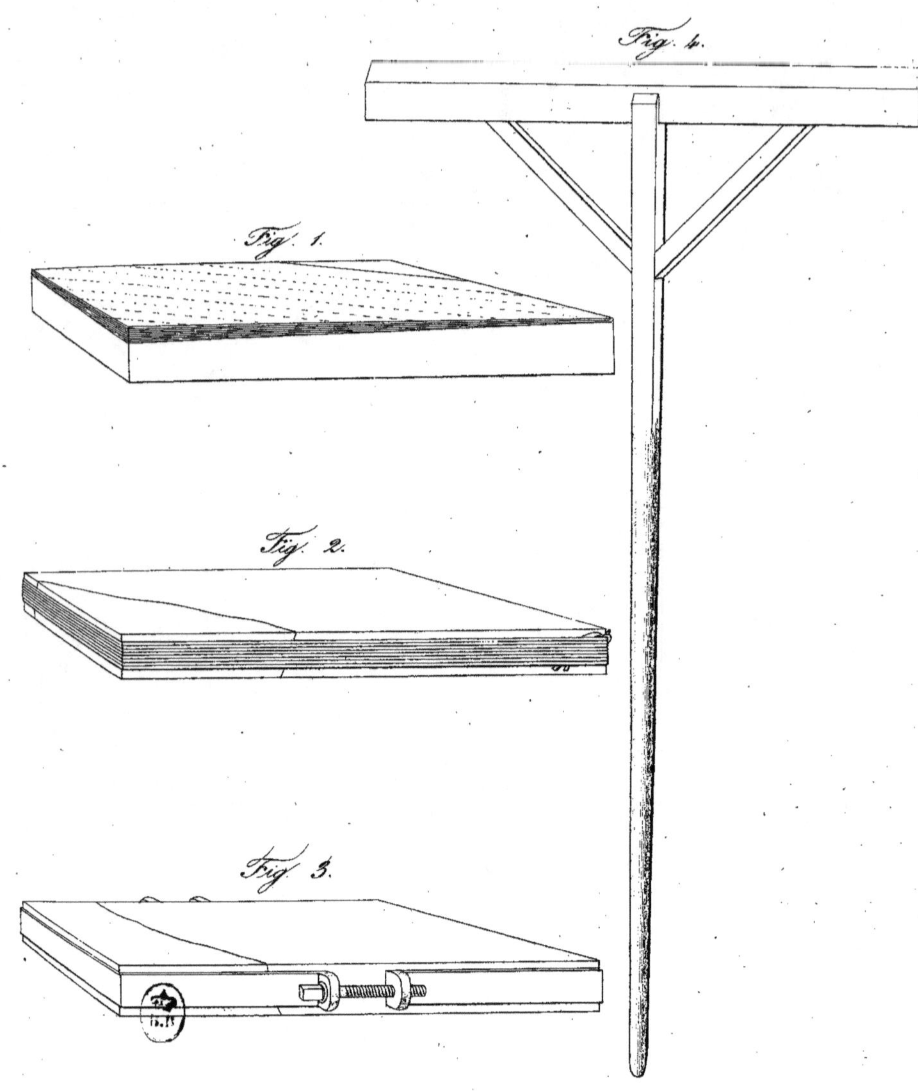

Lith. de Engelmann père et fils.

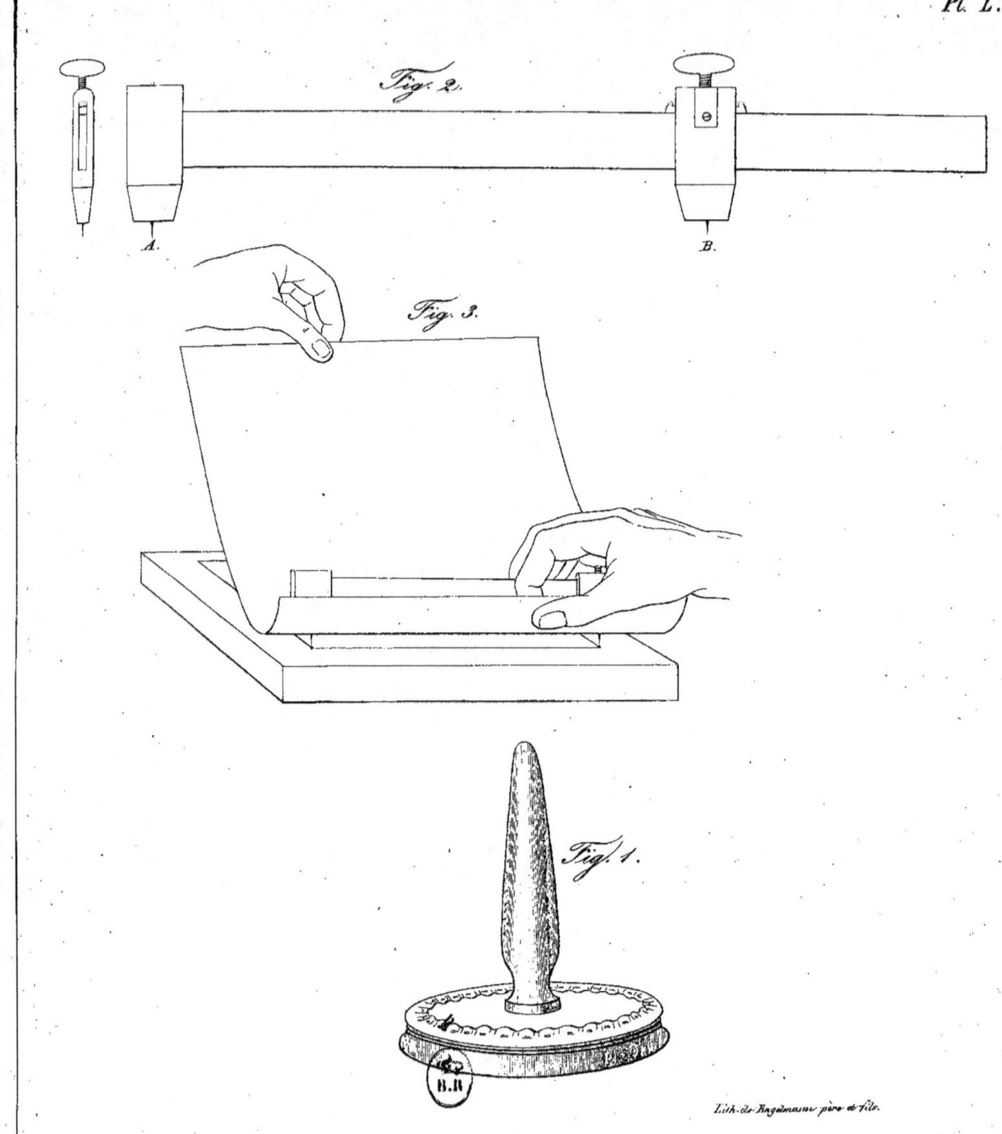
Fig. 2.
A.
B.
Fig. 3.
Fig. 1.
Lith. de Engelmann père et fils.

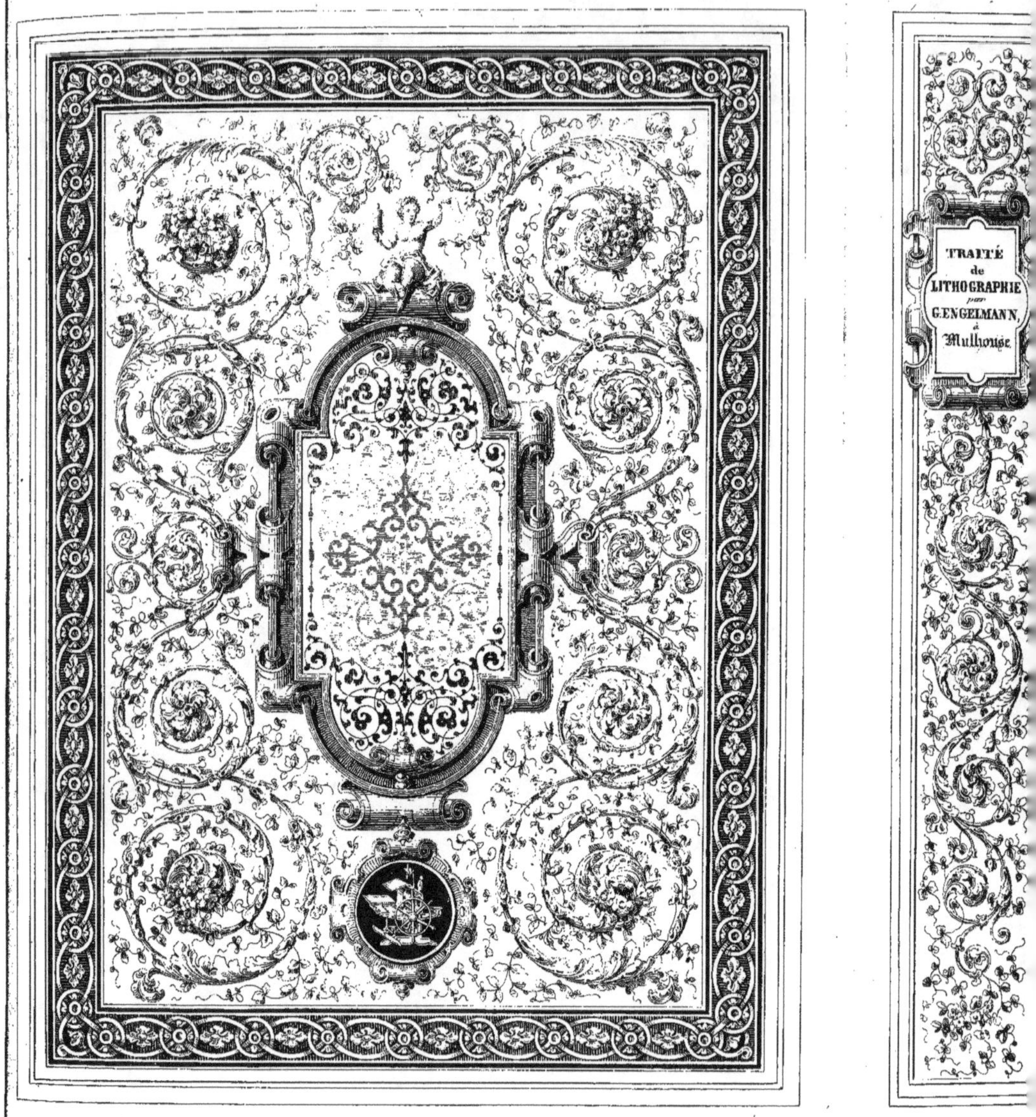

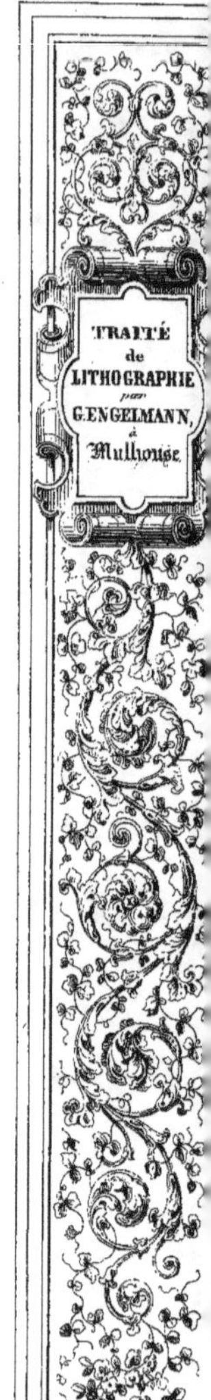
TRAITÉ
de
LITHOGRAPHIE
par
G. ENGELMANN,
à
Mulhouse

fourche. Son point d'appui est en L, et son extrémité M forme une fourche qui embrasse la moitié du pignon. L'extrémité de la fourche porte deux parties cylindriques N, qui sont ajustées dans une rainure O, pratiquée dans le pignon ; de sorte que celui-ci peut tourner librement, sans que cette fourche y mette obstacle. Mais si on pousse l'extrémité K du levier, du côté de la presse, la fourche entraînera le pignon du côté opposé, et le fera dégrener d'avec la grande roue B. Ainsi lorsqu'on voudra tirer une épreuve, le levier devra se trouver dans la position où il est représenté par la figure; lorsque le chariot sera parvenu au bout de sa course, on le poussera vers la presse. Le pignon dégrènera, et le chariot reviendra à sa place sans faire tourner le moulinet. On le fera engrener de nouveau en tirant le levier à soi, au moment de tirer une seconde épreuve, etc.

AVIS AUX SOUSCRIPTEURS.

Ce carton sera reproduit au commencement de la troisième livraison. Nous ne l'avons ajouté ici que pour donner tout ce qui a rapport aux presses.

La mort prématurée de M. G. Engelmann, que nous avons eu la douleur de perdre récemment, n'apportera aucun obstacle à l'achèvement de cet ouvrage. Depuis longtemps, toutes les notes qui s'y rapportent avaient été lues et discutées en commun entre M. G. Engelmann et M. le docteur Penot, le collaborateur qu'il s'était adjoint. Ce dernier reste chargé de la rédaction des 3e 4e et 5e livraisons, qui paraîtront prochainement. La troisième est déjà sous presse.

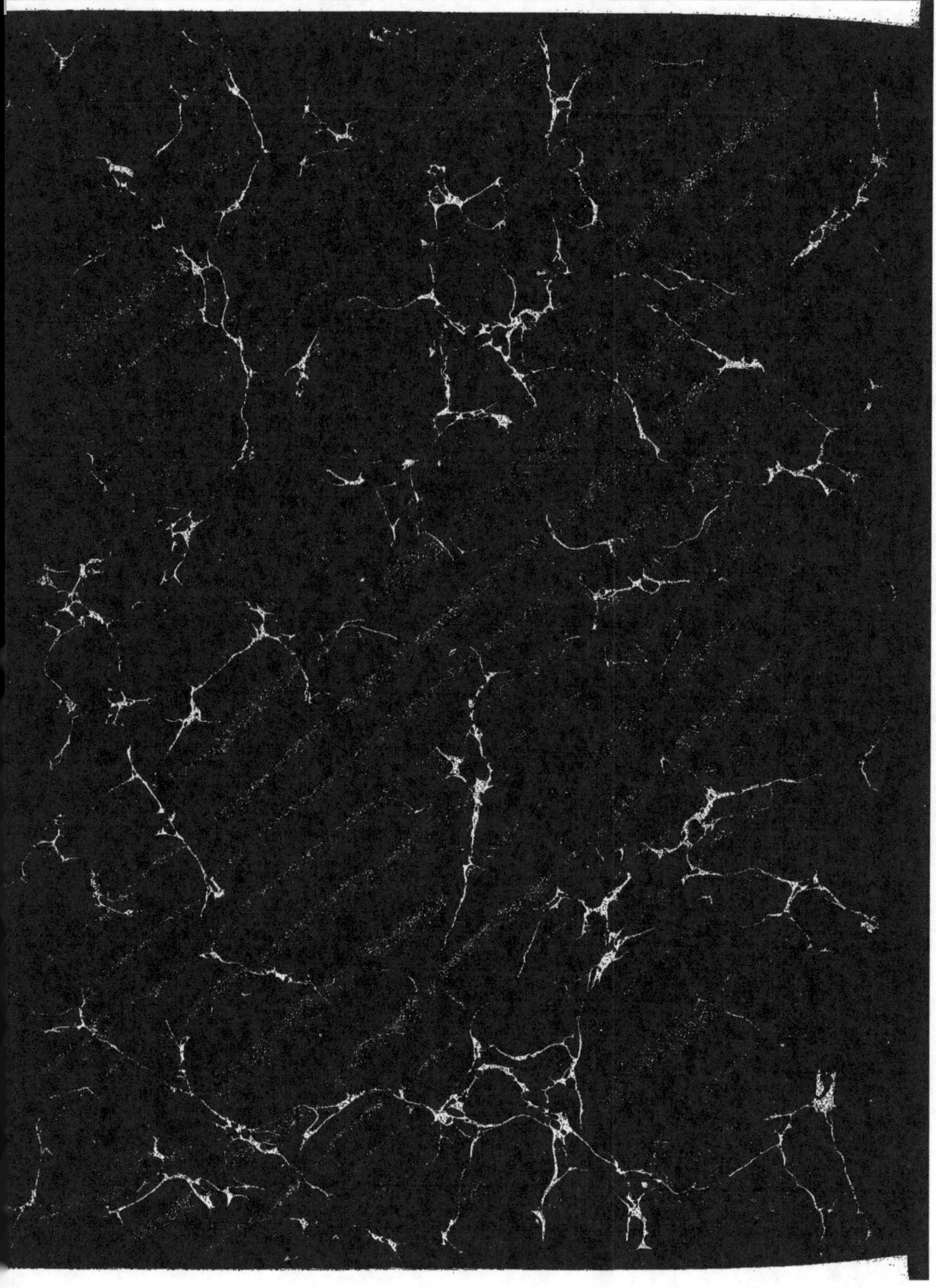

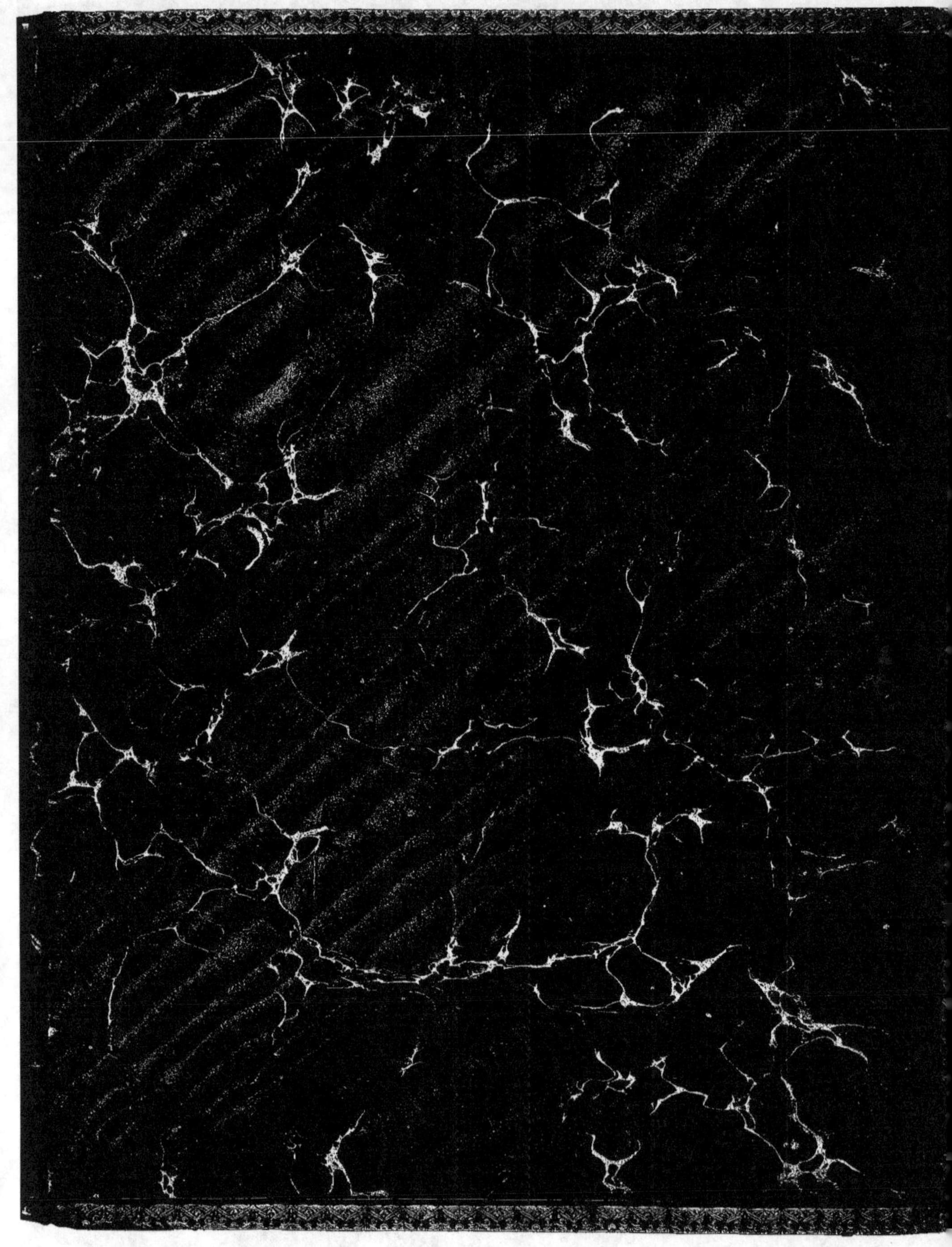

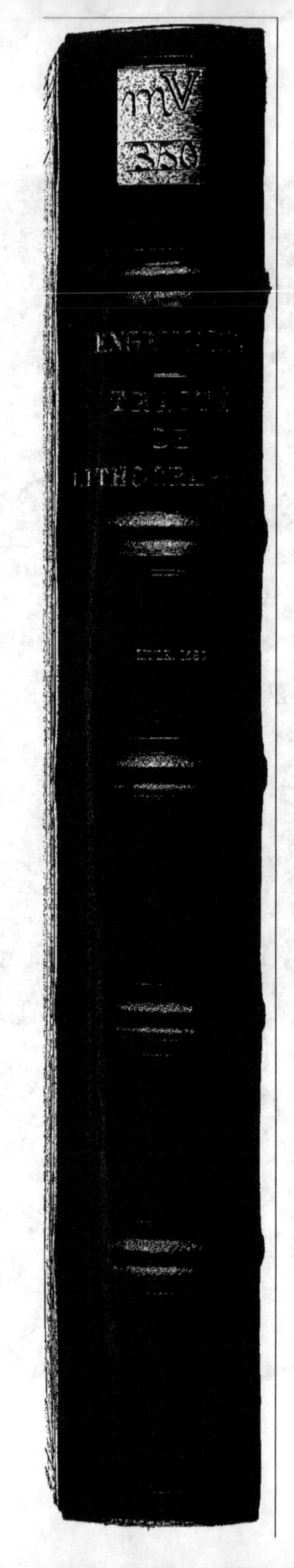
mV
350

www.ingramcontent.com/pod-product-compliance
Lightning Source LLC
LaVergne TN
LVHW010829120826
845149LV00016B/60

* 9 7 8 2 0 1 1 3 3 3 0 2 5 *